हम, भारत के राज्यों के लोग

भारत की आन्तरिक सीमाओं का
निर्माण एवं पुनर्निर्माण

हम, भारत के राज्यों के लोग

भारत की आन्तरिक सीमाओं का निर्माण एवं पुनर्निर्माण

संजीव चोपड़ा

अनुवाद

सचिन चौहान

राजकमल प्रकाशन

मूल पुस्तक *We, The People of the States of Bharat : The Making and Remaking of India's Internal Boundaries* का अनुवाद

ISBN : 978-93-6086-111-7

मूल्य : ₹995

पहला संस्करण : 2024

प्रकाशक : राजकमल प्रकाशन प्रा. लि.
1-बी, नेताजी सुभाष मार्ग, दरियागंज
नई दिल्ली-110 002

शाखाएँ : अशोक राजपथ, साइंस कॉलेज के सामने, पटना-800 006
पहली मंजिल, दरबारी बिल्डिंग, महात्मा गांधी मार्ग, प्रयागराज-211 001
1, अनमोल सोराबजी सन्तुक लेन, धोबी तलाव, मरीन लाइंस, मुम्बई-400 002

वेबसाइट : www.rajkamalprakashan.com
ई-मेल : info@rajkamalprakashan.com

मुद्रक : विकास कंप्यूटर एंड प्रिंटर्स
ट्रॉनिका सिटी-201 102

HUM, BHARAT KE RAJYON KE LOG
by Sanjeev Chopra
Translated by Sachin Chauhan

बिजली के लिए
जो पथ रोशन करती है

और बन्नू
जो आगे चलता है इसलिए मैं लड़खड़ाता नहीं

क्रम

भूमिका

1971 के भारत-पाकिस्तान युद्ध के दौरान मैं ग्यारह साल का था। मेरे पिता उस समय भारतीय पुलिस के उच्च अधिकारी पद्मश्री अश्विनी कुमार, महानिरीक्षक, सीमा सुरक्षा बल (बीएसएफ) के स्टाफ अधिकारी थे। हम तब जालंधर छावनी में पंजाब सशस्त्र पुलिस लाइन, बीएसएफ परिसर में रह रहे थे। मैं सीमा पर बीएसएफ जवानों की गतिविधियों को देख और सुन सकता था। हवा में सायरन बजने, रात में ब्लैकआउट, सार्वजनिक स्थानों पर गहरी खाइयों और स्कूल में होने वाली ड्रिल से 'युद्ध का अहसास' होता था। हवाई हमले की चेतावनी के दौरान आपातकालीन उपयोग के लिए खाइयों के अतिरिक्त, हमारे घर के पीछे आँगन में एक विशेष सुरक्षात्मक बंकर की भी सुविधा थी। यद्यपि ऐसी स्थिति उत्पन्न नहीं हुई कि जब हमें छिपने के लिए इसका उपयोग करना पड़े, लेकिन लुका-छिपी खेलने, (टॉर्च की रोशनी में) किताबें पढ़ने और आमतौर पर उन चचेरे भाइयों और दोस्तों को दिखाने के लिए यह एक पसन्दीदा स्थान बन गया, जो सशस्त्र बलों की पृष्ठभूमि से नहीं थे।

हर शाम, मैं अपने पिता के साथ भारत-पाकिस्तान सीमा का नक़्शा देखने के लिए कंट्रोल रूम तक पैदल जाता था। बाहर लगे 'आउट ऑफ़ बाउंड्स' बोर्ड से कमरे में प्रवेश करना अद्भुत अनुभव होता था। मैं विभिन्न रंगीन टेप और मार्कर पिन लगे नक़्शे देख सकता था। जिस क्षेत्र में भारतीय सेना आगे बढ़ी थी, उसे तीर से चिह्नित किया गया था। सीबीजे (छंब जौड़ियाँ) और डीबीएन (डेरा बाबा नानक) जैसे रणनीतिक संक्षिप्त शब्दों को समझने से मुझे लगा कि मेरे पास कोई खुफ़िया ज्ञान है। बहुमुखी व्यक्तित्व के धनी श्री कुमार को पढ़ाई का भी उतना ही शौक़ था जितना कि खेल और संगीत का। वे बच्चों के प्रति दयालु थे। वह मेरे विभिन्न सवालों के जवाब देते और मुझे जे.बी. मंगलम कन्फेक्शनरी से मिठाई दिलाते थे, यह मुझे बड़े स्नेह से याद है। अधिकारी अपनी बातचीत जारी रखते थे,

जबकि मैं पीछे बैठा रहता और द *इलस्ट्रेटेड वीकली, धर्मयुग* और *फ़िल्मफेयर* जैसी पत्रिकाओं के पन्ने पलटकर ख़ुश होता था।

मेरे स्कूल और कॉलेज के दिनों के दौरान भी नक़्शे मुझे आकर्षित करते रहे : एक सम्भावित कारण यह था कि यदि कोई नदियों की दिशा और प्रवाह, पर्वत चोटियों के स्थान और विभिन्न राज्यों की राजधानियों को जानता हो, तो नक़्शे में शत-प्रतिशत अंक हासिल किये जा सकते थे। 1985 में भारतीय प्रशासनिक सेवा (आईएएस) में शामिल होने पर, सौंपे गए सबडिवीजन या ज़िले के नक़्शे ने भी मुझे इसके सम्पर्क में रखा। लेकिन 1990-91 में कूचबिहार में अपर ज़िला मजिस्ट्रेट (एडीएम) के रूप में मेरी पोस्टिंग के दौरान, जब ज़िला प्रशासन को तीन बीघा ज़मीन बांग्लादेश में स्थानान्तरित करने के सम्बन्ध में पृष्ठभूमि के काग़ज़ात और नक़्शे तैयार करने के लिए कहा गया था, तो एन्क्लेव और एक्सक्लेव (बस्तियों) के मुद्दे ने मुझे व्यक्तिगत रूप से अहसास कराया कि सीमा और परिसीमा ने लोगों के जीवन को कैसे प्रभावित किया। हमारे पास न केवल भारत और बांग्लादेश के बीच एन्क्लेव थे, बल्कि कूचबिहार में हमारे कुछ गाँव भी थे, जहाँ (तब) केवल असम के धुबरी ज़िले के माध्यम से ही पहुँचा जा सकता था। कूचबिहार का प्रशासनिक निर्माण मुझे हमेशा बहुत अजीब लगता था—उदाहरण के लिए, मेखलीगंज, जलपाईगुड़ी के बगल में था, जो लगभग 35 किमी दूर था, लेकिन यह 110 किमी दूर कूचबिहार से प्रशासित होता था। लेकिन यह केवल कूचबिहार या पश्चिम बंगाल तक ही सीमित नहीं है। पूरे देश में, ऐसे सबडिवीजनों और तहसीलों के कई उदाहरण हैं जो भौगोलिक रूप से अपने स्वयं के ज़िला मुख्यालय से दूर हैं, लेकिन उसी राज्य के भीतर दूसरे ज़िले के निकट हैं। इस प्रकार, पंजाब में कपूरथला का फगवाड़ा सबडिवीजन है जहाँ जालंधर ज़िले की पूरी लम्बाई को पार करने के बाद ही पहुँचा जा सकता है। हरिद्वार के बजाय देहरादून के एक हिस्से के रूप में ऋषिकेश है, और टिहरी की केम्पटी फॉल्स तहसील तक केवल मसूरी पार करने के बाद ही पहुँचा जा सकता है, जो देहरादून के अधिकार क्षेत्र में है।

ये मुद्दे हमेशा मेरे दिमाग़ में थे, लेकिन मैं उनके बारे में नहीं लिख रहा हूँ क्योंकि वे वास्तविक बाधाओं के बजाय परेशानियों जैसे अधिक थे। सीमाओं के निर्धारण में नागरिकों की सुविधा प्रमुख कारक क्यों नहीं थी? यह इस बात से निकटता से जुड़ा हुआ है कि सीमा और परिसीमा कैसे खींची जाती है। हालाँकि सभी जानते हैं कि भारतीय सर्वेक्षण विभाग ने क्या किया, लेकिन उन परिस्थितियों को केवल सामान्य अर्थों में जाना जाता था, जिनकी वजह से ये परिवर्तन हुए।

दून वैली पर आधारित साहित्य और कला महोत्सव वैली ऑफ़ वर्ड्स को प्रारम्भ करने के दौरान, मैं राजीव डोगरा की *डुरंड्स कर्स* सहित विभिन्न शैलियों की पुस्तकें पढ़ रहा था, और इसने मुझे इस बात पर विचार करने के लिए प्रेरित किया कि डुरंड, रैडक्लिफ और मैकमोहन जैसे लोगों ने उपमहाद्वीप पर क्या प्रभाव छोड़ा है। एक और किताब जिसकी मैंने अभी समीक्षा पूरी की थी, वह हिंडोल सेनगुप्ता की *द मैन हू सेव्ड इंडिया* थी, जो सरदार पटेल की जीवनी है। इस पुस्तक ने भारत के निर्माण में पटेल की दोनों भूमिकाओं पर प्रकाश डाला—एक मज़बूत और योग्यता-आधारित सिविल सेवाओं के लिए उनकी प्रतिबद्धता, और साथ ही 562 रियासतों को भारत संघ में एकीकृत करने में उनकी निर्णायक भूमिका सम्बन्धी। सितम्बर, 2019 में मुझे इंडियन इंस्टिट्यूट ऑफ़ एडवांस्ड स्टडीज़, शिमला में इस विषय पर बोलने के लिए आमंत्रित किया गया था। अक्टूबर, 2019 में आरम्भ (सिविल सेवाओं के लिए साझा फ़ाउंडेशन कोर्स) के शुभारम्भ के अवसर पर स्टैचू ऑफ़ यूनिटी का दौरा मुझे उस प्रदर्शनी तक ले गया, जिसमें पटेल और कुछ रियासतों के शासकों के बीच आदान-प्रदान किये गए हस्तलिखित पत्रों के साथ-साथ विलय का साधन (इंस्ट्रूमेंट ऑफ़ ऐक्सेशन) और विलय समझौता (मर्जर एग्रीमेंट्स) जैसे कई क़ानूनी दस्तावेज़ प्रदर्शित किये गए थे।

जब कोविड के कारण लागू एकान्त ने हम में से कुछ लोगों को कई मुद्दों के बारे में पढ़ने, समझने और लिखने का दुर्लभ अवसर दिया, उससे कुछ हफ़्तों पहले जब मैं फ़रवरी, 2020 में सर्वे ऑफ़ इंडिया के परिसर में सर्वेक्षण तकनीकों पर आईएएस अधिकारियों के एक बैच के साथ उनकी ब्रीफिंग और फील्ड स्टडी में गया, तो मुझे इस प्रकार के भिन्न-भिन्न विचार एक साथ आने लगे। युवा अधिकारियों को सैटेलाइट इमेजिंग, हवाई ड्रोन और सटीक मानचित्रण के बारे में जानकारी दी जा रही थी; यह निश्चित रूप से हमारे समय से अब तक का एक लम्बा रास्ता था, जब हमें भूमि का 'सर्वेक्षण और निपटान' करने के लिए गुंटर'स् चेन और थियोडोलाइट उपकरणों को देखना पड़ता था। हालाँकि, मेरा ध्यान भारत के मानचित्रों की प्रदर्शनी की ओर गया जो 1799 के भारत के नक़्शे से शुरू होती थी—जब वॉरेन हेस्टिंग्स गवर्नर जनरल थे और संगठन को अभी भी बंगाल का सर्वेक्षण कार्यालय कहा जाता था। मैंने 1947 में आज़ादी के तुरन्त बाद प्रकाशित भारत का नक़्शा देखा, तब आज के राज्यों को प्रान्त कहा जाता था, 1950 में भारतीय गणराज्य का पहला नक़्शा, और उन वर्षों में प्रकाशित नक़्शे भी देखे जब नये राज्यों का गठन हुआ था। नवीनतम मानचित्र वह था जिसमें केन्द्र शासित प्रदेश लद्दाख एवं जम्मू और कश्मीर बनाए गए थे।

मेरा शोध मुख्य रूप से द्वितीयक स्रोतों, पत्रिकाओं और समाचार पत्रों के लेखों और सरकारी रिपोर्टों पर आधारित है, जो लाल बहादुर शास्त्री राष्ट्रीय प्रशासन अकादमी में गांधी स्मृति पुस्तकालय में उपलब्ध थे—यह पुस्तकालय लगभग दो लाख पुस्तकों का भंडार है।

मुझे लेफ़्टिनेंट जनरल गिरीश कुमार, तत्कालीन महासर्वेक्षक और उनके अधिकारियों की टीम के रूप में बेहतरीन सहयोगी मिले। सर्वेयर जनरल का कार्यालय विज्ञान और प्रौद्योगिकी मंत्रालय के तहत एक बहुत ही दिलचस्प संगठन है, जिसमें सैन्य और नागरिक दोनों पक्षों से अधिकारी होते हैं—और नक़्शे बनाने में उनके द्वारा नियोजित उपकरण, तकनीक और प्रक्रियाएँ पूरी तरह से अलग अध्ययन का विषय हैं। मेरा उद्देश्य 1947 से 2019 तक उनके द्वारा मुद्रित सभी मानचित्रों तक पहुँचना और उस अवधि के दौरान हुए परिवर्तनों का अध्ययन करना था। मैंने इन नक़्शों के प्रिंट निदेशक के आधिकारिक निवास—हिम शिखर—में अपने अध्ययन कक्ष के साथ-साथ गांधी स्मृति पुस्तकालय के ज्ञानलोक खंड में भी दीवार पर चस्पा कर दिये। मैंने हमारे मुख्य पुस्तकालय और सूचना अधिकारी (पीएलआईओ) डॉ. शिवप्रसाद सेनापति से भी भारत में राज्यों के गठन पर पुस्तकों की तलाश शुरू करने के लिए कहा। मार्च, 2020 की शुरुआत से अगस्त, 2021 तक, अगर ज़्यादा नहीं, तो मैं सप्ताह में कम से कम तीन बार इस पुस्तकालय में अवश्य गया हूँ, ख़ुद को इस कहानी में डुबाने की कोशिश कराते हुए कि प्रत्येक राज्य को अपनी सीमा, या अपना नया नाम या दर्जा कैसे मिला। जबकि विस्तृत ग्रंथ सूची और एंडनोट्स में अधिक विवरण होगा, यहाँ मैं केवल उन पुस्तकों और लेखों का उल्लेख करूँगा जिन्होंने मेरे विचारों को आकार देने में भूमिका निभाई है। हम इतिहास में एक ऐसे बिन्दु पर हैं जहाँ पहले से कहीं अधिक सामग्री तक पहुँचा जा सकता है, और विशेषज्ञ हमेशा उन अतिरिक्त तथ्यों को इंगित करने में सक्षम होंगे जो प्रत्येक राज्य पर चर्चा करते समय छूट गए होंगे। लेकिन यह पुस्तक इस बारे में है कि सीमाओं को कैसे आकार दिया गया था, न कि किसी विशिष्ट राज्य के बारे में। मिलेनियम पोस्ट के लिए 'मैपिंग द इंडियन स्टेट्स' पर अपना कॉलम लिखने के लिए बैठते समय मैंने सप्ताह-दर-सप्ताह जो पढ़ा, उन्हें मार्च, 2020 के बाद से क्रमबद्ध कर, इसमें सूचीबद्ध किया गया है।

मैंने इस प्रोजेक्ट की शुरुआत वी.पी. मेनन की मौलिक कृतियों, *द ट्रांसफर ऑफ़ पावर* और *द स्टोरी ऑफ़ द इंटीग्रेशन ऑफ़ इंडियन स्टेट्स* की अपनी व्यक्तिगत प्रतियों को फिर से पढ़ने के साथ की, जो मुझे पश्चिम बंगाल में पर्यटन मंत्रालय से सम्बद्ध विधि अधिकारी चन्दन घोष द्वारा तब उपहार में दी गई थी, जब मैं विभाग का अतिरिक्त प्रभार सँभाल रहा था। मेनन की किताबें 1946 से 1950 तक—

वे चार साल जिन्होंने भारत को प्रशासन में एकरूपता के साथ एक आधुनिक राष्ट्र के रूप में उभरते देखा, आधिकारिक भारत के तथ्यात्मक दस्तावेज़ों को देखने वाले किसी भी व्यक्ति के लिए एक ख़ज़ाना हैं। भारतीय राज्यों के एकीकरण की कहानी के लिए आशा सारंगी का परिचयात्मक निबन्ध *दी स्टोरी ऑफ़ दी इंटीग्रेशन ऑफ़ इंडियन स्टेट्स* रियासतों के शासकों को विलय समझौतों पर हस्ताक्षर करने के लिए राज्य मंत्रालय द्वारा किये गए कार्यों का एक उत्कृष्ट विवरण देता है। यह पुस्तक इस प्रक्रिया में तेज़ी लाने में प्रजा मंडल स्वयंसेवकों के योगदान का भी दस्तावेज़ीकरण करती है।

अकादमी ने सरदार पटेल पर *दी ऐड्मिनिस्ट्रेटर* का एक विशेष संस्करण निकाला था, जो सिविल सेवाओं और भारतीय संघ में राज्यों के एकीकरण पर केन्द्रित था। बिन्दु कटिकिथला द्वारा सम्पादित इस विशेष अंक में राजमोहन गांधी, शक्ति सिन्हा, रतिका गौड़, हिंडोल सेनगुप्ता, संजय जोशी, के. श्रीनिवास, रजनीकांत पुरणिक और शिरीन मेहता के लेख शामिल थे। वी.पी. मेनन के भाई की पोती नारायणी बसु द्वारा रचित वी.पी. मेनन की एक नई जीवनी, सरदार और मेनन के बीच गहरे व्यक्तिगत सम्बन्ध और तालमेल के साथ-साथ मेनन की फ़ोटोग्राफ़िक स्मृति और दूरदृष्टि की क्षमता पर प्रकाश डालती है।

इंडिया ने ख़ुद को भारत कहने का फ़ैसला कैसे किया, यह आकर्षक कहानी संविधान सभा की बहस के छठे खंड में शामिल है। एम.ए. आसिफ की एक हालिया पुस्तक *दी लॉस ऑफ़ हिन्दुस्तान : दी इन्वेंशन ऑफ़ इंडिया,* भारत के लिए नामों की प्रतियोगिता पर प्रकाश डालती है। कैथरीन क्लेमेंटिन-ओझा ने भी अपने पेपर 'इंडिया, दैट इज भारत... : वन कंट्री, टू नेम्स' में इस पर विस्तार से चर्चा की है।

बारबरा एन. रामुसैक की 'द इंडियन प्रिंसेस एंड दियर स्टेट्स' और 'प्रिंसेस ऑफ़ इंडिया इन द ट्विलाइट ऑफ़ द एम्पायर' दीवान जरमणि दास की महाराजा और महारानी के लोकप्रिय आख्यान का जवाब देती है, जिसमें शासक राजकुमारों को साम्राज्य के प्राच्य देवता और पिट्ठू के रूप में चित्रित किया गया था। वह यह दिखाने के लिए अनुभवजन्य सबूत प्रस्तुत करती है कि उनमें से कई उत्कृष्ट राजनेता थे, जिन्होंने साम्राज्य के अचानक विघटन तक काफ़ी हद तक स्वतंत्रता और स्वायत्तता का प्रयोग किया था। कांग्रेस पार्टी उनके प्रति अपने दृष्टिकोण में अस्पष्ट थी, हालाँकि मुस्लिम लीग और हिन्दू महासभा उन्हें अपने सम्बन्धित समुदायों के स्वाभाविक नेताओं के रूप में पेश करने के लिए तैयार थे। रामुसैक की किताबें एक व्यापक अस्थायी अवधि को कवर करती हैं—इनमें से कई राज्य ईस्ट इंडिया कम्पनी के शासक की भूमिका निभाने से बहुत पहले अस्तित्व में थे—और दिखाते हैं

कि कैसे भारतीय राज्य एक ऐसी प्रणाली के पीड़ित और लाभार्थी दोनों थे, जिसमें 'व्यवस्था, पदानुक्रम और स्थिरता' का कोई भविष्य नहीं था। राजकुमारों ने कला, खेल, शिक्षा और धर्म के संरक्षक के रूप में भी अपनी भूमिका निभाई। 'ए प्रिंसली अफेयर' में याकूब ख़ान बंगश नौ राज्यों के पाकिस्तान में विलय और एकीकरण की कहानी कहते हैं। भारत की सबसे अच्छी तरह से यात्रा करने वाले महाराजाओं में से एक, कपूरथला के फ्रेंकोफाइल हिज़ हाइनेस (महाराजाधिराज) जगतजीत सिंह के जीवन, समय और किंवदंती को उनके पोते ब्रिगेडियर हिज़ हाइनेस सुखजीत सिंह और सिंथिया मीरा फ्रेड्रिक द्वारा प्रिंस, पैट्रन एंड पैट्रिआर्क में दर्शाया गया है।

राज्यों की सीमाओं के गठन के सम्बन्ध में, मैंने अकादमी में प्रशिक्षु अधिकारियों द्वारा प्रस्तुत 'स्टेट पेपर्स' का व्यापक उपयोग किया है। साल-दर-साल, किसी राज्य के निर्धारित अधिकारियों से राजनीतिक भूगोल, जनसांख्यिकी, प्राकृतिक संसाधनों, नदी जल परियोजनाओं आदि के विभिन्न पहलुओं को कवर करने वाला एक आलेख लिखने की उम्मीद की जाती है और इन प्रस्तुतियों की प्रमुख विशेषताओं को योजना आयोग और नीति आयोग के समक्ष प्रस्तुत किया जाता है। इन्हें *इकोनॉमिक एंड पॉलिटिकल वीकली* के अग्रदूत *जर्नल इकोनॉमिक वीकली* में रिपोर्टों से विवरण द्वारा पूरक किया गया था। साथ ही साथ जेएसटीओआर का खोज इंजन प्रत्येक राज्य-विशिष्ट के अध्याय के लिए बहुत उपयोगी सिद्ध हुआ। जम्मू-कश्मीर के लिए मैंने एम.जे. अकबर की *कश्मीर, बिहाइंड द वेल*, वजाहत हबीबुल्लाह की *माई कश्मीर : द डाइंग ऑफ़ लाइट* और पी.सी. डोगरा की *1947 कश्मीर इंवेजन : वाई स्टेलमेट* जैसी किताबों के अतिरिक्त आदर्श सेन आनन्द, शैलेंद्र सिंह जामवाल, जगमोहन, बीजी वर्गीज, आयशा जलाल, आशुतोष वार्ष्णेय और लुईस टिलिन के जर्नल लेखों से भी मार्गदर्शन लिया। मुझे वैली ऑफ़ वर्ड्स में सैन्य इतिहास और रणनीति कार्यक्षेत्र पर आयोजित सत्रों में विशेष रूप से लेफ़्टिनेंट जनरल अता हसनैन, शिव कुणाल वर्मा और लेफ़्टिनेंट जनरल पीजेएस पन्नू के साथ और अकादमी में जेसीएम सत्रों से कश्मीर मुद्दे पर चर्चा और फेयर ऑब्जर्वर में इसके साहसी सम्पादक अतुल सिंह द्वारा इस विषय पर व्यापक आलेखों का लाभ मिला। राजदूत पी. स्तोबदान के लेखन ने मुझे नये केन्द्र शासित प्रदेश के निर्माण पर लद्दाखी परिप्रेक्ष्य को समझने में मदद की है।

हैदराबाद और तेलंगाना अध्यायों के सम्बन्ध में, हैदराबाद पर मेनन के विस्तृत विवरण के अलावा, मैंने इयान कोपलैंड, तारकनाथ दास, नानी गोपाल चौधरी, रशीउद्दीन ख़ान, सुनील पुरुषोत्तम और ए.जी. नूरानी के पत्रिका लेखों के अलावा गौतम पिंगले और नरेन्द्र लूथर की पुस्तकों पर अध्याय आधारित किये हैं।

राज्य पुनर्गठन आयोग (एसआरसी) की रिपोर्ट अपने आपमें दिलचस्प है। यह 267 पृष्ठ की रिपोर्ट आसानी से डाउनलोड करने योग्य है, और कई मायनों में, 'मूलभूत रिपोर्ट' है, और विद्वता, छात्रवृत्ति और तर्कसंगत परावर्तन का एक अच्छा उदाहरण है। भाषायी राज्यों पर डॉ. बी.आर. आम्बेडकर के विचारों के साथ-साथ भाषायी पुनर्गठन आयोग (एलआरसी) और एसआरसी को दिये गए उनके अभ्यावेदन और एसआरसी रिपोर्ट पर उनकी टिप्पणियाँ सटीक हैं। एसआरसी की रिपोर्ट पर बहुत बड़े पैमाने पर टिप्पणी की गई थी, और सर्च इंजन फार ईस्टर्न सर्वे (फ़रवरी, 1956) में सतीश कुमार अरोड़ा के लेख 'भारतीय राज्यों का पुनर्गठन' को शीर्ष पर दिखाते हैं। यह वास्तव में एक अच्छा शोध लेख है, जिसने न केवल मुझे परिप्रेक्ष्य की भावना दी, बल्कि मुझे भाषायी राज्यों पर कांग्रेस की स्थिति को समझने के लिए भी प्रेरित किया। इसके साथ ही मार्शल विंडमिलर के 'सार्वजनिक मामलों में भारत में भाषायी क्षेत्रवाद' (दिसम्बर, 1954) पर लेख ने भी सन्दर्भ निर्धारित करने में मदद की।

1950 के दशक में भाषायी बहस पर वैचारिक स्पष्टता लिए तीन किताबें प्रमुखता से सामने आती हैं। इनमें रॉबर्ट डी. किंग की *नेहरू एंड द लैंग्वेज पॉलिटिक्स ऑफ़ इंडिया*, सेलिग हैरिसन की *इंडिया : द मोस्ट डेंजरस डिकेड* और पॉल ब्रास की *लैंग्वेज, रिलीजन एंड पॉलिटिक्स इन नॉर्थ इंडिया* शामिल हैं। दक्षिण में भाषा की राजनीति कैसे शुरू हुई, यह बात राजमोहन गांधी द्वारा उनकी पुस्तक *मॉडर्न साउथ इंडिया* में सबसे अच्छी तरह से प्रस्तुत की गई है। दक्षिण में भाषायी राज्यों के निर्माण के सम्बन्ध में, जे. बालन, वी.बी. गणेशन, सी.टी. कुरियन, ई. राघवन, ई.आर. मनोर, जानकी नायर और एफ. पर्लिन के लेख इस मुद्दे पर तथ्य और अलग-अलग दृष्टिकोण—दोनों प्रदान करते हैं।

असम की सीमाओं सम्बन्धी अध्याय बीजी वर्गीज, संजय हज़ारिका, यास्मीन सैकिया, उदयन मिश्रा, वी.एस. जाफा, एच.के. बारपुजारी, राजेन सैकिया, सुबीर भौमिक, वेरियर एल्विन, वी.के. सरीन, नन्दिता हक्सर, महेन्द्र पी. लामा और नारी रुस्तमजी आदि की रचनाओं पर आधारित हैं। गृह मंत्रालय की रिपोर्ट, ऑल पार्टी हिल लीडर्स कॉन्फ्रेंस (एपीएचएलसी) की कार्यवाही और प्रत्येक राज्य और केन्द्र शासित प्रदेश के गठन के समय की संसदीय बहस भी अच्छी पृष्ठभूमि का आधार बनी हैं।

नीतीश सेनगुप्ता की *बंगाल डिवाइडेड : द अनमेकिंग ऑफ़ ए नेशन, 1905-1971* तथा जोया चटर्जी की *बंगाल डिवाइडेड : हिन्दू कम्यूनलिज़्म एंड पार्टीशन, 1932-1947* के साथ-साथ सेमन्ती घोष की *डिफ़रेंट नैशनलिज़्म* के

साथ-साथ *इकोनॉमिक वीकली,* द *स्टेट्समैन* और द *टाइम्स ऑफ़ इंडिया* में रॉय-सिन्हा प्रस्तावों पर बहस और हेम चन्द्र रॉय मामले में कलकत्ता उच्च न्यायालय के फ़ैसले ने रॉय-सिन्हा प्रस्तावों पर अध्याय के लिए सामग्री प्रदान की। इस पहलू पर अभी भी विद्वानों का ध्यान नहीं गया है, और यह मेरी आशा है कि यह भविष्य में अकादमिक अन्वेषण का विषय बनेगा।

फ्रांसीसी और पुर्तगाली क्षेत्रों के एकीकरण पर विदेश और राष्ट्रमंडल कार्यालय (एफसीओ) के रिकॉर्ड इस बात का अन्दाज़ा देते हैं कि कैसे शीत युद्ध और नाटो की राजनीति से भारत के साथ गोवा के क्षेत्रों के विलय में देरी हुई। डॉ. टी.बी. कुन्हा, पी.डी. गायतोंडे और डॉ. राम मनोहर लोहिया की रचनाओं से एकीकरण के संघर्ष के बारे में जानकारी मिलती है। चन्द्रनगर पर शैलेंद्र नाथ सेन की पुस्तक और भारत में फ्रांसीसी क्षेत्रों के एकीकरण पर अखिल येचुरी का आलेख इस अध्याय का आधार था।

छत्तीसगढ़ के सम्बन्ध में, धर्मेंद्र कुमार, ईश नारायण मिश्रा, लुईस टिलिन, अनिल नौरियाल, रजत कुजूर और डाइटमार रॉदरमंड के साथ-साथ नन्दिनी सुन्दर के लेखों से सामग्री ली गई थी। राज्य की एक वरिष्ठ सिविल सेवक मनिन्दर कौर द्विवेदी के साथ मेरी बातचीत से इसमें और भी सामग्री जोड़ी गई। मैं मिश्रा के लेख का विशेष रूप से उल्लेख करना चाहूँगा, क्योंकि यह 'छत्तीसगढ़ी पहचान' बनाने में गांधीवादी-मार्क्सवादी शंकर गुहा नियोगी द्वारा निभाई गई भूमिका पर उसी तरह प्रकाश डालता है, जिस तरह ए.के. रॉय ने झारखंड के लिए किया था। मार्क्सवादी दृष्टिकोण वाले ये दो जन नेता 'वैचारिक रूप से लचीली सीपीआई और सीपीएम' के साथ काम नहीं कर सके, यह एक और अनुसन्धान का क्षेत्र है।

जब झारखंड को पूर्ण राज्य का दर्जा देने की घोषणा की गई, ठीक उसी समय ए.के. रॉय ने *इकोनॉमिक एंड पॉलिटिकल वीकली* के लिए अपना लेख 'झारखंड : फ्रौम सेपरेशन टू लिबरेशन' लिखा था। आशुतोष कुमार, अनुराधा राय, अख्तर मजीद, विजय प्रकाश शर्मा, सिउली मुखर्जी, राम दयाल मुंडा के लेखन और जयपाल सिंह मुंडा पर लेख एवं उनके स्वयं के लेखन के साथ इसे सुदृढ किया गया था। 2000 में गठित तीसरे राज्य उत्तराखंड पर सामग्री बहुत व्यापक है, ख़ासकर क्योंकि राज्य पर लगभग हर पुस्तक और लेख उत्तराखंड राज्य—फ़ाइल का हिस्सा है। आर.एस. टोलिया, रामचन्द्र गुहा, शेखर पाठक, एम्मा मावड्सले, पंपा मुखर्जी, अन्तजे लिंकनबैच और एम.पी. दुबे के लेखों के साथ-साथ चंडी प्रसाद भट्ट, सुन्दर लाल बहुगुणा, इन्दु कुमार पांडेय और डॉ. राजेन्द्र डोभाल के साथ बातचीत एक अत्यंत मूल्यवान संसाधन थे।

धार्मिक सीमाओं के निर्माण पर हरजोत ओबेरॉय की पुस्तक *कल्चर, आइडेंटिटी एंड डाइवर्सिटी इन सिख ट्रेडिशन* गुरुमुखी लिपि के साथ-साथ एक अलग सिख राज्य और बाद में पंजाबी सूबा की माँग सम्बन्धी पृष्ठभूमि प्रदान करती है। बलदेव राज नैयर की *माईनोरिटी पॉलिटिक्स इन पंजाब* और ज्योतिरिंद्र दास गुप्ता की पुस्तक *लैंग्वेज कान्फ्लिक्ट एंड नैशनल डेवलपमेंट* स्वतंत्र भारत में हिन्दी-पंजाबी संघर्ष की व्याख्या करती है, विशेष रूप से सच्चर फ़ॉर्मूले (पंजाब के तत्कालीन मुख्यमंत्री भीम सेन सच्चर के नाम पर) पर, जो समाधान का आधार बन सकती थी, लेकिन यह जालंधर में हिन्दी प्रेस की उदासीनता थी, जिसने अन्ततः हरियाणा और हिमाचल प्रदेश के निर्माण का मार्ग प्रशस्त किया। मैं यहाँ अखिल भारतीय हिन्दू महासभा के ओम प्रकाश कोहल द्वारा लिखित 'हिन्दूज़ एंड द पंजाबी स्टेट' का उल्लेख करना चाहूँगा—एक आउट-ऑफ़-प्रिंट पुस्तक जो मुझे ज्ञानलोक संग्रह में मिली थी, जिसमें तर्क दिया गया है कि पंजाब के हिन्दुओं को गुरुमुखी को अपना मानना, स्वीकार करना और प्रोत्साहित करना चाहिए, और यह अपने आपमें एक भाषा थी, हिन्दी की बोली नहीं। हरियाणा और हिमाचल पर गुलशन राय और एम.एस. अहलूवालिया की किताबें अनुभवजन्य आँकड़ों के साथ-साथ इन राज्यों के समर्थकों द्वारा एसआरसी को दी गई प्रस्तुतियों को एक साथ लाती हैं। *इकोनॉमिक वीकली* और द *ट्रिब्यून* की सम्पादकीय टिप्पणियाँ भी इसमें काम आईं।

उड़ीसा अध्याय साइमन कमीशन की रिपोर्ट से लिया गया है—जिसे उड़ीसा, बिहार और सिन्ध के भाषायी राज्यों को बनाने का श्रेय मिलना चाहिए। इसे इस सिद्धान्त पर स्वीकार किया गया कि राजस्व, न्यायिक और प्रशासनिक कार्य दैनिक बोलचाल की ही भाषा में बेहतर होगा। अलग राज्य को उचित ठहराने के लिए भारत सरकार को सौंपे गए ज्ञापन को बीए के दो गुमनाम छात्रों द्वारा 'उड़िया आन्दोलन : संयुक्त उड़ीसा की माँग' से जोड़ा जा सकता है, लेकिन हम जानते हैं कि इसके प्रकाशक एच.एच. पांडा, बीए, गंजम के उड़िया समाज के सचिव थे। प्रीतिपुष्प मिश्रा, कमलकांता राऊल, जी.एन. दास, ममता दास और बिस्वमॉय पति के अनुसन्धानपूर्ण लेख और मधुसूदन दास, गोपबन्धु दास, विश्वनाथ दास और हरे कृष्ण महताब के लेखों ने मुझे 'उत्कल बन्दे जननी' लिखने और राज्य की कहानी सुनाने का आत्मविश्वास दिया।

हमें स्पष्ट रूप से स्वीकार करना चाहिए कि शोध की गई अधिकांश सामग्री अंग्रेज़ी में रही है, हालाँकि कोई भी जानता है कि जब भाषायी आधार पर देश के पुनर्गठन की बात आती है, तो भारतीय भाषाओं में सामग्री पर्याप्त होनी चाहिए। मैं इसे आगे के अनुसन्धान के लिए इतिहासकारों की अगली पीढ़ी पर छोड़ता हूँ।

हमारा हर राज्य, और शीर्ष पर बैठे राजनीतिक और सामाजिक नेता, नई दिल्ली केन्द्रित विमर्श में खो गए हैं, जिसे विशेषाधिकार प्राप्त प्रधानमंत्रियों और विदेश मामलों, गृह, रक्षा और वित्त जैसे प्रमुख मंत्रालयों में उनके सहयोगियों की सेवाएँ उपलब्ध रही है। इसलिए, उन मंत्रियों के बारे में बहुत कम जानकारी है जिन्होंने स्वास्थ्य और शिक्षा से लेकर कृषि और सामाजिक न्याय तक कई विषयों पर हमारी नीतियों को आकार दिया। इस कमी को दूर करने की ज़रूरत है और प्रताप सिंह कैरों, बी.सी. रॉय, एस. निजलिंगप्पा, देवराज उर्स, हरे कृष्ण महताब और के. कामराज जैसे नेताओं के अपने लिखे लेख और उन पर लिखी सामग्री, जो कांग्रेस के केन्द्रीय नेतृत्व के दौरान अडिग रहे, ये सभी इस तरह के किसी भी अध्ययन के लिए बहुत महत्त्वपूर्ण हैं।

दृष्टिकोण

इस तरह के किसी भी कार्य में, सामान्यीकरण और व्यापक प्रस्तावों की पेशकश की जानी चाहिए—और यह निश्चित रूप से किसी विशेष पहलू पर विशेष लेखन का विकल्प नहीं है : उदाहरण के लिए सिक्किम या पंजाब या गुजरात के विद्वान स्पष्ट रूप से इस विषय पर बेहतर जानकारी रखते हैं। यह उन लोगों के लिए भी एक विकल्प नहीं है जो किसी भी राज्य, क्षेत्र या भाषायी आकांक्षा का अधिक विस्तार से अध्ययन करना चाहते हैं या अकादमिक अध्ययन करने वाले हैं। लेकिन सिक्किम का उदाहरण दिखाएगा कि उन्हें लिखने वालों द्वारा दृष्टिकोण को कैसे आकार दिया जाता है : इस विषय पर पहली पुस्तक सुनन्दा के. दत्त रे की 'स्मैश एंड ग्रैब' थी। उन्होंने इसे अपने दोस्त, चोग्याल के दृष्टिकोण से लिखा और एक दृष्टिकोण अपनाया कि बड़े भाई भारत ने एक अभागे और असहाय हिमालयी साम्राज्य पर बलपूर्वक प्रभुत्व स्थापित किया था। बी.एस. दास की 'द सिक्किम सागा' पूरी तरह से अलग दृष्टिकोण रखती है। यह प्रशासक का दृष्टिकोण बताता है—कैसे चोग्याल और उनकी 'मंडली' ने इसे अपने ऊपर लिया क्योंकि उन्होंने बहुसंख्यक समुदाय : नेपालियों के साथ सत्ता साझा करने से इनकार कर दिया था। एंड्रयू डफ ने स्कॉटिश मिशनरियों, जो स्थानीय स्कूल चलाते थे और चोग्याल और ग्यालमो के आकर्षक सर्कल का हिस्सा थे, द्वारा लिखे गए पत्रों पर अपनी कहानी बनाई। उनकी राय पहली दो किताबों की तुलना में अधिक गहन है, क्योंकि उन्होंने विलय के तीन दशकों के बाद इसे लिखा था। जी.बी.एस. सिद्धू की पुस्तक, 'सिक्किम : द डॉन ऑफ़ डेमोक्रेसी', रिसर्च एंड एनालिसिस विंग (रॉ) के दृष्टिकोण से है—

और वह स्पष्ट रूप से कहते हैं कि यह पहले मुख्यमंत्री क़ाज़ी ल्हेन्दुप दोरजी की प्रतिष्ठा को बचाने के लिए लिखा गया है, जो सिक्किम पर कई कथाओं में निशाने पर थे। आईएफएस अधिकारी पी.एम.एस. मलिक की इस विषय पर हाल ही में लिखी गई एक किताब में चीनी दृष्टिकोण को सामने लाया गया है और सिक्किम को भारत और चीन के बीच सत्ता के खेल के एक मोहरे के रूप में चित्रित किया गया है। कहने की आवश्यकता नहीं है कि इन सभी आख्यानों में सचाई का एक तत्त्व है, लेकिन एक लेखक को एक दृष्टिकोण अपनाना होता है : मेरा दृष्टिकोण इस तथ्य से पनपा है कि आईएएस में मेरी सेवा के पहले कुछ साल मैंने कलिम्पोंग (कुख्यात रूप से 'जासूसों का घोंसला' कहा जाता है) में बिताए थे, जहाँ मेरी पत्नी रश्मि और मुझे, भूटान की रानी माँ के साथ-साथ क़ाज़ी साहब और क़ाज़िनी एलिजा मारिया दोरजी और ताशी पेम्पा हिशे द्वारा मेजबानी का सौभाग्य मिला था, उनका परिवार चीन के साथ 1962 के युद्ध के बाद सभी व्यापार बन्द हो जाने से पहले तक भारत-तिब्बत व्यापार को नियंत्रित करता था, तब कलिम्पोंग भारतीय पक्ष में अन्तिम चौकी थी।

जैसा कि पहले उल्लेख किया गया है, मुझे यूके के एफसीओ के रिकॉर्ड अवर्गीकरण से बहुत लाभ हुआ है। सप्ताह-दर-सप्ताह, नई दिल्ली में ब्रिटेन के उच्चायुक्त के साथ-साथ मुम्बई, कोलकाता और चेन्नई में उनके डिप्टी अपनी रिपोर्ट भेजते थे, साथ ही प्रमुख अंग्रेज़ी भाषा के समाचार पत्रों—मुख्य रूप से *द स्टेट्समैन, द टाइम्स ऑफ़ इंडिया, द हिन्दू, द इंडियन एक्सप्रेस* और *हिन्दुस्तान टाइम्स* से ब्रिटेन में विदेश कार्यालय के अधिकारियों के लिए समाचार पत्रों की कटिंग भेजते थे। जिसे पढ़कर, समझा जा सकता है कि कैसे ब्रिटेन के विदेश कार्यालय ने खनन उद्योग, चाय बाग़ानों और एजेंसी हाउसों के हितों के साथ-साथ केन्द्र और राज्य सरकारों के साथ उनके इंटरफेस की रक्षा करने की कोशिश की। चाहे कोई उनके दृष्टिकोण से सहमत हो या न हो, परन्तु इस एक बात से सहमत होना होगा कि उनका रिकॉर्ड-कीपिंग और वर्गीकरण अत्यधिक सावधानीपूर्ण है। जबकि हमारे अभिलेखागार में बहुत सारी सामग्री उपलब्ध ही नहीं है, हमें बेहतर तरीक़े से इसका दस्तावेज़ीकरण और वर्गीकरण करने और इसे और अधिक सुलभ बनाने की आवश्यकता है।

इस अध्ययन का उद्देश्य राज्यों की सीमाओं के साथ-साथ उनके नामकरण का अध्ययन भी है। स्वाभाविक रूप से, सीमा रेखाओं में सभी परिवर्तन राजनीति और व्यक्तित्वों से प्रभावित रहे हैं। यदि एक घटना सीमा वितरण को प्रभावित करती है तो वह यह इस अध्ययन के दायरे में है; अन्यथा, भले ही घटना अपने

आपमें बहुत महत्त्वपूर्ण है, इसे शामिल नहीं किया गया है। इस प्रकार, जम्मू-कश्मीर की सीमाओं के बारे में डिक्सन योजना पर चर्चा अध्ययन का हिस्सा है, लेकिन नेहरू-शेख अब्दुल्ला सम्बन्धों का टूटना, साथ ही बाद में गिरफ़्तारी इसमें शामिल नहीं है। इस तरह के अध्ययन में सबसे बड़ी चुनौती उन चीज़ों पर रेखा खींचना है जो सीमाओं को सीधे प्रभावित नहीं करती हैं।

क्या इस अध्ययन के कोई सबक हैं? हाँ। सबसे पहले और सबसे महत्त्वपूर्ण तथ्य यह है कि जबकि पहचान की धारणा निश्चित रूप से परिवर्तनशील है परन्तु कुछ तत्त्व हैं जो इसे स्वीकृत पाठ्यक्रम से जोड़े रखते हैं और बहुत दूर जाने से रोकते हैं। भाषा आमतौर पर एक शक्ति है जो लोगों को एक साथ लाती है—लेकिन पंजाबी के मामले में, लिपि विवाद की विभाजक बन गई। दूसरा, अखिल भारतीय दलों और क्षेत्रीय (राज्य-आधारित) दलों के इन मुद्दों को देखने के तरीक़े में बहुत अन्तर है। तीसरा, राजनीतिक दल भी समय के साथ अपना दृष्टिकोण बदलते हैं। चौथा, पलायन जनसांख्यिकी को प्रभावित करता है, और जनसांख्यिकी का चुनावी राजनीति पर सीधा असर पड़ता है। पाँचवाँ, किसी पार्टी का राष्ट्रीय राजनीतिक नेतृत्व क्या चाहता है और ज़मीनी स्तर पर कार्यकर्ता क्या करते हैं, इसके बीच अन्तर है। छठा, किसी विचार का विरोध सबसे अप्रत्याशित तबक़ों से आ सकता है। सातवाँ, अंग्रेज़ी भाषा के प्रेस, हिन्दी समाचार पत्रों और क्षेत्रीय समाचार पत्रों के अधिकांश मुद्दों पर अलग-अलग दृष्टिकोण हैं। यहाँ तक कि कवरेज भी भिन्न होता है। आठवाँ, हर कहानी के कई दृष्टिकोण होते हैं—जिसे सिक्किम के उदाहरण से उजागर किया गया है। नौवाँ, जबकि सात दशक एक व्यक्ति के इतिहास का एक लम्बा समय है, एक राष्ट्र के लिए, इतिहास सदियों तक फैला है; और एक सभ्यतागत दृष्टिकोण से, व्यक्ति सहस्राब्दियों को देखता है।

अन्त में, इतिहास अपने विजेताओं द्वारा लिखा जाता है, या उन लोगों के द्वारा जो उनके क़रीब हैं, जिनके पास शक्ति है। अमित रंजन द्वारा जॉन लैंग की जीवनी में एक बहुत ही सुन्दर उल्लेख है, जिसकी पहली दो पंक्तियाँ हैं :

हिस्ट्री इस फ़िकल
इन व्हाट इट डिसाइड्स टू पिकल...

वेद व्यास की महाभारत से लेकर एडवर्ड गिब्बन की 'डिक्लाइन एंड फॉल ऑफ़ द रोमन एम्पायर', फ्रांसिस फुकुयामा की 'एंड ऑफ़ हिस्ट्री' और युवाल नोवा हरारी की 'होमो ड्यूस' जैसी मेटा कथाओं से मैंने यह पढ़ा और जाना है कि कोई भी राजवंश या समूह हमेशा के लिए सत्ता में नहीं रह सकता।

सत्ता अपने विरोधाभास पैदा करती है, 'अभिमान' अवश्यम्भावी है, और नियंत्रण की खोज हमेशा सांस्कृतिक/सभ्यतागत पहचान, या सतत विकास, या एक 'सुनहरे अतीत' की भव्य कथा में निहित होती है, जिसका पुनरुद्धार सभी वर्तमान और भविष्य की समस्याओं के लिए जादुई समाधान होगा।

इस दीर्घ प्रस्तावना/एकालाप के साथ, आइए हम इस कहानी पर आगे बढ़ें कि कैसे भारत ख़ुद को फिर से परिभाषित करना जारी रखता है। मैं यह भी उल्लेख करना चाहूँगा कि भारत की तरह, यह कार्य भी प्रगति पर है। जैसे-जैसे नई प्रतिभा अब तक छिपे तथ्यों को प्रकाश में लाती जाएगी, वैसे-वैसे नये निष्कर्षों को शामिल किया जाएगा—क्योंकि इतिहास सदैव—बन रहा है!

1

नक़्शे और निशान

भारत में आन्तरिक सीमाओं का अंकन

हम, लोग

हमारे संविधान की प्रस्तावना स्पष्ट रूप से कहती है कि 'हम, भारत के लोगों ने' भारत को एक 'सम्पूर्ण प्रभुत्व-सम्पन्न, समाजवादी और पंथनिरपेक्ष लोकतंत्रात्मक गणराज्य'[1] के रूप में गठित किया है। संविधान के पहले तीन अनुच्छेद[2] संघ के नाम और राज्यक्षेत्र को परिभाषित करते हैं। इसके मुताबिक भारत, अर्थात इंडिया (इंडिया दैट इज भारत)[3] राज्यों का संघ है। इससे यह स्पष्ट है कि अर्ध-संघीय भारतीय गणराज्य के घटक (राज्य) राष्ट्र की आन्तरिक सीमाओं को पुन: परिभाषित कर सकते हैं। भारत के लोगों ने इस विकल्प का काफ़ी बार उपयोग किया है—लेकिन ज़्यादातर मामलों में एक सन्दर्भ विशेष रहा है, जिनकी अनेक व्याख्याएँ या उपपाठ हैं। मसलन, नये राज्य के निर्माण की रूपरेखा, या सीमाओं में परिवर्तन, या नामकरण में परिवर्तन की प्रक्रिया के पहलू स्पष्ट रूप से निर्धारित हैं, लेकिन हर नामकरण या सीमा के परिवर्तन में एक मज़बूत राजनीतिक घटक होता है जो भारतीय सर्वेक्षण विभाग[4] द्वारा मुद्रित नक़्शों पर नज़र आता है।

ग़ौरतलब है कि भारत की स्वतंत्रता के पचहत्तरवें वर्ष में भारत के मानचित्र पर ब्रिटिश भारत के नौ प्रान्त[5] (जैसा कि राज्यों को उस समय कहा जाता था) तथा सभी 562 देशी रियासतें[6] प्रतिबिम्बित नहीं होते। यह इस राष्ट्र की अपने नागरिकों के हित में; अपनी राजनीतिक एवं प्रशासनिक सीमाओं के साथ तालमेल बनाने की क्षमता के बारे में काफ़ी कुछ बताता है। घटक इकाइयों—राज्यों—के ज़रिये की गई भारत की पुनर्कल्पना में लगभग हर जातीय, भाषायी और क्षेत्रीय समूह की आकांक्षाएँ, दावे और समायोजन चिह्नित हैं। सम्भवत: दुनिया का कोई अन्य देश इतने बड़े

पैमाने पर आन्तरिक सीमाओं के पुन: समायोजन का साक्षी नहीं रहा। हालाँकि कुछ सीमित बदलाव प्रशासनिक आवश्यकताओं के कारण, ख़ासकर पहले तीन वर्षों में हुए जब भारत, भारतीय अधिराज्य (डोमिनियन ऑफ़ इंडिया) से भारतीय गणराज्य (रिपब्लिक ऑफ़ भारत) बन रहा था, जबकि आन्तरिक सीमाओं में अधिकांश अन्य परिवर्तन राज्य और संघीय राजनीति में अपनी जगह खोज रहे भाषायी अथवा जातीय समूहों के मज़बूत आन्दोलनों द्वारा सम्भव हुए।[7] असल में तो कहा जा सकता है कि एक समुदाय की आवाज़ और उसकी पहचान के अधिकार को आगे बढ़ाने की इच्छा, बजट[8] और प्राकृतिक संसाधनों पर नियंत्रण पाकर रोज़गार और नियंत्रण मुहैया कराना बहुत से आन्दोलनों की प्रेरक शक्तियाँ रही।

दिलचस्प बात यह है कि अपने-अपने तरीक़े से भारत की कल्पना करने वाले चार प्रमुख नेता—महात्मा गांधी जो एक न्यूनतमवादी राज्य[9] चाहते थे, बाबासाहेब जो सामाजिक न्याय[10] के लिए राज्य के हस्तक्षेप में दृढ़ता से विश्वास करते थे, नेहरू जिनका केन्द्रीकृत योजना में विश्वास था, और सरदार पटेल जिन्होंने शासन और राष्ट्रीय अखंडता को अन्य सभी मुद्दों पर प्राथमिकता दी—पूरी तरह सहमत थे कि भाषायी आधार पर राज्यों को स्वीकृति, देश की एकता और अखंडता को कमज़ोर करने के बजाय इसे मज़बूत बनाएगी। यह सच है कि आज़ादी के तुरन्त बाद, पटेल और नेहरू दोनों ने क्षेत्रीय मुद्दों को उठाने के बजाय; हाल ही में विभाजित देश में पहले स्थिरता सुनिश्चित करने में समझदारी महसूस की। हालाँकि, दीर्घकालिक दृष्टि में इस सम्बन्ध में कभी कोई सन्देह नहीं था। कांग्रेस ने 1918[11] से ही भाषायी आधार पर अपनी इकाइयाँ स्थापित की थी, इसलिए राष्ट्र की घटक इकाइयों के भी इसी आधार पर गठन की अपेक्षा भी तार्किक थी।

डोमिनियन ऑफ़ इंडिया से रिपब्लिक ऑफ़ भारत तक : 1947 और 1950 के नक़्शे

आज़ादी के पहले 30 महीनों में नये प्रशासनिक एवं राजनीतिक ढाँचे के साथ रियासतों का एकीकरण अपने आपमें एक अभूतपूर्व चमत्कार है। कई चर्चिलवादी मानते थे कि भारत की स्वतंत्रता दरअसल इसके अन्त की शुरुआत है, क्योंकि उनकी नज़र में भारत एक सभ्यतागत इकाई के बजाय सिर्फ़ एक भौगोलिक एकीकरण भर था।

अधिराज्य से गणराज्य तक का लगभग शान्त संक्रमण वास्तव में एक कृतज्ञ राष्ट्र की ओर से सरदार पटेल और वी.पी. मेनन को दी गई श्रद्धांजलि है। सरदार पटेल को हिंडोल सेनगुप्ता *दी मैन हू सेव्ड इंडिया* के रूप में सम्बोधित करते हैं,

लेकिन उनके योग्य एवं विश्वासपात्र साथी वी.पी. मेनन की भूमिका को भी कमतर नहीं आँका जा सकता।[12] जहाँ सरदार पटेल ने व्यापक नीति निर्धारित की, वहीं मेनन ने रियासतों के भारत के साथ 'इंस्ट्रूमेंट ऑफ़ ऐक्सेशन' का मसौदा तैयार करने और यह सुनिश्चित करने की ज़िम्मेदारी निभाई कि सभी रियासतों ने निर्धारित शर्तों के अनुसार—इंस्ट्रूमेंट ऑफ़ ऐक्सेशन और एग्रीमेंट ऑन मर्जर, दोनों पर—हस्ताक्षर किये हैं। मेनन ने ही यह सुनिश्चित किया कि भारत स्वयं को 'डोमिनियन ऑफ़ हिन्दुस्तान'[13] के बजाय 'भारतीय अधिराज्य'[14] कहे, जैसा कि ब्रिटिश व्यवस्था द्वारा पुकारा जाता था। इस प्रकार भारतीय अधिराज्य ब्रिटिश भारत का स्वाभाविक 'उत्तराधिकारी राज्य' बन गया—अन्यथा पाकिस्तान द्वारा पुर्तगाल और फ्रांस के अधिकार क्षेत्र वाले इलाक़ों पर दावा किया जा सकता था, मुख्य रूप से उन हिस्सों पर जहाँ पर्याप्त मुस्लिम आबादी थी। मेनन ने इस प्रकार अपने देश के लिए चुने हुए नाम के रूप में हिन्दुस्तान के बजाय इंडिया पर ज़ोर देकर अद्भुत समझदारी दिखाई। हमारा संविधान भी कहता है, 'भारत, अर्थात इंडिया' या 'इंडिया दैट इज भारत', जिससे हमारे देश के नाम में इंडिया की प्रधानता को बल मिलता है।

यह सच है कि नरेन्द्र मंडल[15] और कुछ बड़ी रियासतों ने अपनी 'स्वतंत्रता' पर ज़ोर देना चाहा। वे सभी मिलकर चुनौती भी पेश कर सकते थे, क्योंकि अविभाजित भारत का लगभग 48 प्रतिशत क्षेत्रफल और इसकी 40 करोड़ की आवादी में से क़रीब 10 करोड़ जनसंख्या इनके अधीन थी।[16] मगर वे निराश होकर विखर चुके थे, वे ऐसी दुनिया में जी रहे थे जहाँ वक़्त का पहिया थम गया था और सबसे महत्त्वपूर्ण यह कि वे अपने राज्य में उठ रहे लोकप्रिय लोकतांत्रिक आन्दोलनों से मेल नहीं खाते थे। इसके अलावा, जिस शाही शक्ति ने उन्हें सौ साल से अधिक समय तक समर्थन दिया था, वह भी अब नीरस उपदेशों के अतिरिक्त और कुछ भी देने के लिए तैयार नहीं थी।

सुभाष चन्द्र बोस की अध्यक्षता[17] के समय से ही कांग्रेस ने राज्यों को भारत का अभिन्न अंग मानने वाला विचार अपना लिया था; और यह भी कि प्रजा मंडल या अखिल भारतीय राज्य जन आन्दोलन का समर्थन भी किया जाना चाहिए, हालाँकि वे भारतीय रजवाड़ों के ख़िलाफ़ इसे समर्थन देने की खुलेआम घोषणा करने के इच्छुक नहीं थे। यह क़दम 'कार्यनीतिक' ज़्यादा था; क्योंकि यह भी स्पष्ट था कि एक बार ब्रिटिश सर्वोच्चता के समाप्त हो जाने के बाद, रियासतें ताश के पत्तों की तरह ढह जाएँगी। 1935 के भारत सरकार अधिनियम[18] में रियासतों के लिए कोई स्पष्ट प्रतिबद्धता नहीं थी, अंग्रेज़ों ने इन राज्यों को युद्ध के प्रयासों में उदारतापूर्वक योगदान करने के लिए प्रोत्साहित किया था, किन्तु वे ब्रिटिश क्राउन की ओर से

कोई प्रतिबद्धता प्रदर्शित नहीं कर रहे थे। किसी को भी ख़ास कर यह नहीं भूलना चाहिए कि इनमें से पचास से अधिक रियासतों के पास सुप्रशिक्षित स्थायी सेना थी, जिनमें से अनेक सैनिक टुकड़ियों ने विश्वयुद्धों में भाग भी लिया था। हालाँकि, पीछे मुड़कर देखने पर ऐसा प्रतीत होता है कि उनके आन्तरिक पूर्वग्रह और मतभेद सतही थे, जबकि हक़ीक़त यह है कि 'इसी ने उनके जीवन को परिभाषित किया है' (वरीयता तालिका, बन्दूक़ की सलामी और व्यक्तिगत अधिकार),[19] वे इन विशिष्टताओं को प्राप्त करने के लिए अपने राज्य के संसाधनों का उपयोग करने के लिए भी तैयार थे।

भारतीय सिविल सेवा (आईसीएस) के कुछ अधिकारियों, विशेष रूप से वे जो राजनीतिक सेवा में प्रतिनियुक्ति पर थे तथा राजनीतिक विभाग और रियासतों में रेज़िडेंट के रूप में काम कर रहे थे, ने विभिन्न राज्यों के साथ बहुत अच्छा तालमेल विकसित कर लिया था। लेकिन न तो वायसराय, न भारत सचिव कार्यालय तथा न ही सरदार पटेल और मेनन द्वारा ही कभी इसे स्वीकार्य भाव की दृष्टि से देखा गया। संविधान सभा में रियासतों के प्रतिनिधियों को सम्मिलित किया जाना एक अद्वितीय क़दम था; रियासतें शिकायत नहीं कर सकती थीं कि उनसे नये शासन के ढाँचे के सम्बन्ध में परामर्श नहीं किया गया था, क्योंकि उनके सभी दावों और आपत्तियों के समाधान शानदार तरीक़े से कुशलतापूर्वक किये गए। हालाँकि, सिद्धान्त के अनुसार राज्यों के प्रतिनिधि 'निर्वाचित' किये जाने थे, किन्तु इनमें कई ऐसे उदाहरण भी थे जिनमें वे राजकुमारों द्वारा नामित किये गए। साथ ही सी.एस. गुहा सरीखे कुछ प्रतिनिधियों ने एक से अधिक राज्यों मसलन मणिपुर और त्रिपुरा का प्रतिनिधित्व किया। 1950 का मानचित्र 1947 से काफ़ी अलग था; हालाँकि राज्यपालों (गवर्नरों) तथा राज प्रमुखों के अधीन राज्यों के बीच भिन्नताएँ थीं, फिर भी, जब इस (1950 के) मानचित्र को वर्तमान राज्यों और केन्द्र शासित प्रदेशों के साथ देखा जाता है, तो यह ज़्यादा जाना-पहचाना लगता है।

'राजभाषा हिन्दी'—1952 : स्वतंत्र भारत का पहला हिन्दी नक़्शा

स्वतंत्र भारत का पहला हिन्दी नक़्शा 1952 में प्रकाशित किया गया था।[20] इसके साथ ही राजस्थान, उत्तर प्रदेश, मध्य प्रदेश और बिहार के हिन्दी-भाषी राज्यों ने तथाकथित हिन्दी प्रदेश का निर्माण किया। छह दशक बाद, उत्तरांचल (वर्तमान उत्तराखंड), छत्तीसगढ़ और झारखंड नामक तीन नये राज्य, इन उप-क्षेत्रों की विकास सम्बन्धी आकांक्षाएँ पूर्ण करने के लिए बनाए गए। लेकिन इससे पहले ही,

हरियाणा और हिमाचल प्रदेश को क्रमशः 1966 और 1971 में हिन्दी-भाषी राज्यों के रूप में गठित करते हुए पंजाब से अलग कर दिया गया था। हरियाणा, हिमाचल प्रदेश, उत्तर प्रदेश, उत्तराखंड, राजस्थान, मध्य प्रदेश, छत्तीसगढ़, बिहार और झारखंड के साथ दिल्ली के राष्ट्रीय राजधानी क्षेत्र (एनसीटी) को मिलाकर; जो राज्य क्षेत्र बनता है, उसकी आधिकारिक भाषा हिन्दी है। यह इसे भौगोलिक और जनसांख्यिकीय दृष्टि से भारतीय संघ का सबसे बड़ा क्षेत्र बनाती है। हिन्दी प्रेमियों ने हिन्दी का जितना अधिक प्रचार-प्रसार किया, इसे उतना ही अधिक प्रतिरोध का भी सामना करना पड़ा, जिसमें सिर्फ़ चार दक्षिणी राज्य ही नहीं, बल्कि वे भी शामिल थे, जिनकी मातृभाषा असमिया, बांग्ला, मराठी, पंजाबी, गुजराती आदि थी। 1965 में, जब संघ की आधिकारिक भाषा के रूप में अंग्रेज़ी के उपयोग की पन्द्रह वर्ष की अवधि समाप्त हो रही थी, तब प्रधानमंत्री लालबहादुर शास्त्री को मजबूरी में यह आश्वासन देना पड़ा कि एक सहयोगी आधिकारिक भाषा[21] के रूप में अंग्रेज़ी तब तक जारी रहेगी, जब तक इस मुद्दे पर आम सहमति न बन जाए। भाषा का मुद्दा यदा-कदा सर उठाता रहता है, ख़ास कर चुनावों से पहले तथा जब भी शिक्षा नीति में कोई परिवर्तन होता है।

चीन की उपस्थिति और तिब्बत की अनुपस्थिति[22]

यही वह पहला मानचित्र भी था जिस पर चीन को हमारे पड़ोसी के रूप में दिखाया गया है। इससे पहले, भारत की उत्तरी सीमा को तिब्बत या 'अपरिभाषित क्षेत्र' के रूप में चिह्नित किया गया था। इस मानचित्र में, तिब्बत और चीन दोनों अंकित हैं; लेकिन 1956 से, तिब्बत हमारी मानचित्रीय कल्पना से ग़ायब हो गया, और जिस मैकमोहन रेखा को हम अपनी सरहद का सीमांकन मानते हैं, उसके बारे में चीन की व्याख्या से अनजान हम सभी 'हिन्दी-चीनी भाई-भाई' रटने लगे थे। तिब्बत ने आख़िरकार 1959 में वापसी की—लेकिन ग़ौरतलब है कि पाँच वर्षों तक भारतीय मानचित्रों ने इसके अस्तित्व को स्वीकार नहीं किया। शुक्र है कि भारतीय सीमान्त प्रशासनिक सेवा (आईएफएएस) के साहसी मेजर बॉब खाथिंग[23] की वजह से तवांग का मठ (उस समय उत्तर-पूर्व सीमान्त एजेंसी [एनईएफए], अब अरुणाचल) 1952 से दृढ़ता के साथ भारतीय हाथों में था। अन्यथा परम पावन चौदहवें दलाई लामा का भारत पलायन अत्यंत समस्याग्रस्त हो सकता था।

1953 : आन्ध्र राज्य और एसआरसी

1952 में पोट्टी श्रीरामुलु की आमरण अनशन के दौरान मृत्यु के कारण पूर्ववर्ती मद्रास राज्य से तेलुगु-भाषी ज़िलों को अलग कर तत्काल आन्ध्र राज्य की घोषणा की गई। इससे यह तथ्य भी उजागर हुआ कि आज़ादी मिलने के बाद भारत में राजनीतिक लामबन्दी के प्रेरक कारक हमेशा के लिए बदल गए थे। यद्यपि कांग्रेस प्रभावशाली पार्टी बनी रही, लेकिन इसे पीछे से निर्देश देने के साथ ही शंकास्पद नामांकनों का भी सहारा लेना पड़ा। मद्रास विधान परिषद के लिए चक्रवर्ती राजगोपालाचारी[24] का नामांकन ऐसा ही था। अपने राजनीतिक जीवन के अन्तिम कुछ वर्षों को बंगाल के गवर्नर (अगस्त 1947-जून 1948) और उसके बाद जनवरी, 1950 तक भारत के गवर्नर जनरल के रूप में बिताने के बाद, राजगोपालाचारी तेलुगु-भाषी क्षेत्रों में लोकप्रिय उभार का अन्दाज़ा नहीं लगा सके, और कृष्णा नदी के पानी को कृष्णा-पेन्नार प्रोजेक्ट के लिए स्थानान्तरित करके तमिल निर्वाचन क्षेत्र को लुभाने के प्रयासों ने उन्हें तेलुगु-भाषियों की नज़र में सन्दिग्ध बना दिया। कांग्रेस आलाकमान के पिछलग्गू के रूप में उनकी शिक्षा और भाषा नीति ने सभी ग़ैर-ब्राह्मण दलों को नफ़रत करने पर मजबूर कर दिया। संयोगवश, राजगोपालाचारी ने भाषा नीति पर कई बार अपने विचार बदले, और अपने राजनीतिक जीवन के दौरान बहुत सारे अवसरवादी गठबन्धन भी किये।

राज्य पुनर्गठन आयोग (एसआरसी) की घोषणा ने बम्बई और पंजाब के अतिरिक्त देश के ज़्यादातर हिस्सों में भाषायी आन्दोलनों पर विराम लगा दिया। 267-पृष्ठों की यह रिपोर्ट,[25] जिसमें असहमति वाले मत भी शामिल हैं, देश में सबसे ज़्यादा पढ़ी और उद्धृत की गई रिपोर्टों में से एक है।

एसआरसी की अध्यक्षता न्यायाधीश फ़ज़ल अली ने की थी। इसमें के.एम. पणिक्कर और भारत रत्न अस्वीकार करने वाले पहले व्यक्ति हृदयनाथ कुंज़रू शामिल थे। कुंज़रू ने इसलिए भारत रत्न लेने से इनकार कर दिया क्योंकि उन्होंने संविधान सभा की बहस में इसका विरोध किया था। एसआरसी ने विस्तारपूर्वक देशभर में व्यापक यात्रा की, और नये राज्यों के निर्माण और पुरानी सीमाओं के पुन: निर्धारण के लिए प्रदर्शनों व प्रति-प्रदर्शनों द्वारा स्वागत किये जाने के साथ ही 1.5 लाख से ज़्यादा दस्तावेज़ प्राप्त किये। सरकार ने इसकी ज़्यादातर सिफ़ारिशों को स्वीकार किया, बावजूद इसके कि एसआरसी कई मामलों में ख़ुद भी एकमत नहीं थी। एसआरसी ने इस सिद्धान्त का पालन किया था कि यदि एक सुझाव पर दो सदस्य सहमत हैं, तो वह स्वीकार्य होगा।

1956 : भारत का मूलभूत नक़्शा

यह कहना ग़लत नहीं होगा कि वास्तव में यही भारत का मूलभूत मानचित्र था, क्योंकि बम्बई, मद्रास, मैसूर एवं जम्मू और कश्मीर के अपवाद के अतिरिक्त, सभी भूतपूर्व ब्रिटिश प्रान्तों और रियासतों के नाम भारत के राजनीतिक मानचित्र से मिट चुके थे (प्रान्तीय सीमाओं के सन्दर्भ में)। जबकि मैसूर और मद्रास के नाम बरकरार रखे गए, लेकिन वह अब भाषायी तौर पर कन्नड़—और तमिल-भाषी क्षेत्रों के रूप में संरेखित थे। बाद में, उनके नाम भी कर्नाटक में कन्नड़ और तमिलनाडु में तमिल की विशिष्ट स्थिति को दर्शाते हैं। बम्बई के साथ ही पंजाब भी द्विभाषी राज्य बना रहा, लेकिन मलयालम बोलने वाले लोगों को केरल मिल गया। बम्बई और पंजाब, दोनों को बाद में क्रमश:1960 और 1966 में विभाजित किया जाएगा।

उत्तर और मध्य भारत के भाषायी राज्यों में मध्य प्रदेश—जो मध्य भारत, विंध्य प्रदेश और भोपाल के हिन्दी-भाषी राज्यों को जोड़ कर बना; मत्स्य प्रदेश, राजपूताना और अजमेर के मेल से निर्मित राजस्थान; उत्तर प्रदेश; और बिहार शामिल थे।[26] हालाँकि पश्चिम बंगाल और बिहार के विलय के लिए रॉय-सिन्हा प्रस्तावों[27] को दोनों राज्यों के तीव्र विरोध के कारण अमल में नहीं लाया गया, लेकिन दोनों राज्यों के बीच पश्चिम बंगाल की भौगोलिक निरन्तरता को सुनिश्चित करने के लिए क्षेत्रीय समायोजन किये गए।

यह महाराज प्रमुखों, राज प्रमुखों और ज्येष्ठ एवं कनिष्ठ उप राज प्रमुखों के लिए एक युग के अन्त की भी निशानी थी। भाग ए, बी और सी राज्यों के बीच कृत्रिम भेदभाव भी लुप्त हो गया। यह भी स्पष्ट था कि राज्य पुनर्गठन आयोग राज्यों को न्यूनतम आकार और प्रशासनिक व्यवहार्यता की दृष्टि से देख रहा था : इसलिए उसने हिमाचल के केन्द्र शासित प्रदेश का विलय पंजाब के साथ, और मणिपुर एवं त्रिपुरा का विलय असम के साथ सुझाया। बाद की घटनाएँ दर्शाएगी कि एसआरसी इन जातीय और भाषायी भावनाओं की राजनीतिक गहराई और ऊर्जा को भाँप नहीं सकी।

द्विभाषावाद का अन्त

1956 का समझौता गुजरात और महाराष्ट्र दोनों के लिए स्वीकार्य नहीं था, यहाँ तक कि बम्बई को केन्द्र शासित प्रदेश के रूप में बढ़ावा देने वालों के लिए भी नहीं। साथ ही तीनों प्रदेश कांग्रेस समितियाँ (गुजरात, महाराष्ट्र और बम्बई) भी इस सम्बन्ध में सन्देहास्पद थीं। कांग्रेस आलाकमान दबाव का सामना नहीं कर पा रही थी,

और नगर निगम, ज़िला पंचायत, राज्य विधानमंडल और केन्द्रीय संसद के सभी चुनावों में लगातार हार के बाद राज्य को गुजरात और महाराष्ट्र में विभाजित कर दिया गया। इस विभाजन में बम्बई को महाराष्ट्र के साथ रखा गया। एक बार ऐसा होने पर, सिवाय सीमान्त राज्य होने के, पंजाबी सूबा[28] के लिए इनकार करने का कोई तर्क-वाद नहीं बचा था, साथ ही भौगोलिक आधार पर पंजाब को सशक्त और छोटा क्षेत्र होने की भी ज़रूरत थी। अकालियों[29] के 1962 और, ख़ासकर, 1965 के युद्धों के लिए दिये गए पूर्ण समर्थन ने राष्ट्रीय राय को सशक्त और दृढ़ पंजाबियों के पक्ष में झुका दिया, और इन्दिरा गांधी ने 1966 में पंजाब और हरियाणा के नये राज्यों की घोषणा की। इस घटना के पाँच वर्षों की अवधि में ही, हिमाचल को भी राज्य का दर्जा मिल गया।

विदेशी क्षेत्रों का एकीकरण

दिसम्बर 1961 तक पुर्तगाल के अधीन अन्तिम विदेशी क्षेत्र—गोवा—को एक सैन्य अभियान द्वारा भारत में एकीकृत कर लिया गया, जो 28 घंटे से भी कम समय में समाप्त हुआ। भारत, गोवा का संयुक्त राष्ट्र, गुटनिरपेक्ष आन्दोलन और अन्य कूटनीतिक मार्गों के माध्यमों से एकीकरण करने का एक दशक से भी अधिक समय से प्रयास कर रहा था। उसी समय, पुर्तगाल ने अपनी उत्तरी अटलांटिक सन्धि संगठन (नाटो) की सदस्यता और ग्रेट ब्रिटेन के साथ सदियों पुरानी सन्धि के लाभ उठाने की भी कोशिश की। पुर्तगाल ने बहुकेन्द्रवाद (प्लुरिसेंट्रलिज़म)[30] की अवधारणा भी प्रस्तुत की जिसमें गोवा को पुर्तगाल का अभिन्न अंग घोषित किया गया, और इसे पुर्तगाल की सीनेट और संसद में प्रतिनिधित्व प्रदान किया गया। पुर्तगाल ने इस मुद्दे को क्राइस्ट (यीशु मसीह) की छवि की हानि के रूप में पेश करके समस्याग्रस्त करने की कोशिश की, और वेटिकन एवं पोप को शामिल करने का प्रयास किया। फिर भी, इसका अधिक प्रभाव नहीं पड़ा क्योंकि स्थानीय धर्मांतरित ईसाइयों ने भी प्रत्यक्ष रूप से भेदभाव का अनुभव किया था। पुर्तगाली पहल का अस्वीकरण तब स्पष्ट हुआ जब अधिकांश लोगों ने लिस्बन प्रशासन के तत्वावधान में आयोजित चुनावों में भाग लेने से इनकार कर दिया। इससे पहले, दादरा और नगर हवेली के साथ-साथ दमन और दीव भी स्थानीय लोगों द्वारा स्वयं ही मुक्त करवाये जा चुके थे।

पुर्तगाली अधिकारियों की हठधर्मिता के विपरीत, फ्रांसीसियों के साथ वार्ता बेहतर स्थिति में थी। बेशक, चन्दननगर ने भारत और फ्रांस के बीच बिना किसी

राजनीतिक संवाद के सन्दर्भ के ही ख़ुद का पश्चिम बंगाल के हुगली ज़िले में विलय कर लिया था, लेकिन कांग्रेस और महात्मा गांधी भी प्राधिकार के ऐसे प्रत्यक्ष दावे के सम्बन्ध में चिन्तित थे। पांडिचेरी के सम्बन्ध में, दिलचस्प जटिल स्थिति थी। इस क्षेत्र की प्रस्तावित द्रविड़स्थान में शामिल होने की चर्चा थी, किन्तु कुल मिलाकर गोवा की तुलना में, राज्यक्षेत्रों का हस्तान्तरण काफ़ी सहज था। फिर भी, विदेशी अधिकारिता अधिनियम को 2014 में तब जाकर निरस्त किया गया, जब संसद को सूचित किया गया कि इस अधिनियम के अस्तित्व की कोई आवश्यकता या तर्क नहीं था।

1963 : नागालैंड का सृजन और असम का पुनर्गठन

नागालैंड का सृजन हमारे राष्ट्र के इतिहास में महत्त्वपूर्ण मील का पत्थर है। इससे छोटे राज्यों की स्थापना की प्रक्रिया शुरू हुई जो संघ सरकार के समर्थन के बिना शायद व्यवहार्य नहीं थे। प्रशासनिक के बजाय राजनीतिक दलीलें हावी रहीं, और यह प्रयास किया गया कि भारतीय संघ के साथ अधिक सम्बन्ध स्थापित करने की चाह रखने वाले सभी पक्षों को 'पॉलिटिकल स्पेस' देकर भूमिगत आन्दोलन को रोका जाए। असम में भाषायी उत्तेजना ने राज्य की सभी ग़ैर-आसामी-भाषी जनजातियों की आशंकाओं को बढ़ा दिया था, और बढ़ती हुई गूँज यह थी कि वे भारतीय संघ का अंग होने पर ख़ुश थे, किन्तु वे असम से 'अलग' होना चाहते थे। उत्तर-पूर्व की वर्तमान तसवीर निश्चित रूप से उससे बहुत अलग है जैसी कि एसआरसी की रिपोर्ट के बाद थी। असम के पूर्ववर्ती राज्य क्षेत्र में अतिरिक्त राज्यों और केन्द्र शासित प्रदेशों की स्थापना (मेघालय, मिज़ोरम, मणिपुर, त्रिपुरा और अरुणाचल) एक सकारात्मक क़दम रहा है। हालाँकि इस क्षेत्र की भाषायी और जातीय विविधता बहुत अधिक होने की वजह से प्रत्येक के लिए अलग राज्य सम्भव नहीं है, इसलिए विभिन्न भाषायी-सांस्कृतिक पहचानों के लिए क्षेत्रीय परिषद, भाषा और संस्कृति परिषद जैसे नवीन विकल्पों पर विचार करना होगा, जो स्थानीय आकांक्षाओं को सन्तुष्ट कर सके।

बेशक, अभी भी ऐसी आकांक्षाएँ हैं, जिनका समाधान किया जाना है : गोरखा[31] और बोडो उन्हीं में से हैं जिन्होंने अतीत में सुर्खियाँ बटोरी हैं। इन मुद्दों की समस्या में यह तथ्य शामिल है कि जिन जातीय/भाषायी समूहों का प्रश्न है वे संख्या की दृष्टि से बहुमत में नहीं हैं, यहाँ तक कि राज्य या केन्द्र शासित प्रदेश के लिए दावा किये जाने वाले ज़िलों/क्षेत्रों में भी नहीं। इसी तरह, गोरखा और बोडो क्रमशः

दार्जिलिंग या कोकराझार के ज़िलों में भी बहुमत में नहीं हैं। इन आकांक्षाओं की पूर्ति करनी होगी, लेकिन यह भी स्पष्ट होता जा रहा है कि राज्य/केन्द्र शासित प्रदेश का दर्जा दिया जाना विकास और पहचान के सभी मुद्दों का रामबाण इलाज नहीं है। लगभग दो दशकों तक आन्तरिक विस्थापन के बाद त्रिपुरा में ब्रूस का समझौता अच्छे संकेत देता है। यह उदाहरण दर्शाता है कि जब राजनीतिक दृढ़ निश्चय होता है, तब विवादास्पद मुद्दे भी हल किये जा सकते हैं।

1975 : सिक्किम का विलय

भारत में सिक्किम के द्वि-चरणीय विलय, पहले एक सहयोगी राज्य (एसोसिएट स्टेट) और फिर देश के अभिन्न अंग के रूप में, ने संविधान में दो संशोधनों का आह्वान किया। पहले चरण में, अनुच्छेद 2ए जोड़े जाने के साथ ही 35वें संशोधन ने उन शर्तों को निर्धारित किया जिसने सिक्किम को सहयोगी राज्य बनाया। बाद में 36वें संशोधन के तहत, संविधान की पहली अनुसूची में इसके नाम के समावेश के साथ सिक्किम भारतीय संघ का पूर्ण राज्य बन गया।

सिक्किम का विश्लेषण 1947 से 1975 के बीच घटित घटनाओं के चार अलग-अलग नज़रियों पर आधारित हैं : चोग्याल[32] के नज़रिये का विस्तृत वर्णन; स्कॉटिश मिशनरियों के नज़रिये से आख्यान; एक प्रशासक के विचार; और एक क़ाज़ी ल्हेन्दुप दोरजी[33] की प्रतिष्ठा की रक्षा के लिए लिखा गया। क़ाज़ी पहले मुख्यमंत्री थे, जिन्होंने लोकतंत्र की शुरुआत और भारत के साथ पूर्ण संरेखण में अग्रणी भूमिका निभाई थी।

सिक्किम के महाराज नरेन्द्र मंडल के उपाध्यक्ष रह चुके थे और, इसलिए, अन्य राज्यों के समतुल्य थे (नेपाल और भूटान के विपरीत)। इसके साथ ही, 1947 में भारत के साथ विलय के लिए एक लोकप्रिय उभार आया था क्योंकि गोरखा वंश की बहुसंख्यक आबादी के पास भूटियाओं और लेपचाओं[34] के शासकीय वंशों के समान राजनीतिक, सामाजिक और आर्थिक अवसर नहीं थे। वास्तव में, खेत जोतने वाले हलवाहों की स्थिति कृषिदासों से भी बदतर थी।

हालाँकि, प्रधानमंत्री नेहरू महाराजा के साथ अधिकतर अन्य नवाबों और राजाओं (प्रिंसेस) के प्रति उनके व्यवहार और रवैये के बिलकुल विपरीत पेश आए, यहाँ तक कि उन्हें और उनकी पत्नी को चोग्याल एवं ग्यालमो की उपाधि भी प्रदान की। सिक्किम के मामले को राज्य मंत्रालय के तहत, और फिर गृह मंत्रालय के अधीन रखने के बजाय, इसे विदेश मंत्रालय के अधीन रखा गया, जो सीधे नेहरू के पास था।

उन्होंने सिक्किम में आईएएस और आईपीएस अधिकारियों के बजाय आईएफएएस की तैनाती की। इससे सिक्किम के राजवंश को महसूस हुआ कि वैभव सिर्फ़ आभास से बढ़कर भी बहुत कुछ था। चोग्याल की अमेरिकी होप कूक के साथ शादी ने अन्तर्राष्ट्रीय मीडिया से उनका परिचय तो कराया, लेकिन उनके पैरों के नीचे से ज़मीन खिसक रही थी।[35]

2000 : सर्वदलीय सहमति के साथ राज्य का दर्जा

सन् 2000 के नवम्बर में झारखंड, छत्तीसगढ़ और उत्तरांचल (अब उत्तराखंड) के गठन ने सर्वदलीय सहमति (और राजनीतिक परिपक्वता) के एक नये दौर की शुरुआत की। हालाँकि पृथक पहचान के लिए गुप्त माँग तीनों राज्यों में स्वतंत्रता के भी पहले से ही देखी गयी थी, किन्तु इसकी व्याकुलता उत्तर प्रदेश के पहाड़ी ज़िलों में नौकरियों और पात्रता की हानि के डर के कारण तब मुखर रूप से उभरी जब मंडल आयोग द्वारा अन्य पिछड़ा वर्ग को 27 प्रतिशत आरक्षण की सिफ़ारिश की गई। पहाड़ी ज़िलों की जनसंख्या ठाकुरों, ब्राह्मणों, अनुसूचित जातियों एवं अनुसूचित जनजातियों के पक्ष में झुकी हुई थी; मुश्किल से ही वहाँ कोई ओबीसी थे। हालाँकि ये ज़िले प्रतिरोध के प्रमुख स्थल थे, लेकिन अन्तिम क्षेत्रीय विन्यास में उधम सिंह नगर और हरिद्वार भी शामिल थे जहाँ ओबीसी जनसंख्या साफ़ तौर पर बड़ी मात्रा में थी। संयोगवश, झारखंड और छत्तीसगढ़ दोनों में बड़ी संख्या में जनजातीय आबादी थी, लेकिन अपने गठन के समय वे बहुसंख्यक जनजातीय आबादी वाले राज्य नहीं रह गए। झारखंड मुक्ति मोर्चा के अपवाद के अतिरिक्त, तीनों नये राज्यों की चुनावी राजनीति में क्षेत्रीय दल कोई जगह नहीं बना पाए।

2014 : तेलंगाना

तेलंगाना की स्वीकृति एक नये चलन की शुरुआत चिह्नित करती है : 'एक भाषा एक राज्य' फ़ॉर्मूला के हिन्दी के अपवाद पर प्रश्नचिह्न लगा दिया गया है। विदर्भ, उत्तर बंगाल, उत्तर कर्नाटक (अन्य के साथ) के लिए अलग राज्य, और कुछ इसी प्रकार की समानता की माँग राज्यों के बीच मज़बूती प्राप्त करेगी। तेलंगाना और आन्ध्र प्रदेश प्रतिस्पर्धी मुद्रा में प्रतीत होते हैं और श्रेष्ठ बनने की भावना वास्तव में दोनों राज्यों में संवृद्धि को प्रेरित कर सकती है। जहाँ तेलुगु दोनों राज्यों के राजनीतिक

विमर्श के केन्द्र में होगी, वहीं उर्दू को भी तेलंगाना में विशेषाधिकार प्राप्त स्थिति मिलेगी, ख़ास कर हैदराबाद में, कई सारे सरकारी साइनबोर्ड इस परिवर्तन को दर्शाते भी हैं।

भारतीय जनता पार्टी और इसकी पूर्ववर्ती पार्टी जनसंघ की जातीय और भाषायी आधार पर छोटे राज्यों को स्वीकार करने में शुरुआती अनिच्छा ने विकास की आकांक्षाओं से मेल खाने वाले ज़्यादा व्यावहारिक नये राज्यों की स्वीकृति के लिए मार्ग प्रशस्त किया है। हैदराबाद पर विवाद काफ़ी गहन था, हालाँकि इसे केन्द्र शासित प्रदेश बनाने की एक कोशिश की गई, किन्तु दो कारक इसके विरुद्ध थे। एक, चंडीगढ़ का कटु अनुभव, साथ ही साथ क्षेत्रीय समीपता की कमी। इसी बीच, आन्ध्र का प्रस्तावित राजधानी शहर अमरावती भी उन सवालों को लेकर बड़े विवाद में घिर गया जो कार्यपालिका, विधायिका एवं न्यायपालिका के केन्द्रों को तीन अलग जगहों विशाखापटनम, अमरावती, कुरनूल में बनाने के प्रस्ताव की लागत और व्यवहार्यता को लेकर उठाए जा रहे थे।

2019 : लद्दाख एवं जम्मू और कश्मीर के केन्द्र शासित प्रदेश

देश की मानचित्रीय कल्पना में अन्तिम बड़ा बदलाव लद्दाख एवं जम्मू और कश्मीर[36] के केन्द्र शासित प्रदेशों का 5 अगस्त, 2019 को गठन एवं अनुच्छेद 370 और 35ए के उन प्रावधानों का उन्मूलन था, जो इसे अपना ख़ुद का झंडा रखने की अनुमति देने के साथ ही राज्य और इसके स्थाई निवासियों को विशेष दर्जा प्रदान करते थे। यह बदलाव काफ़ी हद तक लद्दाख के अन्तर्गत आने वाले व्यापक क्षेत्रीय विस्तार को भी दर्शाता है जो अब भारत का 'शिखर' है। क्षेत्रफल की दृष्टि से लद्दाख, जम्मू और कश्मीर से बड़ा है, किन्तु अरुणाचल की तरह, जनसंख्या विरल है, और तिब्बत के क्षेत्र के साथ सीमा साझा करता है। लद्दाख बुद्धिस्ट एसोसिएशन (एलबीए) संघ सरकार को धन्यवाद ज्ञापित करने हेतु उत्साहित थी, उन्होंने स्मरण कराया कि 1948 में भी उन्होंने ख़ुद को पूर्ववर्ती पंजाब राज्य के लाहौल-स्पीति क्षेत्र के साथ जोड़ने का प्रयास किया था। यह तथ्य कि जम्मू और कश्मीर दोनों क्षेत्रों को साथ में एक केन्द्र शासित प्रदेश के रूप में रखा गया है, और राज्य का दर्जा दिये जाने कि सम्भावना को समाप्त नहीं किया गया है, अनेक विकल्पों को खोलता है। 2021 में ज़िला विकास परिषद (डीडीसी) के आयोजित सफल चुनाव, जो विभिन्न राजनीतिक विचारधाराओं के कई दलों—भारतीय राष्ट्रीय कांग्रेस और निर्दलीय प्रत्याशियों के अलावा बीजेपी

से लेकर पीपुल्स अलायंस फ़ॉर गुपकर डेक्लरैशन (पीएजीडी) तक जिसमें सात पार्टियाँ, नेशनल कॉन्फ्रेंस (एनसी), पीपल्स डेमोक्रेटिक पार्टी (पीडीपी), पीपल्स कॉन्फ्रेंस (पीसी), दी कम्यूनिस्ट पार्टी ऑफ़ इंडिया (मार्क्सिस्ट) (सीपीएम), जम्मू कश्मीर पीपल्स मूवमेंट (जेकेएमपी), नई गठित अपनी पार्टी एवं जम्मू एंड कश्मीर नेशनल पैंथर्स पार्टी शामिल थी, की भागीदारी और चुनावी जीत का गवाह बना, लोकतांत्रिक बहाली का अच्छा संकेतक है। हालाँकि इस चुनाव में पीएजीडी सीटों की संख्या की दृष्टि से भाजपा से बहुत आगे थी, फिर भी भाजपा ने पीएजीडी से लगभग एक लाख ज़्यादा वोट प्राप्त किये। यह चुनाव 50 प्रतिशत से ज़्यादा समग्र मतदान का साक्षी रहा।[37] सबसे महत्त्वपूर्ण बात यह है कि किसी भी स्थापित राजनीतिक पार्टी ने चुनावों के बहिष्कार का आह्वान नहीं किया, और किसी भी पर्यवेक्षक ने राज्य निर्वाचन आयोग द्वारा आयोजित चुनावों की निष्पक्षता पर कोई सवाल नहीं उठाए। उल्लेखनीय है कि इससे पहले, 73वें संवैधानिक संशोधन के प्रावधान, जो पंचायतों को क़ानूनी दर्जा देते हैं, राज्य में लागू नहीं होते थे। इसलिए ये चुनाव, कई दशकों से पाकिस्तानी सेना की सहायता और उकसावे के वैश्विक आतंकवाद के बाद सामान्य हालातों की वापसी का संकेत करते हैं।[38]

राजधानी विवाद

राजधानी शहरों को लेकर भी विवाद हुए हैं : चेन्नई पर आन्ध्र प्रदेश और मद्रास दोनों ने दावा किया था और एक समझौता सन्धि के रूप में, आन्ध्र प्रदेश को तिरुपति मिला और चेन्नई को मद्रास की राजधानी के रूप में बरकरार रखा गया। एम. करुणानिधि तमिल पहचान और गौरव के प्रतीक के रूप में राजधानी को मदुरई स्थानान्तरित करना चाहते थे, लेकिन यह अवसर गँवा दिया गया। चंडीगढ़ की योजना पंजाब और हरियाणा के द्विभाषी राज्यों की राजधानी के रूप में की गई थी, और पंजाब ने कभी भी इसके समावेश की माँग को नहीं छोड़ा। हालाँकि, साहिबजादा अजित सिंह नगर की पंजाब में, और पंचकुला की हरियाणा में संवृद्धि ने जीवंत त्रि-नगरी का निर्माण किया और वक़्त बीतने के साथ, यह माँग धीमी पड़ गई, ख़ास तौर पर इसलिए कि चंडीगढ़ के निवासी यथास्थिति को ही प्राथमिकता देते हैं। इस बीच, हैदराबाद आन्दोलन का केन्द्र बन गया जब आन्ध्र प्रदेश में से तेलंगाना को अलग किया गया, और जबकि इसे केन्द्र शासित प्रदेश और साथ ही साथ दोनों राज्यों की संयुक्त राजधानी बनाए जाने की सम्भावना थी, आख़िरकार यह शहर तेलंगाना के साथ रखा गया। संयोग से, डॉ. आम्बेडकर ने हैदराबाद

को भारत की शीतकालीन राजधानी के रूप में प्रस्तावित किया था ताकि दक्षिणी राज्यों को भी यह अहसास हो कि 'राजधानी' उनके निकट है।[39] 1950 के दशक के आख़िरी समय में बम्बई की केन्द्र शासित प्रदेश के रूप में सम्भावना पर सबसे ज़्यादा विचार किया गया, लेकिन शक्तिशाली मराठा लॉबी के ज़ोर दार विरोध की वजह से ख़ासकर यह विचार ख़ारिज कर दिया गया। संयोग से, काफ़ी हद तक हांगकांग की तरह सीधे क्राउन के अधीन, कलकत्ता का एक स्वतंत्र बन्दरगाह नगर के रूप में प्रस्ताव प्रवासी आबादी द्वारा सुझाया गया था, हालाँकि इसे माउंटबैटन द्वारा ख़ारिज कर दिया गया, किन्तु बंगाल के गवर्नर ने इसमें महत्त्व के तत्त्व को स्वीकार किया था। हरियाणा, राजस्थान और उत्तर प्रदेश के कुछ नज़दीकी ज़िलों को मिलाकर, दिल्ली के राज्यत्व की माँग, समय-समय पर उठाई गई है, लेकिन इसने कभी बहुत अधिक लोकप्रियता प्राप्त नहीं की।

विषमताएँ और निहितार्थ

लोकतांत्रिक व्यवस्था में राज्यों के बीच जनसंख्या, राज्यक्षेत्र और राजनीतिक शक्ति की विषमता का प्रश्न बहुत महत्त्वपूर्ण है, और भारत में उत्तर प्रदेश के प्रभुत्व पर अक्सर सवाल खड़े किये गए हैं, ख़ासकर क्षेत्रीय राजनीतिक पार्टियों द्वारा, जिन्होंने जनसंख्या के आधार पर संसदीय निर्वाचन क्षेत्रों के परिसीमन का मुद्दा भी उठाया है। एसआरसी की सिफ़ारिशों पर ग़ौर करने के बाद, डॉ. आंबेडकर ने टिप्पणी की थी कि यह 'दक्षिण के बाल्कनीकरण, और हिन्दी-भाषी [उत्तर] के समेकन' को चिह्नित करती हैं। यह टिप्पणी तब की गई थी जब नागालैंड जैसे राज्य राजनीतिक परिदृश्य में नहीं थे!

संसदीय निर्वाचन क्षेत्रों के स्थिर रखने की 1976 की पच्चीस वर्षीय राजनीतिक सर्वसम्मति को 2001 में आगे बढ़ा दिया गया,[40] और शायद 2026 में राजनीतिक मुआयने को सहमति प्राप्त होगी। लेकिन, राज्यों की बहुत अलग जनसांख्यिकीय और आर्थिक संवृद्धि को ध्यान में रखते हुए, यह मुद्दा आने वाले दशकों में सामने उभरकर आएगा। आन्तरिक प्रवास और तीव्र शहरीकरण के साथ शहरों में आर्थिक संवृद्धि के नये केन्द्र भी राजनीतिक और आर्थिक शक्ति के ग्रामीण से शहरी क्षेत्र में परिवर्तन को चिह्नित करेंगे। हालाँकि, जब तक इंडिया जो कि भारत है, इसकी क्षेत्रीय अखंडता पर प्रश्नचिह्न नहीं है, तब तक अन्य सभी समायोजन सम्भव हैं। पहले पचहत्तर वर्षों ने दर्शाया है कि भारत ख़ुद को नये तरीक़े से बना सकता है और बनाया है, और यह भी कि इसके राजनीतिक भूगोल में कोई पूर्ण विराम या अन्तिम रेखा नहीं है।

राजनीतिक, सांस्कृतिक और भाषायी आकांक्षाओं को राजनीतिक मानचित्र से परे समायोजित करने के नये तरीक़ों की सम्भावना भी उभरती है। केवल इतना कहा जा सकता है कि वे देश जो अपनी आन्तरिक सीमाओं और राजनीतिक संस्थानों के सम्बन्ध में चुस्त और लचीले हैं, वे ऐसी दुनिया में बेहतर प्रदर्शन करेंगे जिसमें आकांक्षाएँ हमेशा मौजूदा व्यवस्थाओं से एक क़दम आगे रहती हैं।

2

1947 : स्वतंत्र भारत का पहला नक़्शा

क्या कोई सम्पूर्ण उसके भागों का योग होता है? या यदि कोई बड़े चित्र को समझ लेता है तो वह संघटक भागों को बेहतर समझ सकता है? एक बड़ी जिग्सॉ पहेली में, जो अनिवार्य रूप से वर्ग/आयत नहीं है, क्या उसके वे हिस्से जो काल्पनिक केन्द्र बनाते हैं, इसकी सीमाओं का निर्माण करने वाले हिस्सों की तुलना में ज़्यादा विशेषाधिकार प्राप्त हैं? क्या किसी भी स्थिति में सभी हिस्सों को साथ में जोड़े बिना आप इस पहेली को पूरा कर सकते हैं?

जब कोई भारत के मानचित्र और इसकी घटक इकाइयों को देखते हैं, तो वह इस तथ्य से आश्चर्यचकित हो जाते हैं कि लक्षद्वीप एवं अंडमान और निकोबार द्वीप समूह सहित, हर एक राज्य और केन्द्र शासित प्रदेश में, 1947 के बाद नामकरण, या दर्जे, या क्षेत्रीय समायोजन में परिवर्तन हुए हैं। हालाँकि क्षेत्रीय परिवर्तनों की कार्टोग्राफ़िकल नक़्शे पर महत्त्वपूर्ण छाप होती है तथापि दर्जे के परिवर्तन—मुख्य आयुक्त के प्रान्त से एक केन्द्र शासित प्रदेश, और फिर एक पूर्ण राज्य—के भी राजनीतिक व्यवस्था के लिए महत्त्वपूर्ण निहितार्थ होते हैं। एक घटक इकाई के नाम का परिवर्तन राजनीतिक दावेदारी की कवायद है। संविधान के अनुच्छेद 3[1] के आह्वान और राज्य विधानमंडल एवं संसद में प्रस्तावों को पारित किये बिना यह सम्भव नहीं है।

यद्यपि जब कोई तुलना को उसकी कल्पना की सीमाओं तक फैला रहा है, फिर भी जब सभी जुड़े हुए भागों में एक बार नहीं, बल्कि बहुत से मामलों में, कई बार, परिवर्तन हुआ हो, तो यह सम्पूर्ण कितना अलग होगा? थीसियस[2] के जहाज़ के मामले की तरह, क्या हम उसी जहाज़ की बात कर रहे हैं या किसी अलग जहाज़ की?

1947 में पहले मानचित्र के प्रकाशन से,[3] जब भारत नौ प्रान्तों और 562 रियासतों के साथ अभी भी एक अधिराज्य था, 2019 के संस्करण तक सौ से भी

ज़्यादा बदलाव हुए हैं। झंडे, टिकटें, सिक्के और करेंसी जैसे सम्प्रभु प्रतीक बदलने से इतर, मानचित्रों का पुनर्निर्धारण काफ़ी विवादित होता है क्योंकि वे ज़मीनी स्तर पर प्रत्यक्ष प्रभाव डालते हैं, और प्रत्येक बदलाव राजनीतिक दावेदारी का प्रतीक है—राज्य और केन्द्र, दोनों स्तरों पर।

भारतीय अधिराज्य की सबसे पहली सीमाओं का सीमांकन अभूतपूर्व रक्तपात, बलात्कार, उत्पीड़न, हिंसा एवं जीवन, अंग और सम्पत्ति के प्रचंड विध्वंस से चिह्नित हुआ था। सीमाओं के सीमांकन का काम सर सिरिल रेडक्लिफ़[4] को सौंपा गया था, और उनकी दुविधा और रुझान औडेन की 'पार्टिशन' कविता में अच्छी तरह वर्णित है।

Unbiased at least he was when he arrived on his mission
Having never set eyes on this land he was called to partition
Between two peoples fanatically at odds,
With their different diets and incompatible gods.
'Time', they had briefed him in London, 'is short. It's too late
For mutual reconciliation or rational debate:
The only solution now lies in separation.

['Partition', W.H. Auden[5]]

'प्रान्तों, राज्यों और ज़िलों' को दर्शाने वाला स्वतंत्र भारत का पहला मानचित्र,[6] रेडक्लिफ़ और उसके आयोग के सदस्यों द्वारा निर्धारित सीमाओं पर आधारित था। इसमें बंगाल सीमा आयोग के लिए जस्टिस सी.सी. बिस्वास, बी.के. मुखर्जी, अबू सालेह मोहम्मद अकरम और एस.ए. रहमान थे। पंजाब आयोग के सदस्य जस्टिस मेहर चन्द महाजन, तेजा सिंह, दीन मोहम्मद और मुहम्मद मुनीर थे।

मज़े की बात यह है कि पक्षों का प्रतिनिधित्व करने वाली परिषदों द्वारा अपना पक्ष रखे जाने वाली आयोग की सार्वजनिक बैठकों में रेडक्लिफ़ ने हिस्सा नहीं लिया। न्यायाधीशों ने आयोग के अध्यक्ष की अनुपस्थिति में ही केस की सुनवाई की। खंडपीठ की कार्यवाही के कुछ अंश, या अधिक से अधिक उनके सारांश, अध्यक्ष के लिए लाहौर से दिल्ली के लिए भेजे गए थे। [एम.सी.] सीतलवाड़, जो बाद में भारत के पहले महान्यायवादी बने, ने सम्पूर्ण प्रक्रिया को "अजीब और लगभग हास्यास्पद" माना।

उन्होंने लिखा "जिस व्यक्ति के फ़ैसले को अवॉर्ड होना था उसने अलग-अलग पक्षों के तर्क वकीलों के माध्यम से सुने ही नहीं, अपितु वह वास्तविक घटनास्थल से दूर बैठकर इन दलीलों के रिकॉर्ड के आधार पर निर्णय कर रहा था" जब सीतलवाड़ ने अपनाए गए तरीक़े की "प्रक्रियात्मक हास्यास्पदता" का उल्लेख किया, तो रेडक्लिफ़ ने जवाब दिया कि "चूँकि अवॉर्ड को 15 अगस्त से पहले पूरा किया जाना था, इसलिए उसके पास पक्षों को सुनने का बिलकुल समय नहीं था।" सीतलवाड़ ने कहा की वह न्यायाधीशों की बजाय उनके (रेडक्लिफ़) सामने वकील के रूप में प्रस्तुत होना पसन्द करते। जस्टिस मुनीर की निराशा उनकी टिप्पणी में स्पष्ट है : "आयोग के सदस्यों को वकीलों के पद पर पदावनत कर दिया गया।"[7]

रेडक्लिफ़ ने 12 अगस्त, 1947 तक कार्य पूरा कर लिया था, लेकिन वायसराय माउंटबेटन[8] ने इस घोषणा को 17 अगस्त तक स्थगित करने का आग्रह किया। इसके लिए सकारात्मक स्पष्टीकरण यह है कि वह नहीं चाहते थे कि हिंसा दोनों नये अधिराज्यों में स्वतंत्रता दिवस समारोह को ख़राब करे। ज़्यादा कठोर राय यह है कि हिंसा की ज़िम्मेदारी अब नई सरकारों की होगी, जिससे क्राउन सभी प्रत्यक्ष ज़िम्मेदारियों से दोषमुक्त हो जाएगा, जो बदले में चर्चिल के इस दृष्टिकोण को विश्वसनीयता प्रदान करेगा कि भारतीय अपने आप पर शासन करने के योग्य नहीं थे।[9]

स्वतंत्र भारत का पहला नक़्शा दर्शाता है कि अंग्रेज़ों ने दो अधिराज्यों और 571 रियासतों (562 भारत में और 9 जो पाकिस्तान के साथ जुड़ीं) को 15 अगस्त, 1947 को कैसे छोड़ा था।[10]

भारत के नौ प्रान्तों में पूर्वी पंजाब, संयुक्त प्रान्त, बिहार, उड़ीसा, पश्चिम बंगाल, असम, मध्य प्रान्त, मद्रास और बम्बई शामिल थे। इसके अतिरिक्त 'सात राज्य संघ' में पंजाब राज्य, राजपूताना, पश्चिमी भारत के राज्य, दक्कन राज्य, पूर्वी भारतीय राज्य और मद्रास राज्य थे। इक्कीस तोपों की सलामी वाले तीन राज्यों[11] मैसूर, जम्मू और कश्मीर[12] (गिलगित एजेंसी सहित) एवं हैदराबाद, के अपवाद के अतिरिक्त, अधिकतर अन्य रियासतों को पड़ोसी राज्यों के संघ में विलय कर दिया गया, इसमें बड़ौदा और ग्वालियर की इक्कीस तोपों की सलामी वाली दो रियासतें भी शामिल थीं। इनमें—उन्नीस तोपों की सलामी वाले राज्य—भोपाल, इंदौर और उदयपुर भी शामिल थे, जिनको स्थानीय विशिष्टता दर्शाने हेतु इक्कीस तोपों की सलामी वालों के साथ मिला दिया गया। इन सात भागीदार रियासतों का समूह रोचक है, क्योंकि यह अगले मानचित्र पर मौजूद नहीं हैं, और यह सम्भवतः राज्य मंत्रालय की प्रशासनिक रचनात्मकता पर आधारित है, जो इन्स्ट्रूमेंट्स ऑफ़ ऐक्सेशन[13] पर हस्ताक्षर की प्रक्रिया को सुगम बनाती थी।

पूर्वी पंजाब और 'पंजाब की रियासतें'

उपमहाद्वीप के इस भाग ने विभाजन का सबसे ज़्यादा दंश झेला। 3 जून, 1947, भारत स्वतंत्रता अधिनियम की घोषणा की तिथि से शुरू होकर, अगले छह महीने 500,000-800,000 लोगों की मृत्यु, गम्भीर चोटों, लगभग 1 करोड़ लोगों के विस्थापन और इसके अलावा कई हज़ार लोगों की सम्पत्ति की हानि के गवाह बने। इससे भी कई बदतर यह कि कम से कम एक लाख युवतियों का बलात्कार, अपहरण, हत्या और ऑनर किलिंग हुईं। 'तीनों समुदायों के पुरुष कमज़ोर महिलाओं पर अपनी क्षणिक शक्ति के अहसास पर प्रसन्न थे : यही नये आज़ाद हुए राज्यों के इन नागरिकों का साहस था।'[14]

इश्तियाक अहमद ने इसे 'पंजाब में जातीय सफ़ाए का पहला मामला...' कहा है '1947 के अन्त तक भारतीय पूर्वी पंजाब में मुस्लिम मौजूदगी के सभी निशान मिटा दिये गए थे, केवल मलेरकोटला की छोटी सी देशी रियासत को छोड़कर जहाँ कुछ मुसलमान शेष रह गए थे'। इसी प्रकार, पश्चिमी पंजाब में हिन्दुओं और सिखों की संख्या भी बहुत कम हो गई थी।

इस पर ज़रूर ध्यान दिया जाना चाहिए कि देश के अन्य हिस्सों में उनके कैडर-आधारित संगठनों से इतर, न तो कांग्रेस और न ही मुस्लिम लीग पंजाब की राजनीति में गहरी पैठ रखते थे। यह यूनियनिस्ट पार्टी थी जिसने शक्तिशाली तीनों बड़े समुदायों—हिन्दू, मुस्लिम, सिख—के साझा हितों को साधकर उन्हें साथ लाया। वास्तव में, पंजाब में कांग्रेस पंजाब भूमि अलगाव अधिनियम के लिए 'ज़मींदारों' के ख़िलाफ़ खड़ी थी। पंजाब भूमि अलगाव अधिनियम, 1900 ने भूमि की ख़रीद को सिर्फ़ निर्दिष्ट 'कृषक जातियों' तक सीमित कर दिया। लाला लाजपत राय और कांग्रेस के अन्य नेता 1924 में ही पंजाब और बंगाल का दो भागों में विभाजन करने के पक्षधर थे। मुस्लिम बहुल प्रान्तों को विभाजित करने के पीछे की सोच यह थी कि 'जहाँ तक सम्भव हो, समीपस्थ क्षेत्रों में बहुमत शासन को प्रभावी बनाया जाए।' आयशा जलाल के अनुसार, 'यह भारत के विभाजन की भूमिका नहीं थी : यह ऐसी सम्भावना को रोकने का एक श्रमसाध्य प्रयास था'।[15] जैसा कि देश के बाक़ी हिस्सों में था, मतदाता ज़मींदारों और पेशेवर वर्ग तक सीमित थे : भारत सरकार अधिनियम 1935 के तहत हुए चुनावों में सिर्फ़ लगभग 12 प्रतिशत सिखों और हिन्दुओं तथा 10 प्रतिशत मुसलमानों ने हिस्सा लिया था। तब यूनियनिस्ट पार्टी सत्ता में आयी थी। लेकिन 1945 तक, यूनियनिस्ट पार्टी ने मुस्लिम लीग के हाथों राजनीतिक ज़मीन खो दी, और 1945-46 के चुनावों में मुस्लिम लीग सबसे

बड़ी पार्टी के रूप में उभरी। लेकिन कांग्रेस, यूनियनिस्ट पार्टी और अकालियों ने खिज़र हयात तिवाना के नेतृत्व में एक गठबन्धन सरकार बनाई। इससे पंजाब में मुस्लिम लीग के तेवर सख़्त हो गए, जो बम्बई स्थित मुस्लिम लीग मुख्यालय से आदेश ले रही थी। यही वह समय भी था जब अकाली दल के मास्टर तारा सिंह ने सिख राज्य की माँग को रखा—ऐसी माँग जिस पर जिन्ना ने ज़्यादा ध्यान नहीं दिया। फिर भी, जैसा कि इश्तियाक अहमद लिखते हैं, '3 जून को, विभाजन की योजना घोषित की गई जिसमें पंजाब और बंगाल की विधान सभाओं को इस विषय पर मतदान करने की आवश्यकता थी कि वे अपने प्रान्तों को अविभाजित रखना चाहते हैं या विभाजित। दोनों विधान सभाओं ने अपने प्रान्तों के विभाजन के पक्ष में मतदान किया।'

इस प्रकार अमृतसर, गुरदासपुर, फ़िरोज़पुर, जालंधर, लुधियाना, होशियारपुर, अम्बाला, करनाल, रोहतक, गुड़गाँव, फरीदाबाद और कांगड़ा के ज़िलों के साथ पूर्वी पंजाब गठित हुआ। शिमला पूर्वी पंजाब की राजधानी थी, जबकि कुछ विभाग होशियारपुर, जालंधर और अम्बाला स्थानान्तरित कर दिये गए थे। इसमें पंजाब की रियासतें शामिल नहीं थीं, जिनका विलय पटियाला एंड ईस्ट पंजाब स्टेट्स यूनियन (पेप्सू) में कर दिया गया था।

जैसा कि 1947 के मानचित्र में दर्शाया गया, पाकिस्तान में जाने वाले बहावलपुर और ख़ैरपुर के अपवाद के अलावा, पटियाला, नाभा, कपूरथला, मालेरकोटला, फरीदकोट, जींद के राज्यों के साथ ही मंडी, सुकेत, बिलासपुर, बसहर, सिरमौर और टिहरी गढ़वाल (जो 1937 से पंजाब हिल एजेंसी के अन्तर्गत था) के पहाड़ी राज्यों को अब पंजाब राज्यों की श्रेणी में रखा गया। मानचित्र में जगह पाने वाले प्रमुख राज्यों के अलावा नालागढ़, बाघल, मैलोग, धामी, भज्जी, क्योंथल, कुम्हारसैन, बालसन, जुब्बल, थरोच, बघाट, कलसिया, दुजाना और लोहारु जैसे अन्य छोटे राज्यों को नक़्शे के फुटनोट्स में धकेल दिया गया। पंजाब और पंजाब राज्यों की सीमाएँ अक्सर एक-दूसरे को काटती थीं। इस प्रकार कपूरथला राज्य, जालंधर ज़िले में दो भागों में था, और कांगड़ा के ज़िले में सिर्फ़ कई पहाड़ी राज्यों को पार करके ही पहुँचा जा सकता था। यह भी उल्लेखनीय है कि पूर्ववर्ती राजनीतिक विभाग में, पंजाब राज्यों (जिसमें से ज़्यादातर तोपों की सलामी वाले राज्य थे) और पंजाब हिल स्टेट्स (जिसमें अधिकतर ग़ैर तोप सलामी वाले राज्य थे) को सँभालने के लिए दो अलग एजेंसी थी।

संविधान सभा ने पूर्वी पंजाब का नाम बदलकर पंजाब कर दिया, जबकि पश्चिम बंगाल को इसी नाम से पुकारा जाता रहा। कांग्रेस पार्टी के गोपी चन्द भार्गव,

पहले कांग्रेस-अकाली गठबन्धन मंत्रिमंडल के मुख्यमंत्री बने जिसने न सिर्फ़ पुनर्वास की चुनौती का सामना किया, बल्कि साथ ही मास्टर तारा सिंह की सिखों के लिए एक पृथक स्वायत्त क्षेत्र की उत्तेजना का दंश भी झेला।

संयुक्त प्रान्त

संयुक्त प्रान्त ब्रिटिश भारत में, और बाद में आज़ाद भारत के सबसे बड़े एवं ज़्यादा महत्त्वपूर्ण प्रान्तों में से एक था। कांग्रेस के दिग्गज नेता जी.बी. पंत को 1935 के भारत सरकार अधिनियम के तहत आयोजित चुनावों के बाद राज्य का प्रिमियर नियुक्त किया गया था। वे 1939 तक इस पद पर रहे, जब ब्रिटिश राज द्वारा अपनी इच्छा से ही भारत को दूसरे विश्वयुद्ध के लिए प्रतिबद्ध करने के बाद कांग्रेस के सभी मंत्रियों ने इस्तीफ़ा दे दिया।

जब 1945-46 में प्रान्तीय विधानमंडलों के लिए नये चुनाव आयोजित हुए, तो भारतीय राष्ट्रीय कांग्रेस ने बहुमत हासिल किया और पंत को एक बार फिर प्रिमियर नियुक्त किया गया। इस प्रकार, पंजाब से उलट, इस प्रान्त के प्रशासन में निरन्तरता अधिक थी और व्यवधान कम, इसमें अड़तालीस ज़िलों के साथ नौ डिवीजन शामिल थे। यह काफ़ी हद तक आज के भारतीय राज्यों उत्तर प्रदेश और उत्तराखंड को मिलाकर बनने वाले क्षेत्र की तरह था।

1947 में आज़ादी के बाद, रामपुर, बनारस और टिहरी-गढ़वाल की रियासतों को संयुक्त प्रान्त में मिला लिया गया था। 25 जनवरी, 1950 को, इस इकाई का नाम बदलकर उत्तर प्रदेश रख दिया गया। इस प्रान्त के नौ मंडलों में मेरठ था; जिसमें मेरठ, देहरादून, सहारनपुर, मुज़फ़्फ़रनगर, बुलन्दशहर और और अलीगढ़ के ज़िले सम्मिलित थे। आगरा मंडल में मथुरा, आगरा, फ़र्रुख़ाबाद, मैनपुरी, इटावा और एटा थे, जबकि बिजनौर, मुरादाबाद, बदायूँ, बरेली, शाहजहाँपुर और पीलीभीत रोहेलखंड मंडल के अन्तर्गत आए।

इलाहाबाद सिर्फ़ एक डिविजनल मुख्यालय ही नहीं था, अपितु उच्च न्यायालय की सीट भी थी। इसे 1858 में एक दिन के लिए ब्रिटिश भारत की राजधानी होने का अवसर प्राप्त हुआ था। यह तब हुआ जब ईस्ट इंडिया कम्पनी ने सरकार की बागडोर क्राउन को सौंपी। इलाहाबाद मंडल में कानपुर, फतेहपुर, बाँदा, इलाहाबाद, हमीरपुर, झाँसी और जालौन शामिल थे।

लखनऊ को 1921 में राज्य की राजधानी के रूप में चुना गया। इस मंडल में उन्नाव, रायबरेली, हरदोई, सीतापुर और लखीमपुर खीरी शामिल थे।

गोरखपुर के पड़ोसी मंडल में आज़मगढ़, गोरखपुर और बस्ती थे। मिर्ज़ापुर, बनारस, जौनपुर, ग़ाज़ीपुर और बलिया, बनारस मंडल में, एवं फैज़ाबाद मंडल के अन्तर्गत फैज़ाबाद, बहराइच, गोंडा, सुल्तानपुर, बाराबंकी और प्रतापगढ़ आए। कुमाऊँ डिवीजन में अल्मोड़ा, नैनीताल और गढ़वाल के तीन पहाड़ी ज़िले थे। अगर इन ज़िलों में मेरठ मंडल से देहरादून और हरिद्वार को जोड़ दिया जाए, तो यह काफ़ी हद तक आज के उत्तराखंड के जैसा होगा।

राजपूताना

राजपूताना के साथ संयुक्त प्रान्त, मध्य प्रान्त और बम्बई सीमा साझा करते थे। राजपूताना में बीकानेर, जैसलमेर, जोधपुर (मेवाड़), जयपुर, अलवर, भरतपुर और धौलपुर, और मत्स्य संघ एवं राजस्थान संघ के अन्तर्गत सभी राज्य शामिल थे। राजस्थान संघ में अलवर, बांसवाड़ा, भरतपुर, बीकानेर, बूंदी, धौलपुर, डूंगरपुर, जयपुर, जैसलमेर, झालावाड़, जोधपुर, करौली, किशनगढ़, कोटा, कुशलगढ़, सरदारगढ़ (पूर्व में लावा), उदयपुर में ठिकाना, मेवाड़, पाटन, प्रतापगढ़, शेखावटी, शाहपुरा, सिरोही टोंक सम्मिलित थे। इनमें से ज़्यादातर राज्य आगे चलकर राजस्थान बने। वास्तव में, इस वृहद क्षेत्र में, प्रत्यक्ष रूप से ब्रिटिश शासन के अधीन एकमात्र क्षेत्र अजमेर था। 1878 से इस क्षेत्र को मुख्य आयुक्त के प्रान्त के रूप में गठित किया गया था, जिसे अजमेर-मेरवाड़ा के नाम से जाना जाता था।

बिहार

बिहार प्रान्त का सृजन 1936 में बिहार और उड़ीसा प्रान्त के विभाजन द्वारा किया गया।[16] इस राज्य के पहले प्रीमियर कांग्रेस के श्रीकृष्ण सिन्हा थे, और दूसरे विश्वयुद्ध की अवधि के संक्षिप्त अन्तराल को छोड़कर, वह 1937 से मृत्युपर्यन्त (1961) शीर्ष पर रहे। इस प्रकार उन्होंने राज्य के (ब्रिटिश) राज से अधिराज्य और अधिराज्य से गणतंत्र तक के संक्रमण के दौरान सत्ता की अध्यक्षता की। कृषि सुधारों के प्रबल समर्थक सिन्हा ने ज़मींदारी व्यवस्था के उन्मूलन में महत्त्वपूर्ण भूमिका अदा की। वह एक बहुभाषी और गहन अध्ययन करने वाले व्यक्ति थे, उन्होंने सत्तरह हज़ार किताबों का अपना निजी संग्रह मुंगेर के सार्वजनिक पुस्तकालय को दान कर दिया, जिसका नामकरण अब उन्हीं के नाम के नाम पर किया गया है।

बिहार में तीन अलग-अलग क्षेत्र शामिल थे : मगध, मिथिला और भोजपुर, प्रत्येक की अपनी अनूठी विशेषताएँ थी। इस राज्य के अन्तर्गत सारण, चम्पारण, मुज़फ्फरपुर, दरभंगा, भागलपुर, पूर्णिया, संथाल परगना, मानभूम, सिंहभूम, हज़ारीबाग़, राँची, पलामू, गया, पटना, शाहबाद के ज़िले शामिल थे, किन्तु खरसावां और सरायकेला सम्मिलित नहीं थे, जो उड़ीसा स्टेटस् एजेंसी के अधीन रियासतें थीं। 1956 में कुछ क्षेत्रीय समायोजन किये गए, लेकिन 2000 में झारखंड के गठन तक इसकी सीमा में कोई बड़ा बदलाव नहीं हुआ। इसकी राजधानी पटना थी, और हालाँकि बिहारी मुसलमानों का पूर्वी बंगाल की ओर पलायन हुआ था, लेकिन देश के अन्य भागों की तुलना में, प्रशासन ने स्थिति को सँभाला और 1950 के दशक की शुरुआत में, लोक प्रशासन के पुरोधा, प्रोफ़ेसर पॉल एच. एप्पलबी, ने बिहार को देश के सबसे बेहतर प्रशासित राज्यों में से एक के रूप में स्वीकार किया : जो दूसरों के लिए एक उदाहरण था।[17]

उड़ीसा

भाषायी आधार पर अप्रैल 1936 में अल्पकालिक बिहार और उड़ीसा प्रान्त के विभाजन के बाद, बालासोर, कटक, पुरी, गंजम, कोरापुट और सम्बलपुर ज़िलों के साथ उड़ीसा का नया प्रान्त अस्तित्व में आया। इसके गठन से पहले, राज्य का बड़ा भू-भाग मद्रास प्रान्त के गंजम और विशाखापटनम ज़िलों में था। चूँकि कांग्रेस ने पहले सरकार बनाने से इनकार कर दिया था, इसलिए परलाखेमुंडी के शासक कृष्ण चन्द्र गजपति को 1 अप्रैल, 1936 को पहले प्रीमियर के रूप में नियुक्त किया गया। उन्होंने कांग्रेस के विश्वनाथ दास के लिए मार्ग प्रशस्त किया, जिन्होंने कांग्रेस के अन्य सभी मुख्यमंत्रियों के साथ तब इस्तीफ़ा दे दिया था जब ब्रिटिश इंडिया को कांग्रेस के साथ बिना कोई परामर्श किये ही दूसरे विश्वयुद्ध में शामिल कर दिया गया था। 1945-46 के चुनावों में, कांग्रेस ने फिर से बहुमत हासिल किया और हरे कृष्ण महताब को मुख्यमंत्री चुना गया; जिन्होंने 1950 तक कार्यभार सँभाला। उन्होंने वर्तमान उड़ीसा राज्य की सीमाओं को आकार देने में महत्त्वपूर्ण भूमिका निभाई।

हालाँकि, राज्य की सीमा के अन्दर छब्बीस रियासतों के क्षेपक के कारण क्षेत्रीय निरन्तरता और प्रशासनिक तंत्र संकट में थे, जिसकी वजह से किसी भी प्रशासन के लिए नियमों को लागू करना लगभग असम्भव हो गया था—जिसमें उत्पाद शुल्क से लेकर राशन और यहाँ तक कि राहत और पुनर्वास कार्य भी थे।

उड़ीसा और छत्तीसगढ़ के कुछ राज्यों द्वारा, राज्य मंत्रालय के साथ किसी भी परामर्श, या अनुज्ञा के बिना ही, अपने ख़ुद के पूर्वी राज्य संघ (ईस्टर्न स्टेट्स यूनियन) को गठित किये जाने से इसे और अधिक जटिल बना दिया। इत्तिफ़ाक़ से, दो बड़े राज्य—उड़ीसा में मयूरभंज और छत्तीसगढ़ में बस्तर—इस संघ में शामिल नहीं हुए थे, और किसी भी घटक इकाई की ओर से इसमें कोई 'लोकप्रिय प्रतिनिधित्व' नहीं था, वहीं प्रजा मंडल के बैनर तले उत्तरदायी सरकार की माँग फैल रही थी। संघ की गोरखाओं और पठानों के इस्तेमाल से विरोध को दबाने की रणनीति अनुत्पादक थी, और बहुत जल्द ही दो राज्यों—ढेनकेनाल एवं नीलगिरी, को उड़ीसा की प्रान्तीय सरकार के नियंत्रण के अन्तर्गत लाना पड़ा। इस प्रकार 20 नवम्बर, 1947 को पूर्वी राज्य संघ (ईस्टर्न स्टेट्स यूनियन) अमान्य घोषित कर दिया गया। इसके साथ ही सभी उड़ीसा राज्यों को उड़ीसा प्रान्त एवं छत्तीसगढ़ राज्यों को मध्य प्रान्त के साथ विलय किये जाने का निर्णय लिया गया।

पश्चिम बंगाल

कांग्रेस द्वारा सरकार बनाने से इनकार किये जाने की वजह से 1937 में कृषक प्रजा पार्टी, बंगाल प्रोविंशियल मुस्लिम लीग और कुछ अन्य निर्दलीय सदस्यों की गठबन्धन सरकार बनी। ए.के. फ़ाज़लूल हक़ राज्य के पहले प्रिमियर बने, लेकिन जब वे पंजाब के प्रिमियर सर सिकन्दर हयात ख़ान (यून्यनिस्ट पार्टी) के साथ वायसरॉय की रक्षा परिषद में शामिल हुए, तो जिन्ना के अनुयायियों ने अपना समर्थन वापस ले लिया। हालाँकि, हक़ हिन्दू महासभा के नेता श्यामा प्रसाद मुखर्जी के समर्थन से सत्ता में बने रहे। 1943 से, सर ख़्वाजा नज़ीमुद्दीन ने मुस्लिम लीग की सरकार का नेतृत्व किया। लेकिन भोजन के बढ़ते हुए मूल्यों और बंगाल में अकाल की वजह से उन्होंने जन समर्थन खो दिया। राज्यपाल शासन के एक कार्यकाल के बाद, 1945-46 के चुनावों में एच.एस. सुहरावर्दी के नेतृत्व में बंगाल मुस्लिम लीग के केन्द्र-वाम गुट ने सत्ता सँभाली। हालाँकि जिन्ना के साथ सुहरावर्दी के ठंडे सम्बन्धों ने उनके एकीकृत बंगाल हासिल करने के सपने को प्रभावित किया, वे दोनों ही कलकत्ता को पूर्वी बंगाल का हिस्सा बनाना चाहते थे। वास्तव में, जब जिन्ना को पता चला कि कलकत्ता भारत के हिस्से में जा रहा था, तो उनकी इस मामले में दिलचस्पी ही ख़त्म हो गई। वह राज्य को उसके व्यापारिक केन्द्र के बग़ैर स्वीकार करने के इच्छुक नहीं थे।

20 जून 1947 को पश्चिम बंगाल विधान सभा की बैठक हुई। प्रारम्भिक संयुक्त बैठक में, 90 मतों के विरुद्ध 120 मतों से यह निर्णय लिया गया कि प्रान्त, अगर एकीकृत हो, तो इसे नई संविधान सभा (पाकिस्तान) में शामिल होना चाहिए। पश्चिम बंगाल के विधायकों की एक अलग मीटिंग, 21 के विरुद्ध 58 मतों से यह निर्णय लिया गया कि प्रान्त को विभाजित किया जाना चाहिए, और यह भी कि पश्चिम बंगाल को मौजूदा संविधान सभा में शामिल होना चाहिए। ठीक इसी प्रकार, पूर्व बंगाल के विधायकों की एक अलग मीटिंग में यह मत था कि राज्य को विभाजित नहीं किया जाना चाहिए; लेकिन विभाजन की स्थिति में, इसे पाकिस्तान की संविधान सभा में सम्मिलित होना चाहिए। एक स्वतंत्र बंगाल का विचार, जो जून, 1947 के दूसरे सप्ताह तक भी चर्चा में था, मतदान के लिए प्रस्तुत नहीं किया गया। पी.सी. घोष और सर ख़्वाजा नज़ीमुद्दीन को क्रमशः पश्चिम और पूर्व बंगाल के मुख्यमंत्री का पदभार स्वीकार करने के लिए चुना गया। उन दोनों ने सभी बंगालियों के लिए एक संयुक्त अपील जारी की कि वे हिंसा को रोकें और सीमा आयोग की अन्तिम सिफ़ारिशों को कड़वाहट और विद्वेष के बिना स्वीकार करें।

कई मायनों में, राज्य का यह विभाजन 1905 के बँटवारे की तर्ज़ पर था। 6 जुलाई, 1947 को, असम में सिलहट के क्षेत्र ने एक जनमत संग्रह में पूर्व बंगाल के साथ जुड़ने के पक्ष में मतदान किया। भारतीय स्वतंत्रता अधिनियम के अनुलग्नक के अनुसार, मुस्लिम बहुल मुर्शिदाबाद, नादिया और मालदा के ज़िले पूर्व बंगाल को सौंपे गए थे। इसे बाद में 18 अगस्त को सुधारा गया था। पश्चिम बंगाल के कुछ हिस्सों में स्वतंत्रता दिवस को दो बार मनाए जाने के पीछे यह भी एक वजह है। दूसरी बार 18 अगस्त को मनाया जाता है, जब पहली बार इन ज़िलों में तिरंगा लहराया था।

तब पश्चिम बंगाल के प्रान्त में मिदनापुर, बांकुरा, बर्दवान, मुर्शिदाबाद, मालदा, पश्चिम दिनाजपुर, दार्जिलिंग, जलपाईगुड़ी, चन्द्रनगर (हूगली), चौबीस परगना, हावड़ा, कलकत्ता, हूगली, नबद्धीप (नादिया) शामिल थे। यहाँ यह उल्लेख करना बहुत ज़रूरी है कि ज़िलों के आकार सन्तोषजनक थे। ध्यान देने योग्य बात यह है कि कूचबिहार और पुरुलिया अभी भी पश्चिम बंगाल का हिस्सा नहीं थे, और पश्चिम दिनाजपुर एवं जलपाईगुड़ी के बीच कोई क्षेत्रीय निरन्तरता नहीं थी। यह सिर्फ़ 1956 में ही था, जब ज़मीन की एक संकीर्ण पट्टी (इस्लामपुर) को पूर्णिया से पश्चिम दिनाजपुर ज़िले में हस्तान्तरित किया गया। 1956 में मनभूम ज़िले से पुरुलिया का बंगाली-भाषी सबडिवीजन भी पश्चिम बंगाल में जोड़ा गया।

असम

असम का सृजन 1912 में पूर्व बंगाल और असम प्रान्त के विभाजन द्वारा किया गया था। इस प्रान्त की राजधानी शिलांग और गोलपाड़ा, कामरूप, गारो पहाड़ियाँ, दारंग, लखीमपुर, सादिया फ्रंटीयर ट्रैक्ट, नागा पहाड़ियाँ, कछार, जनजातीय क्षेत्र, नौगोंग, सिलहट, सिबसागर, लखीमपुर और लुशाई हिल्स इसके हिस्से थे। हालाँकि क्षेत्रफल की दृष्टि से पहाड़ी ज़िलों में जनसंख्या घनत्व ज़्यादा नहीं था, लेकिन असम ब्रिटिश इंडिया के सबसे बड़े एवं सर्वाधिक जातिगत, सांस्कृतिक और भाषायी विविधता वाले क्षेत्रों में से एक था। विशाल क्षेत्रों को चाय बाग़ानों के अधीन लाया गया और इस श्रम-प्रधान उद्योग में काम करने के लिए बिहार, उड़ीसा, संयुक्त प्रान्त एवं बरार से आदिवासी लोग आए। ब्रह्मपुत्र की घाटी और उसके आस-पास के ज़िलों में जहाँ अहोम और असमी-भाषी लोग प्रभुत्वशाली थे, वहीं उस क्षेत्र में अन्य सभी लोगों (नागा, मिज़ो, ख़ासी, गारो आदि) उनके प्रभुत्व से नाराज़ थे। यद्यपि शिलांग ख़ासी और जयंतिया पहाड़ियों का हिस्सा था, फिर भी यह असम की राजधानी के रूप में सेवारत था। हालाँकि, त्रिपुरा और मणिपुर पूर्वी राज्यों का हिस्सा थे। इस क्षेत्र की बड़ी जनजातीय आबादी के कारण, राज्य के गवर्नर की विशेष ज़िम्मेदारियाँ थीं। मुस्लिम आबादी के बहुमत द्वारा पाकिस्तान को चुने जाने पर असम को अपना सिलहट ज़िला पूर्व बंगाल को गँवाना पड़ा था।

1945-46 के चुनावों में, कांग्रेस ने एक सौ आठ सीटों में से इकसठ सीट जीती, और गोपीनाथ बोरदोलोई को एकमत से मुख्यमंत्री चुना गया। वे अगस्त 1950 में अपनी मृत्यु तक इस पद पर बने रहे थे। असम के लिए यह महत्त्वपूर्ण समय था, क्योंकि इस दौरान त्रिपुरा और पश्चिम बंगाल के साथ, पूर्व पाकिस्तान से लाखों हिन्दू शरणार्थी इस क्षेत्र में आए। बोरदोलोई भारत सरकार द्वारा विशेष नामांकित व्यक्ति के रूप में उत्तर-पूर्वी सीमान्त जनजातीय क्षेत्रों और असम के बहिष्कृत और आंशिक बहिष्कृत क्षेत्रों की उपसमिति के अध्यक्ष भी थे।

पूर्वी राज्य

पूर्वी राज्य भौगोलिक रूप से शायद सबसे व्यापक श्रेणी है; जो मध्य प्रान्त में सरगुजा, जशपुर, उदयपुर, गंगपुर, कांकेर, बस्तर, ख़ैरागढ़, नन्दगाँव से शुरू होकर पूर्व की ओर बढ़कर कूचबिहार और त्रिपुरा तक फैली हुई है। संयोग से, मणिपुर और ख़ासी हिल्स को 'पूर्वी राज्यों' का हिस्सा नहीं दिखाया गया है—जो शायद

केन्द्र सरकार के साथ उनके स्वतंत्र और सीधे सम्बन्ध का संकेतक है। इस सूची में खरसावां, सरायकेला, नीलगिरी, पाल लहारा, तलचर, हिंडोल, अथगढ़, मणिपुर, सिक्किम, कालाहाँडी, पटना, सोनपुर, बौध, रायराखोल, बामरा, क्योंझर, मयूरभंज, बोराई, रायगढ़, कोरिया और चंगभाकर, कवरधा, सरंगढ़, नयगढ़, अठमलिक, तिगीरिया, बारंबा, नरसिंहपुर और दसपल्ला भी शामिल हैं।

मध्य प्रान्त और बरार

बरार के मध्य प्रान्त के साथ विलय से गठित प्रान्त 1903 से 1950 तक अस्तित्व में रहा। बरार 25 लाख रुपये के वार्षिक भुगतान पर अंग्रेज़ों द्वारा हैदराबाद राज्य से पट्टे पर लिया गया क्षेत्र था। मध्य प्रान्त में 19वीं सदी के दौरान अंग्रेज़ों द्वारा मुग़लों और मराठों दोनों से जीते गए क्षेत्र सम्मिलित थे, और इसमें मध्य प्रदेश और महाराष्ट्र के बड़े हिस्से के साथ वर्तमान छत्तीसगढ़ का अधिकांश भाग शामिल था। तीसरे आंग्ल मराठा युद्ध में मराठों की हार के बाद, सतपुड़ा श्रेणी के उत्तर के क्षेत्र, सागर और दमोह, ब्रिटिश नियंत्रण के अधीन आ गए। 1853 में राघोजी तृतीय के निधन के बाद नागपुर को व्यपगत के सिद्धान्त के तहत ब्रिटिश साम्राज्य में मिला लिया गया था।

ब्रिटिश साम्राज्य द्वारा भाषायी समानता को प्रशासनिक पुनर्गठन के एक तत्त्व के रूप में स्वीकार करने के पहले कुछ उदाहरणों में बामरा, रायराखोल, सोनपुर, पटना और कालाहांडी की रियासतों के साथ सम्बलपुर को मध्य प्रान्त और बरार से बंगाल में हस्तान्तरित कर दिया गया, जबकि छोटा नागपुर के चांग भाकर, कोरिया, सरगुजा, उदयपुर और जशपुर के हिन्दी-भाषी राज्यों को अक्टूबर, 1905 में बंगाल से मध्य प्रान्त और बरार में हस्तान्तरित कर दिया गया।

जैसा कि नाम से पता चलता है, भूमि अवरुद्ध प्रान्त मध्य प्रायद्वीपीय भारत में अवस्थित था और इसमें पर्वत श्रृंखलाएँ, पठार एवं नदी घाटियाँ शामिल थीं। राज्य का सबसे उत्तरी भाग बुन्देलखंड की उच्चभूमि तक विस्तृत था, जिसकी उत्तर की ओर बहने वाली नदियाँ यमुना और गंगा की सहायक नदियाँ हैं विंध्य पर्वत श्रेणी पूर्व से पश्चिम तक फैली हुई थी, जो गंगा-यमुना बेसिन और नर्मदा नदी बेसिन के बीच जलविभाजक का निर्माण करती थी। यह क्षेत्र भाषायी रूप से बहुत विविध था और इसमें चार डिवीजन शामिल थे; नर्मदा, जबलपुर, नागपुर और छत्तीसगढ़। मानचित्र पर दिखाए गए प्रमुख ज़िलों में निमाड़, होशंगाबाद, सागर, जबलपुर, मंडला, बिलासपुर, रायपुर, दुर्ग, चन्दा, वर्धा, नागपुर, यवतमाल, अकोला, बुलढाणा,

अमरावती, बेतुल, छिन्दवाड़ा, बालाघाट और भंडारा शामिल थे। प्रशासनिक रूप से, इसकी सीमाएँ उत्तर और उत्तर-पूर्व में सेंट्रल इंडिया एजेंसी के साथ साझा होती थीं, जिसमें बुन्देलखंड और बघेलखंड क्षेत्र शामिल थे, और उत्तरी किनारे पर संयुक्त प्रान्त के साथ सीमा बनाते थे। पश्चिम में, इसकी सीमा भोपाल, इंदौर की रियासतों और बॉम्बे प्रेसीडेंसी के खानदेश ज़िले से लगती थी। हैदराबाद राज्य दक्षिण में स्थित था, और पूर्व में, यह इसकी सीमा उड़ीसा, बंगाल प्रेसीडेंसी एवं पूर्वी राज्य एजेंसी के साथ साझा करता था।

बीसवीं सदी की शुरुआत से ही, कांग्रेस पार्टी राज्य में एक मज़बूत शक्ति थी, और रवि शंकर शुक्ला की प्रमुख स्थिति मज़बूती से स्थापित थी। 1946 के चुनावों के बाद, कांग्रेस फिर से बहुमत वाली पार्टी के रूप में उभरी और शुक्ला दूसरी बार राज्य के प्रीमियर बने। शुक्ला और हरे कृष्ण महताब ने पटेल से राजसी व्यवस्था को लोकतांत्रिक भारत के साथ एकीकृत करने का आग्रह किया।

मध्य भारतीय राज्य

इनमें बुन्देलखंड और बघेलखंड के वो सभी पैंतीस राज्य शामिल थे जो विंध्यप्रदेश के रूप में संगठित थे, साथ ही वे पच्चीस राज्य भी जिन्हें बाद में मध्य भारत के रूप में गठित किया गया। इन साठ राज्यों में से केवल 25 को ही सलामी दर्जा (सैल्यूट स्टेटस) प्राप्त था। ये सभी आकार और महत्त्व में अलग थे, जहाँ एक तरफ़ ग्वालियर, इंदौर और भोपाल थे वहीं दूसरी तरफ़ नागौद और मैहर थे।

विंध्य के घटक राज्यों में रीवा सबसे प्रमुख था। इसके अलावा एकमात्र ऐसा राज्य जो कुछ महत्त्व का था तो वह 25 लाख रुपये से कुछ अधिक के राजस्व वाला ओरछा था। बुन्देलखंड के पन्द्रह राज्यों का क्षेत्रफल पचास वर्ग मील से कम था, और उनमें से दो राज्य ऐसे थे जिनका प्रति राज्य क्षेत्रफल दस मील से भी कम था। ये वास्तव में राज्यों के बजाय बड़ी सामन्ती जागीरें थीं, लेकिन अंग्रेज़ों ने उनकी पूर्ण निष्ठा और वफ़ादारी सुनिश्चित करने के लिए उन्हें दिखावटी उपाधियाँ दीं। उनमें से ज़्यादातर ने राजपूत वंश का दावा किया और वे राजपूताना का हिस्सा होना चाहते थे, लेकिन चूँकि राजपूताना पहले से ही बहुत बड़ा था, इसलिए उन्हें राज्यों के एक अल्पकालिक समूह के साथ जोड़ दिया गया जिसे विंध्य कहा जाता था। इस बीच, मध्य भारत यूनियन में ग्वालियर और इंदौर के बीच एक मुश्किल समझौता किया गया, जिसमें दतिया, रतलाम, अजैगढ़, अलीराजपुर, बावनी, बड़वानी, बीजावर, चरखारी, झाबुआ, राजगढ़, सैलाना, समथर, बरौंदा और खिलचीपुर के साथ

धार, देवास सीनियर और देवास जूनियर भी शामिल थे, इसके अलावा जैसा पहले उल्लेख किया गया, नागौद और मैहर भी इसका हिस्सा थे।

मद्रास

अधिकांश दक्षिणी भारत इस प्रेसीडेंसी का हिस्सा था, जिसमें भारतीय राज्य तमिलनाडु का सम्पूर्ण और आन्ध्र प्रदेश, केरल, कर्नाटक, तेलंगाना, ओडिशा एवं केन्द्र शासित प्रदेश लक्षद्वीप के कुछ हिस्से शामिल थे। मद्रास शहर प्रेसीडेंसी की शीत राजधानी और ऊटाकामुंड या ऊटी ग्रीष्म राजधानी थी। मद्रास की सीमाएँ उत्तर-पश्चिम में मैसूर, दक्षिण-पश्चिम में कोचीन और उत्तर में हैदराबाद से लगती थी। कुछ हिस्से बॉम्बे प्रेसीडेंसी, मध्य प्रान्त, और बरार के कोंकण क्षेत्र द्वारा घिरे हुए थे। 1936 में जब उड़ीसा का गठन हुआ तो उड़िया-भाषी हिस्से मद्रास से अलग हो गए।

1937 में, भारतीय राष्ट्रीय कांग्रेस पहली बार सत्ता में चुनी गई और चक्रवर्ती राजगोपालाचारी प्रीमियर बनाए गए। उन्होंने मन्दिर प्रवेश प्राधिकरण और क्षतिपूर्ति अधिनियम[18] को सफलतापूर्वक लागू किया और निषेध एवं बिक्री कर, दोनों की मद्रास प्रेसीडेंसी में शुरुआत की। लेकिन शिक्षण संस्थानों में हिन्दी का अनिवार्य विषय के रूप में अधिरोपण करने से उन्हें बड़े प्रतिरोध का सामना करना पड़ा। लेकिन दूसरे विश्वयुद्ध में वायसराय द्वारा भारत को शामिल किये जाने के विरोध में कांग्रेस की नीति के तहत त्यागपत्र दिये जाने पर इस हिन्दी आदेश को वापस ले लिया गया।

दूसरे विश्वयुद्ध की समाप्ति के बाद, भारतीय राष्ट्रीय कांग्रेस ने फिर से राजनीति में प्रवेश किया और, किसी भी गम्भीर विपक्ष की अनुपस्थिति में, 1946 के चुनाव आसानी से जीत लिये। तंगुतूरी प्रकाशम को तब कुमारस्वामी कामराज के सहयोग से मुख्यमंत्री चुना गया और ये ग्यारह महीनों तक सत्ता में रहे। उनके बाद ओ.पी. रामास्वामी रेड्डीयार ने उनकी जगह ली, जो तब मद्रास के पहले मुख्यमंत्री बने जब भारत ने 15 अगस्त, 1947 को आज़ादी हासिल की।

दक्षिण भारत की सभी चार भाषाएँ—तमिल, तेलुगु, कन्नड़ और मलयालम—इस प्रान्त के निवासियों द्वारा बोली जाती थी, जो भूमि-कर प्रशासन की रैयतवाड़ी व्यवस्था का पालन करते थे। इसमें विशाखापटनम, पूर्व गोदावरी, यनम, पश्चिम गोदावरी, कृष्णा, गुंटूर, नेल्लोर, कुरनूल, कडप्पा, चित्तूर, चिंगलपुट, मद्रास, उत्तर आरकोट, दक्षिण आरकोट, सलेम, त्रिचीनापल्ली, तंजौर, रामनाड, तिन्नेवेली, मादेवा, कोयंबटूर, मालाबार, कूर्ग, कनारा और बेल्लारी शामिल थे। बाद में, इन प्रत्येक ज़िलों को दो से तीन, या यहाँ तक कि चार ज़िलों में भी विभाजित किया जाना था।

मद्रास स्टेट्स

मद्रास के राज्यों में सन्दूर, बंगनपल्ले एवं पुदुक्कोट्टई जैसे छोटे राज्यों के साथ त्रावणकोर और कोचीन सरीखे दो प्रमुख राज्य भी शामिल थे। कोचीन की देशी रियासत के अन्तर्गत कोचीन—एक ब्रिटिश क्षेत्र—का समुद्री नगर स्थित था, जो अरब सागर में लक्षद्वीप और मिनीकॉय द्वीपों के लिए प्रशासनिक मुख्यालय के रूप में काम करता था।

बम्बई

भारत सरकार अधिनियम, 1935 के अनुसार, बम्बई प्रेसीडेंसी को बम्बई और सिन्ध प्रान्तों में पुनर्गठित किया गया। 1937 के चुनावों में, भारतीय राष्ट्रीय कांग्रेस ने बम्बई में चुनाव जीते लेकिन सरकार बनाने से इनकार कर दिया। सर धनजीशाह कूपर ने लोकशाही स्वराज्य पार्टी के जमनादास मेहता, नॉन-ब्राह्मण पार्टी के सर सिद्धप्पा टी. कांबली और मुस्लिम लीग के हुसेनली रहीमतूला को मिलाकर एक गठबन्धन बनाया। हालाँकि, कूपर मंत्रालय बहुत लम्बा नहीं चल सका और उनकी जगह बी.जी. खेर के नेतृत्व में कांग्रेस ने सत्ता सँभाली। अन्य राज्यों की तरह, खेर ने 1939 में इस्तीफ़ा दिया, लेकिन राजनीति में कांग्रेस की वापसी और 1946 के चुनावों में जीत के बाद उन्हें फिर से चुन लिया गया। खेर 1952 तक राज्य के मुख्यमंत्री रहे।

बॉम्बे प्रेसीडेंसी उत्तर में बलूचिस्तान, पंजाब और राजपूताना; पूर्व में इंदौर, मध्य प्रान्त और हैदराबाद; दक्षिण में मद्रास और मैसूर, एवं पश्चिम में अरब सागर द्वारा घिरी हुई थी। इन्हीं सीमाओं के भीतर पुर्तगाल की गोवा, दमन और दीव की बस्तियाँ थी। इसमें कैरा, अहमदाबाद, बरुच और पंच महल, दमन, बम्बई उपनगरी, पूर्वी खानदेश, नासिक, शोलापुर, बीजापुर, धारवाड़, बेलगाँव, रत्नागिरी, सतारा, पूना, कोलाबा, थाना और सूरत शामिल थे।

ब्रिटिश प्रान्तों की स्थापना विशुद्ध रूप से प्रशासनिक आधारों पर की गई थी, और क्योंकि सभी आधिकारिक वार्तालाप अंग्रेज़ी भाषा में होते थे, लोगों की भाषायी सम्बद्धता बहुत ज़्यादा मायने नहीं रखती थी। हालाँकि, दस्तावेज़ों में, बॉम्बे एक बहुभाषी राज्य था, और इसकी प्रमुख भाषाएँ कच्छ में कच्छी, गुजरात में गुजराती व हिन्दुस्तानी, ठाणे और केन्द्रीय डिवीजन (सेंट्रल डिवीजन) में मराठी, खानदेश में गुजराती और मराठी, एवं दक्षिणी डिवीजन में मराठी और कन्नड़ थी।

यहाँ भील (120,000) और जिप्सी (30,000) बोलियाँ भी थीं। बम्बई की बड़ी प्रवासी और आंग्ल भारतीय आबादी के बीच अंग्रेज़ी का भी बोलबाला था।

पश्चिमी भारत के राज्य

पश्चिमी भारत के 217 राज्यों में कच्छ के अलावा पूर्ववर्ती पूर्वी काठियावाड़ और पश्चिमी काठियावाड़ के सलामी राज्य शामिल थे। कच्छ सबसे बड़ा और साथ ही साथ सबसे महत्त्वपूर्ण सलामी राज्य था, जिसे सत्तरह बन्दूक़ों की सलामी वाले राज्य का दर्जा प्राप्त था। तेरह बन्दूक़ों (स्थानीय रूप से पन्द्रह बन्दूक़ों) की वंशानुगत सलामी वाला भावनगर, तेरह बन्दूक़ों की ही सलामी वाला धरांगधरा, और नौ बन्दूक़ों की सलामी वाले लिम्बड़ी, पालिताना एवं वाधवान भी प्रमुख राज्य थे। पश्चिमी काठियावाड़ एजेंसी में तेरह बन्दूक़ों की सलामी वाले जूनागढ़, नवानगर और पोरबन्दर तीन राज्य थे, इसमें से पहले दो के पास पन्द्रह बन्दूक़ों वाला स्थानीय और व्यक्तिगत सलामी का सौभाग्य भी था। गोंडल, मोरवी और वांकानेर वंशानुगत ग्यारह बन्दूक़ों की सलामी वाले राज्य थे, और ध्रोल एवं राजकोट, जिनके शासकों को ठाकुर साहब कहा जाता था, नौ बन्दूक़ों की सलामी वाले राज्य थे।

दक्कन राज्य

एक श्रेणी है जिसे दक्कन राज्य कहते हैं, जो संख्या में सत्तरह हैं, यह एक विविध समूह है, जिनमें कोल्हापुर सबसे प्रमुख हैं। यहाँ अक्कलकोट, जठ, मूढ़ोल, फलतान और सावंतवाड़ी के मराठा शासक थे। औंध और भोर ब्राह्मणों द्वारा शासित थे, और सांगली, वाडी और रामदुर्ग के पटवर्धन राज्य थे। जंजीरा और सावनूर में मुस्लिम शासक थे—पहले वाले पूर्वी अफ्रीकी मूल के थे और दूसरे पठानों की मियाना जनजाति से। इस शासन की विविधता (और स्वीकार्यता) पर आश्चर्य होता है। इसमें भोरा, जमखंडी, कुरंदवाड़, रामदुर्ग, मिराज और फलतान भी शामिल थे।

रियासतों का भारत के साथ एकीकरण

यह वास्तविक चुनौती थी, क्योंकि ब्रिटिश राज के अन्तिम दशक में, रियासतों और ताज, जिसका प्रतिनिधित्व वायसराय करते थे, के बीच में सीधा सम्पर्क विकसित करने के लिए प्रयास किया गया था। 1935 के भारत सरकार अधिनियम की

शुरुआत के साथ, प्रान्तीय सरकारें लोकप्रिय चुनाव से गठित हुई थी और ब्रिटिश राज नहीं चाहता था कि किसी भी परिस्थिति में रियासतों के प्रधान प्रान्तीय सरकारों से प्रभावित हों। ऐसा नहीं था कि भारत के सभी राजा एकमत थे—हालाँकि उनके पास नरेन्द्र मंडल के रूप में प्रतिनिधि निकाय था, लेकिन उनके आन्तरिक मतभेद बहुत स्पष्ट थे। वास्तव में, 1858 की शाही उद्घोषणा के बाद, जिसने व्यपगत के सिद्धान्त को समाप्त किया, अंग्रेज़ों ने राजाओं को सत्ता और प्रतिष्ठा के सभी प्रलोभनों—सेना में मानक रैंक से लेकर नाइट कमांडर (केसीआईई), कम्पैनियन (सीआईई), मेम्बर ऑफ़ द ऑर्डर ऑफ़ द ब्रिटिश एम्पायर (एमबीई) की उपाधियों तक—की पेशकश करके उन्हें तुष्ट करने का हर प्रयास किया। लेकिन सबसे बढ़कर, अंग्रेज़ों ने उन्हें तोपों की सलामी दी, जिससे शाही पदानुक्रम में उनकी रैंकिंग और वरीयता निर्धारित हुई।

राज्य विभाग द्वारा प्रकाशित श्वेत पत्र के अनुसार[19], 'भारतीय अधिराज्य में राज्यों का विलय भारत के इतिहास में एक महत्त्वपूर्ण घटना थी। जहाँ तक ब्रिटिश भारत में जनमत के नेताओं का सम्बन्ध था, आधी सदी से भी अधिक समय तक राज्यों की स्थिति एक सीलबन्द किताब की तरह रही थी। ऐसे कई लोग थे, जो उम्मीद कर रहे थे कि विभाजन के बोझ और राज्यों के विघटन की संयुक्त बाधाओं से होकर गुजरने पर भारत सरकार दिवालिया हो जाएगी। इन विपरीत परिस्थितियों और बाधाओं के सन्दर्भ में, प्रान्तों और राज्यों को मिलाकर एक संघीय भारत के विचार की पूर्णता कोई मामूली उपलब्धि नहीं थी। पहली बार, सैकड़ों वर्षों के बाद, भारत एक संवैधानिक इकाई में बँध गया।

यह कार्य 5 जुलाई, 1947 को गठित हुए राज्य मंत्रालय को सौंपा गया था, जिसके मंत्री सरदार पटेल और सचिव वी.पी. मेनन थे। उन्हें सर्वोपरिता[20] की आसन्न चूक की अभूतपूर्व स्थिति से निपटने का चुनौतीपूर्ण आदेश दिया गया था। हालाँकि, कुछ मायनों में, यह पूर्ववर्ती राजनीतिक विभाग का उत्तराधिकारी था जो राज्यों और साम्राज्य के बीच के सम्बन्धों को सँभालता था, लेकिन इनके उद्देश्य पूरी तरह अलग थे। राजनीतिक विभाग के लिए, 'राज्यों की तथाकथित आन्तरिक स्वायत्ता राज्य में सामन्ती ढाँचे के रखरखाव के लिए एक सुविधाजनक उपकरण उपलब्ध कराती थी, जिसे उनके अधिकार क्षेत्र में लोकतांत्रिक आन्दोलन संचालित होने के ख़िलाफ़ कवच के रूप में इस्तेमाल किया जा सकता था।'[21] राज्यों ने भारत के मानचित्र को विघटनकारी टुकड़ों के रूप में चित्रित करना जारी रखा, जिसने लोगों के राजनीतिक और आर्थिक जीवन के एकीकरण को धीमा किया। दो महीनों से कम समय में, अन्तरिम सरकार को 562 रियासतों के साथ समझौता करना था,

जिसमें 48 प्रतिशत क्षेत्रफल और नौ करोड़ अस्सी लाख की आबादी शामिल थी, और महत्त्व की दृष्टि से एक ओर हैदराबाद तो दूसरी तरफ़ मात्र कुछ एकड़ वाली काठियावाड़ की सम्पदा। जैसा की हम बाद में देखेंगे, इसे या तो मौजूदा प्रान्तों के साथ विलय करके या राज प्रमुखों के तहत राज्यों के संघों के रूप में स्थापित किया गया।

विदेशी क्षेत्र

भारत का पहला मानचित्र विदेशी क्षेत्राधिकार के अधीन आने वाले भारतीय क्षेत्रों को भी दर्शाता था। फ्रांसीसियों के पास पूर्वी तट पर पांडिचेरी, पूर्ववर्ती पूर्वी गोदावरी ज़िले में यनम कहलाने वाला एक छोटा क्षेत्र और पश्चिम बंगाल के हुगली ज़िले में चन्दननगर था। पुर्तगाल के पास पश्चिमी तट पर गोवा के साथ-साथ दादरा और नगर हवेली के दो अलग भौगोलिक क्षेत्र थे; नगर हवेली महाराष्ट्र और गुजरात के बीच में, और, एक मील उत्तरपश्चिम की ओर, दादरा का अपेक्षाकृत छोटा एन्क्लेव था, जो गुजरात से घिरा हुआ था। रियासतों की तरह, ये विदेशी प्रशासक भी अपनी सत्ता का उपयोग केवल ब्रिटिश सरकार के अन्तर्निहित समर्थन से करते थे, जिनके अपने कूटनीतिक एजेंडा थे जो पुर्तगाल और फ्रांस के साथ इंग्लैंड के सम्बन्धों के सन्दर्भ से प्रभावित थे। कांग्रेस ने गोवा और पांडिचेरी में स्वतंत्रता आन्दोलन का नेतृत्व करने के लिए पहले ही राज्य इकाइयाँ स्थापित कर रखी थी, हालाँकि नेहरू और गांधी दोनों आश्वस्त थे कि इन विदेशी क्षेत्रों की वापसी आपसी सहमति से होनी चाहिए—जो फ्रांसीसी क्षेत्रों के मामले में कारगर रही, लेकिन ऐसा पुर्तगाल के मामले में नहीं हो सका। यह एकीकरण केवल दिसम्बर 1961 में पूरा हुआ, लेकिन इससे पाँच और दशकों बाद विदेशी क्षेत्राधिकार अधिनियम[22] को 2014 में निरस्त किया गया।

3

रियासत-ए-जम्मू वा कश्मीर वा लद्दाख वा तिब्बत हा

जम्मू और कश्मीर के बारे में लेखन की चुनौती यह नहीं है कि लिखने की सामग्री या स्रोतों की कमी है : यह भूसी से अनाज निकालने जैसा है। इस राज्य के बारे में इतने सारे अलग-अलग दृष्टिकोणों से, इतनी अधिक बार और इतना कुछ कहा गया है कि जम्मू और कश्मीर के बारे में चाहे कुछ भी कहा जाए, वह विवादित हो जाएगा। इसमें विवादास्पद 'और' भी शामिल है, क्योंकि जम्मू और कश्मीर सिर्फ़ 1846 के आंग्ल सिख युद्ध[1] के बाद एक राजनीतिक/प्रशासनिक इकाई बना। इससे पूर्व, जम्मू और कश्मीर दोनों का अपना अपना स्वतंत्र अस्तित्व था। इसका उल्लेख किया जाना भी ज़रूरी है कि रियासत ने स्वयं को जो नाम दिया वह रियासत-ए-जम्मू वा कश्मीर वा लद्दाख वा तिब्बत हा (जम्मू, कश्मीर, लद्दाख और तिब्बत का साम्राज्य)[2] था। यह भी सच है कि सबसे ज़्यादा ध्यान और विवाद कश्मीर घाटी पर रहा है और जम्मू सहित, अन्य क्षेत्रों को उनके हिस्से का उचित स्थान नहीं मिला। विस्तार से कहें तो, लद्दाख[3], चित्राल[4], गिलगित[5], बाल्टिस्तान[6] और तिब्बत[7] के सीमावर्ती क्षेत्रों की सोच, चिन्ताएँ और लोगों के हित विमर्श के हाशिये पर रहे हैं।

हालाँकि, अगर हम इस भौतिक रूप से अविभाज्य क्षेत्र के बारे में बात करें, तो हमें दुनिया में सबसे पुराने और अब भी प्रचलित कैलंडर से शुरू करना होगा—सप्तर्षि कैलंडर, जो 2022 में अपने 5097वें संस्करण में था! कल्हण रचित कश्मीर के इतिहास, 'राजतरंगिणी'[8] (बारहवीं शताब्दी)[9] के अनुसार कश्मीर का नाम ऋषि कश्यप[10] के नाम पर पड़ा, जिन्होंने बारह धाराओं (वाराह मूला, अब बारामुला) की रचना करके एक घाटी की स्थापना की। यह बस्ती कश्यप-पुर कहलाती थी। इसे टॉलमी[11] ने कैस्पेरिया, हेरोडोटस[12] ने कैस्पाटाइरोस, हेकाटियस[13] ने कास्पापापैरोस[14] और बाइजैंटियम[15] ने स्टेपहानुस कहा। शब्दों की व्युत्पत्ति के अनुसार, जम्मू की उत्पत्ति जम्बूपुर[16] से हुई, यह तवी नदी के किनारे राजा जम्बूलोचन[17] द्वारा

चौदहवीं सदी ईसा पूर्व या शायद, जम्बूद्वीप,[18] वह महाद्वीप जिसमें 'भारत' स्थित है। जम्मू हमेशा से डोगराओं के पास था, या तो प्रत्यक्ष रूप से या फिर दिल्ली अथवा पंजाब के सूबा के अधिपतित्व में। कश्मीर 1586 से अकबर के अधीन मुग़ल साम्राज्य का हिस्सा बना, हालाँकि दो सदी पहले ही नन्द ऋषि[19] या शेख़ नूर-उद-दीन नूरानी ने इस्लाम की सूफ़ी परम्परा को यहाँ ला दिया था।

डोगरा का कश्मीर के साथ सम्बन्ध 1819 में शुरू हुआ जब महाराजा रणजीत सिंह ने दुर्रानी अफ़ग़ानों[20] को पराजित करके राज्य पर दावा किया। 1834 में लद्दाख में और 1839 में गिलगित बाल्टिस्तान में राज्यक्षेत्र विस्तार का श्रेय जनरल ज़ोरावर सिंह[21] को जाता है, जो डोगराओं के अधीन किश्तवाड़ के वज़ीर थे और खालसा राज[22] के प्रति निष्ठावान थे। लद्दाख एक स्वायत्त राज्य था, लेकिन धार्मिक रूप से यह परम पावन दलाई लामा के तिब्बती बौद्ध धर्म का हिस्सा था। बाद में ज़ोरावर सिंह ने 1839/40 में गिलगित बाल्टिस्तान में एक सफल अभियान का नेतृत्व किया, और अपने शासन को यासीन, हमजा, दरेल, चिलास, चित्राल और नागर में भी फैलाया। उन्होंने 1841 में तिब्बत में भी एक साहसिक अभियान चलाया : हालाँकि वे सफल नहीं रहे, लेकिन उनकी बहादुरी और शौर्य ऐसे थे कि तिब्बतियों ने भी अपने इस विरोधी (ज़ोरावर सिंह) के सम्मान में एक स्मारक बनवाया।

इस बीच, 1846 के आंग्ल सिख युद्ध के बाद पूर्व जनरल और महाराजा रणजीत सिंह के विश्वासपात्र, डोगरा राजा गुलाब सिंह[23] ने 'साम्राज्य' को 75 लाख शाही नानक रुपये[24] में ख़रीद लिया। अंग्रेज़ों के तीन उद्देश्य थे : सोबराँव में उनकी हार के बाद 'सिखों को कमज़ोर' करना, एक ओर अपने तथा रूस एवं दूसरी ओर चीन के बीच एक बफर क्षेत्र बनाना, और युद्ध के दौरान किये गए ख़र्च की भरपाई।

यह युद्ध वही मूल वजह थी जिससे रणनीतिक दृष्टि से महत्त्वपूर्ण रियासत-ए-जम्मू वा कश्मीर वा लद्दाख वा तिब्बत हा अस्तित्व में आई, जिसके पूर्व में तिब्बत, उत्तरपूर्व में चीन का शीनकियांग प्रान्त, उत्तर-पश्चिम में अफ़ग़ानिस्तान और सिर्फ़ कुछ ही मील की दूरी पर रूस का तुर्किस्तान था। तब से लेकर हुई समस्त राजनीतिक उथल-पुथल का पता 'बिक्री विलेखी' (एक बिक्री दस्तावेज़) से लगाया जा सकता है जिस पर पहले आंग्ल सिख युद्ध (1845-46) के बाद हस्ताक्षर किये गए थे।

कश्मीर के लिए 75 लाख रुपये देने के बाद, डोगराओं का पहला लक्ष्य अपने नये क्षेत्र से इस राशि की उगाही करना था। उनका दृष्टिकोण एक उदार सम्प्रभु का नहीं बल्कि किरायेदार-मालिक का था—प्रत्येक व्यक्ति और प्रत्येक वस्तु पर कर लगाया गया था। इसमें कारीगर और शिल्पकार भी शामिल थे जो केवल अपना

गुज़ारा करने लायक धन कमाते थे। उनके कर के महाजाल ने बढ़इयों, नाविकों, कसाइयों, नानबाहयों, यहाँ तक कि वेश्याओं को भी नहीं छोड़ा। एक समकालीन पर्यवेक्षक रॉबर्ट थोर्प[25] ने 1860 के दशक में लिखा है 'कश्मीर[26] के लोगों के प्रति हमने एक प्रचंड, अत्याचार और घोर अन्याय किया है, जो हर मानव और मानवीय भावना का उल्लंघन करता है...'[27]

राज्य में नियुक्तियों के सन्दर्भ में देखें तो सभी उच्च पदों पर डोगरा, उसके बाद पंजाबी और कुछ पर कश्मीरी पंडित थे। हालाँकि, उन्होंने कुछ अच्छे काम भी किये, जैसे 'ज़बरन' कहलाने वाली अनिवार्य शिक्षा, जिसकी वजह से साक्षरता का प्रकाश राज्य के सभी कोनों तक फैल गया था। जिन्होंने अनिवार्य शिक्षा की कक्षाओं में उपस्थिति दर्ज़ कराई उनमें एक युवक अब्दुल्ला भी था, जिसका जन्म उसके पिता शेख मोहम्मद इब्राहिम की मृत्यु के ग्यारह दिन बाद, श्रीनगर के बाहरी इलाक़े सोर गाँव में हुआ था। हालाँकि उसका बचपन ग़रीबी में उलझा हुआ था, उसने मैट्रिक पास की और श्री प्रताप कॉलेज, श्रीनगर, जम्मू में प्रिंस ऑफ़ वेल्स कॉलेज, इस्लामिक कॉलेज, लाहौर और अलीगढ़ मुस्लिम विश्वविद्यालय (एएमयू)[28] में रसायन शास्त्र की पढ़ाई की। एएमयू में पहली बार आयोजक और वक्ता के रूप में उसका कौशल सामने आया। इस दौरान, राज्य में बाहरी लोगों के लिए नौकरियों के ख़िलाफ़ आक्रोश बढ़ रहा था, और 1927 से ही, महाराजा को राज्य के लोगों, या मुल्कियों को प्राथमिकता देने के लिए मजबूर किया जा रहा था। कश्मीरी मुसलमानों की शिकायतों और आक्रोश के समाधान के लिए, महाराजा को बी.जे. ग्लांसी[29] की अध्यक्षता में एक जाँच आयोग स्थापित करना पड़ा, जिसने सुझाव दिया कि मुसलमानों को सेवाओं में अधिक प्रतिनिधित्व दिया जाना चाहिए, और राज्य में एक असेम्बली गठित की जानी चाहिए। 1934 में, महाराजा हरि सिंह ने एक असेम्बली स्थापित की जिसे प्रजा सभा कहा गया। हालाँकि, आयोग की सिफ़ारिशों के विपरीत, निर्वाचित विधायकों के पास सदन में बहुमत नहीं था, उनकी विधायी शक्तियाँ सीमित थी और मंत्री परिषद महाराजा द्वारा नियुक्त और उन्हीं के प्रति उत्तरदायी थी। असेम्बली को ख़ारिज करते हुए, शेख अब्दुल्लाह ने 29 जनवरी, 1934 को कहा, 'इस देश के लोगों ने ऐसे कृत्रिम दिखावे के लिए ख़ून नहीं बहाया था...इस देश के लोग इस प्रकार की प्रतिनिधि सभा से क्या उम्मीद कर सकते हैं जिसमें अधिकारी और नामित बहुमत का मृत बोझ लोगों की आवाज़ को कुचलने के लिए हमेशा तैयार रहेगा।'[30]

हैदराबाद एवं जम्मू और कश्मीर के बीच की समानताएँ आसानी से रेखांकित की जा सकती हैं, बड़े राज्यक्षेत्र और जनसंख्या के साथ दोनों इक्कीस तोपों की

सलामी वाले राज्य थे। दोनों ने 15 अगस्त, 1947 से पहले विलय पत्र पर हस्ताक्षर करने से इनकार किया और सम्प्रभुता का भ्रम पाले रखा। दोनों ही सबसे अमीर रियासतों में से थे, लेकिन निजी तौर पर, निज़ाम और महाराजा दोनों, ख़र्च को लेकर अपने सख़्त रवैये की वजह से 'कंजूस' माने जाते थे।

जहाँ निज़ाम ने बरार को अंग्रेज़ों को पट्टे पर दिया था, वहीं महाराजा ने गिलगित बाल्टिस्तान को पट्टे पर दिया था। दोनों ने ही बहुसंख्यक जनसंख्या (हैदराबाद के मामले में हिन्दुओं और जम्मू-कश्मीर के मामले में मुसलमानों) की हिस्सेदारी और प्रतिनिधित्व को नकार दिया था। दोनों ने अपने शासन के ख़िलाफ़ जन-आन्दोलन का सामना किया—कांग्रेस, आर्य समाज और साम्यवादियों ने निज़ाम के ख़िलाफ़ और नेशनल कॉन्फ्रेंस एवं मुस्लिम कॉन्फ्रेंस ने महाराजा के ख़िलाफ़ आन्दोलन का नेतृत्व किया। माउंटबेटन ने अपने सूचना सहायक, एलन कैंपबेल-जॉनसन को अपने विशेष प्रतिनिधि के रूप में दोनों राज्यों का दौरा कर राज्यों और अधिराज्य (भारत) के बीच समझौता करने को कहा। सबसे दिलचस्प यह था कि जिन्ना न तो निज़ाम के साथ और न ही शेख अब्दुल्ला के साथ सहज थे, क्योंकि उन्हें लगता था कि उनके 'एकमात्र प्रवक्ता' के दर्जे को चुनौती दी जा सकती थी। दोनों रियासतों में, मुल्कियों या स्थानीय निवासियों ने सरकारी नौकरियों में स्थानीय लोगों के आरक्षण के लिए आन्दोलन शुरू किया। कांग्रेस और आरएसएस[31] दोनों ने ही काफ़ी प्रभाव डाला जबकि संगठनात्मक उपस्थिति दोनों की ही नहीं थी। हैदराबाद में आर्य समाज का समर्थन लिया और जम्मू-कश्मीर में उन्होंने शेख अब्दुल्ला के रूप में अपना 'आत्मीय साथी' पाया। दोनों ही राज्यों ने अपने प्रधानमंत्रियों का तीव्र 'टर्नओवर' देखा—क्योंकि वे दोनों ही सिर्फ़ राजकीय शासकों की सनक के प्रति उत्तरदायी थे न कि लोकसमर्थन से चुनी गई असेम्बली के प्रति।

1935 तक, शेख अब्दुल्ला ने ख़ुद को कश्मीर के निर्विवाद नेता और ऑल जेएंडके मुस्लिम कॉन्फ्रेंस[32] के मुखिया के रूप में स्थापित कर लिया था। हालाँकि, इसे भी रिकार्ड में रखना ज़रूरी है कि कश्मीरी मुसलमानों पर उनका पूरा दबदबा होने के बावजूद जम्मू, लद्दाख और सीमान्त क्षेत्रों में उनका प्रभाव नगण्य था। इसी बीच, कांग्रेस ने उनके सामने प्रस्ताव रखा, और सैफुद्दीन किचलू, नेहरू, बादशाह ख़ान और महात्मा गांधी के साथ उनकी वार्ता ने उन्हें इस बात के लिए राज़ी कर लिया कि जेएंडके मुस्लिम कॉन्फ्रेंस को अधिक समावेशी और धर्मनिरपेक्ष बनाया जाना चाहिए। 1938 में, शेख अब्दुल्ला ने मुस्लिम कॉन्फ्रेंस की कार्यकारिणी समिति में इसका नाम मुस्लिम कॉन्फ्रेंस से बदलकर जेएंडके नेशनल कॉन्फ्रेंस रखने और हिन्दुओं एवं सिखों के लिए इसके दरवाज़े खोलने का प्रस्ताव पेश किया।

पार्टी का झंडा 'सफ़ेद अर्धचन्द्र वाला हरा' से बदलकर 'सफ़ेद हल वाला लाल' कर दिया गया। हालाँकि, बुध सिंह[33] और पंडित प्रेम बजाज[34] जैसे अल्पसंख्यक नेताओं के जुड़ने के बावजूद नेशनल कॉन्फ्रेंस वास्तव में कभी भी घाटी से परे अपने आधार का विस्तार नहीं कर सकी। लेकिन कांग्रेस की बदौलत शेख और उनकी पार्टी को राष्ट्रीय मंच मिल गया। 1939 में, शेख ने कांग्रेस के त्रिपुरी (जबलपुर)[35] सत्र में हिस्सा लिया, और उन्हें राज्यों (रियासतों) के लोगों की समस्याओं सम्बन्धी सत्र की अध्यक्षता करने के लिए भी कहा गया। बाद में, वह ऑल इंडिया स्टेट्स पीपल्स कॉन्फ्रेंस[36] के अध्यक्ष बने।

शेख की कांग्रेस से क़रीबी ने जिन्ना और मुस्लिम लीग की योजनाओं को विफल कर दिया जो अपनी पाकिस्तान की माँग का समर्थन जुटाने के लिए कश्मीरी मुसलमानों पर निर्भर थे। मुस्लिम लीग हमेशा इस बात पर ज़ोर देना पसन्द करती थी कि दूसरे प्रमुख कश्मीरी सर मोहम्मद इक़बाल[37] न सिर्फ़ उनकी पाकिस्तान की माँग के समर्थक ही थे, बल्कि पाकिस्तान के विचार को प्रस्तावित करने वाले शुरुआती व्यक्तियों में से भी एक थे। वहीं दूसरी ओर शेख अब्दुल्ला धर्मनिरपेक्ष और लोकतांत्रिक, दोनों ही थे। जिन्ना ने जब 1944 में रियासत का दौरा किया और इसके मुसलमानों को मुस्लिम लीग के बैनर तले ख़ुद को संगठित करने की सलाह दी, तो उन्हें भारी विरोध का सामना करना पड़ा। यहाँ तक कि इकलौती जन सभा जिसमें जिन्ना ने भाग लिया वह 'जिन्ना वापस जाओ' के नारों से बिखर गई। यह रिकॉर्ड में है कि जिन्ना को तब राज्य पुलिस द्वारा एक सुरक्षित स्थान पर ले जाना पड़ा। हालाँकि, उन्होंने ग़ुलाम मोहम्मद अब्बास[38] के नेतृत्व में मुस्लिम कॉन्फ्रेंस को पुनर्जीवित करने में सफलता हासिल की। लेकिन पार्टी को गम्भीर दुविधा का सामना करना पड़ा। वह वैसे तो नेशनल कॉन्फ्रेंस की धर्मनिरपेक्षता की उग्र विरोधी थी, पर उसने यह भी महसूस किया कि उसके कट्टर विरोधी शेख उसके लक्ष्य—कश्मीर का पाकिस्तान में विलय—के लिए अनिवार्य थे।

मई 1946 में, शेख अब्दुल्ला ने महाराजा हरि सिंह के ख़िलाफ़ कश्मीर छोड़ो आन्दोलन[39] की शुरुआत की जिसके बाद उन्हें गिरफ़्तार करके तीन साल के कारावास की सज़ा सुनाई गई। लेकिन नेहरू और गांधी के हस्तक्षेप के कारण सोलह माह बाद सितम्बर, 1947 में शेख को रिहा कर दिया गया। संयोग से, मुस्लिम कॉन्फ्रेंस के नेता, ग़ुलाम अब्बास, ने भी महाराजा से शेख को रिहा करने की अपील की और उन्हें भी तुरन्त गिरफ़्तार कर लिया गया था।

इस प्रकार, भारत की स्वतंत्रता की पूर्व बेला में कश्मीर के दो राजनीतिक संगठन—नेशनल कॉन्फ्रेंस और मुस्लिम कॉन्फ्रेंस—मुसलमानों के नेतृत्व में थे,

उनका व्यापक मुस्लिम समर्थित आधार था और उनके दोनों ही नेता सलाखों के पीछे थे। कुछ भी महत्त्वपूर्ण हासिल करने के लिए दोनों पार्टियों को एकजुट होना था, लेकिन जिन्ना के साथ शेख अब्दुल्ला के सामंजस्य के लगातार प्रयास विफल रहे क्योंकि दोनों व्यक्ति अपने महत्त्व और स्थिति के प्रति सचेत थे और कोई भी पहल नहीं कर पा रहे थे।

इस बीच, रियासतों के शासकों को यह स्पष्ट होता जा रहा था कि ब्रिटेन के उनके प्रति अपनी प्रतिबद्धताओं से मुकर जाने की सम्भावना थी, क्योंकि स्पष्ट तौर पर दूसरे विश्वयुद्ध के बाद, उनके पास अपने वादों की पूर्ति के लिए आर्थिक और सैन्य शक्ति नहीं थी। बड़ी रियासतें—त्रावणकोर, हैदराबाद और जम्मू-कश्मीर—'स्वतंत्रता/स्वायत्तता' को एक सम्भावित विकल्प के रूप में देखने लगी थीं। हालाँकि, उनको वास्तविक राजनीतिक चक्र की बहुत सीमित समझ थी—क्योंकि उनकी आन्तरिक स्वायत्तता राज द्वारा सुनिश्चित थी और वे तोपों की सलामी, शिकार पार्टियों और औपचारिक धूमधाम वाली अपनी ख़ुद की अलग दुनिया में जीते थे, इस बात की बहुत सीमित समझ के साथ की उनकी प्रजा वास्तव में क्या चाहती है। उनके प्रधानमंत्री भी राजनीतिक चतुराई में माहिर नहीं थे क्योंकि उन्हें वे पद महाराजा के प्रति व्यक्तिगत निष्ठा के कारण मिले थे। साथ ही वे दरबारी राजनीति के अपराधी और पीड़ित भी थे जहाँ विरोधी गुट राज्य के हितों को आगे बढ़ाने के बजाय अपनी स्थिति मज़बूत करने के इच्छुक थे। जम्मू और कश्मीर में, महाराजा हरि सिंह ने महसूस किया कि वे अपने लिए स्वतंत्र साम्राज्य बना सकते हैं, और उन्होंने अपने प्रधानमंत्री राम चन्द्र काक को धैर्यपूर्वक सही समय का इन्तज़ार करने के लिए कहा। भारत जो लोकतांत्रिक हो रहा था, या पाकिस्तान जो इस्लामिक था, का हिस्सा बनने के विचार को नापसन्द करने वाले हरि सिंह ने जम्मू और कश्मीर की स्वतंत्रता को एक वैकल्पिक और व्यवहार्य विकल्प के रूप में देखा और काक ने हरि सिंह की इच्छाओं को और भड़काया, जिससे उन्हें यह विश्वास हो गया कि जम्मू और कश्मीर एक स्वतंत्र देश हो सकता है।

यह वह समय भी था जब स्वामी संत देव[40] नाम के एक तांत्रिक हरि सिंह के दरबार में उपस्थित हुए और उन पर ठीक-ठाक प्रभाव डालने लगे। उन्हें हरि सिंह की चौथी पत्नी महारानी तारा देवी से निकटता के कारण कश्मीर के दरबार के रासपूतिन[41] भी कहा गया। काक स्वामी को लेकर आशंकित थे, लेकिन स्वामी और प्रधानमंत्री के बीच सत्ता संघर्ष में स्वामी ने बाजी मारी। राम चन्द्र काक को पहले अविश्वसनीय कठोरता के साथ अचानक उनके पद से बर्ख़ास्त किया गया और फिर 11 अगस्त, 1947 को गिरफ़्तार भी कर लिया गया।

काक के प्रति महाराजा का विश्वास ख़त्म होने से पहले, दोनों कांग्रेस और शेख के प्रति विद्वेष में स्पष्ट रूप से एकमत थे, और जिन्ना के साथ वार्ता भी की थी जिन्होंने उन्हें अन्य सीमावर्ती रियासतों (जोधपुर, जैसलमेर) के शासकों की तरह, पाकिस्तान की राज्यक्षेत्रीय सीमाओं के विस्तार के उद्देश्य से खाली चेक की पेशकश भी की। काक गिरे हुए शख़्स थे, और वह सभी पक्षों—कांग्रेस, शेख और महाराजा—के लिए अनुकूल थे कि उन्हें 'गद्दार' करार दिया जाए। अपने संस्मरण में, काक ने जम्मू और कश्मीर के मामलों में भारतीय राष्ट्रीय कांग्रेस द्वारा 1938 से निभाई गई भूमिका का वर्णन किया, जिसमें महाराजा के प्रभाव को प्रति-सन्तुलित करने के लिए शेख को प्रोत्साहित किया गया। उन्हें लगा कि शेख का प्रभाव घाटी के मुसलमानों तक सीमित था, लेकिन कांग्रेस से जुड़ाव के कारण उनकी यथार्थ से बड़ी छवि बन गई थी।

जिन्ना और उनकी टीम महाराजा के साथ समझौता करने के लिए बेचैन थी, जिसमें कांग्रेस और शेख शामिल नहीं थे। जुलाई, 1947 में, मोहम्मद अली जिन्ना ने महाराजा को हर सम्भव अनुकूल सहयोग का वादा करते हुए पत्र लिखा, इसके बाद जिन्ना की मुस्लिम लीग पार्टी के नेताओं ने राज्य के प्रधानमंत्री को अपने पक्ष में करने का प्रयत्न किया। महाराजा को उसके राज्य में पूर्ण आन्तरिक स्वायत्तता का वादा किया गया था—जिसमें नामित अधिकारियों के बहुमत वाली एक असेम्बली शामिल थी—क्योंकि जिन्ना लोकतांत्रिक गुणों के आदर्श या संरक्षक संत नहीं थे। हालाँकि, महाराजा की इसके लिए तारीफ़ की जानी चाहिए कि उन्होंने इन सभी लुभावने प्रस्तावों को स्वीकार नहीं किया, साथ ही जिन्ना की स्वास्थ्य उपचार के लिए निजी नागरिक के रूप में राज्य की यात्रा के अनुरोध को भी विनम्रता से नकार दिया। दरअसल वे जानते थे कि जिन्ना की राज्य में उपस्थिति मुस्लिम कॉन्फ्रेंस के लिए नयी मुसीबत खड़ी करने की वजह बन सकती है।

11 अगस्त, 1947 को, मेजर जनरल जनक सिंह कटोच,[42] सीआइई, को हिमाचल से सेवा निवृत्ति से वापस बुलाकर प्रधानमंत्री बनाया गया। प्रधानमंत्री के रूप में अपने तीन महीनों से भी कम समय के कार्यकाल में, उन्होंने पाकिस्तान के साथ 'स्टैंड स्टिल एग्रीमेंट' पर हस्ताक्षर किये, लेकिन हिन्दू और सिख शरणार्थियों के जम्मू में आने की वजह से ज़मीनी स्तर पर राजनीतिक अस्थिरता का अनुमान नहीं लगा सके; जम्मू, पुंछ और मीरपुर में अप्रत्याशित साम्प्रदायिक हिंसा हुई; गिलगित का अंग्रेज़ों द्वारा त्याग किया गया; और रियासत की सेना जम्मू और पुंछ में मुसलमानों के ख़िलाफ़, और मुज़फ़्फ़राबाद में हिन्दुओं और सिखों के ख़िलाफ़ हिंसा की श्रृंखलाओं को रोकने में विफल रही। राम चन्द्र काक की गिरफ़्तारी—

जिनके साथ जिन्ना के दूतों ने वार्ता शुरू की थी—एक संकेत था कि पाकिस्तान के साथ विलय का विकल्प लगभग समाप्त हो चुका है।

इस प्रकार, मुस्लिम लीग ने पुंछ, मीरपुर और मुज़फ़्फ़राबाद में भोजन और ईंधन की आपूर्ति में व्यवधान के कारण असन्तोष और अशान्ति को बढ़ावा देकर विद्रोह का झंडा बुलन्द कर दिया। सितम्बर के दूसरे सप्ताह तक, पाकिस्तानी प्रधानमंत्री लियाकत अली ख़ान[43] को कर्नल अकबर ख़ान,[44] सरदार शौकत हयात ख़ान[45] और मुस्लिम लीग के अधिकारियों द्वारा उत्तर-पश्चिमी सीमान्त प्रान्त में कश्मीर पर कबाइली पठानों द्वारा बड़े पैमाने पर आक्रमण के आयोजन के लिए प्रेरित किया। मुस्लिम कॉन्फ्रेंस के नेता सरदार इब्राहिम, को सबसे आगे रखकर, 22 अक्टूबर तक उन्होंने राज्य के अधिकतर पश्चिमी हिस्से का नियंत्रण अपने हाथ में ले लिया; और 24 अक्टूबर को, उन्होंने प्रोविज़नल आज़ाद कश्मीर गठित किया।

महाराजा की सेना तीन कारणों से कबायलियों के हमले का सामना नहीं कर सकी : वे संख्या में बहुत ज़्यादा थे, उन्होंने पलायन का सामना किया और सैनिकों में कोई नेतृत्व नहीं था या उनमें स्पष्टता नहीं थी। महाराजा ने यह दोहराते हुए दिल्ली से सैन्य सहायता के लिए तत्काल अनुरोध किया कि जुलाई के अन्त में राम चन्द्र काक[46] के पदच्युत होने के बाद से ही वह ऐक्सेशन के इच्छुक थे। हालाँकि, नेहरू चाहते थे कि ऐक्सेशन की पुष्टि शेख अब्दुल्ला द्वारा भी की जाए—जबकि उसके लिए स्पष्ट तौर पर कोई क़ानूनी आवश्यकता नहीं थी। यह महत्त्वपूर्ण देरी भारत को बहुत महंगी पड़ी। जब तक महाराजा द्वारा प्रधानमंत्री के लिए नामित जस्टिस मेहर चन्द महाजन[47] ने 19 सितम्बर, 1947 को नेहरू और सरदार पटेल से दिल्ली में मुलाक़ात की, उससे पहले सितम्बर की शुरुआत में ही पाकिस्तान ने आवश्यक आपूर्तियाँ अवरुद्ध कर दी थी। इस मुलाक़ात में, महाजन ने महाराजा की भारत के साथ विलय की स्वेच्छा भी बताई। लेकिन नेहरू द्वारा दो शर्तें रखी गईं, पहली शेख अब्दुल्ला की जेल से रिहाई और दूसरी उनके द्वारा इस प्रस्ताव की स्वीकृति। इसके पश्चात महाराजा ने शेख अब्दुल्ला को 29 सितम्बर को रिहा कर दिया।

उसके बाद भी, लगभग चार सप्ताह की देरी हुई। अगर पटेल की बात मान ली जाती, तो सितम्बर के अन्त तक ऐक्सेशन हस्ताक्षरित हो जाता और भारतीय सेना वहाँ जाकर क़ानून-व्यवस्था सुनिश्चित कर सकती थी। इसे पी.सी. डोगरा की लिखी एक हालिया किताब[48] में स्पष्ट रूप से समझाया गया है। वे तो यहाँ तक कहते हैं कि जब शेख ने 24 अक्टूबर को नेहरू को हरी झंडी दी तब महाराजा हरि सिंह द्वारा इंस्ट्रूमेंट ऑफ़ ऐक्सेशन पर 26 अक्टूबर को हस्ताक्षर किये गए और अगले दिन माउंटबेटन द्वारा स्वीकार कर लिया गया।

तब तक हस्ताक्षरित अन्य 560 इन्स्ट्रूमेंट्स ऑफ़ ऐक्सेशन से इतर, इसमें एक अपवाद था—इस प्रावधान के साथ कि जब राज्य आक्रमणकारियों से मुक्त कर लिया जाएगा, तब इसे 'लोगों के सन्दर्भ के लिए' प्रस्तुत किया जाएगा, क्योंकि 'महाराजा नहीं, सिर्फ़ वहाँ के लोग ही, यह निर्णय कर सकते थे कि कश्मीरी कहाँ रहना चाहते हैं'। यह स्वीकृत 'क़ानूनी स्थिति' के विरुद्ध था क्योंकि 1947 के भारतीय स्वतंत्रता अधिनियम द्वारा सम्प्रभुता शासकों को वापस दे दी गई थी।

शेख के लिए यह एक बड़ी रणनीतिक जीत थी जिसने आने वाले वर्षों में इसका भरपूर फ़ायदा उठाया। बहुत सावधानी के साथ तैयार किये गए एक बयान में नेशनल कॉन्फ्रेंस के नेता सैय्यद मीर कासिम[49] ने कहा, "भारत के पास पास महाराजा के ऐक्सेशन और इसे लोगों के समर्थन के साथ अब सेना को भेजने का 'क़ानूनी' और साथ ही साथ 'नैतिक' औचित्य भी है।"

हालाँकि, माउंटबेटन के सूचना सहयोगी एलन कैंपबेल-जॉनसन एक अलग विवरण देते हैं।[50] 'यह सम्भव है कि उनकी राजधानी के द्वार पर खड़े पूर्ण पैमाने वाले आक्रमणकारी कबाइलियों ने संकोच में पड़े महाराजा को पूरी तरह ऐक्सेशन के लिए प्रेरित किया हो।' बिना किसी किन्तु-परन्तु के 24 अक्टूबर, 1947 को महाराजा हरि सिंह ने श्रीनगर को बचाने के लिए भारत की सैन्य सहायता हेतु टेलिग्राम लिखा, और महाजन को उनकी याचिका करने के लिए भेजा। राजधानी में, शेख अब्दुल्ला ने भी अपने ख़ास दोस्त नेहरू से आक्रमणकारियों को वापस खदेड़ने के लिए सेना भेजने का आग्रह किया। भारत ने सहायता करने का निर्णय लिया, लेकिन सिर्फ़ इस शर्त पर कि महाराजा हरि सिंह इंस्ट्रूमेंट ऑफ़ ऐक्सेशन पर हस्ताक्षर करें, जो उन्होंने दो दिन बाद 26 अक्टूबर को कर दिये।

27 अक्टूबर को हवाई जहाज़ से भेजे गए भारतीय सैनिकों ने श्रीनगर हवाई अड्डे को सुरक्षित कर लिया। उन्होंने दूसरे विश्वयुद्ध के दौरान प्रत्यक्ष युद्ध में शामिल होने की सम्भावना वाले कोहिमा और इम्फाल में भी कार्रवाई देखी थी। दक्ष सैनिकों द्वारा सहजता से अपने मिशन को पूरा कर लिया गया।

हालाँकि, जब भारतीय सेना आक्रामक थी और मुज़फ़्फ़राबाद पर क़ब्ज़ा करने की राह पर थी, तब दिल्ली ने संघर्ष विराम की पेशकश की, और पाकिस्तान इस प्रस्ताव को स्वीकार करने के लिए बहुत प्रसन्न था—क्योंकि भारत प्रभुत्व की स्थिति में था, और पाकिस्तान सम्पूर्ण कश्मीर खो सकता था। जैसा कि थॉमस क्रिस्टोफर[51] ने उद्धृत किया, शायद शेख अब्दुल्ला कभी नहीं चाहते थे कि भारत उस क्षेत्र पर क़ब्ज़ा करे जिस पर उनका प्रभाव कम था। इसलिए, पुंछ और राजौरी के क़स्बों, जहाँ पर्याप्त हिन्दू और सिख आबादी थी, साथ ही कारगिल के रणनीतिक क़स्बे

को भी सुरक्षित करने के बाद, भारतीय सेना को आगे बढ़ने से रोक दिया गया। इसकी वजहों को कभी भी फील्ड कमांडरों के साथ साझा नहीं किया गया : उन्हें बस इतना कहा गया कि आने वाले सर्द महीनों में ईंधन, भोजन, गोला बारूद और अन्य आपूर्ति का बन्दोबस्त करना कठिन होगा। भारत के दृष्टिकोण से यह एक बहुत बड़ी रणनीतिक भूल थी, लेकिन माउंटबेटन और ब्रिटिश कमांडर—भारत के जनरल रॉय बुचर और पाकिस्तान के जनरल डगलस ग्रेसी—इस पर ज़ोर दे रहे थे कि जिन सेनाओं ने दूसरे विश्वयुद्ध में साथ में कार्रवाई की हो, उन्हें एक दूसरे पर बन्दूक़ें नहींताननी चाहिए। यहाँ इस बात का उल्लेख करना आवश्यक है कि गवर्नर जनरल माउंटबेटन 1 नवम्बर, 1947 को लाहौर में मोहम्मद अली जिन्ना के साथ वार्ता के लिए रवाना हो गए और यह प्रस्ताव रखा कि उन सभी रियासतों में जहाँ शासक ने बहुमत आबादी से संगत (जिसमें जूनागढ़, हैदराबाद, साथ ही कश्मीर भी सम्मिलित होता) किसी डोमिनियन के साथ ऐक्सेशन स्वीकार नहीं किया, ऐक्सेशन एक निष्पक्ष जनमत-संग्रह से निर्धारित किया जाएगा, लेकिन इस प्रस्ताव को जिन्ना ने अस्वीकार कर दिया था।

इस दौरान 1 जनवरी, 1948 को, भारत इस विवाद को संयुक्त राष्ट्र में ले गया, क्योंकि नेहरू और माउंटबेटन दोनों का मानना था कि वैश्विक राय दृढ़ता से उनके पक्ष में होगी। नेहरू शायद सफल एशियन रिलेशंस कॉन्फ्रेंस[52] की महिमा में खोए हुए थे जो 1947 में दिल्ली में आयोजित हुई थी और इसमें अट्ठाईस एशियाई देशों ने हिस्सा लिया था। जिन्ना के इस वृहद तौर पर 'हिन्दू कांग्रेस' कार्यक्रम को मुस्लिम देशों द्वारा बहिष्कृत किये जाने के आह्वान के बावजूद अधिकतर एशियाई देशों जिनमें तुर्की, इराक, मलेशिया, कज़ाकिस्तान—मात्र कुछ नामों का ज़िक्र करने के लिए—भी शामिल थे, ने भाग लिया। हालाँकि, संयुक्त राष्ट्र का रुख नैतिक की बजाय राजनैतिक रहा। 1948 तक विश्व में सभी विवादों को शीत युद्ध[53] के नज़रिये से देखा जाने लगा था, और पाकिस्तान भारत के घोषित समाजवाद और धर्मनिरपेक्ष रवैये के विरुद्ध अपने आप को इस्लामिक और साम्यवाद विरोधी के रूप में पेश करने में सक्षम था। इसके अलावा, पाकिस्तान ने राष्ट्रमंडल[54] की शपथ ली, जबकि भारत ने बस सहमति भर दी थी। नेहरू भी पाकिस्तान का, उसके विदेश मंत्री, सर ज़फ़रुल्ला ख़ान[55] द्वारा बहुत प्रभावी और स्पष्ट बचाव देखकर आश्चर्यचकित थे।

भारत की ओर से, सबसे बेहतरीन वक्ता शेख अब्दुल्ला थे। संयुक्त राष्ट्र सुरक्षा परिषद में 5 फ़रवरी, 1948 को वक्तव्य देते हुए उन्होंने कहा[56], 'ये (कबाइली) हमलावर हमारी ज़मीन पर आए, हज़ारों लोगों का नरसंहार किया, जिसमें कुछ मुसलमान थे, लेकिन ज़्यादातर हिन्दू और सिख थे। इन्होंने हज़ारों हिन्दू, सिख,

मुस्लिम लड़कियों का समान रूप से अपहरण किया, हमारी सम्पत्ति को लूटा और हमारी ग्रीष्म राजधानी, श्रीनगर के दरवाज़े पर लगभग पहुँच गए थे...किसी भी स्थिति में हम इन हमलावरों और उनके समर्थकों (पाकिस्तानी सेना) पर भरोसा नहीं किया जा सकता। शेख ने यहाँ तक कहा कि संयुक्त राष्ट्र—प्रायोजित जनमत-संग्रह अप्रासंगिक था, क्योंकि 'रियासत का भारतोय संघ में ऐक्सेशन जम्मू-कश्मीर संविधान सभा का विशेषाधिकार था'।

इस मामले के संयुक्त राष्ट्र के पास जाने से गतिरोध उत्पन्न हुआ। यूएन सुरक्षा परिषद ने दोनों पक्षों को तत्काल संघर्षविराम के लिए कहा, और पाकिस्तान को कबाइलियों और पाकिस्तानी नागरिकों, जो सामान्यत: वहाँ के निवासी नहीं हैं, उन्हें वापस बुलाने का निर्देश दिया। यूएन ने भारत सरकार से भी अपने सैनिकों की संख्या को न्यूनतम कर, 'राज्य के भारत या पाकिस्तान में ऐक्सेशन के प्रश्न पर' जनमत-संग्रह आयोजित करने के लिए अनुकूल परिस्थितियों का निर्माण करने को कहा। हालाँकि सीज़फायर को क्रियान्वित करने में ठीक एक साल का समय लगा—यह सिर्फ़ 1949 की जनवरी का पहला दिन था जब समझौते पर भारत की ओर से जनरल रॉय बुचर और पाकिस्तान की तरफ़ से जनरल ग्रेसी ने हस्ताक्षर किये।

इसके बाद इसे जुलाई 1949 में कराची समझौते में आगे बढ़ाया गया; यूएन मिलिट्री ऑब्ज़र्वर (संयुक्त राष्ट्र सैन्य पर्यवेक्षकों) द्वारा भारत और पाकिस्तान के लिए संयुक्त राष्ट्र आयोग (यूएनसीआईपी)[57] के तत्वावधान में पर्यवेक्षित एक युद्धविराम रेखा दोनों देशों द्वारा स्वीकार की गई। 1972 के शिमला समझौता[58] में भारत और पाकिस्तान ने अपने मतभेदों को द्विपक्षीय तौर पर बिना किसी बाहरी हस्तक्षेप के सुलझाने और कश्मीर में एक नियंत्रण रेखा (लाइन ऑफ़ कंट्रोल), जो कमोबेश 1949 के कराची समझौते की सोज़फायर रेखा की तरह थी, में मामूली बदलाव के साथ निर्धारित करने के लिए एक समझौते पर हस्ताक्षर किये। हालाँकि यूएनएमओजीआईपी[59] अभी भी अस्तित्व में है, और भारत इस अभियान के लिए ज़रूरी सुरक्षा, परिवहन और अन्य सेवाएँ प्रदान करता है, परन्तु अब तक भारत की ओर से इसमें कोई शिकायत दर्ज नहीं की जाती।

1950 में समझौते के लिए एक आशा की किरण दिखाई दी थी, जब ओवेन डिक्सन[60], एक ऑस्ट्रेलियाई न्यायविद को संयुक्त राष्ट्र ने भारत और पाकिस्तान के मध्य जम्मू-कश्मीर की समस्या पर मध्यस्थता के लिए चुना, उन्होंने राज्य के सभी क्षेत्रों में अपने फील्ड लेवल अवलोकन के बाद इस समस्या के समाधान का प्रयास किया। डिक्सन योजना ने भारत को लद्दाख और उत्तरी क्षेत्र एवं पाकिस्तान-अधिकृत कश्मीर पाकिस्तान को सौंपा था, जम्मू को दो भागों में

विभाजित करके हिन्दू बहुल क्षेत्र को भारत एवं मुस्लिम बहुल क्षेत्र को पाकिस्तान को सौंपने का प्रस्ताव रखा। डिक्सन के अनुसार सिर्फ़ कश्मीर घाटी में ही जनमत-संग्रह की आवश्यकता थी। कई तरह से, ऐसा महसूस हुआ कि पुंछ, मीरपुर और मुज़फ़्फ़राबाद का आधा हिस्सा पाकिस्तान अधिकृत जम्मू-कश्मीर में था। डिक्सन के अनुसार, भौगोलिक सीमाओं के साथ स्पष्ट जनसांख्यिकीय विभाजन के कारण सम्पूर्ण राज्य में जनमत-संग्रह कराने की कोई आवश्यकता नहीं थी।

आज की स्थित में, भारत दावा करता है कि गिलगित बाल्टिस्तान और अक्साई चिन सहित सम्पूर्ण जम्मू और कश्मीर एवं लद्दाख; 1947 में जम्मू और कश्मीर के भारत संघ के साथ पूर्ण, क़ानूनी, और अपरिवर्तनीय ऐक्सेशन के आधार पर भारत के अभिन्न अंग हैं। भारत महाराजा द्वारा धारित 2,22,236 वर्ग किमी पर अधिकार और विधिक प्राधिकार का दावा करता है। यह पहली बार 28 मार्च, 1951 को नेहरू ने संसद में कहा और 5 अगस्त, 2019 को अनुच्छेद 370 को पलटने वाले संकल्प को पेश करते हुए अमित शाह ने इसे लोक सभा में दोहराया। पाकिस्तान के साथ प्रभावी लाइन ऑफ़ कंट्रोल (एलओसी) और चीन के साथ लाइन ऑफ़ ऐक्चुअल कंट्रोल (एलएसी) 78,114 वर्ग किमी पाकिस्तान में और 42,735 वर्ग किमी चीन में छोड़ देती है। यह 5180 वर्ग किमी का गिलगित बाल्टिस्तान का पाकिस्तान द्वारा चीन को मार्च 1963 के सीनो-पाक बाउंड्री एग्रीमेंट के तहत ग़ैर-क़ानूनी तरीक़े से सौंपा गया क्षेत्र भी सम्मिलित करता है।

भारत का गिलगित बाल्टिस्तान, लद्दाख और अक्साई चिन पर दावा डोगरा जनरल ज़ोरावर सिंह की विजय से उपजा है, जिन्होंने 1840 में लद्दाख, तिब्बत और गिलगित को खालसा राज की सीमाओं में शामिल किया। 1842 की चुशूल सन्धि[61] कहती है :

> हम इस पर सहमत हुए हैं कि अतीत के युद्ध की वजह से हमारे मन में कोई दुर्भावना नहीं है। अब से दोनों राजा हमेशा के लिए दोस्त बने रहेंगे। जम्मू-कश्मीर के महाराजा गुलाब सिंह और ल्हासा के लामा गुरु (दलाई लामा) के अब सम्बन्ध स्थापित हो गए हैं। महाराजा साहब, ईश्वर (कुंचोक) को साक्षी मानते हुए, प्राचीन सीमाओं को मान्यता देने का वादा करते हैं, जिसकी रक्षा दोनों पक्षों द्वारा बिना किसी युद्ध का सहारा लिए की जाएगी। जब प्रारम्भिक राजाओं के वंशज, जो लद्दाख से तिब्बत चले गए थे, अब वापस लौटेंगे तो उन्हें श्री महाराजा द्वारा रोका नहीं जाएगा। तिब्बत और लद्दाख के बीच व्यापार हमेशा की तरह जारी रहेगा। लद्दाख में आने वाले तिब्बती सरकारी व्यापारियों को

> पहले की तरह मुफ़्त परिवहन और आवास प्राप्त होगा, और लद्दाखी प्रतिनिधि भी बदले में ल्हासा में समान सुविधाएँ प्राप्त करेगा। लद्दाखियों ने ईश्वर के सामने शपथ ली कि तिब्बती राज्य क्षेत्र में कोई नई समस्याएँ या षड्यंत्र नहीं करेंगे। हम ईश्वर को साक्षी मानते हुए सहमत हुए हैं कि श्री महाराजा साहब और ल्हासा के लामा गुरु एक ही घर के सदस्यों की तरह साथ में रहेंगे। हमने उपरोक्त को 1899, असुर/असुरा संभात की दूसरी तिथि को लिखा है (17 सितम्बर, 1842)।

जैसा कि पहले उल्लेख किया गया है कि राज्य पर अंग्रेज़ों ने सर्वोच्चता धारण की थी जिसका अर्थ था रक्षा, विदेशी मामले और संचार सीधे ब्रिटिश नियंत्रण में थे। इसके अलावा, इस क्षेत्र की महत्त्वपूर्ण सामरिक स्थिति को देखते हुए, भारत सरकार ने अंग्रेज़ों के लिए 1889 में गिलगित एजेंसी का गठन किया, जिसका उद्देश्य रूसियों से इस क्षेत्र की बफ़र के रूप में रक्षा करना था। इस बड़े खेल के परिणामस्वरूप चीनी सींकियांग में रूसी गतिविधियों से अंग्रेज़ों का डर बढ़ रहा था। 1935 में महाराजा हरि सिंह द्वारा गिलगित वज़ारत को 75,000 रुपये प्रति वर्ष की राशि पर साठ सालों के लिए भारत सरकार को पट्टे पर देने से गिलगित एजेंसी का विस्तार हुआ। इससे ब्रिटिश राजनीतिक एजेंट को गिलगित बाल्टिस्तान पर पूर्ण नियंत्रण हासिल हुआ। हालाँकि, आज़ादी अर्थात 14 अगस्त से दो सप्ताह पहले अंग्रेज़ों ने पट्टा समझौता रद्द कर दिया, और यह क्षेत्र वापस जम्मू-कश्मीर के महाराजा के पास आ गया, जिन्होंने फिर ब्रिगेडियर घनसार सिंह को गिलगित का गवर्नर नियुक्त किया।

उस साल के नवम्बर तक, गिलगित स्काउट्स, एक पैरामिलिट्री फोर्स (अर्ध-सैनिक बल), जिसमें गिलगित की सुरक्षा के लिए ब्रिटिश अधिकारी के नेतृत्व में प्रशिक्षित स्थानीय निवासी शामिल थे, जो प्रकट रूप से कश्मीर के शासक की ओर से रक्षा के लिए थे, उन्होंने अपने कमांडर मेजर विलियम अलेक्जेंडर ब्राउन के नेतृत्व में महाराजा के विरुद्ध विद्रोह कर दिया। मेजर ब्राउन को बाद में एमबीई और सितारा-ए-पाकिस्तान से सम्मानित किया गया, जो यह दर्शाता है कि उसके सभी कार्यों को पाकिस्तानी सेना के ब्रिटिश कमांडर-इन-चीफ़ की मौन स्वीकृति प्राप्त थी। 'ऑपरेशन दत्ता खेल' के तहत गिलगित स्काउट्स ने गिलगित रेज़िडेंसी को घेर लिया और ब्रिगेडियर घनसार सिंह और वज़ीर-ए-वज़ारत सहदेव सिंह चिब को उनके परिवार और कर्मचारियों सहित सुरक्षात्मक हिरासत में ले लिया। उसके बाद ब्राउन ने पाकिस्तानी सेना से गिलगित एजेंसी में सैन्य टुकड़ियाँ भेजने का

अनुरोध किया और एक वास्तविक सैन्य प्रशासन स्थापित किया एवं उसकी सेना की टुकड़ी के एक बड़े हिस्से द्वारा गिलगित अस्तोर कहलाने वाले एक स्वायत्त संघ के गठन की योजना को विफल कर दिया। 2 नवम्बर को उन्होंने राजधानी रेज़िडेंसी पर पाकिस्तानी झंडा फहराया और गिलगित एजेंसी के पाकिस्तान में विलय की घोषणा की। ब्राउन 12 जनवरी, 1948 तक गिलगित स्काउट्स के कमांडर रहे, जब उन्हें मेजर (बाद में ब्रिगेडियर) असलम ख़ान द्वारा प्रतिस्थापित किया गया।

भारत और पाकिस्तान के बीच 1 जनवरी, 1949 को लागू होने वाले युद्धविराम के साथ, एक वास्तविक सीमा भी स्थापित हो गई। हालाँकि, लद्दाख-तिब्बत सीमान्त (क्षेत्र) के सम्बन्ध में, चीन में माओ द्वारा सत्ता सँभालने के बाद से न तो तिब्बत को ऐसी सक्षम राजनीतिक इकाई माना जो अपनी सीमाओं की रक्षा कर सकता है, और जहाँ तक इसकी बाहरी सीमाओं का सम्बन्ध है, उन्होंने यह स्पष्ट किया कि वह न तो चुशूल की सन्धि स्वीकार करते हैं और न ही मैकमोहन रेखा को। रामचन्द्र गुहा[62] इससे असहमत हैं, वह कहते हैं कि माओ की व्याख्या से पहले, चीन का कोई भी आधिकारिक मानचित्र अक्साई चिन को चीन का हिस्सा नहीं दर्शाता है। वास्तव में, 1930 के दशक का सींकियांग मानचित्र काराकोरम (श्रेणी) के बजाय कुनलुन (पहाड़ियों) को परम्परागत सीमा दिखाता है—जो हमेशा से भारत का दावा रहा है। क्लाउड एप्री मानते हैं कि तिब्बत की पश्चिमी सीमा पर 1950 में साम्यवादी चीन द्वारा आक्रमण पूर्व नियोजित था—जिसके अन्तर्गत सैन्य निगरानी में तीन सड़कें बनाई जानी थी, जो अक्साई चिन से गुज़रती हुई झिनजियांग के हॉल्टन को तिब्बत के ल्हासा से जोड़ती हो।[63]

चीनी सेना ने सबसे पहले उत्तर-पश्चिमी तिब्बत में अपनी उपस्थिति—अर्थात लद्दाख के पूर्व-अक्साई चिन—1951 में दर्ज़ कराई और जबकि नेहरू 'हिन्दी-चीनी भाई भाई' जप रहे थे, अक्साई चिन में गहरे घाव लगाए जा रहे थे; 1958 में, तत्कालीन विदेश सचिव सुबीमल दत्त ने आधिकारिक पुष्टि की कि 'नवनिर्मित 1,200 किमी की सड़क अक्साई चिन से गुज़रती है।' 1962 में, भारतीय सैनिकों द्वारा चीनी सैन्य टुकड़ियों को लद्दाख में वर्तमान एलएसी पर रोका गया, और 1963 में, पाकिस्तान ने अन्य 5000 वर्ग किमी का क्षेत्र चीन को उपहार में दे दिया, जिससे चीन-पाकिस्तान आर्थिक गलियारे (सीपीईसी) की नींव पड़ी।

4

निज़ाम और उनके फ़रमान

ब्रिटिश साम्राज्य में केवल 'आलीशान महाराज अधिराज'[1] के रूप में, हैदराबाद के निज़ाम उस्मान अली अपने आप को भारत में 'राजसी व्यवस्था में प्रथम राज्य' के शासक के रूप में मानते थे। अंग्रेज़ों ने निश्चित रूप से उन्हें ऐसा अहसास कराया कि वे हैं भी। क्योंकि वह निज़ाम को भारतीय मुसलमानों के नायक के रूप में स्थापित करना चाहते थे। निज़ाम ने अंग्रेज़ों के कहने पर एक फ़रमान[2] जारी किया, जिसमें मुसलमान सैनिकों को मुस्लिम दुनिया के ख़लीफ़ा[3] कहे जाने वाले ऑटोमॅन शासक[4] के विरुद्ध ब्रिटिश सेना में शामिल होने को जायज़ ठहराया। उन्होंने निज़ाम को 'ब्रिटिश सरकार का विश्वासपात्र सहयोगी' की उपाधि से भी सम्मानित किया। हालाँकि, निज़ाम ने ख़लीफ़ियों के एक समूह को प्रोत्साहित किया कि वे उसे हैदराबाद राज्य के बाहर भी धार्मिक और राजनीतिक प्राधिकार वाले व्यक्ति के रूप में पेश करें। 1924 से, उसने अपदस्थ ख़लीफ़ा के रखरखाव के लिए निधियों की सदस्यता भी ली और, 1931 में, उन्होंने अपदस्थ ऑटोमन शासक, अब्दुलमजीद II के साथ अपने सम्बन्ध मज़बूत किये, अपने पुत्रों की शादी अब्दुलमजीद II की पुत्री और भतीजी के साथ की—इस शादी की मध्यस्थता मौलाना शौकत अली[5] द्वारा की गई थी।

यद्यपि हैदराबाद में मुस्लिम आबादी मात्र 12.8 प्रतिशत के आसपास थी, वे सम्पूर्ण सेना और पुलिस प्रतिष्ठान, साथ ही प्रशासनिक अभिजात में भी शामिल थे। निज़ाम के मुस्लिम विद्वत्ता को संरक्षण, अलीगढ़ मुस्लिम विश्वविद्यालय (एएमयू) के वित्त पोषण और साथ ही पूरे भारत से हज (तीर्थ) यात्रियों के पैसे के भुगतान, ने उन्हें इस्लामिक दुनिया का प्रमुख नाम बना दिया। उन्होंने हैदराबाद में उस्मानिया विश्वविद्यालय[6] की स्थापना की, जो जल्द ही उर्दू दुनिया का महत्त्वपूर्ण केन्द्र बन गया। यह अलीगढ़,[7] देवबन्द,[8] लखनऊ और हैदराबाद के मुस्लिम बुद्धिजीवियों के

साथ ही काहिरा, काबुल और इस्तांबुल[9] के विद्वजनों के लिए भी केन्द्र बिन्दु के रूप में उभरा। इसलिए, जिन्ना वास्तव में कभी भी निज़ाम के साथ बहुत सहज नहीं थे, क्योंकि अगर कोई उनके 'भारतीय मुस्लिमों के एकमात्र प्रवक्ता' की स्थिति को चुनौती दे सकता था, वह हैदराबाद का निज़ाम था। वास्तव में, जमीयत-उल-उलेमा[10] के एक प्रभावशाली वर्ग ने 1940 में 'पूर्वी अफ़ग़ानिस्तान, कबायली/जनजातीय क्षेत्र, सीमान्त प्रान्त, पंजाब, सिन्ध बलूचिस्तान को हैदराबाद के निज़ाम के अधीन शामिल करके एक स्वतंत्र मुस्लिम राज्य के गठन' का एक संकल्प पारित किया।[11] उससे पहले, 1939 में, अलीगढ़ के दो प्रोफ़ेसरों ने भारत को चार स्वतंत्र सम्प्रभु राज्यों में विभाजित करने का सुझाव दिया था : पाकिस्तान, बंगाल, हिन्दुस्तान और हैदराबाद, जो महासंघ बनाने के लिए सहमत हो सकते थे। ध्यान देने योग्य बात यह है कि राजनीतिक रूप से जागरूक इस्लामियों के दिमाग़ में कहीं न कहीं हैदराबाद था, और इन सब ने निश्चित तौर पर निज़ाम को यह अहसास कराया होगा कि 1947 के विन्यास के पश्चात भी उनकी आस्तीन में कई इक्के हैं, जिसने उन्हें 11 जून, 1947 का यह फ़रमान जारी करने के लिए प्रेरित किया कि हैदराबाद न तो भारत और न ही पाकिस्तान के साथ विलय करेगा।

हैदराबाद की भौगोलिक स्थिति इसकी ताक़त और कमज़ोरी दोनों थी। बरार के साथ, जिसे संघीय सरकार को हमेशा के लिए पट्टे पर दे दिया गया था, यह उत्तर में संयुक्त प्रान्त से घिरा हुआ था, पश्चिम में बम्बई से और पूर्व और दक्षिण में मद्रास से घिरा था। इसकी जनसंख्या (एक करोड़ साठ लाख), राजस्व (26 करोड़ रुपये) और आकार (82,000 वर्ग मील) के साथ, यह देश का प्रमुख राज्य था जिसके अपने सिक्के, काग़ज़ी मुद्रा और मुहरें थीं। हालाँकि, निज़ाम को ब्रिटिश द्वारा प्रदान किये गए अतिरिक्त सभी तामझाम और उपाधियों के बावजूद, इसे अन्य किसी भी भारतीय राज्य से अलग नहीं माना गया। लॉर्ड हार्डिंग[12] और लॉर्ड रीडिंग[13] ने निज़ाम को कई बार स्पष्ट उत्तर दिया कि सर्वोच्च सत्ता सिर्फ़ ब्रिटिश क्राउन ही है। वायसराय रीडिंग ने हैदराबाद के निज़ाम और ग्रेट ब्रिटेन की सरकार के बीच किसी भी समानता के दावे का ज़ोर दार खंडन किया, और कहा कि अन्य रियासतों के शासकों से निज़ाम अलग नहीं था। शायद, वह आने वाले ख़तरे का अन्दाज़ा नहीं लगा पाए, यहाँ तक कि भारतीय स्वतंत्रता अधिनियम के पारित होने के बाद भी उन्होंने 'जिस तरह से मेरे राज्य (हैदराबाद) को इसके पुराने सहयोगी ब्रिटिश सरक़ार और इसके साथ सम्बन्धों, जिससे मुझे ब्रिटिश सम्राट के प्रति निष्ठावान भक्ति थी, परित्यक्त कर दिया गया है' का विरोध करते हुए एक बयान जारी किया।[14]

निज़ाम ने माउंटबेटन से मिलने और तीन मुद्दों पर स्पष्टीकरण के लिए एक प्रतिनिधिमंडल भी भेजा : बरार का निज़ाम को प्रत्यावर्तन; अधिराज्य का दर्जा; किन्तु यदि वो मुमकिन न हो, तो भारत संघ के साथ विलय की शर्तें। पहले बिन्दु के सम्बन्ध में माउंटबेटन ने बताया कि 1935 से, मौजूदा प्रशासनिक व्यवस्था में लोगों के प्रतिनिधियों या जनमत संग्रह से परामर्श के बिना कोई भी बदलाव सम्भव नहीं था—और ऐसी किसी भी स्थिति में, बरार हैदराबाद की बजाय संयुक्त प्रान्तों के साथ रहने को प्राथमिकता देगा। डोमिनियन के दर्जे के सम्बन्ध में, यह स्पष्ट किया गया की मात्र तीन विषय—रक्षा, विदेश मामले और संचार—नये भारतीय अधिराज्य सरकार द्वारा सँभाले जाएँगे, जिसके लिए हैदराबाद को कोई भी ख़र्च वहन नहीं करना होगा। यह इसी बैठक में था जब निज़ाम के प्रतिनिधि मंडल ने पाकिस्तान अधिराज्य में शामिल होने की सम्भावना जताई। निज़ाम ने भरपूर मोलभाव करने की कोशिश की, लेकिन इसका उल्लेख ज़रूरी है कि जिन्ना के अधीन पाकिस्तान कभी भी हैदराबाद के विलय के लिए दो कारणों से उत्सुक नहीं था—यह मुख्य रूप से हिन्दू बहुसंख्यक राज्य था और, इससे भी महत्त्वपूर्ण, निज़ाम वह एकमात्र व्यक्ति था जो जिन्ना के विरुद्ध सत्ता के वैकल्पिक केन्द्र के रूप में उभर सकता था।

हैदराबाद में प्रतिस्पर्धी हित : भाषा, धर्म, विचारधारा और सत्ता

ऐसा न हो कि कोई यह धारणा बना ले कि हैदराबाद सिर्फ़ निज़ाम और फ़रमानों के बारे में था, तो यह स्पष्ट कर देना चाहिए कि बाक़ी देश का राष्ट्रवादी, भाषायी, जातीय और साम्प्रदायिक उबाल इस देशी रियासत को भी प्रभावित कर रहा था। महात्मा गांधी 1915 में दक्षिण अफ्रीका से भारत वापस आ गए थे, और 1917 में चम्पारण सत्याग्रह से शुरू करके, उन्होंने कांग्रेस को एक वाद-विवाद मंच से जन आन्दोलन के धुरंधरों में बदल दिया, और ऐसे मुद्दों को उठाया जो लोगों की रोज़मर्रा की ज़िन्दगी को प्रभावित करते थे—चम्पारण सत्याग्रह[15] से लेकर ख़िलाफ़त आन्दोलन[16] के समर्थन तक। सत्याग्रह एक लोकप्रिय रणनीति के रूप में उभरा : 'शक्तिशाली राज्य के विरुद्ध कमज़ोर लोगों का हथियार'। 1921 से, कांग्रेस ने निश्चय किया कि इसके अपने ख़ुद के आन्तरिक संगठन 'भाषायी सिद्धान्त' पर आधारित होगा। सिन्धी, मराठी, गुजराती, ओड़िया और कन्नड़ मंडल गठित किये गए, और एक व्यक्ति की भाषा में गर्व का समावेशन करना सम्मान की निशानी बन गया। इस सन्दर्भ में, नवम्बर, 1921 में निज़ाम के सामाजिक सुधार सम्मेलन के दौरान तेलुगु में एक प्रस्ताव को मान्यता देने से इनकार करने की वजह से बारह

सदस्यों के साथ आन्ध्र जन संघम[17] का गठन हुआ। आन्ध्र जन संगम ने सौ से ज़्यादा प्रतिनिधियों के साथ फ़रवरी, 1922 में अपना पहला सम्मेलन आयोजित किया, जिसमें के.वी.आर. रेड्डी[18] बतौर अध्यक्ष और हनुमन्त राव[19] सचिव के रूप में रहे। दो वर्षों के अन्दर ही, तेलंगाना में इसकी पचास शाखाएँ स्थापित हो गई थी। इसने लगातार सम्मेलन करने शुरू किये, लेकिन 1930 में इसे आन्ध्र महासभा[20] में बदल दिया गया। इसका मुद्दा बदलकर आर्थिक और सामाजिक सुधार, अस्पृश्यता का उन्मूलन, और भूमि (अधिकारों) की सुरक्षा पर स्थानान्तरित हो गया। हालाँकि, आने वाले दशकों में, वैचारिक मतभेदों की वजह से आन्ध्र महासभा में विभाजन हो गया, जिसके एक गुट का कांग्रेस और दूसरे का कम्यूनिस्ट पार्टी ऑफ़ इंडिया के साथ विलय हो गया।

यदि आन्ध्र महासभा तेलुगु भाषा और सामाजिक सुधार पर केन्द्रित थी, तो आर्य समाज[21] आन्दोलन ने मजलिस-ए-इत्तेहादुल मुस्लिमीन पार्टी और इसके धर्म परिवर्तन के प्रयासों, जिन्हें कथित तौर पर निज़ाम का अन्तर्निहित समर्थन प्राप्त था, की ज़िम्मेदारी ली। आर्य समाज ने मफुसा और गायर मफुसा को इंगित किया, वो दो फ़रमान जिन्हें फासली वर्ष 1339 में जारी किया गया (1929 ईसवी)। इनका सम्बन्ध 'मुस्लिम भूस्वामियों की बेदख़ली के विरुद्ध संरक्षण' और 'हिन्दुओं की गिरवी रखी गई भूमि के मुसलमानों द्वारा अधिग्रहण को अनुमति' से था।

गुजरात में दयानन्द सरस्वती[22] द्वारा स्थापित, आर्य समाज सबसे ज़्यादा सक्रिय और प्रभावशाली पंजाब और हैदराबाद में था—वे क्षेत्र जहाँ हिन्दू अल्पसंख्यक थे—और मुसलमानों के बौद्धिक, शास्त्रीय और सांस्कृतिक हमलों का सामना कर रहे थे, जिसमें किसान और कारीगर/शिल्पकार वर्गों का इस्लाम में धर्म परिवर्तन भी शामिल था। समाज की स्थापना से पहले, धर्म परिवर्तन के लिए शायद ही कोई प्रतिरोध था, और एक बार धर्म परिवर्तित हो जाने पर हिन्दू धर्म में पुनः स्वीकरण के लिए कोई मार्ग नहीं था। स्वामी दयानन्द सरस्वती ने शुद्धि[23]—अथवा हिन्दू धर्म में वापसी के लिए शुद्धिकरण की अवधारणा पेश की।

आर्य समाज से हिन्दू महासभा[24] के गहरे वैचारिक मतभेद थे, जो सनातन धर्म[25] का अनुसरण करती थी और जाति व्यवस्था के ख़िलाफ़ इतनी सख़्त नहीं थी, जितना कि आर्य समाज। लेकिन जब धर्म परिवर्तन का विरोध करने का मुद्दा आया, तो दोनों समूह एक साथ आ गए। बेशक, आर्य समाज ज़्यादा प्रभावशाली था, क्योंकि इसने सक्रियता से हाल ही में धर्मांतरितों को ढूँढ़ा और उन्हें वापस वृहद हिन्दू परिवार में शामिल कराया। आर्य समाज को 1905 में प्रधान न्यायाधीश पंडित केशव राव कोराटकर[26] के निर्वाचन से प्रोत्साहन मिला। अगले तीन दशकों में,

आर्य समाज की राज्य में 250 शाखाएँ थी, जिनमें से बीस हैदराबाद और सिकन्दराबाद के जुड़वा शहरों में स्थित थीं।

भारत सरकार अधिनियम 1935[27] के तहत आयोजित हुए चुनावों (यद्यपि सीमित जनादेश के साथ) में कांग्रेस का हैदराबाद के आसपास के सभी तीनों प्रान्तों में सत्ताधारी दल के रूप में उत्कर्ष हुआ। फ़रवरी 1938 में, भारतीय राष्ट्रीय कांग्रेस ने हरिपुरा प्रस्ताव[28] पारित कर घोषित किया कि रियासतों 'भारत का अभिन्न अंग हैं', और यह भी कि वह 'राज्यों में भारत के बाक़ी हिस्सों की तरह समान राजनीतिक, सामाजिक और आर्थिक स्वतंत्रता', के पक्षधर हैं। इस घोषणा ने हैदराबाद राज्य कांग्रेस के गठन को प्रेरित किया, और सदस्यों को नामांकित करने के लिए उत्साही प्रयास शुरू किया गया। जुलाई 1938 तक, समिति ने 1200 प्राथमिक सदस्यों के नामांकन किये जाने का दावा किया और राज्य के हिन्दू और मुसलमान दोनों से 'आपसी अविश्वास छोड़ने'[29] एवं 'आसफ जाही राजवंश[30] के तत्त्वावधान में उत्तरदायी सरकार के निर्माण' में शामिल होने का आह्वान किया। हालाँकि, वफ़ादारी (के संशय के जवाब) के बावजूद भी निज़ाम को धमकाया हुआ महसूस हुआ, उसने 1938 में नया सार्वजनिक सुरक्षा अधिनियम (पब्लिक सेफ़्टी ऐक्ट)[31] पारित किया और हैदराबाद स्टेट कांग्रेस को ग़ैर-क़ानूनी घोषित कर दिया। इस बीच, साम्प्रदायिक स्थिति तनावपूर्ण बनी रही, और उस वर्ष शुरुआत से उबाल पर रहे साम्प्रदायिक तनाव का अपने पक्ष में इस्तेमाल करने के लिए, आर्य समाज ने 24 अक्टूबर, 1938 को सत्याग्रह की घोषणा की। शायद, कुछ असाधारण करने की उम्मीद में, हैदराबाद स्टेट कांग्रेस के कार्यकर्ताओं ने 'कार्रवाई समिति' गठित की और उन्होंने भी उसी दिन अपने सत्याग्रह की घोषणा की। वास्तव में, यह निज़ाम के विरुद्ध सभी तीनों संगठनों : आर्य समाज, हिन्दू महासभा और कांग्रेस का सामान्य आह्वान बन गया। लेकिन कांग्रेस उच्च कमान ने इस स्थानीय व्यवस्था की सराहना नहीं की और पद्मजा नायडू[32] की गांधी को दी गई रिपोर्ट पर भरोसा किया जिसमें उन्होंने राज्य कांग्रेस की एकता और सामंजस्य की कमी एवं 'साम्प्रदायिक' होने के लिए आलोचना की थी। 24 दिसम्बर, 1938 को 300 कार्यकर्ताओं के गिरफ़्तार किये जाने के बाद राज्य कांग्रेस ने आन्दोलन को स्थगित कर दिया, लेकिन आर्य समाज और हिन्दू महासभा ने 1940 के दशक तक आन्दोलन जारी रखा। हैदराबाद कांग्रेस के नेताओं ने सविनय अवज्ञा-सत्याग्रह—का एक अहिंसक अभियान नागरिक अधिकारों, प्रतिनिधि लोकतंत्र के लिए शुरू किया, 1942 में भारतीय राष्ट्रीय कांग्रेस के नेतृत्व में भारत छोड़ो आन्दोलन के साथ-साथ, लेकिन राज्य में हिन्दुओं की राजनीतिक लामबन्दी आर्य समाज और हिन्दू महासभा के इर्द-गिर्द केन्द्रित थी।

हालाँकि, इस संघर्ष को सिर्फ़ हिन्दू-मुस्लिम बाइनरी के सन्दर्भ में प्रस्तुत करना ठीक नहीं होगा। इसमें बहुत सारे अन्य मतभेद भी थे—हिन्दुओं में, तेलुगु, कन्नड़ और मराठी भाषियों के बीच, ब्राह्मणों एवं अन्य के मध्य, आर्य समाज, हिन्दू महासभा और कांग्रेस के बीच में भी। मुसलमान भी मुल्कियों और ग़ैर-मुल्कियों, रिज़वी और रिज़वी विरोधी गुट[33] के बीच तनाव के साथ विभाजित थे। भारत स्वतंत्रता अधिनियम की घोषणा के साथ, कांग्रेस और हिन्दू महासभा ने भारत में शामिल होने के लिए आन्दोलन शुरू किया, जिसका ज़ाहिर तौर पर इत्तेहाद[34] और रज़ाकारों[35] ने विरोध किया।

इस समय तक निज़ाम की सत्ता हैदराबाद शहर और उसके आसपास के गाँवों तक सिमट चुकी थी। ऑपरेशन पोलो[36] के लिए मंच तैयार था।

निज़ाम से राज प्रमुख तक

आज़ादी से ठीक पहले, राज के राजनीतिक विभाग ने 'स्टैंड स्टिल समझौते'[37] का मसौदा तैयार कर लिया था, 'जिसके प्रावधान से 'ताज' और हस्ताक्षरकर्ता डोमिनियन (भारत या पाकिस्तान) के बीच मौजूद सामान्य चिन्ता की सभी मौजूदा प्रशासनिक व्यवस्थाएँ तब तक यथावत थीं जब तक कि नई व्यवस्था नहीं की गई। क़ानूनी दृष्टिकोण से, यह इंस्ट्रूमेंट ऑफ़ ऐक्सेशन (आईओए), जिसे राज्य विभाग द्वारा (पटेल और नेहरू के अधीन) तैयार किया गया था, से अलग था क्योंकि आईओए में रक्षा, विदेशी मामलों और संचार के तीन निर्दिष्ट विषयों में सम्प्रभुता का समर्पण शामिल था। हैदराबाद इसलिए अनूठा था क्योंकि उसे एक विशिष्ट स्टैंड स्टिल एग्रीमंट चाहिए था, वो भी बिना इंस्ट्रूमेंट ऑफ़ ऐक्सेशन (विलय पत्र) पर हस्ताक्षर किये।

यह गहन राजनीतिक प्रतिद्वंद्विता और हैदराबाद राज्य के शासक गुट के भीतर भी संघर्ष का दौर भी था। इत्तेहाद-उल मुस्लिमीन और कासिम रिज़वी निज़ाम के प्रमुख सलाहकार बन गए, और उन्होंने संवैधानिक सलाहकार सर वाल्टर मॉन्कटन[38] के साथ-साथ छत्तरी[39] के नवाब को भी निज़ाम की कार्यकारी परिषद से सहजता से बाहर करवा दिया। इस पद को एक प्रमुख हैदराबादी व्यवसायी, लियाक अली, द्वारा भरा गया।

नवम्बर तक, निज़ाम ने माउंटबेटन से यह पुष्टि कर दी थी कि वह पाकिस्तान के साथ विलय नहीं करेंगे। इस मामले में एक अपवाद बनाया गया, और भारत इंस्ट्रूमेंट ऑफ़ ऐक्सेशन के बिना ही एक वर्ष की अवधि के लिए स्टैंडस्टिल एग्रीमंट

के लिए राज़ी हो गया। हालाँकि, स्टैंडस्टिल समझौते की स्याही सूखती, इससे पहले ही निज़ाम की सरकार द्वारा जारी दो अध्यादेशों—पहला इस घोषणा के साथ कि भारतीय मुद्रा अब हैदराबाद में वैध नहीं रहेगी, और फिर हैदराबाद से क़ीमती धातुओं के भारत को निर्यात पर प्रतिबन्ध—ने स्टैंडस्टिल समझौते का उल्लंघन किया। हैदराबाद ने पाकिस्तान को भारत सरकार की प्रतिभूति के रूप में 20 करोड़ रुपये के ऋण का प्रस्ताव भी रखा, और पाकिस्तान में एक पब्लिक रिलेशन ऑफ़िसर भी नियुक्त किया, ऐसी नियुक्तियों को अन्य देशों में भी करने की अपनी मंशा ज़ाहिर करने के अलावा। कासिम रिज़वी के भड़काऊ भाषणों और रज़ाकारों की गतिविधियों से केवल दो निष्कर्ष निकाले जा सकते थे : या तो निज़ाम उन पर अपना नियंत्रण लागू करने में असमर्थ था या वह उन पर अपना अधिकार का दावा करने के लिए इच्छुक नहीं था, लेकिन दोनों मामलों में, उन्होंने अपनी अधिकांश प्रजा को (उन मुसलमानों सहित जो इत्तेहाद-उल मुस्लिमीन से असहमत थे) बेहद भयभीत कर दिया था। जबकि निज़ाम कहते रहे कि वो रज़ाकारों को भंग कर देंगे, लेकिन वास्तव में उन्होंने साम्यवादी विद्रोहियों के साथ गठजोड़ कर लिया ताकि वो लूट-पाट कर सकें।

भले ही माउंटबेटन ने भरसक प्रयास किया कि हैदराबाद और राज्य विभाग के बीच गरिमामय समझौता सुनिश्चित किया जाए, लेकिन सभी प्रयास शून्य हो गए। जून, 1948 में उनके भारत से प्रस्थान करने से पहले, उन्होंने अपने विश्वासपात्र सूचना सहयोगी एलन कैंपबेल-जॉनसन को निज़ाम से मिलने, स्थिति के अध्ययन और उन्हें रिपोर्ट करने के लिए भेजा। निज़ाम और उसके प्रतिष्ठान के प्रमुख खिलाड़ियों—लियाक अली, कासिम रिज़वी और एल अलड्रूस (आर्मी कमांडर)—से मिलने के बाद कैंपबेल-जॉनसन ने निष्कर्ष निकाला कि 'इस स्थिति के केन्द्र में निज़ाम प्रमुख व्यक्ति था और, भारत संघ के साथ सम्बन्धों के मुख्य मुद्दे के सम्बन्ध में, उसकी स्वीकृति के बिना कुछ भी नहीं किया जा रहा था।'[40] उसने आगे बताया कि निज़ाम 'आक्रामक निराशावाद' की मन:स्थिति में था।

माउंटबेटन के जाने के बाद, दोनों तरफ़ से रवैया सख़्त हो गया, और हैदराबाद के लिए 'ब्रिटिश का वफ़ादार सहयोगी' होने का लाभ भी अब नहीं रहा। इस बीच, सिडनी कॉटन[41] द्वारा कराची के एयरफील्ड से बन्दूक़ों की आपूर्ति करने की रिपोर्ट आई, निज़ाम की परिषद के हिन्दू सदस्यों का इस्तिफ़ा, उनके द्वारा हैदराबाद के मामले को यूएन में ले जाने और अमेरिका के सामने रखने पर दिये जाने वाले ज़ोर, ने गवर्नर जनरल राजगोपालाचारी, प्रधानमंत्री नेहरू और उप प्रधानमंत्री सरदार पटेल को यह दृढ़ निर्णय लेने पर पहुँचाया कि सेना के दख़ल का समय आ गया है।

जनरल जे.एन. चौधरी के नेतृत्व में 108 घंटों का सैन्य अभियान, जिसका कोड नाम ऑपरेशन पोलो रखा गया, 15 सितम्बर, 1948 को शुरू किया गया और 18 सितम्बर की सुबह जनरल अलड्रूस के हथियार रख देने के साथ समाप्त हुआ। यद्यपि इसका अनुसरण जनरल क्लेमोर द्वारा निज़ाम को पदच्युत करने के लिए किया गया, उसने अपने आर्मी कमांडर ईएल अलड्रूस के दब्बू समर्पण के बाद अपने विचार बदल दिये थे। निज़ाम ने 19 सितम्बर को एक फ़रमान जारी किया 'क़ानून के बल वाले नियम जारी करने की शक्ति के साथ कार्यकारी प्राधिकार का पूर्ण निवेश' जनरल जे.एन. चौधरी को दिया गया।[42] इसे 9 अगस्त, 1949 के एक अन्य फ़रमान द्वारा दोहराया गया, जिससे जागीर भूमि के राज्य भूमि के साथ एकीकरण को समर्थ बनाया गया, और अन्ततः 1 दिसम्बर को, तीसरे फ़रमान से, प्रशासन को हैदराबाद के मुख्यमंत्री को हस्तान्तरित कर दिया गया। पहले ऐसे पदाधिकारी आईसीएस के एम.के. वेल्लोदि[43] थे, जिनके साथ चार अन्य हैदराबाद कांग्रेस के सदस्य परिषद में जुड़े। संविधान के प्रारम्भ में, हैदराबाद को बी राज्य के रूप में भारत में एकीकृत किया गया, और हैदराबाद के निज़ाम को पहला राज प्रमुख घोषित किया गया।

5

गणराज्य के रूप में भारत!

1947 से 1950 के बीच भारत के मानचित्र में सबसे महत्त्वपूर्ण परिवर्तन वह था, जो देश के अधिराज्य से गणराज्य में संक्रमण को दर्शाता था। जबकि मास्टहेड ने भारतीय अधिराज्य के मानचित्र पर भारतीय राज्यक्षेत्र को प्रान्तों, राज्यों और ज़िलों में वर्गीकृत किया था, गणराज्य के तहत मानचित्र में सिर्फ़ नये संविधान के भीतर राज्यों का उल्लेख किया गया। कार्टोग्राफ़िकल दृष्टिकोण से, सबसे बड़ा परिवर्तन 562 रियासतों का भारत के मानचित्र से ग़ायब हो जाना था।

यह सत्य है की जम्मू और कश्मीर, मैसूर एवं हैदराबाद के नाम अभी भी मानचित्र पर बरकरार थे, लेकिन ये (पेप्सू[1]) मध्य भारत, सौराष्ट्र, राजस्थान और त्रावणकोर-कोच्चि सहित वे राज्य थे जो भारत के राष्ट्रपति द्वारा नियुक्त राज प्रमुख[2] के अधीन थे, और सामूहिक रूप से भाग बी राज्यों के नाम से जाने जाते थे, ताकि इनमें और ब्रिटिश भारत के पूर्ववर्ती राज्यों में अन्तर किया जा सके, जो भाग ए राज्य कहलाते थे।

वास्तव में, राज्य मंत्रालय ने तत्परता से प्रिवी पर्स को निर्धारित करने और शासकों या राज्याधिकारियों (यदि युवराज अवयस्क था) को विलय समझौते पर हस्ताक्षर कराने के लिए कार्रवाई की। यहाँ यह उल्लेख करना आवश्यक है कि दो दस्तावेज़—इंस्ट्रूमेंट ऑफ़ ऐक्सेशन और मर्जर एग्रीमेंट्स—दोनों अलग-अलग थे। इंस्ट्रूमेंट ऑफ़ ऐक्सेशन को स्वतंत्रता से पूर्व या इसके ठीक बाद हस्ताक्षरित किया गया और इसका मूल 1935 के भारत सरकार अधिनियम में खोजा जा सकता है, जिसने रियासतें के शासकों को तीन विषयों—रक्षा, विदेशी मामले और संचार—को भारत सरकार को सौंपने में सक्षम बनाया। ऐसा इसलिए क्योंकि 1935 के अधिनियम ने एक ढीले संघ की परिकल्पना की गई थी, जिसमें रियासतों भी प्रतिभागी होंगी। हालाँकि, दूसरे विश्वयुद्ध की शुरुआत के साथ, स्वतंत्रता आन्दोलन की प्रमुखता

और सुभाष चन्द्र बोस की अध्यक्षता वाले हरिपुरा अधिवेशन[3] के बाद कांग्रेस का यह दावा कि 'देशी रियासतें' भी भारत का अविच्छेद्य अंग थी, इस विचार ने अपनी महत्ता खो दी। वास्तव में, बारबरा रामुसैक जैसे विश्लेषकों का तर्क है कि रियासतों को राज द्वारा त्याग दिया गया था।[4]

~

3 जून, 1947 को भारत स्वतंत्रता अधिनियम 1947 के पारित होने के साथ ही, ब्रिटिश सरकार ने भारत और पाकिस्तान के अधिराज्यों को सत्ता हस्तान्तरण के लिए अपनी योजना की घोषणा की। इस बीच, भारत स्वतंत्रता अधिनियम के अनुच्छेद 5 ने भारत के राज्यक्षेत्र और विस्तार को परिभाषित किया, जिसमें ब्रिटिश भारतीय प्रान्तों मुख्य आयुक्तों के अधीन प्रशासनिक क्षेत्रों; वे रियासतों जिन्होंने इंस्ट्रूमेंट ऑफ़ ऐक्सेशन पर हस्ताक्षर किये थे; और अन्य ऐसे क्षेत्र शामिल थे जिन्हें अधिराज्य द्वारा भारत के राज्यक्षेत्र में मिलाना स्वीकार किया गया था। हालाँकि यह जल्द ही स्पष्ट हो गया था कि ऐसा ढीला-ढाला एकीकरण बहुत समय तक नहीं चलेगा, और यह भी कि भारत सरकार को यह सुनिश्चित करने के लिए क़दम उठाने होंगे कि प्रान्तों और रियासतों के प्रशासन में कुछ समता हो, जिसमें से बहुत सारे इतने छोटे और नगण्य थे कि वे एक छोटे थाने या कचहरी का प्रबन्धन भी न कर सकें। इसने राज्य मंत्रालय को राज्यों के साथ मर्जर एग्रीमेंट्स पेश करने के लिए प्रोत्साहित किया, जिसने अन्य मुद्दों के साथ-साथ राज्यों के शासन से सम्बन्धित पूर्ण अनन्य अधिकार और उनके क्षेत्राधिकार का भारत सरकार को हस्तान्तरण सुनिश्चित किया। जबकि मर्जर एग्रीमेंट्स में अलग-अलग राज्यों के अनुरूप कुछ मामूली बदलाव थे, इसके पाँच मुख्य प्रावधान थे। इनमें सम्पूर्ण नागरिक, राजस्व, पुलिस और आपराधिक क्षेत्राधिकार और शक्तियों का शासक द्वारा अधिराज्य की सरकार को समर्पण सम्मिलित था। इसके बदले में, शासक को राज्य की आय के आधार पर एक प्रिवी पर्स[5] प्रदान किया गया था और साथ ही प्रिवी पर्स और उसकी निजी सम्पत्तियों पर सम्पत्ति कर, आयकर और नगरपालिका करों से छूट सहित अतिरिक्त विशेषाधिकार दिये गए थे। शासक की मान्यता और परम्परा के अनुसार उत्तराधिकार के उसके अधिकार के अलावा, राजमाता, युवराज और युवरानी को भी मान्यता दी गई थी। विलय समझौते पर पड़ोसी प्रान्त या राज्यों के संघ के साथ हस्ताक्षर किये गए थे, जिसमें विदेश विभाग के सचिव वी.पी. मेनन हस्ताक्षरकर्ता गवाह थे।

~

उड़ीसा के प्रमुख (जैसा कि मुख्यमंत्री 1946 में कहलाते थे) हरे कृष्ण महताब, रियासतों के मौजूदा प्रान्तों के साथ एकीकरण के मुद्दे को उठाने वाले पहले व्यक्ति थे। 23 अप्रैल, 1946 को राज्य के प्रशासन का कार्यभार सँभालने के बाद, उन्होंने तर्क दिया कि राज्यों की भौगोलिक, भाषायी और नृवंशीय समानता को अन्य प्रान्तों के साथ होने के कारण, यह वांछनीय था कि दोनों राज्यों और प्रान्तों के लिए समान प्रशासनीकरण हो। हालाँकि, पूर्वी राज्यों के ब्रिटिश रेजीडेंट के प्रभाव में, शासकों ने उनकी अपील को ख़ारिज कर दिया, और उनमें से 39 ने 'पूर्वी यूनियन'[6] का गठन किया, जिसका एक विस्तृत सचिवालय और पुलिस संगठन भी स्थापित किया गया। यह सुखद संयोग था कि दो सबसे महत्त्वपूर्ण राज्यों (उड़ीसा में मयूरभंज और छत्तीसगढ़ में बस्तर) ने इस व्यवस्था का हिस्सा बनने से इनकार कर दिया, जो बिना किसी लोकप्रिय समर्थन के मूलतः राजकुमारों का एक मज़दूर संघ था। वास्तव में, राज्य मंत्रालय की स्थापना के तुरन्त बाद, महताब ने सरदार पटेल को एक ज्ञापन सौंपा जिसमें उन्होंने उन प्रशासनिक चुनौतियों का उल्लेख और इशारा किया गया था जिनका सामना करना पड़ेगा, अगर रियासतों को उनकी आन्तरिक स्वायत्तता बरकरार रखने की अनुमति दी गई—क्योंकि अधिकतर शासक स्पष्ट रूप से ग़ैर-ज़िम्मेदार थे, और अपनी निजी हक़दारी और राज्य के कल्याण के बीच कोई अन्तर नहीं करते थे। महताब के अनुरोध पर ही राज्य मंत्रालय ने पटना के राजा (उड़ीसा) के नेतृत्व में इस यूनियन को स्वीकार करने से मना कर दिया। इस दौरान, नीलगिरी से शुरू होने वाले, लोकप्रिय आन्दोलनों, ने रियासतों को उनके प्रशासन को जारी रखना मुश्किल बना दिया, महताब ने भारत सरकार से अड़ियल रियासतों के प्रशासन को अपने हाथ में लेने के लिए अनुमति माँगी और प्राप्त की। पटेल कटक आए, (तोपों की) सलामी वाले और बग़ैर सलामी वाले राज्यों के साथ अलग बैठक की, और उन्हें प्रिवी पर्स और व्यक्तिगत अधिकारों के बदले में विलय के लिए प्रेरित किया। वास्तव में, इन वार्ताओं ने अन्य रियासतों के पड़ोसी प्रान्तों के साथ एकीकरण की प्रक्रिया को स्थापित किया।

~

जल्द ही, असम, बिहार, बम्बई, मध्य प्रदेश (पूर्ववर्ती संयुक्त प्रान्तों और बरार), मद्रास, उड़ीसा, पंजाब, उत्तर प्रदेश (पहले संयुक्त प्रान्त) और पश्चिम बंगाल समेत

कुल 216 रियासतों को भाग ए राज्यों के रूप में गठित किया गया। इनके अतिरिक्त 275 रियासतों को भाग बी राज्यों की श्रेणी के अन्तर्गत गठित किया गया। भाग ए और बी श्रेणी से इतर भोपाल, बिलासपुर, हिमाचल प्रदेश (पूर्ववर्ती पंजाब हिल स्टेट्स), कच्छ, मणिपुर, त्रिपुरा और विंध्य प्रदेश (बुन्देलखंड और बघेलखंड राज्यों), अजमेर-मेरवाड़ा, कुर्ग और दिल्ली (ब्रिटिश द्वारा प्रत्यक्ष रूप से प्रशासित क्षेत्र) समेत 71 अन्य सभी रियासतों को भाग सी राज्यों के रूप में गठित किया गया। इन महत्त्वपूर्ण बदलावों को भारत सरकार अधिनियम, 1935 के तहत लागू किया गया, जो 26 जनवरी, 1950 तक भारत का संवैधानिक क़ानून था। इस अधिनियम ने केन्द्रीय सरकार को क्षेत्रीय समायोजन करने के लिए बहुत शक्ति और प्राधिकार प्रदान किया। किसी देशी रियासत के विलय के लिए सिद्धान्त के रूप में बहुसंख्यक आबादी की जातीय/भाषायी पहचान को आधार बनाया गया। इस प्रकार, लोहारु, पटौदी और दुजाना को पेप्सू के बजाय पंजाब के साथ विलय किया गया। लेकिन विवाद भी हुए। कूचबिहार पर पश्चिम बंगाल और असम दोनों ने दावा किया था। यह दिलचस्प मामला था क्योंकि यह जातीय रूप से असम से सम्बद्ध था, लेकिन विभाजन के तुरन्त बाद, हिन्दू आबादी की बड़ी मात्रा में पूर्वी बंगाल से घुसपैठ ने कूचबिहार के जनसांख्यिकीय संरचना को बदल दिया। इस प्रकार, कूचबिहार के साथ-साथ इसके पश्चिम बंगाल में विलय के लिए एक जन आन्दोलन हुआ। बी.सी. रॉय[7] ने इस मुद्दे पर अपनी राजनीतिक साख दाँव पर लगा दी।

निर्णय को टालते हुए, कूचबिहार को मुख्य आयुक्त का प्रान्त बना दिया गया। यह उल्लेख किया जाना चाहिए कि कई रियासतों ने मुख्य आयुक्त के प्रान्त के दर्जे को अन्तरिम व्यवस्था के रूप में चाहा था, और राज्य मंत्रालय की योजना यह थी कि यदि ऐसे सांकेतिक प्रयास संक्रमण को आसान बनाते हैं, तो इन रियायतों की अनुमति देने में कोई नुक़सान नहीं था।

इस बीच, सराईकेला और खरगंवां के ग़ैर-ओड़िया-भाषी राज्यों में जन आन्दोलन के परिणामस्वरूप इन राज्यों को बिहार में हस्तानान्तरित कर दिया गया। इसके अलावा, बिहार स्टेट्स एजेंसी से सम्बद्ध सभी बारह ग़ैर सलामी राज्यों—मोहरामपुर, दरभंगा, रामगढ़, रंका, जगदीशपुर, डुमरांव, दिघवाड़ा, ताजपुर, बनैली, काहरा, भौर और चनौर को भी बिहार के साथ एकीकृत कर दिया गया।

मध्य प्रदेश (पूर्ववर्ती संयुक्त प्रान्त और बरार) में बस्तर, चंगभाकर, छुईखदान, जशपुर, कांकड़, कवर्धा, खैरागढ़, कोरिया, नन्दगाँव, रायगढ़, शक्ति, सारंगढ़, सरगुजा, उदयपुर और मकरई सम्मिलित किये गए। यह मुख्य रूप से एक जनजातीय बेल्ट थी और, इस प्रकार, संविधान की पाँचवी सूची के अन्तर्गत थी।

मध्य प्रदेश के गवर्नर को इस क्षेत्र की जनजातीय आबादी की देखभाल और सुरक्षा की विशेष ज़िम्मेदारियाँ सौंपी गई थी।

जैसाकि पहले उल्लेख किया गया, जबकि पेप्सू को पंजाब की रियासतों के लिए बनाया गया था, लोहारु (वर्तमान भिवानी में), दुजाना (वर्तमान झज्जर में) और पटौदी (वर्तमान गुरुग्राम में) के तीन छोटे राज्यों को भी पंजाब में मिला दिया गया था, जिनके सीमान्त क्षेत्र फिर दिल्ली और राजस्थान तक विस्तृत हो गए। इनमें से, लोहारु नौ तोपों की सलामी वाला राज्य था, और इसका परिवार रक्त (सम्बन्ध) या विवाह से मिर्ज़ा ग़ालिब (पहले नवाब अहमद बक्श ख़ान के भाई के दामाद), सर सैय्यद अहमद ख़ान और डॉ. फखरुद्दीन अली अहमद जैसी शख़्सियतों से सम्बद्ध था, जिनकी माँ लोहारु परिवार से थी। हालाँकि दुजाना के नवाब ने भारत के साथ इंस्ट्रूमेंट ऑफ़ ऐक्सेशन हस्ताक्षरित किया था, लेकिन इस परिवार के ज़्यादातर सदस्य पाकिस्तान चले गए, और उनकी ज़मीन और सम्पत्ति को पश्चिमी पंजाब से आए हुए पंजाबियों में बाँट दिया गया। पटौदी एक ग़ैर-सलामी राज्य था जो भारत के प्रसिद्ध क्रिकेट खिलाड़ी मंसूर अली ख़ान पटौदी के परिवार से सम्बद्ध था। दुजाना, लोहारु और पटौदी के शासक एक दूसरे से सम्बद्ध थे, और तीनों की पुरानी दिल्ली में हवेलियाँ थी। जिस कारण इन्हें पेप्सू में शामिल नहीं किया गया, वो यह था कि मुख्य रूप से पेप्सू का निर्माण करने वाली सिख मिसलों[8] के साथ इनकी बहुत कम समानता थी।

जिन राज्यों का मद्रास में विलय किया गया उनमें पुदुक्कोट्टई, बंगनपल्ले और सन्दूर सम्मिलित थे। पुदुक्कोट्टई थोडेमन राजा राजगोपाल, उसके राजवंश का नौवाँ और अन्तिम वंशज के अधीन सत्तरह तोपों की सलामी वाला राज्य था। 1170 वर्ग मील के क्षेत्रफल और पचास लाख से कुछ कम जनसंख्या वाला, पुदुक्कोट्टई सर ए सेशियाह शास्त्री जैसे लोगों द्वारा अच्छी तरह प्रशासित था, और नट्टुकोट्टई चेट्टियार, दक्षिणी भारत के वंशानुगत बैंकर और व्यावसायिक परिवारों का गढ़ था। प्रिवी पर्स और सम्पत्तियों का समझौता मद्रास सरकार से विचार-विमर्श के बाद किया गया। पुदुक्कोट्टई से बहुत छोटा बंगनपल्ले, शिया मुस्लिमों का नौ तोपों की सलामी वाला राज्य था, जो फ़रवरी 1948 में भारत के साथ शामिल होने वाले आख़िरी राज्यों में था। 275 वर्ग मील के क्षेत्रफल, और मात्र चालीस हज़ार के लगभग जनसंख्या के साथ, यह मूल रूप से बीजापुर की जागीर थी, लेकिन फ़ैज़ अली ख़ान के वंशजों द्वारा किलेबन्द किया गया। बंगनपल्ले 1832 से ब्रिटिश संरक्षण के अधीन आया, और नियंत्रण एवं पर्यवेक्षण के लिए मद्रास प्रेसीडेंसी के अधीन रखा गया। विलय के बाद, इसे कुरनूल ज़िले का हिस्सा बना दिया गया था।

मद्रास के साथ विलय किये जाने वाली रियासतों में सबसे छोटा सन्दूर का मराठा राज्य था, जिसका क्षेत्रफल 169 वर्ग मील और जनसंख्या लगभग सोलह हज़ार थी। यह 1818 से ब्रिटिश संरक्षित राज्य रहा था, और बंगनपल्ले और पुदुक्कोट्टई की तरह ही यह भी मद्रास प्रेसीडेंसी द्वारा प्रबन्धित था। राजा ने 10 अगस्त, 1947 को भारत संघ में ऐक्सेशन कर लिया था, परन्तु मद्रास के साथ विलय 1949 में हुआ। 1956 में, राज्यों के भाषायी पुनर्गठन के बाद, सन्दूर मैसूर के बेल्लारी ज़िले का हिस्सा बना। इसके अन्तिम शासक, महाराजा श्रीमन्त यशवन्तराव हिन्दूराव घरपड़े, एक उत्साही वन्यजीव प्रेमी थे।

~

बड़ौदा के इक्कीस तोपों की सलामी वाले राज्य के साथ ही कोल्हापुर के विलय ने दक्कन के अन्य राज्यों का बम्बई के साथ एकीकरण का प्रतिरोध भी समाप्त कर दिया। वंशानुगत उन्नीस तोपों की सलामी वाले राज्य कोल्हापूर के अलावा सत्तरह ऐसे छोटे राज्य थे जो राजनीतिक रूप से जागरूक बम्बई प्रान्त के सीमा के अन्तर्गत आते थे, उनमें से कोल्हापुर, औंध और फल्टन जैसे कुछ राज्य शिक्षा और अस्पृश्यता के उन्मूलन के मामले में काफ़ी प्रगतिशील थे। दक्कन राज्यों के शासक अपने मूल में काफ़ी विविध थे : जैसे अलाकोट, जठ, मुधोल, फलटन और सावंतवाड़ी मराठा थे, और उनके पूर्वजों ने तब इस राज्यों को बनाया जब पेशवा[9] अपना नियंत्रण खो रहे थे। फिर औंध और भोर के ब्राह्मण साम्राज्य थे जो सतारा के मराठा शासक द्वारा भेंट स्वरूप दिये जाने के कारण अस्तित्व में आए। पटवर्धन ब्राह्मण जो पेशवाओं की सेवा में थे, उनके स्वामित्व में सांगली, वाडी, रामदुर्ग, जामखंडी, मिराज सीनियर, मिराज जूनियर, खुरुंदवाड़ सीनियर और खुरुंदवाड़ जूनियर थे। यहाँ दो मुस्लिम शासक भी थे—जंजीरा पूर्वी अफ्रीका की योद्धा जनजाति द्वारा शासित था और सावानूर पठानों की मियाना जनजाति के अधीन था।

हालाँकि, दक्कन के शासकों के अपने आन्तरिक मतभेद थे, ख़ास कर कि दर्जे के सम्बन्ध में, वे सभी भारत के साथ ऐक्सेशन की शर्तों और साथ ही साथ उनके आपस में एक यूनियन के निर्माण की सम्भावना पर समझौते के लिए उत्सुक थे। 1946 के जुलाई में ही, फलटन के राजा के नेतृत्व में, उन्होंने गांधी और नेहरू से मुलाक़ात की, नेहरू ने उन्हें पहले उत्तरदायी सरकार बनाने की सलाह दी। के.एम. मुंशी और कमलनयन बजाज को राजकुमारों के साथ समझौता करने के लिए नियुक्त किया गया था, लेकिन औंध के राजा बतौर राजप्रमुख और भोर के

राजा के उप राज प्रमुख होने के साथ संघ में शामिल होने के लिए सत्तरह में से मात्र आठ ही सहमत हुए। हालाँकि, क्योंकि कोई भी सलामी राज्य संघ में शामिल नहीं हुआ, इसे बल नहीं मिला, और अक्टूबर, 1947 तक, जामखंडी, जठ और अक्कलकोट के शासकों ने कहा कि वे चाहते हैं कि उनके राज्यों को बम्बई में शामिल किया जाए। औंध, जो संघ बनाने के क़दम उठाने में अग्रणी रहा था, ने अब जनमत संग्रह का प्रस्ताव रखा, लेकिन व्यावहारिक न होने की वजह से इसे नकार दिया गया। इस समय, दक्कन स्टेट्स यूनियन के प्रवक्ता चाहते थे कि संघ को बम्बई के साथ मिलाना चाहिए। लेकिन राज्य मंत्रालय ने यह दृष्टिकोण अपनाया कि क्योंकि संघ को औपचारिक रूप से मान्यता नहीं दी गई थी, और कुछ मुख्य पक्षकार राज्यों को सम्मिलित नहीं करता था, हर एक राज्य को व्यक्तिगत रूप से विलय समझौते पर हस्ताक्षर करने होंगे। महात्मा गांधी की हत्या के परिणामस्वरूप कोल्हापुर और रामदुर्ग में भड़के ब्राह्मण-विरोधी दंगों ने भी क़ानून का शासन पुनः स्थापित करने के लिए बम्बई की प्रान्तीय सरकार के दख़ल को ज़रूरी बना दिया था। इसी तरह, जंजीरा, एक छोटा तटीय राज्य, पहले से ही बम्बई प्रशासन के अधीन था, और शासक विलय के सहमत हो गया—क्योंकि उसे अब प्रिवी पर्स का आश्वासन दिया गया था! इस प्रकार, 8 मार्च, 1948 को, बम्बई ने 7815 वर्ग मील का राज्यक्षेत्र, सत्तरह लाख के क़रीब जनसंख्या और 1.42 करोड़ रुपये का वार्षिक राजस्व जोड़ लिया।

1940 में महाराजा सर राजाराम छत्रपति (साहा जी) की मौत, और बाद में उनके छह वर्षीय गोद लिए हुए उत्तराधिकारी की मृत्यु के बाद, राजनीतिक विभाग ने देवास सीनियर के विक्रमसिंह राव को साहा जी के रूप में स्वीकार करने को मान्यता दी, लेकिन उत्तराधिकार को विधवा रानी ने विवादित कर दिया। जनवरी 1948 में दंगों के भड़कने के बाद, भारत सरकार द्वारा एक प्रशासक नियुक्त किया गया। इस बीच, चौदह सलामी राज्य, सत्तरह ग़ैर-सलामी राज्यों और काठियावाड़ के 191 ग़ैर-अधिकरणीय वाले राज्यों के साथ मिलकर एक संघ के गठन को तैयार हुए, जो बाद में सौराष्ट्र संघ कहलाया। हालाँकि काठियावाड़ क्षेत्र भाषायी रूप से गुजरात से जुड़ा था, इसका एक भिन्न प्रायद्वीपीय भूगोल था जो अन्य गुजराती राज्यों से अलग था। पहले इसका झुकाव बड़ौदा के नेतृत्व में संघ बनाने में था, लेकिन इसके शासक, महाराजा सर प्रताप सिंह, जो सनकी, अलोकप्रिय और अनैतिक था, की दूरदृष्टि के अभाव के कारण यह मौक़ा गँवा दिया गया। संघ के नेतृत्व करने की बजाय, जैसे की पेप्सू (क्योंकि बड़ौदा इस क्षेत्र में इक्कीस तोपों की सलामी वाला अकेला राज्य था) के मामले में, उसने जल्द ही होने वाली अनहोनी

के प्रति सचेत होने की जगह उसे नज़रअन्दाज़ कर दिया। इसके अलावा, वह डॉ. जीवराज मेहता के अधीन चल रहे लोकप्रिय मंत्रालय से भी असहमत था, और राज्य के संसाधनों को निजी उपयोग के लिए परिवर्तित करने के साथ, अधिकृत भत्ते से ज़्यादा निधि के इस्तेमाल का आरोपी भी था। इससे भी बदतर, उसने तब सरदार पटेल को अपने अभिमानपूर्ण रवैये से विमुख कर दिया जब उसे जूनागढ़ में प्रशासनिक अराजकता को रोकने के लिया समर्थन देने को कहा गया—जूनागढ़ का नवाब उसके मुख्य रूप से हिन्दू बहुल राज्य की जल्दबाजी में पाकिस्तान में विलय की घोषणा करके पाकिस्तान भाग गया था। जब प्रताप सिंह ने सरदार पटेल को लिखा की उसे सौराष्ट्र और गुजरात के राज्य के रूप में मान्यता मिलनी चाहिए, उसे झिड़क दिया गया और कहा की उसकी सहायता की आवश्यकता नहीं है। इसके लिए संक्षिप्त पृष्ठभूमि देना आवश्यक है, क्योंकि उसने धीरे-धीरे व्यावहारिक रूप से सभी का समर्थन खो दिया।

मई, 1948 में इंग्लैंड जाने से पहले, महाराजा प्रताप सिंह ने अपना 220 लाख रुपये का क़र्ज़ माफ़ किया, और ख़ज़ाने से अपनी बेटियों की शादी के लिए भविष्य में होने वाले ख़र्च हेतु अन्य 105 लाख रुपये भी निकाल लिए। मेहता ने बड़ौदा विधान सभा की विशेष बैठक बुलाई, जिन्होंने फिर 'उनकी शासन करने की क्षमता' पर सवाल उठाए, उसे अपने पुत्र के पक्ष में पद त्यागने के लिए कहा, और राज्य के वित्त के एक विशेष ऑडिट की माँग भी की जिसके लिए भारतीय लेखापरीक्षा और लेखा सेवा के एक वरिष्ठ अधिकारी की प्रतिनियुक्ति की गई। 6 करोड़ रुपये की हेराफेरी समेत कई गम्भीर विसंगतियाँ, जिसमें राजकीय रत्नों की अनाधिकृत निकासी, हीरे के हार सहित बेशक़ीमती पत्थरों स्टार ऑफ़ साउथ, यूजीन और शाही अकबर, जिन्हें इंग्लैंड भेज गया था, दर्ज की गई। राज्य मंत्रालय इस नतीजे पर पहुँचा कि बड़ौदा के लिए इसकी 'स्वतंत्रता' बरकरार रखना अब मुमकिन नहीं था और इसलिए इसका बम्बई के साथ विलय करना होगा। अन्त में, महाराजा ने निवेदन किया कि उसे विलय की घोषणा करने की अनुमति दी जाए, और यह उसी के द्वारा 31 जनवरी, 1949 को की गई।

राज्य के प्रशासन की बागडोर 1 मई, 1949 को बम्बई द्वारा अपने हाथ में ले ली गई। हालाँकि, उन्होंने जनवरी, 1951 में अनौपचारिक शासक संघ का नेतृत्व सँभाला और शिकार के बहाने राज्यों की यात्राएँ शुरू की, लेकिन वास्तव में यह पूर्व राजघरानों के बीच अशान्ति बढ़ाने के लिए, जिसके लिए उन्हें जोधपुर के शासक जैसों से समर्थन भी प्राप्त हुआ। इसे शुरुआत में ही कुचलना था, और उसी वर्ष अप्रैल में, राष्ट्रपति द्वारा अनुच्छेद 366 (2) के तहत एक उद्घोषणा से उनकी

बड़ौदा के शासक के रूप में मान्यता को 'अस्वीकार' कर दिया गया, और उसके पुत्र युवराज फतेह सिंह को विरासत सौंप दी गई।

सत्तरह आधिकारिक और 127 अर्ध और ग़ैर-आधिकारिक राज्यों को नेतृत्व प्रदान करने में बड़ौदा की असमर्थता के साथ, यह स्पष्ट था कि उनके पास बहुत कम विकल्प मौजूद थे। इन राज्यों में से कोई भी पर्याप्त बड़ा नहीं था, और, इसके अलावा, उनके राज्यक्षेत्र बड़ौदा के अलावा अहमदाबाद और बम्बई के कैरा ज़िले के साथ भी अन्तरविस्तृत थे। हालाँकि वे व्यापक क्षेत्रफल में फैले हुए थे, लगभग 12,000 वर्ग मील, फिर भी जनसंख्या इक्कीस लाख से थोड़ी अधिक, और सालाना राजस्व डेढ़ करोड़ से कम था। आधिकारिक राज्यों के अधिकतर शासक सोलंकी, चौहान, वाघेला, सिसोदिया, परमार और गोहेल कुलों से सम्बन्धित राजपूत थे। मुस्लिम शासकों के अधीन राज्यों में बालासिनोर, कैम्बे, सचिन और राधनपुर शामिल थे।

वी.पी. मेनन के प्रतिनिधित्व में राज्य मंत्रालय और गुजरात के शासकों के मध्य पहली अनौपचारिक बैठक महाराजा राजपिपला के बम्बई निवास में मार्च, 1948 में हुई थी। उन्हें अभी भी उम्मीद थी कि बड़ौदा संघ के नेतृत्व के लिए सहमत हो सकता है, लेकिन एक नकारात्मक उत्तर मिलने पर, उन्होंने वैसी ही रियायतें प्राप्त करने की कोशिश की जैसी कि कठियावाड़ (सौराष्ट्र) को दी गई थी। गोहील राजपूत राजवंश का राजपिपला, जो नर्मदा और ताप्ती के बीच स्थित था, आकार, संसाधनों और आबादी में मात्र बड़ौदा से छोटा था, और इसने गुजरात के राज्यों का नेतृत्व ग्रहण किया। राजपिपला में 1932 से लेकर विधान सभा थी, और इसके शासक, महाराजा विजयसिंघजी एक उत्कृष्ट सवार, खिलाड़ी, मोटरिंग और विमान प्रेमी थे। उन्होंने 1922 में एक हवाई अड्डा स्थापित किया था, जो सरदार पटेल स्टैचू ऑफ़ यूनिटी के पास होने के कारण, इसे लगभग एक सदी के बाद पुनर्जीवित किया जा रहा है। अन्य राज्यों के शासकों के साथ तीन दिनों तक गहन विचार-विमर्श के बाद, राजपिपला ने एक बयान जारी किया, जिसमें लिखा था[10] :

> हमें आपको यह सूचित करते हुए ख़ुशी हो रही है कि, गुजरात राज्यों के शासकों के रूप में, हम मानते हैं कि हमारी मातृभूमि, और विशेष रूप से गुजरात समग्र रूप से भारत के व्यापक हितों में हमसे सभी त्याग की आशा करता है। इसलिए हमने, कर्तव्य की पुकार का सम्मान किया है और महागुजरात[11] के निर्माण के लिए पहला क़दम उठाते हुए हमारे राज्यों को बम्बई प्रान्त के साथ एकीकृत करने का निर्णय लिया है। हम हमारे फ़ैसले पर ईश्वर के आशीर्वाद का आह्वान करते हैं।

इसमें उन्हें अन्य सभी शासकों ने सहयोग किया, जिसमें राधनपुर और बालासिनोर के बाबी राजवंश भी शामिल थे। हालाँकि दोनों ही जूनागढ़ से सम्बन्धित थे लेकिन इसके बावजूद भी उन्होंने भारत के साथ इंस्ट्रूमेंट ऑफ़ ऐक्सेशन और मर्जर एग्रीमेंट्स दोनों पर हस्ताक्षर करने में संकोच नहीं किया। बालासिनोर, नौ तोपों की सलामी वाला राज्य, '80 के दशक में यहाँ डायनासौर के अवशेषों की खोज के कारण प्रसिद्ध हुआ। राधनपुर नवाब मुर्तज़ा ख़ान के अधीन ग्यारह तोपों की सलामी वाला राज्य था। हालाँकि उन्हें जूनागढ़ के उदाहरण का अनुसरण करवाने लिए प्रयास किये गए थे, लेकिन वे भारत के प्रति अपनी प्रतिबद्धता में दृढ़ खड़े रहे। एक और शिया मुस्लिम राज्य जिसने राजपिपला के उदाहरण का तत्परता से अनुसरण किया, नौ तोपों की सलामी वाला कैम्बे था, जिसने अपने बन्दरगाह की सिल्टिंग के कारण (गाद जमा हो जाने के कारण) समुद्री शहर की इसकी महत्ता को सूरत के लिए खो दिया।

उसके बाद बंसदा था, जिसका शासक एक प्रकृतिवादी होने के साथ-साथ राष्ट्रवादी भी था। इसके शासक के प्रयासों के कारण ही वंसदा राष्ट्रीय उद्यान स्थापित किया गया और इस क्षेत्र में संरक्षण के प्रयासों को प्रोत्साहन मिला। उन्होंने ही सुभाष चन्द्र बोस को 1936 में कांग्रेस के हरिपुरा अधिवेशन के अवसर पर इक्यावन बैलों वाले शाही रथ की पेशकश की थी। ग्यारह तोपों की सलामी वाला छोटा उदयपुर का खिची चौहान राजवंश पृथ्वी राज चौहान के प्रत्यक्ष वंशज होने का दावा करता है, और यह राज्य संचार नेटवर्क, डाक प्रणाली, शैक्षिक संस्थानों, गीनिंग कारख़ाने और जल संस्थान के प्रसार में अग्रणी रहा है। धरमपुर सिसोदिया राजपूतों[12] का अन्य प्रगतिशील राज्य था। यह व्यापार का एक समृद्ध केन्द्र था, जहाँ प्रमुख जैन और पारसी व्यापारी बस गए थे। राजकुमार मोहन देव जी कला को संरक्षण देने वाले व्यक्ति थे एवं भारतीय एवं पश्चिमी शास्त्रीय संगीत, दोनों में निपुण थे। लूनावाड़ा, प्रसिद्ध शिव मन्दिर लूनेश्वर महाराज के नाम पर रखा हुआ, सोलंकियों के अधीन था, और इसके राजा, वीरभद्र रणजीतसिंहजी, चैम्बर ऑफ़ प्रिंसेस के सक्रिय भागीदार थे। सचिन प्रमुख रूप से हिन्दू राज्य था, लेकिन इसके शासक सिद्दी (अबीसीनियाई) वंश के सुन्नी मुस्लिम थे, जो नवाब के रूप में नामित थे, इन्हें नौ तोपों की सलामी वाले राज्य का दर्जा, प्राधिकृत अश्वारोही सेना के साथ-साथ मुहर और करेंसी नोट जारी करने का अधिकार भी प्राप्त था। इंस्ट्रूमेंट ऑफ़ ऐक्सेशन और विलय पत्र हस्ताक्षरित करने के बाद, सचिन बम्बई के सूरत ज़िले का हिस्सा बन गया। परमार राजपूतों द्वारा शासित और स्थानीय ग्यारह तोपों की सलामी के दर्जे वाला सन्तरामपुर (संत), मध्य प्रदेश, राजस्थान और गुजरात के संगम पर स्थित है।

सन्तरामपुर की सीमा से लगा हुआ ईदर का राज्य था, महान लेफ़्टिनेंट जनरल सर प्रताप सिंह, भारत के सबसे ज़्यादा सम्मानित सेना अधिकारियों में से एक, यहाँ के राजा थे। उन्होंने अपने भतीजे और गोद लिए पुत्र दौलत सिंह के पक्ष में गद्दी त्याग दी थी। उनके पुत्र हिम्मत सिंह ने बम्बई के साथ इंस्ट्रूमेंट ऑफ़ ऐक्सेशन और मर्जर एग्रीमेंट्स, दोनों पर हस्ताक्षर किये। ईदर और जोधपुर के शाही परिवार और रक्त सम्बन्धों से जुड़े हुए थे, और दोनों परिवारों ने अपने अधिकारियों को विदेशी अभियानों के लिए भेजा। विजयनगर भीलों द्वारा शासित था, जिन्हें राव की उपाधि दी गई और पहले सबरकंठा ज़िले के साथ और फिर बम्बई राज्य में मिला दिया गया। जम्बुघोड़ा कोली वंश के परमार क्षत्रिय ठाकुर साहबों द्वारा शासित था। जम्बुघोड़ा राज्य बाक़ी सभी के कुछ महीने बाद बम्बई में शामिल हो गया। इसका विलय जून 1948 में सम्पन्न हुआ। पालनपुर की स्थापना भी परमारों ने की, जो चौहानों द्वारा शासित रहा, लेकिन चौदहवीं शताब्दी से यह पठानों के अधीन आ गया जब किसी पूर्वज ने अकबर की मुँह बोली बहन से विवाह किया और दहेज के एक हिस्से के रूप में वहाँ नवाबी प्राप्त की। पालनपुर के नवाबों को जीवनसाथियों की उदार पसन्द के साथ-साथ सार्वजनिक स्मारकों—कीर्ति स्तम्भ, मानसरोवर झील, बलराम पैलेस, किंग जॉर्ज क्लब और जहाँआरा बाग़ के लिए भी जाना जाता है। जहाँआरा बाग़ नवाब ताले मुहम्मद ख़ान की ऑस्ट्रेलियाई पत्नी जॉन फकिनर के नाम पर रखा गया था।

सुरगणा राज्य क्षत्रिय कोलियों द्वारा शासित था, जिनके पास देशमुख की उपाधि थी। अपने राज्य का बम्बई के साथ विलय समझौता हस्ताक्षरित करने के बाद, अन्तिम शासक, धैर्यशील राव दो बार राज्य सभा के सदस्य रहे—पहले 1952 से 1958 तक, और उससे भी महत्त्वपूर्ण, 1972 से 1978 तक, प्रिवी पर्स की समाप्ति के बाद भी। यह भी बताया जाना चाहिए कि 127 ग़ैर-क्षेत्राधिकार और अर्ध-क्षेत्राधिकार राज्यों का प्रशासन पहले ही तत्कालीन राजनीतिक विभाग की समामेलन योजना के तहत 1935 की शुरुआत में भारत सरकार ने अपने हाथों में ले लिया था।

~

हम अब भाग सी पर आते हैं, जिसके प्रशासन के लिए संविधान के आठवें भाग में विशेष उपबन्ध बनाए गए थे। विंध्य प्रदेश भाग बी राज्यों का राज प्रमुख के अधीन ऐसा अनोखा उदाहरण है जिसे तीव्र आन्तरिक कलह के चलते प्रत्यक्ष रूप से मुख्य आयुक्त के प्रशासन के अधीन रखकर, भाग सी राज्य की तरह शासित करना पड़ा।

हालाँकि मुख्य आयुक्त को तत्कालीन प्रजा मंडल के नेतृत्व से चुनौती का सामना करना पड़ा जो व्यथित थे क्योंकि भाग ए और भाग बी में उनके समकक्ष राज्यों की तरह, उन्हें अपने राज्य की राजनीतिक नियति के सम्बन्ध में वैध भूमिका निभाने से वंचित कर दिया गया।

हिमाचल से वाई.एस. परमार, दिल्ली से चौधरी ब्रह्म प्रकाश और विंध्य प्रदेश के एस.एन. शुक्ला उत्तरदायी और निर्वाचित विधानमंडल की माँग में सबसे प्रमुख थे। इनकी वजह से 1951 का गवर्नमेंट ऑफ़ पार्ट सी स्टेट्स ऐक्ट पारित हुआ, और उन्हें सीमित शक्तियों के साथ एक मुख्यमंत्री मिला। विंध्य प्रदेश और हिमाचल को भी लेफ़्टिनेंट गवर्नर के प्रान्तों के दर्जे तक उठा दिया गया था।

इसका उल्लेख किया जाना आवश्यक है कि भाग सी के राज्यों में बहुत ज़्यादा समानता नहीं थी, सिवाय उनकी रणनीतिक महत्ता के, ऐतिहासिक परिस्थितियों, या इन राज्यों के शासकों के आग्रह पर, इन राज्यों को यह दर्जा दिया गया था। हालाँकि, यह शुरुआत से स्पष्ट था कि यह अन्तरिम बन्दोबस्त था। वास्तव में, इनमें से कई राज्यों में जन आन्दोलन इनके पड़ोसी प्रान्तों के साथ विलय के समर्थन में थे। अजमेर-मेरवाड़ा में आयोजित पहले चुनावों में, कांग्रेस की तीस में से बीस सीटें जीतने वाली लोकप्रिय सरकार का नेतृत्व हरिभाऊ उपाध्याय ने किया, और राजस्थान के पड़ोसी राज्य के साथ विलय के प्रचार के अलावा भूमि सुधार अधिनियम की माँग की। भोपाल के चुनावों में शंकर दयाल शर्मा का उदय हुआ, जो देश के सबसे युवा मुख्यमंत्री थे, और बाद में भारत के राष्ट्रपति बने। भोपाल के नवाब द्वारा भारत के साथ इंस्ट्रूमेंट ऑफ़ ऐक्सेशन पर हस्ताक्षर में विफलता के विरुद्ध जन आन्दोलन में शर्मा सबसे आगे थे, और गिरफ़्तार करके आठ महीनों तक नज़रबन्द किये गए थे। बिलासपुर को उसकी पहचान कायम रखने दी गई क्योंकि भाखड़ा नांगल परियोजना इसी राज्य में थी, और यह जल्द ही बांध क्षेत्र में जलमग्न होने वाला था। इस प्रकार, इसके शासक एम.एस. हिम्मत सिंह जी का पहला मुख्य आयुक्त बनने का अनुरोध, स्वीकार कर लिया गया। इसे 1954 में हिमाचल के साथ मिला दिया गया। जैसा कि पहले उल्लेख किया गए है, हिमाचल प्रदेश में वाई.एस. परमार लोकप्रिय नेता के रूप में उभरे, जिनके हमेशा मुख्य आयुक्त के साथ मतभेद रहते थे। वहाँ ई.पी. मून, पूर्व में आईसीएस और डिवाइड एंड क्विट के लेखक, एक ऐसा दस्तावेज़ जो माउंटबेटन और ब्रिटिश राज को ज़िम्मेदारी के पूर्ण त्याग के लिए फटकार लगाता है, मुख्य आयुक्त थे। ई.पी. मून[13] की राजकुमारी अमृत कौर, तत्कालीन केन्द्रीय स्वास्थ्य मंत्री और नेहरू की विश्वासपात्र, से निकटता से मुख्यमंत्री परमार ख़फ़ा थे।

कच्छ[14] त्रिपुरा और मणिपुर सीमावर्ती राज्य थे, और इसलिए बहुत संवेदनशील माने जाते थे। कच्छ वास्तव में 8641 वर्ग मील क्षेत्रफल, लगभग पाँच लाख की आबादी और 80 लाख रुपये के राजस्व के साथ पश्चिमी भारत के सबसे बड़े राज्यों में से एक था। मेनन लिखते हैं 'हालाँकि कच्छ भाषायी और सांस्कृतिक तौर पर कठियावाड़ का अंग था, कुछ ठोस कारण थे कि इसे आने वाले कुछ समय तक प्रत्यक्ष रूप से अपने अधीन क्यों रखना चाहिए, विशेष रूप से विभाजन के साथ, कच्छ पाकिस्तान से लगा हुआ एक सीमावर्ती राज्य बन गया है'।[15] एक अन्य महत्त्वपूर्ण विचार कांडला पोर्ट की स्थापना में केन्द्र की प्रत्यक्ष रूप से भागीदारी थी, जिसके लिए रेलवे नेटवर्क और भारत विस्थापित हुए सिन्धियों के लिए पुनर्वास कॉलोनियों के निर्माण की आवश्यकता थी। पूर्व प्रजा मंडल नेता और कार्यकर्ता, सेठ राजमल शाह, 1956 में एसआरसी की सिफ़ारिशों के बाद बम्बई के साथ अपने अन्तिम विलय तक, राज्य के मुख्यमंत्री थे।

पूर्वी बंगाल के सृजन के साथ, त्रिपुरा भारत से प्राय: अलग-थलग हो गया था, और इसकी 600 वर्ग मील की विस्तृत ज़मींदारी पूर्वी पाकिस्तान में रह गई थी। चूँकि महाराजा अवयस्क थे, विलय समझौते पर उनकी माता, पन्ना के महाराजा की पुत्री, जो संरक्षक थी, ने हस्ताक्षर किये। इसकी राजधानी शहर अगरतला, साथ ही राज्य में अन्य महत्त्वपूर्ण स्थान, पूर्वी पाकिस्तान से सटी सँकरी भूमि में स्थित है, जिसके साथ त्रिपुरा 700 मील की सीमारेखा साझा करता है। त्रिपुरा की असम के साथ भी सीमा लगती है, लेकिन उस समय तक, असम के साथ कोई भी सड़क सम्पर्क नहीं था, और सम्पूर्ण आपूर्ति कलकत्ता से हवाई मार्ग के रास्ते करनी होती थी। इसलिए एक करोड़ रुपये की लागत से त्रिपुरा एक्सेस रोड का निर्माण सबसे पहली प्राथमिकता थी, और राज्य की सामरिक महत्ता की वजह से, इसे भाग सी में रखा गया। जबकि राज्य में मुख्य आयुक्त था, एक सलाहकारी परिषद थी, जिसके सबसे महत्त्वपूर्ण सदस्य सचिन्द्र लाल सिंह, बाद में त्रिपुरा के पहले मुख्यमंत्री बने, जब यह 1963 में एक केन्द्र शासित प्रदेश बना।

मणिपुर भी एक अविकसित सीमावर्ती राज्य था, जिसके 8628 वर्ग मील क्षेत्रफल में से सिर्फ़ 7 वर्ग मील ही घाटी में था, और बचा हुआ पूरा राज्यक्षेत्र पहाड़ियों में था। राज करने वाला मैतेई परिवार अठारहवीं सदी के दौरान वैष्णववाद में धर्मांतरित हो गए और महाराजा, श्रीजुत, मणिपुरेश्वर जैसी उपाधियाँ धारण की। पहाड़ी जनजातियों की दो श्रेणियाँ थीं—कुकी और नागा। यह उत्तर में असम के नाग ज़िले से, पूर्व में बर्मा (जैसा की म्यांमार तब कहलाता था), दक्षिण में बर्मा और लुशाई पहाड़ियों (मिज़ोरम) से और पश्चिम में कछार ज़िले से घिरा हुआ था।

महाराजा बोधचन्द्र सिंह द्वारा हस्ताक्षरित विवादास्पद विलय समझौते के बाद, यह मुख्य आयुक्त का प्रान्त बना, और इसके पहले मुख्य आयुक्त मणिपुर के तत्कालीन दीवान रावल अमर सिंह बने। हालाँकि, राज्य प्रशासन में प्रतिनिधित्व की कमी के ख़िलाफ़ एक आन्दोलन का नेतृत्व तब के युवा समाजवादी नेता रिशांग कीशिंग ने किया। 1952 से राज्य से संसद का सदस्य होने के नाते, इम्फाल घाटी के मैतेई और पहाड़ों के नागा और कुकी के बीच प्रत्यक्ष रूप से स्पष्ट मतभेदों को कम करने की भरपूर कोशिश की।

फिर विंध्य प्रदेश था, जो अपनी शुरुआत से ही भ्रष्टाचार और विवादों में उलझा रहा। बुन्देलखंड और बघेलखंड के अधिकतर राज्यों का प्रशासन लोक भागीदारी की अनुपस्थिति में दरबारी राजनीति और शासकों के षड्यंत्रों के अलावा ज़्यादा कुछ नहीं था। वास्तव में, संघ को भंग करके इसकी घटकीय इकाइयों को संयुक्त प्रान्त और मध्य प्रान्त के बीच बाँटने की मज़बूत चाह थी, लेकिन इसके अन्य संघों पर पड़ने वाले प्रभाव के कारण इसका सहारा नहीं लिया गया। राज्य मंत्रालय ने भी अनुभव किया कि 'यदि ब्रिटिश ने पाँच सौ से अधिक रियासतों को एक सदी से अधिक समय तक शासित किया, निश्चित तौर पर वे भी छह रियासतों को कम से कम एक दशक तक बरकरार रख सकते थे!'[16]

इसलिए, इस संघ को भाग सी राज्य में परिवर्तित करने का निर्णय लिया गया—हालाँकि इसका आकार (24,598 वर्ग मील), इसकी जनसंख्या (35,69,455) और 2,43,30,734 रुपये वार्षिक के राजस्व के तहत इसे भाग बी के राज्य के तहत कार्य करना चाहिए था। यहाँ तात्कालिकता का एक तत्त्व था क्योंकि संविधान की घोषणा होने के बाद एक राज्यक्षेत्र/दर्जे के परिवर्तन के लिए संविधान संशोधन की ज़रूरत पड़ती। विंध्य प्रदेश के पहले मुख्य आयुक्त आईसीएस के एन.बी. बनर्जी थे, और पहले आम चुनावों के बाद, कांग्रेस के एस.एन. शुक्ला पहले मुख्यमंत्री बने।

कूर्ग सन् 1843 से प्रत्यक्ष रूप से अंग्रेज़ों द्वारा शासित क्षेत्र था। इसके कन्नड़-भाषी क्षेत्रों के साथ विलय के लिए मज़बूत आन्दोलन हुआ था, लेकिन इसकी स्वतंत्र पहचान को बरकरार रखने के लिए विरोधी आन्दोलन भी काफ़ी व्यापक था। इसके आकर्षक नज़ारों, कॉफ़ी बाग़ानों के साथ ही के.एम. करियप्पा और के.एस. थिमय्या जैसे जनरलों की जन्मभूमि के लिए प्रसिद्ध कूर्ग ने विलय के समर्थक कांग्रेसी नेता सी.एम. पूनाचा को पहले मुख्यमंत्री के रूप में चुना।

भाग सी राज्यों की सूची में (अन्तिम लेकिन अहम) अन्तिम दिल्ली था, जो राजनीतिक शक्ति और देश की राजधानी की सीट थी। चौधरी ब्रह्म प्रकाश चौंतीस वर्ष की छोटी आयु में दिल्ली के मुख्यमंत्री बने। हालाँकि उन्होंने दिल्ली की विधान सभा

की शक्तियों के विस्तार की भरपूर कोशिश की, लेकिन संघ सरकार क़ानून व्यवस्था और भूमि पर अपनी शक्तियाँ छोड़ना नहीं चाहती थी। ऐसा इसलिए क्योंकि विभाजन के तत्काल बाद, यह महसूस किया गया कि दिल्ली पर विशेष ध्यान देने की आवश्यकता है, और यह भी कि भारत का पहला शहर बनाने के लिए आवश्यक निवेश दिल्ली सरकार की पहुँच से बहुत दूर होगा क्योंकि, उस समय मज़बूत औद्योगिक और व्यापारिक आधार नहीं था।

6

भारत का पहला हिन्दी नक़्शा

स्वतंत्र भारत का पहला हिन्दी मानचित्र 1952 में प्रकाशित किया गया, और इसका मैस्ट्हेड था : भारत के राजनीतिक विभाग। इसे कर्नल गम्भीर सिंह, एमआईएस[1] (भारत), भारत के तात्कालिक कार्यवाहक महासर्वेक्षक अधिकारी के कार्यकाल में प्रकाशित किया गया। इस नक़्शे में बम्बई को मुम्बई, त्रिवेंद्रम को तिरुवंकुर और लक्कादीव, मिनिकॉय और अमींदीवी द्वीपों को लक्षद्वीप लिखा गया था। हालाँकि तब तक उनके नामों में परिवर्तन की कोई औपचारिक अधिसूचना जारी नहीं की गई थी। लेकिन आन्तरिक सीमाएँ चिह्नित करने में या राज्यों के वर्गीकरण में 1950 के मानचित्र से कोई अन्तर नहीं था, जिस पर पहले ही विस्तार से चर्चा की जा चुकी है।

हालाँकि, एक प्रमुख परिवर्तन जो बाहरी सीमा के साथ हुआ था, वो पहली बार चीन को हमारे पड़ोसी देश के रूप में स्वीकृति थी। यह ब्रिटिश की तिब्बत को हमेशा हमारी उत्तरी सीमा पर एक देश के रूप में वर्णित करने की नीति से महत्त्वपूर्ण प्रस्थान था। इससे पहले नक़्शों में लद्दाख, हिमाचल, गढ़वाल (यूपी), नेपाल, सिक्किम, असम (सादिया सीमान्त सहित, जो बाद में (नेफा)[2] बना और अन्ततः अरुणाचल) और भूटान के विशाल हिमालयी खंड की सीमा से दूसरी ओर के क्षेत्र को तिब्बत के रूप में दिखाया गया था। 1950 के मानचित्र में, गिलगित बाल्टिस्तान से सटे क्षेत्र को 'अपरिभाषित सीमा' के रूप में दिखाया गया था। हालाँकि, 1952 के मानचित्र में, यह क्षेत्र चीन के रूप में चिह्नित था, लेकिन इसमें भी तिब्बत को चीन के अन्तर्गत प्रमुखता के साथ दर्शाया गया। तिब्बत में एकमात्र भौगोलिक विशेषता जो मानचित्र पर दर्शायी गई थी त्सांगपो (ब्रह्मपुत्र का तिब्बती नाम) था। संयोग से, 1956 से, तिब्बत भारत के आधिकारिक मानचित्र से ग़ायब हो गया, और सम्पूर्ण खंड को चीन के रूप में दिखाया गया। यह चित्रण 1958 के मानचित्र में जारी रहा, लेकिन 1960 से, तिब्बत चीन के एक स्वायत्त क्षेत्र के रूप में फिर से प्रकट हुआ।

1950 के मानचित्र जैसा वर्गीकरण, राज्यपालों के अधीन राज्य (भाग ए), राज प्रमुखों के अधीन राज्य (भाग बी), लेफ़्टिनेंट गवर्नरों के अधीन केन्द्र शासित प्रदेश (भाग सी) और केन्द्र सरकार के अधीन मुख्य आयुक्त (भाग डी) 1952 तक जारी रहा। इसमें भारत-पाकिस्तान सीमा के अन्तर्राष्ट्रीय सीमा की बजाय सांकेतिक सीमा होने का डिस्क्लैमर भी था।

चूँकि यह आज़ाद भारत का पहला हिन्दी मानचित्र था, आइए हिन्दी-भाषी क्षेत्रों की चर्चा करते हैं : उत्तर प्रदेश, राजस्थान, बिहार, मध्य प्रदेश, मध्य भारत, विंध्य प्रदेश और भोपाल अन्तिम चार निकायों का 1956 में मध्य प्रदेश में विलय कर दिया गया। संयोग से, राजस्थान के अपवाद के साथ, अन्य सभी राज्यों को 2000 में फिर से विभाजित किया गया, यूपी से उत्तरांचल (बाद में उत्तराखंड), बिहार से झारखंड और मध्य प्रदेश से छत्तीसगढ़ को अलग किया गया। इस अध्याय में सौराष्ट्र पर भी चर्चा होगी, अन्य भाग बी राज्यों पर बाद में विस्तारपूर्वक चर्चा करेंगे : पंजाब के भाषायी पुनर्गठन की चर्चा में पेप्सू; कर्नाटक के निर्माण में मैसूर; आन्ध्र प्रदेश और, बाद में तेलंगाना के गठन में हैदराबाद; और केरल के एकीकरण में त्रावणकोर-कोच्चि की। जम्मू-कश्मीर और लद्दाख के केन्द्र शासित प्रदेशों के गठन का भी विस्तारपूर्वक वर्णन है, जब हम 2019 में देश के मानचित्र पर अन्तिम प्रमुख पुनर्गठन पर बात करेंगे।

~

आइए सबसे पहले यूपी पर नज़र डालें जिसे अब उत्तर प्रदेश कहा जाता है (पहले यूनाइटेड प्रोविंसेस), जिसकी राजधानी लखनऊ है। 1902 से, इस प्रान्त को आगरा और अवध के संयुक्त प्रान्त के नाम से जाना जाता था। 1937 में, इस विस्तृत नामकरण को छोटा कर संयुक्त प्रान्त या यूपी किया गया। हालाँकि उच्च न्यायालय इलाहाबाद में ही जारी रहा, लेकिन प्रान्तीय राजधानी को 1937 में लखनऊ स्थानान्तरित कर दिया गया—शायद इलाहाबाद में बढ़ती हुई राष्ट्रीय चेतना ने प्रान्तीय सरकार को अपना आधार बदलकर कम राजनीतिक झुकाव के साथ सांस्कृतिक समृद्धि, भोजन और कलाओं पर अधिक केन्द्रित शहर में स्थापित होने को प्रेरित किया। दिलचस्प यह है कि 1947 के मानचित्र में, इलाहाबाद को यूपी की राजधानी के रूप में चिह्नित किया गया, लेकिन 1950 के मानचित्र में, सुधार कर दिया गया था।

पंजाब और बंगाल के विपरीत इस राज्य ने इसके राज्यक्षेत्र के विभाजन का दंश नहीं सहा या भयानक हिंसा से नहीं गुज़रा जिसे उत्तर भारत के कई अन्य हिस्सों

ने अनुभव किया था। फिर भी 1940 के दशक के अन्त में और 1950 के दशक के आरम्भ में इसका कायापलट बहुत गहरा था। यह सही है कि यहाँ कई सारे मुस्लिम परिवारों के साथ-साथ सरकारी कर्मचारियों और पेशेवरों ने पलायन किया, एवं कई सारे पंजाबी परिवार कानपुर, इलाहाबाद के साथ ही देहरादून, गाज़ियाबाद, सहारनपुर और मेरठ जैसे शहरों में बसने के लिए आए। हालाँकि, इनकी संख्या पश्चिम बंगाल और पूर्वी पंजाब की तरह पुनर्वास विभाग बनाने के लिए यह संख्या उतनी बड़ी नहीं थी। लेकिन फिर भी, देश-भर में होने वाली साम्प्रदायिक घटनाओं से राज्य की सामाजिक संरचना बहुत प्रभावित हुई थी। इस समय तक, यूपी के राज्यक्षेत्र में टिहरी गढ़वाल, बनारस और रामपुर की रियासतें भी शामिल हो चुकी थीं।

जबकि इस पर आम सहमति थी कि संयुक्त प्रान्त का स्वतंत्र भारत में कोई अर्थ नहीं था, लेकिन एक नये नाम पर आम सहमति आसान नहीं थी। जैसा कि कुदसिया लिखते हैं, 'स्थानों के नाम गहरे सांकेतिक हो सकते हैं और वे किसी भौतिक स्थान की सांस्कृतिक रूप से सृजित पहचान दर्शाने के वैचारिक उपकरण की तरह काम कर सकते हैं। वे वर्चस्ववादी वैचारिक संरचनाओं और दैनिक जीवन के स्थानिक आचरण के बीच प्रतिच्छेदन प्रदान करते हैं। वे एक भौतिक क्षेत्र को इतिहास और यादगार अतीत से जोड़ते हैं। उत्तर-औपनिवेशिक यूपी में, स्थानों के नाम उत्तर-औपनिवेशिक व्यवस्था के महत्त्वपूर्ण पहलू बन गए।'[3] इस बीच, अधिकतर नदियों और क़स्बों के अंग्रेज़ी भाषा में नाम बदल दिये गए, महत्त्वपूर्ण संशोधनों में Ganges के लिए Ganga, Muttra के लिए Mathura था। Jumna, Yamuna बन गई और Gumati, Gomati हो गई। इसी तरह, अयोध्या, कानपुर, फैज़ाबाद और उन्नाव के नाम भी बदल दिये गए। नैशनल हेराल्ड ने इसे नामों का 'भारतीयकरण या राष्ट्रीयकरण' कहा है।

आज़ादी के कुछ दिनों बाद, यूपी विधान सभा में प्रान्त के लिए 'उपयुक्त नाम' पर बहस शुरू हो गई। 11 सितम्बर, 1947 को, चन्द्र भाल, कांग्रेस के विधान परिषद के सदस्य (एमएलसी), यूपी का नाम बदलने का एक प्रस्ताव पेश करने के लिए उठे : 'हम एक नये जन्म के साक्षी बन रहे हैं। मुझे लगता है कि हमारा एक नया और उपयुक्त नाम होना चाहिए। जन्म के बाद सभी जगह सबसे महत्त्वपूर्ण काम 'नाम करण' होता है और मेरे विचारानुसार हमें इस नये युग के जन्म और हमारे लोगों की नई ज़िन्दगी को, हमारे प्रान्त के एक बहुत अच्छे नाम रखने के साथ संकेत करना चाहिए...अवध का नाम पूरे प्रान्त पर विस्तृत किया जा सकता है। अवध एक प्राचीन नाम है, राम का राज्य, जो कि सभी समुदायों और पार्टियों को स्वीकार्य होगा और यह सत्य है कि आज यह नाम 12 ज़िलों से मिलकर

बने सिर्फ़ दो डिवीजन तक सीमित है। लेकिन इतिहास में विस्तार होते रहे हैं।'[4] शिक्षा मंत्री सम्पूर्णानन्द इससे पूरी तरह असहमत थे। उन्होंने अवध के नये नाम के स्वीकरण की समस्याओं पर प्रकाश डाला। 'ब्रज बासी अवध को हमारे प्रान्त के रूप में स्वीकार नहीं कर सकते और काशी एवं मथुरा के लोग भी इसके अवध नाम को स्वीकार नहीं कर सकते।' ऐसा करने से, उन्होंने राज्य के भीतर विभिन्न सांस्कृतिक क्षेत्रों पर प्रकाश डाला। चन्द्र भाल ने स्पष्टीकरण दिया कि अवध एक उदाहरण मात्र था। अन्य सम्भावित नाम 'आर्यावर्त' या फिर 'हिन्दुस्तान' हो सकते हैं। उन्होंने यह सुझाव भी दिया कि 'संयुक्त प्रान्त' का नाम भी बरकरार रखा जा सकता है क्योंकि इसे वक्ता के अनुसार किसी भी भाषा में बोला जा सकता है। यह हिन्दी में संयुक्त प्रान्त, उर्दू में मुनालिक मुताहद, और अंग्रेज़ी में यूनाइटेड प्रोविंसेस हो सकता है। एक के बाद एक वक्ताओं ने तर्क दिये कि औपनिवेशिक पदवी के रूप में यूनाइटेड प्रोविंसेस अनुपयुक्त था, क्योंकि प्रान्त के लोग इसके साथ जुड़ाव महसूस नहीं करते थे। उनसे ऐसे नाम के साथ देशभक्ति के अहसास की उम्मीद की जा सकती थी जो उनकी स्थानीय पहचान को न दर्शाता हो।

जल्द ही बहस 'आर्यावर्त' पर सुलझती हुई दिखी। विधायक बद्री दत्त पांडे ने इसके समर्थन में कहा : 'जब आर्य यहाँ आए, उन्होंने इसे आर्यावर्त या आर्यों का निवास कहा। मेरे विचार में, यही नाम ठीक है। आर्य यहाँ आए और यही बस गए और वेद, दर्शन एवं दर्शनशास्त्र की अन्य प्रणालियों की अद्‌भुत किताबें लिखी। इसे आर्यावर्त ही कहा जाए।' हालाँकि, सहमति नहीं बन पाई। यहाँ इसके बीस सम्भावित नाम थे, जिनमें (अंग्रेज़ी के वर्णानुक्रमानुसार) आर्यावर्त, आर्यावर्त प्रदेश, अवध, भरत खंड, बृज कोशल, ब्रह्मावर्त प्रान्त, भगीरथ प्रदेश, ब्रह्मदेश, हिन्दुस्तान, हिमालय कोशलम, हिमालय प्रदेश, कृष्णा कुशल प्रान्त, मध्यदेश, नैमिषारण्य प्रदेश, नव हिन्दू, राम कृष्ण प्रान्त, राम कृष्ण प्रदेश और उत्तराखंड थे।

द पायनियर, नेशनल हेराल्ड, द लीडर और *स्वतंत्र भारत* जैसे अन्य बहुत सारे अख़बारों में कई 'सम्पादक के नाम पत्रों' में अलग-अलग नामों के पक्ष में प्रभावशाली तर्क दिये जा रहे थे। जी.बी. पंत के मंत्रिमंडल ने इस विषय के सम्बन्ध में बढ़ते हुए टकराव को देखते हुए इस निर्णय को टालने का फ़ैसला किया। हालाँकि, निर्णय को हमेशा के लिए नहीं टाला जा सकता था, अक्टूबर 1949 तक संविधान सभा भारत संघ की सभी घटकीय इकाइयों के नामों को अन्तिम रूप देना चाहती थी। जैसा कि यह मामला विवादास्पद बना रहा, डॉ. राजेन्द्र प्रसाद ने महसूस किया कि इस मुद्दे पर संविधान सभा में बहस करने के बजाय, सबसे अच्छा यह था कि राज्य सरकारों को उनके प्रान्त के नाम को अन्तिम रूप देने दिया जाए।

जबकि शिक्षा मंत्री सम्पूर्णानन्द दृढ़ता के साथ आर्यावर्त के पक्ष में थे, मंत्रिमंडल और राज्य विधानमंडल में भी अधिकतर लोग इससे सहमत थे, लेकिन फिर भी इस मामले को प्रान्तीय कांग्रेस समिति के पास पुनर्विचार के लिए भेजने का निर्णय लिया गया। समिति में भी, सदस्यों की भारी संख्या ने इस नाम का समर्थन किया। सम्पूर्णानन्द के अलावा, जी.बी. पंत, गोविन्द सहाय, ए.जी. खेर, पी.डी. टंडन और चरण सिंह ने भी इसी नाम का समर्थन किया। हालाँकि इसे कांग्रेस हाई कमान का समर्थन नहीं मिला और पंत को यह प्रस्ताव वापस लेना पड़ा क्योंकि 'देश के अन्य हिस्सों को यह नाम स्वीकार्य' नहीं था। प्रान्त से बाहर यह भाव था कि आर्यावर्त और हिन्दुस्तान जैसे नाम सिर्फ़ यूपी ही नहीं, बल्कि सम्पूर्ण भारत का संकेत करते थे। मध्य प्रान्तों और बरार से संविधान सभा के सदस्य, आर.के. सिधवा ने शिकायत की कि यूपी (यूनाइटेड प्रोविंस) स्वयं को भारत के सर्वोच्च प्रान्त के रूप में मानता था। पंत भी सहमत हुए कि हिन्द, हिन्दुस्तान और आर्यावर्त जैसे नामों को फिर से प्रस्तावित नहीं किया जाएगा। इस तरह, उत्तर प्रदेश, एक नाम जो कभी भी विचाराधीन नहीं था, नये राज्य का नाम बन गया।

तीन पूर्ववर्ती रियासतें जिन्हें यूपी में एकीकृत कर दिया गया, उनमें रामपुर, टिहरी गढ़वाल और बनारस शामिल थे। 900 वर्ग मील के क्षेत्रफल और पाँच लाख जनसंख्या वाला रामपुर, रोहिल्ला शक्ति की अन्तिम निशानी थी। प्रबुद्ध सर सैय्यद रज़ा अली ख़ान बहादुर के शासन में, यह मुस्लिम शासक के अधीन पहला ऐसा महत्त्व वाला राज्य बना जिसने खुलेआम भारत में ऐक्सेशन स्वीकार किया। उनका यह अनुरोध था कि राज्य को पहले मुख्य आयुक्त का प्रान्त बनाया जाए, इसे स्वीकार कर लिया गया। संयोग से, ओरिएंटल लाइब्रेरी ऑफ़ रामपुर के पास बारह हज़ार से अधिक दुर्लभ पांडुलिपियों और मुग़ल मिनीयेचर्स का अद्‌भुत संग्रह है। वहीं, बनारस (875 वर्ग मील का क्षेत्रफल और चार लाख जनसंख्या) भी यूपी के साथ विलय के लिए सहमत हो गया था। हालाँकि टिहरी गढ़वाल कुछ समय तक पंजाब हिल स्टेट्स के प्रशासन का हिस्सा था। लेकिन फिर भी अन्त में, इसे यूपी के साथ संयुक्त करने का निर्णय लिया गया क्योंकि पौड़ी गढ़वाल और कुमाऊँ यूपी में ही थे। इस राज्य को 688 ईस्वी में राजा कनक पाल द्वारा स्थापित किया गया, जो तत्कालीन शासक पुरुष पंक्ति में 59वाँ वंशज था।

~

जहाँ तक बिहार का सम्बन्ध है, उड़ीसा से खरसावां और सरायकेला के जुड़ने के सिवाय पूर्ववर्ती राज्य की सीमाएँ प्रभावित नहीं हुई थी। वहाँ ज़्यादातर आबादी

ग़ैर-ओड़िया-भाषी थी, इसलिए जन आन्दोलन खरसावां और सरायकेला को हिन्दी-भाषी राज्य बिहार का हिस्सा बनाना चाहता था। इनके अलावा, बिहार एजेंसी से सम्बद्ध सभी बारह ग़ैर-सलामी राज्य—मोहरामपुर, दरभंगा, रामगढ़, रंका, जगदीशपुर, डुमरांव, दिंगवारा, ताजपुर, बनैली, कहरा, भौर और चनौर—भी बिहार के साथ एकीकृत किये गए। हालाँकि, विशेष नागरिक, राजस्व और न्यायिक क्षेत्राधिकार वाले सलामी राज्यों के विपरीत, ग़ैर-सलामी राज्य मूल रूप से बड़ी ज़मींदारियाँ थी, अतः उन्हें आसानी से राज्य के साथ मिला लिया गया। इनमें से, दरभंगा[5] को अलग से देखने की ज़रूरत है, क्योंकि अन्य ज़मींदारियों के विपरीत, जो राजस्व एकत्र करने और प्रबन्धन के लिए मध्यस्थों पर निर्भर थी, दरभंगा ने सारन, मुज़फ़्फ़रपुर, दरभंगा, मुंगेर, भागलपुर और पूर्णिया के छह ज़िलों में विस्तृत सम्पदा के प्रबन्धन के लिए अपना ख़ुद का प्रशासनिक तंत्र स्थापित किया था। दरभंगा के राजा के पास एक मुख्य प्रबन्धक था जिसे पन्द्रह सर्कल प्रबन्धक रिपोर्ट करते थे। पूर्व इंडिगो प्लांटर जी.पी. डैनबी ने दो दशकों तक इस पद को सँभाला। कुल मिलाकर तीन हज़ार लोग यह सुनिश्चित करते थे कि 2400 वर्ग मील क्षेत्र में फैली ज़मींदारी के 4500 ग्रामों को प्रभावी ढंग से प्रबन्धित किया जा सके। हालाँकि, स्वतंत्रता आन्दोलन और किसानों की चेतना की हलचल दरभंगा में भी नज़र आई, स्वामी विद्यानन्द ने '20 के दशक में और एक दशक बाद स्वामी सहजानन्द ने काश्तकारों को काम की अवधि की सुरक्षा और भूमिहीन कमगारों को बेहतर वेतन की माँग के लिए लामबन्द किया।

यद्यपि अंग्रेज़ों ने इन बड़े ज़मींदारों को राजा और महाराजा जैसी उपाधियों के इस्तेमाल की अनुमति दी, और औपचारिक अवसरों के दौरान उन्हें सलामी राज्यों के राजाओं के साथ उसी स्थान पर बैठने का विशेषाधिकार दिया, लेकिन तथ्य यह था कि वे बड़े ज़मींदार थे जिन्हें किराया अदा न करने या अन्य भूमि सम्बन्धी मामलों में स्थानीय डिप्टी कमिश्नर से निवारण कराना होना था, जो स्पष्ट संकेत था कि वे वास्तव में स्वतंत्र नहीं थे। इनमें 1800 वर्ग मील के क्षेत्रफल वाला बेतिया के ज़मींदार, झरिया, जिसकी मुख्य आय इसके कोयले के भंडारों के खनन से आती थी, हथुवा और सोनबरसा जो अपनी दुर्गा पूजा के लिए प्रसिद्ध थे, साथ ही जगदीशपुर, टेकरी और डुमराँव भी शामिल थे। पलामू ज़िले में चौपीर, लाडीगढ़, रंका, नगरान्तरी, विश्रणपुर और नवजयपुर की छह ज़मींदारियाँ सम्मिलित थी।

ज़मींदारी उन्मूलन के साथ, उन्हें अपनी ज़मीन और कमाई गँवानी पड़ी, फिर भी आज़ादी के पहले दशक में, उन्होंने अपने व्यापक राजनीतिक रसूख का इस्तेमाल जारी रखा। दरभंगा के राजा, कामेश्वर सिंह गौतम बहादुर, अखिल भारतीय ज़मींदार संघ

के प्रमुख भी थे, और उन्होंने बिहार मैनेजमेंट ऑफ़ एस्टेट्स एंड टेन्योर् ऐक्ट को पटना उच्च न्यायालय से ग़ैर-क़ानूनी घोषित करने में सफलता पाई। यह नेहरू को पहला संविधान संशोधन करने के लिए प्रेरित करने वाले कारकों में से एक था, जिसने वाक् (बोलने की) स्वतंत्रता पर अंकुश लगाया, जाति-आधारित आरक्षण को प्रभावी बनाया, न्यायिक चुनौती से प्रतिरक्षा के लिए क़ानूनों की एक अनुसूची तैयार करने के साथ सम्पत्ति के अधिकार को सीमित किया और ज़मींदारी व्यवस्था के उन्मूलन को वैधीकृत किया।

कामेश्वर सिंह झारखंड पार्टी से दो बार—पहले 1952 में, और फिर 1958 में—सांसद (राज्य सभा) चुने गए और मृत्युपर्यन्त (1962) राज्य सभा के सदस्य रहे।

~

जब 15 अगस्त, 1947 को भारत आज़ाद हुआ, तब मध्य प्रान्त और बरार के प्रमुख रवि शंकर शुक्ला थे। विधान सभा ने मध्य प्रान्त और बरार को नई पहचान—मध्य प्रदेश—देने का फ़ैसला किया जो सेंट्रल इंडिया का शब्दशः अनुवाद था। यहाँ तक कि जब 1956 के बाद मध्य भारत, भोपाल और विंध्य के हिन्दी-भाषी हिस्सों का राज्य में विलय किया गया, तब भी उनके नाम बरकरार रखे गए। 1956 तक मध्य प्रदेश की राजधानी नागपुर थी, जब विंध्य प्रदेश और बरार के मराठी-भाषी क्षेत्र बम्बई के द्विभाषी (मराठी-गुजराती-भाषी) राज्य को हस्तान्तरित किये गए थे। हालाँकि शुक्ला छत्तीसगढ़ क्षेत्र से थे, लेकिन मध्य प्रदेश की राजनीति पर उनका और उनके परिवार का भरपूर दबदबा था, और उनका प्रभाव मध्य भारत, भोपाल के साथ-साथ विंध्य प्रदेश तक फैला हुआ था।

हालाँकि नौ तोपों की सलामी वाले कालाहाँडी, पटना और सोनपुर के तीन राज्य, जिन्हें प्रान्त के साथ जोड़ दिया गया था, उड़ीसा को हस्तान्तरित कर दिये गए और मध्य प्रदेश को बस्तर, छुईखदान, काँकेर, नन्दगाँव, कवर्धा, उदयपुर, सरगुजा, सारंगढ़, रायगढ़, पटनागढ़ (पटना), कोरिया, खैरागढ़, जशपुर, उदयपुर और सक्ती प्राप्त हुए। मध्य प्रदेश से जब छत्तीसगढ़ अलग किया गया, तो ये सभी नये राज्य का अंग बने।

इनमें से, बस्तर सबसे बड़ा था। 15,029 वर्ग मील क्षेत्रफल और पाँच लाख जनसंख्या के साथ, यह देश के सबसे बड़े राज्य का सबसे बड़ा ज़िला था। यह सक्ती के बिलकुल विपरीत था, जिसका क्षेत्रफल 138 वर्ग मील और 1941 में जनसंख्या मात्र चार हज़ार के लगभग थी। जैसे ही बस्तर में खनिज सम्पदा खोजी गई,

इसका महत्त्व बढ़ गया, और हैदराबाद के निज़ाम ने बस्तर के महाराजा से बड़े क्षेत्र पट्टे पर लेने के प्रयास किये। राज्य मंत्रालय के समय पर हस्तक्षेप ने इसे नाकाम कर दिया। छुईखदान बैरागी सम्प्रदाय (ऋतुपर्ण किशोर दास द्वारा शासित) के नियंत्रण में और नन्दगाँव महंतों के अधीन (महंत राजा दिग्विजय दास द्वारा शासित)—जुड़ी हुई आध्यात्मिक और लौकिक व्यवस्था के अनोखे उदाहरण थे। ये सभी सीमित क्षेत्राधिकार वाले ग़ैर-सलामी राज्य थे, और इनका एकीकरण कोई समस्या नहीं था क्योंकि इनके पूर्ववर्ती शासक प्रिवी पर्स पाकर समझौता करके प्रसन्न थे। हालाँकि, पूर्व रजवाड़ों ने राज्य (और केन्द्र) की राजनीति में महत्त्वपूर्ण भूमिका निभानी जारी रखी। इनमें बस्तर का भंजदेव परिवार, सरगुजा के देव, सारंगढ़ के सिंह, कोरिया के सिंहदेव और जशपुर के जूदेव के साथ ही खैरागढ़ के सिंह भी शामिल थे। हालाँकि, संचार और परिवहन अवसंरचना की कमी ने वामपंथी उग्रवाद को इन क्षेत्रों में पैर पसारने में सहायता की। मध्य प्रदेश पहले से ही देश में सबसे बड़ा राज्य था, और 1956 में, भोपाल, विंध्य प्रदेश और मध्य भारत के विलय के साथ यह और भी बड़ा हो गया।

~

मध्य भारत, ग्वालियर, इंदौर और मालवा के संघ के लिए प्रसिद्ध नाम, भाग बी में सबसे बड़ा राज्य था, 47,000 वर्ग मील के क्षेत्रफल, सत्तर लाख जनसंख्या और 8 करोड़ रुपये के राजस्व के साथ। इसे मध्य भारत के पच्चीस राज्यों को संघटित करके बनाया गया था और, एक छोटे से क्षेत्र के अपवाद के अलावा, पूरा क्षेत्र ही मालवा के पठार का भाग था। हालाँकि, दो सदियों की शत्रुता के इतिहास वाले दो प्रमुख राज्यों ग्वालियर (इक्कीस तोपों की सलामी वाला राज्य) और इंदौर (उन्नीस तोपों की सलामी वाला राज्य) को एक संघ के अन्तर्गत लाना एक अत्यंत कठिन कार्य था। इक्कीस तोपों की सलामी वाले राज्यों में से एकीकरण के लिए सहमत होने वालों में ग्वालियर पहला राज्य था, और इसके शासक, सर जॉर्ज जीवाजी राव सिन्धिया, ने लोक प्रतिनिधियों की अन्तरिम सरकार को सत्ता हस्तान्तरित कर दी, जो नये संविधान को तैयार करने के लिए भी अधिकृत थी। राज्य के पास नकद भंडार के साथ-साथ निवेश और रिजर्व फंड भी थे, जिनकी कुल धनराशि 20 करोड़ रुपये से अधिक थी। क्योंकि उनका 'राज्य' सक्षम था, फिर भी इसका अन्य इकाइयों के साथ विलय करना, गवर्नर जनरल माउंटबेटन और राज्य मंत्रालय, दोनों द्वारा दिये आश्वासन के विपरीत था। ग्वालियर का पारम्परिक प्रतिद्वंद्वी इंदौर भी उतना ही

अनिच्छुक था, क्योंकि यह स्पष्ट था कि 'विलय' की किसी भी योजना में ग्वालियर इसके आकार, दर्जे, राजस्व और राज्य मंत्रालय के साथ अपने सम्बन्ध की वजह से हमेशा प्रभावशाली रहेगा।

यहाँ यह उल्लेखनीय है कि इंदौर के महाराजा, सर यशवन्तराव होलकर ने जब दूसरे विश्वयुद्ध के दौरान भारत में राष्ट्रवादी माँगों को सन्तुष्ट करने की आवश्यकता पर ज़ोर देते हुए अमेरिकी राष्ट्रपति को पत्र लिखा, तो राजनीतिक विभाग द्वारा उन्हें झिड़क दिया गया था। उनकी एकमात्र चिन्ता यह थी कि इंदौर में महिलाओं के शीर्ष पर होने (देवी अहिल्याबाई) की परम्परा के अनुसार, उनकी इकलौती बेटी उषा देवी को उत्तराधिकारी के रूप में मान्यता मिलनी चाहिए। इंदौर की इच्छा थी कि मालवा के सभी राज्यों को मिलाकर एक संघ के बजाय, दो संघ, ग्वालियर और इंदौर के इर्द-गिर्द एक-एक, गठित किये जाने चाहिए। दोनों राज्यों के लोकप्रिय मंत्रिमंडल भी दो संघों के पक्ष में थे। हालाँकि, यह महसूस किया गया कि दीर्घावधि में कम लेकिन व्यवहार्य राज्यों के लिए, इस क्षेत्र के सभी राज्यों को एक साथ रखना बेहतर था। अन्यथा दोनों (ग्वालियर और इंदौर) के बीच छोटे राज्यों को अपने संघ में शामिल करने के लिए संघर्ष हो सकता था। आख़िरकार एक लाभप्रद इशारे से इसे सुलझाया गया : जिसमें ग्वालियर के शासक को जीवनपर्यंत राज प्रमुख, और इंदौर के शासक को वरिष्ठ उप राज प्रमुख के पद की पेशकश, और प्रिवी पर्स के साथ इन 'सम्माननीय कार्यालयों' को सँभालने के लिए 2.5 लाख रुपये की समेकित राशि थी। अन्य मुद्दा उप राज प्रमुख की भूमिका से सम्बन्धित था—अन्य सभी राज्यों में, उपबन्ध यह था कि उप राज प्रमुख तब काम करेगा जब राज प्रमुख अस्वस्थ या राज्य से अनुपस्थित हो। इंदौर को सन्तुष्ट करने के लिए, एक विशेष धारा जोड़ी गई : 'राज प्रमुख समय-समय पर उप राज प्रमुख से संयुक्त राज्य के प्रशासन से सम्बन्धित महत्त्वपूर्ण मामलों पर सलाह-मशवरा कर सकेगा।'[6] अन्य राज्यों की सहमति के लिए, अन्य सभी राज्यों में दो कनिष्ठ राज प्रमुखों (चुनाव द्वारा) की व्यवस्था की गई।

इनमें धार और देवास राज्य शामिल थे, दोनों में ही परमार राजपूत शासक थे—देवास के मामले में, दो भाइयों ने राज्य को देवास सीनियर और देवास जूनियर के नाम से अपने बीच बाँट लिया था। फिर वहाँ रतलाम, अलीराजपुर, बड़वानी, झाबुआ, खिलचीपुर, नरसिंहहार, सैलाना, सीतामू, जोबट, काठीवाड़ा, मथवाड़, राजगढ़, नीमखेड़ा, जामनिया और पिपलौदा थे। ये सभी राज्य या सिन्धिया या फिर होल्कर के प्रति निष्ठा रख रहे थे, लेकिन ब्रिटिश ने इन सभी को इनका 'स्वतंत्र दर्जा' दे दिया जो सत्ता के इन दो केन्द्रों की शक्ति को कम करने के साथ,

इन्हें राज के प्रति पूर्ण रूप से कृतज्ञ बनाने का दोहरा काम करता था। इन राजपूत राज्यों के साथ ही जावरा, कुरवाई, मोहम्मदगढ़ और पथरी के चार मुस्लिम राज्य भी जुड़े हुए थे। पथरी दोस्त मोहम्मद, भोपाल का संस्थापक, कुछ अफ़गान वंश से (सम्बन्ध) होने का दावा करते हैं, से सम्बन्धित था। हालाँकि, ज़्यादातर राज्यों का राज्यक्षेत्र व्यवस्थित रूप से संगठित होने के बजाय बिखरा हुआ था, जो अन्य राज्यों के प्रभावी क्षेत्र में आता था, इसलिए यहाँ पर प्रशासन और विकास कार्य करना बहुत कठिन था। यह भी एक कारण था कि दो संघों की बजाय एक संघ के होने को बेहतर महसूस किया गया।

दिलचस्प यह है कि, पचहत्तर सदस्यीय अन्तरिम विधायिका और संविधान सभा के गठन के सन्दर्भ में, यह सामान्य समझौता था कि जनसंख्या के आधार पर चालीस ग्वालियर से, पन्द्रह इंदौर से और बीस अन्य सभी राज्यों से निर्वाचन मंडल द्वारा चुने जाएँगे।

संघ 28 मई, 1948 को प्रधानमंत्री नेहरू द्वारा उद्घाटित किया गया, जिन्होंने इंदौर को ग्रीष्म राजधानी और ग्वालियर को शीत राजधानी घोषित करके 'राजधानी के मुद्दे' को भी हल कर दिया। लेकिन यह भी तय किया गया की चूँकि इंदौर की तुलना में ग्वालियर बहुत बड़ा था, इसलिए ग्वालियर की राजधानी के तौर पर अवधि साढ़े छह महीने होगी।

~

देश के पश्चिमी समुद्री तट के उत्तरी छोर पर स्थित सौराष्ट्र का प्रायद्वीप जूनागढ़, नवानगर, भावनगर, ध्रांगधरा, पोरबन्दर, मोरवी, गोंडल, जाफ़राबाद, वांकानेर, पलिताना, ढोल, लिंबडी, राजकोट और वाधवान के चौदह सलामी राज्यों के साथ सत्तरह ग़ैर-सलामी राज्यों और 191 अन्य छोटे राज्यों, जो अलग अलग क्षेत्राधिकार का उपयोग कर रहे थे, से मिलकर बना था। इसका क्षेत्रफल 22,000 वर्ग मील से कुछ अधिक और जनसंख्या लगभग चालीस लाख थी।

हालाँकि, यह वास्तविक हक़ीक़त को नहीं दर्शाता। यह द *ट्रिब्यून* (जुलाई, 1939) के इस उद्धरण में सबसे बेहतर समाहित की गई है : 'छियालीस राज्यों के पास दो या दो मील से कम का क्षेत्र है। उनमें से आठ, बोदानोनेस, गंधोल, मोरचोपरा, पंचबदा, समाधियाला, चबड़िया, सनाला, सैटेनोमेस और वंगधरा प्रत्येक का (क्षेत्रफल) आधे मील से कुछ ज़्यादा है। फिर भी काठियावाड़ के राज्य में इन में से कोई भी सबसे छोटा नहीं है। यह गौरव वाजनोनेस के पास है

जिसका क्षेत्रफल 0.29 वर्ग मील, दो सौ से थोड़ी अधिक जनसंख्या और 500 रुपये वार्षिक आय है।'

प्रशासन इस तथ्य से और अधिक जटिल हो जाता था कि इनमें से बहुत सारे राज्यों के 'एन्क्लेवस्' उनकी व्यक्तिगत सीमा के बाहर थे, जैसे नवानगर, गोंडल और जूनागढ़ के क्रमशः नौ, अठारह और चौबीस एन्क्लेव उनके क्षेत्र से बाहर अवस्थित हैं। राज्य विभाग ने गणना की कि कठियावाड़ के मानचित्र को 860 इकाइयों में वर्गीकृत किया जा सकता था। ना सिर्फ़ आन्तरिक व्यापार ही बाधित था, तस्कर और असामाजिक तत्त्व भी क़ानून को दरकिनार करने के लिए आसानी से दूसरे अधिकारिता वाले क्षेत्र में जा सकते थे। आज़ादी से चार साल पहले, संलग्नता योजना के तहत, राजनीतिक विभाग ने बहुत छोटे राज्यों को पड़ोसी राज्यों के साथ मिला दिया था—लेकिन सर्वोच्चता और भारतीय स्वतंत्रता अधिनियम के समाप्त होने के बाद, स्पष्ट तौर पर ग़ैर ज़िम्मेदाराना क़दम, कि राजनीतिक विभाग ने क्राउन की क्षेत्राधिकारिता को पीछे खींच लिया, यहाँ तक कि रेलवे की भूमि पर भी। राज्य विभाग ने तत्काल कार्यवाही करते हुए एम.एन. बुच को कठियावाड़ का रिजनल कमिश्नर नियुक्त किया, जिन्होंने उन सभी शक्तियों का इस्तेमाल करना शुरू कर दिया, जो अतीत में क्राउन के प्रतिनिधि के पास होती थी।

काठियावाड़ राजकीय परिषद (केआरपी) की ताक़त के बारे में यहाँ उल्लेख किया जाना चाहिए, जो न केवल राजनीतिक और सामाजिक मोर्चों पर सक्रिय थी, बल्कि महात्मा गांधी और सरदार पटेल दोनों के साथ इनके घनिष्ट सम्बन्धों के कारण, बहुत संगठित और अनुशासित भी थे। सत्ता के हस्तान्तरण के बाद, पूरे काठियावाड़ में उत्तरदायी सरकार के लिए आन्दोलन की लहर चल पड़ी, और राज्यों के पास वास्तव में क़ानून-व्यवस्था की स्थिति बनाए रखने के लिए साधन नहीं थे, जिन्हें विभाजन सम्बन्धी घटनाओं ने बढ़ा दिया, ख़ास कर कि सिन्ध से आई शरणार्थियों की बाढ़ और जूनागढ़ की अव्यवस्था ने। इससे बढ़कर, अतीत से भिन्न, जब जन आन्दोलनों को ब्रिटिश की सहायता से कुचल दिया जाता था, अब केआरपी के पास देश-भर से समर्थन था, विशेष रूप से पड़ोसी ज़िलों के कांग्रेस कार्यकर्ताओं का। साथ ही, राज्य विभाग स्पष्ट था की दीर्घावधि में, एकमात्र विकल्प उत्तरदायी सरकार था—फिर भी इस पर तीन भिन्न मत थे कि इसे कैसे पूरा किया जाए।

एक विकल्प—वास्तव में सबसे सरल—था कि सभी बड़ी और छोटी रियासतों को बम्बई के पड़ोसी राज्य के साथ विलय करने का था। दूसरा, न्यायिक और अन्यों को संयुक्त प्रान्त बोम्बे के संगठन में विलय कर दिया जाए।

दूसरा विकल्प यह था कि संलग्नता को केवल छोटों (ग़ैर-क्षेत्राधिकार वाले राज्यों) तक ही सीमित रखा जाए और चार प्रमुख राज्यों—भावनगर, नवानगर, जूनागढ़ और धरांगधरा—को 'चुंबक राज्यों' के रूप में प्रोत्साहित किया जाए। लेकिन इससे भी सुनिश्चित नहीं होता कि प्रत्येक चार इकाइयों के लिए आधुनिक प्रशासन वाली अलग-अलग विधायिका, कार्यपालिका और न्यायालय की स्थापना होगी। इसलिए, काठियावाड़ के सभी राज्यों को एक इकाई में संगठित करने का विकल्प प्रभावी रहा—ऐतिहासिक कारणों से भी, सम्पूर्ण क्षेत्र की पहचान सौराष्ट्र के रूप में की गई थी।

उस दिशा में पहला क़दम 15 जनवरी, 1948 को उठाया गया, जब सरदार पटेल ने यू.एन. धेबर, बलवंत राय मेहता और वी.पी. मेनन की मौजूदगी में भावनगर के शासक से सत्ता का संक्रमण का उद्घाटन किया। बाद में, सरदार ने राजकोट में काठियावाड़ के सभी शासकों को सम्बोधित किया, जहाँ उन्होंने संकेत दिया कि 'जबकि छोटे-छोटे जलस्रोत ठहरने और अनुचित हो जाने की प्रवृत्ति रखते हैं, लेकिन अगर वे एक साथ मिलकर एक बड़ी झील बनाते हैं, तो वातावरण शीतल होता है और सभी को लाभ मिलता है।' बाद में, मेनन के साथ की गई एक बैठक में, राज्य मंत्रालय ने अपने विचारों को एक़दम स्पष्ट किया। "आधुनिक परिस्थितियों के तहत काठियावाड़ के 222 राज्यों के अलग-अलग अस्तित्व लम्बे समय तक नहीं चल सकता है। राज्यों के अलग-अलग अस्तित्व की समाप्ति सुखद नहीं हो सकती, लेकिन जब तक काठियावाड़ में स्थिति को स्थिर करने के लिए सही समय कुछ न किया जाए, तो आने वाली घटनाएँ संज्ञेयता से अधिक अनुचित परिणाम ला सकती हैं।"[7] इसलिए, कहा जा सकता है कि भले ही राज्य मंत्रालय इस बारे में काफ़ी स्पष्ट था कि वह क्या चाहता है, इस मसले पर आम सहमति बनाने की कोशिश कर रहे थे, और महात्मा का नाम भी स्वतंत्रता से उद्धृत किया गया।

कुछ समय बाद ही, ध्रंगधरा के महाराजा काठियावाड़ संघ के खुले समर्थन में आए, और नवानगर के जाम साहब के सामने दो विकल्प प्रस्तुत किये : पहला, प्रस्तावित संघ के राज प्रमुख बन जाने या दूसरे विकल्प के रूप में, बम्बई के साथ विलय के परिणामों का सामना करने के लिए तैयार रहने का। जाम साहब महाराजा दिग्विजय सिंह जी, प्रसिद्ध क्रिकेटर रणजीत सिंह जी के भतीजे, ने मौक़े का फ़ायदा उठाया और, काठियावाड़ के राजकुमारों को सम्बोधित किया और उन्हें काठियावाड़ की पहचान को संरक्षित करने की आवश्यकता के बारे में सूचित किया। क्योंकि जूनागढ़ का शासक पहले ही पाकिस्तान भाग चुका था, जनमत संग्रह के बाद जनसाधारण की भावना काठियावाड़ संघ में शामिल होने की थी।

काठियावाड़ के संयुक्त संघ का उद्घाटन सरदार पटेल ने 15 फ़रवरी, 1948 को किया, और उनके भाषण में, जाम साहब ने कहा, 'ऐसा नहीं है कि हम थके हुए राजा हैं और हमें ज़बरदस्ती आराम करने के लिए उकसाया गया, या दबाव में लिया गया। हमने अपनी इच्छा से अपनी सम्प्रभुता को एकत्रित किया है और इस नये राज्य संयुक्त राज्य काठियावाड़ के लिए समझौता किया है, ताकि भारत की एकता और अधिक पूर्ण रूप से प्राप्त की जा सके।'[8]

जनवरी 1950 में, भारतीय संविधान के अपनाए जाने से पहले, यह निर्णय लिया गया कि संघ को सौराष्ट्र कहा जाएगा, और सौराष्ट्र की विधान सभा, राज प्रमुख (जाम साहब) के साथ मिलकर राज्य की अन्तरिम विधायिका बनेगी।

~

अन्त में, 1952 का मानचित्र महत्त्वपूर्ण है, क्योंकि भारत के किसी भी मानचित्र पर चीन की पहली उपस्थित को दर्ज करता है। ब्रिटिश भारत के उत्तराधिकारी राज्य के रूप में, अधिराज्य, और फिर भारत के गणराज्य, ने यह दृष्टिकोण अपनाया कि मैकमोहन रेखा के सम्बन्ध में सन्धियों, मिसालों और समझौतों को भारत और तिब्बत की प्रभावी सीमा के सम्बन्ध में स्वयंसिद्ध माना जाएगा। हालाँकि, इस धारणा को चीन द्वारा स्वीकार नहीं किया गया, जो आंग्ल-तिब्बत समझौता, 1914 का पक्षकार नहीं था। इस समझौते के तहत भारत को ग्यांत्से, गर्तोक और यातुंग के साथ व्यापार का एकाधिकार दिया गया। समझौते ने तिब्बत द्वारा अपने विदेश सम्बन्धों की स्वतंत्रता की उस हद तक जहाँ कि चीन की कमज़ोर केन्द्रीय सरकार ने इसे अपने हाल पर छोड़ दिया था, की पुष्टि की। भारत के महासर्वेक्षक द्वारा 1952 तक प्रकाशित सभी मानचित्र तिब्बत को हमारे उत्तरी पड़ोसी के रूप में दर्शाते थे, और भारतीय मानचित्र पर चीन का कोई सन्दर्भ नहीं था। इस बीच, यह भी उल्लेख करना ज़रूरी है कि 1947 के बाद से भारत के तिब्बत के साथ सम्बन्ध पर हमारी स्वतंत्रता को स्वीकार करने में तिब्बतियों की अनिच्छा भारी पड़ गई थी। हालाँकि जैसा क्लाउड एप्री[9] के उल्लेख से स्पष्ट है कि 1947 के बाद भारत और तिब्बत के सम्बन्धों में मनमुटाव हो गया था। उस समय तिब्बत द्वारा मैकमोहन रेखा के दक्षिणी में अवस्थित दार्जिलिंग, कलिम्पोंग और तवांग के आसपास के क्षेत्रों पर दावा किया जाता था।

हालाँकि, भले ही हमने विरासत में सीमा को अपनाया, लेकिन हमने व्यावहारिक राजनीति के मार्ग को छोड़ दिया। चीन में नये शासन की प्रकृति का स्पष्ट मूल्यांकन

करने की बजाय, बीजिंग में हमारे राजदूत, के.एम. पणिक्कर (बाद में एसआरसी के सदस्य) और प्रधानमंत्री नेहरू चीन को अपने नज़रिये से ही देखते रहे। 1948 में, पणिक्कर ने नेहरू[10] को लिखा कि पेकिंग (जैसे कि बीजिंग उस समय जाना जाता था) में माओ जेदोंग के नेतृत्व में विजित साम्यवादी सरकार तिब्बत के सम्बन्ध में 'अग्रगामी नीति' अपना सकती है। उनका विश्वास था कि स्वतंत्र तिब्बत भारत के लिए लाभदायी होगा, और यह भी कि 'चीन को यह बताने के लिए कि तिब्बत पर चीन की सम्प्रभुता को हमारे द्वारा स्वीकार नहीं किया गया है'। पणिक्कर अगस्त 1950 तक इसी मत पर अडिग रहे लेकिन चीनी सरकार को प्रस्तुत एक सहायक संस्मरण में, उन्होंने अकथनीय रूप से तिब्बत की स्थिति को 'चीनी सम्प्रभुता के ढाँचे के भीतर स्वायत्ता' के रूप में वर्णित किया।

इस अप्रत्याशित रियायत ने भारत के विदेश मंत्रालय में एक उग्र बहस छेड़ दी लेकिन यह स्पष्ट नहीं था कि इस रुख में इतना मौलिक परिवर्तन क्यों और कैसे हुआ। मंत्रालय में खलबली की वजह से महासचिव गिरिजा शंकर बाजपेयी ने 31 अक्टूबर, 1950 को स्पष्टीकरण में साफ़ किया कि पणिक्कर द्वारा 'फ्रेमवर्क' शब्द का प्रयोग चीनी आधिपत्य के भीतर तिब्बती स्वायत्तता को दर्शाता है और तिब्बत पर चीनी 'आधिपत्य' तिब्बत के लिए 'पूर्ण स्वायत्तता द्वारा योग्य' थी। बाजपेयी के स्पष्टीकरण के बाद सरदार पटेल ने नेहरू को लिखा था 'चेतावनी कि चीन का ज़बरन तिब्बत पर क़ब्ज़ा चीन के साथ भारत की समस्याओं की शुरुआत थी।'[11] हालाँकि, उनके बिगड़ते हुए स्वास्थ्य और राज्यों के पुनर्गठन में व्यस्तता की वजह से, नेहरू का दृष्टिकोण इस मुद्दे पर भारी रहा और भारत ने यह स्वीकार किया कि वास्तव में चीन तिब्बत पर कुछ 'अधिपतित्व' का अधिकार रखता है।

नेहरू को तिब्बती स्वायत्तता की मान्यता को चीन के लिए भारतीय मित्रता के उदय के साथ सन्तुलित करना था। उन्होंने भारत की वैश्विक मुद्दों में भागीदारी का भी ख़याल रखा था, जिसने भारत-चीन सम्बन्धों को विश्वसनीय बनाया था। क्योंकि कम्यूनिस्ट पार्टी ऑफ़ चीन (सीपीसी) भी तिब्बतियों को अलग राष्ट्रीयता के रूप में मानते थे। इसलिए नेहरू ने महसूस किया कि तिब्बत पर चीन का आधिपत्य स्थापित होने के बावजूद भी इसकी स्वायत्त पर कोई असर नहीं होगा।

जो भी हो, चीन ने पहली बार अपनी उपस्थिति 1952 में प्रकाशित भारत के पहले हिन्दी मानचित्र पर दर्ज की। हालाँकि, 1956 से, तिब्बत भारत की कार्टोग्राफ़िक कल्पना से ग़ायब हो गया था, जब तक कि 1959 में यह वापस प्रकट नहीं हुआ। और तब तक 'हिन्दी-चीनी भाई भाई' नारे की मुग्धता में भी खटास पड़ चुकी थी।

7

आन्ध्र राज्य और एसआरसी

मद्रास की प्रतिस्पर्धी सीमाएँ

जबकि भारत के पहले हिन्दी मानचित्र का हिन्दी बहुल क्षेत्रों[1] में भरपूर स्वागत किया गया, लेकिन दक्षिण भारत में इसे प्रतिरोध का सामना करना पड़ा। मद्रास सचिवालय में कई (ग़ैर-ब्राह्मण) कनिष्ठ कर्मचारी, जो ई.वी.आर. पेरियार के इस तर्क से प्रभावित थे कि 1947 में अंग्रेज़ सरकार से सत्ता की बागडोर ब्राह्मणों और बनियों के द्वैध के हाथों में आ गई थी।

किसी भी दशा में 1950 और 1952 के मानचित्र में मद्रास को परिभाषित करने वाली रेखाओं को लेकर तेलुगु-भाषी आबादी वाले ग्यारह ज़िलों—अनंतपुर, चित्तूर, कडप्पा, गोदावरी, पूर्वी गोदावरी, गुंटूर, किस्तना, कुरनूल, नेल्लोर, श्रीकाकुलम और विशाखापटनम में जमकर संघर्ष हुआ। उन्होंने इसलिए व्यथित महसूस किया कि भाषायी प्रान्त आयोग (लिंग्विस्टिक प्रोविंसेज कमीशन या एलपीसी)[2] और जवाहरलाल नेहरू, वल्लभभाई पटेल और बी. पट्टाभि सीतारमैया (जेवीपी) समिति[3] भाषायी राज्यों के सम्बन्ध में कांग्रेस की स्थापित नीति से बदल गई है। वास्तव में, 1946 तक, आन्ध्र के तेलुगु-भाषी राज्य के अभियान में सक्रियता से जुड़े हुए थे और आन्ध्र महासभा के उस वर्ग को भी समर्थन दिया था जो हैदराबाद कांग्रेस में विलय हो गया था। जब एलपीसी नियुक्त की गई, तब सीतारमैया कांग्रेस के अध्यक्ष थे, और आन्ध्र के गठन से सम्बन्धित उम्मीदें स्वाभाविक तौर पर बहुत अधिक थी।

एलपीसी को नवम्बर, 1947 में संविधान सभा द्वारा गठित किया गया था, जिन्होंने इलाहाबाद उच्च न्यायालय के न्यायाधीश एस.के. धर[4] को इसकी अध्यक्षता के लिए नियुक्त किया। धर आयोग (जैसा इसे आमतौर पर कहा जाता था) 'नये प्रान्तों के सृजन की वांछनीयता की पूछताछ के साथ-साथ, उनकी सीमाओं को तय

करने के लिए रिपोर्ट करने, और आन्ध्र, केरल, कर्नाटक और महाराष्ट्र के प्रान्तों एवं आसपास के क्षेत्रों के वित्तीय, आर्थिक, प्रशासनिक और अन्य परिणामों का आकलन करने के लिए भी' सशक्त था।

हालाँकि, आयोग को आन्ध्र, केरल, कर्नाटक और महाराष्ट्र के अतिरिक्त अन्य भाषायी समूहों से भी सुझाव प्राप्त हुए। आयोग की रिपोर्ट ने इस बात को स्वीकार किया कि 'पिछले तीस वर्षों में भाषायी प्रान्तों का गठन देश के वर्तमान राजनीतिक विचार में एक आदर्श बात रही है और इसे कांग्रेस का समर्थन और महात्मा गांधी का आशीर्वाद प्राप्त हुआ है।' भाषायी आधार (उड़िया, गुजराती, मराठी, तेलुगु, तमिल, कन्नड़) पर कांग्रेस द्वारा अपनी इकाइयाँ बनाने के सिद्धान्त और व्यवहार के सम्बन्ध में, रिपोर्ट में कहा गया है कि 'स्वतंत्रता हमारे पास एक तरह से अप्रत्याशित, और सोच-समझ से परे आई है, और अपने साथ कई सारी समस्याओं और ख़तरों को भी लाई है, जिनके बारे में कभी सपने में भी नहीं सोचा था। हमारे देश के चहुँ ओर के ख़तरों तथा मौजूदा परिस्थितियों को देखते हुए, कांग्रेस अपनी सभी पिछली प्रतिबद्धताओं से मुक्त है, और वर्तमान परिस्थितियों के आलोक में इस विषय पर एक नये निर्णय पर आना उसका अधिकार और कर्तव्य भी है, केवल भाषा की एकरूपता एक निर्णायक कारक नहीं हो सकती है।

समिति ने यह तथ्य स्वीकार किया कि मौजूदा प्रान्त 'ब्रिटिश साम्राज्यवाद की प्रशासनिक इकाइयाँ थी, जो लोकतांत्रिक संस्थाओं के रूप में काम करने के लिए नहीं बनाई गई थी', और इन्हें अधिक वैज्ञानिक और तर्कसंगत योजना के साथ बनाया जा सकता है। 'प्रान्तों की सीमाओं के निर्धारण में, मुख्य रूप से प्रशासनिक सुविधा पर बल देना चाहिए, और तेलुगु भाषा की समरूपता इसी आधार पर विचारणीय होगी, न कि इसके स्वतंत्र बल द्वारा।' राज्यों के भाषायी पुनर्गठन की माँग को ख़ारिज करते हुए, इसने कहा 'यह जाँच हमारे लिए आँखे खोलने वाली रही है। हमारे सामने भारत के सदियों पुराने नश्वर संघर्ष में लगे हुए संकीर्ण निष्ठाओं, तुच्छ ईर्ष्याओं और अज्ञानी पूर्वाग्रहों के आमने-सामने भारतीय राष्ट्रीय कांग्रेस का साठ साल का काम खड़ा था, और हम यह देखकर सिर्फ़ डरे हुए थे कि यह कितना ख़तरनाक था।

इस प्रकार, दिसम्बर 1948 में, इसने यह निष्कर्ष निकाला कि 'अभी के लिए कोई भी नया राज्य गठित नहीं किया जाना चाहिए। सभी बातों को ध्यान में रखते हुए, भाषायी प्रान्तों का विचार दस वर्षों के लिए स्थगित किया जाना चाहिए।'

रॉबर्ट डी. किंग[5] उनकी पुस्तक *नेहरू एंड द लैंग्वेज पॉलिटिक्स ऑफ़ इंडिया* में कहते हैं कि रिपोर्ट ख़ुद नेहरू द्वारा (अगर वास्तव में स्वयं नहीं लिखी) काफ़ी प्रभावित की गई थी। हालाँकि रिपोर्ट से सरकार सन्तुष्ट हुई होगी, लेकिन मद्रास के

तेलुगु-भाषी क्षेत्र में कांग्रेस समर्थकों सहित राज्यों के भाषायी आधार पर पुनर्गठन की उम्मीद करने वालों की प्रतिक्रिया अत्यंत नकारात्मक थी। फिर कांग्रेस पार्टी को वल्लभभाई पटेल और कांग्रेस अध्यक्ष पट्टाभि सीतारमैया, जिनके प्रभाव स्वरूप कांग्रेस ने 1918 में आन्ध्र सर्कल गठित किया था, के साथ ख़ुद नेहरू के अधीन एक समिति गठित करनी पड़ी। जेवीपी समिति आन्ध्र की माँग की अस्वीकृति की व्याख्या करने हेतु कठिनाई महसूस कर रही थी, क्योंकि मद्रास के तेलुगु-भाषी ग्यारह ज़िले सभी पाँच मानदंडों—भौगोलिक निरन्तरता, वित्तीय आत्मनिर्भरता, प्रशासनिक सुविधा, भविष्य के लिए विकास की क्षमता और यहाँ रहने वाले लोगों को समान भाषा की सम्भावना—को पूरा करते थे। हालाँकि, जेवीपी समिति ने इस मुद्दे पर पुनर्विचार करने की सम्भावना को जीवित रखा था।

~

नेहरू के ख़िलाफ़ तेलुगु आक्रोश

लेकिन इसने तेलुगु क्रोध को शान्त नहीं किया, और उनका असन्तोषजनक आक्रोश ख़ास कर कि ख़ुद नेहरू के ख़िलाफ़ निर्देशित था। हालाँकि 8 नवम्बर, 1949 को नेहरू ने कहा था कि अकेले भाषायी कारकों पर प्रान्तों के गठन से महत्त्वपूर्ण 'कई महत्त्वपूर्ण मुद्दे' हैं, लेकिन 27 नवम्बर[6] को उन्होंने कहा, 'आन्ध्र के प्रान्त की माँग, जो, अगर मैं ऐसा कहूँ, तो पूरी तरह से वैध माँग है (और) बहुत काम कठिनाइयाँ पैदा करती है। इसे संविधान में प्रान्तों के अधीन शामिल किया जा सकता है, और इस निर्णय को नये संविधान को अपनाने के बाद जल्द ही लागू किया जा सकता है।'

परन्तु 24 जनवरी, 1950 को, संविधान लागू होने से दो दिन पहले नेहरू ने इस मुद्दे से अपने पाँव पीछे खींच लिए। उन्होंने कहा कि 'सबसे बड़ी कठिनाइयों और अनुत्तरित सवालों को सुलझाना ज़रूरी है'। यह समझना आसान था कि सबसे बड़ी कठिनाई गवर्नर जनरल सी. राजगोपालाचारी थे, और सबसे कठिन सवाल मद्रास की नियति थी क्योंकि तमिल और तेलुगु दोनों ने ही इस सम्बन्ध में कठोर रुख अपना रखा था। आम बोलचाल में, मद्रास को एक तेलुगु देवी के नाम पर चेन्नई कहा जाता था : और यदि कोई आध्यात्मिक नगर था, जिसके साथ तमिल लोगों की पहचान जुड़ी थी, तो वह मदुरई ही था। लेकिन सी. राजगोपालाचारी मद्रास शहर को आन्ध्र की बजाय मद्रास राज्य का हिस्सा बनाने पर अडिग थे, और उनकी कांग्रेस उच्च कमान में अच्छी पकड़ थी।

मद्रास में कांग्रेस के राजनेताओं के बीच अन्तर-पार्टी संघर्ष की वजह से 1946 से 1952 तक मुख्यमंत्रियों में लगातार फेरबदल होता रहा। तंगुतुरी प्रकाशम[7], अथवा 'आन्ध्र केसरी', अप्रैल, 1946 से मार्च, 1947 तक पद पर बने रहे, और मद्रास से मुक्त किये जाने के बाद, मुख्यतः सी. राजगोपालाचारी, गांधी और नेहरू के ज़ोर देने पर, उन्होंने अपना ध्यान हैदराबाद और इसके तेलुगु-भाषी बहुसंख्यक क्षेत्र की ओर मोड़ा। हैदराबाद स्टेट प्रजा पार्टी[8] के गठन में उनकी महत्त्वपूर्ण भूमिका थी और वे हैदराबाद और मद्रास के सभी तेलुगु-भाषी क्षेत्रों को मिलाकर बनने वाले विशालांध्र[9] के समर्थक थे।

~

आन्ध्र के लिए भूख हड़ताल

तंगुतुरी प्रकाशम के उत्तराधिकारी ओ.पी. रामास्वामी रेड्डीयार[10] के छोटे कार्यकाल के दौरान मद्रास भोजन की अत्यधिक कमी के दौर से जूझ रहा था। रेड्डीयार के बाद पी.एस. कुमारस्वामी राजा मुख्यमंत्री बने। इस दौर में तेलुगु आन्दोलन ने फिर तूल पकड़ जब 1951 में गांधीवादी नेता स्वामी सीताराम (गोल्लापुडी सीताराम शास्त्री)[11] ने तेलुगु-भाषी लोगों के लिए एक भाषायी राज्य हेतु आमरण अनशन किया। जिसने तत्कालीन मुख्यमंत्री पी.एस. कुमारस्वामी राजा[12] को बेचैन कर दिया, और उन्होंने पैंतीस दिनों बाद स्वामी सीताराम से उनका आमरण अनशन तोड़ने के लिए विनोबा भावे से हस्तक्षेप करने के लिए अनुरोध किया। इस बीच, आन्ध्र का प्रतिनिधित्व करने वाले तंगुतुरी प्रकाशम के साथ मुख्यमंत्री राजा की अध्यक्षता में गठित विभाजन समिति किसी निर्णय पर नहीं पहुँच सकी। 1952 के विधान सभा चुनावों में, कांग्रेस को बड़े चुनावी उलटफेर का सामना करना पड़ा। इसमें तंगुतुरी प्रकाशम के नेतृत्व वाली यूनाइटेड डेमोक्रेटिक फ्रंट (यूडीएफ) को 164 सीटें प्राप्त हुई, जबकि कांग्रेस को मात्र 152 सीटों पर ही जीत मिली। तेलुगु-भाषी ज़िलों में, कांग्रेस कुल 140 में से मात्र 43 सीट ही हासिल कर सकी। हालाँकि, एक मनमाने और अनैतिक निर्णय के तहत, मद्रास के गवर्नर श्री प्रकास,[13] ने पहले सी. राजगोपालाचारी को विधान परिषद के लिए मनोनीत किया, और फिर उन्हें कांग्रेस मंत्रालय के नेतृत्व के लिए आमंत्रित किया, जिनके पास स्पष्ट बहुमत भी नहीं था। सी. राजगोपालाचारी, कांग्रेस संगठन में प्रभुत्व रखने वाले के कामराज की तरह लोकप्रिय नहीं थे।

तेलुगु लोगों का मानना था की राजगोपालाचारी की वजह से ही आन्ध्र का गठन नहीं हो सका था उनका विशेष तौर पर तेलुगु लोगों द्वारा विरोध किया जाता था, क्योंकि आन्ध्र के गठन में उन्हें 'विशिष्ट कठिनाई' के रूप में चिह्नित किया गया था। वह पहले बंगाल के प्रमुख (1937-39) और बाद में बंगाल के गवर्नर और भारत के पहले भारतीय गवर्नर जनरल रहे थे। साथ ही वह भारत के पहले राष्ट्रपति बनने के लिए नेहरू की पसन्द थे, लेकिन राजेन्द्र प्रसाद को सरदार पटेल और कांग्रेस का समर्थन प्राप्त था।

चक्रवर्ती राजगोपालाचारी का मद्रास के प्रमुख के रूप में दूसरा कार्यकाल पहले कार्यकाल से भी अधिक विवादास्पद था, जब उन्होंने मद्रास में हिन्दी को अनिवार्य करने का प्रयास किया। इस बार, उन्होंने 'वंशानुगत शिक्षा नीति' को प्रस्तावित करके तमिलों को नाराज़ कर दिया, जिसे जाति व्यवस्था को कायम रखने की चाल माना गया, और जब उन्होंने कृष्णा नदी के पानी को कृष्णा-पेन्नार परियोजना के लिए मोड़ने की कोशिश की तो तेलुगु भी विद्रोह में उठ खड़े हुए। संघ सरकार द्वारा नियुक्त ए.एन. खोसला[14] विशेषज्ञ समिति ने इस परियोजना को स्पष्ट रूप से ख़ारिज कर दिया, और इसके वैकल्पिक स्थल के तौर पर नन्दिकोंडा, वर्तमान समय के नागार्जुन सागर, की सिफ़ारिश की (जो आन्ध्र में आता है)।

इसने अविश्वास को और भड़का दिया और पोट्टी श्रीरामुलु,[15] एक अन्य स्वयंभू गांधीवादी, ने अक्टूबर 1952 में अपना 'आमरण अनशन' शुरू किया और 15 दिसम्बर को अन्तिम सांस ली। इससे हिंसक आन्दोलनों का एक और दौर शुरू हुआ, और कुछ ही दिनों में (19 दिसम्बर) प्रधानमंत्री आन्ध्र राज्य की घोषणा करने के लिए बाध्य हो गए थे। हालाँकि मद्रास को आन्ध्र में शामिल नहीं किया गया क्योंकि इसका तमिलों ने कड़ाई से मुक़ाबला किया था। तंगुतुरी प्रकाशम आन्ध्र स्टेट—1953 में आन्ध्र प्रदेश के पूर्ववर्ती के पहले मुख्यमंत्री बने।

भले ही हैदराबाद राज्य को 1952 में डॉ. बरगुल्ला रामकृष्ण राव,[16] साहित्य के एक प्रतिष्ठित व्यक्ति, के अधीन लोकप्रिय सरकार मिली, लेकिन तीनों भाषायी समूह—मराठी, कन्नड़ और तेलुगु—राज्य को अलग-अलग दिशाओं में खींच रहे थे। हालाँकि, नेहरू एक समग्र हैदराबाद के पक्ष में थे, और उनके मुख्यमंत्रियों को अपने मासिक (पत्र) प्रेषण 2 अक्टूबर, 1952 में उन्होंने लिखा,[17] 'फिर से भाषायी आधार पर हैदराबाद के विभाजन की माँग है। मेरे अनुसार यह उचित नहीं है। यदि इसे स्वीकार किया गया, तो मुझे यकीन है कि इससे हैदराबाद में विकास कई वर्षों के लिए बाधित होगा और सभी तरह की समस्याएँ पैदा करके दक्षिण भारत के सन्तुलन को बिगाड़ देगा...हमारी सभी पंचवर्षीय योजनाओं और ऐसी ही

समान योजनाओं को तब तक ठंडे बस्ते में डाल देना होगा जब तक नये सन्तुलन पर नहीं पहुँच जाते।' उन्होंने महसूस किया कि ऐसा कोई भी क़दम हैदराबाद के लिए हानिकारक होगा और सम्पूर्ण दक्षिण भारत के ढाँचे को अस्त-व्यस्त कर देगा।

डॉ. बरगुल्ला राव ने भूमि सुधार और तेलंगाना क्षेत्र में तेलुगु में सरकारी कामकाज को शुरू किया, लेकिन राज्य में कोई वास्तविक एकता नहीं थी। शहरी हैदराबादियों ने स्थानीय निवासियों के लिए नौकरियों में आरक्षण की माँग करते हुए 'मुल्की' आन्दोलन[18] शुरू किया और निज़ाम की सहायता और समर्थन की उम्मीद की। लेकिन भले ही वह 1950 से 1956 तक राज प्रमुख के रूप में राज्य का नाममात्र का प्रमुख थे, उनके पास इस स्थिति पर बहुत कम नैतिक और राजनीतिक प्राधिकार था।

इसलिए, नेहरू के चाहने के बावजूद, हैदराबाद का एक राज्य के रूप में अस्तित्व तब समाप्त हो गया, जब 1956 में इसके मराठी-भाषी क्षेत्र बम्बई के साथ, कन्नड़-भाषी क्षेत्र मैसूर के साथ और तेलुगु-भाषी क्षेत्र आन्ध्र राज्य क़े साथ विलय कर दिये गए।

~

यह एसआरसी की 'मानचित्र परिवर्तनकारी' कई सिफ़ारिशों में से एक थी जिसे पोट्टी श्रीरामुलु की मृत्यु और आन्ध्र राज्य के गठन के बाद अधिसूचित किया गया। तीन सदस्यीय आयोग में अध्यक्ष डॉ. फ़ज़ल अली[19] के साथ एच.एन. कुंज़रू[20] और के.एम. पणिक्कर[21] शामिल थे। एसआरसी द्वारा प्रस्तुत की गई रिपोर्ट आज तक की सबसे अधिक पढ़ी गई सरकारी रिपोर्टों में से एक है, इसके अतिरिक्त महत्त्व की दृष्टि से शाह जाँच आयोग और मंडल आयोग की रिपोर्टें भी बेहद अहम है।

फ़ज़ल अली तब उड़ीसा के, और बाद में असम के राज्यपाल थे; कुंज़रू संविधान सभा के सदस्य रहे थे, और उन कुछ लोगों में से हैं जिन्होंने भारत रत्न को[22] सिद्धान्त के अनुसार स्वीकार करने से इनकार कर दिया (क्योंकि वे संविधान सभा में इसका विरोध कर चुके थे); और पणिक्कर एक सम्पादक, राजनयिक, विद्वान, राजनेता और सांसद थे।

यह 267 पृष्ठों की रिपोर्ट, जिसमें अध्यक्ष और के.एम. पणिक्कर के असहमति नोट भी सम्मिलित हैं, पढ़ने में काफ़ी दिलचस्प है। आयोग ने तब रिपोर्ट को स्वीकार कर लिया जब तीन में से दो सदस्य महत्त्वपूर्ण मुद्दे के प्रश्न पर सहमत हुए। हैदराबाद और आन्ध्र राज्य के तेलुगु-भाषी क्षेत्रों के बारे में, एसआरसी ने महसूस

किया कि इन दोनों क्षेत्रों के न सिर्फ़ आर्थिक विकास में बहुत अन्तर था, बल्कि तेलंगाना बम्बई के लिए, और आन्ध्र मद्रास के लिए व्यावसायिक और यातायात संसाधनों से जुड़े हुए थे। एक सदी से भी अधिक समय से अलग-अलग तरह के प्रशासनों के कारण भूमि के स्वामित्व और राजस्व व्यवस्था में बहुत अन्तर था। ऐसे में, एसआरसी ने सिफ़ारिश की कि हैदराबाद और आन्ध्र के तेलुगु-भाषी क्षेत्रों के एकीकरण को कम से कम पाँच वर्षों के लिए स्थगित किया जाना चाहिए। हालाँकि, इसे संघ सरकार द्वारा स्वीकार नहीं किया गया क्योंकि उन्होंने सोचा कि एक संयुक्त, बड़ा और मज़बूत आन्ध्र, हैदराबाद और आन्ध्र राज्य दोनों क्षेत्रों में साम्यवादी बगावत का सामना करने के लिए पर्याप्त शक्तिशाली होगा।

एसआरसी रिपोर्ट को उद्धृत करने के लिए, 'विशालांध्र के विरोध के प्रमुख कारणों में से एक तेलंगाना के शैक्षिक रूप से पिछड़े लोगों की यह आशंका भी प्रतीत होती है कि तटीय क्षेत्र के ज़्यादा उन्नत लोगों द्वारा उन्हें विस्थापित करने के साथ उनका शोषण किया जाएगा।'

मध्यम मार्ग के रूप में, आन्ध्र और तेलंगाना के नेताओं के मध्य एक जेंटलमैनस् एग्रीमेंट हस्ताक्षरित किया गया, जिसके तहत कैबिनेट में 60:40 का अनुपात निर्धारित किया गया। साथ ही यह भी तय हुआ कि यदि मुख्यमंत्री आन्ध्र से होगा तो उप मुख्यमंत्री का पद तेलंगाना के लिए आरक्षित रहेगा। इसके अलावा तेलंगाना क्षेत्रीय परिषद का गठन; और मुल्कियों (पूर्ववर्ती हैदराबाद के निवासी) के लिए लोक सेवाओं में पदों के आरक्षण को भी स्वीकार कर लिया गया। इस समझौते को लागू करने के लिए, सार्वजनिक रोज़गार (निवास के अनुसार आवश्यकता) अधिनियम, 1957 में पारित किया गया।

इस बीच, एसआरसी की आशंकाएँ भी निराधार नहीं थी। तटीय क्षेत्र हैदराबाद को राजधानी के रूप में पाकर ख़ुश था, क्योंकि जैसे कि कांग्रेस पार्टी और सरकार में उनका स्पष्ट प्रभुत्व था, जेंटलमैनस् एग्रीमेंट की शर्तों को नज़रअंदाज़ कर दिया गया, और एक दशक के भीतर ही, पृथक तेलंगाना के लिए आन्दोलन जनसमर्थन प्राप्त करने लगा। तेलंगाना ने 2014 में राज्य का दर्जा प्राप्त किया, और जब हम 2014 के मानचित्र पर आएँगे तो कहानी को फिर से शुरू करेंगे!

आयोग ने 30 सितम्बर, 1955 को अपनी रिपोर्ट प्रस्तुत की। रिपोर्ट की प्रस्तावना कहती है : 'भाषा या संस्कृति के एकल परीक्षण के आधार पर राज्यों का पुनर्गठन न तो सम्भव है और न ही वांछनीय, लेकिन सम्पूर्ण समस्या के प्रति एक सन्तुलित दृष्टिकोण हमारी राष्ट्रीय एकता के हित में आवश्यक है।' इसलिए, भाषायी पुनर्गठन के बारे में अपनी सिफ़ारिशों के अलावा, इसने राष्ट्रीय एकता को

मज़बूत करने के लिए अपने सुझाव भी प्रस्तुत किये। इनका सीमाओं पर प्रत्यक्ष प्रभाव नहीं था, लेकिन फिर भी राजनीतिक और प्रशासनिक संरचना को आकार देने में बहुत महत्त्वपूर्ण थे।

इनमें से पहला राज प्रमुखों की संस्था का उन्मूलन था (और निहितार्थ स्वरूप—इसके अन्तर्गत उप वर्ग—उप राज प्रमुख, और इसके—ज्येष्ठ और कनिष्ठ)। इसके साथ, भाग ए/बी/सी/डी राज्यों के बीच कृत्रिम भेद भी समाप्त हो गया, और सिर्फ़ राज्य और केन्द्र शासित प्रदेश ही रह गए। एसआरसी ने भारतीय वन सेवा के गठन की भी सिफ़ारिश की, और सुझाव दिया कि किसी भी राज्य में अखिल भारतीय सेवाओं के अधिकारियों में से पचास प्रतिशत से अधिक उस राज्य के अधिवासी न हों।

आयोग ने सुझाव दिया कि सम्पूर्ण देश को सोलह राज्यों और तीन केन्द्र द्वारा प्रशासित क्षेत्रों में पुनर्गठित किया जाए। सरकार ने सिफ़ारिशों से पूरी तरह सहमत न होते हुए भी देश को चौदह राज्यों और छह केन्द्र शासित प्रदेशों में पुनर्गठित किया। राज्य पुनर्गठन अधिनियम नवम्बर 1956 में पारित किया गया। यह राज्य थे आन्ध्र प्रदेश, असम, बिहार, बम्बई, जम्मू और कश्मीर, केरल, मध्य प्रदेश, मद्रास, मैसूर, उड़ीसा, पंजाब, राजस्थान, उत्तर प्रदेश और पश्चिम बंगाल। छह केन्द्र शासित प्रदेश अंडमान और निकोबार द्वीप समूह, दिल्ली, हिमाचल प्रदेश, लक्कादीव, मिनिकॉय और अमीनदीवी द्वीप समूह, मणिपुर और त्रिपुरा थे।

मैसूर के सम्बन्ध में, इसमें बम्बई, मद्रास और आन्ध्र के सभी कन्नड़-भाषी क्षेत्र थे, सिवाय कुर्ग राज्य के। दूसरे शब्दों में, कर्नाटक के सम्बन्ध में सभी सिफ़ारिशों को स्वीकार कर लिया गया था, सिवाय इसके नाम के। इस प्रकार, रियासतों में से अपनी पहचान सबसे अन्त में खोने वालों में से एक मैसूर था। मालाबार को त्रावणकोर-कोच्चि में जोड़कर, सभी मलयालम बोलने वालों को उनका अपना केरल का एक राज्य मिल गया। एसआरसी ने यह भी सुझाव दिया था कि मद्रास के मालाबार ज़िले के अन्तर्गत आने वाले लक्कादीव, मिनिकॉय और अमीनदीवी द्वीपों के प्रमुख रूप से मलयालम-भाषी क्षेत्रों को केरल के अन्तर्गत लाया जाए। हालाँकि, जबकि मालाबार को केरल का हिस्सा बना दिया गया, द्वीपों को प्रशासनिक उद्‌देश्यों के लिए एक अलग केन्द्र शासित प्रदेश के रूप में गठित किया गया। यह अंडमान और निकोबार की प्रशासनिक तर्ज पर गठित था, और (इस प्रकार) दोनों द्वीपीय समहू प्रत्यक्ष रूप से संघ सरकार के अन्तर्गत आ गए। नये (केन्द्र शासित) प्रदेश के 1 नवम्बर, 1973 को नये नाम लक्षद्वीप, जिसका अर्थ मलयालम और संस्कृत में 'एक हज़ार द्वीप' है, रखे जाने से पहले यह लक्कादीव, मिनिकॉय और अमिनदीवी द्वीप समूह कहलाता था।

संयोग से, हिन्दी मानचित्रों ने, 1952 से ही हमेशा इन द्वीपों को लक्षद्वीप ही सन्दर्भित किया! इन द्वीपों का सीधे संघ सरकार के अन्तर्गत केन्द्र शासित प्रदेश बनने का एक सम्भावित कारण केरल में कम्यूनिस्ट सरकार का भूमिगत भय—और इन दूरस्थ भूमियों पर लाल झंडों का डर भी था।

मद्रास भी एकभाषी राज्य बना—ओड़िया-भाषी ज़िलों को 1936 से ही तत्कालीन उड़ीसा बनाने के लिए मद्रास से अलग कर दिया गया; तेलुगु वालों को 1953 में उनका आन्ध्र राज्य मिला और केरल को मालाबार मिल गया। त्रावणकोर तमिलनाडु कांग्रेस ने थोवलई, अगस्तेश्वरम, कलकुलम, विलवनकोड, नेय्यातिनकारा, सेनकोट्टई, देवीकुलम और पीरमेड का मद्रास के साथ विलय की माँग की। हालाँकि, आयोग ने मद्रास राज्य के साथ केवल थोवलाई, अगस्तेश्वरम, कलकुलम, विलवनकोड और सेनकोट्टई के विलय की सिफ़ारिश की।

एसआरसी ने मध्य प्रदेश राज्य के अधिकांश मराठी-भाषी क्षेत्रों को अलग करके एक अलग राज्य विदर्भ के गठन की सिफ़ारिश की। सरकार ने यह सिफ़ारिश स्वीकार नहीं की और इन क्षेत्रों को प्रमुख रूप से मराठी-भाषी बम्बई राज्य के साथ मिला दिया। राज्य पुनर्गठन आयोग पंजाबी-बहुल राज्य की माँग को यह कहते हुए ख़ारिज कर दिया कि उनके पास बहुमत का समर्थन नहीं है, और पंजाबी व्याकरण की दृष्टि से हिन्दी से बहुत अलग नहीं थी। पटियाला एंड ईस्ट स्टेट्स यूनियन (पेप्सू) का पंजाब के साथ विलय किया गया। हालाँकि, एसआरसी ने हिमाचल के केन्द्र शासित प्रदेश का पंजाब के साथ विलय की सिफ़ारिश की, वहाँ इसके विरुद्ध बड़ा हंगामा हुआ—और हिमाचल केन्द्र शासित प्रदेश ही बना रहा।

पंजाब की तरह बम्बई भी द्विभाषी बना रहा, हालाँकि चार वर्षों में ही बम्बई को गुजरात और महाराष्ट्र में पुनर्गठित किया गया। इसके छह वर्ष बाद पंजाब और हरियाणा का भी पुनर्गठन हुआ।

असम राज्य के सम्बन्ध में, आयोग का मानना था कि पहाड़ी राज्य का गठन अव्यावहारिक था, और इसका 'कोई कारण नहीं था, कि असम की परिस्थितियों और विशिष्ट अजीबोग़रीब विशेषताओं के सम्बन्ध में, क्यों एक पृथक पहाड़ी राज्य गठित किया जाए।' इसके विपरीत, उन्होंने पहले त्रिपुरा का, और बाद में मणिपुर का, असम के साथ विलय की सिफ़ारिश की। उन्होंने यह भी सिफ़ारिश की कि नॉर्थ-ईस्ट फ्रंटियर एजेंसी[23] के सम्बन्ध में व्यवस्था को बरकरार रखना चाहिए। इसी प्रकार, दार्जिलिंग में पृथक गोरखा राज्य की माँग को भी ख़ारिज कर दिया गया। इस तरह, तकनीकी रूप से, पश्चिम बंगाल एक ऐसा राज्य था, और अभी भी है, जिसके दो ज़िलों, दार्जिलिंग और कलिम्पोंग, में आधिकारिक भाषा गोरखाली है।

बिहार और बंगाल के सम्बन्ध में, महानन्दा नदी के पूर्व में पूर्णिया ज़िले का एक हिस्सा, और मानभूम ज़िले के पुरुलिया उप-ज़िले, को बिहार से पश्चिम बंगाल में हस्तान्तरित किया गया। पूर्णिया, जलपाईगुड़ी, दार्जिलिंग और कूचबिहार के मध्य एक महत्त्वपूर्ण सम्पर्क प्रदान करता है, और पुरुलिया मुख्य रूप से बंगाली-भाषी क्षेत्र था। एसआरसी की रिपोर्ट से अप्रभावित राज्यों और केन्द्र शासित प्रदेशों में यूपी, उड़ीसा, जम्मू-कश्मीर, दिल्ली एवं अंडमान और निकोबार द्वीप समूह थे। हमें यहाँ ध्यान देना चाहिए कि एसआरसी एक भाषा समूह के दो राज्यों—आन्ध्र और हैदराबाद—के गठन, और एक मराठी-भाषी विदर्भ राज्य, एवं बम्बई के एक द्विभाषी (गुजराती-मराठी) राज्य के पक्ष में था।

भाषायी प्रान्तों पर डॉ. आम्बेडकर

संयोग से, यह उल्लेखनीय है कि सबसे पहले, और बहुत सोच-समझकर, भाषायी प्रान्त आयोग को एक प्रस्ताव 1948 में डॉ. आम्बेडकर द्वारा दिया गया था। इस प्रस्ताव में, उन्होंने तर्क दिया कि 'महाराष्ट्र, गुजरात और बम्बई से मिलकर बने बम्बई के मिश्रित राज्य को समाप्त करके, इसकी जगह महाराष्ट्र को चार राज्यों—बम्बई शहर, पश्चिमी महाराष्ट्र, मध्य महाराष्ट्र और पूर्वी महाराष्ट्र—में विभाजित किया जाना चाहिए।' उन सभी में से सबसे विवादित विषय बम्बई शहर का भाग्य था। आम्बेडकर ने वह विकल्प, सिर्फ़ गुजरातियों और मराठियों के दबावों से बचने के लिए ही नहीं, बल्कि अल्पसंख्यकों और अनुसूचित जातियों हेतु एक सुरक्षित जगह के रूप में भी चुना। 'अल्पसंख्यकों को एक आश्रय चाहिए, एक शरणस्थली, जहाँ वे बहुसंख्यकों के अत्याचार से मुक्त हो सकें। अगर बम्बई को सम्मिलित करके एक संयुक्त महाराष्ट्र होगा, फिर वे सुरक्षा के लिए कहाँ जा सकते हैं?'

8

दक्षिण के भाषायी राज्य

तमिलनाडु, कर्नाटक और केरल

भारत संघ, संयुक्त राज्य भारत से दूर, बहुत दूर है। लेकिन उत्तर का संघीकरण और दक्षिण का बँटवारा उस तक पहुँचने का मार्ग नहीं है।

—बी.आर. आम्बेडकर

मद्रास में द्रविड़ राजनीति

भले ही कई राज्यों ने—यूपी, राजस्थान, एमपी, आन्ध्र, उदाहरण के लिए—गणतंत्र की शुरुआत के समय ख़ुद को नये नाम और नई पहचान दी, लेकिन मद्रास को अपना नाम बदलने में दो दशक से ज़्यादा का समय लग गया। 1947 में, मद्रास ने एक प्रान्त के रूप में भारतीय अधिराज्य (डोमिनियन ऑफ़ इंडिया) के अधीन ख़ुद का दर्जा बरकरार रखा। ओ.पी. रामास्वामी रेड्डियार[1], के. कामराज द्वारा समर्थित, आज़ादी के समय मुख्यमंत्री थे। इस वर्ष की मुख्य घटना सभी मन्दिरों में सार्वभौमिक पहुँच की अनुमति और देवदासी प्रथा का उन्मूलन करने वाले क़ानूनों का अधिनियमन था। जब 1950 में भारत एक गणराज्य बना, एक अन्य कामराज गुट के ही पी.एस. कुमारस्वामी राजा, मुख्यमंत्री बने।

हालाँकि, जब द्रविड़ पार्टियों ने 1952 के आम चुनावों का बहिष्कार करने का फ़ैसला लिया, कांग्रेस अकेली सबसे बड़ी पार्टी के रूप में उभरी बावजूद इसके कि सीपीआई के नेतृत्व वाला गठबन्धन सरकार बनाने की बेहतर स्थिति में था। फिर भी, तब के राज्यपाल द्वारा सी. राजगोपालाचारी को विधान परिषद के लिए 'नामित' किया गया और फिर उन्होंने बतौर राज्य के मुख्यमंत्री कार्यभार सौंपा गया।

हालाँकि, राजाजी का शासन बहुत विवादास्पद था—पदभार ग्रहण करने के बाद उनकी पहली कार्रवाइयों में अनाज पर नियंत्रण हटाना और पारिवारिक व्यवसाय पर आधारित एक नई शिक्षा नीति की शुरुआत करना शामिल थे। द्रविड़ पार्टियों[2] द्वारा शिक्षा नीति को जातिवादी और कुला कल्वी थित्तम (वंशानुगत शिक्षा नीति)[3] का कड़ा विरोध किया गया। यह नीति कांग्रेस के भीतर और साथ ही बाहर भी आलोचना का विषय बन गई थी। यहाँ तक कि, कांग्रेस द्वारा राजाजी को प्रतिस्थापित करना पड़ा, और 1954 में कामराज ने मुख्यमंत्री के रूप में सत्ता सँभाली।

मुख्यमंत्री के रूप में अपने कार्यकाल के दौरान कामराज के पहले कृत्यों में से एक मंत्रिमंडल में ग़ैर-ब्राहमणों के प्रतिनिधित्व को व्यापक बनाना था, लेकिन उन्होंने सी. सुब्रमण्यन और एम. भक्तवत्सलम को बरकरार रखा, जिन्होंने उनके नेतृत्व को चुनौती दी थी। डीएमके द्वारा समर्थित तमिल सांस्कृतिक राजनीति का मुक़ाबला करने के प्रयास में, कामराज ने भाषायी सांस्कृतिक मुद्दों में भाग लेने के सचेत प्रयास किये और तमिलनाडु टॉयलर्स पार्टी[4] जैसे दलों को मंत्रिमंडल में शामिल किया। के. कामराज 1957 और 1962 के चुनाव जीतकर, लगातार तीन कार्यकालों के लिए मुख्यमंत्री रहे। यदि वह तमिलनाडु के शीर्ष पर बने रहते, तो द्रविड़ पार्टियों का उत्थान काफ़ी धीमा हुआ होता, या शायद पूरी तरह रुक भी सकता था। हालाँकि, जब कामराज प्लान के अनुसार, उन्होंने कांग्रेस अध्यक्ष का पद ग्रहण करने के लिए मुख्यमंत्री के पद से इस्तीफ़ा दे दिया, तो वो देश के लिए किंगमकेर बन गए, लेकिन उनके उत्तराधिकारी एम. भक्तवत्सलम का उनसे कोई मुक़ाबला नहीं था। कामराज के विपरीत, ज़मीनी स्तर पर उनका जुड़ाव बहुत सीमित था, और एक उच्च जाति का मुदलियार होना उस समय की द्रविड़ राजनीति में बहुत लाभदायक नहीं था। कामराज द्वारा द्रविड़ राजनीति में छोड़े गए खाली स्थान को किसी और ने नहीं बल्कि सी. अन्नादुरई, जिन्होंने 1967 में कांग्रेस पार्टी को हराया था, ने भरा। अन्ना द्वारा मद्रास राज्य का नाम बदलकर तमिलनाडु रखना भी तमिल जातीय और भाषायी गौरव का संकेत था।

~

एसआरसी रिपोर्ट ने पृथक द्रविड़स्थान की माँग के अन्त का भी संकेत दिया, जो 1956 में होने वाले राज्यों के भाषायी पुनर्गठन के साथ ही काफ़ी कमज़ोर हो गई थी। द्रविड़ पहचान के लिए आन्दोलन का नेतृत्व जस्टिस पार्टी ने किया, जो बाद में द्रविड़ कज़गम में रूपांतरित हो गई। पार्टी की स्थापना 1916 में डॉ. सी. नटेसा मुदलियार,

टी.एम. नायर और पी. त्यागराय चेट्टी ने—ब्राह्मणों के वर्चस्व के ख़िलाफ़ की थी। जिनकी पकड़ न सिर्फ़ सरकार में, बल्कि राजनीतिक, सामाजिक और मीडिया संगठनों में थी। यद्यपि ब्राह्मण कुल जनसंख्या का केवल 3 प्रतिशत हिस्सा थे, फिर भी कांग्रेस, बार एसोसिएशन, होम रूल आन्दोलन और यहाँ तक कि थियोसोफिकल सोसायटी में भी मज़बूत पकड़ रखने के अलावा वे सभी वरिष्ठ सरकारी और न्यायिक नियुक्तियों का 85 प्रतिशत से अधिक पर क़ाबिज़ थे! मोंटेग्यू-चेम्सफोर्ड सुधारों के तहत आयोजित हुए चुनावों का कांग्रेस द्वारा बहिष्कार करने का लाभ उठाते हुए, जस्टिस पार्टी ने 1920 से 1937 के बीच पाँच में से चार बार सरकार बनाई। उनके कार्यकाल के दौरान सरकारी नौकरियों में आरक्षण की शुरुआत और शिक्षा में सुधार हुए—अन्नामलाई और आन्ध्र विश्वविद्यालयों की स्थापना भी इसी दौरान की गई। यहाँ यह बताना उचित होगा कि मद्रास विश्वविद्यालय ब्राह्मणों का गढ़ था।

जस्टिस पार्टी के सबसे प्रमुख नेता ई.वी. रामास्वामी पेरियार थे, जिन्होंने 1919 में कांग्रेस से अपने राजनीतिक जीवन की शुरुआत की, लेकिन छह वर्षों बाद तब इस्तीफ़ा दे दिया जब उन्होंने महसूस किया कि कांग्रेस में ब्राह्मणों का बहुत अधिक प्रभुत्व था। उन्होंने 1924 में वायकॉम सत्याग्रह में प्रतिभाग किया था लेकिन उन्होंने अनुभव किया कि कांग्रेस सामाजिक सुधारों से अधिक राष्ट्रीय मुद्दों को प्राथमिकता दे रही थी, परन्तु उनके लिए एक ऐसा समाज अधिक महत्त्वपूर्ण था जो समानता, आत्म-सम्मान और जातीय एवं लैंगिक बराबरी पर आधारित हो। उनके नेतृत्व में, परतू का हिन्दू-विरोधी एवं ब्राह्मण-विरोधी एजेंडा इतना प्रमुख हो गया था कि पेरियार ब्रिटिश राज के प्रति निष्ठावान और सीधे भारत सचिव के अधीन एक अलग द्रविड़स्तान की माँग की हद तक पहुँच गए थे।

हालाँकि यह स्पष्ट हो गया कि अंग्रेज़ भारत छोड़ने के लिए प्रतिबद्ध थे, इसलिए उन्होंने एक सम्प्रभु द्रविड़ गणराज्य की माँग की, जो प्रकृति में संघीय होगा, जिसमें भाषायी विभाजन के अनुरूप चार इकाइयाँ (मद्रास, केरल, मैसूर और आन्ध्र) होंगी और इनमें से प्रत्येक के पास अवशिष्ट शक्तियों के साथ ही इन्हें आन्तरिक प्रशासन की भी स्वायत्तता होगी। पहले, पेरियार साम्यवाद के साथ भी सम्बन्ध जोड़ चुके थे—ख़ास कर कि 1930 के दशक की शुरुआत में जब उन्होंने सोवियत संघ का दौरा किया और कम्यूनिस्ट पार्टी ऑफ़ सोवियत यूनियन के विदेश विभाग का आतिथ्य प्राप्त किया। लेनिन के मकबरे, अजरबैजान में बाकू के तेल क्षेत्र, जॉर्जिया में पनबिजली स्टेशन और मॉस्को ऑटोमोटिव एंटरप्राइज़ की विशाल असेम्बली लाइन और डाइनिंग एरिया, जहाँ समान भोजन प्रचुर मात्रा में था,

वह सोवियत संघ की बाक़ी यूरोप में 'ग्रेट डिप्रेशन' के विपरीत परिस्थितियों से प्रभावित थे। उन्होंने मई दिवस समारोह को देखा और भारतीय साम्यवादी नेता अबनी मुखर्जी के साथ सम्पर्क स्थापित किया। उनकी वापसी पर, पेरियार ने अपने स्वाभिमान आन्दोलन के सदस्यों को 'महा गणम', 'श्री', 'थिरु' और 'थिरुमति' जैसी पारम्परिक उपाधियों को उपसर्ग की तरह इस्तेमाल करने से रोका और इनके बजाय 'थोझर' या 'कॉमरेड' इस्तेमाल करने का आग्रह किया। हालाँकि, जब 1934 में सीपीआई को प्रतिबन्धित किया गया, तो उन्होंने यह घोषणा करते हुए अपना रास्ता बदल लिया कि वह अपने समाजवादी कार्यक्रम को आत्म-सम्मान आन्दोलन के हित में वापस ले रहे हैं। क्योंकि सीपीआई का नेतृत्व 'ब्राह्मणवादी' था, हो सकता है कि इस तथ्य का भी इस निर्णय में योगदान रहा हो।

अन्ना की राजनीति

सी. अन्नादुरई 1935 में जस्टिस पार्टी में शामिल हुए और उनके वक्तृत्व और लेखन कौशल ने पेरियार का ध्यान आकर्षित किया। पेरियार ने अन्ना को उनकी *कुडियारासु* पत्रिका के सहायक सम्पादक के रूप में नियुक्त किया। वे नास्तिकता, तर्कवाद और जाति उन्मूलन के लिए एकजुट हुए। 1944 तक, अन्ना ने एक अलग देश के पक्ष में प्रचार करने के लिए उनकी साप्ताहिक पत्रिका द्रविड़ नाडु शुरू की। 1944 में इनके सेलम सम्मेलन में, अन्ना ने जस्टिस पार्टी को पुन: द्रविड़ कज़गम के रूप में नामांकित करने के लिए एक प्रस्ताव पेश किया। हालाँकि, दोनों नेता अलग हो गए, जिसके बाद अन्ना ने 1949 में अपनी राजनीतिक पार्टी—द्रविड़ मुनेत्र कज़गम (डीएमके) की स्थापना की। अलग होने का कारण पेरियार का भारतीय स्वतंत्रता पर मत था। पेरियार ने यह रुख अपनाया कि भारतीय स्वतंत्रता केवल अंग्रेज़ों से ब्राह्मण डकैतों के पास (सत्ता का) हस्तान्तरण थी। हालाँकि, अन्ना ने जनता के मिज़ाज को समझा और आज़ादी को अंग्रेज़ों से मुक्ति के दिन के रूप में स्वीकार किया। उन्होंने 'आत्मनिर्णय' शब्द का प्रयोग किया, ताकि राजनीतिक मोलभाव की सम्भावना बरकरार रहे। अपनी द्रविड़ पहचान को उजागर करते समय, उन्होंने यह भी स्वीकार किया कि द्रविड़ भारत का हिस्सा था। 1962 में राज्य सभा में अपने पहले भाषण में उन्होंने कहा, 'मैं दावा करता हूँ सर, कि मैं एक ऐसे देश/ऐसी जगह से आया हूँ जो अब भारत का हिस्सा है, लेकिन मुझे लगता है कि वह एक भारत का हिस्सा होते भी इसके बाक़ी हिस्सों से भिन्न है...मैं द्रविड़ जाति से सम्बन्धित हूँ। मुझे ख़ुद को द्रविड़ियन कहने में गर्व है।

इसका यह मतलब नहीं है कि मैं किसी बंगाली या मराठी या गुजराती के ख़िलाफ़ हूँ। मैं कहता हूँ कि मैं द्रविड़ जाति से सम्बन्धित हूँ और ऐसा केवल इसलिए है क्योंकि मैं मानता हूँ कि द्रविड़ों के पास बड़े पैमाने पर राष्ट्र को देने के लिए कुछ ठोस, कुछ विशिष्ट, कुछ अलग है। इसलिए, ऐसा है कि हम आत्मनिर्णय चाहते हैं।'[5] लेकिन अक्टूबर 1962 में चीन के आक्रमण के बाद उन्होंने अपना रुख बदल लिया। भारत-चीन युद्ध के बाद, अन्नादुरई ने कहा, 'जब देश संकट में है, तो ऐसे में हमारे द्वारा अलगाववाद की वकालत करना विदेशियों को रास्ता देने जैसा होगा।'

इसके बाद, डीएमके ने अलग देश की अपनी माँग को पीछे छोड़ दिया और अपना ध्यान राज्यों के लिए अधिक स्वायत्तता प्राप्त करने पर स्थानान्तरित कर दिया। हालाँकि, सीपीआई के एक प्रमुख गुट ने सीमा के मुद्दे पर चीन के दृष्टिकोण का समर्थन करना जारी रखा। सीपीआई के वर्तमान और डीएमके के पुराने रिकॉर्ड के कारण ही, संविधान में सोलहवाँ संशोधन किया गया।

16वें संवैधानिक संशोधन विधेयक के संलग्न उद्देश्यों और कारणों में लिखा गया, 'राष्ट्रीय एकीकरण और क्षेत्रवाद समिति (committee on national intergration and Regionalism) ने सिफ़ारिश की है कि संविधान के अनुच्छेद 19 को संशोधित किया जाना चाहिए ताकि संघ की अखंडता और सम्प्रभुता के संरक्षण के लिए पर्याप्त शक्तियाँ उपलब्ध हो सके'। इसने यह भी निर्धारित किया कि राज्य विधानमंडल या संघीय संसद की सदस्यता के लिए प्रत्येक उम्मीदवार को संविधान का समर्थन करने, संघ की अखंडता और सम्प्रभुता के संरक्षण के स्वयं को प्रतिज्ञाबद्ध करना चाहिए, और तीसरी अनुसूची में शपथ के प्रपत्रों को उपयुक्त रूप से संशोधित किया जाना चाहिए। संयोग से, समिति के अध्यक्षत सी.पी. रामास्वामी अय्यर,[6] जिन्होंने त्रावणकोर के दीवान के रूप में, ब्रिटिश शासन के जारी रहने के लिए ज़मीन और आसमान एक कर रखा था और नरेन्द्र मंडल को भी उनकी स्वतंत्रता की घोषणा करने के लिए उकसाया था। सोलहवें संशोधन के प्रभाव में आने के तुरन्त बाद ही, डीएमके ने स्वतंत्र द्रविड़ नाडु की अपनी माँग छोड़ दी बावजूद इसके कि संसद में संशोधन का विरोध करने वाली वह एकमात्र पार्टी थी।

अन्ना : उपमा के महारथी

'एक भस्म विहीन हिन्दू, पवित्र क्रॉस विहीन ईसाई, और बिना नमाजी टोपी के एक मुस्लिम के'[7] रूप में ख़ुद को वर्णित करने वाले अन्ना, सिर्फ़ चतुर और रणनीतिक ही नहीं, बल्कि उपमा के भी महारथी थे। 26 जनवरी, 1965 को जब अंग्रेज़ी को

बरकरार रखने की पन्द्रह वर्ष की अवधि समाप्त हुई, उन्होंने 'Down with Hindi, Long Live the Republic' (हिन्दी मुर्दाबाद, गणतंत्र अमर रहे) का नारा दिया। इस तरह वो अपने राज्य के साथ ही भारत के व्यापक राजनीतिक श्रोताओं को सम्बोधित कर रहे थे, जिससे उन्होंने देश के लिए प्रेम और हिन्दी के लिए प्रेम के बीच अन्तर स्पष्ट करने की कोशिश की, और यह मत रखा कि दोनों को साथ-साथ ही चलना चाहिए। इसमें उन्हें कई अन्य ग़ैर-हिन्दी-भाषी राज्यों से समर्थन प्राप्त हुआ। इसके विपरीत, एम. भक्तवत्सलम जनता के मिजाज को भाँप नहीं सके और बढ़ती तमिल समर्थक भावना से समझौता करने की बजाय, अन्ना के आन्दोलन पर ऐसे समय में ईशनिन्दा की तरह हमला किया जब वहाँ शायद ही कोई हिन्दी के अनुयायी थे। वास्तव में, उनके द्वारा अन्ना की आलोचना ने सन्तुलन को द्रविड़ पार्टी के पक्ष में झुका दिया और, 1967 के बाद, राज्य को द्रविड़ पार्टी के किसी एक गुट द्वारा ही शासित किया गया।

यहाँ फिर से, यह ध्यान रखना महत्त्वपूर्ण है कि डीएमके सिर्फ़ सी. राजगोपालाचारी के ज़ोरदार समर्थन से विजयी हो सकी, जो कांग्रेस के साथ ही उनके हिन्दी समर्थक रुख से दूर हो गए थे, और जिन्होंने यह सुनिश्चित किया कि कांग्रेस विरोधी वोट विभाजित न हों।

सत्ता में आते ही, अन्ना ने तुरन्त 'स्वाभिमान विवाह'[8] को क़ानूनी मान्यता दे दी, पहली बार : इससे विवाह करने के लिए ब्राह्मण पुजारी की उपस्थिति की आवश्यकता अनिवार्य नहीं थी। उन्होंने साधारण, अन्तर्जातीय विवाहों को प्रोत्साहित किया। वह ऐसे पहले व्यक्ति भी थे जिन्होंने चुनावी वायदे के रूप में चावल पर सब्सिडी की पेशकश की और, कई मायनों में, यह राष्ट्रीय खाद्य सुरक्षा अधिनियम[9] का अग्रगामी भी था। तमिल पर दो विश्व सम्मेलन आयोजित करने के अलावा, उन्होंने सरकारी कार्यालयों से सभी देवी-देवताओं और अन्य धार्मिक प्रतीकों की छवियों को हटाने का आदेश जारी किया। यद्यपि तम्बाकू चबाने की आदत के कारण उनकी सेहत ख़राब हो गई थी, फिर भी चिकित्सकीय सलाह के विपरीत, उन्होंने जनसभाओं को सम्बोधित करना जारी रखा और 10 सितम्बर, 1968 को उन्होंने आख़िरी साँस ली। गिनीज बुक ऑफ़ रिकॉर्ड्स ने इस तथ्य की पुष्टि की है कि, उस समय तक किसी अन्तिम संस्कार के लिए उपस्थित होने वाले लोगों की यह सबसे बड़ी संख्या थी!

~

जयचामाराजेन्द्र वाडियार

मद्रास में हिन्दी-विरोधी आन्दोलन के उथल-पुथल भरे काल के दौरान, जयचामाराजेन्द्र वाडियार,[10] मद्रास के राज्यपाल थे। इससे पहले वह मैसूर के राज प्रमुख और महाराज रह चुके थे।

1940 से मैसूर के शासक होने के नाते, उन्होंने अपना साम्राज्य 1947 में भारतीय अधिराज्य को सौंप दिया, लेकिन 1950 में भारत के गणराज्य बनने तक महाराजा के रूप में बने रहे। 1950 से 1956 तक वे मैसूर के राज प्रमुख थे। उनकी प्रतिष्ठा का मान रखते हुए, राज्यों के भाषायी आधार पर पुनर्गठन के बाद भी, उन्हें 1956 में एकीकृत मैसूर का राज्यपाल नियुक्त किया गया, वे 1964 तक इस पद पर बने रहे, जिसके बाद उन्हें दो वर्षों के लिए मद्रास राज्य (अब तमिलनाडु) का राज्यपाल नियुक्त किया गया।

भारत की लोकतांत्रिक राजनीति में वाडियार वंश की स्वीकार्यता सबसे बेहतर उनके राजवंश के मूल सिद्धान्तों द्वारा स्पष्ट होती है—राजनीतिक समावेश, प्रबुद्ध शासन, सक्रिय सुधार जो सामाजिक अशान्ति की किसी भी सम्भावना का पूर्वानुमान करके उसका समाधान कर सके। इस प्रकार, 1882 से मैसूर में एक प्रतिनिधि सभा थी। हालाँकि, मताधिकार सीमित और शक्तियाँ न्यूनतम थीं, लेकिन इससे यह भारत की सबसे अधिक प्रगतिशील देशी रियासत के रूप में जानी गई।

मैसूर ही वह पहला राज्य था जिसने अधिवास और जाति आधारित आरक्षण की अनुमति दी थी : पहली माँग मैसूर के ब्राह्मणों ने की, जिन्हें मद्रास के ब्राह्मणों से प्रतिस्पर्धा करने में कठिनाई महसूस हो रही थी, जिनका 1920 तक राज्य सिविल सेवा के ऊपरी स्तर पर एकाधिकार था। इससे जल्द ही अन्य समूहों से भी माँगें उठने लगी। जब वाडियार IV ने जस्टिस मिलर समिति[11] को पिछड़े वर्गों (जिसमें ब्राह्मणों, आंग्ल भारतीय[12] और यूरोपीय के अलावा सभी थे) के लिए आरक्षण के मुद्दे की जाँच के लिए गठित किया गया, मैसूर के दीवान विश्वेश्वरैया[13] ने पिछड़े वर्गों को आरक्षण के ख़िलाफ़ विरोध करते हुए अपने पद से इस्तीफ़ा दे दिया। हालाँकि, मिलर समिति ने दीर्घावधि में 75 प्रतिशत आरक्षण और पिछड़े वर्गों के लिए न्यूनतम 50 प्रतिशत पद सुनिश्चित करने के लिए समयबद्ध कार्यक्रम की सिफ़ारिश की। इस प्रकार, मंडल आयोग की सिफ़ारिशों के लागू होने से सात दशक पहले ही, महाराजा कृष्णराज वाडियार IV ने लोक सेवा के दरवाज़े जाति पदानुक्रम में निम्न प्रतिष्ठित वर्गों के लिए खोल दिये थे।

अलुरु वेंकट राव : कन्नड़ कुल पुरोहित

इस बीच, कर्जन के बंगाल विभाजन के ख़िलाफ़ जन-उभार का अखिल-भारतीय प्रभाव हुआ, और भाषायी समूहों ने हर जगह अपने आन्दोलन शुरू कर दिये। इसने मैसूर के बाहर रहने वाली कन्नड़-भाषी आबादी को भी अलुरु वेंकट राव[14] के नेतृत्व में एकजुट होने को प्रेरित किया। उन्होंने कर्नाटक को एकजुट करने के लिए एक आन्दोलन का आह्वान किया। 'कन्नड़ कुल पुरोहित' या 'high priest of the Kannada family' के रूप में लोकप्रिय, उन्होंने मद्रास और बम्बई प्रेसीडेंसी के सभी कन्नड़ क्षेत्रों को मैसूर में एकीकृत करने की वकालत, सिवाय उनके जो हैदराबाद के निज़ाम के अधीन थे, की। इस माँग को तब और प्रोत्साहन मिला जब 1928 में एक अलग कर्नाटक राज्य के विचार की पुष्टि मोतीलाल नेहरू के नेतृत्व वाली कांग्रेस समिति द्वारा की गई। इसके अनुसार, सभी कन्नड़-भाषी क्षेत्रों के लिए 'प्रथम दृष्टया एकीकरण का यह सशक्त मुद्दा' था, और ऐसा विश्वास था कि आर्थिक रूप से भी कर्नाटक सशक्त प्रान्त बन सकता था।

हालाँकि, यह दिलचस्प है कि कहीं और के भाषा आन्दोलनों के विपरीत, जो बाहरी बलि का बकरा ढूँढते हैं, अलुरु वेंकट राव ने निगाहों को अन्दर की ओर मोड़ा। वे चाहते थे कि कन्नड़ लोग अपनी कमियों का आँकलन साम्राज्यवादी शक्ति की व्यापक विजय के विरुद्ध नहीं, बल्कि ख़ुद भारत के भीतर ही अन्य भाषायी राष्ट्रवादियों की सफलता के विरुद्ध करें। 1920 में अलुरु वेंकट राव की पीड़ा भरी पुकार, 'हमारा कोई इतिहास नहीं है! हमारा भी इतिहास होना चाहिए!'[15] में निहित था कि कन्नड़ लोग केवल इतिहास के पुनर्निर्माण के माध्यम से ही अपनी पहचान और उनके योगदान को भारतीय इतिहास में पा सकते थे। उन्होंने इस बात पर खेद जताया कि उनका यह प्रयास बंगाली, मराठी और हिन्दी समकक्षों के पाँच दशक बाद शुरू हुआ, जब उनके समकक्ष अपने नायक और ऐतिहासिक जीतों को भारतीय राष्ट्रवादी आख्यान का हिस्सा बना चुके हैं।

फिर भी यह ज़रूर दर्ज किया जाना चाहिए कि कन्नड़ पहचान को आकृति देने की प्रेरणा मैसूर से नहीं, बल्कि बम्बई कर्नाटक क्षेत्र से मिली, जहाँ मराठी राष्ट्रीय पहचान को प्रबल किया जा रहा था। यह आर.एच. देशपांडे थे,[16] जिन्होंने कन्नड़ के पुनरुत्थान के लिए प्रयास किये, वो भी एक ऐसे क्षेत्र में जहाँ प्रशासन की भाषा मराठी थी। दूसरी ओर, मैसूर को सम्पूर्ण औपनिवेशिक काल के दौरान अपनी शासन कला और औद्योगीकरण की उपलब्धियों के लिए जाना गया।

कन्नड़ आन्दोलन में दरार : मैसूर या कर्नाटक?

मैसूर के भारत में विलय के साथ, कन्नड़ आन्दोलन में स्पष्ट विभाजन हो गया था। मैसूर के लोगों ने महसूस किया कि वे लगभग सभी क्षेत्रों : शिक्षा और संस्कृति, कृषि और उद्योग, स्वास्थ्य और शिक्षा में अधिक उन्नत थे। उन्हें अहसास हुआ कि बेल्लारी के छह ताल्लुकों के साथ शुरु होने वाला 'पिछड़े क्षेत्रों' का विलय, वास्तव में राजकोष के लिए नुक़सानदेह साबित होगा। वे चाहते थे कि मैसूर के बाहर कन्नड़-भाषी क्षेत्रों को एक अन्य कन्नड़-भाषी राज्य के रूप में गठित किया जाए। इस बदलती सोच को सबसे बेहतर डी.वी. गुंडपा (डीवीजी)[17] द्वारा दर्शाया गया है। 1944 में बैंगलोर के सेंट्रल कॉलेज के कर्नाटक संघ राजोत्सव में, उन्होंने कन्नड़-भाषी क्षेत्रों को एक, दो या अधिक राज्यों में समेकित करने की माँग की। हालाँकि, 1955 में एसआरसी के समय तक, डीवीजी एकल कर्नाटक के कट्टर विरोधी बन गए थे। कर्नाटक और मैसूर के दो राज्यों वाले विचार का समर्थन करने के साथ, भाषायी एकीकरण का विरोध करने वाले अन्य लोगों में पूर्व दीवान विश्वेश्वरैया और एम. मिर्ज़ा इस्माइल[18], एम.पी.एल. शास्त्री जैसे विद्वान, ए.जी. रामचन्द्र राव और टी. चन्नैया (जो पहले एकीकरण का भी समर्थन कर चुके थे) जैसे कांग्रेसी, और वोक्कालिगारा एवं कुरुबा संघ जैसे जातीय संस्थाओं के सदस्य भी थे। सांस्कृतिक 'राजशाही', ग़ैर-प्रमुख जातियों और टेक्नोक्रेट-प्रशासकों का यह वर्ग मैसूर की दुर्जेय छवि को एक 'आदर्श' राज्य के रूप में संरक्षित करना चाहता था और कन्नड़-भाषी लोगों के भाषायी समेकन को रोकने की कोशिश कर रहा था।

हालाँकि, एसआरसी की सिफ़ारिशों के अनुसार, 74,000 वर्ग मील और दो करोड़ लोगों वाला एक नया राज्य, पृथक एवं अनिच्छुक निकायों : पूर्ववर्ती मैसूर राज्य, बम्बई, मद्रास, हैदराबाद के कन्नड़-भाषी क्षेत्रों और कुर्ग की देशी रियासत, से अलग करके गठित किया गया। यह वास्तव में दोनों के लिए अभूतपूर्व क्षण था, कर्नाटक के इतिहास में भी और स्वतंत्र भारतीय राष्ट्र राज्य के संक्षिप्त इतिहास में भी। उन दिनों कांग्रेस का अनुशासन ऐसा था कि एस. निजलिंगप्पा, सी. हनुमंथैया और देवराज उर्स के मतभेद चाहे जितने भी क्यों न हों, लेकिन तीनों दिग्गज सार्वजनिक रूप से मंच पर एक साथ नज़र आते थे।

दिलचस्प यह है कि निजलिंगप्पा लिंगायत थे, हनुमंथैया वोक्कालिगा थे और देवराज उर्स एक अरुसु थे, जो वाडियारों के विस्तृत कुल के सदस्य थे। यद्यपि लिंगायत और वोक्कालिगा (गौड़ा) दोनों कन्नड़-भाषी थे, फिर भी उनके बीच बहुत अधिक मतभेद थे। यहाँ तक कि एसआरसी ने भी टिप्पणी की कि :

> यह अनुमान लगाया गया है कि लिंगायत या वीरशैव मैसूर के बाहर कन्नड़-भाषी क्षेत्रों में जनसंख्या का लगभग 30% से 40% हिस्सा हैं। इसी तरह कन्नड़ लोगों का वोक्कालिगा कहलाने वाला दूसरा महत्त्वपूर्ण खंड भी मैसूर की आबादी का 29% से थोड़ा कम हिस्सा हैं। एकीकृत कर्नाटक में, ऐसा अनुमानित है कि 20% से थोड़ी अधिक आबादी शायद लिंगायतों की होगी, 13% से 14% के बीच वोक्कालिगा और तक़रीबन 17% से 18% हरिजन होंगे। इसलिए यह साफ़ है कि कोई भी एक समुदाय प्रमुख नहीं होगा।

इस जनसांख्यिकीय परिवर्तन का पहला और सबसे तात्कालिक प्रभाव यह था कि हनुमंथैया केन्द्रीय मंत्रिमंडल में चले गए, निजलिंगप्पा को नई मैसूर विधान सभा द्वारा पहले मुख्यमंत्री के रूप में चुने जाने के लिए रास्ता बनाते हुए, जो बम्बई, मद्रास, कुर्ग, हैदराबाद और पुराने मैसूर के पूर्व विधान सभा सदस्यों से मिलकर बनी थी।

पुराने नाम को बरकरार रखने के सम्बन्ध में, दृष्टिकोणों के अन्तर को देखना दिलचस्प है। निजलिंगप्पा ने अपने संस्मरणों में लिखा है :

> कर्नाटक नाम स्वीकार किया जा सकता था अगर मैंने नाम बदलने के लिए दबाव बनाया होता तो, लेकिन मैं अनावश्यक रूप से किसी भी भावना को ठेस नहीं पहुँचाना चाहता था। वह आदमी जो सबसे खुले तौर पर पुराने नाम को जारी रखना चाहता था, और कर्नाटक को स्वीकार नहीं करता था, देवराज उर्स था, जो बाद में मुख्यमंत्री बने और फिर उन्होंने अपने राजनीतिक लाभ के लिए इसका नाम बदलकर कर्नाटक कर दिया।[19]

यहाँ यह उल्लेख करना आवश्यक है कि उनके संस्मरण घटना के दो दशक बाद लिखे गए थे। तब तक, एक ओर जहाँ निजलिंगप्पा का सितारा अस्त हो रहा था, वहीं उर्स के सितारे अपने उरुज पर थे। यह सच है कि उर्स के मुख्यमंत्री बनने के बाद उनकी सबसे पहली कार्रवाइयों में 1 नवम्बर, 1973 को राज्य का नाम 'मैसूर' से बदलकर 'कर्नाटक' करना था। सचाई यह है कि 1956 में ही नाम बदलकर 'कर्नाटक' रखना तार्किक होता क्योंकि विस्तृत राज्य की ज़्यादातर आबादी मैसूर के बाहर रहती थी, और कांग्रेस ने इन्हें 'कर्नाटक प्रदेश कांग्रेस समिति' के रूप में वर्णित किया था।

हालाँकि, विलय के समय, मैसूर से बाहर के व्यक्ति (एस. निजलिंगप्पा) ने पूर्व मैसूर रियासत में रहने वाले अल्पसंख्यकों की भावनाओं को आत्मसात करने के लिए 'मैसूर' नाम बरकरार रखा। उसके लगभग दो दशकों बाद, मैसूर राजपरिवार

से सम्बन्धित देवराज उर्स ने इसका नाम बदलकर 'कर्नाटक' रखने का फ़ैसला लिया। उर्स के इस क़दम के पीछे हाल ही में इस राज्य में शामिल हुए लोगों के हितों को नये कर्नाटक की राजनीति में प्रमुखता देने की मंशा थी। ख़ासकर उनके द्वारा आक्रामक भूमि सुधार नीति को लागू किये जाने के बाद इस पर अधिक बल दिया गया। इसकी बुनियाद 1961 में कदीदल मंजप्पा[20] द्वारा रखी गई थी, जो पुराने मैसूर में उसकी चिह्नित भूमि अधिकारों की असमानताओं में पले-बढ़े थे। इस क़ानून की अपनी कमियों के साथ ही सरकार की इच्छाशक्ति की कमी की वजह से इस क़ानून का प्रभाव बहुत सीमित हुआ। लेकिन देवराज उर्स ने इसी क़ानून के तहत बहुत मज़बूत क़दम उठाए, क्योंकि वह ज़मीन से जुड़े काश्तकारों के बीच नई राजनीतिक ज़मीन तैयार कर रहे थे। इसलिए पट्टेदारी वाली सम्पूर्ण भूमि सरकार को हस्तान्तरित कर दी गई। और अब काश्तकारों को सरकार द्वारा ही ज़मीन मुहैया करने की व्यवस्था की गई। संशोधन अधिनियम ने भूमि किराये पर देने पर रोक लगा दी, बंटाईदारी का उन्मूलन कर दिया और विभिन्न श्रेणियों की भूमि के लिए सीमाएँ निर्धारित कर दी गई।

कन्नड़ सिनेमा और पहचान

हालाँकि, पश्चदृष्टि के लाभ के साथ, यह ज़रूर ध्यान रखा जाना चाहिए कि जबकि निजलिंगप्पा[21] पहले मुख्यमंत्री बने और उर्स ने राज्य के पुन: नामकरण का श्रेय लिया, लेकिन यह हनुमंथैया[22] के निरन्तर प्रयास ही थे जिन्होंने कर्नाटक की नींव रखी थी। एक ओर उनकी राज्य की विभिन्न 'संस्कृतियों' की समझ, वहीं दूसरी ओर उनके विकास विमर्श ने एकीकरण का माहौल और पृष्ठभूमि तैयार की। दोनों विचारों में से, राज्य ने विकास के विमर्श को चुना : जिसमें 'मैसूर को भूमीबद्ध करने वाली 200 मीलों की तटरेखा, भटकल, मालपे और कारवार के तीन मूल्यवान बन्दरगाह; नये शहर; फ़सलें; उत्तरी कर्नाटक की नदियों और झरनों की सम्भावित जलविद्युत बाँध स्थलों की क्षमता थे।'[23] पहले विचार को नकार दिया गया, क्योंकि विलय के तुरन्त बाद ही, एच.आर. ग़फ़्फ़ार ख़ान की तरह परेशान आठ लाख उर्दू बोलने वाले पुराने मैसूरवासियों के भाषायी दावे की व्यवस्थित रूप से अवहेलना की गई। इस मुद्दे पर, राज्य की चुप्पी का मुक़ाबला सिनेमा की आवाज़ों द्वारा किया गया। राज्यों के भाषायी पुनर्गठन के परिणामस्वरूप, तमिलनाडु, कर्नाटक और आन्ध्र प्रदेश के सिनेमाई दिग्गज लोगों के राजनीतिक जीवन को एक समानान्तर राज्य के रूप में दर्शाने लगे। इस प्रकार, कन्नड़ सिनेमा की भूमिका,

प्रमुख रूप से 1956 के बाद की प्रस्तुतियों में; जो दौर राजकुमार के बहुत बड़े सुपरहीरो के रूप में उभरने के समानान्तर है, ने भी कन्नड़-भाषी राज्य की लोकप्रिय माँग की अभिव्यक्ति में कम योगदान नहीं दिया था।

~

त्रावणकोर-कोच्चि संघ

जब महात्मा गांधी के पोते, डॉ. एस. राधाकृष्णन के नाती और पश्चिम बंगाल के पूर्व राज्यपाल गोपालकृष्ण गांधी[24] को 'केरल और गांधी' विषय पर बोलने को कहा गया, तो उनकी पहली टिप्पणी थी कि "इस शीर्षक 'केरल और गांधी' में एक परिभाषात्मक दोष है, क्योंकि वर्तमान में हम इसे जिस रूप में जानते हैं, वैसा यह महात्मा गांधी के समय में अस्तित्व में नहीं था। उस समय त्रावणकोर और कोच्चि की रियासतों के साथ मालाबार भी था।"

मालाबार[25] मद्रास प्रेसीडेंसी का मलयालम-भाषी हिस्सा था, जिसे आज़ादी के बाद मद्रास राज्य के नाम से बदल दिया गया। एक्य केरल[26] आन्दोलन द्वारा राज्य पुनर्गठन आयोग को सौंपे गए ज्ञापन में जिस एकल इकाई की वकालत की गई थी, वो इन तीनों इकाइयों से मिलकर बनता था। हालाँकि, यह भावना निर्विरोध नहीं थी, क्योंकि ऐसे लोग भी बड़ी संख्या में थे जो मद्रास के साथ समामेलन को प्राथमिकता देते थे। वास्तव में, ऐसे कई सारे विकल्प थे, जिसमें से तमिल, तेलुगु, कन्नड़ और मलयालम की प्रमुखता वाले चार भाषायी क्षेत्रों को मिलाकर एक दक्षिण प्रदेश बनाने का विकल्प भी था। जबकि मैसूर और आन्ध्र के अपने भाषायी राज्य थे, मद्रास के साथ मालाबार के सम्बन्ध को मद्‌देनज़र रखते हुए, त्रावणकोर-कोचीन और मद्रास के विलय की भी एक सम्भावना थी, और ऐसा प्रतीत होता है कि योजना आयोग और मद्रास के गवर्नर के बीच इस विषय पर गम्भीर पत्राचार हुआ था।

इस प्रकार वी.टी. कृष्णमाचारी,[27] योजना आयोग[28] के उपाध्यक्ष ने श्री प्रकाश, मद्रास के गवर्नर को नवम्बर, 1955 में लिखा : 'शायद मद्रास और केरल के एकीकरण करने में बहुत देर हो चुकी है। मेरा राजनीतिक पहलुओं से सरोकार नहीं है : लेकिन निश्चित तौर पर ऐसा संयुक्त राज्य आर्थिक दृष्टिकोण से दोनों क्षेत्रों के लिए अत्यधिक लाभदायक सिद्ध होगा।'[29] कृष्णमाचारी ने गृह मंत्री जी.बी. पंत को भी पत्र लिखा, 'राज्यों के विलय या सहयोग के अन्य रूपों के प्रस्ताव विकास

की दिलचस्प सम्भावनाओं को प्रस्तुत करते हैं, जिन पर काम किया जाना चाहिए। एक केस स्टडी के तौर पर, मद्रास और त्रावणकोर-कोच्चि से सम्बन्धित प्रस्तावों के कुछ पहलुओं का हाल ही में योजना आयोग द्वारा परीक्षण किया गया है।' बेशक, गृह मंत्री अधिक मितभाषी थे, क्योंकि उन्होंने कहा, 'जब तक पर्याप्त जनसमर्थन प्राप्त नहीं होता, मुझे सन्देह है कि इस अवस्था में कुछ भी हासिल हो सकता है'।

स्वतंत्रता के बाद, राज्य मंत्रालय त्रावणकोर और कोच्चि की रियासतों को एक संघ में मिलाने के लिए प्रतिबद्ध था। जबकि त्रावणकोर और कोच्चि, दोनों के लोग एक ही जाति के थे, एक ही भाषा बोलते थे और एक ही सांस्कृतिक सम्बन्ध साझा करते थे, फिर भी उनमें कुछ स्पष्ट मतभेद भी थे। कोच्चि एक 'प्रगतिशील राज्य' रहा था, जबकि त्रावणकोर अधिक रूढ़िवादी और 'परिवर्तन-प्रतिरोधी' था। कोच्चि में 1925 से निर्वाचित बहुमत वाली एक प्रभावी विधान परिषद थी और संविधान सभा में अपने प्रतिनिधि को भेजने वाला पहली रियासत होने के साथ ही भारतीय अधिराज्य में शामिल होने वाले पहले राज्यों में से था। त्रावणकोर को ऐक्सेशन के लिए बाध्य करना पड़ा था।

~

वाइकॉम सत्याग्रह

त्रावणकोर में 1924 का प्रसिद्ध वाइकॉम सत्याग्रह[30] भी हुआ था। मुद्दा वाइकॉम में प्रसिद्ध शिव मन्दिर के प्रवेश द्वार की ओर जाने वाली सड़कों पर आवाजाही की आज़ादी का था। इस सत्याग्रह को सिर्फ़ राज्य में समाज के सभी वर्गों का समर्थन ही प्राप्त नहीं हुआ, बल्कि पंजाब का एक अकाली प्रतिनिधिमंडल भी इस विरोध आन्दोलन में शामिल हुआ। महात्मा ने भी इस आन्दोलन को पूर्ण समर्थन दिया और कहा, 'इस तर्क के युग में, इस सार्वभौमिक ज्ञान के युग में, शिक्षा और तुलनात्मक धर्मशास्त्र के इस युग में...अस्पृश्यता मानवता के साथ ही हिन्दू धर्म पर भी एक धब्बा है। यह तर्क की कसौटी पर खरी नहीं उतर सकती'।[31] इक्कीस महीनों तक चलने वाले आन्दोलन के बाद, सभी सार्वजनिक सड़कों और गलियों को जाति की परवाह किये बिना, सभी हिन्दुओं के लिए खोल दिया गया, एवं महात्मा ने इसे 'स्वतंत्रता की आधारशिला' कहा था। हालाँकि, 12 नवम्बर, 1936 की प्रसिद्ध मन्दिर प्रवेश उद्घोषणा के बाद ही सभी क्षेत्रों (मन्दिर स्थलों) को हर

हिन्दू के लिए खोल दिया गया। त्रावणकोर पर शासन करने वाले अन्तिम राजा, चिथिरा थिरुनाल बलराम वर्मा, के इस क़दम की वजह से महात्मा गांधी के साथ ही देश-भर ने उनकी प्रशंसा का जयघोष किया।

हालाँकि, उनके प्रधानमंत्री, सर सी.पी. रामास्वामी अय्यर[32] राज्य में साम्यवादी समर्थकों की बढ़ती संख्या के कारण बहुत अप्रिय थे। कांग्रेसी भी उनसे नाराज़ थे, क्योंकि जुलाई, 1947 में उन्होंने त्रावणकोर के लिए स्वतंत्रता की माँग के लिए बयान जारी किया, और भारतीय संघ में जुड़ने के प्रति बहुत अनिच्छा दर्शायी थी। हालाँकि, उन्हें दीवान के पद से हटा दिया गया और राज्य के भविष्य को लेकर नये प्रधानमंत्री पी.जी.एन. उन्नीथन[33] के साथ फिर से बातचीत शुरू की गई, जो महाराजा श्री चिथिरा थिरुनाल के सहायक थे। त्रावणकोर के महाराजा को नये राज्य के प्रथम राज प्रमुख के रूप में भी नियुक्त किया गया, और भले ही कोच्चि के महाराजा को नये राज्य के उप राज प्रमुख बनने के लिए कहा गया था परन्तु उन्होंने विनम्रता से इस प्रस्ताव को अस्वीकार किया, लेकिन अनुरोध किया कि शाही परिवार के सबसे वरिष्ठ सदस्य को वालिया थमपुरम[34] की उपाधि दी जाए।

वी.पी. मेनन को 1 जुलाई, 1949 को 9155 वर्ग मील क्षेत्रफल, 75 लाख की आबादी और 13.5 करोड़ की आय वाले त्रावणकोर—कोच्चि के नये राज्य का उद्घाटन करने का सम्मान दिया गया।

त्रावणकोर-कोचीन, अधिकार क्षेत्रों, का त्रि-आयामी पैचवर्क, सामाजिक समूहों और राजनीतिक संगठनों के साथ-साथ कांग्रेस और साम्यवादी के बीच एक गहन संघर्ष, जिसमें समाजवादी अपनी सुविधा के अनुरूप एक दूसरे के विरुद्ध खेल रहे थे, का अर्थ था कि अल्पकालिक राज्य में राजनीतिक स्थिरता बहुत दूर थी। श्री नारायण धर्म प्रचालन (एसएनडीपी),[35] नायर सर्विस सोसाइटी (एनएसएस)[36] के साथ ही चर्च से सम्बन्धित शैक्षिक और सामाजिक संस्थान भी अगर राजनीतिक पार्टियों से ज़्यादा नहीं, फिर भी उनके बराबर प्रभावशाली थे। पुस्तकालय और वाचनालय आन्दोलन ने भी महत्त्वपूर्ण भूमिका निभाई क्योंकि ये वो जगहें थी, जहाँ लोग समाचार पत्रों, पत्रिकाओं और प्रकाशनों, जिनका वैचारिक मुद्दों से सामान्य सम्बन्ध था, को पढ़ सकते थे और उन पर चर्चा कर सकते थे।

यह भी आवश्यक रूप से दर्ज किया जाना चाहिए, राज्य के सात वर्षों के अस्तित्व में पाँच मुख्यमंत्री के अलावा राष्ट्रपति शासन[37] का एक काल भी था।

राज्य के पहले मुख्यमंत्री, परवूर टी. के. नारायण पिल्लई,[38] 1932 में त्रावणकोर कोच्चि कांग्रेस के सचिव, और 1938 में इसके अध्यक्ष थे। उन्होंने 1 जुलाई, 1949 को पदभार ग्रहण किया। उनकी संगठनात्मक ताक़त और पहुँच का बड़ा हिस्सा

ऐक्य थिरुविताहमकोर-कोच्चि ग्रंथशाला संघम,[39] एक स्वैच्छिक समूह जो सार्वजनिक पुस्तकालयों और रीडिंग रूम को प्रोत्साहित करता था, से आया। राज्य अभी भी भारतीय कम्यूनिस्ट पार्टी के नेतृत्व वाले पुन्नप्रा-वलयार[40] क्रान्तिकारी विद्रोह के प्रभाव से जूझ रहा था। पार्टी पर प्रतिबन्ध लगाने के अलावा, पिल्लई ने ज़मींदारों और फैक्ट्री मालिकों के ख़िलाफ़ प्रदर्शनों का आयोजन करने वाले आन्दोलन को दबाने के लिए व्यापक उपाय किये। उनके अपने मंत्रिमंडल के भीतर द्विपक्षघातकीय दरार ने अठारह महीनों में ही उन्हें इस्तीफ़ा देने पर मजबूर कर दिया।

फ़रवरी, 1951 में सी क़ेसवन[41] ने उनकी जगह ली, जिनके श्री नारायण धर्म परिपालन योगम के साथ घनिष्ट सम्बन्ध थे, जो श्री नारायण गुरु द्वारा एझावाओं[42] की सामाजिक, आर्थिक और शैक्षिक उन्नति, एवं उनमें अपनी ख़ुद की गरिमा और ताक़त की चेतना को व्यापक हिन्दू चेतना के एक अभिन्न अंग के रूप में देखने की संकल्पना स्थापित करने वाला संगठन था। यद्यपि केशवन नास्तिक थे, उनकी एसएनडीपी में भागीदारी ने एझावाओं के ईसाई और इस्लाम में धर्मांतरण के ज्वार को रोक दिया। उन्होंने शराबबन्दी और अस्पृश्यता उन्मूलन के लिए काम किया, क्योंकि उन्हें एझावा लड़के के रूप में सड़कों और अन्य सार्वजनिक स्थानों पर भेदभाव का सामना करना पड़ा था। संयोग से, पूर्व मुख्यमंत्री टी.के. नारायण पिल्लई, उनके मंत्रिमंडल में शामिल हुए। यह उल्लेखनीय है कि ऐतिहासिक भूमि सुधार विधेयक उनके द्वारा प्रस्तावित किया गया था, लेकिन उन्हें अपनी ही पार्टी के भीतर ही निहित हितों के कारण समर्थन नहीं मिला था। बेशक, कालान्तर में यह स्वीकार्य है कि अगर यह विधेयक पारित और क्रियान्वित किया गया होता, तो साम्यवादियों और समाजवादियों के बीच के वैचारिक मतभेद समाप्त हो जाते। 1952 के आम चुनावों की घोषणा के बाद उन्होंने सत्ता छोड़ दी।

पहले आम चुनाव (1952) में कांग्रेस अकेली सबसे बड़ी पार्टी थी लेकिन फिर भी बहुमत के लिए ग्यारह सीटों की कमी थी। इसलिए, इसने ए.जे. जॉन के नेतृत्व में त्रावणकोर तमिलनाडु कांग्रेस (टीटीएनसी) और केरल सोशलिस्ट पार्टी के साथ मिलकर गठबन्धन का निर्माण किया। यह स्वाभाविक रूप से एक त्रुटिपूर्ण व्यवस्था थी क्योंकि टीटीएनसी की मुख्य माँग ही यह थी कि कन्याकुमारी ज़िले को त्रावणकोर-कोच्चि से मद्रास में स्थानान्तरित किया जाए। क्योंकि चुनाव की घोषणा होने तक सीपीआई पर प्रतिबन्ध को नहीं हटाया गया था, उनके उम्मीदवार निर्दलीय प्रत्याशी के रूप में खड़े हुए और 33.89 प्रतिशत वोट हासिल किये जबकि कांग्रेस की हिस्सेदारी 35.44 फीसदी वोट की थी। ऐसे में अन्तर बहुत कम था, और यदि अन्य वामपंथी झुकाव वाले दलों जैसे कि सोशलिस्ट पार्टी और

रिवोल्यूशनरी सोशलिस्ट पार्टी (आरएसपी) के मतों की हिस्सेदारी को भी निर्दलीय प्रत्याशियों के साथ जोड़ दी जाए, तो निश्चित तौर पर कांग्रेस सहज स्थिति में नहीं थी। सरकार एक साल के भीतर ही गिर गई जब टी.टी.एन.सी ने सितम्बर 1953 में अपना समर्थन वापस ले लिया, एवं नये सिरे से चुनावों की घोषणा की गई।

1954 के चुनाव भारत की संसदीय व्यवस्था में ऐतिहासिक क्षण था जब समाजवादी और साम्यवादियों ने मिलकर प्रान्तीय विधान सभा में 118 सीटों में से 60 सीटें जीतीं और कांग्रेस को राज्य चुनाव में पहली बड़ी हार का सामना करना पड़ा। फिर भी, 46 सीटों के साथ, यह अभी भी सबसे बड़ी पार्टी थी। अमेरिकी विदेश विभाग का अवर्गीकृत नोट में इस बात का उल्लेख किया गया कि यह 'साम्यवादियों के लिए भारत में राज्य सरकार गठित करने का पहला मौक़ा'[43] है। इसमें इस बात का भी ज़िक्र किया गया था कि राष्ट्रीय स्तर पर समाजवादी नेता साम्यवादियों के सहयोग से सरकार बनाने को लेकर बँटे हुए थे। इस बीच, त्रावणकोर राज्य के पूर्व प्रधानमंत्री, पट्टम थानु पिल्लई,[44] जो कांग्रेस से प्रजा सोशलिस्ट पार्टी (पीएसपी) में चले गए थे, ने त्रावणकोर-कोचीन में एक और अल्पमत सरकार का नेतृत्व करने के लिए कांग्रेस के साथ अवसरवादी गठबन्धन बनाया, जो सिर्फ़ ग्यारह महीनों तक चल सका। उन्होंने पैनमपिली गोविन्दा मेनन[45] के लिए राज्य के पाँचवें (और अन्तिम) मुख्यमंत्री बनने के लिए मार्ग बनाया। वह स्वतंत्रता के समय कोच्चि रियासत के प्रधानमंत्री रहे थे, इसके अलावा त्रावणकोर-कोच्चि राज्य के मंत्रिमंडलों में टी.के. नारायण पिल्लई के साथ थे और ए.जे. जॉन के अधीन वित्त मंत्री भी रहे थे। हालाँकि, उनका समय अपने पूर्ववर्तियों से थोड़ा ही अधिक था : उनके तेरह महीनों के कार्यकाल ने मार्च, 1957 में राष्ट्रपति शासन का मार्ग प्रशस्त किया। तब तक मद्रास में मालाबार ज़िले को शामिल करके नये केरल राज्य का निर्माण किया जा चुका था, और केरल से कन्याकुमारी को मद्रास हस्तान्तरित कर दिया गया था।

केरल के इतिहास पर शोध करते समय, ख़ास कर मालाबार तट पर कोच्चि और कालीकट के बीच की प्रतिद्वंद्विता, में चीन के मिंग राजवंश[46] की भूमिका उभरकर सामने आती है। 1411 ईस्वी में एडमिरल झेंग द्वारा कोच्चि और इसके शासक को एक विशेष दर्जा और केयली की उपाधि दी गई। उन्हें मिंग शासक द्वारा कोच्चि पर एक विशेष सन्धि और विशेष मित्रवत सम्बन्ध बनाने के लिए निर्देशित किया गया था। चीनी नौसैनिक बेड़े ने कोच्चि की इसके पड़ोसी और प्रतिद्वंद्वी, कालीकट के जेमोरिन से रक्षा की। यद्यपि कालीकट प्रमुख बन्दरगाह शहर था, कोच्चि इसके प्रतिद्वंद्वी के रूप में उभर रहा था, और चीनी एडमिरल झेंग[47] ने

इसके शासक को स्वयं सम्राट द्वारा अंकित निशान दिया। अगर मिंग राजवंश की ख़ज़ाने की यात्राएँ जारी रहती, तो कालीकट पर कोच्चि का पलड़ा भारी हो सकता था। लेकिन जब मिंग राजवंश की सत्ता के पतन के बाद यह बन्द हुई, कालीकट के जेमोरिन[48] ने कोच्चि पर क़ब्ज़ा किया अपने प्रतिनिधि को राजा के रूप में स्थापित किया।

9

रॉय-सिन्हा प्रस्ताव और पश्चिम बंगाल की सीमाएँ

यहाँ भाषायी दावों की कहानी में दिलचस्प अन्तराल है : पश्चिम बंगाल और बिहार के विलय के लिए रॉय-सिन्हा प्रस्ताव। यह वास्तव में अन्तर-राज्यीय सीमा विवादों को एक सुप्रा-एंटिटी सृजित करके सुलझाने का नया प्रयास था और इसे दोनों ही मुख्यमंत्रियों, डॉ. बी.सी. रॉय (पश्चिम बंगाल) और श्रीकृष्ण सिन्हा[1] (बिहार) का समर्थन प्राप्त था, केन्द्रीय मंत्रिमंडल, और बिहार एवं पश्चिम बंगाल की विधान सभाएँ भी इसके पक्ष में थी।

किस वजह से डॉ. बी.सी. रॉय—अधिक प्रभावशाली और प्रसिद्ध नेता—ने एक ऐसे विलय का प्रस्ताव रखा जिससे बंगाली नये राज्य में अल्पसंख्यक बन जाते? क्योंकि डॉ. रॉय के लिए, मुख्य चिन्ता पूर्वी बंगाल से आने वाली शरणार्थियों की बड़ी संख्या का पुनर्वास था। रॉय उनके राज्य की सीमाओं का पुनर्गठन 'मुख्य रूप से भाषायी और प्रशासनिक समस्याओं के निपटारे के साथ ही पूर्वी पाकिस्तान से आने वाले शरणार्थियों के फिर से आवंटन'[2] की वजह से चाहते थे। जिस तरह से पंजाब राज्य द्वारा सीमा पार से आने वाले पंजाबियों को कुरुक्षेत्र, करनाल, फरीदाबाद, सोनीपत, पानीपत और गुड़गाँव की प्रचुर मात्रा वाली भूमि पर पुनर्वासित किया गया, इससे वह बहुत प्रभावित थे। वहीं दूसरी ओर, पूर्वी बंगाल से आने वाले शरणार्थियों को अंडमान और निकोबार द्वीप समूह, उड़ीसा, मध्य प्रदेश और यूपी जैसी जगहों पर भेजा गया, जहाँ उनके पास 'राजनीतिक आवाज़' नहीं थी, और वे पूरी तरह से परित्यक्त महसूस करते थे। यह भी महसूस किया गया कि दामोदर घाटी निगम[3] (सिंचाई, बाढ़ नियंत्रण और बिजली के लिए) जैसी प्रमुख नदी घाटी विकास परियोजनाएँ दोनों राज्यों में विस्तृत थी, और इससे वित्तीय और प्रशासनिक व्यवस्था बेहतर हो सकती थी। कलकत्ता के पास राजधानी थी और बिहार के पास खनिज संसाधन: और इस वजह से भी नये राज्य का तेज़ी से औद्योगीकरण हो सकता था!

संयोग से, एसआरसी को प्रस्तुत किये गए अभ्यावेदन में रॉय-सिन्हा प्रस्ताव शामिल नहीं था। एसआरसी के समक्ष रखे गए चार ज्ञापन विभिन्न कारकों पर आधारित थे, जिसमें से प्रत्येक अपने पड़ोसी राज्य से कुछ क्षेत्रों की माँग करता था। प्रदेश कांग्रेस कमेटी के ज्ञापन में बिहार, उड़ीसा और असम के राज्यों से 21,352 वर्ग मील के अतिरिक्त क्षेत्र और 82 लाख जनसंख्या की माँग की गई थी। राज्य सरकार का प्रस्ताव कहीं अधिक यथार्थवादी था—इसने बिहार के चार ज़िलों (पूर्णिया, संथाल परगना, मानभूम और दलभूम) के अलावा असम से गोलपारा के हस्तान्तरण की माँग की। तीसरा प्रस्ताव वामपंथी प्रभुत्व वाली भाषायी राज्य पुनर्वितरण समिति (एलएसआरसी) से आया था, जिसने पश्चिम बंगाल से सटे हुए उन सभी क्षेत्रों का दावा किया, जिसमें बंगाली-भाषी लोग प्रभुत्व में थे—राज्य सरकार और पश्चिम बंगाल पी.सी.सी. के बीच की ऐसी स्थिति थी। जनसंघ ने एक और सूत्र निकाला : बिहार, पश्चिम बंगाल, उड़ीसा, असम के राज्यों को मणिपुर और त्रिपुरा के केन्द्र द्वारा प्रशासित राज्यों के साथ जोड़कर एक नया राज्य गठित किया जाए, जो पूर्वाञ्चल[4] प्रदेश (पूर्वी क्षेत्र) कहलाएगा।

यह उल्लेखनीय है कि जबकि अंग्रेज़ी प्रेस (द *स्टेट्समैन*, द *टाइम्स ऑफ़ इंडिया*) में सम्पादकीय और 'सम्पादक के लिए पत्र' प्रशासनिक सुविधा के आधार पर भारत को संगठित करने के इस क़दम का समर्थन कर रहे थे, हिन्दी और क्षेत्रीय भाषा के अख़बार भाषायी आधार पर पुनर्गठन के समर्थक थे। *इकोनॉमिक वीकली* की सम्पादकीय टिप्पणी ज़्यादा सटीक थी। उसमें कहा गया था, 'राष्ट्र के भाषायी विध्वंस की प्रवृत्ति को उलटने में एक वैचारिक लाभांश देने के अतिरिक्त, बंगाल और बिहार के विलय के प्रस्ताव को हाल ही में आशा की एक नई सुबह के रूप में सराहा गया है, पहली नज़र में कोई विशेष रूप से आकर्षक विशेषताएँ नहीं लगती हैं और कम से कम बंगाल में आम जनता द्वारा ऐसा मूल्यांकन किया गया है।'

भले ही पश्चिम बंगाल और बिहार के विलय पर रॉय-सिन्हा समझौते का कांग्रेस के केन्द्रीय नेतृत्व द्वारा स्वागत किया गया, लेकिन इसे दोनों राज्यों के प्रान्तीय नेताओं के तीखे विरोध का सामना करना पड़ा। बंगालियों को लगा कि वे बिहार के हिन्दी-भाषी बहुसंख्यकों से घिर जाएँगे। उन्हें यह भी महसूस हुआ कि पश्चिम बंगाल की प्रति व्यक्ति जीडीपी बिहार से दोगुनी है, इसलिए अगर राज्य का विलय हुआ तो वे नुक़सान की स्थिति में रहेंगे। दूसरी ओर, बिहार के लोगों ने महसूस किया कि बंगाली फिर से 'मध्यस्थ शासक वर्ग' के रूप में उभरेंगे और नये राज्य के राजनीतिक, वाणिज्यिक और सांस्कृतिक जीवन पर प्रभुत्व स्थापित करेंगें। वे पूर्वी बंगाल से नब्बे लाख शरणार्थियों के प्रवास से होने वाले सम्भावित

प्रभाव के प्रति भी चिन्तित थे, जो निश्चित रूप से नये राज्य की जनसांख्यिकी को बदल देता। 7 फ़रवरी, 1956 को द *टाइम्स ऑफ़ इंडिया* की रिपोर्ट में लिखा गया :

> पूर्वी पाकिस्तान से बढ़ते हुए पलायन ने पश्चिम बंगाल में अधिकारियों को सचेत कर दिया है कि नब्बे लाख अल्पसंख्यक समुदाय के सदस्यों में से अधिकतर के भारत पलायन के बढ़ते ख़तरे का आभास हो रहा है। पाकिस्तानी संविधान की इस्लामी प्रकृति के दबाव के साथ ही साथ देश में बिगड़ती आर्थिक स्थितियों ने इन आशंकाओं को भी बढ़ा दिया है।

किसी भी दशा में, एसआरसी ने रॉय-सिन्हा प्रस्तावों पर न कोई टिप्पणी की न ही कोई सुझाव ही दर्ज किया क्योंकि उन्हें कभी आधिकारिक रूप से आयोग को सौंपा ही नहीं गया था। इसका साम्यवादियों के साथ-साथ प्रजा सोशलिस्ट पार्टी[5] द्वारा भी एड़ी-चोटी के ज़ोर के साथ विरोध किया गया था। यह उल्लेखनीय है कि कांग्रेस को कोलकाता में तीव्र आन्दोलन के साथ-साथ नौ नगरपालिकाओं (बैरकपुर सहित) में कांग्रेस की हार और उत्तर पश्चिम कलकत्ता संसदीय क्षेत्र जहाँ विलय के समर्थक कांग्रेस उम्मीदवार अशोक सेन को वाम समर्थित पश्चिम बंगाल भाषायी राज्य पुनर्वितरण समिति के उम्मीदवार मोहित मोइत्रा ने हरा दिया। इसके अलावा, स्थानीय कांग्रेस समितियाँ अपने कार्यकर्ताओं को इस प्रस्ताव के लाभ के बारे में समझाने में विफल रहीं। इस तरह, डॉ. रॉय ने 3 मई, 1956 को मजबूरी में विलय योजना से अपना समर्थन वापस ले लिया। इसलिए, बंगाल का अन्तिम क्षेत्र बहुत हद तक पूर्णिया और पुरुलिया ज़िलों के क्षेत्रीय पुनर्गठन पर आधारित था। जबकि पुरुलिया पश्चिम बंगाल के अधीन आया क्योंकि यहाँ बहुसंख्यक आबादी बंगाली-भाषी थी, पूर्णिया के किशनगंज सबडिवीजन के एक हिस्से तत्कालीन पश्चिम दिनाजपुर (अब उत्तर दिनाजपुर ज़िला) को अनिवार्य प्रशासनिक ज़रूरतों को पूरा करने और पश्चिम बंगाल के ज़िलों के बीच भौगोलिक निरन्तरता सुनिश्चित करने के लिए विलय किया गया। इससे पश्चिम बंगाल भौगोलिक रूप से संकुचित क्षेत्र बन गया, जहाँ दार्जिलिंग, जलपाईगुड़ी और कूचबिहार के ज़िलों का बाक़ी राज्य के साथ सीधा सम्पर्क था—जिसे भारत के विभाजन द्वारा तोड़ दिया गया था।

पश्चिम बंगाल और बिहार के लोक सभा में प्रतिनिधित्व और दोनों राज्यों के राज्य विधानमंडल की सीटों की संख्या में परिमाणात्मक परिवर्तन हुए। इस प्रकार पश्चिम बंगाल का लोक सभा में मौजूदा चौंतीस सीटों का प्रतिनिधित्व बढ़कर 36 का हो गया। राज्य सभा में पश्चिम बंगाल का प्रतिनिधित्व चौदह से बढ़कर सोलह हो गया।

हालाँकि बिहार से लोक सभा, राज्य सभा या विधान सभा की सीटों की संख्या में कोई कमी नहीं आई। जहाँ तक किशनगंज सब-डिवीजन का सम्बन्ध था, एसआरसी ने सिफ़ारिश की कि पश्चिम बंगाल सरकार को अपनी तैयारी के बारे में यह आश्वासन देना चाहिए कि वह उस क्षेत्र के स्कूलों में उर्दू की पढ़ाई जारी रखेगी। पश्चिम बंगाल द्वारा यह आश्वासन भी दिया गया कि चूँकि यह क्षेत्र पहले से ही संकीर्ण और भीड़भाड़ वाला है, इसलिए किसी भी शरणार्थी को वहाँ बसने की अनुमति नहीं दी जाएगी।

यह भी दिलचस्प है कि झारखंड पार्टी के जयपाल सिंह[6] दोनों राज्यों के विलय के लिए तत्पर थे क्योंकि इससे पश्चिम बंगाल के मिदनापुर, बांकुरा और बीरभूम ज़िले में आदिवासियों की बड़ी संख्या का समेकन सुनिश्चित किया जा सकता था। दरअसल, जयपाल सिंह प्रस्तावित पूर्व प्रदेश में उड़ीसा को शामिल करना चाहते थे, क्योंकि इससे सभी जनजातियाँ 'एकल राज्य के अधीन' प्रमुख संख्यात्मक बल बन सकती थी।

जबकि अन्तर-राज्यीय सीमा विवादों को 1956 में सुलझा लिया गया था, लेकिन भारत-पाकिस्तान (बाद में बांग्लादेश) के बीच एन्क्लेव का मतभेद विवादास्पद साबित हुआ। जैसा कि पहले उल्लेख किया गया है, कूचबिहार को सबसे पहले सितम्बर, 1949 में आयुक्त के प्रान्त के रूप में गठित किया गया था लेकिन बाद में 1 जनवरी, 1950 को पश्चिम बंगाल में विलय कर दिया गया। हालाँकि इस व्यवस्था से कूचबिहार के 111 एन्क्लेव पूर्ववर्ती पूर्वी पाकिस्तान (अब बांग्लादेश) में और बांग्लादेश के 51 एन्क्लेव भारत में रह गए। एक एन्क्लेव[7] चारों ओर से एक अन्य अधिकार क्षेत्र से घिरा हुआ क्षेत्र है, जो इन क्षेत्रों के नागरिकों तक पहुँच को अत्यंत कठिन बनाता है। वास्तव में, ऐसे क्षेत्रों के निवासी लगभग राज्यविहीन हो जाते हैं—क्योंकि वे स्वास्थ्य, शिक्षा, विकास सेवाओं और यहाँ तक कि अपराध के ख़िलाफ़ सुरक्षा से भी वंचित हो जाते हैं।

इस संकट को हल करने का पहला प्रयास 1958 में किया गया, जब भारत और पाकिस्तान अपने प्रधानमंत्रियों, क्रमशः जवाहरलाल नेहरू और फ़िरोज़ ख़ान नून, के नेतृत्व में 'भू-खंड की हानि या लाभ के विचार किये बिना' पारस्परिक रूप से एन्क्लेव के हस्तान्तरण के लिए सहमत हुए। हालाँकि, इसमें क्षेत्रों का हस्तान्तरण शामिल होता, इसलिए यह मामला कलकत्ता उच्च न्यायालय के समक्ष आया। पश्चिम बंगाल के विधायक हेम चन्द्र सेनगुप्ता ने तर्क दिया कि क्योंकि बंगाल की विधान सभा ने पश्चिमी ज़िलों के भारत में और पूर्वी ज़िलों के पाकिस्तान के साथ जुड़ने का निर्णय लिया, इसलिए राज्य की प्रादेशिक अखंडता से समझौता नहीं किया जा सकता।

उन्होंने ख़ुद को पश्चिम बंगाल के नागरिक के रूप में भी वर्णित किया। उनकी याचिका को ख़ारिज करते हुए उच्च न्यायालय ने माना कि भारतीय संविधान और भारतीय नागरिकता अधिनियम दोनों ही सिर्फ़ भारतीय नागरिक को मान्यता देते हैं, और इसलिए राज्य भारत की घटकीय इकाइयाँ हैं, उनका कोई स्वतंत्र या सम्प्रभु अस्तित्व नहीं है। उच्च न्यायालय ने यह भी माना कि भाग ए और भाग बी के राज्यों में सीमाओं के परिवर्तन के सम्बन्ध में कोई अन्तर नहीं है, और ऐसा करने में संघीय संसद सक्षम है। हालाँकि राष्ट्रपति राज्य सरकार से परामर्श कर सकते हैं, लेकिन राज्य सरकार के विचार उन पर बाध्यकारी नहीं हैं।

भारत के राष्ट्रपति ने भारत के सर्वोच्च न्यायालय से उनकी राय माँगी कि क्या नेहरू-नून समझौते[8] को लागू करने के लिए विधायी कार्रवाई आवश्यक है। सर्वोच्च न्यायालय ने राय दी कि इसके लिए संवैधानिक संशोधन की आवश्यकता है क्योंकि एन्क्लेव के विनियमन में बांग्लादेश को भारतीय राज्यक्षेत्र का एक हिस्सा सौंपा जाना भी शामिल था। भारत के राज्यक्षेत्र को परिभाषित करने वाले संविधान के अनुच्छेद 1 के साथ ही पहली अनुसूची के सम्बन्धित भाग में भी संशोधन करना होगा।

सर्वोच्च न्यायालय ने इसे और स्पष्ट किया कि जबकि अनुच्छेद 3 संसद को नये राज्य के निर्माण या किसी मौजूदा राज्य की सीमा में परिवर्तन या नाम में परिवर्तन करने की शक्ति देता है, लेकिन यह भारत के किसी भी हिस्से को अन्य राष्ट्र को सौंपने की योग्यता नहीं रखता।

तदनुसार, संविधान के नौवें संशोधन का प्रस्ताव लाया गया, लेकिन इसे लागू नहीं किया जा सका क्योंकि बेरुबाड़ी एन्क्लेव को पाकिस्तान में हस्तान्तरित करने पर राजनीतिक पार्टियों ने गम्भीर आपत्तियाँ दर्ज की थीं। 1971 में बांग्लादेश की मुक्ति के बाद, 1972 की इन्दिरा-मुजीब सन्धि[9] के हिस्से के रूप में भारत-बांग्लादेश भूमि सीमा समझौते (एलबीए) के तहत एक और प्रयास किया गया। हालाँकि, इस समझौते को दोनों देशों की संसदों से मंज़ूरी की आवश्यकता भी थी। जबकि बांग्लादेश ने एलबीए को 1974 में मंज़ूरी दे दी थी, तब भी भारत ने सिर्फ़ 2014 में ही भारत-बांग्लादेश एलबीए से सम्बन्धित 100वाँ संविधान संशोधन पारित किया।

इससे यह भी पता चलता है कि सैन्य तानाशाही वाले राज्य (1959 में अयूब ख़ान के अधीन पाकिस्तान) और एकात्मक राज्यों (जैसे बांग्लादेश) को आवश्यक मंज़ूरी और अनुमोदन प्राप्त करना आसान है। लेकिन यह केन्द्र सरकार और पश्चिम बंगाल सरकार के बीच राजनीतिक विवाद का विषय बन गया था, ख़ास कर इसलिए कि सत्तारूढ़ व्यवस्थाएँ भिन्न थीं।

हालाँकि, 1972 के इन्दिरा-मुजीब सन्धि और 100वें संविधान संशोधन के बीच, भारत में बांग्लादेश के दो सबसे बड़े एन्क्लेव का व्यावहारिक समाधान तीन बीघा कॉरिडोर[10] को पट्टे पर देने के प्रस्ताव के साथ किया गया था। तकनीकी रूप से, भारत द्वारा बांग्लादेश को भूमि पट्टे पर देने पर कोई रोक नहीं थी, क्योंकि पट्टा न तो समर्पण करना है और न ही सम्प्रभु अधिकार का निरसन। लेकिन फ़ॉरवर्ड ब्लॉक पार्टी (तत्कालीन सत्तारूढ़ वाम मोर्चा की संघटक) ने इस पर आपत्ति दर्ज की, इसलिए 1992 में बांग्लादेश को एक पुल निर्माण की अनुमति देने के लिए 'तीन बीघा पट्टे पर देने हेतु' पूरे राज्य की ताक़त लगा दी गई, ताकि दाहाग्राम और अंगोरपोटा के निवासियों तक एक दिन में छह घंटे पहुँच बनाई जा सके। 1996 में इसे सूर्योदय से सूर्यास्त तक, और अन्ततः 2011 में यहाँ के निवासियों की राहत के लिए कॉरीडोर को चौबीसों घंटे के लिए खोल दिया गया। पट्टे का किराया 1 रुपये वार्षिक था, लेकिन सद्भावना संकेत के रूप में, भारत के राष्ट्रपति ने उसे भी माफ़ करने का निर्णय लिया।

10

द्विभाषावाद के प्रश्न

जबकि दक्षिणी राज्य[1] पुनर्गठन से काफ़ी ख़ुश थे, हिन्दी-भाषी राज्य[2] इससे बहुत प्रभावित नहीं हुए थे, राज्य पुनर्गठन आयोग की रिपोर्ट को बम्बई और पंजाब के दो द्विभाषी राज्यों में प्रतिकूल प्रतिक्रिया प्राप्त हुई।

हम सबसे पहले भारत के वाणिज्यिक केन्द्र और संचार की दृष्टि से दिल्ली के समान ही महत्त्वपूर्ण बम्बई में रिपोर्ट की प्रतिक्रिया पर चर्चा करेंगे। बहु प्रतीक्षित एसआरसी की रिपोर्ट 20 सितम्बर, 1955 को सरकार को सौंपी गई और 10 अक्टूबर को प्रेस में जारी की गई। हालाँकि, मुख्य सिफ़ारिशें 28 सितम्बर को ही, सरकार के विश्वस्त सूत्रों के हवाले से प्रिंट मीडिया में लीक कर दी गई थी। बम्बई सरकार को निश्चित रूप से रिपोर्ट की सिफ़ारिशों के बारे में अनुमान था क्योंकि 28 सितम्बर से ही बम्बई और पूना शहरों में दो सप्ताह के लिए जनसभाओं और प्रदर्शनों पर प्रतिबन्धात्मक आदेश[3] जारी किये गए थे। हालाँकि, प्रशासनात्मक कार्रवाई ने तत्काल प्रतिक्रिया को रोक दिया, लेकिन फिर भी सभी राजनीतिक दलों मसलन सीपीआई, प्रजा सोशलिस्ट पार्टी, मज़दूर किसान पार्टी और साथ ही संयुक्त महाराष्ट्र समिति[4] के बैनर तले महाराष्ट्र कांग्रेस के ख़ुद के महत्त्वपूर्ण धड़े के भी, साथ आने से उबलता तनाव अभिव्यक्त हुआ। वास्तव में, जन-उभार इतना प्रबल था कि इस मुद्दे पर कांग्रेस पार्टी के कई नेताओं ने अपने राष्ट्रीय नेतृत्व से अलग रुख अपनाया। भारतीय कम्यूनिस्ट पार्टी ने भी ख़ुद को ऐसी परिस्थिति में पाया जहाँ उन्हें बहुत सावधान होने की आवश्यकता थी, क्योंकि सोवियत नेतृत्व[5] नेहरू के साथ मित्रवत हो रहा था, जबकि सीपीआई, अब तक, पूर्णत: राज्यों के भाषायी आधार पर गठन के पक्ष में रही थी। साम्यवादियों की दुविधा वास्तव में अनोखी थी। क्योंकि यद्यपि उन्होंने एसआरसी की राजप्रमुखों के अधीन राज्यों के उन्मूलन की सिफ़ारिशों, और साथ ही मलयालम, कन्नड़, तमिल और तेलुगु-भाषियों के लिए

भाषायी राज्य का भी समर्थन किया, लेकिन वे असमंजस में थे कि एसआरसी की महाराष्ट्र से सम्बन्धित सिफ़ारिशों के सम्बन्ध में क्या किया जाए।

तब, आयोग ने विदर्भ[6] के मराठी-भाषी राज्य की सिफ़ारिश की, लेकिन बम्बई को एक द्विभाषी राज्य के रूप में बरकरार रखा जाना था, ऐसा इसलिए क्योंकि बम्बई को महाराष्ट्र से अलग करने का निर्णय लिया जाना विवादास्पद था। जैसा कि बर्कले में कैलिफोर्निया विश्वविद्यालय में एक विजिटिंग पॉलिटिकल साइंटिस्ट मार्शल विंडमिलर ने फार ईस्टर्न सर्वे के सितम्बर, 1956 के संस्करण में लिखा, 'बम्बई को भारत की वित्तीय और औद्योगिक गतिविधियों का केन्द्र बनाने में गुजरात के धन और महाराष्ट्र के श्रम का अहम योगदान है।'

हालाँकि, मराठी-भाषी आबादी में आक्रोश काफ़ी बढ़ रहा था, ख़ासकर इसलिए कि उनके मन में यह धारणा घर कर गई थी कि कांग्रेस के भीतर गुजराती गुट के निहित स्वार्थ के कारण उनके एकभाषी मराठी-भाषी राज्य (संयुक्त महाराष्ट्र) से इनकार किया जा रहा था। बम्बई विधानमंडल में, कांग्रेस के 118 में से 111 मराठी प्रतिनिधियों ने इस्तीफ़ा सौंप दिया। बम्बई के तत्कालीन मुख्यमंत्री मोरारजी देसाई का सख़्त रवैया और हठधर्मी बयान काम नहीं आए, और महाराष्ट्र पीसीसी को ख़ुद कांग्रेस हाई कमान के फ़ैसले का समर्थन करना भी कठिन लग रहा था।

केन्द्रीय वित्त मंत्री, सी.डी. देशमुख,[7] ने मंत्रिमंडल से इस्तीफ़ा दे दिया और इसी मुद्दे को लेकर प्रधानमंत्री नेहरू पर 'अभिमानी होने और असंवैधानिक विधियों के इस्तेमाल' का आरोप लगाया।[8] जुनून बढ़ता चला गया और बम्बई में हिंसक आन्दोलन प्रारम्भ हुए जो काफ़ी बेक़ाबू हो गए। हिंसा के दो विभिन्न चरण थे, पहला नवम्बर, 1955 में और फिर जनवरी, 1956 में। पहले में, कम से कम दस लोगों की मृत्यु हुई, और दूसरे में न्यूनतम आँकड़ों की माने तो सौ से अधिक लोगों ने जान गँवाई। इस बीच, कांग्रेस कार्यसमिति ने समझौते के कई फ़ॉर्मूले खोजने की कोशिश की, लेकिन मुख्य विवाद बम्बई शहर था, और कांग्रेस उच्च कमान के प्रभावी दृष्टिकोण के अनुसार बम्बई को केन्द्र शासित प्रदेश बनाया जाना था, जैसा कि गुजरात के सांसद चाहते थे। परन्तु इसका संयुक्त महाराष्ट्र परिषद द्वारा पूर्ण रूप से विरोध किया गया।

ग़ौरतलब है कि न तो कांग्रेस और न ही कम्यूनिस्ट पार्टी ही भाषायी राज्यों पर देशव्यापी निर्णय ले सकी। अगर राष्ट्रीय नेतृत्व चाहता भी तो भी वह निर्णय नहीं ले सकते थे, क्योंकि चुनाव राज्यों में लड़े जाने थे और मतदाताओं को अमूर्त सिद्धान्तों के बजाय उन मुद्दों पर लामबन्द किया जाना था जो उन्हें ज़मीनी स्तर पर प्रभावित करते थे।

कांग्रेस के लिए सबसे बड़ी चुनौती उनके अपने दिग्गज नेताओं के बीच नेतृत्व की लड़ाई थी : गुजरात से मोरारजी देसाई, बम्बई से एस.के. पाटिल, महाराष्ट्र से शंकर राव देव और यशवन्तराव चव्हाण थे। वे सभी पार्टी को अलग-अलग दिशाओं में ले जा रहे थे।

यद्यपि, जैसा कि पहले उल्लेख किया गया, भाषायी प्रान्त आयोग (लिंग्विस्टिक प्रोविंसेज कमीशन)[9] के लिए सबसे पहले और अधिक सुविचारित अभ्यावेदन में से एक 1948 में डॉ. आम्बेडकर[10] द्वारा प्रस्तुत किया गया था। इस दस्तावेज़, 'महाराष्ट्र एक भाषायी प्रान्त के रूप में' उन्होंने तर्क दिया कि महाराष्ट्र, गुजरात और बम्बई से मिलकर बने बम्बई के मिश्रित राज्य को समाप्त करके, इसकी जगह महाराष्ट्र को चार राज्यों—बम्बई शहर, पश्चिमी महाराष्ट्र, मध्य महाराष्ट्र और पूर्वी महाराष्ट्र—में विभाजित किया जाना चाहिए।' उन सभी में से सबसे विवादित विषय बम्बई शहर का भाग्य था। आंबेडकर ने वह विकल्प, सिर्फ़ गुजरातियों और मराठियों के दबावों से बचाने के लिए ही नहीं, बल्कि अल्पसंख्यकों और अनुसूचित जातियों हेतु एक सुरक्षित जगह के रूप में भी चुना—अल्पसंख्यकों को एक आश्रय चाहिए, एक शरणस्थली, जहाँ वे बहुसंख्यकों के अत्याचार से बच सकें। यदि बम्बई को सम्मिलित करके एक संयुक्त महाराष्ट्र होगा, फिर वे सुरक्षा के लिए कहाँ जा सकते हैं?

इस बीच, कहीं ऐसी अवधारणा न बने कि केवल संयुक्त महाराष्ट्र आन्दोलन (एसएमएम) ही एकभाषी महाराष्ट्र के लिए प्रतिबद्ध था, यह स्पष्ट किया जाना चाहिए कि गुजरात के लिए भाषायी राज्य के आन्दोलन की पहली अभिव्यक्ति 1920 के दशक में हुई थी, जब गांधी जी ने गुजरात, काठियावाड़ और कच्छ के लिए प्रान्तीय कांग्रेस समिति की स्थापना की। यह भावना 15 फ़रवरी, 1948 को जामनगर में सौराष्ट्र[11] के उद्घाटन के दौरान सरदार पटेल द्वारा प्रतिध्वनित की गई, जिन्होंने कहा, 'हमारा काठियावाड़ के संयुक्त राज्य का सपना साकार हो गया है। अगला उद्देश्य कच्छ सहित पड़ोसी राज्यों को आकर्षित करना होना चाहिए, और एक बड़े सपने—महागुजरात—को साकार करने के लिए मार्ग बनाना है, जिसे आप मज़बूत और आत्मनिर्भर बनकर हासिल कर सकते हैं। आपको अनिवार्य रूप से यह एहसास होना चाहिए कि आपने जो आज़ादी हासिल की है, उसके साथ ज़िम्मेदारियाँ भी वहन करनी होंगी।'

सरदार पटेल के निधन के बाद, गुजरात कांग्रेस को लगा जैसे कांग्रेस आलाकमान द्वारा उन्हें त्याग दिया गया हो, निश्चित तौर पर कोई और उनकी जगह नहीं ले पाया। उपेक्षा की यह भावना स्वतंत्रता के बाद और तेज़ हो गई जब पहली

पंचवर्षीय योजना में माही, नर्मदा और तापी के लिए किसी भी बड़ी नदी परियोजना को स्वीकृति नहीं मिली। इन धारणाओं के साथ यह भावना जुड़ गई कि संसाधनों को गुजरात के बजाय मराठी-भाषी क्षेत्रों में इस्तेमाल किया जा रहा था, जो 1956 के महागुजरात आन्दोलन के दौरान पराकाष्ठा पर पहुँचे थे। संसाधन आवंटन की अनुभवजन्य वास्तविकता चाहे जैसी भी हो, तथ्य यह था कि महाराष्ट्र और गुजरात, दोनों के लोग एक-दूसरे के विरुद्ध भेदभाव का शिकार होने का अनुभव करते थे। 1956 में एक संसदीय बहस में, शान्ताराम मोरे ने कहा, 'मंत्रिमंडल की सीटों को देख लीजिए। कांग्रेस कार्य समिति को देख लीजिए। सबसे अधिक प्रभावशाली कौन है? गुजरातियों का प्रभाव सबसे अधिक है, न सिर्फ़ कार्य समिति में, बल्कि मंत्रिमंडल में भी।'

बम्बई के विपरीत जहाँ लोगों को साम्यवादियों, पीएसपी और मज़दूर संघ द्वारा लामबन्द किया गया था, गुजरात आन्दोलन का नेतृत्व सांस्कृतिक और शैक्षिक क्षेत्रों में सक्रिय विद्यार्थियों और नागरिकों द्वारा किया गया था। निर्णायक मोड़ तब आया जब 1956 में विद्यार्थियों ने पृथक गुजरात राज्य की माँग करते हुए कांग्रेस सदन तक रैली निकाली। उनकी माँगों को सुनने के बजाय, बम्बई के मुख्यमंत्री (मोरारजी देसाई, जो ख़ुद भी गुजराती थे) ने पुलिस की कार्रवाई के साथ जवाब दिया जिसमें पाँच विद्यार्थियों ने अपनी जान गँवाई। आन्दोलन ने तब निर्णायक मोड़ लिया जब किसान सभा के दिग्गज नेता इन्दु लाल याग्निक ने अपने राजनीतिक संन्यास को तोड़कर इस आन्दोलन का नेतृत्व किया। याग्निक यरवदा जेल में महात्मा गांधी की आत्मकथा के पहले तीस अध्यायों के लिए उनके लिपिकार भी थे। विद्याबेन नीलकंठ, शारदाबेन मेहता और दिनकर मेहता समेत कई पुराने नेताओं ने न सिर्फ़ सरकार की आलोचना की, बल्कि इस आन्दोलन का समर्थन भी किया। इसमें गुजरात कांग्रेस की प्रभावशाली महिलाओं के नेतृत्व की भूमिका विशेष रूप से उल्लेखनीय है।

इस बीच, कांग्रेस को यह अहसास हुआ कि 'द्विभाषी बम्बई' के प्रति उनकी प्रतिबद्धता ने 1957 के चुनावों में सभी स्तरों—नगर निगम, ज़िला पंचायत, राज्य और लोक सभा—पर उनका भारी नुक़सान किया। यह सत्य है कि 1956 में नेहरू ने कहा कि 'चुनावों को भाड़ में जाने दो। मैं कभी इस पार्टी तो कभी उस पार्टी को ख़ुश करने की बातें सुनकर थक गया हूँ। अपने कार्य और नीतियों को चुनावी सम्भावनाओं पर आधारित करना कमज़ोर दिमाग़ वाले लोगों की मानसिकता है।'[12] यह एक समय था जब कांग्रेस आलाकमान अपनी बात मनवाने के साथ ही कार्यकर्ताओं के असन्तोष को रोकने की क्षमता के बारे में आश्वस्त थी।

हालाँकि, जैसे कि राजनीति सिर्फ़ सत्ता को बनाए रखने (और विस्तृत करने) के लिए होती है, 1957 के आम चुनावों[13] के बाद कांग्रेस की स्थिति पूरी तरह से बदल गई थी। वास्तव में कांग्रेस के लिए यह पहली बड़ी चुनावी हार थी, क्योंकि बम्बई के साथ एकभाषी महाराष्ट्र के पक्ष में जो भी थे, वे सभी संयुक्त महाराष्ट्र मोर्चा के बैनर तले एकजुट हुए और संसदीय, विधान सभा और निगम चुनावों में कांग्रेस का सफ़ाया कर दिया। यहाँ तक की बम्बई के महानगरीय मतदाताओं के बीच भी कांग्रेस अच्छा प्रदर्शन नहीं कर पाई, और 'सैकड़ों पंचायतों, ज़िला बोर्डों और कई नगरपालिकाओं'[14] में भी पराजित हुई। इसने हैदराबाद के पूर्ववर्ती मराठवाड़ा क्षेत्र में अपने प्रभाव को बनाए रखा, और विदर्भ में आंशिक समर्थन, जिसके अधिकतर विधायक एसआरसी की सिफ़ारिशों का अनुसरण करना चाहते थे।

आख़िरकार 1 मई, 1960 को, व्यापक उत्साह, पटाखे फोड़े जाने और जश्न मनाने वाले जुलूसों के साथ दोनों राज्य अस्तित्व में आए। प्रधानमंत्री नेहरू ने स्वयं महाराष्ट्र के राज्य का उद्घाटन किया, जिसके पहले मुख्यमंत्री यशवन्तराव चव्हाण[15] बने, जबकि गुजरात का उद्घाटन करने का सम्मान रविशंकर महाराज[16] को दिया गया और जीवराज मेहता[17] इसके पहले मुख्यमंत्री बने।

गुजरात के लिए यह गौरवमयी क्षण था, क्योंकि 140 वर्ष पहले, इसकी पहचान ब्रिटिश के अधीन बम्बई प्रेसीडेंसी के साथ जोड़ दी गई थी, फिर अधिराज्य के अधीन बम्बई प्रान्त और आख़िरकार गणराज्य के तहत बम्बई राज्य में। महाराष्ट्र के लोगों के लिए, उत्सव कुछ दिन पहले शुरू हो गया था, जिसमें बुर्ज वाले क़िले, फाटकों, निगरानी चौकियों की झाँकियाँ बनाई गई थी : उनके लिए यह एक तरह से, मराठा शिवाजी के शासन की वापसी का प्रतीक था! और जिन 106 लोगों ने एकभाषी महाराष्ट्र और बम्बई बतौर इसकी राजधानी, के लिए अपनी जान गँवाई थी, उनकी याद में प्रतिष्ठित फ्लोरा फाउंटेन का नाम बदलकर हुतात्मा चौक कर दिया गया।

~

पंजाब

दूसरे विश्वयुद्ध के बाद, दुनिया के ऐसे क्षेत्र जो अगले दो दशकों तक रक्तपात, हिंसा और राजनीतिक उथल-पुथल के साक्षी बने रहे, उनमें से एक पंजाब भी था। पंजाब ब्रिटिश भारत के सबसे समृद्ध प्रान्तों में से एक था, और इसकी सीमाएँ दिल्ली से

डेरा गाज़ी ख़ान और रावलपिंडी (अब पाकिस्तान में) से लद्दाख की सीमाओं पर लाहौल-स्पीति तक विस्तृत थी। हालाँकि, 1946 से 1966 तक, पंजाब के मानचित्र को कई बार फिर से तैयार किया गया—और कई राजनीतिक-प्रशासनिक इकाइयाँ इसमें से उभरी। इनमें भारत में पूर्वी पंजाब, पेप्सू, हरियाणा राज्य; चंडीगढ़, हिमाचल और नई दिल्ली के केन्द्र शासित प्रदेश और पाकिस्तान में पश्चिमी पंजाब, एक इकाई[18] और इस्लामाबाद राजधानी क्षेत्र[19] शामिल हैं। दरअसल 1955 से 1970 की अवधि में पाकिस्तान की एक इकाई योजना ने पंजाब, सिन्ध, बलूचिस्तान[20] और एनडब्ल्यूएफपी[21] को अस्थाई तौर पर पाकिस्तान के भूगोल से मिटा दिया था।

यह बात जानना दिलचस्प है कि जब भारत अपने राज्यों का पुनर्गठन कर रहा था—लोगों की भाषायी और जातीय आकांक्षाओं को स्वीकार कर रहा था—पाकिस्तान इसका बिलकुल विपरीत कर रहा था। 'वन यूनिट' मोहम्मद अली बोगरा[22] और इस्कंदर मिर्ज़ा[23] के दिमाग़ की उपज थी, जिनका तर्क था कि मात्र दो इकाइयों का—पश्चिम और पूर्वी पाकिस्तान—होना प्रान्तीय पूर्वग्रह को समाप्त करेगा, प्रशासनिक व्यय को कम करेगा, दो इकाइयों के बीच समानता स्थापित करने के साथ संसाधनों के आवंटन को युक्तिसंगत बनाएगा। लाहौर[24] पश्चिमी पाकिस्तान की वन यूनिट की राजधानी बना, ढाका पूर्वी हिस्से की राजधानी बना (जो दरअसल बहुत प्रभावित नहीं हुआ था), लेकिन सिन्ध ने मताधिकार से वंचित महसूस किया जब राष्ट्रीय राजधानी को कराची[25] से रावलपिंडी[26] स्थानान्तरित किया गया, जो इस्लामाबाद के पाकिस्तान की नई राजधानी के रूप में स्थापित होने तक अन्तरिम राजधानी बनी रही।

पंजाब के भारतीय हिस्से में, पृथक खालसा राज[27] (सिख राज्य) के लिए आन्दोलन आज़ादी से पहले ही शुरू हो गया था। 'सिख अंग्रेज़ों के प्रति वफ़ादार रहे थे, एक ओर जहाँ कांग्रेस ने भारत छोड़ो आन्दोलन शुरू किया, वहीं दूसरी ओर मास्टर तारा सिंह ने दूसरे विश्वयुद्ध का समर्थन किया था। लेकिन अंग्रेज़ों ने उन्हें बेसहारा छोड़ दिया, कांग्रेस उनसे तटस्थ हो गई, मुस्लिम लीग ने उन्हे ताने मारे, और सबसे बढ़कर, उनके अपने आम समर्थक भी राजनीतिक नेतृत्व की विफलताओं से निराश हो गए। जब पूर्वी पंजाब गठित हुआ, उन्होंने पाया कि वे फिर से अल्पमत में थे, और एक ऐसा स्थान स्थापित करने के इच्छुक थे जहाँ वे राजनीतिक अधिकार का भरपूर प्रयोग कर सकें।'[28] इस दिशा में, सिख नेताओं का एक प्रतिनिधिमंडल, जिसमें हरचरण सिंह बाजवा, भूपिंदर सिंह मान और ज्ञानी करतार सिंह शामिल थे, जनवरी, 1948 में डॉ. आम्बेडकर से मिला, जिन्होंने सिख राज्य की बजाय एक भाषायी राज्य के माँग करने की सलाह दी।

विभाजन के बाद अमृतसर, गुरदासपुर, फ़िरोज़पुर, कपूरथला, जालंधर, लुधियाना, भटिंडा और पटियाला से लगे हुए ज़िलों, और अम्बाला एवं संगरूर के काफ़ी हिस्से में सिख बहुमत में थे, लेकिन बाक़ी प्रान्त में हिन्दुओं का वर्चस्व था, जिनकी संख्या यहाँ आने वाले शरणार्थियों की वजह से बहुत बढ़ गई थी।

पंजाब और बंगाल दो मुस्लिम बहुल प्रान्त थे जहाँ हिन्दू अल्पसंख्यक विभाजन के लिए उतने ही उत्सुक थे जितने कि संयुक्त प्रान्त और बिहार के मुसलमान। पंजाब एक समृद्ध प्रान्त था; नहरों से खेतों की सिंचाई से फ़सलों के उत्पादन में वृद्धि हुई, जिससे यहाँ अभूतपूर्व धन आया। ज़मींदारों का प्रतिनिधित्व करने वाली यूनियनिस्ट पार्टी सार्वजनिक राजनीति में तब के सीमित मताधिकार की उपलब्धता में कांग्रेस और मुस्लिम लीग की तुलना में अधिक महत्त्व रखती थी। सभी रियासतों—मुस्लिम बहुल बहावलपुर से पटियाला के सिख रियासतें और पंजाब पहाड़ी राज्यों के हिन्दू राज्य—ब्रिटिश समर्थक थी और दोनों ही युद्धों में ब्रिटिश सैनिकों की भर्ती के लिए पंजाब पसन्दीदा स्थान बना रहा, हालाँकि '30 के दशक के अन्त तक, पठानों को सिखों के ऊपर प्राथमिकता मिलनी शुरू हो गई थी।

हालाँकि, पंजाब में भी कृषि-सम्बन्धी अशान्ति थी—प्रवासी लोगों के बीच गदर आन्दोलन और भगत सिंह, सुखदेव और राजगुरु की हिन्दुस्तान सोशलिस्ट रिपब्लिकन आर्मी (एचएसआरए)[29] के तहत क्रान्तिकारी धारा ने जनता की कल्पना को जगाया। इन आन्दोलनों ने तीनों प्रमुख समुदायों को एक साथ लाया, हालाँकि एक समान रूप से नहीं। लेकिन इन्हें कठोरता से कुचल दिया गया। लाहौर—पूर्व के पेरिस—की समृद्धि में तीनों समुदायों ने योगदान दिया था और जेरूसलम* के विवादित शहर की तरह, यह सिर्फ़ एक ज़मीन के टुकड़े से बढ़कर कहीं अधिक था।

देश के अन्य हिस्सों के विपरीत, 1946 तक पंजाब में कोई बड़ा साम्प्रदायिक संघर्ष नहीं हुआ था। हालाँकि, तीन समुदायों के बीच उमड़ते तनाव को उनकी पसन्दीदा भाषा के रूप में अभिव्यक्ति मिली : मुस्लिमों के लिए यह उर्दू[30] थी जो, अरबी भाषा की तरह, दाएँ से बाएँ लिखी जाती है; सिखों के लिए, गुरुमुखी[31] लिपि, जो उन्हें गुरु अंगद देव ने दी थी; और हिन्दुओं के लिए, देवनागरी, देवताओं की भाषा थी।[32]

जब 1946 के अन्त तक यह स्पष्ट हो गया कि विभाजन अपरिहार्य था, तब ज्वालामुखी फटा। जबकि पंजाब के मुसलमान पाकिस्तान नहीं चाहते थे, और वे इसके ख़िलाफ़ भी नहीं थे। लेकिन, हिन्दुओं को लाहौर और सिखों को ननकाना साहिब से ख़ुद को विस्थापित करने का विचार बिलकुल अकल्पनीय था।

* जेरूसलम—यहूदी, ईसाई और इस्लाम, तीनों धर्मों के लिए पवित्र धार्मिक स्थल है।

यह उल्लेखनीय है कि नहरी क्षेत्रों[33] की ज़मीन को उपजाऊ बनाने में सिख ज़मींदारों का महत्त्वपूर्ण योगदान था।

अकाली दल ने एसआरसी के सामने पेप्सू से लगे पंजाबी-भाषी ज़िलों को मिलाकर पंजाबी सूबा बनाने का प्रस्ताव रखा। साथ ही हिमाचल के पहाड़ी-भाषी और दिल्ली या हरियाणा के निकट हिन्दी-भाषी क्षेत्रों को भी पंजाब से अलग कर दिये जाने की गुज़ारिश की। जबकि पेप्सू को पंजाब के साथ मिला दिया गया, हिन्दी-भाषी क्षेत्रों को अलग नहीं किया गया, और यह एक और दशक तक द्विभाषी राज्य बना रहा।

जब 30 सितम्बर, 1955 को राज्य पुनर्गठन समिति की रिपोर्ट जारी की गई, तब पंजाब अभूतपूर्व तीव्रता की बारिश और बाढ़ से जूझ रहा था। अकाली दल के मास्टर तारा सिंह ने तीखी प्रतिक्रिया व्यक्त करते हुए कहा कि : 'एसआरसी द्वारा सिखों के विनाश का फ़रमान जारी किया गया है। हम 1947 से भी बड़ी आपदा का सामना कर रहें है...यदि एसआरसी की रिपोर्ट को मान लिया जाए तो हम दुनिया के नक़्शे से मिट जाएँगे। ईश्वर और अपने गुरुओं में विश्वास के साथ हम मरते दम तक संघर्ष करेंगे।'

एसआरसी की रिपोर्ट से हरियाणा प्रान्त के नायक भी ख़ुश नहीं थे। पंजाब और दिल्ली विधान सभाओं के कम से कम दो सांसदों और एक दर्जन से अधिक विधायकों ने पेप्सू, पंजाब, हिमाचल, यूपी के आगरा और मेरठ डिवीजनों और राजस्थान से बीकानेर के हिन्दी-भाषी क्षेत्रों को मिलाकर एक पृथक प्रान्त की स्थापना की माँग की। मुख्य तर्क यह था कि उत्तर-पश्चिमी प्रान्तों[34] का दिल्ली का हिस्सा 1857 के बाद ही पंजाब को स्वतंत्रता के पहले युद्ध के दौरान अंग्रेज़ों के प्रति उनकी वफ़ादारी के इनाम के रूप में उपहार में दिया गया था।

इसी तरह, एसआरसी के हिमाचल के पहाड़ी ज़िलों के पंजाब के साथ विलय करने की बहुमत की सिफ़ारिश को भी गहरे दुख और निराशा के साथ स्वीकार किया गया, ख़ासकर इसलिए क्योंकि 1952 से मुख्य आयुक्त के प्रान्त के रूप में, इसकी अपनी विधान सभा और मंत्रिपरिषद थी। हालाँकि, यह उल्लेख करना महत्त्वपूर्ण है कि एसआरसी के अध्यक्ष ने हिमाचल और पंजाब के विलय के ख़िलाफ़ अपनी असहमति दर्ज कराई और वे इसे केन्द्र के अधीन ही बरकरार रखना चाहते थे।

एसआरसी रिपोर्ट की मुख्य आलोचना यह थी कि पंजाब के लिए उसकी सिफ़ारिशें हिन्दू संगठनों, विशेष रूप से जनसंघ, आरएसएस और आर्य समाज, की महा पंजाब की माँग का मामूली संशोधन मात्र थी। पंजाब कांग्रेस कमेटी ने अपने सदस्यों को एसआरसी के लिए अपने स्वयं के व्यक्तिगत अभ्यावेदन देने की स्वतंत्रता दी,

लेकिन पंजाब सरकार का आधिकारिक रुख हिन्दू कांग्रेस सदस्यों और जन संघ के विचारों के नज़दीक थी, जो कुछ-कुछ महा पंजाब जैसा था।

हालाँकि शुरुआत में महा पंजाब के समर्थकों को हरियाणा के हिन्दी-भाषी हिन्दुओं से समर्थन प्राप्त हुआ, अब उनका झुकाव पृथक हरियाणा की ओर अधिक था, क्योंकि उन्हें लगता था कि उन पर पंजाबियों का दबदबा है। दिसम्बर, 1955 में संसद में बोलते हुए, ठाकुर दास भार्गव[35] ने कहा कि राज्य के राजनीतिक, न्यायिक और प्रशासनिक ढाँचे के बड़े पदों में हरियाणा क्षेत्र का प्रतिनिधित्व 6 प्रतिशत से भी कम था।

भेदभाव की जड़ें काफ़ी गहरी थीं, जो स्वतंत्रता आन्दोलन से भी पहले से मौजूद थीं। 1923 की शुरुआत से ही, एक अलग हरियाणा प्रान्त का विचार, जिसमें यूपी के आगरा और मेरठ डिवीजन के अलावा, दिल्ली और पंजाब डिवीजन का अम्बाला शामिल था, स्वामी सत्यानन्द, चौधरी शादी राम और सूरज मल द्वारा पेश किया गया, जिन्होंने तत्कालीन यूनियनिस्ट लीडर और पंजाब के कृषि मंत्री, सर छोटू राम,[36] को अखिल भारतीय जाट सम्मेलन की अध्यक्षता करने के लिए मनाया। सम्मेलन में दिल्ली के एक अलग प्रान्त की माँग की गई, जो अम्बाला, आगरा, मेरठ ज़िलों के अलावा संयुक्त प्रान्त के मुरादाबाद, सहारनपुर, बिजनौर, पीलीभीत और बदायूँ ज़िले और राजस्थान के अलवर, धौलपुर और भरतपुर से मिलकर बना हो। 1928 में इसे दिल्ली में एक सर्वदलीय सम्मेलन द्वारा दोहराया गया और इसे एक स्मारक के रूप में दिल्ली के मुख्य आयुक्त सर जे.पी. थॉम्पसन को सौंपा गया। लाला देश बन्धु, तेज के विद्वान सम्पादक बन्धु ने कहा, 'हिन्दी-भाषी क्षेत्र वास्तव में कभी भी पंजाब का हिस्सा नहीं रहा है। इसके पंजाब में विलय के बाद से, यह क्षेत्र आर्थिक, राजनीतिक और सांस्कृतिक रूप से पीड़ित रहा है। इस क्षेत्र के विकास के लिए आवश्यक था कि इसे पंजाब से अलग करके दिल्ली, राजस्थान और यूपी के कुछ निकटवर्ती भागों को मिलाकर एक नया राज्य बनाया जाए।'[37]

वास्तव में, इन्हीं आधारों पर हरियाणा के गठन का प्रस्ताव भारतीय वैधानिक आयोग (साइमन कमीशन) के सामने रखा गया—लेकिन अम्बाला और दिल्ली के पंजाब से पृथक्करण से मुसलमानों, हिन्दुओं और सिखों के बीच नाजुक साम्प्रदायिक सन्तुलन बिगड़ सकता था। इससे भी बढ़कर, यह महसूस किया गया कि 'भारत की राजधानी के रूप में दिल्ली को वर्तमान की तरह ही रहना चाहिए, स्वयं में एकता और अन्य प्रान्तीय इकाइयों के झुकावों और पूर्वग्रहों से अप्रभावित' (साइमन कमीशन)। महात्मा गांधी के सामने पृथक हरियाणा राज्य की माँग 1931 में तब रखी गई, जब बादली रेलवे स्टेशन पर उनकी ट्रेन रुकी।

यह कहा गया था कि "अम्बाला डिवीजन पंजाब की पाँच नदियों से नहीं बल्कि जमुना नदी तंत्र से सिंचित है, जिस पर यूपी के आसपास के ज़िले भी निर्भर है।"[38] हरियाणा के पंजाब से विभाजन का पंडित मदन मोहन मालवीय[39] के साथ-साथ मास्टर तारा सिंह ने भी ज़ोर-शोर से विरोध किया। जहाँ मालवीय को यूपी के किसी भी हिस्से को अलग करने का विचार रास नहीं आया, वहीं मास्टर तारा सिंह ने महसूस किया कि अगर पंजाब से अम्बाला डिवीजन को बाहर निकाल दिया जाएगा तो पंजाब में 'मुसलमानों का बोलबाला' हो जाएगा।

1947 के बाद, मास्टर तारा सिंह ने सिखों के लिए एक स्वायत्त क्षेत्र की माँग की—पर राज्यों के भाषायी पुनर्गठन का प्रश्न भाषायी प्रान्त आयोग, साथ ही जेवीपी द्वारा भी टाल दिया गया। काफ़ी हद तक, पंजाब के हिन्दी—और पंजाबी—भाषी क्षेत्रों के बीच संघर्ष को सच्चर[40] फ़ॉर्मूला द्वारा हल कर दिया गया था, जिसने निर्धारित किया कि देवनागरी लिपि में हिन्दी और गुरुमुखी लिपि में पंजाबी, दोनों को प्रान्त में क्षेत्रीय भाषा का दर्जा दिया जाएगा, और राज्य स्वयं भी हिन्दी—और पंजाबी-भाषी इलाक़ों में बँटा हुआ था। हिन्दी क्षेत्र में रोहतक, गुड़गाँव, करनाल और कांगड़ा ज़िले के साथ ही साथ घग्घर नदी के दक्षिण में स्थित हिसार के एक हिस्से के अलावा अम्बाला की जगाधरी और नारायणगढ़ तहसील शामिल थे। पंजाबी-भाषी क्षेत्र में अमृतसर, जालंधर, गुरदासपुर, फ़िरोज़पुर, लुधियाना और होशियारपुर ज़िले, फ़िरोज़पुर के पूर्व में स्थित हिसार ज़िले के सभी हिस्से और घग्घर नदी के किनारे पटियाला, के अलावा अम्बाला ज़िले की रोपड़ और खरड़ तहसीलें थी। शिमला और अम्बाला तहसीलों को द्विभाषी घोषित किया गया था।

सच्चर फ़ॉर्मूला अकाली दल को स्वीकार्य था—लेकिन इसे आर्य समाज, हिन्दू महासभा और जनसंघ जैसे हिन्दू संगठनों की आलोचना का सामना करना पड़ा। नेहरू ने सच्चर फ़ॉर्मूला का समर्थन किया क्योंकि वह राज्यों के तत्काल पुनर्गठन के ख़िलाफ़ थे—उन्हें लगता था कि यह महत्त्वपूर्ण था, लेकिन अत्यावश्यक नहीं। 1952 में पटियाला की एक सार्वजनिक रैली में, उन्होंने कहा, 'मैं भारत को फिर से विभाजित नहीं होने दूँगा। मैं और किसी परेशानी को नहीं होने दूँगा। अगर भारत के किसी भी हिस्से में कोई समस्या है, मैं उसे अपनी सम्पूर्ण ताक़त के साथ दबा दूँगा।'[41] हालाँकि, नेहरू को उसी साल बाद में आन्ध्र के अलग तेलुगु-भाषी राज्य के लिए पोट्टी श्रीरामुलु के आमरण अनशन के बाद अपने इस बयान से पीछे हटना पड़ा।

वास्तव में, सच्चर फ़ॉर्मूले ने हरियाणा के हिन्दी-भाषी राज्य की सम्भावना का बीज बो दिया था, और जब एसआरसी को नियुक्त किया गया तब इसे प्रोत्साहन मिला। इसलिए, एक ओर जहाँ अकाली दल ने अलग पंजाबी-भाषी क्षेत्र की माँग

पेश की, और निहितार्थ स्वरूप कम्यूनिस्ट पार्टी और प्रजा सोशलिस्ट पार्टी ने भी राज्य के भाषायी आधार पर पुनर्गठन की माँग करते हुए एक हिन्दी-भाषी हरियाणा और पहाड़ी-भाषी हिमाचल (जो पहले से ही केन्द्र शासित प्रदेश था) की माँग की।

पंजाब के हिन्दी—और पहाड़ी-भाषो क्षेत्रों के सम्बन्ध में एसआरसी की सिफ़ारिशों की आलोचना करने वालों में केवल मास्टर तारा सिंह और अकाली दल ही नहीं थे। प्रो. शेर सिंह, श्रीराम शर्मा और डॉ. एन.एम. जेस्सोर हरियाणा के समर्थन में एक साथ आए और कहा कि 'हरियाणा के नब्बे प्रतिशत लोगों की यह राय है कि जो भी हो उनका पंजाब के साथ किसी भी प्रकार का कोई भी सम्बन्ध नहीं होना चाहिए।'[42] सम्भवतः, सबसे बेहतरीन टिप्पणी बहादुर सिंह की थी जिन्होंने लोक सभा के पटल से कहा, 'उत्तरी भारत के सम्बन्ध में, आयोग की सिफ़ारिशें पूरी तरह से ग़लत, विरोधाभासी और अप्रभावी हैं। लोगों ने पंजाबी-भाषी राज्य, हरियाणा, और हिमाचल प्रदेश की माँग की, लेकिन आयोग ने पंजाब, पेप्सू और हिमाचल प्रदेश के एकीकरण के साथ महा पंजाब के गठन की सिफ़ारिश की है।'

जब लगा कि पंजाब प्रशासनिक एवं क़ानून-व्यवस्था के पतन की कगार पर है, उसी समय प्रताप सिंह कैरों ने पंजाब के मुख्यमंत्री का कार्यभार सँभाला। कैरों एक समृद्ध और उद्यमी जाट थे, जिन्होंने देहरादून के कर्नल ब्राउन्स स्कूल, खालसा कॉलेज अमृतसर[43] और अमेरिका में बर्कले और मिशिगन से शिक्षा प्राप्त की थी। उन्होंने अगले आठ सालों तक दृढ़तापूर्वक शासन किया। उनके नेतृत्व में रिजनल फ़ॉर्मूले को हिन्दी और पंजाबी-भाषी, दोनों इकाइयों में बल मिला। इसमें विशिष्ट मामलों के समाधान के लिए गठित क्षेत्रीय समितियों में प्रत्येक क्षेत्र के विधायक को प्रतिनिधित्व दिया गया था।

अकाली दल ने इस प्रस्ताव को स्वीकार कर लिया—क्योंकि यह कई मायनों में पंजाबी सूबा की अन्तर्निहित स्वीकृति था। कैरों ने जाट सिख कार्ड भी खेला, कांग्रेस की सदस्यता के दरवाज़े अकालियों के लिए खोल दिये और संत फतेह सिंह को बढ़ावा देकर मास्टर तारा सिंह को दरकिनार करने की कोशिश की गई। जबकि किसी ठोस आश्वासन के बिना ही 'आमरण अनशन' तोड़ने से दोनों की ही प्रतिष्ठा धूमिल हुई। मास्टर ने तीन दशक तक आन्दोलन का नेतृत्व किया था लेकिन उन्होंने पाया कि उनके खत्री जन्म और शहरी पृष्ठभूमि के कारण अकाली और शिरोमणि गुरुद्वारा प्रबन्धक समिति में वर्चस्व वाले ग्रामीण जाट सिख उन्हें उपहासपूर्वक भापा सिख (वह जो पाकिस्तान से प्रवासित हुए हैं) कहते थे—यह देशभर में राजनीति की स्थिति पर सभी पार्टियों की एक दुखद टिप्पणी थी। क्षेत्रीय सूत्र नहीं चला, लेकिन कैरों की राज्य पर दृढ़ पकड़ ने सुनिश्चित किया कि

अकाली मोर्चे से लेकर हिन्दी बचाओ प्रदर्शनों तक सभी विरोध आन्दोलनों को कठोरता के साथ दबा दिया जाए। इतना ही नहीं : कैरों ने ग्रामीण क्षेत्रों में हरित क्रान्ति[44] के साथ ही शहरी क्षेत्रों में औद्योगिक इलाक़ों[45] की नींव भी रखी और इस प्रकार दोनों समुदायों के मुखर और प्रभावशाली वर्गों के साथ सफल गठजोड़ बनाए।

जबकि संत फतेह सिंह की शुरुआत मास्टर के शिष्य के रूप में हुई थी, लेकिन जल्द ही वह समझ गए कि राजनीति का सम्बन्ध सही चीज़, सही समय पर, सही दर्शकों के सामने बोलने के बारे में है। उन्होंने सिख सूबा के बजाय हमेशा पंजाबी की बात की और पंजाबियों और सिखों का सेना में सैनिक और अफ़सर, दोनों स्तर पर बहुत अच्छा प्रतिनिधित्व होने के तथ्य का भरपूर लाभ उठाते हुए 1962 एवं 1965 के युद्धों के दौरान, अपने बिना शर्त समर्थन की पेशकश की। युद्ध के बाद, लोक सभा स्पीकर हुकम सिंह के नेतृत्व में पंजाबी सूबा के सम्बन्ध में सिफ़ारिश देने के लिए एक कैबिनेट कमेटी नियुक्त की गई, जिसमें वाई.बी. चव्हाण और इन्दिरा गांधी सम्मिलित थे। लोकप्रिय माहौल तथा हरियाणा और हिमाचल के हिन्दू विधायकों समेत अधिकतर वर्गों के समर्थन के मद्देनज़र हुकम सिंह समिति ने सिफ़ारिश की कि पंजाबी-भाषी क्षेत्र को एकभाषी पंजाबी राज्य में पुनर्गठित किया जाए, हिन्दी-भाषी क्षेत्र हरियाणा राज्य में, और पूर्ववर्ती पंजाब के पहाड़ी क्षेत्रों को हिमाचल में मिलाया जाए।

यह महा पंजाब पर पंजाबी सूबा के साथ ही, हरियाणा राज्य और हिमाचल केन्द्र शासित प्रदेश की भी जीत थी।

~

सत्य और पूर्ण सत्य के बीच सबसे बेहतर अन्तर अक्सर दोहराई जाने वाली इस टिप्पणी द्वारा दर्शाया गया है कि हिमाचल प्रदेश पंजाबी सूबा आन्दोलन का परिणाम है। यह सत्य है, लेकिन यह रियासतों के लोगों की भागीदारी वाले लोकतंत्र और भारत संघ में विलय की आकांक्षाओं एवं संघर्ष का उल्लेख नहीं करता। हालाँकि कांग्रेस शुरू से ही अखिल भारतीय प्रान्त परिषद (एआईएसपीसी) (प्रजा मंडल) का समर्थन करती रही थी, लेकिन 'रियासतों को भारत का अभिन्न अंग' घोषित करने का निर्णय 1938 में कांग्रेस के हरिपुरा अधिवेशन[46] में लिया गया, जिसके अध्यक्ष सुभाष चन्द्र बोस थे। इसी अधिवेशन में यह भी घोषित किया गया कि इन रियासतों में भी पूर्ण स्वराज का उद्देश्य बाक़ी भारत के बराबर ही महत्त्वपूर्ण था। 1939 में, प्रजा मंडल गठित करने का विचार लुधियाना के अखिल भारतीय प्रान्त परिषद के सत्र में आया,

और हिमालयी रियासती प्रजा मंडल को चम्बा, सिरमौर, मंडी, बुशहर, सुन्दरनगर और अन्य रियासतों में राजनीतिक कार्यकर्ताओं की गतिविधियों को निर्देशित करने की ज़िम्मेदारी दी गई। यह एक कठिन कार्य था, क्योंकि शासक अपनी गद्दी के लिए, सत्ता की कुर्सी के लिए, लोगों की सद्भावना पर नहीं बल्कि राज के संरक्षण पर निर्भर थे।

आज़ादी के बाद पहाड़ी राज्यों के शासकों ने जनवरी, 1948 में दिल्ली में मुलाक़ात की और हिमालयी क्षेत्र के राज्यों के लिए एक अलग संघ का प्रस्ताव रखा। लेकिन जब मंडी के राजा महात्मा गांधी से मिलने गए, तो उन्होंने इस विषय पर विचार-विमर्श करने के लिए उन्हें प्रजा मंडल और शासकों की एक संयुक्त बैठक बुलाने की सलाह दी। उसी महीने, सोलन में बाक़ायदा एक बैठक बुलाई गई, लेकिन यह सिर्फ़ शिमला के पड़ोसी पहाड़ी राज्यों तक सीमित थी। हिमाचल प्रदेश का नाम भी इसी बैठक में गढ़ा गया। लेकिन प्रजा मंडल के प्रभावशाली डॉ. वाई.एस. परमार[47] गुट के विरोध की वजह से, (पटेल और मेनन के अधीन) राज्य मंत्रालय ने इस प्रस्ताव को अस्वीकार कर दिया। इसके बाद प्रजा मंडल के समर्थकों ने भारत संघ के साथ (पेप्सू की तर्ज पर समामेलन की बजाय) राज्य के विलय के लिए आन्दोलन शुरू किया। इसे स्वीकृति देने वालों में सबसे पहले सुकेत के राजा लक्ष्मण सेन थे। उनके बाद बिलासपुर के अपवाद को छोड़कर, चम्बा, मंडी, बुशहर और इसकी सहायक नदियाँ कनेती और डेलथ; क्योंथल और इसकी सहायक नदियाँ कोटी, ठियोग, माधन, घुंड और रतेश; बघाट, जुब्बल और उसकी सहायक नदियाँ राविन और धादी; कुमारसैन, भज्जी, महलोग, बलसन, हमी, कुठार, कुनिहार, मंगल, बेजा, दरकोटी, थरोच, सांगरी और सिरमौर ने भी इसका समर्थन किया। इस कारण हिमाचल प्रदेश का मुख्य आयुक्त के प्रान्त रूप में गठन हुआ, जो डॉ. परमार की इच्छा के विपरीत था, जिन्हें लगता था कि स्वतंत्रता आन्दोलन में आगे रहने वाले देश के अन्य हिस्सों के विपरीत, उन्हें राजनीतिक नेतृत्व से वंचित किया जा रहा था। हिमाचल में तीन साल बाद, लेफ़्टिनेंट गवर्नर के अधीन कुछ सीमित शक्तियों के साथ विधानमंडल वाली एक आंशिक लोकतांत्रिक व्यवस्था शुरू की गई, जो भारत के राष्ट्रपति द्वारा नियंत्रित थी। हिमाचल के पहले लेफ़्टिनेंट गवर्नर मेजर जनरल हिम्मत सिंह जी थे, जो नवानगर के शाही परिवार से सम्बन्धित होने के साथ ही एक प्रतिष्ठित क्रिकेटर भी थे।

हिमाचल के एकीकरण में एक अन्य मील का पत्थर 1954 में बिलासपुर का विलय था। इसके शासक, अमन चन्द, ने उन्हें प्रथम मुख्य आयुक्त बनाए जाने पर ज़ोर दिया था। भारत सरकार ने इस बात को स्वीकार कर लिया क्योंकि भाखड़ा नांगल स्थल बिलासपुर में ही स्थित था।

हालाँकि, यह अभी भी अपूर्ण हिमाचल था, क्योंकि 1864 से 1947 तक भारत की ग्रीष्मकालीन राजधानी शिमला के साथ ही कांगड़ा, कुल्लू, लाहौल और स्पीति के पहाड़ी क्षेत्र अभी भी पंजाब के अन्तर्गत थे। ब्रिटिश सेना की अधिकांश डोगरा पलटन[48] को इसी क्षेत्र से भर्ती किया गया था।

इस बीच, स्वतंत्रता के बाद, बेगार को समाप्त कर दिया गया, बेथु* को विनियमित किया गया और रीत** की घृणित प्रथा को प्रतिबन्धित किया गया। सेब और आलू जैसी व्यावसायिक फ़सलों की शुरुआत ने राज्य की कृषि अर्थव्यवस्था में एक बड़ा परिवर्तन ला दिया।

जैसा पहले उल्लेख किया गया है, 1955 की एसआरसी रिपोर्ट ने पहाड़ों में व्यापक चिन्ता उत्पन्न की क्योंकि बहुमत के अनुसार इसके पंजाब के साथ विलय की माँग की गई थी। हालाँकि, आयोग के अध्यक्ष, फ़ज़ल अली, ने अपने असहमति नोट[49] में लिखा कि पंजाब की साम्प्रदायिक स्थिति और क़ानून-व्यवस्था की समस्या को देखते हुए, इस क्षेत्र की अपनी स्थिति को बरकरार रखना बेहतर है। हिमाचल के लोगों को पंजाब के साथ विलय के भय ने तब तक सताना जारी रखा जब तक कि जस्टिस शाह के नेतृत्व में पंजाब सीमा आयोग[50] ने कांगड़ा, शिमला, लाहौल, स्पीति के अलावा पंजाब में होशियारपुर की ऊना तहसील को भौगोलिक निरन्तरता और भाषायी सम्बन्ध के आधार पर हिमाचल में स्थानान्तरित किये जाने की सिफ़ारिश नहीं की।

राज्य का क्षेत्रीय समेकन 1966 तक पूरा हो गया था, लेकिन पहाड़ी लोगों के अपने ख़ुद के राज्य के अन्तिम सपने को पूरा होने में पाँच और वर्ष लगे। अन्ततः, हिमाचल विधान सभा का केन्द्र शासित प्रदेश से राज्य में संक्रमण का सर्वसम्मत प्रस्ताव संघीय संसद द्वारा अपना लिया गया, और भारतीय गणतंत्र की इक्कीसवीं वर्षगाँठ से एक दिन पहले (1971 में) हिमाचल एक राज्य बन गया।

---

* रियासत की ज़मीन के बदले में ज़मींदार को मुफ़्त/आवासीय ज़मीन की एवज में भू-स्वामी को मुफ़्त सेवा।

** विवाह के प्रयोजनों के लिए महिलाओं की ख़रीद के लिए राज्य द्वारा दी जाने वाली अनुमति और कर।

11

विदेशी अधिकार क्षेत्रों का अन्त

सर्वे ऑफ़ इंडिया द्वारा प्रकाशित भारतीय मानचित्र के वर्ष 1961 के संस्करण पर काले रंग की तीन पट्टियाँ चिपकाई गई थीं, क्योंकि यह 18 दिसम्बर से पहले मुद्रित हो गया था। 18 दिसम्बर के दिन ऑपरेशन विजय[1] ने गोवा के राज्यक्षेत्र को पुर्तगाल से मुक्ति दिलवाई, और इसका अन्तिम रूप से भारत में विलय हुआ।

ऑपरेशन विजय, हैदराबाद के प्रसिद्ध ऑपरेशन पोलो वाले जनरल जे.एन. चौधरी[2] के नेतृत्व में एक बहुत ही सुचारू अभियान था, जो सिर्फ़ लगभग अट्ठाईस घंटे तक चला। यह ऑपरेशन 17 दिसम्बर को प्रात: 09:30 बजे शुरू हुआ; 18 दिसम्बर को 12:30 बजे पुर्तगालियों ने पीछे हटना शुरू किया; और 3:30 बजे सेना की पहली टुकड़ी ने आत्मसमर्पण कर दिया। आत्मसमर्पण के दस्तावेज़ पर 19 दिसम्बर को दोपहर 2 बजे पुर्तगाली गवर्नर जनरल मैनुअल एंटोनियो वासालो ई सिल्वा[3] द्वारा गोवा की तात्कालिक राजधानी वास्को डी गामा[4] में हस्ताक्षर किये गए।

हालाँकि, गोवा की मुक्ति के बारे में महत्त्वपूर्ण सन्दर्भ यह नहीं है जो दिसम्बर, 1961 में हुआ, बल्कि यह कि भारत को गोवा का मामला निपटाने में इतना अधिक समय क्यों लगा, ख़ास कर इसलिए कि गोवा में स्वतंत्रता आन्दोलन 1928 में ही शुरू हो गया था, जब टी.बी. कुन्हा[5] ने गोवा कांग्रेस समिति[6] की स्थापना की। जिस तरह शेष भारत साइमन कमीशन के दौरे का विरोध कर रहा था, गोवा के लोग 1930 के पुर्तगाली औपनिवेशिक अधिनियम[7] के ख़िलाफ़ आन्दोलन कर रहे थे, जिसने पुर्तगाली और विदेशी राज्यक्षेत्रों के बीच अन्तर स्पष्ट किया। इस दौरान, कांग्रेस ने गोवा के कुनबी[8] मज़दूरों को असम में अंग्रेज़ों के बाग़ानों से वापस लाने में महत्त्वपूर्ण भूमिका निभाई थी, जहाँ वे 'दयनीय और ग़ुलाम जैसी परिस्थितियों' में काम कर रहे थे। 1938 में अपनी अध्यक्षता के दौरान, सुभाष चन्द्र बोस ने बम्बई में गोवा कांग्रेस कमेटी[9] की स्थापना की, जिसका उद्‌देश्य गोवा की पैतृक संस्था

के साथ मिलकर नागरिक स्वतंत्रता और गोवा में उत्तरदायी सरकार की बहाली के लिए आन्दोलन करना था। मार्च 1946 में, गोवा कांग्रेस के संकल्प में लिखा था, 'गोवा कांग्रेस कमेटी कांग्रेस के भारत छोड़ो की माँग के राष्ट्रीय आह्वान का पालन करती है और पुर्तगालियों से गोवा, दमन और दीव के तट छोड़ने का आह्वान करती है, ताकि हम बाक़ी भारत के साथ समान रूप से अपने भाग्य को प्राप्त कर सकें।'

1946 में, पुर्तगालियों के ख़िलाफ़ पहला सविनय अवज्ञा आन्दोलन गोवा में डॉ. लोहिया[10] के नेतृत्व में शुरू किया गया था, और पहली बार गोवा के राष्ट्रवादियों और भारतीय स्वतंत्रता सेनानियों ने गोवावासियों और भारतीयों के बीच कृत्रिम विभाजन को ख़त्म करने के लिए हाथ मिलाया। महात्मा गांधी ने हरिजन[11] में लिखा, 'उन्होंने (लोहिया ने) इस प्रकार नागरिक स्वतंत्रता के लिए और ख़ास कर गोवा वासियों के लिए सेवा प्रदान की है। पुर्तगाल की यह छोटी-छोटी इकाइयाँ ब्रिटिश सरकार के रहम-ओ-करम पर बमुश्किल अस्तित्व में थी।' हालाँकि, समकालीन इतिहासकार दुर्गा दास[12] के अनुसार, विदेशी अधिकारिता वाले क्षेत्रों को किस समय मुक्त कराया जाना उचित होगा, इस सम्बन्ध में भारतीय नेताओं के बीच मतभेद थे। पटेल तत्काल कार्रवाई चाहते थे, लेकिन नेहरू और गांधी फ्रांसीसियों और पुर्तगालियों के साथ राजनयिक बातचीत के माध्यम से इसे हल करना चाहते थे।

हालाँकि, गोवा के राष्ट्रवादी भारत के विदेश कार्यालय द्वारा 'क़ानूनी दृष्टिकोण' अपनाए जाने पर नाख़ुश थे। यह स्वाभाविक ही था कि जहाँ राष्ट्रवादी गोवा को आन्तरिक मुद्दे के रूप में देखते थे, वहीं प्रधानमंत्री नेहरू और विदेश मंत्रालय इस मुद्दे को लेकर होने वाले अन्तर्राष्ट्रीय प्रभावों को लेकर भी सजग थे। पुर्तगाल की संयुक्त राष्ट्र की सदस्यता को लेकर हमारे विरोध पर व्यापक चर्चा हुई, लेकिन आख़िरकार पुर्तगाल ने संयुक्त राष्ट्र में अपना स्थान सुनिश्चित किया, और 1955 में अन्तर्राष्ट्रीय न्यायालय[13] में दादरा और नगर हवेली तक आवाजाही रोकने पर भारत के ख़िलाफ़ तत्काल मुक़दमा दर्ज कराया। पुर्तगाल और भारत दोनों ने अपनी जीत का दावा किया, क्योंकि आईसीजे ने पुर्तगालियों के दावे को बरकरार रखा, लेकिन उन्हें दादरा और नगर हवेली में आवाजाही के अधिकार से वंचित कर दिया।

यह मामला दिलचस्प है, क्योंकि यह दर्शाता है कि जब विदेश मंत्रालय राजनयिक नीतियों में व्यस्त था, तब गोवा के कार्यकर्ताओं ने आज़ाद गोमांतक दल[14] के बैनर तले 21 जुलाई, 1954 को बम्बई से दादरा की ओर कूच किया, पुलिस थाने पर क़ब्ज़ा किया और तिरंगा फहराया। बाद में, आरएसएस और गोवा पीपल्स पार्टी[15] के स्वयंसेवक उनके साथ जुड़े और 2 अगस्त, 1954 को

सिलवासा में भारतीय झंडा फहराया गया। 1954 से 1961 तक, 'मुक्त दादरा एवं नगर हवेली की वरिष्ठ पंचायत'[16] का बोलबाला रहा। पहले ही जून माह में भारत में शामिल होने के लिए मतदान करने वाली वरिष्ठ पंचायत ने आईएएस के.जी. बदलानी,[17] को प्रधानमंत्री नियुक्त करके उन्हें नेहरू के समकक्ष रखा, और 11 अगस्त, 1961 को भारत में डाक्यूमेंट ऑफ़ ऐक्सेशन (विलय का दस्तावेज़) का क़ानूनी हस्ताक्षरकर्ता बनाया।

इससे पहले जुलाई-अगस्त, 1954 में पुर्तगाल ने दादरा और नगर हवेली के सन्दर्भ में विक्टिम कार्ड खेलने की पूरी कोशिश की थी। सालाज़ार शासन ने अपने नाटो सहयोगियों[18] के बीच जनमत जुटाने कोई कोशिश की, जिनमें ब्रिटेन सबसे प्रमुख था, लेकिन ब्रिटेन ख़ुद दुविधा में था क्योंकि जहाँ इंग्लैंड और पुर्तगाल सम्प्रभुओं ने शाश्वत समर्थन और सहयोग की कई सन्धियाँ हस्ताक्षरित की थी, वहीं रानी कामन्वेल्थ[19] की प्रमुख थी, और भारत कामन्वेल्थ के सभी सदस्यों में से ब्रिटिश ताज का सबसे सुन्दर, आकर्षक एवं महत्त्वपूर्ण 'मणि' था! इसलिए ब्रिटेन दोनों पक्षों के बीच सन्तुलन बनाने की कोशिश करते हुए सावधानीपूर्वक क़दम उठा रहा था, इससे भारत क्रोधित हो गया और ब्रिटिश प्रेस ने 'नेहरू की ब्रिटेन को फटकार'[20] शीर्षक से रिपोर्ट लिखी, जबकि पुर्तगाल ने विरोध किया कि बीबीसी[21] की कवरेज भारत समर्थक थी।

यूनाइटेड किंगडम के लिस्बन मिशन (2 अगस्त, 1954) की रिपोर्ट में कहा गया कि : 'पुर्तगाल के लोग मूर्ख नहीं है कि वह यूनाइटेड किंगडम के साथ युद्ध करने की कल्पना करेंगे। वह सिर्फ़ इतना चाहते है कि हम भारत सरकार को यह समझाएँ कि उनके वर्तमान व्यवहार से दीर्घकाल में और किसी को नहीं बल्कि सिर्फ़ रूस के लोगों को लाभ होगा।'

तनाव कम करने की कोशिश में, भारत ने पुर्तगाल के पर्यवेक्षकों की एक संयुक्त टीम के प्रस्ताव (8 अगस्त, 1954) को स्वीकार कर लिया जिसमें दोनों ओर से तीन-तीन सदस्यों को नामित किया जाना था, लेकिन यह प्रक्रियात्मक मतभेदों के कारण कभी भी क्रियान्वित नहीं हुआ। पुर्तगाल ने वास्तव में डेनमार्क, बेल्जियम, कनाडा, ब्राजील, अर्जेंटीना, चिली, स्विट्जरलैंड, लक्ज़मबर्ग, यू.एस, यूनाइटेड किंगडम, इटली और वेटिकन[22] से सम्पर्क भी किया था। लेकिन यूनाइटेड किंगडम ने इसे ख़ारिज कर दिया क्योंकि उसका अनुमान था कि यदि इस सिद्धान्त को अपनाया जाता है, तो उसके मौजूदा उपनिवेशों में भी कई पर्यवेक्षक होंगे। एक बार जब यह वैश्विक मुद्दा बन गया, तो पूर्वानुमान के अनुरूप राय बँट गई। बेल्जियम, इटली, चिली, दक्षिण अफ़्रीका, ब्राजील, स्पेन, अर्जेंटीना और वेटिकन

ने भारत सरकार का मौखिक समर्थन किया और यूएसएसआर, चीन, नेपाल, इराक और बर्मा खुलकर भारत के पक्ष में खड़े हुए। मिस्त्र अपनी प्रतिक्रिया के प्रति बहुत सचेत था। कनाडा नेहरू के साथ निजी रूप से इस मामले में रुचि लेने के लिए राजी हो गया, लेकिन इसने ख़ुद को संयुक्त पर्यवेक्षकों की टीम से हटा लिया था।

अब अवर्गीकृत गोपनीय दस्तावेज़ों के अवलोकन से भी यह पता चलता है कि सालाज़ार ने 'सीमान्त संशोधन'[23] पर विचार किया था, जिसके अनुसार गोवा, दमन और दीव पुर्तगाल के पास और दादरा और नगर हवेली भारत के अधीन रहते। सौभाग्य से, यूनाइटेड किंगडम या किसी अन्य सरकार द्वारा इसका गम्भीरता से पालन नहीं किया गया, और इस सन्दर्भ में कोई औपचारिक प्रस्ताव नहीं बनाया गया। भारत की जनता की राय भयाक्रान्त हो सकती थी, क्योंकि टी.बी. कुन्हा और पी.डी. गायतोंडे,[24] के नेतृत्व में गोवा के राष्ट्रवादी सहित सम्पूर्ण विपक्ष (पीएसपी, सीपीआई, जनसंघ, स्वतंत्र पार्टी) नेहरू और उनकी टीम की 'क़ानूनी' व्याख्या से क्रोधित थे। उन्होंने इस पर ज़ोर दिया कि पुर्तगालियों राज्य द्वारा 1955 में आयोजित चुनावों में गोवा, दमन और दीव के 6,38,000 योग्य मतदाताओं में से 50,000 से भी कम ने अपने मत का प्रयोग करना चुना।

25 मई, 1957 को फ्री गोवा में टी.बी. कुन्हा ने लिखा, 'प्रधानमंत्री का भारत में पुर्तगाली अधिकारिता के बारे में बयान व्याकुल मनः स्थिति के साथ विश्वासघात है और सरकार की ओर से दृढ़ संकल्प की कमी को दर्शाता है।' गोवा की आर्थिक नाकाबन्दी के प्रयास सफल नहीं हुए क्योंकि कराची बन्दरगाह तेल के आयात और खनिजों के निर्यात करने के लिए रसद सहायता प्रदान करने के लिए सक्रिय हो गया।

तब, गुट निरपेक्ष आन्दोलन[25] के अन्तर्गत अफ्रीकी-एशियाई गुट और यूएन ट्रस्टीशिप काउंसिल पुर्तगाल पर ज़बरदस्त दबाव डाल रहे थे, और वह ख़ुद को उत्तरोत्तर अलग-थलग महसूस कर रहा था। 15 दिसम्बर, 1960 को संयुक्त राष्ट्र महासभा ने इस विषय के पक्ष में भारी मतदान (अड़सठ पक्ष में, छह विपक्ष में, सत्तरह ने कोई वोट नहीं डाला) किया कि पुर्तगाल संयुक्त राष्ट्र चार्टर के तहत इसके औपनिवेशिक क्षेत्रों (गोवा सहित) पर रिपोर्ट प्रस्तुत करने के लिए बाध्य था। इसने भारत को 11 अगस्त, 1960 को दादरा और नगर हवेली को शामिल करने के लिए क़ानून पारित करने का विश्वास दिया। इस बीच, बर्लिन की दीवार[26] का निर्माण 13 अगस्त को शुरू हो गया और अमेरिका और नाटो का ध्यान यूरोप की ओर चला गया। अमेरिका ने पुर्तगाल को यह स्पष्ट कर दिया कि उसकी सैन्य सहायता केवल नाटो के सन्दर्भ में है। यह भारत के लिए काफ़ी राहत की बात थी। 17 अगस्त को नेहरू ने संसद को सूचित किया कि 'गोवा की मुक्ति

के क़दमों में उचित समय पर भारतीय सेना का उपयोग शामिल हो सकता है'।[27] सितम्बर में बेलग्रेड गुट निरपेक्ष आन्दोलन सम्मेलन के तुरन्त बाद गोवा को मुक्त करने के लिए पर्याप्त प्रयास न करने की वजह से वे अफ्रीकी प्रतिनिधियों के निशाने पर आ गए, क्योंकि यह पुर्तगाली उपनिवेशों के अफ्रीका में अन्त का संकेत हो सकता था। इस प्रकार, जब वह भारत लौटे, पासा फेंका जा चुका था और भारतीय सेना को ऑपरेशन विजय के लिए क़दम उठाने के निर्देश दिये जा चुके थे, जो लगभग अट्ठाईस घंटे तक चला।

भारत में फ्रांसीसी इकाइयाँ

पुर्तगाली एन्क्लेव (गोवा, दमन, दीव और दादरा और नगर हवेली) के कठिन और विवादित हस्तान्तरण के विपरीत, फ्रांसीसियों के साथ समझौता सहज था, हालाँकि इसमें भी कुछ समस्याएँ थी। 28 अगस्त, 1947 को ही, भारत और फ्रांस ने इकाइयों के प्रश्न के मुद्दे को 'लोगों की आकांक्षाओं और हितों' को ध्यान में रखते हुए हल करने के लिए एक संयुक्त घोषणा की। भारत के लिए, इसका मतलब था कि वे अन्ततः 200 वर्ग मील से थोड़े ज़्यादा क्षेत्रफल और तीन लाख से कम जनसंख्या वाले पांडिचेरी, चन्द्रनगर, करिकल, माहे और यमन की पाँच इकाइयों के शान्तिपूर्ण हस्तान्तरण (कंपटीयर्स) की बातचीत करेंगे। भारत के लोगों की कल्पना में, फ्रांसीसी इकाइयों ने भारतीय क्रान्तिकारियों और स्वतंत्रता सेनानियों—अरबिन्दो घोष[28] से सुब्रमण्यम भारती[29] तक—को शरण प्रदान की थी।

पूर्वी तट पर विस्तृत, भाषायी रूप से जितनी समानता इन इकाइयों में आपस में थी उससे कहीं अधिक इनके ब्रिटिश भारतीय पड़ोसियों के साथ थी; इसलिए क़ाम और शिक्षा के लिए चन्द्रनगर से कलकत्ता और पांडिचेरी, करिकल, माहे और यमन से मद्रास तक लोगों की मुक्त आवाजाही थी। वास्तव में, 'इन एन्क्लेव की भौगोलिक सीमान्तता ने इन्हें भारतीय इतिहास-लेखन में अदृश्य बना दिया'[30] लेकिन फ्रांस के नज़रिये से, उनका भविष्य उनके अन्यत्र औपनिवेशिक अधिकारिता से जुड़ा था, जिसमें सबसे प्रमुख इंडोचाइना[31] था।

15 अगस्त, 1947 को भारत की स्वतंत्रता के साथ, फ्रांसीसी क्षेत्रों में लोकमत ज़बरदस्त रूप से विलय के पक्ष में था। चन्द्रनगर[32] (अगस्त, 1947/मार्च, 1948) और माहे (अक्टूबर, 48) में उत्तेजना सबसे ज़्यादा थी, जहाँ लोकप्रिय प्रदर्शनों ने पूर्ण विकसित विद्रोहों का मार्ग प्रशस्त किया। जैसे-जैसे चन्द्रनगर में स्थिति नियंत्रण से बाहर जा रही थी, फ्रांसीसी सरकार ने जून 1948 में चन्द्रनगर में जनमत संग्रह

करवाया जिसमें 97 प्रतिशत मतदाताओं ने भारत में शामिल होने का विकल्प चुना। हालाँकि, महात्मा गांधी, संविधान सभा और भारत सरकार सभी सहमत थे कि स्थानान्तरण की प्रक्रिया भारत सरकार के तत्त्वावधान में समझौते से होनी चाहिए—क्योंकि ऐसा वास्तविक भय था कि ऐसे आन्दोलन साम्यवादियों और अन्य विखंडन करने वाली पार्टियों के चपेट में न आ जाए।

भारत सरकार का साम्यवादी और समाजवादियों के एक वर्ग के सम्बन्ध में सन्देह निराधार नहीं था क्योंकि दूसरे विश्वयुद्ध के बाद 1946 में स्थापित चौथे फ्रांसीसी गणराज्य[33] के एन्क्लेव में राजनीतिक रूप से जागरूक मतदाताओं का एक हिस्सा फ्रांसीसी सीनेट और विधान सभा में उच्च प्रतिनिधित्व के अलावा ज़्यादा स्वायत्ता की सम्भावना तलाश रहा था। इसने साम्यवादी, राष्ट्रवादी और समाजवादी सभी स्थानीय राजनीतिक दलों को नेशनल डेमोक्रेटिक फ्रंट (एनडीएफ)[34] के बैनर तले एकजुट किया, जिसने सभी चौंतीस सीटें जीती। इनमें साम्यवादी नेता सुब्बैया[35] और समाजवादी नेता सर्वनाए[36] भी शामिल थे। हालाँकि आज़ादी के बाद नेशनल डेमोक्रेटिक फ्रंट ने उग्र विचारधारओं की प्रतिस्पर्धा का सामना किया। एक ओर जहाँ साम्यवादी भारत के साथ तत्काल विलय के पक्ष में थे, वहीं सरवाने और फ्रांसीसी भारतीय वकील गौबर्ट[37] ने फ्रांसीसी संघ के भीतर स्वायत्तता की माँग की। विलय के लिए साम्यवादी समर्थन भी बिना शर्त नहीं था—क्योंकि वे फ्रांसीसी साम्राज्यवाद के उन्मूलन के पक्ष में थे, लेकिन वे सहयोगी भारतीय संघ सरकार से भी संघर्ष कर रहे थे, और लोक शासन की स्थापना के लिए भी काम कर रहे थे। इस बीच, फ्रांसीसी भारत की मुस्लिम लीग ने इन इकाइयों के भविष्य पर जनमत संग्रह में इस आधार पर मुसलमानों के लिए पृथक निर्वाचन मंडल की माँग की कि वे आबादी का कम से कम एक तिहाई हिस्सा थे, और साथ ही पांडिचेरी के भारत में विलय के बाद मुसलमान चन्द्रनगर से यहाँ चले आए थे। पांडिचेरी में भारतीय महावाणिज्य दूत ने अपनी रिपोर्ट में यह उल्लेख किया है कि फ्रांसीसी भारत के अधिकतर मुसलमान पाकिस्तान से सहानुभूति रखते थे, जिन्हें फ्रांसीसियों द्वारा विलय-विरोधी उद्देश्यों के लिए उकसाया जा रहा था। अन्तिम, दक्षिण में बहुत मज़बूत द्रविड़ आन्दोलन था, और दो अख़बार, तमिल में वेल्ली और फ्रांसीसी में रिपब्लिक फ्रेनकाइस, ने फ्रांसीसी भारत को प्रस्तावित द्रविड़िस्तान के अभिन्न अंग के रूप में ज़ोरदार वकालत की।

जैसा कि अखिल येचुरी[38] ने कहा : 'ऐसे दौर में जब रियासतों का एकीकरण पूरा नहीं हुआ था, और कश्मीर की समस्या बहुत बड़ी थी, भारत के अनिश्चित भविष्य को फ्रांसीसी भारत में एक प्रतिबिम्ब मिला।'[39]

हालाँकि, इन सभी ने भारतीय अधिकारियों को आश्वस्त किया कि जनमत संग्रह करवाना भानुमती का पिटारा खोलने जैसा होगा, क्योंकि फ्रांसीसी संघ के भीतर एक स्वायत्त क्षेत्र की सम्भावना तूल पकड़ रही थी। हालाँकि, मई, 1954 में दीएन बिएन फु[40] में फ्रांसीसियों की हार के साथ ही फ्रांसीसियों ने अपनी हिम्मत खो दी, और फ्रांस के भीतर स्वायत्तता के सबसे मुखर समर्थकों ने महसूस किया कि भविष्य भारत के साथ था। यह पहला मौक़ा था जब एक प्रमुख औपनिवेशिक शक्ति खुले युद्ध में पराजित हुई थी। फ्रांसीसियों की हार के बाद स्पष्ट रूप से एक अवसरवादी क़दम के रूप में, सोशलिस्ट पार्टी के मुखर नेता गौबर्ट ने भारत के लिए अपना वोट डालने का निर्णय लिया। इसीलिए, 18 अक्टूबर, 1954 को, फ्रांसीसी भारत के कुल 178 प्रतिनिधियों में से 170 ने विलय के पक्ष में मतदान किया। 1 नवम्बर को पांडिचेरी, यनम, माहे और करिकल को वास्तव में भारत संघ में स्थानान्तरित कर दिया गया, और यह 1947 के विदेशी क्षेत्राधिकार अधिनियम के तहत प्रशासित पांडिचेरी का केन्द्र शासित प्रदेश बन गया। क़ानूनी रूप से फ्रांसीसी भारतीय संघ का भारत के साथ विलय 1962 में फ्रांसीसी संसद द्वारा अनुसमर्थन के बाद हुआ।

संयोग से, विदेशी क्षेत्राधिकार अधिनियम[41] को 13 मई, 2015 को निरस्त किया गया, जब भारतीय संसद को आधिकारिक रूप से सूचित किया गया कि 1962 से भारत का कोई भी क्षेत्र किसी औपनिवेशिक शक्ति के नियंत्रण में नहीं था।

12

उत्तर-पूर्व की सीमाएँ

असम का 'निर्माण' और 'अनिर्माण' (making and unmaking) यह दर्शाता है कि किस प्रकार सीमान्त सीमाओं[1] ने इस क्षेत्र के राजनीतिक इतिहास में महत्त्वपूर्ण भूमिका निभाई है। असम सिर्फ़ ब्रिटिश भारत में ही सीमान्त राज्य नहीं था, बल्कि यह महाभारत के समय से ही सीमान्त प्रदेश रहा है। यहाँ तक कि मुग़लों और बंगाल के सूबेदारों के लिए भी यह अन्तिम चौकी रही थी। इसलिए, इस राज्य की सीमाओं में हुए बहुत से बदलावों की रोचक कहानी है!

असम पर लिखे गए अधिकांश लेखों में, यह माना गया है कि कहानी तब शुरू होती है जब 1874 में असम मुख्य आयुक्त का प्रान्त बना था। हालाँकि, वह 'असम' ब्रह्मपुत्र घाटी पर बसे अहोम[2] साम्राज्य से अलग था, जिसमें गोलपारा, कामरूप, दरांग, नागाँव, शिवसागर और लखीमपुर के ज़िले शामिल थे। गोलपारा को छोड़कर, उन्नीसवीं सदी में प्रान्तीय प्रशासन के केन्द्र के रूप में गुवाहाटी[3] के साथ, ये सभी अलग आकार ग्रहण कर रहे थे। 1874 में, चार नये ज़िलों—कछार, गारो पहाड़ियाँ, ख़ासी और जयंतिया पहाड़ियाँ और नागा पहाड़ियों—को असम के साथ जोड़ा गया। सिलहट को भी इसी वर्ष सितम्बर में असम के अन्तर्गत लाया गया। जैसा कि राजेन सैकिया ने लिखा है, 'यह इस क्षेत्र के राजनीतिक भूगोल के इसकी सामाजिक और ऐतिहासिक जड़ों से अलगाव की शुरुआत थी।'[4] दो दशक बाद, लुसाई हिल ज़िले को भी इसमें जोड़ दिया गया।

हालाँकि, यह उल्लेख करना आवश्यक है कि गारो हिल्स, नागा हिल्स, और लुशाई हिल्स का अंग्रेज़ों द्वारा विलय करना महारानी की 1858 की उद्घोषणा[5] का उल्लंघन था जिसमें साम्राज्य के भारत में क्षेत्रीय विस्तार के युग के अन्त का वादा किया गया था।

असम के पहले मुख्य आयुक्त, कर्नल रिचर्ड हर्ट कीटिंग ने फ़रवरी 1874 में

गुवाहाटी में कार्यभार सँभाला लेकिन राजधानी को शिलांग स्थानान्तरित कर दिया। इस निर्णय का कलकत्ता के बंगबन्धु ने विरोध करते हुए कहा : 'गुवाहाटी प्रान्त का केन्द्र था, यहाँ बेहतर जलवायु थी और यह शिलांग की तुलना में राजधानी के रूप में बेहतर दावा पेश करता था, जो अच्छी सड़कों से जुड़ा भी नहीं था।' कछार और सिलहट ज़िलों का विलय भी तीव्र आलोचना का विषय बना। इतिहासकार जे.बी. भट्टाचार्य[6] ने इसे बंगाल का प्रथम विभाजन कहा, 'क्योंकि सुरमा घाटी का बंगाल के मैदान/नों से और यहाँ के लोगों का बंगालियों से स्वाभाविक निरन्तरता में होने से, यह तर्कसंगत था कि कछार और सिलहट बंगाल के भाग बने रहते।'[7]

लेकिन राज्य की प्रोफ़ाइल में वास्तविक बदलाव ईसाईयत और बंगाल फ्रंटियर विनियमन के तहत जारी इनर लाइन रेगुलेशन (आईएलआर)[8] के आपस में सम्बद्ध कारकों की वजह से हुआ। 1873 में प्रकाशित इस नियमावली ने पहाड़ी ज़िलों के सांस्कृतिक, सामाजिक, शैक्षिक, साम्प्रदायिक और राजनीतिक परिदृश्य को बदल दिया। ईसाई धर्मांतरण के ध्वजवाहक नागा और गारो हिल्स में अमेरिकी बैपटिस्ट, और मिज़ो, ख़ासी और जयंतिया हिल्स में वेल्श धर्म प्रचारक थे। यद्यपि इनकी औपनिवेशिक नियंत्रण के अप्रत्यक्ष साधन के रूप में आलोचना की गई, लेकिन इसके कुछ सकारात्मक पहलू भी थे : चर्च ने हिंसक जनजातियों के दृष्टिकोण में स्थानीय भाषाओं के विकास को सुनिश्चित करके, शब्दकोशों और व्याकरणों का प्रकाशन करके, अंग्रेज़ी का लोकप्रियकरण, आधुनिक शिक्षा का प्रसार करके, स्वास्थ्य देखभाल और सांस्कृतिक परिवर्तन के उपायों आदि से पूर्ण परिवर्तन लाए। हालाँकि, 'राष्ट्रवादी' मत विशेष रूप से धर्म परिवर्तन के सम्बन्ध में धर्म प्रचारकों की भूमिका के प्रति आशंकित था। धर्म प्रचारकों की सफलता की एक वजह वह तिरस्कार भी था जिससे असमिया अभिजात वर्ग द्वारा पहाड़ी जनजातियों को देखा जाता था। 'पहाड़ी लोगों—उनके भोजन, वस्त्रों, पारिवारिक ज़िन्दगी के बारे में उनकी कोई दिलचस्पी नहीं थी। स्थानीय सीमा व्यापार ने उन्हें मित्रवत सम्बन्धों के लाभ से परिचित करवाया। लेकिन दोनों ही ओर से दीर्घकालिक अवधि की मित्रता का कोई वादा नहीं था।'[9]

यह भी जोड़ दिया जाना चाहिए कि जबकि आईएलआर को अंग्रेज़ों के सुरक्षात्मक उपाय के रूप में तैयार किया गया था, लेकिन इसने 'उस काल्पनिक रेखा के परे रहने वाले पहाड़ी जनजातियों के शासन के किसी भी दावे को मान्यता नहीं दी।' हालाँकि जिस आसानी से मिशनरियों को ईसाई चर्च की शिक्षा के अनुसार धार्मिक प्रचार और धर्मांतरण के कार्यों के लिए आईएलआर पार करने की अनुमति दी गई, उससे औपनिवेशिक प्रशासन के वास्तविक इरादों पर सवाल उठाए गए,

क्योंकि इसमें सभी सदस्य सिर्फ़ ईसाई थे। वहीं भारतीयों के आईसीएस में शामिल होने के बाद भी, जानबूझकर उन्हें असम के पहाड़ी ज़िलों से दूर रखने का प्रयास किया गया।

असम के जनसांख्यिकीय परिवर्तन की शुरुआत चाय बाग़ानों के साथ हुई, क्योंकि भीतरी लोगों के बजाय बाहरी 'कुलियों' का प्रबन्धन आसान था। इसलिए बाग़ान मालिकों[10] ने मध्य भारत से आदिवासियों और बंगालियों को पर्यवेक्षकों की भूमिका में प्राथमिकता दी।

जिस प्रकार बाग़ान मालिकों को बंगाली क्लर्कों की आवश्यकता थी, जो प्रशासक प्रशासनिक भाषा के रूप में फ़ारसी से अंग्रेज़ी और बंगाली के रूप में संक्रमण का प्रयास कर रहे थे, वे अधिक से अधिक बंगालियों पर निर्भर होने लगे, और बंगाली मध्यस्थ शासक वर्ग बन गए।

असम में प्रवेश करने वाला तीसरा समूह मारवाड़ी[11] व्यवसायी वर्ग था, जिसने मूल असमियों के लिए अर्थव्यवस्था का मौद्रिकरण किया जो अपने रीति-रिवाज़ों को बदलने के लिए बिलकुल इच्छुक नहीं थे। मारवाड़ी तैयार माल के साथ सबसे सुदुर आन्तरिक इलाक़ों में पहुँचे और उपलब्ध अधिशेष का दोहन किया। फिर वहाँ नेपाली कामगार थे, जो सड़क निर्माण, कोयला खनन और कठिन शारीरिक श्रम की आवश्यकता वाले अन्य क्षेत्रों में कार्यरत थे। आख़िर में, मुस्लिम कृषक थे जिन्होंने नई भूमि के साथ-साथ 'छार भूमियों'[12] को भी कृषियोग्य बनाया। इसके साथ ही उनकी अलग तरह की वेशभूषा और मस्जिदों ने इस क्षेत्र के परिदृश्य में अलग पहचान दर्ज की। असमिया समाज के साथ उनका एकीकरण एक प्रमुख चुनौती थी, क्योंकि इन मुस्लिम कृषकों के अतिरिक्त संथाल, मारवाड़ी, बंगाली, नेपाली, सभी विशाल हिन्दू समुदाय का हिस्सा थे।

1905 में बंगाल विभाजन[13] से पूर्वी बंगाल और असम के साथ एक नये प्रान्त का निर्माण हुआ। ढाका, चटगाँव और राजशाही डिवीजन बंगाल से अलग करके असम के साथ जोड़ दिये गए थे। राजेन सैकिया ने इसे 'क्षेत्र के राजनीतिक भूगोल की द्वितीय तोड़फोड़' कहा है। 1911 में बंगाल के विभाजन के विलोप होने के साथ ही इस 'अल्पकालिक कृत्रिम राज्य' का अन्त हो गया।[14] हालाँकि, इस क्षणभंगुर प्रान्त के राजनीतिक भूगोल के दीर्घकाल में असम राज्य पर विनाशकारी परिणाम रहे। यह पूर्वी बंगाल से असम के निचले ज़िलों में मुस्लिम कृषकों के आकर स्थायी रूप से बसने का 'खुला दरवाज़ा' बन गया था। चटगाँव बन्दरगाह और मध्य असम की लुमडिंग रेलवे लाइन प्रवास का राजमार्ग बन गया, जिसने राज्य की जनसांख्यिकी को हमेशा के लिए बदल दिया।

हालाँकि गोपीनाथ बोरदोलोई[15] के नेतृत्व में कांग्रेस पार्टी ने प्रान्तीय चुनावों में सबसे अधिक सीटें जीती, पर कांग्रेस ने विपक्ष में बैठने का फ़ैसला किया, जिससे मुस्लिम लीग के सर सादुल्लाह ख़ान को प्रान्त का प्रमुख बनने का अवसर मिला। सर सादुल्लाह न केवल आईएलआर व्यवस्था का उन्मूलन चाहते थे, बल्कि उन्होंने मुस्लिम प्रवासियों के बसाये जाने को प्रोत्साहित किया ताकि असम को स्थायी रूप से मुस्लिम लीग का गढ़ बनाया जा सके। उनके 'अधिक भोजन उगाओ' या 'भूमि विकास योजना' को 'अधिक मुसलमान विकसित करने/बढ़ाने' की चाल मानकर वायसराय लॉर्ड वावेल[16] द्वारा समाप्त कर दिया गया। सादुल्लाह का सोलह महीने का शासन वास्तव में लोकप्रिय नहीं था, और अपने अव्यवस्थित गठबन्धन में टकरावों को देखते हुए, उन्हें अगस्त, 1938 में इस्तीफ़ा देना पड़ा। तब गोपीनाथ बोरदोलोई ने असम में कांग्रेस सरकार का गठन किया और उनके पहले क़दमों में सादुल्लाह की असम में मुस्लिम आप्रवासन को प्रोत्साहित देने की नीति को पलटना था। बोरदोलोई ने महसूस किया कि 'अप्रतिबन्धित व्यवसाय मूल निवासियों के लिए विपरीत परिस्थितियों का निर्माण कर उन्हें दूर जाने के लिए मजबूर कर सकता है और (कांग्रेस) सरकार ने 1 जनवरी, 1938 के बाद आने वाले व्यक्तियों के बसने पर रोक लगा दी।'[17] लेकिन बोरदोलोई को तब फिर से इस्तीफ़ा देना पड़ा जब ब्रिटिश भारत दूसरे विश्वयुद्ध में जुड़ा, और सादुल्लाह फिर से 1946 तक प्रमुख बने, जब एक बार फिर बोरदोलोई ने उनकी जगह ली। सादुल्लाह के शासन काल में असम में जनसांख्यिकीय परिवर्तन हुआ जिसके चलते जिन्ना ने अपने निजी सचिव मोइन-उल-हक़ चौधरी से कहा, 'रुको, मैं तुम्हारे लिए असम को चाँदी की थाली में प्रस्तुत करूँगा।'[18]

भारत और पाकिस्तान अधिराज्यों की स्थापना असम में बंगाली मुसलमानों के प्रवेश के लिए किसी भी तरह बाधक नहीं बनी। पाकिस्तानी पासपोर्ट प्रणाली, पाकिस्तान (नियंत्रण) अधिनियम और प्रवासी अधिनियम 1950 के बावजूद प्रवासियों की आमद बेरोकटोक जारी रही। जैसे कि पहले वाले के प्रवासी पूर्वी पाकिस्तान की सीमा से लगने वाले असम के ज़िलों में बस गए थे, वैसे ही नये आप्रवासियों को भी छिद्रपूर्ण सीमाएँ[19] पार करने में कोई समस्या नहीं हुई और वे मतबारों या छोटे ज़मींदारों की सहायता से वहाँ बस गए।

स्वतंत्रता के तत्काल बाद, पूरे प्रान्त में हलचल थी। 1935 के भारत सरकार अधिनियम में ज़रूरी परिवर्तनों के साथ छठी अनुसूची[20] को लागू किया गया, जिस के अन्तर्गत बहिष्कृत और आंशिक रूप से बहिष्कृत क्षेत्रों में रखा गया, जिसके तहत एक स्वायत्त ज़िला परिषद, जो चौबीस सदस्यों से अधिक की नहीं हो सकती थी,

को भूमि के प्रशासन के लिए क़ानून बनाने, झूम खेती के ग़ैर-आरक्षित वनों के प्रबन्धन, मुखियाओं की नियुक्ति और उत्तराधिकार एवं जनजातियों के निजी जीवन और सामाजिक जीवन को प्रभावित करने वाले मामलों पर क़ानून बनाने की विधायी शक्तियाँ दी गई। परिषद को अपीलीय अदालत सहित विभिन्न तरह की अदालतें स्थापित करने, प्राथमिक विद्यालयों के निर्माण और प्रबन्धन, औषधालयों, सड़कों और उन तरीक़ों और भाषा को, जिसमें प्राथमिक शिक्षा दी जाएगी, निर्धारित करने का अधिकार था। इसके पास राज्य में पालन किये जाने वाले सिद्धान्तों के अनुरूप ही भू-राजस्व के आकलन और संग्रह करने और कुछ ख़ास कर लगाने और एकत्र करने का अधिकार था। इस प्रकार, जहाँ अन्य राज्यों में आदिवासी पाँचवीं अनुसूची द्वारा शासित थे, वहीं असम के पहाड़ी इलाक़ों की जनजातियों को छठी अनुसूची के तहत स्वायत्त दर्जा प्रदान किया गया। इससे भी अधिक महत्त्वपूर्ण, भारत के दूसरे हिस्सों में पंचायतों के विपरीत, ज़िला परिषद के पास कुछ विषयों पर राज्य सरकार के समानान्तर शक्तियाँ थी। परिषद को राज्य के सामान्य बजट में एक अलग 'पृथक बजट प्रमुख' भी प्राप्त था। उन्हें वजीफों और वेतन के अलावा आयकर के भुगतान से छूट, सेवाओं में आरक्षण और शिक्षण संस्थानों से जुड़े मामलों में एवं विद्यार्थियों के लिए विशेष सुविधाएँ प्राप्त थी।

हालाँकि, संविधान निर्माताओं के सर्वश्रेष्ठ इरादे के बावजूद भी, परिषदें अपने इच्छित उद्देश्यों को पूरा नहीं कर सकीं। जबकि नागाओं ने इसे सीधे ख़ारिज कर दिया, शेष पाँच परिषदों—गारो हिल्स, यूनाइटेड ख़ासी और जयंतिया हिल्स, लुशाई हिल्स, यूनाइटेड मिखिर (कार्बी) और उत्तरी कछार हिल्स—की शुरुआत भी बहुत सकारात्मक नहीं थी क्योंकि असम किसी भी तरह से सत्ता साझा करने के लिए राजी नहीं था। असम के वर्चस्ववादी अभिजात पहाड़ियों के अन्दरूनी हिस्सों में असमिया प्रभाव का प्रसार तेज़ी से चाहते थे। लेकिन राज्य के विभिन्न जातीय वर्ग अपनी ग़ैर-असमिया पहचान को प्रमुखता से संरक्षित रखना चाहते थे। पहचानों के इस टकराव के कारण ही असम के पुनर्गठन की शुरुआत हुई। 'ग्रेटर असम' के साथ आत्मसात/समाकलन को लेकर लगातार राग अलापने ने पहाड़ियों को उनकी ज़मीन, भाषा और सांस्कृतिक पहचान के प्रति चिन्तित कर दिया।

इस प्रकार, आज़ादी के पहले दशक के भीतर ही, जातीय और भाषायी रूप से विविध समूहों ने राज्य के पुनर्गठन की माँग की। असम की सभी पहाड़ी जनजातियों के प्रतिनिधि राज्य पुनर्गठन आयोग से एक पहाड़ी राज्य की माँग करने वाले ज्ञापन को तैयार करने के लिए 1954 में तुरा में एकत्रित हुए, क्योंकि 'छठी अनुसूची द्वारा प्रदान की गई स्वायत्ता पर्याप्त और वास्तविक नहीं थी।' प्रस्तावित पहाड़ी राज्य की

संरचना में एक विधान सभा, मंत्रिपरिषद और राज्यपाल शामिल था, जो एनईएफए[21] के प्रशासन के लिए भी ज़िम्मेदार होगा, जो अन्ततः पहाड़ी राज्य का हिस्सा होना चाहिए। इस बात पर सहमति हुई कि पहाड़ी राज्य और अवशिष्ट असम राज्य में एक संयुक्त उच्च न्यायालय, लोक सेवा आयोग, महालेखाकार और अन्तरिम रूप से, संयुक्त राजधानी के रूप में शिलांग होना चाहिए। हालाँकि, असम की ओर से जवाबी प्रस्ताव दार्जिलिंग, जलपाईगुड़ी, कूचबिहार और एनईएफए को शामिल करते हुए सम्पूर्ण पूर्वी हिमालय के लिए एक राज्य था!

गोलपारा, गारो हिल्स, कूचबिहार, दार्जिलिंग और जलपाईगुड़ी को मिलाकर कामतापुर राज्य,[22] और इसके अलावा कछार[23] के आसपास के क्षेत्रों को मिलाकर पूर्वांचल राज्य के गठन के लिए भी प्रस्ताव दिये गए थे। हालाँकि, आयोग इस सिद्धान्त द्वारा निर्देशित था कि एक सीमावर्ती राज्य सु-प्रशासित, स्थिर और अत्यावश्यक सैन्य समस्याओं से उत्पन्न आकस्मिक समस्याओं के समाधान के लिए साधन सम्पन्न होना चाहिए। आयोग ने महसूस किया कि सीमा पर छोटी इकाइयों की बजाय अपेक्षाकृत बड़े, सुदृढ़ और साधन सम्पन्न राज्य होने चाहिए। यहाँ तक की राज्य के बहु-जातीय और बहु-भाषायी चरित्र को मान्यता देते हुए भी, इसने सिफ़ारिश की कि नये असम राज्य में मौजूदा सभी क्षेत्रों के साथ ही, त्रिपुरा और मणिपुर को भी शामिल किया जाना चाहिए। एसआरसी ने सोचा था कि इससे भारत और पाकिस्तान के बीच की सम्पूर्ण सीमा एकल नियंत्रण में आ जाएगी, अर्थात असम सरकार के अधीन आ जाएगी। आयोग का यह विचार था कि 'पृथक्करण से जहाँ एक ओर असम राज्य और पहाड़ी क्षेत्रों के बीच प्रशासन की लागत बढ़ेगी एवं नीतियों और कार्यक्रमों का समन्वय कठिन होगा, वहीं दूसरी ओर ख़ुद पहाड़ी ज़िलों के आपसी सम्बन्ध भी इससे प्रभावित होंगे।'

यद्यपि एसआरसी असम के किसी भी विभाजन के पक्ष में नहीं थी, फिर भी भारत सरकार, ख़ास कर प्रधानमंत्री नेहरू नागा नेतृत्व के उस वर्ग के साथ एक राजनीतिक समझौता करने के लिए प्रतिबद्ध थे जो हिंसा छोड़कर समझौते के लिए सहमत हो गए थे। केन्द्र सरकार को अहसास हुआ कि नागाओं का मुख्य विरोध भारत सरकार की बजाय असम के अति उत्साही अधिकारियों के आचरण से था।

जब भारतीय वैधानिक आयोग (साइमन कमीशन) ने 1929 में भारत का दौरा किया, तब नागा क्लब,[24] नागाओं के एक प्रतिनिधि निकाय, ने अपनी याचिका में नागा पहाड़ियों को सुधार योजना से अलग रखते हुए सीधे ब्रिटिश सरकार के अन्तर्गत रखे जाने की माँग की।

नागालैंड का गठन भी नागा पहचान के निर्माण, अंग्रेज़ों की सीमावर्ती क्षेत्रों को बफर[25] के रूप में बनाने की चाह, नागालैंड को क्राउन कॉलोनी रूप में बरकरार

रखने के उनके विचार, धर्म प्रचारकों गतिविधियों के लिए अन्तर्निहित समर्थन एवं पहाड़ों के निवासियों और मैदानी लोगों के बीच अविश्वास (दुनिया भर के कई अन्य क्षेत्रों की तरह), इसके साथ ही दूसरे विश्वयुद्ध के अन्त में मित्र और धुरी राष्ट्रों की सेनाओं द्वारा छोड़े गए गोला-बारूद के भंडारों की आसान उपलब्धता के प्रश्न से गहराई से जुड़ा हुआ है।

कालानुक्रमिक दृष्टि से 'ज़िले के राज्य बनने' की कहानी की शुरुआत 1866 में नागा हिल्स ज़िले, जिसका मुख्यालय समागुइटिंग था, और 1878 से कोहिमा में वोखा और मोकोकचुंग प्रत्येक में एक सबडिवीजन की स्थापना के साथ शुरू होती है। 1873 के बंगाल पूर्वी सीमा विनियमन से इनर लाइन परमिट (आईएलपी) पेश किया गया था, जिससे देश के बाक़ी हिस्से के साथ क़ानूनी रूप से सम्पर्क प्रतिबन्धित किया गया। 1935 के भारत सरकार अधिनियम ने बहिष्कृत और आंशिक रूप से बहिष्कृत क्षेत्रों का निर्माण और वायसराय/गवर्नर जनरल के इन क्षेत्रों के साथ सम्बन्ध की रूपरेखा तैयार की गई।

दो विश्वयुद्धों की वजह से आईएलपी के लोहे के पर्दे में से दरार पड़ गई। प्रथम विश्वयुद्ध के दौरान फ्रांस में लेबर कॉर्प्स[26] के लिए लगभग चार हज़ार नागाओं को भर्ती किया गया, और दूसरे विश्वयुद्ध के दौरान, सम्पूर्ण क्षेत्र ही युद्ध का मैदान बन गया था। धुरी (जापानी) सैनिक अन्तिम रूप से पराजित किये जाने से पहले कोहिमा के मार्ग पर थे, और फील्ड मार्शल सर विलियम स्लिम ने अपनी ऐतिहासिक पुस्तक *डिफ़िट इनटू विक्ट्री* में बहादुर नागाओं के योगदान को स्वीकार किया है। 'वहाँ वे वीर नागा थे, जिनकी वफ़ादारी आक्रमण के सबसे निराशाजनक समय में भी, कभी डगमगाई नहीं। कोड़े, यातना, फाँसी, और उनके गाँवों को जला दिये जाने के बावजूद भी, उन्होंने किसी भी तरह से जापानियों की मदद करने, या हमें धोखा देने से इनकार कर दिया। हमारे लिए उनकी सक्रिय सहायता प्रशंसा से परे थी। समर्पित ब्रिटिश राजनीतिक अधिकारियों के नेतृत्व में, उन्होंने हमारे स्तम्भों का मार्गदर्शन किया, जानकारी एकत्र की, दुश्मन के गश्ती दल पर घात लगाकर हमला किया, हमारी आपूर्ति लाए, और हमारे घायलों को सबसे भीषण गोलाबारी के बीच में से लाए—और फिर वे इतने सज्जन थे कि अक्सर ही किसी भी प्रकार के भुगतान से इनकार करते थे। कई सारे ब्रिटिश और भारतीय सैनिक अपने जीवन के लिए उनके ऋणी हैं।'

इसमें कोई आश्चर्य नहीं कि प्रशासक-मानवविज्ञानी जे.एच. हटन, जो असम में डिप्टी कमिश्नर रह चुके थे, और सर रॉबर्ट रीड इन सीमावर्ती क्षेत्रों को बर्मा की सीमा पर सीधे व्हाइटहॉल के अधीन क्राउन टेरिट्री के रूप रखने के इच्छुक थे,

किन्तु जब वी.पी. मेनन को नये गठित राज्य मंत्रालय में इसकी भनक लगी, तब उन्होंने इसे राज्य सचिव के स्तर पर रुकवा दिया।

इस बीच, नागा नेतृत्व का एक प्रतिनिधि मंडल, जिसमें ए.जेड. फ़िज़ो[27] और टी. साखरी[28] भी शामिल थे, ने मई, 1947 में दिल्ली में महात्मा गांधी से मुलाक़ात की, जिन्होंने उन्हें बताया कि हालाँकि उन्हें लगता है कि नागा भारत के अभिन्न अंग हैं, भारतीय संघ में भागीदारी की रूपरेखा का निर्णय करना उन पर निर्भर था, और यह भी कि बल के प्रयोग का प्रश्न ही नहीं था। असम के गवर्नर सर अकबर हैदरी,[29] ने नागा नेताओं के साथ जून, 1947 में कोहिमा में नौ सूत्रीय समझौते[30] पर हस्ताक्षर किये, जिसमें नागाओं को न्यायिक, विधायी और कार्यकारी मामलों में पूर्ण स्वायत्तता और उनकी भूमि के स्वामित्व के अधिकार से वंचित न करने की गारंटी दी गई। नौवें बिन्दु में लिखा था : 'असम के राज्यपाल, भारतीय संघीय सरकार के प्रतिनिधि के रूप में, के पास दस वर्षों तक इस समझौते के उचित अनुपालन की विशेष ज़िम्मेदारी होगी : इस अवधि के समाप्त होने पर, नागा परिषद से पूछा जाएगा कि क्या वे उपरोक्त समझौते को आगे की अवधि के लिए बढ़ाना चाहते हैं, या इसकी जगह नागा जनता के भविष्य के सम्बन्ध में नया समझौता किया जाए।' जबकि फ़िज़ो ने इसका अर्थ दस साल बाद स्वतंत्रता के बाद के विकल्प के रूप में समझा, लेकिन भारत सरकार के लिए, यह असम का हिस्सा बने रहने या भारत संघ के भीतर ही एक अलग दर्जा रखने के बीच में से किसी एक को चुनने के रूप में था।

नागा स्वायत्त पहाड़ी ज़िले को असम के भीतर ही संविधान के भाग XVI (अनुच्छेद 330 और 332) के अन्तर्गत लोक सभा और असम विधानमंडल/विधान सभा में प्रतिनिधित्व प्रदान किया गया। हालाँकि, फ़िज़ो के नेतृत्व में नागाओं ने 1952 के पहले आम चुनावों में हिस्सा नहीं लिया और चीन एवं (पूर्वी) पाकिस्तान की सक्रिय मिलीभगत से सशस्त्र विद्रोह किया। फ़िज़ो द्वारा लगातार हिंसा और सरकार के साथ समझौता करने की उनकी अनिच्छा से तंग आकर, टी. साखरी के नेतृत्व वाले नागा नेशनल काउंसिल (एनएनसी) के मध्यम गुट ने भारतीय संघ के अन्दर स्वायत्तता के मुद्दे पर बातचीत करने का निर्णय लिया। चरमपंथी गुट द्वारा उनके अपहरण करने और हत्या किये जाने के बावजूद भी, उनके द्वारा बनाए माहौल की अभिव्यक्ति अगस्त, 1957 में आयोजित नागा पीपुल्स कन्वेंशन में मिली, जिसने इम्कोंग्लिबा एओ को बातचीत शुरू करने के लिए अधिकृत किया। सितम्बर, 1957 में प्रधानमंत्री नेहरू के साथ चर्चा के बाद, इस बात पर सहमति हुई कि 'असम का नागा हिल्स ज़िला और एनईएफए का तुएनसांग सीमान्त प्रभाग

को एक इकाई में गठित किया जाएगा, जो भारत के राष्ट्रपति की ओर से असम के राज्यपाल द्वारा प्रशासित होगा।

इसके बाद, मोकोकचुंग में 1958 और 1959 में दो और सम्मेलन आयोजित किये गए थे जब मेजर बॉब खाथिंग[31] वहाँ डिप्टी कमिश्नर थे, और भारतीय संघ के अन्तर्गत ही नागालैंड राज्य और भारतीय सेना में नागा रेजीमेंट[32] के गठन के साथ ही इनर लाइन परमिट जारी रखने के लिए दबाव डालने का निर्णय लिया गया। जुलाई 1960 में प्रधानमंत्री नेहरू ने एसआरसी के सुझाव एवं गृहमंत्री जी. बी. पंत की यह सिफ़ारिश कि जब तक नागालैंड भारतीय संघ के तहत एक राज्य नहीं बन जाता, तब तक नागालैंड के नियमन और उससे जुड़े मामलों के लिए बयालीस निर्वाचित सदस्यों की एक अन्तरिम इकाई की स्थापना की घोषणा, दोनों को ख़ारिज कर दिया। दुर्भाग्यवश, इम्कोंग्लिबा एओ की भी हत्या कर दी गई, लेकिन शुरुआती झटके के बाद शीलू एओ, जो बाद में पहले मुख्यमंत्री बने, ने दो वर्षों तक परिषद का संचालन किया।

और आख़िरकार 1 दिसम्बर, 1963 को नागालैंड का, 6,300 वर्ग मील के राज्यक्षेत्र और लगभग 3,70,000 लोगों की आबादी के साथ, भारत के सोलहवें राज्य के रूप में, राष्ट्रपति एस. राधाकृष्णन द्वारा कोहिमा में एक रंगारंग कार्यक्रम में उद्घाटन किया गया, और शीलू एओ इसके पहले मुख्यमंत्री बने।

नागालैंड को राज्य का दर्जा दिये जाने से जातीय मुद्दों के सन्दर्भ में राजनीतिक समाधान की सर्वोच्चता के सिद्धान्त को स्थापित कर दिया। एसआरसी का वित्तीय और प्रशासनिक व्यवहार्यता का तर्क अब एकमात्र निर्धारक नहीं रहा था। इसकी शुरुआत से ही यह स्पष्ट था कि नागालैंड राज्य का वित्तपोषण भारत सरकार द्वारा किया जाएगा। इसका यह अर्थ भी था कि एनईएफए, मणिपुर, त्रिपुरा, गारो और जयंतिया हिल्स के साथ-साथ लुशाई पहाड़ी इलाक़े के सम्बन्ध में एसआरसी की सिफ़ारिशों को जल्द ही छोटे राज्यों और केन्द्र शासित प्रदेशों के पक्ष में नज़रअन्दाज़ कर दिया जाएगा।

जैसा कि पहले उल्लेख किया गया है, भारत में विलय के बाद मुख्य आयुक्त के प्रान्त मणिपुर और त्रिपुरा की इच्छाओं के विरुद्ध एसआरसी इन दोनों को असम का हिस्सा बनाना चाहती थी। चाहे मणिपुर और त्रिपुरा भौगोलिक, जातीय, सांस्कृतिक और भाषायी रूप से एक-दूसरे से काफ़ी अलग थे, फिर भी 1947 से ही दोनों राज्य के भाग्य आपस में जुड़े हुए थे—दोनों शासकों ने सी.एस. गुहा को संविधान सभा में अपने साझा प्रतिनिधि के रूप में भेजा था। दोनों ने 1947 में इंस्ट्रूमेंट ऑफ़ ऐक्सेशन पर हस्ताक्षर किये और 1949 में अपने राज्यों का भारतीय संघ में विलय कर दिया।

दोनों शुरू में थे मुख्य आयुक्तों के अधीन रखे गए और 1956 में असम के साथ एकीकृत किये जाने से बाल-बाल छूट गए एवं 1963 में दोनों ही केन्द्र शासित प्रदेश बने। दोनों को 1972 में राज्य का दर्जा प्राप्त हुआ, लेकिन इससे जातीय विद्रोहों, चरमपंथी विचारधाराओं और संघर्षों का अन्त नहीं हुआ। दोनों ही राज्य 1972-2014 तक अखिल भारतीय सेवाओं के एक समान कैडर भी साझा करते थे, और 1947 के बाद से इन राज्यों में कोई क्षेत्रीय परिवर्तन नहीं हुआ।

हालाँकि, आइए हम दो सदी पीछे चलें। त्रिपुरा ने 1809 में अंग्रेज़ों का संरक्षण स्वीकार कर लिया, जबकि मणिपुर ने 1824 में सहायक सन्धि स्वीकार की। दोनों ही सलामी वाले राज्य थे, जिसमें त्रिपुरा एक पायदान ऊपर था—इसके पास मणिपुर की ग्यारह तोपों की तुलना में तेरह तोपों की सलामी थी। यहाँ यह भी उल्लेख किया जाना चाहिए कि राज के दौरान, मणिपुर का अधीक्षण असम के गवर्नर के पास, जबकि त्रिपुरा का बंगाल के गवर्नर के अधीन था। दोनों ही राज्यों के शाही परिवार और अभिजात वर्ग बंगाली भाषा, कला, संस्कृति और धार्मिक रीति-रिवाज़ों से प्रभावित थे, लेकिन अधिकतर जनजातीय आबादी को लगा कि उन पर बंगाली संस्कृति थोपी जा रही थी।

दरअसल, जब त्रिपुरा के शासक बंगालियों—हिन्दू और मुस्लिम, दोनों—को उनके राज्य, और साथ ही चकला रोशनानबाद की अपनी ज़मींदारी में बसने के लिए प्रोत्साहित कर रहे थे, तब वे कभी कल्पना भी नहीं कर सकते थे कि उनकी स्वदेशी कोकबोरोक[33] भाषा और लोकाचार विलुप्ति की कगार पर पहुँच जाएँगे। जब त्रिपुरा राजपरिवार गुरुदेव रवीन्द्रनाथ ठाकुर[34] की मेजबानी और बंगाली कला और संस्कृति को प्रोत्साहित कर रहा था, उस समय किसी ने भी देश के विभाजन और उसके परिणामों की कल्पना नहीं की होगी, ख़ास कर कि त्रिपुरा पर; अपनी विस्तृत ज़मींदारी[35] के लिए, जो कि (1720 में बंगाल के नवाब द्वारा उन्हें प्रदत्त) इसके राजस्व का मुख्य स्रोत भी थी, मुस्लिम बहुसंख्यक होने के कारण पूर्वी पाकिस्तान को सौंप दी गई।

अन्तिम राजा, बीर बिक्रम, जो भारत की आज़ादी के पहले ही सिंहासन पर बैठे थे, आज़ादी के ठीक ग्यारह सप्ताह पहले (17 मई, 1947) उनकी मृत्यु हो गई, और उनके नाबालिग बेटे किर्री बिक्रम मनिक्य को उत्तराधिकारी बनाया गया, और उनकी विधवा रानी कंचन प्रभा ने त्रिपुरा का शासन सँभाला। त्रिपुरा साम्राज्य के नवम्बर, 1949 में भारत संघ में विलय में उनकी महत्त्वपूर्ण भूमिका थी।

हालाँकि, आज़ादी के बाद, त्रिपुरा राज्यक्षेत्र का बड़ा हिस्सा, विशेषकर इसकी ज़मींदारी, पूर्वी पाकिस्तान में चली गई और इसने अपनी अधिकांश आय खो दी।

लेकिन त्रिपुरा की वास्तविक त्रासदी जनसांख्यिकीय परिवर्तन से उपजी जिसने स्वतंत्रता से पहले ही त्रिपुरी जनजाति को अल्पसंख्यक बना दिया। यह गौरतलब है कि त्रिपुरी जनजाति की 183 पीढ़ियों ने इस क्षेत्र पर शासन किया था। इस प्रकरण की बेहतर समझ हेतु इन तथ्यों का उल्लेख सहायक होगा : 1875 में जनजातीय आबादी 64 प्रतिशत थी, 1931 में 52 प्रतिशत, लेकिन 1951 तक यह केवल 37 प्रतिशत थी। 2001 में यह गिरकर 27 प्रतिशत पर आ गई थी। 2011 की जनगणना में जनजातीय आबादी बढ़कर 31.8 प्रतिशत हो गई, जो बेशक प्रोत्साहनीय संकेत है—निश्चित रूप से राज्य में जनसंख्या का और अधिक प्रवास नहीं है।

हिन्दू बंगालियों का प्रवास विभाजन से काफ़ी पहले शुरू हो गया था क्योंकि त्रिपुरा एक सुरक्षित ठिकाना माना जाता था। 1941 के अभूतपूर्व राजपुरा (ढाका) दंगों के बाद, त्रिपुरा ने अरुंधतिनगर, अगरतला के पास, में निःशुल्क और योजनाबद्ध पुनर्वास की पेशकश की। 1946 में नोआखली[36] दंगों के बाद हिन्दुओं ने भी राज्य में शरण माँगी। विभाजन के दंगों के बाद पूर्वी पाकिस्तान से 1950, 1952 और 1956 में प्रवास हुआ जब क्रमशः सत्तर, अस्सी और पचपन हज़ार शरणार्थी राज्य में आए। यद्यपि शरणार्थियों का औपचारिक पंजीकरण 1958 में बन्द हो गया था, फिर भी 1965 और 1971 के युद्ध से पहले भी प्रवास की लहरें चल पड़ीं। राज्य का दर्जा मिलने और 70 के दशक के मध्य में बीएसएफ की तैनाती के बाद तक, 'यह भारत की एक हज़ार किलोमीटर की सबसे छिद्रपूर्ण सीमा थी।'[37] लेकिन 1971 भी कहानी का अन्त नहीं था। जाति और धर्म की वजह से उत्पीड़न से भागने के कारण, चटगाँव पहाड़ी इलाक़ों (सीएचटी)[38] से चकमाओं का पलायन हुआ।

कहने की ज़रूरत नहीं है कि जो बंगाली त्रिपुरा में आए, वे राजनीतिक रूप से जागरूक, अपनी नागरिकता का दावा करने के लिए उत्सुक और, जनजातियों की तुलना में, मुख्यधारा के राजनीतिक दलों में शामिल थे। कांग्रेस और साम्यवादियों दोनों ने रियायतें देकर और उनके पक्ष में माँगें बढ़ाकर उन्हें लुभाने की कोशिश की, जिसमें आदिवासी क्षेत्रों में ख़ास भूमि (राज्य के स्वामित्व वाली बंजर भूमि) का उपयोग भी शामिल है, यह अन्तिम घटना थी जिसके बाद सहनशक्ति समाप्त हो चुकी थी। बीर बिक्रम त्रिपुर संघ (1947), पहाड़िया संघ (1951) और आदिवासी संघ (1955) ने पुनर्वास प्रयासों का विरोध किया लेकिन कांग्रेस और साम्यवादियों को यह श्रेय दिया जाना चाहिए कि उन्होंने इस मुद्दे को जातीय रंग नहीं दिया। लेकिन कृषि की शैली के साथ ही स्थायी कृषि और स्थानान्तरित कृषकों (झूमियाओं) के प्रति दुनिया का नज़रिया इतना भिन्न था कि समय के साथ आदिवासियों ने पाया कि वह ज़मीन उनके जीवन और आजीविका के लिए अब पर्याप्त नहीं थी।

भूमि राजस्व और भूमि सुधार अधिनियम, 1960 ने आगे इसके बाद अधिग्रहण को रोका, लेकिन पहले ही बहुत नुक़सान हो चुका था।

1967 में, त्रिपुरा उपजाति जुबा समिति (यूजेएस) का गठन किया गया, क्योंकि इस समय तक आदिवासी युवाओं को मिशनरियों द्वारा शिक्षित करने के साथ ही उनका ईसाईकरण भी कर दिया था, और उन्होंने रोमन लिपि में कोकबोरोक को राज्य के मामलों और शिक्षा की भाषा बनाने की माँग की। टीयूजेएस को मिज़ो नेशनल फ्रंट (एमएनएफ) से भी मदद मिली, और दोनों संगठनों ने सीमा पार चिटगाँव हिल डिस्ट्रिक्ट (सीएचटी) में प्रशिक्षण केन्द्र स्थापित किये।

जनजातीय मुद्दे का दीर्घकालिक समाधान खोजने के प्रयास में, त्रिपुरा विधान सभा ने त्रिपुरा जनजातीय क्षेत्र स्वायत्तता ज़िला परिषद विधेयक 1979 में सर्वसम्मति से पारित किया, जिसे 49वें संविधान संशोधन के माध्यम से 1984 में छठी अनुसूची में शामिल किया गया। यह बड़ी परिपक्वता और बुद्धिमत्ता का प्रतीक था क्योंकि साठ सदस्यों वाली विधान सभा में केवल सत्तरह जनजातीय सदस्य थे जिसने राज्य का 68 प्रतिशत भूभाग परिषद को हस्तान्तरित कर दिया, जिनका अगरतला से लगभग 26 किमी दूर, खुमुलवंग में अपना प्रशासनिक मुख्यालय है।

इस अध्याय को लिखने के समय (अगस्त, 2021) त्रिपुरा की दीर्घकालिक समस्याओं का अन्त दिख रहा है, क्योंकि अगरतला से कोलकाता तक सड़क और रेल सम्पर्क के बाधित होने से शुरू हुए अलगाव, जिसने 550 किमी की दूरी को बढ़ाकर 1645 किमी कर दिया, 12.3 किमी लम्बी आखौरा रेलवे लाइन की पुनर्स्थापना के साथ समाप्त हुआ। इसके साथ ही सबरूम के पास फेनी नदी पर पुल ने, चटगाँव के बन्दरगाह शहर को सीधे अगरतला से जोड़ दिया है। इससे त्रिपुरा के साथ ही पूरे उत्तर-पूर्व, पश्चिम बंगाल और बांग्लादेश की आर्थिक, वाणिज्यिक, सामाजिक गतिविधियों को भी बल मिलेगा। यहाँ गौरतलब है कि इस क्षेत्र में भले ही विविध राजनीतिक व्यवस्थाएँ हों, लेकिन यह भौगोलिक रूप से एक ही इकाई का हिस्सा है।

हालाँकि, मणिपुर में पूर्वी पाकिस्तान से शरणार्थियों का प्रवेश नहीं हुआ, इसकी समस्याएँ महाराजा और मणिपुर दरबार की भारतीय स्वतंत्रता अधिनियम की व्याख्याओं में निहित है। आज़ादी से कुछ दिन पहले, महाराजा बोधचन्द्र सिंह[39] ने उसी प्रारूप में इंस्ट्रूमेंट ऑफ़ ऐक्सेशन पर हस्ताक्षर किये, जिस पर अन्य रियासतों ने किये थे। इसके बाद, मणिपुर राज्य संविधान अधिनियम, 1947[40] की उद्घोषणा की गई, जिसके तहत जून 1948 में मणिपुर में सार्वभौमिक वयस्क मताधिकार आधारित चुनाव आयोजित किये गए। हालाँकि, मणिपुर राज्य संविधान अधिनियम,

1947 को भारत सरकार द्वारा मान्यता नहीं मिली, और इस प्रकार भारत सरकार की नज़र में यह चुनाव 'अमान्य' थे। केन्द्र का मानना था कि इंस्ट्रूमेंट ऑफ़ ऐक्सेशन के बाद एग्रीमेंट ऑफ़ मर्जर सम्पन्न किया जाना चाहिए ताकि सभी भारतीय नागरिकों—चाहे वे ब्रिटिश भारत में रह रहे थे या रियासतों में—को समान अधिकार प्राप्त हों। क्या विलय उपरोक्त अधिनियम पारित करने के बाद महाराजा मर्जर एग्रीमेंट्स पर हस्ताक्षर करने के लिए अधिकृत थे या नहीं, यह विवादित मुद्दा है। यह आरोप कि उन्होंने दबाव में सन्धि हस्ताक्षरित की थी, जब तक मणिपुर भाग सी राज्य (मुख्य आयुक्त के प्रान्त) से यूटी और आख़िरकार 1972 में एक राज्य में परिवर्तित नहीं हो गया, तब तक यह राजनीतिक विमर्श हावी रहा।

हालाँकि, यह मणिपुर के लिए सबसे विवादास्पद मुद्दा नहीं था। वास्तविक चुनौती तीन प्रमुख जातिगत समूहों—मैतेई,[41] कुकी,[42] और नागा—के बीच आन्तरिक संघर्ष की थी। जहाँ शासकीय मैतेई वंश का इम्फाल घाटी में प्रभुत्व था, वहीं पहाड़ियों पर नागा और कुकी का नियंत्रण था—दोनों का ही आपस में और साथ ही मैतेई के साथ भी दीर्घकालिक और हिंसात्मक संघर्ष था। कुकी और नागाओं की भूमि प्रबन्धन और शासन की अपनी विशिष्ट व्यवस्था थी। जहाँ नागा भूमि समुदाय के पास थी, वहीं कुकी वंशानुगत प्रमुखता की ओर उन्मुख थे। मानो यह पर्याप्त नहीं था, मैतेई मुसलमानों का जातीय-धार्मिक समूह, जो पंगल या पंगम[43] कहलाता था, भी पहचान के हिंसात्मक दावे में जुटा हुआ था।

मणिपुर एक ऐसा राज्य था जहाँ हर जातीय समूह के पास अपनी एक सेना थी, और कभी न कभी आपस में और सुरक्षा बलों के साथ गुरिल्ला युद्ध में शामिल थे। समूह विचारधारा और व्यक्तित्व कारकों के आधार पर, बिखर गए और फैल गए, लेकिन सामान्य तौर पर, मैतेई विद्रोही भारत से स्वतंत्रता से आज़ादी चाहते थे, कुकी एक अलग राज्य चाहते थे और नागा ग्रेटर नागालैंड या नागालिम में विलय चाहते थे, जो मैतेई के उनके राज्य की क्षेत्रीय अखंडता के आग्रह के ख़िलाफ़ तीव्र संघर्ष में था। यह भी अवश्य याद रखना चाहिए कि मणिपुर रानी गाइदिन्ल्यू का निवास स्थान भी था। रानी गाइदिन्ल्यू ने 1930 के दशक में मिशनरियों के ज़बरन धर्मांतरण के विरोध में जेलियांग्रोंग जनजातियों (काबुई, पुइमेई, जेमी और लियांगमेई) के हेराका आन्दोलन[44] का नेतृत्व भी किया था, क्योंकि उन्हें लगता था कि वे उनकी पारम्परिक व्यवस्थाओं को नष्ट कर रहे थे। उन्हें सत्तरह साल की बाली उम्र में गिरफ़्तार किया गया, 1947 के बाद रिहा कर दिया गया, और वह नागा आज़ादी के लिए फ़िज़ो के संघर्ष के ख़िलाफ़ थी। उन्हें 1972 में स्वतंत्रता सेनानियों का ताम्र पत्र, और 1982 में पद्म भूषण प्राप्त हुआ।

लेकिन अब उनके समूह के अधिकतर लोगों के ईसाई बन जाने की वजह से उनकी प्रतिष्ठा धूमिल हो गई है।

मणिपुर से एक और महानायक मेजर रालेंगनाओ (बॉब) खाथिंग हैं जिनका भारत की सीमाओं के निर्धारण में अद्वितीय योगदान है, उन्होंने असम के तत्कालीन गवर्नर, जयरामदास दौलतराम,[45] के आशीर्वाद के साथ 1952 में असम राइफ़ल्स[46] के दल का तवांग के लिए नेतृत्व किया और लामाओं को उनकी आनुष्ठानिक श्रद्धांजलि को ल्हासा भेजने से रोकने के लिए निर्देशित किया। इस प्रकार, तवांग ही था जहाँ 1959 में भारत पलायन के दौरान दलाई लामा ने अपना पहला डेरा डाला। खाथिंग उस समय मोकोकचुंग के डिप्टी कमिश्नर भी थे जब 1956 और 1959 में हिंसा त्यागकर भारतीय संघ में राज्य का दर्जा स्वीकार करने के लिए नागा सम्मेलनों का आयोजन किया गया था। उन्होंने नागालैंड के मुख्य सचिव तक का पद प्राप्त किया, और बाद में बर्मा, जैसा की म्यांमार उस वक़्त जाना जाता था, के लिए हमारे राजदूत बने। 1957 में उन्हें पद्म श्री से भी सम्मानित किया गया।

मणिपुर और त्रिपुरा (हिमाचल के साथ) केन्द्र शासित प्रदेश सरकार अधिनियम, 1963 के तहत केन्द्र शासित प्रदेश बने। त्रिपुरा केन्द्र शासित प्रदेश के पहले मुख्यमंत्री सचिन्द्र लाल सिंह[47] और मणिपुर के मुख्यमंत्री मैरेंबाम कोइरेंग सिंह[48] थे।

पूर्वोत्तर में अगला बड़ा बदलाव पूर्वोत्तर क्षेत्र (पुनर्गठन) अधिनियम, 1971 से हुआ। इसमें मणिपुर और त्रिपुरा का राज्य के रूप में गठन किया गया। साथ ही मेघालय, मिज़ोरम और अरुणाचल प्रदेश को केन्द्र शासित प्रदेश के रूप में गठित किया गया। इससे असम के तत्कालीन राज्य का स्वरूप पूरी तरह बदल गया।

इस प्रकार, मेघालय 1972 में मणिपुर और त्रिपुरा के साथ एक राज्य बन गया। हालाँकि, मुख्य अन्तर यह था कि मणिपुर और त्रिपुरा दोनों ही 1949 में रियासतों से मुख्य आयुक्त के प्रान्तों में परिवर्तित हुए; 1963 में केन्द्र शासित प्रदेशों में; और 1972 में पूर्ण राज्यों में। मेघालय के लिए राज्य का दर्जा एक लम्बे समय से चली आ रही माँग की पूर्ति थी—जिसमें असम के भीतर पहले स्वायत्त ज़िला परिषद की माँग की गई थी, लेकिन जब पूरे राज्य में असमिया भाषा थोपने की कोशिश की गई, तो यह माँग राज्य के दर्जे में परिवर्तित हो गई। मेघालय की कहानी शिलांग की खोई हुई महिमा के साथ ही असम की संकुचित होती क्षेत्रीय सीमाओं के साथ भी भी जुड़ी हुई है।

मेघालय के सृजन का सर्वश्रेष्ठ वर्णन स्वर्णा राजगोपालन ने अपनी 'पूर्वोत्तर भारत में शान्ति समझौते पर रिपोर्ट' में किया है, 'मेघालय के गठन की शुरुआत पूर्वोत्तर में एक स्थिर पहाड़ी राज्य की माँग के रूप में हुई थी लेकिन अनेक समूहों

द्वारा उनके अपने राज्य की माँग द्वारा इसे परिवर्तित कर दिया गया, और ऑल पार्टी हिल लीडर्स कॉन्फ्रेंस (एपीएचएलसी) ने अपना ध्यान ख़ासी-जयंतिया और गारो पहाड़ियों पर केन्द्रित किया, जहाँ पहले से ही छठी अनुसूची द्वारा प्रदत्त स्वायत्त परिषदें थी। जब असमी भाषा को राज्य भर में निर्देशों की भाषा के रूप में अपनाया गया, असम राज्य विधान सभा में पहाड़ी क्षेत्र समिति का गठन करने के प्रस्ताव ने जल्दी ही ख़ासी-जयंतिया और गारो हिल्स के निवासियों की माँग को मेघालय के लिए राज्यक्षेत्र के लिए मान्यता दी।' यह उल्लेखनीय है कि 1950 के दशक की शुरुआत में पहाड़ी ज़िलों के अधिकांश विधायकों ने छठी अनुसूची के अन्तर्गत परिषदों के लिए अधिक स्वायत्तता, सभी ज़िला परिषदों के लिए निर्वाचित अध्यक्ष और साथ ही मंत्रिमंडल में परिषदों के प्रतिनिधित्व की माँग की थी। वे राज्यपाल की 'वीटो शक्तियों' पर भी बन्धन चाहते थे। और आख़िरी, शिलांग नगरपालिका पर ख़ासी हिल्स काउंसिल का नियंत्रण भी। वास्तव में, शिलांग को नियंत्रित करने की इच्छा भी असम राज्य और ख़ासी दावे के नायकों के बीच प्रतिस्पर्धा की जड़ थी।

1962 तक, एपीएचएलसी एक राजनीतिक पार्टी बन गई थी, इसने चुनाव लड़ा और मिकिर और उत्तरी कछार ज़िले को छोड़कर सभी स्वायत्त ज़िलों में उत्कृष्ट सफलता हासिल की। बहरहाल, प्रधानमंत्री नेहरू के साथ चर्चाओं का कोई निष्कर्ष नहीं निकला और उनके उत्तराधिकारी लाल बहादुर शास्त्री[49] ने पाटस्कर आयोग की नियुक्ति की, जिसकी सिफ़ारिशें एक अलग राज्य से थोड़ी-सी ही कम थीं, परन्तु एपीएचएलसी ने इसे ख़ारिज कर दिया। 1967 में, केन्द्र सरकार ने संघीय संरचना के आधार पर असम के पुनर्गठन का प्रस्ताव रखा, जिसमें पहाड़ों के लिए एक उप-राज्य शामिल था। उप-राज्य ख़ासी-जयंतिया और गारो पहाड़ियों के दो ज़िलों को मिलाकर बनाया जाना था, साथ ही यूनाइटेड मिकिर और उत्तरी कछार (यूएमएनसी) ज़िले के 2,80,000 लोगों के पास परिषद में शामिल होने का विकल्प होगा अगर वे दो-तिहाई मतों से शामिल होने का निर्णय लें। उप-राज्य की प्रशासनिक व्यवस्था में किसी अन्य राज्य की तरह ही मुख्यमंत्री और मुख्य सचिव थे, लेकिन इसे सौंपी जाने वाली शक्तियों में क़ानून-व्यवस्था, राजमार्ग, प्रमुख उद्योग, प्रमुख सिंचाई, जल निकासी, बिजली और नेविगेशन परियोजनाएँ और ख़ासी और जयंतिया ज़िले में स्थित, राज्य की राजधानी, शिलांग की नगरपालिका और छावनी क्षेत्र पर नियंत्रण शामिल नहीं थे। इसके अलावा, असम विधान सभा में सोलह सदस्यों वाली पहाड़ी प्रतिनिधियों की एक स्थायी समिति के पास पहाड़ी ज़िलों के हित से सम्बन्धित विषयों पर क़ानून पारित करने के 'रोकने का पहला अधिकार' था।

उत्तर-पूर्वी परिषद का निर्माण (एनईसी)[50]

उप-राज्य योजना का सबसे दिलचस्प हिस्सा असम के राज्यपाल की अध्यक्षता वाली उत्तर-पूर्वी परिषद (एनईसी) का प्रस्ताव था। असम, नागालैंड और नये स्वायत्त राज्य के मुख्यमंत्रियों के साथ-साथ हर एक से एक अन्य मंत्री भी इसके सदस्य होंगे। मणिपुर और त्रिपुरा के केन्द्र शासित प्रदेशों का प्रतिनिधित्व उनके मुख्य आयुक्तों और क्षेत्रीय परिषदों के मुख्यमंत्रियों द्वारा किया जाना था। एनईसी को समग्र क्षेत्र के लिए समन्वित विकास योजना शुरू करनी थी, और इसकी सुरक्षा उप-समिति को बाहरी और आन्तरिक ख़तरों के सन्दर्भ में नीतियाँ बनाने 'लुक एट पॉलिसीज़' का जनादेश दिया गया था। यह उस आलोचना का जवाब भी था कि पुनर्गठन से असम की सुरक्षा के लिए ख़तरा हो सकता है। केवल जनसंघ, भाजपा के पूर्ववर्ती, को आपत्ति थी कि इस 'विखंडन' का देश की एकता और सुरक्षा पर क्या असर होगा। हालाँकि, सशस्त्र बलों का नेतृत्व पूरी तरह से पहाड़ी लोगों के साथ तर्कपूर्ण समझौते के पक्ष में था, ताकि यह आक्रोश विद्रोह का रूप न ले सके।

मिज़ोरम : पहले संघ शासित प्रदेश और फिर राज्य के रूप में

मिज़ोरम सिर्फ़ 1987 में ही एक राज्य बना, लेकिन 1972 में मणिपुर, त्रिपुरा और मेघालय को राज्य का दर्जा मिलने के साथ ही इसे केन्द्र शासित प्रदेश का दर्जा प्राप्त हुआ। दिलचस्प बात यह है कि एपीएचएलसी पाटस्कर आयोग द्वारा मेघालय के लिए राज्य का दर्जा दिये जाने की सिफ़ारिश नहीं किये जाने के ख़िलाफ़ सशस्त्र विद्रोह कर रही थी। वहीं आयोग की प्रमुख सिफ़ारिशों में से एक लुशाई पहाड़ियों से घिरे क्षेत्र में केन्द्र शासित प्रदेश का गठन था। यह उल्लेखनीय है कि मिज़ो यूनियन और एमएनएफ दोनों ने आयोग का बहिष्कार किया था क्योंकि उन्होंने कहा कि वे पहले ही प्रधानमंत्री लाल बहादुर शास्त्री को ज्ञापन सौंप चुके थे, जिसमें अन्य बातों के साथ लिखा था :

> असम द्वारा मिज़ो पहाड़ियों के साथ किये गए सौतेले व्यवहार की वजह से मिज़ो लोगों में यह भावना पनपी कि उनके साथ द्वितीय दर्जे के नागरिक की तरह व्यवहार किया गया...इसलिए उन्हें उचित राजनीतिक प्रतिनिधित्व प्रदान करने के लिए मिज़ोरम का गठन आवश्यक है। वे दिल से भारत का हिस्सा बने रहना चाहते है, लेकिन असम के माध्यम से नहीं।

यह कहने के बाद, यह इंगित किया जाना चाहिए कि जबकि असम से अलग होने को लेकर एकमत था, वहीं जहाँ मिज़ो यूनियन भारत के अन्दर राज्य चाहता था, वही एमएनएफ, जिसकी जड़ें 1960 में स्थापित मिज़ो नेशनल फैमाइन फ्रंट[51] में थी, एक सम्प्रभु राज्य चाहता था। 1959 से लेकर, पूरा क्षेत्र भयावह अकाल से पीड़ित रहा था, किन्तु असम सरकार का रवैया और प्रतिक्रिया बिलकुल उदासीन और संवेदनहीन रहा। इसने मिज़ो समाज को आक्रोश से भर दिया, और असमिया भाषा को सम्पूर्ण राज्य के लिए प्रशासनिक भाषा के रूप में थोपने के प्रयास ने असन्तोष और हताशा की भावना को बढ़ावा दिया।

वास्तव में, 1952 से ही, जब छठी अनुसूची के तहत लुशाई हिल्स में ज़िला परिषद स्थापित की गई, वहाँ एक स्पष्ट भावना थी कि असम सरकार उसे मरणासन्न इकाई बनाने पर तुली हुई है। जबकि पुरानी मुखिया प्रणाली ध्वस्त हो गई थी, लेकिन नई परिषद इसकी जगह लेने के लिए बहुत कमज़ोर थी। यद्यपि मिज़ो यूनियन ने 1948 में सलाहकार परिषद और 1952 में क्षेत्रीय परिषद दोनों चुनावों में जीत हासिल की थी, किन्तु पारम्परिक मुखिया, जिनके पास पुरानी व्यवस्था के तहत वंशानुगत सत्ता थी, स्पष्ट रूप से उनके ख़िलाफ़ थे।

एसआरसी को दिये अपने ज्ञापन में, मिज़ो यूनियन, जो ज़िला परिषद में प्रभावशाली थी, ने मणिपुर और त्रिपुरा के मिज़ो—बहुल इलाक़ों को लुशाई हिल्स में शामिल करने की माँग की। इस पुनर्गठित ज़िले में मणिपुर, त्रिपुरा के साथ ही असम और एनईएफए के स्वायत्त ज़िलों को मिलाकर पूर्वी पहाड़ी राज्य का हिस्सा बनाया जाना था। हालाँकि, प्रस्तावित पहाड़ी राज्य में भाषायी और जातीय विविधता को देखते हुए, मिज़ो अपनी माँग से पीछे हट गए, और भारतीय संघ के भीतर ही पृथक मिज़ोरम राज्य की माँग करने लगे।

1961 के बाद, मिज़ो यूनियन और एमएनएफ के बीच एक स्पष्ट विभाजन हो गया, जिसने सम्प्रभु मिज़ोरम को अपना लक्ष्य घोषित किया। 1963 तक, यह पार्टी विशेष रूप से युवाओं के बीच प्रचलित हो गई थी, और हालाँकि इसने 145 ग्राम परिषदों पर अपना प्रभाव स्थापित कर लिया था, फिर भी मिज़ो यूनियन अभी भी मुख्य राजनीतिक शक्ति थी—जिनके पास 220 ग्राम परिषदें थी। लेकिन लालदेंगा[52] के नेतृत्व वाली एमएनएफ ने इसके पूर्वी पाकिस्तानी समर्थकों द्वारा उकसाए जाने पर, 1 मार्च, 1966 को आइजोल, लुंगलेई और चम्फाई में असम राइफ़ल्स (एआर) के ग़ैरिसनों, बीएसएफ चौकियों और आइजोल ट्रेजरी पर एक साथ हमले शुरू करके, सम्प्रभु मिज़ोरम के लिए ऑपरेशन जेरीको, एक सशस्त्र संघर्ष शुरू किया। यहाँ तक कि आइज़ोल के डिप्टी कमिश्नर, टी.एस. गिल

को भी असम राइफ़ल्स के शिविर में आश्रय लेना पड़ा। लेकिन एआर ग़ैरिसन डटी रही, और 2 मार्च के लिए प्रस्तावित विजय परेड आयोजित नहीं की जा सकी, क्योंकि विद्रोहियों ने भारतीय सेना की ताक़त को नज़रअन्दाज़ करके और इंटर-सर्विस इंटेलिजेंस (आईएसआई)[53] और पूर्वी पाकिस्तान[54] के समर्थन को बढ़ाकर आँका था। लेकिन हालाँकि विद्रोही ध्वज नहीं फहरा सके, फिर भी उन्होंने आइज़ोल जेल से क़ैदियों को रिहा किया और ग़ैर-मिज़ो (वैस) लोगों की दुकानों को लूट लिया।

2 मार्च, 1966 को, सशस्त्र बल विशेष अधिकार अधिनियम (एएफएसपीए)[55] लागू किया गया, आइज़ोल में कर्फ़्यू लगाया गया और असम राइफ़ल्स के लिए हेलिकॉप्टरों से अतिरिक्त सेना भेजी गई। ईस्टर्न आर्मी कमांडर लेफ़्टिनेंट जनरल सैम मानेकशॉ के हेलीकॉप्टर पर हमले के बाद, भारतीय वायु सेना (आईएएफ) के जेट विमानों ने 4-5 मार्च को मशीन गनों का इस्तेमाल करते हुए एमएनएफ विद्रोहियों के ठिकानों पर हमला किया, भारतीय वायुसेना द्वारा देश के अन्दर सैन्य कार्रवाई का यह एकमात्र मामला है।

इस सब में, मिज़ो यूनियन भारत के समर्थन में दृढ़ था। उनकी सबसे बड़ी शिकायत थी कि असम के मुख्यमंत्री बी.पी. चालिहा[56] एमएनएफ—एक अलगाववादी संगठन—का समर्थन कर रहे थे, क्योंकि, उनके लिए, 'असम राज्य का विघटन मिज़ो पहाड़ियों के भारत से अलग हो जाने से अधिक गम्भीर है।'[57] हो सकता है यह सत्य न हो, लेकिन लोगों में निश्चित रूप से यही धारणा थी। इसी बीच अक्टूबर 1966 में असम के राज्यपाल, विष्णु सहाय ने सुझाव दिया कि 'मिज़ो पहाड़ियों को असम से अलग करके एक केन्द्र शासित प्रदेश के रूप में गठित किया जाना चाहिए।'[58] भारत सरकार को भी इसका संज्ञान था कि छठी अनुसूची के तहत स्वायत्त परिषद राजनीतिक आकांक्षाओं को पूरा करने में विफल रही है। मिज़ो यूनियन ने दिसम्बर 1970 में प्रधानमंत्री इन्दिरा गांधी को, पूर्ण राज्य की माँग के लिए, एक ज्ञापन प्रस्तुत किया, लेकिन 1971 के नॉर्थईस्ट (क्षेत्र) पुनर्गठन अधिनियम के लागू होने के साथ एक समझौता हो गया, जिसके तहत तैंतीस विधायकों के साथ मिज़ोरम को एक केन्द्र शासित प्रदेश बनाया गया और लोक सभा एवं राज्य सभा में इसे एक-एक सीट दी गई। वरिष्ठ मिज़ो यूनियन नेता चौ. छुंगा ने 1972 में मुख्यमंत्री पद की शपथ ली।

सबसे प्यारा और सबसे अकेला सीमान्त प्रदेश : अरुणाचल

अरुणाचल की स्थापना, पहले एक केन्द्र शासित प्रदेश और फिर एक राज्य के रूप में, सामान्य प्रारूप के विपरीत है : यदि कहीं एक अलग इकाई की आकांक्षा थी भी, तो मौन थी, और इसके लिए कोई दावा भी नहीं किया गया था। यद्यपि अरुणाचल का असम के साथ सीमा विवाद है, और तिब्बत की चकमास[59] और हाजोंग,[60] बस्तियाँ भी मुद्दे हैं, लेकिन यह राज्य के वर्णन से यह नहीं छिन लेता कि यह 'उत्तरपूर्व का सबसे सुन्दर, सबसे अकेला और सबसे कम जाने जाने वाली बाहरी पोस्ट, विशाल विचित्र क्षेत्र की पट्टी जो ब्रह्मपुत्र घाटी के अधिकांश हिस्से को विशाल हॉर्सशू में समाहित करता है।'[61] यह राज्य असाधारण विविधता से चिह्नित है : इसमें एक सौ दस जनजातियाँ हैं, जिनमें से छब्बीस को प्रमुख जनजातियाँ माना जाता है। इनमें से कई जनजातियों ने सदियों पहले तिब्बत और बर्मा से पलायन किया, बड़ी नदियों के पार गतिविधियों में कठिनाइयों के कारण वे अलग-अलग गाँवों में रही—इसलिए संस्कृति की विविधता और भाषाओं का मेलमिश्रण समझने में समस्या होती है।

जबकि अब पुरातात्विक खोजों से प्राचीनतम इतिहास का पुनर्निर्माण किया जा रहा है, डॉ. सुनीति कुमार चटर्जी[62] का मत है कि यह क्षेत्र महाभारत और जम्बूद्वीप के पवित्र भूगोल का हिस्सा था। लोकप्रिय किंवदंती के अनुसार, यहीं पर ऋषि परशुराम ने अपने पापों का प्रायश्चित किया, राजा भीष्मक ने अपने राज्य की स्थापना की और भगवान कृष्ण ने रुक्मिणी से विवाह किया। मध्यकाल के दौरान तवांग, दिरांग, कलाक्तांग और मेचुका पर महायान बौद्ध धर्म का प्रभुत्व था। हमें इन इलाक़ों के बारे में कुछ अन्दाज़ा 1662 में मीर जुमला[63] के अहोम साम्राज्य के ख़िलाफ़ अभियान के बारे में लेखों से भी मिलता है, जो बीहड़ इलाक़े का वर्णन करने के अलावा मिश्मी महिलाओं की मंत्रमुग्ध करने वाली सुन्दरता की भी बात करते हैं। अहोम और बंगाल के मुग़ल गवर्नर के बीच तनाव था, लेकिन जैसे ही ईस्ट इंडिया कम्पनी, कलकत्ता में अपनी राजधानी के साथ प्रमुख राजनीतिक शक्ति बन गई थी, 1818 में अहोम राजा ने बर्मा से होने वाली सशस्त्र हमलों के ख़िलाफ़ अंग्रेज़ों की सहायता माँगी। यांदूब की सन्धि[64] से अहोम राज्य ने अपनी कुछ भूमि कम्पनी को सौंप दी। 1875 से 1904 तक, उप—हिमालयी जनजातियाँ ब्रह्मपुत्र के उत्तर में दारंग कामरूप सीमा पर बार नदी और ब्रह्मपुत्र के दक्षिणी तट पर, सिबसागर ज़िले को छूते हुए, लखीमपुर ज़िले के सुदूर दक्षिण-पूर्व में दिसांग नदी के बीच दारंग और लखीमपुर की सीमाएँ ब्रिटिश नियंत्रण में थी।

1914 में, विदेश और राजनीतिक विभागों ने असम फ्रंटियर ट्रैक्ट्स रेगुलेशन, 1880 को उन पहाड़ियों तक विस्तृत कर दिया जहाँ आदिस, मिरीस, मिश्मिस, सिंगफोस, नागा, खाम्टिस, भूटिया, अकास, न्यिशिस रहते थे या वहाँ उनका आना-जाना था, और इसे उत्तर-पूर्वी सीमान्त ट्रैक्ट के रूप में निरूपित किया।

भारत का संविधान लागू होने के साथ ही सीमान्त इलाक़ों की प्रशासनिक व्यवस्था में बदलाव नज़र आने लगा। असम सरकार को उत्तर-पूर्व सीमान्त क्षेत्र के प्रशासन के दायित्व से मुक्त कर दिया गया और विवेकाधीन शक्तियाँ पुनः, भारत के राष्ट्रपति के प्रतिनिधि के रूप में कार्य करने वाले, असम के राज्यपाल को सौंप दी गई। हालाँकि यह क्षेत्र अभी भी असम का ही भाग था, लेकिन विधायी क्षेत्राधिकार सीमान्त क्षेत्र तक विस्तृत नहीं था।

प्रधानमंत्री नेहरू की नीति डिफ्रॉक्ड धर्म प्रचारकों, वेरियर एल्विन, 65 के विचारों पर आधारित थी, जो जनजातीय मामलों के सलाहकार के रूप में नीति निर्माण में काफ़ी प्रभावशाली थे। 1954 में, नॉर्थ-ईस्ट फ्रंटियर एजेंसी (प्रशासन) विनियमन, 1954 की घोषणा के साथ, क्षेत्र के पूर्ण-स्तरीय प्रशासन की शुरुआत हुई और संक्षिप्त नाम एनईएफए नया वर्णनकर्ता बन गया। भारतीय सीमान्त प्रशासनिक सेवा (आईएफएएस)[66] की स्थापना गृह मंत्रालय, असम सरकार और विपक्ष के सदस्यों के मज़बूत विरोध के बिना नहीं हुई, शायद इसलिए क्योंकि एनईएफए को विदेश मंत्रालय के अधीन रखा गया था, जिसके मंत्री नेहरू थे। विदेश सचिव सुबिमल दत्त को पत्र लिखते हुए, नेहरू ने कहा, 'वास्तविक सवाल यह है कि एक कैडर का निर्माण करना है, विशेष रूप से चयनित और विशेष रूप से प्रशिक्षित... मुझे लगता है कि मिस्टर वेरियर एल्विन अपने व्यापक ज्ञान और अनुभव एवं इन (आदिवासी) लोगों के लिए मानवीय सहानुभूति के कारण बहुत मददगार साबित होंगे।'[67]

हालाँकि, 1962 की हार के बाद, जब चीनी सेना ने एनईएफए के बड़े हिस्से पर क़ब्ज़ा कर लिया, और विशेष रूप से नेहरू की मृत्यु के बाद, एनईएफए को विदेश मंत्रालय से गृह मंत्रालय के तहत स्थानान्तरित किया गया, आईएफएएस के अधिकारियों को आईएएस और आईपीएस के सहायक (और अन्त में विलय कर दिया गया) बनाया गया, और अलगाववादी नीति को उलट दिया गया। यह सही था कि सभी लोगों की सभी स्तरों पर राजनीतिक भागीदारी क्षेत्र को देश के साथ एकीकृत करने का सबसे बेहतर माध्यम होगा। वास्तव में, डेइंग एरिंग[68] समिति, की सिफ़ारिशों के आधार पर राष्ट्रपति ने नॉर्थ-ईस्ट फ्रंटियर एजेंसी पंचायती राज रेगुलेशन, 1967 की घोषणा की। यह कहा जा सकता है कि यह 1992 में देश के बाक़ी हिस्सों में पंचायती राज संरचना के कार्यान्वयन वाले तिहत्तरवें संवैधानिक संशोधन का पूर्वगामी था।

उत्तर-पूर्व क्षेत्र (पुनर्गठन) अधिनियम, 1971 ने इस क्षेत्र को अरुणाचल प्रदेश के रूप में नई पहचान दी, और 1972 में यह केन्द्र शासित प्रदेश बन गया। नये नाम का श्रेय बिभाबसु दास शास्त्री, तत्कालीन अनुसन्धान निदेशक, और के.ए.ए. राजा, एनईएफए के तत्कालीन मुख्य आयुक्त को जाता है।

इन नये राज्यों और केन्द्र शासित प्रदेशों का निर्माण करके, असम को 'भूगोल के बोझ से मुक्त कर दिया गया'। हालाँकि, जातीय और भाषायी दावों से सम्बन्धित कई मुद्दे हल किये गए, कई अन्य मुद्दे, ख़ास कर नागरिकता, आर्थिक आकांक्षाओं अन्तर-राज्य सीमाओं से सम्बन्धित, उत्तर-पूर्व के राज्यों की राजनीतिक अर्थव्यवस्था को प्रभावित करना जारी रखेंगे।

13

अंडमान निकोबार एवं लक्षद्वीप

अंडमान और निकोबार द्वीप बंगाल की खाड़ी में स्थित 572 छोटे-छोटे द्वीपों के दो द्वीप समूह हैं, जिसमें से अंडमान में पच्चीस और निकोबार समूह में सिर्फ़ बारह द्वीपों पर ही आबादी बसी है। वे मिलकर, भारत को मलक्का जलडमरूमध्य,[1] खाड़ी से दक्षिण चीन सागर, पूर्वी चीन सागर और प्रशान्त तक व्यापार और तेल के आवागमन के सबसे महत्त्वपूर्ण 'सी लेन ऑफ़ कम्यूनिकेशन' पर रणनीतिक लाभ उपलब्ध कराते हैं। वे भारत को पर्यटन, मत्स्य पालन और तेल एवं गैस के लिए गहरे समुद्र अन्वेषण हेतु बड़ी आर्थिक सम्भावनाएँ प्रदान करते हैं। हमारे विशिष्ट आर्थिक क्षेत्र[2] का लगभग एक-तिहाई हिस्सा इन द्वीपों से प्राप्त होता है। हमारी लुक ईस्ट पॉलिसी[3] और हिन्द-प्रशान्त क्षेत्र में हमारी सॉफ्ट पावर को बढ़ावा देने के साथ ही, इन द्वीपों ने भारतीय नौसेना को महासागरों में चीन की हठधर्मिता युक्त नीति के लिए महत्त्वपूर्ण भूमिका भी दी है। यह उल्लेख किया जाना चाहिए कि भारत की 7,500 किलोमीटर की तटरेखा में से लगभग 2,000 किलोमीटर इस द्वीप समूह श्रृंखला से सम्बन्धित हैं।

हालाँकि, अंडमान और निकोबार द्वीप समूह 1869 से प्रशासन की साझा व्यवस्था के अधीन रहे, दोनों ही पूर्व-आधुनिक, स्वदेशी समाजों के निवास स्थान हैं, और दोनों ही दंडात्मक बस्तियों के रूप में शुरू हुए, लेकिन द्वीपों के दोनों समूहों की औपनिवेशिक शक्तियों के साथ अलग-अलग तजुर्बे रहे।

अंडमान और निकोबार द्वीप समूह प्रशासन की आधिकारिक वेबसाइट इस द्वीप समूह के इतिहास को रामायण काल से जोड़ती है, जब इस जगह को हनडुमन कहा जाता था, वह नाम जिसका हनुमान के नाम से गहरा जुड़ाव है। सनत कौल[4] का कहना है कि यह नाम मलय लोगों द्वारा दिया गया था जो हनुमान को इस नाम से पुकारते थे।[5] प्रागैतिहासिक काल से, कुछ द्वीपों पर आदिम जनजातियों का निवास

रहा है : ओन्जेस, जारवा, सेंटिनलीज़, अंडमानीज़, निकोबारी और शोम्पेन—अन्तिम दो मंगोलॉयड जाति के हैं, और पूर्व चार की उत्पत्ति अफ़्रीका से बताई जाती है।

प्रसिद्ध यूनानी भूगोलवेत्ता टॉलेमी ने दूसरी शताब्दी ई. की पहली चौथाई में प्रकाशित अपनी पुस्तक में इसे अगाडेमन कहा है। सातवीं सदी में चीनी बौद्ध भिक्षु आई-चिंग और नौवीं शताब्दी के अरब यात्री भी इन द्वीपों के मीठे जल के बारे में बताते हैं। मार्को पोलो ने तेरहवीं शताब्दी में इन द्वीपों की यात्रा की और इन्हें अंगामानियन कहकर सम्बोधित किया। ऐसे दस्तावेज़ भी है जिनमें फ्रायर ओडोरिक[6] की चौदहवीं और सीज़र फ्रेड्रिक[7] की सोलहवीं शताब्दी में यात्रा को दर्ज किया गया। 1789 में, आर्चीबाल्ड ब्लेयर[8] ने चैथम द्वीपों[9] पर एक बेस स्थापित करने की कोशिश की, जिसे बाद में पोर्ट कॉर्नवालिस स्थानान्तरित कर दिया गया। जंगल साफ़ करने और कॉलोनी स्थापित करने के उद्देश्य से, तीन सौ अपराधियों का पहला दल बंगाल से भेजा गया, लेकिन जब इनमें से अधिकतर की बीमारियों से मौत हो गई तो यह विचार त्याग दिया गया, और 1796 में, कॉलोनी को बन्द कर दिया गया, और बचे हुए अपराधियों को एक अन्य दंडात्मक बस्ती पेनांग[10] भेज दिया गया।

हालाँकि, द्वीपों की रणनीतिक स्थिति को देखते हुए, अंग्रेज़ों ने पोर्ट कॉर्नवालिस में अपनी रुचि बनाए रखी। यह ईस्ट इंडिया कम्पनी के व्यापारिक मार्ग पर स्थित था। वे क्षतिग्रस्त जहाज़ों, नाविकों और खोजकर्ताओं के लिए आश्रय भी चाहते थे, और 1840 के दशक तक, रुचि फिर से जाग उठी जब उन्होंने फिर से औपनिवेशीकरण की योजना बनाई। 1857 के महान भारतीय विद्रोह के बाद इसे और बढ़ावा मिला, जब विद्रोहियों ने ज़ेलों को नष्ट किया और बन्दियों को आज़ाद कर दिया। वास्तव में, विद्रोह का असर था कि बर्मा और जलडमरूमध्य में दंडात्मक बस्तियों ने विद्रोह के दोषियों को स्वीकार करने से इनकार कर दिया। 200 स्वतंत्रता सेनानियों का पहला 'चालान' 1858 में अंडमान भेजा गया, जहाँ उनसे अत्यंत अमानवीय परिस्थितियों में काम करवाया गया।

हालाँकि, कालापानी में भी, इन विद्रोहियों ने उल्लेखनीय आत्म-नियंत्रण के साथ आत्म-सम्मान प्रदर्शित किया। फ़ज़्ल हक़ ख़ैराबादी, मुग़ल दरबार के मशहूर शायर, मिर्ज़ा ग़ालिब के दोस्त और डेविड ऑक्टर्लोनी के गुरु, ने 'दोषी नहीं होने' की दलील देने या माफ़ी माँगने से इनकार कर दिया, तब भी, जब इसकी पेशकश की गई थी। चारकोल की छड़ियों और कपड़े के चिथड़ों का इस्तेमाल करके, उन्होंने पहले स्वतंत्रता संग्राम की समसामयिक कथा के साथ ही कालापानी के अनुभवों को भी अरबी भाषा में अल-सूरत-उल हिन्दिया (भारत की तसवीर) और अल फितनत-उल हिन्दिया (भारत में टकराव या राजद्रोह) में लिखा।[11]

पहली लैंडिंग के चार दिन बाद, एक अन्य विद्रोही, नारायण सिंह ने भागने की कोशिश की, लेकिन वे पकड़ लिए गए और गोली मार कर हत्या कर दी गई। उनके साथी, नरिंगुन सिंह ने फाँसी लगाकर आत्महत्या कर ली। कई लोग काम में धीमे रहे, बीमारियों का दिखावा किया, उनके पर्यवेक्षकों पर हमला किया और जंगलों में भाग गए। उनमें से दो को समुद्र से 'क्षतिग्रस्त जहाज़ के नाविकों' के रूप में उठाया गया और वे लन्दन तक पहुँच गए, एशियाई नाविकों के लिए स्ट्रेंजर्स होम में रखा गया और क्रिस्टल पैलेस का भ्रमण भी कराया गया।

उनके आगमन के दो महीने के अन्दर, उनमें से इक्यासी लोगों ने भागने का साहसी प्रयास किया था, स्थानीय जनजातियों की तीव्र शत्रुता का सामना होने वजह से, वे कारावास शिविर में लौट आए और आत्मसमर्पण कर दिया, लेकिन डॉ. जेम्स पैटिसन वॉकर[12] द्वारा एक ही दिन 'फाँसी से मौत' की सज़ा सुनाई गई। यहाँ तक कि जब कलकत्ता में काउंसिल के अध्यक्ष जे.पी. ग्रांट ने सज़ा की कठोरता के बारे में गवर्नर जनरल से इसकी शिकायत भी की, लेकिन वॉकर को कोई चेतावनी नहीं दी गई। हालाँकि, उन्हें 1859 में हटा दिया गया था जब उन्होंने क़ैदियों को 'लोहे की पट्टी' लगाई और उनके बाँह की ब्रांडिंग करने की सिफ़ारिश की।

बाईस क़ैदियों का अगला समूह 1864 में ले जाया गया—वे वहाबी[13] आन्दोलन के नेता और मणिपुर के शाही परिवार के वफ़ादार समर्थक थे। बस्ती में भेजे गए वहाबी नेताओं में से, शेर अली ने 8 फ़रवरी, 1872 की शाम वायसराय लॉर्ड मेयो पर उस समय जानलेवा हमला किया जब वे माउंट हैरियट की यात्रा से लौट रहे थे। इसे विडम्बना ही कहा जाएगा कि हमले से ठीक पहले लॉर्ड मेयो[14] को यह कहते हुए सुना गया था कि यह स्थान कम से कम 20 लाख लोगों के ठहरने के लिए आदर्श जगह है। शेर अली माउंट हैरियट में बीमारी की छुट्टी पर थे, और पिछली शाम को उन्होंने द्वीप पर अपने साथियों और दोस्तों को रात्रिभोज दिया था। बाद की जाँच में पता चला कि वह मुख्य भूमि में आन्दोलन पर नज़र बनाए थे।

शुरुआत में इसमें सिर्फ़ राजनैतिक क़ैदियों को रखा गया था, जिसमें 1857 की क्रान्ति में शामिल थे, लेकिन बाद में वहाबी आन्दोलन के क़ैदियों और मणिपुर विद्रोहियों के लिए दंडीय बस्ती को अट्ठारह से चालीस वर्ष की आयु के सामान्य क़ैदियों के लिए भी खोल दिया गया—क्योंकि इस द्वीप समूह में जगह थी, और अंग्रेज़ों को बस्ती का विकास करने के लिए, और रॉस आइलैंड एवं माउंट हैरिट जैसी जगहों के रखरखाव करने के लिए मुफ़्त श्रम की आवश्यकता थी, जहाँ बड़े आकार के बंगले, क्लब हाउस, नृत्य घर और स्विमिंग पूल होते थे। यह सब हिन्दुस्तानी क़ैदियों के ख़ून, पसीने और मेहनत से बनाया गया था।

हालाँकि द्वीपों पर भेजे गए 1857 के विद्रोह के क़ैदियों में से, कुछ लोगों की निष्ठा बरकरार नहीं रह सकी। उनमें से कुछ ने 'बुद्धिमान समझौते' किये और मध्यस्थ वर्ग का हिस्सा बन गए जो जेल अधीक्षक को दिन-प्रतिदिन के प्रशासन के काम में सहायता करते थे। हमारे पास, उदाहरण के रूप में, मौलाना मुहम्मद जाफ़र थानेसरी, एक वहाबी जिसे 1863 में अफ़ग़ानिस्तान में ब्रिटिश विरोधी मुजाहिदीन को धन की तस्करी की साज़िश में गिरफ़्तार किया गया था, का दिलचस्प मामला है। पहले उन्हें मौत की सज़ा सुनाई गई थी, लेकिन कालापानी में उनकी सज़ा को आजीवन कारावास में बदल दिया गया, इसका मतलब अंडमान द्वीप समूह में निर्वासन था। 1866 से शुरू करके, उन्होंने लगभग अठारह साल दंड कॉलोनी में गुजारे, और फिर नई पत्नी, नये बच्चे और पर्याप्त धन और सामाजिक प्रतिष्ठा के साथ पंजाब लौट आए। दंड कॉलोनी में उनकी प्रतिष्ठा और उनका दर्जा उनके कई भाषाओं में साक्षरता की वजह से प्राप्त हुए : उर्दू, फ़ारसी, हिन्दी और अंग्रेज़ी। थानेसरी द्वारा किया गया काम दरअसल दिखाता है कि अंडमान में सज़ा एक प्रकार के बाज़ार सिद्धान्त पर संचालित थी। क्योंकि अंग्रेज़ों को कारागार प्रशासन के हर स्तर पर निष्ठावान मध्यस्थों की आवश्यकता थी, वे ऐसे क़ैदियों के सौदेबाजी करने, और उनकी दंडात्मक सज़ा को कम करने के लिए बाध्य थे, जो ऐसे पदों पर सेवा करने के लिए सहमत होते थे।

थानेसरी जैसे लोगों के अलावा जिन्हें अंडमान 'भेजा' गया था, कारागार प्रशासन ने यूरेशियन (एंग्लो-इंडियन क़ैदियों) में से भी उनकी सहायता के लिए 'वॉलंटियर्स' की माँग की। वास्तव में, दंड बस्तियों की स्थापना के बाद जल्द ही, अंग्रेज़ों ने यूरेशियन क़ैदियों को द्वीपों में अपराधी-पर्यवेक्षक के रूप में काम करने के लिए भारत और बर्मा की जेलों से स्थानान्तरित कर दिया। महाद्वीप के यूरेशियाई क़ैदियों को तीन साल के प्रवास के बाद छूट की पेशकश के साथ ही प्रतिमाह पचास रुपये की धनराशि की सुविधा भी दी जाती थी। क़ैदी कौशल में हिन्दुस्तानी भाषा में प्रवाह, रस्सी, चटाई, जूते बनाने और खाना पकाने के साथ-साथ बढ़ईगीरी और बुनाई भी शामिल थे। 1867 तक, सात हज़ार से अधिक हिन्दुस्तानी क़ैदियों के लिए चौंतीस यूरोपीय, यूरेशियाई और अमेरिकी क्लर्क, चित्रकार, मछुआरे आदि के रूप में कार्यरत थे। उन्हें 'ईसाई बैरक' में एक साथ रखा गया था, जहाँ वे अन्य क़ैदियों के मुक़ाबले बेहतर जीवन व्यतीत करते थे। उनके बैरेक ईंट से बने हुए थे, और कुछ में यूरोपीय सैनिकों की तरह के बिस्तर के साथ कक्ष भी थे। दूसरी ओर भारतीय क़ैदियों को लकड़ी के बैरकों में रखा गया था—प्रत्येक बैरक में एक सौ से लेकर एक सौ पचास तक क़ैदी थे, जिन्हें 25-25 व्यक्तियों की टुकड़ियों में रखा जाता था।

भारतीयों के रहने और काम करने की स्थितियाँ दयनीय और अमानवीय थीं, और 1870 के दशक में, तेज़ बारिश, मलेरिया, निमोनिया और पेचिश की वजह से कई लोगों की मौत हुई। क़ैदियों को 'गिनी पिग' के रूप में भी इस्तेमाल किया गया, जब डॉक्टरों ने कुनैन (सिनकोना एल्कालॉइड) जैसी फार्मास्यूटिकल दवाओं के परीक्षण की शुरुआत की और उन्हें ज़बरदस्ती उन दस हज़ार क़ैदियों को खिलाना शुरू किया जो अब द्वीपों पर थे। सिनकोना एक पेड़ था जिसे पेरू से एशिया में आयात किया गया था, जिसकी छाल से कुनैन को एक प्रभावी और प्राकृतिक मलेरिया रोधी दवा के रूप में तैयार किया जाना था। लेकिन जेलों के डॉक्टरों द्वारा निम्न तैयारी और खुराक के प्रयोगों से दोषियों पर मतली और दस्त जैसे गम्भीर दुष्प्रभाव हुए। यह अवसादकारी भी था। परीक्षण की अवधि के दौरान, मासिक रिपोर्ट में, मुख्य आयुक्त, लेफ़्टिनेंट कर्नल टी. कैडेल ने 'आत्महत्याओं में उल्लेखनीय वृद्धि' देखी।[15] 'जीवन से थके हुए' दोषी मौत की सज़ा पाने की उम्मीद में सचमुच एक-दूसरे के शरीर के टुकड़े-टुकड़े कर रहे थे। लेकिन कैडेल के पास एक समाधान था : 'कोड़े मारना और कम आहार।' बाईस वर्ष से कम उम्र के सभी लोगों को अब 'एक प्रकार के जालीदार पिंजरे' में सोने के लिए बाध्य किया गया।

यूरोपियों की मौजूदगी का एक और परिणाम सैनिकों और नौसैनिकों द्वारा मूल जनजाति का यौन उत्पीड़न था। यौन रोगों के फ़ैलने से स्थानीय आबादी में भारी गिरावट दर्ज की गई। बाद में, खसरा, जुकाम, तम्बाकू, अफीम और व्हिस्की ने 1870 के दशक में अंडमान के मुख्य द्वीप से अधिकांश स्थानीय आबादी को नष्ट करने में अहम भूमिका निभाई।

1891 में आंग्ल मणिपुर युद्ध[16] के बाद, मणिपुर युद्ध के नायक युवराज टिकेन्द्रजीत और जनरल थंगल को फ़िदा, इंफाल में सार्वजनिक रूप से फाँसी दे दी गई। लेकिन महाराजा कुलचन्द्र ध्वजा सिंह और बाईस स्वतंत्रता सेनानियों को कालापानी भेजकर माउंट हैरियट पर रखा गया। अक्टूबर 2021 में, इस द्वीप का नाम बदलकर माउंट मणिपुर रखा गया। मणिपुर सरकार और द्वीप प्रशासन द्वारा मणिपुर वीरों के लिए अब एक स्मारक पट्टिका स्थापित की जा रही है।

~

ऐसा न हो कि यह धारणा बन जाए कि दंड बस्तियों में सिर्फ़ राजनीतिक बन्दी ही थे, इसलिए यह स्पष्ट किया जाना चाहिए कि क्लेयर एंडरसन के अध्ययन के अनुसार, 1858 और 1937 के बीच वहाँ अस्सी हज़ार से अधिक अपराधी थे,

लेकिन राजनीतिक क़ैदी एक हज़ार से ज़्यादा नहीं थे। द्वीपों को 'राजस्व तटस्थ' बनाने के लिए, अपराधी श्रमिकों को सभी तरह के उत्पादक उद्देश्यों के लिए इस्तेमाल किया जाता था। दूसरी ओर, 'राष्ट्रवादी क़ैदी' एक बहुत अलग दंड व्यवस्था के अधीन थे। उन्हें अपराधियों के समूहों से अलग रखा जाता था और 1910 में सेल्यूलर जेल का संचालन शुरू होने के बाद, उन्हें उनकी सज़ा की पूरी अवधि के लिए वहीं बन्द कर दिया जाता था और ओकम चुनने एवं हर दिन 30 पाउंड तेल पिसने जैसे ग़ैर-उत्पादक (दंडीय) कार्यों में, तेल प्रेस में कोल्हू के बैलों की तरह लगाया जाता था।

1901 की जनगणना में गिने गए 16,000 लगभग निवासियों में से 12,000 दोषी, 2000 स्वतंत्र निवासी (पूर्व-दोषी और उनके वंशज), लगभग 300 यूरोपीय और एक हज़ार से अधिक यूरेशियाई (एंग्लो-इंडियन) थे। जबकि यूरोपीय लोग रॉस द्वीप पर 'अपने भव्य औपनिवेशिक आवासों में रहते थे जहाँ स्विमिंग बाथ, टेन्निस कोर्ट, क्लब और बाज़ार' थे, एंग्लो-इंडियन पोर्ट ब्लेयर में रहते थे और टेम्पल क्लब उनके सामाजिक जीवन का केन्द्र था। बीसवीं सदी की शुरुआत में अंडमान में रहने वाले यूरेशियनों की अपेक्षाकृत वृहद जनसंख्या दर्शाती है कि दंड बस्तियाँ चलाने के लिए ब्रिटिश उन पर किस हद तक निर्भर थे। वे जेल, टेलीग्राफ़, वन और वायरलेस सेवाओं के प्रबन्धन और संचालन में लगभग सभी वरिष्ठ पदों पर तैनात थे। यद्यपि यूरेशियन शीर्ष पर नहीं थे, फिर भी उन्होंने साप्ताहिक नृत्य, पियानो पाठ और अपराधी-सेवकों के साथ 'शानदार जीवन' बिताया।

हालाँकि, भले ही द्वीपों को प्रबन्धित करने के लिए प्रशासनिक तंत्र स्थापित था, लेकिन द्वीप को आवश्यकता थी 'निवासियों' की—ऐसे लोग जो कम से कम अनाज, दूध, मुर्गीपालन, मछली, पान, नारियल बाग़ान और मूलभूत सेवाओं के मामले में आत्मनिर्भरता सुनिश्चित करें। मुख्य भूमि के क़ैदियों को इन द्वीपों में उनके परिवार सहित बसने के लिए छूट और प्रोत्साहन की पेशकश की गई। राजनीतिक बन्दियों के लिए यह अलग था—क्योंकि उद्देश्य 'उन्हें अपमानित करना, और उनके जज़्बे को हमेशा के लिए तोड़ देना, या उन्हें अधीन बनाना था—जिसका एक उदाहरण थानेसरी[17] हैं'।

दंडीय बन्दी निवास के अधिकारियों का मार्गदर्शन करने वाली मानसिकता को सबसे बेहतर ढंग से अंडमान के मुख्य आयुक्त रिचर्ड कार्नैक टेम्पल द्वारा 24 फ़रवरी, 1899 को लन्दन के इम्पीरियल संस्थान में दिये व्याख्यान में दर्शाया गया है। 'राजनीतिक क़ैदी अब मलेरिया वाले द्वीपों में बने बैरकों में नहीं रहेंगे। इसके बजाय, पोर्ट ब्लेयर के प्रमुख शहर से नज़र आने वाले अटलांटा पॉइंट नामक

अन्तरीप पर एक 698—कक्षीय जेल में स्थापित किया जा रहा था। इसके सेंट्रल टावर से 150-गज के सात विंग्स फैले थे जो तीन स्तर/मंजिल तक उठे थे, प्रत्येक स्तर/मंजिल में 52 कक्ष थे, जिनके आयाम 13.5 फीट × 7.5 फीट थे, प्रत्येक में एक 6 फीट × 3 फीट का लकड़ी की पट्टी का बिस्तर था और एक 3 फीट × 1 फीट की खिड़की थी।' यहाँ एक 'विशाल, व्यावहारिक सुधारगृह' था जो अंडमान द्वीप समूह के अधिकारियों के काम को एक नये युग में ले जाएगा। प्रत्ये्क नये आगमन को 'अपने विद्रोही स्वभाव को झुकाने' के लिए मजबूर किया जाएगा। कार्नैक टेम्पल ने उनसे 'जल्लाद के फंदे से भी अधिक भयानक' भाग्य का वादा किया था। यह वह जगह थी जहाँ राजनीतिक क़ैदियों को रखा जाना था, और वे ही वे लोग थे जिनके लिए सबसे अपमानजनक दंड प्रस्तावित किये गए थे।[18]

मन्मथ नाथ गुप्ता, जो स्वयं एक क्रान्तिकारी थे, इस स्थान के बारे में लिखते हैं, 'यहाँ की कोठरियाँ सबसे ख़राब थीं, जहाँ शौचालय के लिए कोई प्रावधान नहीं था; कोठरी के एक कोने में तारकोल से सना हुआ मिट्टी का बर्तन इसके उद्देश्य को पूरा करता था।'[19]

इसी क़ैदखाने में 1909 में देश-भर की जेलों से 149 क्रान्तिकारियों को भेजा गया। 1910 में, खुलना, अलीपुर और नासिक षड्यंत्र के मुक़दमों के क़ैदी भी सेल्युलर जेल भेजे गए। उनमें से एक दामोदर विनायक सावरकर भी थे जिन्होंने अपने जीवन के अनुभवों के बारे में 'द स्टोरी ऑफ़ माई ट्रांसपोर्टेशन फ़ॉर लाइफ़' में लिखा। जब क़ैदियों के साथ हुए व्यवहार के बारे में समाचार प्रकाशित होने लगे, तो इसकी चारों ओर से निन्दा होनी शुरू हुई, और 1919-20 में, भारतीय जेल समिति[20] ने सामान्यतः कालापानी की सज़ा न दिये जाने की सिफ़ारिश की। इसकी घोषणा भारतीय विधान परिषद के उपाध्यक्ष सर विलियम विंसेंट, आईसीएस द्वारा 21 मार्च, 1921 को की गई। मुख्य भूमि की जेलों में चरणबद्ध वापसी की प्रक्रिया को इसलिए प्रारम्भ किया गया क्योंकि उस समय वहाँ बारह से पन्द्रह हज़ार क़ैदी थे। हालाँकि, प्रान्तीय सरकारें इसके परिणामस्वरूप जेल की भीड़भाड़ से निपटने में असमर्थ थी, इसलिए 1922 में, ग़ैर-राजनीतिक पुरुष क़ैदियों के लिए निर्वासन की प्रक्रिया को फिर से अनुमति दे दी गई। सामान्य क़ैदियों के लिए शायद यह समय उतना अधिक ख़राब नहीं था क्योंकि उनसे कृषि और अन्य उत्पादक कार्य करवाए जाते थे। साथ ही अगर पुरुष व महिला, दोनों पक्षों की सहमति होती तो महिला क़ैदियों के साथ विवाह करने और सज़ा की अवधि पूरी होने पर उनके परिवारों को मुख्यभूमि से लाने के लिए प्रोत्साहित किया गया। इसके अलावा समय-समय पर उनकी सज़ा की अवधि में भी कटौती की जाती थी।

1922 में मालाबार विद्रोह[21] के बड़े पैमाने पर दोषसिद्धि के बाद क़ैदियों को 'स्वावलम्बी' का दर्जा दिया गया और उन्हें अपने परिवारों के साथ द्वीपों पर बसने के लिए प्रोत्साहित किया गया। अन्य दो हज़ार मोपला विद्रोहियों को भी द्वीपों में स्थानान्तरित किया गया, और सरकार ने उनके परिवारों का यात्रा ख़र्च तक वहन किया। फिर सरकार ने भूमि अनुदान के लिए आवेदन आमंत्रित किये, और कुछ आंग्ल भारतीय परिवारों ने आवेदन देने का निर्णय किया। हालाँकि, चूँकि उन्होंने पहले भूमि पर काम नहीं किया था, और वे व्यवसायी आदमी थे—स्टेशन मास्टर, पुलिस सार्जेंट और वायरलेस ऑपरेटर—प्रयोग विफल रहा। भंटूओं (अंग्रेज़ों द्वारा एक आपराधिक जनजाति के रूप में वर्गीकृत)[22] के तीन सौ परिवारों के पुनर्वास का साल्वेशन आर्मी द्वारा एक और प्रयास किया गया। इस प्रकार 1926 में, साल्वेशन आर्मी[23] कैप्टन, एडविन शीर्ड (भारत में फ़ौज सिंह के नाम से जाने जाते हैं) ने उन्हें फेरारगंज, कैडलगंज और अनिखेत में बसाया। जबकि कुछ सालों में समुदाय स्वावलम्बी बन गया, लेकिन धर्मांतरण प्रोजेक्ट बहुत सफल नहीं रहा, क्योंकि 295 भंटू वयस्कों में से केवल 66 ही ईसाई बने थे। 1929 में, अन्य तथाकथित आपराधिक जनजाति—करवाल—के दो सौ परिवारों को अंडमान भेज दिया गया।

1932 तक, जैसे-जैसे क्रान्तिकारी उत्साह पूरे देश पर हावी होता गया और बंगाल एवं पंजाब क्रान्ति के केन्द्र बन गए, सरकार ने 'राष्ट्रवादियों' को उनके समर्थक गढ़ों से जितना दूर सम्भव हो सके, ले जाने का निर्णय किया, और सेल्युलर जेल गणना में वापस आ गई। हालाँकि, 'कालापानी की सज़ा' सरकार की घोषित नीति के ख़िलाफ़ थी, इसलिए विधान सभा में की गई प्रतिबद्धता से मुकरने के औचित्य को सिद्ध करना आवश्यक था। राज्य सचिव के क़ानूनी सलाहकार, सर चार्ल्स टेगार्ट, ने तर्कपूर्ण यह व्याख्या की कि क़ैदी अधिनियम की धारा 29 के अनुसार, क़ैदियों को 'किसी भी भारतीय कारागार में स्थानान्तरित किया जा सकता था, और अंडमान ब्रिटिश इंडिया का हिस्सा था।' इसके बाद, बंगाल, बिहार, उड़ीसा और पंजाब सरकारों से प्राप्त रिपोर्टों के आधार पर, इन राज्यों के राष्ट्रवादी क़ैदियों को अंडमान भेज दिया गया। इस तरह, 386 'राजनीतिक क़ैदियों'[24] को फिर से सेल्युलर जेल भेजा गया। कालापानी की कठोर सज़ा के नाम से ही दहशत फैल चुकी थी। लेकिन राजनैतिक क़ैदियों ने सेल्युलर जेल में भी अपने अधिकारों की माँग जारी रखी। उनमें से कम से कम छह व्यक्ति अठारह वर्ष से कम उम्र के थे—आनन्द प्रसाद गुप्ता, सहायराम दास, फकीर मोहन सेन, हरिपद भट्टाचार्य, सुधेंदु विकास दस्तीदार और हीरा मोहन चटर्जी। क़ैदियों ने अधिकारियों को उनकी शिकायतों के निवारण के लिए एक महीने का नोटिस दिया, जिसमें उन्हें बी श्रेणी के क़ैदियों के

रूप में पात्रता का अधिकार, पढ़ने की सामग्री का प्रावधान, मच्छरदानी, दंत मंजन, चप्पल और भोजन की गुणवत्ता में सुधार सम्मिलित थे। निर्धारित अवधि के बाद उन्होंने सेल्युलर जेल में भूख हड़ताल शुरू कर दी, जिसके जवाब में अधिकारियों ने ज़बरदस्ती खाना खिलाने का प्रयास किया—जिसकी वजह से क़ैदियों और जेल कर्मचारियों के बीच संघर्ष हुआ। अगर कम से कम कहें, तो भी यह सम्पूर्ण प्रक्रिया अमानवीय थी, और इस प्रक्रिया में कम से कम तीन क़ैदियों की मौत हो गई, इसके साथ ही इस मुद्दे को विधान सभा और अख़बारों में उठाए जाने के कारण भी प्रशासन को नर्म होना पड़ा। रियायतों में एक पुस्तकालय की स्थापना, फुटबॉल खेलने का अधिकार, साझी रसोई का प्रबन्धन, राजनीतिक कक्षाएँ और एक हस्तलिखित समाचार पत्र का संचालन शामिल था। इसके बाद भी ज़िन्दगी ख़राब तो थी, लेकिन 'नरक जैसी नहीं' थी।

1935 के भारत सरकार अधिनियम के पारित होने से प्रान्तों को उचित मात्रा में स्वायत्तता प्राप्त हुई। 1937 में कांग्रेस अधिकांश राज्यों में सरकार बनाने में सफल रही, और उनकी सबसे पहली कार्रवाइयों में से एक राजनीतिक क़ैदियों की रिहाई थी। हालाँकि, अंडमान और निकोबार द्वीप समूह के राजनीतिक क़ैदियों के अन्तिम जत्थे की जनवरी 1938 में दंडीय बस्ती से रिहाई के कारण इन्तज़ार लम्बा था। उसके बाद, केवल स्वेच्छा से आने वाले क़ैदियों को ही मुख्य रूप से श्रम कार्य के लिए द्वीप समूह में भेजा गया, और उन्हें उनकी सज़ा की अवधि में छूट के साथ ही 'कामकाजी मज़दूरी' जैसे प्रोत्साहन भी दिये गए।

निकोबार द्वीप समूह

अब बात करते है निकोबार द्वीप समूह की, जो बंगाल की खाड़ी और मलक्का जलडमरूमध्य के मुहाने पर बसे होने से इसकी रणनीतिक स्थिति के कारण वाणिज्यिक राष्ट्रों की बड़ी दिलचस्पी का विषय था। अठारहवीं शताब्दी तक, यूरोपीय शक्तियाँ अपने समुद्री यात्रा मार्गों पर सुरक्षित आश्रय की तलाश में थीं और पहले से ही सेंट हेलेना और मॉरिशस पर बस्तियाँ बसा चुकी थीं। वे उससे आगे देख रहे थे। लेकिन इससे पहले कि हम डेनमार्क, नॉर्वे, ऑस्ट्रिया, इटली और निश्चित तौर पर ब्रिटिश लोगों की इन द्वीपों में रुचि पर बात करें, हम इन द्वीपों के श्रीलंका और तंजावुर से सम्बन्ध को देख सकते हैं। इन द्वीपों का पहला उल्लेख दीपवंश (तीसरी या चौथी शताब्दी ईस्वी) और महावंश (लगभग चौथी या पाँचवीं शताब्दी ईस्वी) नामक श्रीलंका के पालि भाषा में बौद्ध विवरणों में नागडिपा—या बच्चों का

द्वीप—के रूप में किया गया है, शायद यहाँ के निवासियों की छोटी कद-काठी और अस्तित्व की आदिम प्रकृति के कारण। आधुनिक नाम शायद चोल राजवंश के इन द्वीपों के लिए नाम से लिया गया है, नक्कावरम (तमिल में जिसका अर्थ है 'नग्न भूमि' या नग्न लोगों की भूमि), जो 1050 ई. के तंजावुर शिलालेख पर अंकित है।

भारत और बर्मा की अपनी व्यापक यात्राओं और कूटनीतिक मिशनों के दौरान, मार्को पोलो (बारहवीं और तेरहवीं शताब्दी) ने इन द्वीपों का 'नेकुवेरन' के रूप में उल्लेख किया। शायद उनकी यात्राओं में जुटाए गए सन्दर्भों के कारण, पन्द्रहवीं शताब्दी के चीनी एडमिरल, झेंग हे, ने इन द्वीपों पर लंगर डाला और उन्हें वू बेई झी के माओ कुन मानचित्र में कुई लान द्वीप के रूप में दर्ज किया।

इन द्वीपों में रुचि लेने वाली पहली औपनिवेशिक शक्ति डेनमार्क थी। इन द्वीपों पर मोरेवियन मिशनरी हसफील्ड ने एक रिपोर्ट तैयार की, जिन्होंने इन द्वीपों पर काफ़ी समय बिताया था। यह दर्ज किया गया है कि नवम्बर 1754 में, डेनिश एशियाटिक कम्पनी के निदेशकों और ट्रैंकेबार (थरंगमबादी) के गवर्नर क्रोग सहित उच्च-पदस्थ डेनिश अधिकारियों की एक सभा में इस रिपोर्ट पर चर्चा हुई। उनकी रिपोर्ट के अनुसार निकोबार नारियल और सुपारी की मौजूदा (प्राकृतिक) फ़सल के अतिरिक्त, काली मिर्च, दालचीनी, गन्ना, कॉफ़ी और कपास की खेती के लिए उत्कृष्ट स्थान था। उनकी नज़र जहाज़ निर्माण उद्योग के लिए उपयोग की जा सकने वाली प्रचुर मात्रा में काष्ठ संसाधनों पर भी थी।

हालाँकि, निकोबार द्वीप समूह में बसने की उनकी सभी कोशिशें नाकाम रहीं—सम्भवत: मलेरिया वाली जलवायु और सरकार से अपर्याप्त समर्थन के कारण। डैनिश वास्तव में इन द्वीपों में बहुत रुचि नहीं रखते थे, यह इस तथ्य से स्पष्ट है कि 1778 से 1783 के बीच द्वीपों पर ऑस्ट्रो हंगेरियंस ने क़ब्ज़ा कर लिया था, और बाद में 1807 से 1814 तक अंग्रेज़ों ने। इटली ने 1864 से 1865 के बीच डेनमार्क से निकोबार द्वीप समूह को ख़रीदने का प्रयास किया था। इस द्वीप समूह पर डेनमार्क की उपस्थिति औपचारिक रूप से तब समाप्त हुई जब इसने 16 अक्टूबर 1868 को निकोबार द्वीप समूह के अधिकार ब्रिटेन को बेच दिये, जिसने 1869 में इसे ब्रिटिश भारत का भाग बनाया।

अंग्रेज़ों ने नानकौरी में एक दंडात्मक कॉलोनी से शुरुआत की जिसे क़ैदी श्रमिकों की मदद से विकसित किया गया, और यहाँ रतालू, अनानास, आम, सब्ज़ियाँ उत्पादित की गईं। हालाँकि, उन्नीस वर्षों के बाद, दंडीय कोलोनी बन्द कर दी गई और सभी क़ैदियों को अंडमान स्थानान्तरित कर दिया गया। अब उनका पूरा ध्यान धर्मांतरण की गतिविधि पर केन्द्रित था, जिसके लिए उन्होंने एक स्कूल की भी स्थापना की।

1897 तक, पादरी सोलोमन को सरकारी एजेंट के रूप में नियुक्त किया गया था, और 1918 में, कार निकोबार में एक असिस्टेंट कमिश्नर और नानकौरी में एक तहसीलदार को नियुक्त किया गया। नानकौरी एक महत्त्वपूर्ण व्यापारिक स्थल के रूप में उभरा, क्योंकि नारियल के लिए रम और नमक के वस्तु विनिमय हेतु निकोबार की यात्रा पर मलक्का जलडमरूमध्य से रंगून (यांगून) की ओर जाने वाले जहाज़ों के लिए यह एक प्रचलित केन्द्र बन गया। नानकौरी में ही खोपागिरी बनाने की तकनीक विकसित की गई थी, और यह जल्दी ही निकोबार के लिए एक गेम चेंजर बन गई। सूखे खोपागिरी को निर्यात करना ज़्यादा लाभदायक था क्योंकि इससे परिवहन लागत की बचत होती थी। जब खोपागिरी गोदाम बनाए गए, तो अर्ध-स्थायी प्रतिष्ठान स्थापित किये गए, और व्यापारियों ने वहाँ लम्बी अवधि तक रहना शुरू कर दिया। व्यापारियों की प्रोफ़ाइल बदलती रही। प्रारम्भिक वर्षों में, म्यांमार के व्यापारियों की प्रमुखता थी, उसके बाद श्रीलंका, मालदीव और मिनीकॉय द्वीप और मद्रास के व्यापारियों ने अधिकार जमाया। हालाँकि, सबसे सफल फर्म आर. अकूजी जडवेट एंड कम्पनी थी, जो गुजरात और म्यांमार के बीच समृद्ध व्यापार चलाती थी। उनके जहाज़ नियमित रूप से निकोबार द्वीप समूह पर जाते थे ताकि खोपागिरी और सुपारी प्राप्त करके म्यांमार में व्यापार किया जा सके। 1930 के दशक की शुरुआत में, उन्होंने ग्रेट और लिटल कोको द्वीपों के उत्पाद पर ब्रिटिश सरकार से दीर्घकालिक पट्टा प्राप्त किया, साथ ही निकोबार के चीफ कैप्टन एडवर्ड कुचट और आदिवासी नेताओं के साथ सौहार्दपूर्ण सम्बन्ध बनाए रखे।

द्वीपों पर तिरंगा

द्वीपों के इतिहास में अगला प्रमुख मील का पत्थर दूसरे विश्वयुद्ध के दौरान ब्रिटिश द्वारा पदत्याग, और जापानियों द्वारा सहज अधिग्रहण था, जिनका शुरू में दोनों द्वीपों के निवासियों द्वारा स्वागत किया गया। पोर्ट ब्लेयर के दुर्ग में 300 सिख सैनिक और तेईस ब्रिटिश अधिकारी शामिल थे, जिन्हें जनवरी 1942 में 16वें इंडियन इन्फेंट्री ब्रिगेड की गोरखा पलटन से संवर्धित किया गया था। रंगून पतन के बाद अंग्रेज़ों ने माना कि पोर्ट ब्लेयर की रक्षा करना असम्भव हो गया है, और गोरखा सेना को अराकान प्रायद्वीप पर वापस बुला लिया गया। मार्च 1942 में, इस दुर्ग ने जापानी सैनिकों के लैंडिंग के ख़िलाफ़ कोई संघर्ष नहीं किया और आत्मसमर्पण कर दिया। सैनिकों को हथियारों से वंचित कर दिया गया, लेकिन अधिकतर सिख सैनिक आज़ाद हिन्द फ़ौज में भर्ती हो गए। यह सेना पहली बार 1942 में मलेशिया

और सिंगापुर में ब्रिटिश-भारतीय सेना के भारतीय सैनिकों द्वारा गठित की गई थी। इसे तब प्रोत्साहन मिला जब 1943 में दक्षिण पूर्व एशिया में आगमन के बाद सुभाष चन्द्र बोस ने इसकें सेनापति के रूप में कार्यभार सँभाला। इस सेना की निष्ठा अर्ज़ी हुकुमत-ए-आज़ाद हिन्द (आज़ाद भारत की अस्थायी सरकार) में थी।

क़ब्ज़े के शुरुआती दिनों में स्थानीय बुद्धिजीवियों (अधिकांशतः अधिकारियों और डॉक्टरों) को रास बिहारी बोस के भारतीय स्वतंत्रता संघ (आईआईएल) में शामिल होने के लिए प्रोत्साहित किया गया, और इसके संदस्यों से एक 'शान्ति समिति' गठित की गई, जिसके अध्यक्ष डॉ. दीवान सिंह थे।

इस बीच 29 दिसम्बर, 1943 को, नेताजी आनन्द मोहन सहाय, कैप्टन रावत, एडीसी, और कर्नल डी.एस. राजू, नेताजी के निजी चिकित्सक के साथ अंडमान के पोर्ट ब्लेयर हवाई अड्डे पर उतरे। पोर्ट ब्लेयर पर जापानी एडमिरल ने उनका स्वागत किया। उत्साही भारतीय और बर्मी लोगों ने भी उनका गर्मजोशी से स्वागत किया। 30 दिसम्बर, 1943 को सुभाष चन्द्र बोस ने वहाँ भारतीय तिरंगा फहराया।

बोस ने अंडमान द्वीप को शहीद और निकोबार द्वीप को स्वराज नाम दिया और आईएनए जनरल, ए.डी. लोगनाथन, को द्वीपों के गवर्नर के रूप में नियुक्त किया। आज़ाद हिन्द सरकार अब सिर्फ़ निर्वासित सरकार ही नहीं थी, बल्कि उसके पास अपनी ज़मीन, मुद्रा, नागरिक संहिता और स्टाम्पस भी थे।

हालाँकि, भले ही द्वीपों को औपचारिक रूप से आईएनए को सौंप दिया गया था, फिर भी जापानी सैनिकों ने क़ब्ज़े वाली सेना की तरह व्यवहार किया। इसके पहले शिकार जुल्फ़िकार अली थे, जिन्होंने सैनिकों के अपने घर में अनधिकृत प्रवेश को लेकर आपत्ति जताई। हालाँकि, हवाई फायरिंग में किसी को चोट नहीं आई, लेकिन जुल्फ़िकार अली को पकड़कर मैदान की ओर ले जाया गया। यहाँ उनकी बाँहों को तब तक मरोड़ा गया जब तक वे टूट नहीं गईं और आख़िरकार उनकी गोली मार कर हत्या कर दी गई। उनके स्मारक को अब सनी की मज़ार कहा जाता है। बाद में डॉ. दीवान सिंह और आईआईएल के अधिकांश अन्य सदस्यों को भी गिरफ़्तार किया गया, प्रताड़ित किया गया और मार डाला गया।

हालाँकि जापानियों ने आत्मसमर्पण करने से पहले सारे रिकॉर्ड जला दिये, लेकिन जापानी क़ब्ज़े की अवधि का पुनर्निर्माण जयन्त दासगुप्ता की पुस्तक 'जेपनीज़ इन अंडमान एंड निकोबार आइलैंड्स : रेड सन ओवर ब्लैक वाटर्स' में किया गया है। दासगुप्ता एक स्थानीय निवासी राम कृष्ण के अब तक अप्रकाशित वृत्तान्त, 'द अंडमान आइलैंड्स अंडर जेपनीज़ ऑक्यूपेशन : 1942-5' और एक ब्रिटिश अधिकारी, डी. मैकार्थी के 'द अंडमान इंटरल्यूड' का उल्लेख करते हैं।

इन अभिलेखों से ऐसा प्रतीत होता है कि जैसे-जैसे खाद्य सामग्री दुर्लभ होती गई, जापानियों ने पोर्ट ब्लेयर के निवासियों को निर्जन द्वीपों में जाने के लिए मजबूर किया, कई लोग भागने की कोशिश में डूब गए, या संगीन, या फिर गोली से मार दिये गए। हालाँकि, टी.आर. सरीन ने आज़ाद हिन्द फ़ौज और सुभाष चन्द्र बोस की भूमिका की ज़्यादा सूक्ष्म तसवीर पेश की है।[25] उन्होंने अंग्रेज़ों द्वारा द्वीपों की नाकाबन्दी किये जाने को खाद्य सामग्री की कमी का प्रमुख कारण माना और उनका दावा था कि जापानी अधिकारियों की कोशिश थी कि लोगों को पोर्ट ब्लेयर से निर्जन द्वीपों पर भेजा जाए ताकि नई भूमि पर खेती की जा सके।

दिसम्बर 2018 में, नेताजी सुभाष चन्द्र बोस द्वारा पोर्ट ब्लेयर में राष्ट्रीय ध्वज का ध्वजारोहण करने की 75वीं वर्षगाँठ को तीन सबसे प्रसिद्ध द्वीप समूहों के नाम बदलकर मनाया गया। रॉस आइलैंड का नया नाम नेताजी सुभाष चन्द्र बोस द्वीप, नील आइलैंड का शहीद द्वीप और हैवलॉक आइलैंड का नाम स्वराज द्वीप रखा गया। यह एक लम्बे समय से चली आ रही माँग की पूर्ति थी कि द्वीपों का नामकरण औपनिवेशिक स्वामियों के नाम पर नहीं होना चाहिए, जिनमें से दो—हैवलॉक और नील—के हाथ ब्रिटिश भारतीय सेना के कमांडर के रूप में हज़ारों भारतीयों के ख़ून से सने थे। रॉस एक अपवाद था—वह एक समुद्री जीवविज्ञानी था, जिन्होंने अपना समय आसपास के पानी के नीचे की सुन्दरता का दस्तावेज़ीकरण करने में बिताया था। रॉस आईलैंड तब तक द्वीपों की राजधानी था, जब तक एक बड़े भूकम्प ने यहाँ की सुविधाओं को नष्ट नहीं कर दिया, और उसके बाद प्रशासन पोर्ट ब्लेयर स्थानान्तरित कर दिया गया।

अपनी महत्त्वपूर्ण पुस्तक 'अंडमान एंड निकोबार आईलैंड्स : इंडियाज़ अनटैप्ड स्ट्रेटेजिक एसेट्स' में सनत कौल उल्लेख करते हैं कि स्वतंत्रता के समय, अंग्रेज़ों ने द्वीप समूह के बारे में चार सम्भावित विकल्पों पर विचार किया। एक प्रस्ताव द्वीपों को क्राउन कॉलोनी के रूप में रखे जाने का था—कैरेबियन और प्रशान्त द्वीप समूह में कई अन्य द्वीपों की तरह। कुछ असत्यापित रिपोर्ट के अनुसार, क्योंकि निकोबार में कई सारे धर्मांतरित ईसाई थे, बिशप रिचर्डसन ने लन्दन को एक तार भेजा और द्वीप समूह को सीधे व्हाइटहॉल के अधीन रखे जाने की माँग की। पाकिस्तान ने भी द्वीपों की चटगाँव और ढाका बन्दरगाहों से निकटता आधार पर अधिकार का दावा किया। द्वीप समूह को बर्मा को स्थानान्तरित करने की सम्भावना पर भी विचार किया गया था। अन्त में, यह निर्णय लिया गया कि द्वीप समूह केन्द्र शासित प्रदेश के रूप में केन्द्र सरकार के अधीन रहेंगे, और इमाम उल माजिद को पहले मुख्य आयुक्त के रूप में नियुक्त किया गया।

आज़ादी के तुरन्त बाद, द्वीप समूह में प्रवास की पहली लहर पूर्वी और पश्चिमी पाकिस्तान के शरणार्थियों के पुनर्वास के लिए थी। पहली से पाँचवीं पंचवर्षीय योजना तक लगभग छह सौ परिवारों को मध्य अंडमान, नील द्वीप और लिटल अंडमान में साफ़ की गई 4,100 से अधिक वनभूमि आवंटित की गई। हालाँकि, आधिकारिक तौर पर बसे शरणार्थियों के अलावा, 1971 के बाद भी कई बांग्लादेशी बंगाली निवासियों के साथ शामिल हो गए। बर्मी और करेन, जिन्होंने अपनी सज़ा की अवधि पूरी होने के बाद यहीं रुकने का फ़ैसला किया था, उन्हें भी विशेष रूप से रबर की खेती के उद्देश्य से ज़मीन आवंटित की गई।

ग्रेट निकोबार में पूर्व सैनिकों के पुनर्वास का प्रयास भी किया गया। उनमें से तीन सौ से अधिक को इस दृष्टि से भूमि दी गई कि वे सुनिश्चित करेंगे कि देश की इन समुद्री सीमाओं पर किसी भी तरह की प्रतिकूल गतिविधि न हो। जैसा कि कौल कहते हैं, 'इस पुनर्वास का मुख्य पहलू रणनीतिक था। ग्रेट निकोबार में पूर्व सैनिकों को तैनात करके, यह महसूस किया गया कि भारत बेहतर रूप से प्रशिक्षित भारतीयों का ऐसा समूह तैयार करेगा, जो इस क्षेत्र में किसी भी प्रतिकूल गतिविधि की आरम्भिक सूचना प्रदान करने में सक्षम होंगे।'

इस प्रकार, अंडमान द्वीप समूह का जनसंख्या मिश्रण काफ़ी उदार/विविध है—एक वास्तविक मिनी-इंडिया। वहाँ पंजाबी, तमिल, भंटू, करेन, बंगाली, मोपला, राँची और, बेशक, स्थानीय रूप से जन्मे लोगों की श्रेणी—उन पूर्ववर्ती क़ैदियों के पुत्र और पुत्रियाँ जिन्होंने वहीं बसने का निर्णय लिया। हिन्दी बोलचाल की नई भाषा के रूप में उभरी है, हालाँकि सांस्कृतिक समुदायों में क्षेत्रीय भाषाएँ भी फल-फूल रही हैं, जिनसे अब अधिकांश निवासी जुड़े हुए हैं।

वर्तमान में, द्वीप समूह भारत के लिए महत्त्वपूर्ण रणनीतिक सम्पत्ति हैं, विशेष रूप से मलक्का जलडमरूमध्य से निकटता के कारण, जो खाड़ी से दक्षिण चीन सागर, पूर्वी चीन सागर और प्रशान्त तक व्यापार और तेल की आवाजाही के लिए महत्त्वपूर्ण समुद्री मार्ग है। वास्तव में भारत की क्वाड में महत्त्वपूर्ण स्थिति, काफ़ी हद तक, मलक्का जलडमरूमध्य से इसकी निकटता के कारण है। ये द्वीप समूह भारत को पर्यटन, मत्स्य पालन, वनों के माध्यम से आर्थिक विकास की अपार सम्भावनाएँ प्रदान करने के अलावा भारत को अपने अतिरिक्त अनन्य आर्थिक क्षेत्र में 30 प्रतिशत जोड़ने में सक्षम बनाते हैं। वे हमारी लुक ईस्ट पॉलिसी को भी बढ़ावा देते हैं और हिन्द प्रशान्त क्षेत्र में भारत की समुद्री और वायु शक्ति को भी प्रदर्शित करते हैं। इन मान्यताओं के कारण ही भारत में पहली एकीकृत कमान की स्थापना भी हुई, जिसमें सेना, वायु सेना और नौसेना एकीकृत बल के रूप में साथ मिलकर काम करते हैं।

2001 में, वाइस एडमिरल अरुण प्रकाश ने पहले कमांडर-इन-चीफ़ के रूप में पदभार सँभाला। यह कमान प्रत्येक दो वर्षों में सभी तीन सेनाओं—सेना, नौसेना और वायु सेना—के पास स्थानान्तरित होती है।

आज बड़ा सवाल है कि क्या द्वीप समूह को उच्च-स्तरीय पर्यटन, गहरे सागर में खनिज भंडारों के साथ—साथ गहरे समुद्र में मछली पकड़ने के लिए खोला जाना चाहिए, या जैसे 'संरक्षित' है वैसे ही छोड़ देना चाहिए। दोनों दृष्टिकोणों के अपने फ़ायदे और नुक़सान हैं और नीति आयोग के समुद्री सेवाओं और पर्यटन के साथ अन्य चालकों पर आधारित विविध और मज़बूत अर्थव्यवस्था वाले एक नये 'हरित शहर' के विकास के लिए 75,000-करोड़ रुपये की योजना के प्रस्ताव की तीव्र आलोचना हुई है। इस प्रस्ताव में 166 एकड़ के ग्रेट निकोबार द्वीप पर एक अन्तर्राष्ट्रीय कंटेनर ट्रांसशिपमेंट टर्मिनल, एक हरित प्राथमिकी वाला अन्तर्राष्ट्रीय हवाई अड्डा, एक विद्युत संयंत्र और टाउनशिप परिसर शामिल है। 2050 तक यहाँ 5 लाख से अधिक लोगों के निवास करने की उम्मीद है, अगर अनुमानित वृद्धि के अनुसार विकास होगा।

हालाँकि, राष्ट्रीय वन्यजीव बोर्ड, भारत में वन्यजीव संरक्षण के लिए का सर्वोच्च निकाय, ने गैलाथिया खाड़ी वन्यजीव अभयारण्य को पूर्णतया विमुक्त किया है, आलोचकों ने बताया है कि विशाल लेदरबैक कछुओं के लिए यह सबसे प्रतिष्ठित प्रजनन केन्द्र हैं। विशेषज्ञों ने भी ग्रेट निकोबार के समृद्ध वनों और तटों और समुद्री पारिस्थितिकी तंत्र पर इन सभी गतिविधियों के प्रभावों के सम्बन्ध में चिन्ता जताई है। यह द्वीप एक यूनेस्को विश्व धरोहर स्थल, विविध प्रकार के वनों और विश्व में सर्वश्रेष्ठ संरक्षित वर्षा वनों में से एक की मेजबानी करता है। यहाँ 648 प्रजातियों की वनस्पति और 330 प्रजाति के जीव भी पाए जाते हैं, जिनमें निकोबार जंगली सुअर, निकोबार ट्री श्रू, ग्रेट निकोबार क्रेस्टेड सर्पेंट ईगल, निकोबार पैराडाइज़ फ्लाईकैचर और निकोबार मेगापोड जैसी दुर्लभ और स्थानिक प्रजातियाँ भी शामिल हैं। प्रस्तावकों का कहना है कि 921 वर्ग किमी क्षेत्रफल में से, 640 वर्ग किमी आरक्षित वन के अन्तर्गत, और अन्य 450 एकड़ ओन्गे जनजातीय संरक्षण क्षेत्र के तहत संरक्षित है। उनका तर्क यह है कि 166 एकड़ ज़मीन को लेकर इतना हंगामा करना उचित नहीं है, क्योंकि अन्य प्रशान्त और कैरेबियाई द्वीप भी बहुत कुछ ऐसा ही कर रहे हैं और निवासियों के लिए रोज़गार के विकल्प बना रहे हैं।

लक्षद्वीप—एक लाख द्वीप समूह

लक्षद्वीप का शाब्दिक अर्थ संस्कृत, मलयालम और मराठी में 'एक लाख द्वीप' है। हालाँकि, उस ऐतिहासिक सन्दर्भ में, जहाँ भारतवर्ष जम्बूद्वीप[26] का हिस्सा था, लक्षद्वीप में मालदीव[27] और चागोस[28] के द्वीप समूह भी सम्मिलित है। चागोस एक ब्रिटिश प्रवासी क्षेत्र था, जिसमें अब अमेरिकी नौसैनिक अड्डा, डिएगो गार्सिया भी शामिल है। आज से 2000 साल पहले यूनानी नौसैनिकों ने इसका उल्लेख किया है। इस द्वीप समूह के विषय में नाविकों को यह लम्बे समय से ज्ञात था, जैसा कि प्रथम शताब्दी से एक अज्ञात सन्दर्भ के बारे में पेरिप्लस[29] में बताया गया है। उससे भी छठी शताब्दी ईसा पूर्व की बौद्ध जातक कहानियों में भी इन द्वीपों का उल्लेख किया गया है। इस क्षेत्र में इस्लाम तब स्थापित हुआ, जब सातवीं के सदी आसपास मुस्लिम यहाँ पहुँचे। मध्यकाल के दौरान, इस पर चोल राजवंश[30] ने शासन किया और बाद में कन्नानोर का शासन रहा। फिर कैथोलिक पुर्तगाली 1498 के आसपास आए लेकिन 1545 तक निष्कासित कर दिये गए। इसके बाद क्षेत्र को अरक्कल के मुसलमान परिवार ने शासित किया, जिन्हें इसका कुछ क्षेत्र टिपू सुल्तान को सौंपना पड़ा था। उन्नीसवीं सदी के प्रारम्भिक भाग तक, अधिकतर क्षेत्र अंग्रेज़ों के पास चला गया, हालाँकि सभी व्यावहारिक उद्देश्यों के लिए, द्विपवासियों को उनके हाल पर छोड़ दिया गया था। अमिनी, कल्पेनी, एंड्रोट, कावारत्ती और अगत्ती, आबाद द्वीपों में से सबसे पुराने थे।

1956 में, एसआरसी ने सुझाव दिया था कि मालाबार ज़िले के अन्तर्गत लक्षद्वीप और मिनिकॉय द्वीप समूह की मुख्य रूप से मलयालम-भाषी आबादी को, और दक्षिण केनरा ज़िले (दोनों पूर्ववर्ती मद्रास राज्य में) के अमिनदीवी द्वीप को नये भाषायी राज्य केरल के साथ एकीकृत किया जाए। हालाँकि, द्वीपों को उनके सम्बन्धित ज़िलों से अलग कर दिया गया और मात्र 21,000 (जनगणना 1951) की जनसंख्या के साथ प्रशासनिक उद्देश्यों के लिए एक नये केन्द्र शासित प्रदेश के रूप में स्थापित किया गया। मालाबार ज़िला केरल का हिस्सा बना दिया गया और दक्षिण केनरा (दक्षिण कन्नड़) को कर्नाटक के साथ जोड़ा गया। इस बीच 1956 में, मिनिकॉय में जनमत संग्रह हुआ, क्योंकि यह द्वीप सीधे क्राउन के अधीन था, और प्रशासनिक उद्देश्यों के लिए यह मालाबार ज़िले से सम्बद्ध था। इस तरह लक्कदीव, मिनिकॉय और अमिनदीवी द्वीप 1956 में एक केन्द्र शासित प्रदेश बने।

1973 में, द्वीपों का नाम बदलकर लक्षद्वीप कर दिया गया, हालाँकि, 1952 में भारत के पहले हिन्दी मानचित्र ने भी इन द्वीपों को इसी नाम से सन्दर्भित किया था।

यहाँ बता दें कि जबकि अमिंदीवी द्वीप समूह टीपू सुल्तान[31] के नियंत्रण में था, लक्कदीव समूह (कवरत्ती, अगत्ती और एंड्रोट) अरक्कल[32] राजवंश के अधीन थे। मिनिकॉय द्वीप—भारत का सबसे दूरस्थ द्वीप—भारत और मालदीव के बीच में स्थित है, और इस द्वीप की भाषा धिवेही[33] है, हालाँकि बाक़ी द्वीपों पर जेसेरि[34] बोली जाती है। धिवेही मालदीव की आधिकारिक भाषा है। इन द्वीपों को सीधे केन्द्र सरकार के अधीन रखने के दो सम्भावित कारण थे। बेशक, घोषित कारण, क्षेत्र में दीर्घकालिक नौसैनिक हित था, जिसके बारे में के.एम. पणिक्कर ने भारत की आज़ादी के समय से ही अपनी चिन्ताएँ व्यक्त करना शुरू कर दिया था। हालाँकि, एक और सम्भावित और अधिक सीधा कारण केरल में सम्भावित साम्यवादी शासन का भय था, और केन्द्र सरकार इनमें से किसी भी द्वीप पर लाल झंडे के परिणामों के प्रति आशंकित थी।

नवम्बर 1956 से पहले, द्वीपों में प्रशासन केवल नाममात्र था और मुख्य भूमि तक व्यापार 'ओडम' नामक नावों में किया जाता था। द्वीपवासी चावल, नमक और अन्य ज़रूरी चीज़ों के बदले में मछली, खोपागिरी और कॉयर का व्यापार करते थे। भारतीय संसद में लक्षद्वीप का पहला प्रतिनिधित्व नामांकन आधारित था। 1956 से 1967 तक, के. नल्ला कोया थांगल सांसद थे जिन्होंने दो कार्यकाल सेवा की। हालाँकि जनसंख्या का अधिकांश हिस्सा (99 प्रतिशत) मुस्लिम है (होने के बावजूद), भौगोलिक अलगाव के कारण, द्वीपों की सम्पूर्ण आबादी को अनुसूचित जनजाति के रूप में नामित किया गया है। यह लोक सभा का सबसे छोटा निर्वाचन क्षेत्र भी है।

पहले चुनाव 1967 में आयोजित हुए और पी.एम. सईद ने आगामी दस चुनावों में लगातार जीत हासिल की। वह पहली बार छब्बीस वर्ष की उम्र में 1967 में लोक सभा के लिए चुने गए। उन्होंने केन्द्रीय इस्पात, कोयला और खदान राज्य मंत्री (1979-80), गृह मंत्रालय (1993-95) और सूचना और प्रसारण (1995-96) के रूप में कार्य किया। वह 1998 से 2004 तक लोक सभा के उपसभापति रहे। द्वीपों में अधिकांश विकास सम्बन्धी कार्यों को शुरू करने का श्रेय, जिसमें द्वीप विकास प्राधिकरण की स्थापना, हवाई सेवाओं के प्रारम्भ, खोपागिरी की ख़रीद के लिए नेशनल एग्रीकल्चरल कोआपरेटिव मार्केटिंग फेडरेशन ऑफ़ इंडिया (एनएएफईडी) के साथ सम्बन्ध, और बन्दरगाहों एवं मछली पकड़ने के व्यवसाय का आधुनिकीकरण शामिल है, यह श्रेय इन्हीं को जाता है। लक्षद्वीप के इतिहास में एक और मील का पत्थर 26 मार्च, 1964 को मुख्यालय का कोच्चि से कवरत्ती स्थानान्तरण था। एक बार जब 'प्रशासक' द्वीपों में निवास करने लगे,

तो तेज़ी से प्रगति हुई और धीरे-धीरे सरकारी ढाँचा, ख़ास कर स्कूल और अस्पताल, सभी आबाद हुए द्वीपों में विकसित हुए। स्वास्थ्य क्षेत्र में हस्तक्षेप विशेष रूप से सराहनीय और उल्लेखनीय हैं, क्योंकि लक्षद्वीप में कुष्ठरोग एक मुख्य मुद्दा था। ओमेश सहगल[35] जैसे प्रशासकों ने परिवहन और संचार सेवाओं में नियमितता सुनिश्चित करने में मदद की। नेशनल बुक ट्रस्ट द्वारा प्रकाशित उनकी पुस्तक 'लक्षद्वीप' ने द्वीपों के बारे में जानकारी के अभाव को कम किया। आज, लक्षद्वीप साक्षरता दर के मामले में देश में दूसरे सबसे उच्च स्थान पर है, और इस उपलब्धि में महिलाएँ भी पुरुषों से ज़्यादा पीछे नहीं हैं। मानव विकास सूचकांक के मामले में, लक्षद्वीप देश में केरल, चंडीगढ़ और गोवा के बाद चौथे स्थान पर है, और दिल्ली के एनसीटी से ऊपर है! नीति आयोग ने हाल ही में लक्षद्वीप द्वीप समूह के विकास के लिए सम्पोषणीय पर्यटन और मछलीपालन को मुख्य आर्थिक गतिविधियों के रूप में ध्यान में रखकर एक रणनीति पत्र 'रचनात्मकता और नवाचार के माध्यम से द्वीपों को परिवर्तित करना' तैयार किया है, और अगले दशक में, ये द्वीप सचमुच विकास के उपायों के उदाहरण होंगे।

14

प्रजा से नागरिक तक—सिक्किम का भारत में विलय

भारत की 562 रियासतों में से एक सिक्किम का एक संरक्षित राज्य[1] में, फिर एक सहयोगी[2] और अन्ततः भारत के अभिन्न अंग के रूप में संक्रमण एक रोचक कहानी है। सिक्किम के महाराजा नरेन्द्र मंडल[3] (चैम्बर ऑफ़ प्रिंसेस) के उपाध्यक्ष थे, जिसकी स्थापना 1920 में ब्रिटिश साम्राज्य के शासक जॉर्ज पंचम[4] द्वारा रियासतों के शासकों के लिए उनकी चिन्ताएँ और आकांक्षाएँ व्यक्त करने के उद्देश्य से की गई थी। इस प्रकार, सिक्किम स्पष्ट रूप से पटियाला और बड़ौदा की तरह था बजाय नेपाल और भूटान के, जिनके साथ अंग्रेज़ों की भिन्न व्यवस्थाएँ थीं। ब्रिटेन और भूटान के बीच सम्बन्धों को 1910 में हस्ताक्षरित सिंचुला की सन्धि द्वारा परिभाषित किया गया था। वास्तव में, 1924 में ब्रिटिश सरकार ने पुष्टि की कि भूटान, ब्रिटिश भारत से बाहर है। जबकि ब्रिटिश आधिपत्य के अधीन, भारत के बाहर था, लेकिन एक स्वतंत्र राज्य नहीं था। सिक्किम और भूटान के बीच एक और अन्तर यह था कि सिक्किम की बहुसंख्यक आबादी नेपाली थी और उसका शासकीय भूटिया वंश से कोई आन्तरिक सम्बन्ध नहीं था। भूटिया जो अपने राज्य को पूर्णतः निरंकुश ढंग से चलाता था, उसके अपने वंश के लोगों, काज़ी, जो उनके सम्पत्तिकर नेपाली दासों और वंचित लेपचा जनजाति पर आयकर और न्यायिक स्वामित्व के साथ उनकी सम्पत्ति के मालिक होने के साथ ही, वंशानुगत सामन्त थे। 1947 में इस क्षेत्र की स्थिति को ताशी त्शेरिंग[5] के शब्दों में सबसे बेहतर वर्णित किया गया है :

> सिक्किम एक छोटा भारतीय राज्य है जो हिमालय के एक कोने में स्थित है। इसके शासक सर ताशी नामग्याल, केसीएसआई, केसीआईई तिब्बती मूल के हैं और उनके क़ाज़ी कहलाने वाले निजी अनुयायी भी, सिक्किम के अधिकांश ज़मींदार ये लोग ही हैं। महामहिम की एक राज्य परिषद है जिसमें केवल ज़मींदार है, और एक सचिवालय, जिसे काफ़ी हद तक

> ज़मींदार नियंत्रित करते है, जबकि अधीनस्थ जनता या इयोय (किसानों) की प्रशासन में कोई आवाज़ नहीं है, और वे लम्बे समय से ज़मींदारी के घातक जुए के दर्द से पीड़ित हैं।[6]

यही वह समय था जब सरदार पटेल और संविधान विशेषज्ञ बी.एन. राव[7] ने सिक्किम के भारत में एकीकरण के लिए दबाव डाला, लेकिन प्रधानमंत्री नेहरू ने इसे अस्वीकार कर दिया जो, वेरियर एल्विन के प्रभाव स्वरूप मानते थे कि न केवल जनजातीय जीवनशैली को संरक्षित रखा जाना चाहिए, बल्कि इसे आधुनिक सभ्यता के प्रभाव से भी बचाए रखा जाना चाहिए। इस प्रकार, उन्होंने सिक्किम के भारत में एकीकरण को रोका और साथ ही सिक्किम के महाराजा को चोग्याल और महारानी को ग्यालमो की उपाधि दी। इससे राजा को 'सम्पूर्ण स्वाधीन' और 'स्वतंत्र' होने के विचार को बल मिला। दूसरी भूल थी सिक्किम के साथ-साथ नेफा को भी विशेष रूप से गठित आईएफएएस के तहत रखकर, इन क्षेत्रों को विदेश मंत्रालय के अधीन रखना, जिससे उन्हें देश के अन्यत्र प्रशासन से अलग कर दिया गया।

इस प्रकार, लगभग दो दशक तक, सिक्किम में लोकतांत्रिक आन्दोलन को ठंडे बस्ते में डाल दिया गया था और भारत ने सिक्किम को विदेश मंत्रालय की सम्पत्ति के रूप में संचालित करने को प्राथमिकता दी। जबकि नेहरू के इन सीमावर्ती क्षेत्रों के बारे में अपने विचार थे, और शास्त्री के पास इन मुद्दों पर ज़्यादा ग़ौर करने का मौक़ा नहीं था, लेकिन प्रधानमंत्री इन्दिरा गांधी अलग थी। उन्होंने न केवल भारत को अपनी पहली निर्णायक सैन्य विजय प्राप्त कराई, बल्कि वे सीमाओं की रक्षा करने के लिए भी प्रतिबद्ध थी, और दुनिया को दिखाया कि भारत दक्षिण एशिया में प्रभुत्वशाली क्षेत्रीय शक्ति बनकर उभरा है। भूटान को संयुक्त राष्ट्र की मान्यता से वे आश्चर्यचकित थीं और विदेश मंत्रालय द्वारा स्थिति को सही से न सँभाले जाने की वजह से नाख़ुश भी थीं। इन्दिरा गांधी राजनीति में आदर्शवाद की बजाय यथार्थवादी रुख को महत्त्व देती थीं, इसीलिए जब चोग्याल ने सम्प्रभु शासन का ख़्वाब देखा तो उन्होंने इन ख़याली पुलावों पर अंकुश लगा दिया।

अत्यधिक विकृत चुनावी प्रणाली के तहत भी, क़ाज़ी ल्हेनदुप दोरजी के नेतृत्व वाली सिक्किम राष्ट्रीय कांग्रेस ने हमेशा मतों का सर्वोच्च प्रतिशत हासिल किया था, लेकिन 1973 के धाँधली वाले चुनावों में, दरबार पार्टी[8] ने एकतरफ़ा जीत हासिल की, जिस पर सभी सम्बन्धित पक्षों को सन्देह था, और हिंसक भीड़ गंगटोक की ओर बढ़ी और महल को चारों ओर से घेर लिया। चोग्याल का पदत्याग प्रमुख नारा बन गया। उन्हें भारत-सिक्किम सन्धि पर हस्ताक्षर करने के लिए मजबूर किया गया,

जिसमें सिक्किम में एक पूर्णतः उत्तरदायी सरकार की स्थापना का आह्वान किया गया था, इसमें लोकतांत्रिक संविधान, मौलिक अधिकार, क़ानून का शासन, स्वतंत्र न्यायपालिका और एक-व्यक्ति-एक-वोट के आधार पर मतदान सम्मिलित था। चोग्याल को राज्य का संवैधानिक प्रमुख होना था। इसके बाद हुए चुनावों में सिक्किम राष्ट्रीय कांग्रेस[9] ने क़ाज़ी के नेतृत्व में 32 में से 29 सीटें जीतीं, और विधान सभा ने भारत की आर्थिक और राजनीतिक संस्थाओं में अधिक भागीदारी की माँग के लिए एक प्रस्ताव पारित किया। इसके बाद 1974 में 35वाँ संवैधानिक संशोधन अधिनियम पारित किया गया, जिसने सिक्किम को एक सहयोगी राज्य का दर्जा दिया।

यह सिक्किम के राजनीतिक पारिस्थितिकी तंत्र के विभिन्न गुटों के मध्य एक समझौता था, जिसके प्रमुख खिलाड़ियों के रूप में : चोग्याल, मुख्यमंत्री क़ाज़ी ल्हेन्दुप दोरजी, क़ाज़ी दोरजी के पूर्व शिष्य नरबहादुर खातीवाड़ा[10] के नेतृत्व में नेपाली किसानों का कट्टरपंथी गुट, दरबार के उच्च अधिकारी थे। यद्यपि यह व्यवस्था अस्थिर थी, जो चोग्याल को सिक्किम के नाममात्र और वंशानुगत प्रमुख के रूप में बने रहने की अनुमति देती थी।

हालाँकि, चोग्याल की व्यक्तिगत महत्त्वाकांक्षाएँ (जो आध्यात्मिक के साथ ही लौकिक थी) उनके अमेरिकन ग्याल्मो[11] की बेतुकी सलाह, और उसका और इन्दिरा गांधी के व्यक्तित्व, पर्सोना और दृढ़ता को ग़लत समझना समय के साथ मेल नहीं खाता था। उनकी अविवेकपूर्ण सलाह के साथ जुड़ा हुआ है अमेरिकन ग्याल्मो और व्यक्ति, व्यक्ति के बारे में कई बार उसकी पूरी ग़लत व्याख्या और प्रधानमंत्री इन्दिरा गांधी के दृढ़ संकल्प के साथ तालमेल नहीं था। राजा के राज्याभिषेक के अवसर पर उनकी नेपाल यात्रा के दौरान विदेशी प्रेस के सामने की गई तर्कहीन टिप्पणी से इन्दिरा नाख़ुश थी, और साथ ही साथ चीनी प्रतिनिधिमंडल के साथ उनकी बातचीत ताबूत में आख़िरी कील थे। अगले कुछ महीनों में सिक्किम का भारत में विलय होना स्वाभाविक हो गया था।

सिक्किम को भारत का सहयोगी राज्य बनाने वाले 35वें संवैधानिक संशोधन में क्या पहले से ही कोई चूक थी? या फिर चोग्याल की बदलती परिस्थितियों को समझने में विफलता की वजह से यह ढह गया? यह सच है कि क़ाज़ी दोरजी ने 'विलय' को प्राथमिकता दी होगी, लेकिन 20 जून, 1974 की सिक्किम विधान सभा की संवैधानिक प्रस्ताव ने 'भारत की आर्थिक और सामाजिक संस्थाओं में सिक्किम की पूर्णतः सहभागिता' की माँग की थी। अगर चोग्याल लोकप्रिय जनादेश के साथ का पालन करके, क्या तब भी वे अपना 'साम्राज्य' बनाए रख सकते थे, जहाँ भारी बहुसंख्यक आबादी नेपाली थी, जबकि वे जातीय रूप से अलग थे?

सिक्किम की स्थिति संरक्षित राज्य से बदलकर सहयोगी राज्य में बदल जाने के बाद, सिक्किम की प्रजा का दर्जा लगभग भारत के नागरिकों के बराबर हो गया था। वे लोक सभा और राज्य सभा के लिए निर्वाचित हो सकते थे, और भारतीय विद्यार्थियों के समान सिविल सेवा परीक्षा में भाग ले सकते थे। अगर चोग्याल इस स्थिति के साथ सामंजस्य बनाते, तो वे नैतिक, सांस्कृतिक और आध्यात्मिक नेतृत्व को न केवल सिक्किम में जारी रख सकते थे, बल्कि शायद भारत के लिए बड़े पैमाने पर भी। हालाँकि, पूर्णतः स्थिति को ग़लत समझकर, उन्होंने इस मुद्दे को अन्तरराष्ट्रीय स्तर पर ले जाना पसन्द किया, जो कि एक अविवेकपूर्ण क़दम था, विशेषकर तब के प्रधानमंत्री के रवैये और सिक्किम की बहुसंख्यक आबादी के लोकप्रिय भावना को देखते हुए। नवनिर्वाचित सरकार के ख़िलाफ़ सन्देह उत्पन्न करने वाले उनके बयानों के ख़िलाफ़ गंगटोक की सड़कों पर चोग्याल के विरुद्ध बड़े पैमाने पर विद्रोह हुआ, और जब पैलेस रेडियो ने सिक्किम के अलग सहयोगी राज्य के दर्जे के सम्बन्ध में एक जनमत संग्रह का आह्वान किया, तो चोग्याल ने अनजाने में क़ाज़ी को जनमत संग्रह आयोजित करने का एक सुनहरा मौक़ा दे दिया। क्योंकि मुद्दा अब क़ाज़ी के हाथों में था। सिक्किम में 14 अप्रैल, 1975 को एक जनमत संग्रह हुआ, लेकिन एक अलग मुद्दे पर : चोग्याल का पद समाप्त कर भारत में पूर्ण विलय। परिणाम अपेक्षाओं के अनुरूप थे : भारत में शामिल होने और राजतंत्र को समाप्त करने के लिए भारी समर्थन। दो सप्ताह के अन्दर, संसद ने 36वें संशोधन को मंज़ूरी दे दी, जो सिक्किम को भारत के अभिन्न अंग के रूप में शामिल करने की सुविधा प्रदान करता है।

यह उल्लेख करना आवश्यक है कि सिक्किम पर चार प्रमुख पठनीय ग्रंथ हैं—और प्रत्येक पुस्तक सिक्किम के आसपास घटित मुद्दों की गहराई में समझ प्रदान करती हैं। इनमें से, सुनन्दा के. दत्ता रे द्वारा लिखी गई 'स्मैश एंड ग्रैब'[12] और बी.एस. दास द्वारा लिखी गई 'द सिक्किम सागा'[13] 1984 में विकास पब्लिकेशन द्वारा प्रकाशित हुईं। संयोगवश, दोनों के कवर पेज एक जैसे थे—नीले रंग के शेड्स—और पीछे के पृष्ठ या कवर पर किसी में भी सिक्किम का मानचित्र नहीं था। तीसरी और चौथी पुस्तकें—एंड्रू डफ द्वारा लिखी गई 'सिक्किम : रेक्विम फॉर ए हिमालयन किंगडम'[14] और जी.बी.एस. सिद्धू द्वारा लिखी गई 'सिक्किम : डॉन ऑफ़ डेमोक्रेसी'[15] 2015 और 2018 में पेंगुइन द्वारा प्रकाशित हुईं। हालाँकि ये सभी घटनाओं, कार्यक्रमों और मुद्दों पर सहमत हैं, विवरण काफ़ी अलग है, और इन पुस्तकों को साथ-साथ पढ़ने से स्पष्ट होता है कि इतिहास केवल तथ्यों का

एक व्याख्यात्मक दृष्टिकोण है, और कोई भी, विशेष रूप से समकालीन दर्शक, 'वैयक्तिक' कहकर आपातकालीन नहीं हो सकता।

सुनन्दा के. दत्ता रे की पुस्तक 'स्मैश एंड ग्रैब' में जुंगख्यांग—चोग्याल के लिए आदर से इस्तेमाल किया जाने वाला शब्द—के लिए समर्पण स्पष्ट करता है कि यह चोग्याल का दृष्टिकोण है। दूसरी ओर, 'द सिकिम सागा' बी.एस. दास के दृष्टिकोण से लिखी गई कथा है, जिन्होंने सिक्किम की मुख्य कार्यकारी अधिकारी के रूप में सेवा की, इसलिए चोग्याल, जिनके नाम पर उन्होंने प्रशासन चलाया, और दिल्ली में विदेश कार्यालय, जो केवल सिंह[16] के अधीन अव्यावहारिक सलाह देने में निपुण था, के बीच उत्कृष्ट सन्तुलन बनाए रखने का प्रयास किया। फिर स्कॉटलैंड के एंडू डफ हैं, जो एक सदी पहले की गई अपने दादा की सिक्किम हिमालय की यात्रा का पता लगा रहे हैं। उन्हें प्रथम स्रोत के रूप में दत्ता रे की पुस्तक दी गई थी, लेकिन उन्होंने इसे एफसीओ की रिपोर्ट्स, मुख्य हितधारकों के गहन साक्षात्कारों, लेकिन सबसे अधिक, गैंगटॉक की पाल्जोर नामग्याल गर्ल्स स्कूल की स्कॉटिश प्रधानाध्यापिका(ओं)—मार्था हैमिल्टन और इसाबेल रिची के साप्ताहिक पत्रों से पूरक रूप में पूर्ण किया। दोनों को महल तक पहुँच प्राप्त थी और वे वास्तव में अपने शाही परिवार के आभारी थे। उनके पत्रों ने 1959 से 1975 तक के वर्षों के लिए प्रत्यक्ष समकालीन विवरण प्रदान किया, यद्यपि चोग्याल के दृष्टिकोण से। यह ज़रूर जोड़ा जाना चाहिए कि उनकी पुस्तक अन्य से काफ़ी सूक्ष्म है, क्योंकि वे अन्य नाटकीय व्यक्तित्वों के दृष्टिकोण का भी पर्याप्त चित्रण करते हैं।

चौथी पुस्तक जी.बी.एस. सिद्धू द्वारा लिखी गई है, जो उस समय रॉ के अधिकारी हैं, जो उस समय सिक्किम में क़ाज़ी ल्हेनदुप दोरजी[17] के नेतृत्व वाले, लोकतंत्र समर्थक बलों को मज़बूत करने के लिए, ऑफ़िसर ऑन स्पेशल ड्यूटी (ओएसडी) थे। दोरजी के बारे में उनका मानना है कि आपातकाल और उसके बाद के वर्षों में भी कांग्रेस द्वारा दोरजी के योगदान को कमतर आँका गया। वह खुलकर ज़िक्र करते है कि उनका पुस्तक लिखने का उद्देश्य अपनी प्रतिष्ठा बचाए रखना था। उन्होंने कहा है कि 'राज्यों का निर्माण बल, सैन्य शक्ति, भाईचारा, सन्धि या छल से होता। जब लोगों को एहसास होता है तो वे टूट जाते हैं कि अप्रिय राजा शक्तिहीन हो गया है, क्योंकि जिस शक्ति (इस मामले में भारत के सुरक्षा कवच) ने राजा का समर्थन किया था या यहाँ तक कि उसके अप्रिय शासन को सँभाला था, वह शक्ति लापता हो गई थी, या उसने अपनी सुरक्षा वापस ले ली थी। और अब अपने पिछले कृत्यों या चूक के लिए संशोधन करने को तैयार थी।

थोंडुप नामग्याल का राजवंश 333 वर्षों तक चला। यदि कोई प्रबुद्ध शासक होता जो अपने लोगों की लोकतांत्रिक आकांक्षाओं के समायोजन के लिए तैयार होता, तो वह अधिक समय तक बना रह सकता था। लेकिन थोंडुप उस साँचे में बना हुआ व्यक्ति नहीं था।'

15

दिल्ली, नई दिल्ली, एनसीटी और एनसीआर

भारत की राजधानी की कहानी भारत, हिन्दुस्तान और इंडिया[1] के इतिहास के साथ इस तरह गूँथी हुई है कि किसी एक के बिना दूसरे की बात करना वाकई मुश्किल है। विकट चुनौती स्रोतों या सन्दर्भ सामग्री की कमी नहीं है : इसके विपरीत, दूसरी शताब्दी ईसा पूर्व से जीवंत परम्परा और 2030 तक दुनिया की सबसे अधिक आबादी होने के अनुमान वाले एक शहर के बारे में सूचना के भंडार से 'महत्त्वपूर्ण पहलू' को छानने की है। दिल्ली शहर के पहले ज्ञात संस्करण, इंद्रप्रस्थ की स्थापना महाभारत काल में पांडवों द्वारा की गई : यह युद्ध को टालने के लिए हस्तिनापुर (वर्तमान मेरठ) के कुरु साम्राज्य[2] से कृष्ण द्वारा माँगी गई पाँच गाँवों में से एक था, अन्य चार स्वर्णप्रस्थ (सोनीपत), पानप्रस्थ (पानीपत), व्याघ्रप्रस्थ (बागपत) और तिलप्रस्थ (तिलपत) थे। संयोग से, भले ही यह दिल्ली के राष्ट्रीय राजधानी क्षेत्र (एनसीटी) का हिस्सा नहीं हैं, वे सभी राष्ट्रीय राजधानी क्षेत्र (एनसीआर) का हिस्सा हैं।

श्रीनिवासपुरी के बहापुर में, कालकाजी मन्दिर के पास, एक चट्टान पर अशोक[3] के शिलालेख (लगभग तीसरी शताब्दी ईसा पूर्व), ब्राह्मी लिपि[4] में लिखित, की खोज से पता चलता है कि यह गंगा डेल्टा को भारतीय उपमहाद्वीप के उत्तर-पश्चिमी भाग से जोड़ने वाला उत्तर भारत का एक महत्त्वपूर्ण अन्तर-क्षेत्रीय व्यापार मार्ग था। एक अन्य दृष्टिकोण यह है कि पांडवों द्वारा निर्मित पाँच मन्दिरों में से एक इस जगह पर था। बौद्ध लेखों में यह शहर 'इंदपट्टा' या 'इंदपट्टना' के रूप में उल्लेखित है, जहाँ इसे यमुना नदी पर स्थित कुरु राज्य की राजधानी के रूप में वर्णित किया गया है।

प्राचीन ग्रीको-रोमन दुनिया को भी इंद्रप्रस्थ के बारे में ज्ञात था : टॉलेमी की ज्योग्राफ़ी (दूसरी शताब्दी ईसवी) में इस शहर को 'इंदाबारा' के रूप में वर्णित किया गया है। हालाँकि मौर्य, कुषाण, गुप्त, वर्धन और गुर्जर प्रतिहार राजवंशों के दौरान भी,

यह दुर्ग के साथ-साथ व्यापार और तीर्थयात्रा का एक महत्त्वपूर्ण केन्द्र बना रहा, राजनीतिक शक्ति मौर्य और गुप्त काल में पाटलिपुत्र, कुषाणों के समय में पौरशपुर (पेशावर), वर्धनों के समय में कन्नौज और प्रतिहारों के समय उज्जैन स्थानान्तरित हो गई थी। तोमर राजवंश ने नौवीं शताब्दी में सूरजकुंड[5] और लालकोट की स्थापना करके दिल्ली के राजनीतिक भाग्य को पुनर्जीवित किया। 1180 ईसवी में पृथ्वीराज चौहान द्वारा क़िला राय पिठौरा[6] का निर्माण किया गया, लेकिन 1192 में मोहम्मद गौरी[7] ने इस शहर को फतह किया, और कहा जा सकता है कि यहीं से भारत धूमिल होना शुरू हुआ और उपमहाद्वीप में इस्लाम का आगमन चिह्नित हुआ—सबसे पहले ममलूक, ख़िलजी, तुग़लक़, सैय्यद और लोधी (तेरहवीं से पन्द्रहवीं शताब्दी तक) के अधीन रहा, और फिर मुग़ल शासकों ने इसे दुनिया का सबसे आकर्षक शहर बनाया। मामलुकों ने सबसे पहले महरौली में डेरा डाला और तेरहवीं शताब्दी में कुतुबमीनार[8] परिसर स्थापित किया। हालाँकि, तीन टन वजन वाले प्रतिष्ठित लौह स्तम्भ (23 फीट और 8 इंच ऊँचाई और 16 इंच चौड़ाई) मूल रूप से सम्राट चन्द्रगुप्त द्वितीय (375-413/14 ईसवी) के समय में बनाए गए एवं ग्यारहवीं सदी में अनंगपाल तोमर[9] द्वारा इसके वर्तमान स्थान पर स्थानान्तरित किया गया। 1300 ईस्वी में अलाउद्दीन ख़िलजी द्वारा स्थापित सिरी फोर्ट का अनुसरण तुग़लक़ों द्वारा 1320 से 1354 तक तुग़लकाबाद, जहानपनाह और फ़िरोज़ाबाद में भी किया गया। 1538 और 1545 के बीच, हुमायूँ ने दिनपनाह[10] का विकास किया, और फ़िरोज़ शाह सूरी ने शेरगढ़ बनवाया, जो कि दोनों ही इंद्रप्रस्थ (पुराना क़िला क्षेत्र) के पास हैं। जब मुग़ल साम्राज्य अपने चरम पर (1638-49) था तब शाहजहाँ ने शाहजहाँनाबाद का निर्माण किया, जिसमें चाँदनी चौक, जामा मस्जिद और लाल क़िला शामिल थे, जहाँ मुग़ल राजवंश 1857 में अपने पतन तक रहा। हालाँकि, मुग़ल सत्ता को 1759 में मराठों ने हरा दिया था और 1783 में करोरसिंघिया के बघेल सिंह, अहलुवालिया के जस्सा सिंह और रामगढ़िया मिस्लों[11] के जस्सा सिंह के संयुक्त नेतृत्व में खालसा सेनाओं ने लाल क़िले पर क़ब्ज़ा कर लिया, और उस मुग़ल सिंहासन पर क़ब्ज़ा कर लिया जिस पर बैठकर औरंगज़ेब ने गुरु तेग बहादुर को मौत की सज़ा सुनाई, और ऐतिहासिक सीस गंज, रकाब गंज और बंगला साहब समेत पुरी दिल्ली में गुरुद्वारों का निर्माण किया। लेकिन खालसा सेना ने अपनी उपस्थिति दर्ज कराने के बाद दिल्ली छोड़ दी और मराठे 1803 तक सत्ता में रहे, जब आंग्ल मराठा युद्ध,[12] जिसमें मराठों को परास्त किया गया, के बाद अंग्रेज़ों ने प्रभावी नियंत्रण प्राप्त किया। 1857 में, अवध के विलय से असन्तोष और 'चर्बी वाले कारतूस' की शुरुआत, जिसे हिन्दू और मुस्लिम सैनिकों,

दोनों ने अपवित्रीकरण की क्रिया मानकर, सैनिकों ने बहादुर शाह ज़फ़र[13] के नेतृत्व में एकत्रित हुए, जिन्हें 'बहुत अनिच्छापूर्वक' नेतृत्व की भूमिका में रखा गया। उन्होंने अपने अन्तिम वर्षों को रंगून में निर्वासन में बिताया। हालाँकि, जबकि ब्रिटिश भारत की राजधानी कोलकाता थी, सबसे महत्त्वपूर्ण राजनीतिक आयोजनों और घोषणाओं का स्थान दिल्ली ही बनी रही, जब तक यह फिर से भारत का पहला शहर नहीं बन गया। भारत की शासन प्रणाली के लिए दिल्ली के महत्त्व को वर्णित करने के लिए जॉन कैपर, एफआरएएस[14] की पुस्तक 'दिल्ली : द कैपिटल ऑफ़ इंडिया' से तीन अंश नीचे दिये गए हैं :

(i) इसलिए कोई आश्चर्य नहीं है कि प्राचीन काल से ही दिल्ली भारत का मुख्य शहर रहा है। उत्तर, दक्षिण, पूर्व और पश्चिम से सभी दिशाओं की सड़कें दिल्ली की ओर मुड़ती हैं, और दिल्ली से हज़ारों सेना के मेज़बानों और व्यापारियों के कारवाँओं को क्षेत्रों और बाज़ारों को जीतने के लिए सभी दिशाओं में निकल जाती हैं। मुसलमानों ने भी अपने आगे बढ़ते विजय रथ के साथ अपनी लालची दृष्टि दिल्ली पर डाली...यह दिल्ली के आसपास ही था जहाँ हिन्दू राजाओं ने मुस्लिम आक्रमण के विरुद्ध आख़िरी प्रतिरोध किया था। दिल्ली पर क़ब्ज़ा किये जाने से ही भारत मुस्लिम शासन के अधीन आया।

(ii) मराठों ने 1759 में शहर पर क़ब्ज़ा कर लिया था, लेकिन 1761 में अहमद शाह दुर्रानी ने उन्हें हरा दिया। हालाँकि, 1788 से 1803 तक—वे उत्तर भारत की सर्वोच्च शक्ति थे, परन्तु दिल्ली को इसमें शामिल न करने की वजह से मराठा शासन भारत का एक साम्राज्य बनने के बजाय, कुछ विभिन्न रियासतों में सीमित हो गया, जो एक समय ऐसा करने का दावा करते थे। 1803 के आंग्ल मराठा युद्ध के बाद दिल्ली ईआईसी के तहत आया और इसे जनरल डेविड ऑक्टर्लोनी के अधीन रखा गया, जो 'सांकेतिक तौर' पर मुग़ल बादशाह को शासन, उत्तराधिकार और बाहरी आक्रमण से सुरक्षा से सम्बन्धित मुद्दों पर सलाह देने के लिए ज़िम्मेदार था। यह उत्तर पश्चिमी प्रान्त का हिस्सा बन गया और आगरा को मुख्यालय बनाया गया।

(iii) यह दिल्ली ही थी जिसकी ओर 1857 में सिपाही विद्रोहियों ने रुख किया और अपने आन्दोलन का महत्त्व बढ़ाने के लिए उन्होंने दिल्ली के नाममात्र के शासक की लड़खड़ाती छाया/समर्थन की माँग की। दिल्ली पर पुनः क़ब्ज़ा करने पर ब्रिटिश शासन मज़बूती से स्थापित हुआ। और यह तब भी भारतीय साम्राज्य की राजधानी के प्रमुख और सबसे महत्त्वपूर्ण कार्यों के निष्पादन का स्थान बना रहा, तब भी जब असली सरकारी स्थान (कलकत्ता) इससे हज़ार मील दूर था।

जैसा कि सिमरपाल सिंह अपनी पुस्तक 'द सीज ऑफ़ दिल्ली' में लिखते हैं, '1803 में कम्पनी ने राजवंश को अचानक समाप्त करने की बजाय सम्राट को कठपुतली बनाए रखना उचित समझा। महान मुग़ल को कम्पनी के संरक्षण के तहत पेंशनभोगी के रूप में रखने से कम्पनी को भारत में महत्त्व, प्रतिष्ठा और सबसे महत्त्वपूर्ण नई सर्वोच्च शक्ति के रूप में वैधता प्राप्त हुई।'

जो भी हो, दिल्ली पर फिर से विजय के बाद, इसे उत्तर-पश्चिमी प्रान्त और अवध से अलग करके, इसे नवनिर्मित ब्रिटिश पंजाब राज्य का हिस्सा बनाया गया, जिसका 1849 में ईस्ट इंडिया कम्पनी द्वारा अधिग्रहण किया गया था। 1858 में, ब्रिटिश इंडिया के बाक़ी हिस्सों के साथ पंजाब भी, प्रत्यक्ष रूप से ब्रिटिश क्राउन के अधीन आ गया। इसका क्षेत्रफल 358,354.5 वर्ग किलोमीटर और इसमें पाँच प्रशासनिक डिवीजन—दिल्ली, जालंधर, लाहौर, मुल्तान और रावलपिंडी—और कई रियासतें शामिल थे। 1858 से 1911 तक, दिल्ली पंजाब का ही एक हिस्सा था।[15] हालाँकि अब पंजाब की राजधानी लाहौर थी, दिल्ली का महत्त्व इस बात में निहित है कि यह 1877 में महान दिल्ली दरबार[16] का आयोजन स्थल था, जहाँ ग्रेट ब्रिटेन और आयरलैंड की महारानी को भारत की साम्राज्ञी घोषित किया गया। वायसराय, लॉर्ड लिटन ने दिल्ली में एक शाही सभा का आयोजन किया जिसमें सभी गवर्नर, लेफ़्टिनेंट गवर्नर, प्रशासन के प्रमुख, शासक प्रमुख, राजकुमार और कुलीन आमंत्रित किये गए थे। 1911 में द्वितीय राज्याभिषेक दरबार के अवसर पर, शासक जॉर्ज पंचम ने दिल्ली को भारत की नई राजधानी घोषित की। 1912 में, दिल्ली मुख्य आयुक्त का प्रान्त बन गई, जिसके पहले पदाधिकारी विलियम मैल्कम हैली (जिनके नाम पर हैली रोड का नाम रखा गया है) थे। 1919[17] और 1935[18] के भारत सरकार अधिनियमों ने दिल्ली को मुख्य आयुक्त के प्रान्त के रूप में वर्गीकृत किया, जिसका अर्थ था कि दिल्ली पर गवर्नर जनरल द्वारा, उनके प्रतिनिधि के

रूप में नियुक्त एक वरिष्ठ सिविल सेवा अधिकारी—मुख्य आयुक्त—के माध्यम से प्रत्यक्ष रूप से शासन किया जाएगा, जो सीधे गवर्नर जनरल को रिपोर्ट करता था।

'नई दिल्ली' नाम 1927 में दिया गया और इसका औपचारिक उद्घाटन 13 फ़रवरी, 1931 को हुआ था। यहाँ बने राइसीना हिल और आस-पास की इमारतों को डिजाइन करने वाले वास्तुकार के नाम पर इसे 'लुटियंस दिल्ली' भी कहा जाता है, यह आगे भी मुख्य आयुक्त का प्रान्त बना रहा और इसकी स्थिति (अजमेर-मेरवाड़ा और कूर्ग के साथ ही) का मुद्दा संविधान सभा की बहस में तब उठा, जब देशबन्धु गुप्ता और बी.के. सिद्धवा ने दिल्ली में लोकप्रिय सरकार के मुद्दे को उठाया। जुलाई, 1947 में, मुख्य आयुक्त के प्रान्तों की राज्यक्षेत्रीय और प्रशासनिक संरचनाओं का अध्ययन करने के लिए स्थापित पट्टाभि सीतारमैया समिति[19] ने दिल्ली की स्वायत्तता और प्रशासन के लिए राष्ट्रीय राजधानी क्षेत्र के रूप में एक रोडमैप तैयार करने के उद्देश्य से दिल्ली को एक विशेष दर्जा दिया। इसके जटिल और अतिव्यापी अधिकार क्षेत्र को देखते हुए, समिति ने कैनबरा (ऑस्ट्रेलिया), वॉशिंगटन डीसी (संयुक्त राज्य अमेरिका) और लन्दन (यूनाइटेड किंगडम) जैसे विभिन्न संघीय राजधानियों के प्रशासनिक प्रणालियों का अध्ययन करने में बहुत ध्यान दिया। 1912 में दिल्ली प्रान्त के गठन के कारणों को मद्देनज़र रखते हुए, समिति इस निष्कर्ष पर पहुँची कि 'भारत के महानगरों को स्वशासन के उस अधिकार से वंचित नहीं किया जाना चाहिए जो उनके देश के छोटे से छोटे गाँवों में रहने वाले बाक़ी देशवासियों को प्राप्त है।'

सीतारमैया समिति की निम्नलिखित सिफ़ारिशें थी : 'प्रान्त' को एक लेफ़्टिनेंट गवर्नर (राष्ट्रपति द्वारा नियुक्त) के अधीन होना चाहिए; उपराज्यपाल की सहायता और सलाह देने के लिए मुख्यमंत्री के नेतृत्व वाली मंत्रिपरिषद; 'प्रान्त सूची' में शामिल मामलों सहित समवर्ती सूची के विषयों पर केन्द्रीय संसद को क़ानून बनाने का अधिकार। केन्द्र सरकार को प्रान्त के 'सुशासन' और वित्तीय स्थिरता के लिए विशेष ज़िम्मेदारियाँ भी सौंपी गईं।

तथापि, नेहरू और आम्बेडकर दोनों को सीतारमैया समिति की सिफ़ारिशों के प्रति गम्भीर सन्देह थे। उन्हें लगा कि भारत की राष्ट्रीय राजधानी होने के कारण, इसे स्थानीय सरकार के प्रशासन के तहत नहीं रखा जा सकता था। समिति की सिफ़ारिशों के ख़िलाफ़ विरोध करते हुए, जवाहरलाल नेहरू ने कहा कि 'जब से समिति की नियुक्ति हुई है तब से दुनिया बदल गई है; भारत बदल गया है, और दिल्ली भी काफ़ी हद तक बदल गई है।'[20] दिल्ली वास्तव में विभाजन के पश्चात बदल गई थी।[21] पंजाब और सिन्ध से आए शरणार्थियों के पुनर्वास के साथ ही

शासन के नये संस्थानों के लिए आवश्यक बुनियादी ढाँचे और संसाधनों के लिए 'पूरे राष्ट्र के संसाधनों' की आवश्यकता थी।

जैसा कि वेरोनिक डुपोंट[22] ने लिखा, 'बीसवीं सदी के दौरान दिल्ली शहर का जनसांख्यिकीय विकास देश के इतिहास से गहन रूप से जुड़ा है। 1911 में ब्रिटिश साम्राज्य की राजधानी के रूप में दिल्ली की घोषणा के बाद, जनसंख्या 2,38,000 से बढ़कर 1941 में 6,96,000 हो गई। विभाजन के तत्काल बाद, दिल्ली की जनसांख्यिकी हमेशा के लिए बदल गई—पश्चिमी पंजाब और सिन्ध से 4,70,000 शरणार्थी आए, जबकि 3 लाख से अधिक मुस्लिम पाकिस्तान के लिए के लिए रवाना हो गए।'[23]

इस प्रकार, दिल्ली एक भाग सी राज्य (केन्द्र शासित राज्य) बन गया और राष्ट्रीय राजधानी को राष्ट्रपति द्वारा लेफ़्टिनेंट गवर्नर के माध्यम से प्रशासित किया जाएगा, जिसे वह नियुक्त करेंगे और इसके विधान सभा या मंत्रिपरिषद होने के अधिकार समाप्त हो जाएँगे। इसके बाद, अनुच्छेद 239 और 240[24] जोड़े गए गए, जो दिल्ली के प्रशासनिक क्षेत्र को और भी अधिक परतें प्रदान करते हैं।

इसके बाद, पार्ट सी स्टेट्स ऐक्ट (1951) पारित किया गया, जिसके अन्तर्गत दिल्ली में, हालाँकि सीमित अधिकारों के साथ एक मंत्रिपरिषद का प्रावधान किया गया। पुलिस (रेलवे पुलिस सहित); नगर निगम और भूमि जैसे प्रमुख विषय केन्द्र के अधीन रहने दिये गए। परिणामस्वरूप, दिल्ली में पहली बार, एक मुख्यमंत्री और मंत्रिपरिषद वाली विधान सभा बनी। दिल्ली की पहली विधान सभा मार्च, 1952 में गठित की गई, और चौधरी ब्रह्म प्रकाश[25] ने कम अधिकारों के साथ प्रथम मुख्यमंत्री के रूप में, तत्कालीन मुख्य आयुक्त के सलाहकार[26] की भूमिका के साथ, कार्यभार सँभाला। यह एक अल्पकालिक प्रयोग था—क्योंकि राज्यों पुनर्गठन आयोग की सिफ़ारिशों के अनुसार, जो नवम्बर, 1956 से प्रभावी हुई, दिल्ली भारत सरकार (MHA) के प्रत्यक्ष प्रशासन के तहत एक केन्द्र शासित प्रदेश बन गया। आयोग में बहुमत की राय (अध्यक्ष फ़ज़ल अली और एच.एन. कुंज़रू) के अनुसार आयोग ने पाया कि राष्ट्रीय राजधानी पर दोहरे नियंत्रण की वजह से 'प्रशासनिक मानकों की स्थिति में उल्लेखनीय गिरावट' आई है। पेरिस और लन्दन के उदाहरणों को देखते हुए, आयोग ने पाया कि '...राजधानी शहरों के पास राजनीतिक और सामाजिक प्रभुत्व कुछ हिस्सा होता है' और इस पर आगे दावा करते हुए कहा, '...शक्तियों का कोई भी संवैधानिक विभाजन, जो राष्ट्रीय सरकारों के स्थानों में कार्य करने वाले इकाइयों के लिए लागू होता है, उभरती हुई असुविधाजनक स्थितियों का कारण बनने वाला है।' हालाँकि, आयोग ने एक स्वायत्त नगर निगम की आवश्यकता पर ध्यान

दिया जो 'कुछ महत्त्वपूर्ण संघीय राजधानियों की तुलना में अधिक स्थानीय स्वायत्तता प्रदान करेगा...वास्तव में, दिल्ली राज्य की समस्या का एकमात्र समाधान है।'

हालाँकि, यह दर्ज किया जाना चाहिए कि 1956 में दिल्ली विधान सभा के एक प्रस्ताव में 'भारत सरकार से सिफ़ारिश की गई कि दिल्ली राज्य की सीमाओं का विस्तार कर पंजाब और उत्तर प्रदेश के पड़ोसी ज़िलों को सम्मिलित करके एक प्रशासनिक और आर्थिक रूप से स्थिर राज्य बनाया जाए।' दिल्ली राज्य सरकार की ओर से एसआरसी को सौंपे गए एक ज्ञापन में कहा गया, 'इस क्षेत्र (दिल्ली और आसपास के ज़िलों) के लोगों के ऐतिहासिक, सांस्कृतिक और आर्थिक सम्बन्ध हैं। उनकी समान भाषा, पहनावा, विवाह रीति, उत्तराधिकार के क़ानून, भूमि के स्वामित्व की प्रणाली और रीति-रिवाज़ हैं।' यहाँ तक कहा गया कि दिल्ली को कृत्रिम रूप से 'तथाकथित 1857 के विद्रोह में भाग लेने के दंड के साथ ही उनके मनोबल को तोड़ने और उनकी आत्मा को कुचल देने के उपकरण रूप में' बाँट दिया गया था। शामिल किये जाने वाले प्रस्तावित क्षेत्रों में यूपी के आगरा, मेरठ और रोहिलखंड डिवीजन, हरियाणा का अम्बाला डिवीजन और राजस्थान के अलवर और भरतपुर ज़िले थे। इस प्रस्ताव को न तो केन्द्र सरकार से, न ही यूपी, पंजाब और राजस्थान राज्यों से सकारात्मक प्रतिक्रिया मिली। इसी बीच, उत्तर प्रदेश के पश्चिमी और पहाड़ी ज़िलों के 97 विधायकों ने अपने क्षेत्रों का दिल्ली के साथ विलय करने की चाह वाला एक ऐसा ही ज्ञापन सौंपा। उनकी माँग के पक्ष में पाँच बिन्दु पेश किये गए : (i) उत्तर प्रदेश राज्य का विशाल आकार, जिसके कारण अक्सर पश्चिमी ज़िलों और पहाड़ी क्षेत्रों की उपेक्षा होती थी; (ii) कम विकास ख़र्च; (iii) तीव्र औद्योगीकरण की आवश्यकता; (iv) लखनऊ की बजाय दिल्ली के साथ भौगोलिक निकटता और (v) नये राज्य के लिए नई राजधानी की आवश्यकता नहीं होगी क्योंकि दिल्ली उस उद्‌देश्य की पूर्ति कर सकती थी।

यह ख़बर कि सौ विधायक एक साथ मिलकर एसआरसी को ज्ञापन सौंप सकते हैं, इसने राज्य और केन्द्रीय नेतृत्व का अकस्मात ध्यान आकर्षित किया और उन्होंने इसे रोकने के लिए तत्काल क़दम उठाए। पी.डी. टंडन[27] और जी.बी. पंत[28] ने एकजुट होकर इस विचार को शुरुआत में ही ख़त्म कर दिया, और एसआरसी को एक प्रति जवाबी ज्ञापन सौंपा कि यूपी की क्षेत्रीय सीमाओं को क्यों अपरिवर्तित रहना चाहिए। उन्होंने कहा कि यूपी का विशाल आकार बड़े पैमाने पर विकास परियोजनाओं और संसाधनों को जुटाने के लिए बेहतर है। जबकि एसआरसी के अध्यक्ष न्यायमूर्ति फ़ज़ल अली और एच.एन. कुंज़रू इस तर्क से सन्तुष्ट थे, किन्तु तीसरे सदस्य के.एम. पणिक्कर ने स्पष्ट असहमति जताई।

उन्होंने कहा कि यूपी प्रशासित किये जाने के लिए बहुत बड़ा क्षेत्र था। यह ध्यान देने योग्य है कि डॉ. आम्बेडकर ने पहले ही अपने विचार व्यक्त किये थे कि यूपी की तरह आकार और जनसंख्या वाले राज्य राजनीतिक विषमता पैदा कर रहे थे। यदि डॉ. आम्बेडकर के साथ ही यूपी और दिल्ली के विधायकों के विचार हावी रहे होते, तो भारत का राजनीतिक भूगोल काफ़ी अलग होता।

आश्चर्य की बात नहीं कि एसआरसी की राष्ट्रीय राजधानी की विधान सभा को ख़त्म करने की सिफ़ारिश और इसकी स्वायत्ता को नगर निगम के स्तर तक कम करने की सिफ़ारिश पर दिल्ली के महत्त्वपूर्ण व्यक्तियों ने सबसे तीव्र आलोचना की। संसद में पेश की गई आयोग की रिपोर्ट पर प्रतिक्रिया देते हुए, संसद सदस्य सुचेता कृपलानी[29] ने दिल्ली की स्थिति में बदलाव किये जाने पर अपनी चिन्ताएँ व्यक्त की : 'दिल्ली अपनी लोकतांत्रिक व्यवस्था खोने जा रही है। हम राज्य का दर्जा खोने जा रहे हैं। हमारे लोग मताधिकार से वंचित हो जायेंगे। विधान सभा की जगह, हमें सीमित शक्तियों वाला निगम दिया जाएगा। इसलिए, मुझे लगता है कि दिल्ली के साथ न्यायपूर्वक व्यवहार नहीं किया जा रहा है।' एक और विधायक, सी.के. नायर, ने पाया कि : 'लेकिन हमें यही उम्मीद थी कि जैसे प्रत्येक भाग सी राज्य को भाग ए राज्य में शामिल किया गया है, वैसे ही दिल्ली के लिए भी न्यायपूर्ण समझौता/व्यवहार होगा, जिसका मतलब उन क्षेत्रों के लोगों के लिए अधिक लाभ और अधिक स्वतंत्रता थी। लेकिन दिल्ली के सम्बन्ध में ऐसा नहीं है।'

दिल्ली को कुछ निर्वाचित नेतृत्व प्रदान करने के लिए, संसद द्वारा म्युनिसिपल कॉर्पोरेशन ऑफ़ दिल्ली ऐक्ट,1957 पारित किया गया, जिससे अब तीन भागों में विभाजित दिल्ली नगर निगम की स्थापना हुई। हालाँकि, दिल्ली गवर्नमेंट ऑफ़ यूनियन टेरिटरिज़ ऐक्ट,1961 के अन्तर्गत नहीं आता, जो कुछ बड़े केन्द्र शासित प्रदेशों में विधान सभा और मंत्री परिषद की अनुमति देता है। दिल्ली को राज्य का दर्जा दिये जाने और इसके सामान्य शासन में ज़्यादा निर्वाचित प्रतिनिधियों के लिए बहुत माँग की गई।

एक समझौते के रूप में, भारत की संसद द्वारा दिल्ली प्रशासन अधिनियम, 1966 पारित करके 1966 में दिल्ली मेट्रोपोलिटन परिषद का गठन किया गया; परिषद में 56 सदस्य सीधे निर्वाचित (जिन्हें पार्षद कहा जाता है) और और पाँच सदस्यों को उपराज्यपाल (एलजी) के नव निर्मित पद द्वारा मनोनीत किया जाता है। परिषद के पास उपराज्यपाल द्वारा इसे सन्दर्भित विधायी प्रस्तावों, बजट प्रस्तावों और अन्य मामलों के सम्बन्ध में केवल सलाहकारी शक्तियाँ थीं। दिल्ली के प्रशासक के रूप में मुख्य आयुक्त के उत्तराधिकारी उपराज्यपाल बने। दिल्ली मेट्रोपोलिटन परिषद के

अध्यक्ष और उपाध्यक्ष, परिषद के अध्यक्ष और उपाध्यक्ष के रूप में कार्य करते थे, जिन्होंने एक मुख्य कार्यकारी पार्षद और तीन कार्यकारी पार्षद का चुनाव किया, काफ़ी हद तक एक राज्य के मुख्यमंत्री और मंत्री परिषद की तरह, जो परिषद द्वारा निर्वाचित और उसके प्रति उत्तरदायी होते थे। इन चौबीस वर्षों की अवधि के दौरान, मुख्य कार्यकारी पार्षद दिल्ली के वास्तविक (de facto) राजनीतिक नेता के रूप में उभरे, जिसमें बीजेपी के वी.के. मल्होत्रा[30] और केदार नाथ साहनी[31] कांग्रेस के जग परवेश चन्द्र[32] जैसे नेता लम्बे समय तक महत्त्वपूर्ण पदों पर बने रहे।

अनेक एजेंसियों के माध्यम से दो दशकों के अव्यवस्थित शासन के बाद, केन्द्र अन्तत: जस्टिस आर.एस. सरकारिया[33] समिति (बाद में न्यायमूर्ति सरकारिया के इस्तीफ़ा देने पर इसका नाम बालाकृष्णन समिति[34] रखा गया) गठित करके 1987 के दिल्ली व्यवस्था के पुनर्गठन' की जाँच के लिए राज़ी हो गया। समिति को राष्ट्रीय राजधानी की प्रशासनिक प्रक्रियाओं, परेशान करने वाले मुद्दों का अध्ययन और उनका समाधान प्रस्तुत करने का काम सौंपा गया था। जबकि भाजपा और जनता दल ने समिति के समक्ष पूर्ण राज्य के दर्जे की गुहार लगाई, (तत्कालीन) कांग्रेस पार्टी की केन्द्र सरकार ने अधिक संयमित दृष्टिकोण अपनाया। उसने अधिकतम स्वायत्तता का समर्थन व्यक्त किया, लेकिन वह राज्य के दर्जे के ख़िलाफ़ थी। 1989 में प्रस्तुत की गई अपनी रिपोर्ट में समिति ने स्वीकार किया कि दिल्ली के नागरिकों को अधिकतर समस्याओं का सामना मौजूदा व्यवस्था की संरचनात्मक अपर्याप्तताओं और कमियों की वजह से करना पड़ रहा है। हालाँकि, यह दोहराया गया कि, 'राष्ट्रीय राजधानी के रूप में दिल्ली पूरे देश के लोगों की है।'

इसने आगे कहा कि जबकि संघीय सरकार के पास राष्ट्रीय राजधानी के शासन पर पर्याप्त नियंत्रण होना चाहिए, शहर में लोगों को एक ऐसे प्रतिनिधि निकाय की भी आवश्यकता थी जो प्रशासन के उन पहलुओं पर ग़ौर करे जो उनके दैनिक जीवन को प्रभावित करता है। इसने दिल्ली के केन्द्र शासित प्रदेश के दर्जे को बरकरार रखा, रिपोर्ट में नागरिकों से सम्बन्धित मामलों से निपटने के लिए पर्याप्त शक्तियों वाली विधान सभा की बहाली की ज़ोरदार सिफ़ारिश की गई। रिपोर्ट में परिकल्पना की गई थी कि दिल्ली में ऐसी स्थिति नहीं हो सकती जहाँ राष्ट्रीय राजधानी में 'दो विभिन्न राजनीतिक दलों द्वारा सरकारें चलती हों। ऐसे विरोध समय-समय पर राष्ट्रीय हितों को हानि पहुँचा सकते हैं।'

रिपोर्ट में यह पूर्वानुमान किया गया था कि यदि दिल्ली एक पूर्ण राज्य बनता है, तो संघ और दिल्ली राज्य के बीच सम्प्रभु, विधायी और कार्यकारी शक्तियों का संवैधानिक विभाजन होगा। संसद के पास सीमित विधायी पहुँच होगी और वो भी मात्र

विशेष और आपातकालीन परिस्थितियों में ही। ऐसे में संघ अपनी 'राष्ट्रीय राजधानी के साथ ही राष्ट्र के प्रति विशेष ज़िम्मेदारियों को निभाने में असमर्थ हो जाएगा'।

बालाकृष्णन समिति की सिफ़ारिशों के अनुसार, संसद ने संविधान (69वाँ संशोधन) अधिनियम, 1991 पारित किया, जिससे संविधान में नये अनुच्छेद 239 एए और 239 एबी[35] सम्मिलित किये गए, जो अन्य बातों के साथ-साथ, दिल्ली के लिए विधान सभा का प्रावधान करता हैं। संसद द्वारा पारित एक और व्यापक क़ानून, गवर्नमेंट ऑफ़ नैशनल कैपिटल टेरिटरी ऑफ़ दिल्ली (जीएनसीटीडी) ऐक्ट 1991 ने विधान सभा और मंत्री परिषद एवं उससे सम्बन्धित मुद्दों पर संवैधानिक प्रावधानों के पूरक प्रावधान बनाए। गवर्नमेंट ऑफ़ नैशनल कैपिटल टेरिटरी ऑफ़ दिल्ली ऐक्ट की धारा 33 विधान सभा की प्रक्रिया और कार्य संचालन के नियमों का निर्धारण करती है। असेम्बली को संविधान की राज्य सूची या समवर्ती सूची में सभी मामलों के सम्बन्ध में क़ानून बनाने की शक्ति दी गई, प्रविष्टियों 1 (सार्वजनिक व्यवस्था), 2 (पुलिस) और 18 (भूमि) को छोड़कर। संक्षेप में, 69वें संशोधन अधिनियम ने लगभग वहीं प्रशासनिक प्रणाली फिर से स्थापित की जिसे 1952 में दिल्ली को प्रस्तावित किया गया था : एक केन्द्र शासित प्रदेश, जिसमें सीमित अधिकारों वाली विधान सभा, मंत्रिपरिषद और एक निर्वाचित मुख्यमंत्री था। हालाँकि, एलजी ने भूमि, क़ानून-व्यवस्था और वरिष्ठ अधिकारियों की नियुक्ति से सम्बन्धित मामलों में विशेष रूप से अधिभावी शक्तियों का प्रयोग जारी रखा।

2016 में, एनसीटी दिल्ली सरकार[36] ने एलजी की शक्तियों पर स्पष्टीकरण के लिए दिल्ली उच्च न्यायालय का रुख किया। कोर्ट ने माना कि दिल्ली के उपराज्यपाल को 'दिल्ली के राष्ट्रीय राजधानी क्षेत्र से सम्बन्धित सभी मामलों पर पूर्ण नियंत्रण' प्राप्त था। सुप्रीम कोर्ट की संविधान पीठ में एक अपील दाख़िल की गई जिसमें यह राय दी गई कि "दिल्ली के एनसीटी की विशेष (सुई जेनरिस) स्थिति है, यह एक अलग वर्ग है, और दिल्ली के लेफ़्टिनेंट गवर्नर की स्थिति राज्य के गवर्नर की नहीं है, बल्कि वह सीमित अर्थ में, एक प्रशासक है, जो लेफ़्टिनेंट गवर्नर की पदवी के नाम पर काम करता है।" यह कहता है कि दिल्ली के लेफ़्टिनेंट गवर्नर को स्वतंत्र निर्णय लेने की कोई शक्ति नहीं होती है और वह पुलिस, सार्वजनिक आदेश और भूमि से सम्बन्धित मामलों को छोड़कर सभी मामलों में 'दिल्ली के मुख्यमंत्री के नेतृत्व वाली मंत्री परिषद' की 'सहायता और सलाह' का पालन करने के लिए बाध्य था। हालाँकि, जैसा कि विशेषज्ञों ने बताया है, जबकि न्यायालय की अनुच्छेद 239 एए की व्याख्या एकदम सही थी, इसने केवल दिल्ली के 'राष्ट्रीय राजधानी क्षेत्र की सरकार के सम्बन्ध में एक नाख़ुश यथास्थिति को बहाल किया।'

खामी अनुच्छेद 239 एए में ही थी। जहाँ इसने दिल्ली को एक ऐसी विधान सभा प्रदान की जो संविधान से अपनी शक्तियों को प्राप्त करती है (एक राज्य की तरह), वहीं इसने दिल्ली को एक एलजी के रूप में एक ऐसे प्रशासक के साथ छोड़ दिया (एक केन्द्र शासित प्रदेश की तरह) जिसकी शक्तियाँ किसी राज्य के राज्यपाल से अधिक हैं।

जीएनसीटीडी (संशोधन) अधिनियम, 2021 के अधिनियमन के बाद भी स्थिति सामान्य नहीं हुई है, जिसके तहत दिल्ली के एलजी को दिल्ली विधान सभा द्वारा पारित किसी भी विधेयक को राष्ट्रपति के पास सन्दर्भित करने की अनुमति है, जो संयोगवश दिल्ली विधान सभा के क्षेत्राधिकार से बाहर भी हो सकता है (धारा 3), यह दिल्ली विधान सभा और उसकी समितियों की है 'दैनिक प्रशासन' या 'प्रशासनिक निर्णयों' के मामलों में जाँच करने (धारा 4) की शक्तियों को सीमित करता है और यह निर्देशित करता है कि दिल्ली सरकार द्वारा सभी कार्यकारी कार्रवाई केवल एलजी की सलाह (धारा 5) जानने के बाद ही की जा सकती है। कहने की ज़रूरत नहीं है कि इस अधिनियम को जीएनसीटीडी द्वारा सर्वोच्च न्यायालय में चुनौती दी गई है।

क्या इस गतिरोध से निपटने का कोई रास्ता है? हमें इस बात को समझना चाहिए कि दिल्ली देश के सबसे तेज़ी से विकसित हो रहे क्षेत्रों में से एक है, यह पहले से ही कई राज्यों (उत्तराखंड, हिमाचल, त्रिपुरा, मेघालय, मणिपुर, नागालैंड, गोवा, अरुणाचल प्रदेश और सिक्किम) से जनसंख्या के हिसाब से आगे है और आठ केन्द्र शासित प्रदेशों में इसकी जनसंख्या सबसे अधिक है। 2028 तक, इसकी जनसंख्या हरियाणा और छत्तीसगढ़ के बराबर या उससे भी अधिक हो जाएगी। इसके अलावा, जनसंख्या मापदंड के अनुसार, दिल्ली के संसद सदस्यों की संख्या में अगले डिलिमिटेशन के बाद काफ़ी वृद्धि होगी (सात से बारह)।

सबसे अच्छा विकल्प दिल्ली को दो केन्द्र शासित प्रदेशों—एनसीटीडी और एनसीआर में पुनर्गठित करना है। एनसीटीडी को एनडीएमसी, दिल्ली कैंटोनमेंट और एयरोसिटी तक ही सीमित रखा जाना चाहिए—ये भौगोलिक रूप से जुड़े हुए और संकुचित हैं (contiguous and compact)—और इसे गृह मंत्रालय को रिपोर्ट करने वाले एक मुख्य आयुक्त या एलजी के अधीन रखा जाना चाहिए। भारत सरकार की सबसे महत्त्वपूर्ण इमारतें और प्रतिष्ठान, जिनमें राष्ट्रपति भवन, नया संसद भवन, सभी मंत्रालय, विभाग, राज्य भवन, राजनयिक दूतावास के साथ ही रक्षा संस्थान और हवाई अड्डा शामिल हैं, इस क्षेत्र में आएँगे। सिर्फ़ लाल क़िला, जहाँ स्वतंत्रता दिवस पर प्रधानमंत्री द्वारा झंडा फहराया जाता है, को छोड़कर अन्य सभी स्थल, जिनमें राष्ट्रीय युद्ध स्मारक और राजघाट भी शामिल हैं, नई दिल्ली में हैं।

यदि आवश्यक हो, तो एनसीटीडी का क्षेत्राधिकार लाल क़िले को शामिल करने के लिए विस्तारित किया जा सकता है—और यह बहादुर शाह जफ़र मार्ग से कुछ किलोमीटर की दूरी पर है, जो नई दिल्ली में है।

दिल्ली का शेष भाग, जिसमें यूपी, हरियाणा और राजस्थान के एनसीआर के भाग वाले ज़िले और तहसीलें भी शामिल हैं, को उच्च स्तरीय राजनीतिक अधिकार के हस्तान्तरण के साथ, एनसीआर के केन्द्र शासित प्रदेश के रूप में गठित किया जाना चाहिए। यह क्षेत्र भी पूरे देश की सम्पत्ति होनी चाहिए, और हर भारतीय को इस क्षेत्र में अध्ययन, काम करने और बसने का अधिकार होना चाहिए। यह एनसीआर उद्यमी विकास और शिक्षा, मीडिया, वाणिज्य, हरित उत्पादन, सूक्ष्म, लघु और मध्यम उद्यम मंत्रालय (एमएसएमई) और सेवा क्षेत्र का केन्द्र बनेगा। इस यूटी में एक विधान सभा और प्रभावी मुख्यमंत्री होना चाहिए जिसके पास 'लगभग' नियमित राज्य के बराबर अधिकार हों। एनसीआर को एनसीआर अधिनियम 1985 द्वारा परिभाषित किया गया था, और उसकी स्थापना के समय इसमें पूरा दिल्ली—हरियाणा के गुड़गाँव, फरीदाबाद, सोनीपत, रोहतक (जिसमें झज्जर तहसील शामिल थी) और महेंद्रगढ़ ज़िले की रेवाड़ी तहसील, उत्तर प्रदेश के बुलन्दशहर, मुज़फ़्फ़रनगर, मेरठ (जिसमें बागपत तहसील शामिल थी) और गाज़ियाबाद (जिसमें हापुड़ तहसील शामिल थी) एवं राजस्थान के अलवर के कुछ हिस्से शामिल थे। यह एनसीआर 34,144 वर्ग किलोमीटर क्षेत्र में विस्तृत था। गौतम बुद्ध नगर ज़िले को मौजूदा ग़ाज़ियाबाद और बुलन्दशहर से 1997 में बनाया गया था। नोएडा शहर नये ज़िले के मुख्यालय का स्थान था। इसके अलावा, 1997 में बागपत ज़िले को मेरठ ज़िले की बागपत तहसील से बनाया गया था।

जुलाई, 2013 में एनसीआर का विस्तार करके हरियाणा राज्य के भिवानी और महेंद्रगढ़, और राजस्थान के भरतपुर, तीन और ज़िलों को शामिल किया गया। इससे दिल्ली एनसीटी के बाहर के ज़िलों की संख्या 19 हो गई, और एनसीआर का कुल क्षेत्र 45,887 वर्ग किलोमीटर हो गया था। 2015 में, भारत सरकार ने एनसीआर में तीन और ज़िलों—हरियाणा राज्य के जींद, पानीपत, करनाल और उत्तर प्रदेश में मुज़फ़्फ़रनगर को शामिल करने की मंज़ूरी दी, जिससे इसका कुल क्षेत्र 50,566 किलोमीटर तक बढ़ गया। दिसम्बर 2017 में, यूपी के शामली ज़िले को एनसीआर में शामिल किया गया। 2018 में, उत्तर प्रदेश सरकार ने एनसीआर का विस्तार करने के लिए आधिकारिक रूप से अलीगढ़, बिजनौर, हाथरस और मथुरा एवं आगरा ज़िलों को प्रस्तावित किया। पंजाब ने एनसीआर में पटियाला और मोहाली को शामिल करने के लिए अपील की। ऐसा लग रहा था कि एनसीआर में शामिल होना सभी बुनियादी ढाँचों और विकास समस्याओं का रामबाण उपाय है।

जबकि उत्तर प्रदेश, राजस्थान और पंजाब एनसीआर के परिधि का विस्तार करने के लिए उत्सुक थे, इससे हरियाणा में बड़ी चिन्ता हुई, क्योंकि लगभग पूरा राज्य इसके दायरे में आ रहा था। ऐसा महसूस किया गया कि कुछ दशकों बाद, राज्य का अस्तित्व ख़तरे में पड़ सकता है। इसके अलावा, एनसीआर स्वयं भी बहुत बोझल बन रहा था, और शामिल करने के लिए मापदंड बहुत ही 'सटीक' नहीं थे। 2021 में इसमें एक सुधार किया गया, जिससे एनसीआर को राजघाट से 100 किलोमीटर के त्रिज्या/रेडियस तक सीमित कर दिया गया, पहले के 175 किलोमीटर तक क्षेत्रों को शामिल करने के मानदंड के बजाय। इससे एनसीआर का आकार भी प्रबन्धनीय रूप से सँभालने योग्य 37,115 वर्ग किलोमीटर हो जाएगा।

यह निश्चित रूप से एक आसान कार्य नहीं है, और एनसीआर से बाहर कर दिये जाने वाले ज़िलों संघटकीय राज्यों से भारी विरोध होगा। इसलिए यह मुख्य रूप से उन राज्यों के विभाजन के एक बड़े संगठन का हिस्सा होना चाहिए, जो अगले डिलीमिटेशन के पहले किया जाना चाहिए, जो राज्यों के बीच विषमता के मुद्दे पर भी नज़र रखें। हालाँकि, जब भी यह संशोधन किया जाएगा, बेशक एनसीटीडी के लिए एक संकुचित यूटी के अलावा, एनसीआर के लिए एक नये केन्द्र शासित प्रदेश के लिए एक मज़बूत मुद्दा होना चाहिए।

16

क्षेत्रीय आकांक्षाएँ

छत्तीसगढ़, उत्तराखंड और झारखंड

सहस्त्राब्दी के अन्त में देश के तीन सबसे बड़े राज्यों[1] : मध्य प्रदेश, उत्तर प्रदेश और बिहार में से तीन नये राज्यों का निर्माण किया गया। तीनों ही हिन्दी क्षेत्र में स्थित थे, किन्तु नये राज्यों के सृजन के सम्बन्ध में न सिर्फ़ जातीयता या भाषा, बल्कि 'क्षेत्रीय आकांक्षाओं' पर आधारित एक दुर्लभ सर्वदलीय सहमति थी। तीनों राज्यों ने आधुनिक क्षेत्रीय पहचान के निर्माण में नये चरण की शुरुआत की। 1 नवम्बर को छत्तीसगढ़, 9 नवम्बर को उत्तराखंड और 15 नवम्बर, 2000 को झारखंड का गठन हुआ।

छत्तीसगढ़

छत्तीसगढ़, या शिलालेखों, साहित्यिक रचनाओं और विदेशियों के यात्रा वृत्तान्तों में छत्तीस क़िले वाले क्षेत्र के रूप में वर्णित, 1,35,000 वर्ग किमी में विस्तृत क्षेत्र और लगभग 2 करोड़ की जनसंख्या के साथ यह तीनों नये राज्यों में सबसे बड़ा था। छत्तीसगढ़ की जनसंख्या और राज्यक्षेत्र का एक तिहाई हिस्सा मध्य प्रदेश के सोलह पूर्वी ज़िलों से मिलकर बना था।

राज्य की वंशावली राम की माता कौशल्या के पौराणिक/दिग्गज दक्षिण कौशल साम्राज्य के साथ ही दंडकारण्य[2] में भी खोजा जा सकता है/से भी जुड़ा है, जहाँ उन्हें लक्ष्मण और सीता के साथ अयोध्या से चौदह वर्ष का वनवास बिताना पड़ा था। महानदी के तट पर बसी राजधानी श्रीपुर (व्युत्पत्ति की दृष्टि से धन का शहर) नालन्दा के समान ही बौद्ध धर्म और इसके सैकड़ों मठों और हज़ारों भिक्षुओं का पाँचवी सदी ईसा पूर्व से बारहवीं सदी ईसवी तक केन्द्र बना रहा।

इस क्षेत्र पर दसवीं सदी से प्रत्यक्ष रूप से चेदियों[3] और चालुक्यों[4] द्वारा शासन किया गया, और फिर सोलहवीं सदी से यह मुग़लों के आधिपत्य में था। अठारहवीं सदी के अन्त और उन्नीसवीं सदी की शुरुआत में, अंग्रेज़ों ने इस क्षेत्र तक अपना उपनिवेश विस्तृत किया। समकालीन छत्तीसगढ़ की मर्मज्ञ विद्वान और इतिहासकार नन्दिनी सुन्दर[5] के अनुसार, 'औपनिवेशिक परिस्थिति का मतलब है कि प्रशासन का विस्तार स्थानीय समाज की बदलती ज़रूरतों से नहीं, बल्कि औपनिवेशिक अधिकरण की शासन करने की आवश्यकता की अवधारणा के परिप्रेक्ष्य में हुआ।'[6] अत्यधिक वन सम्पदा ने औपनिवेशिक दृष्टि को आकर्षित किया, और इस प्रकार वनों के आरक्षण, संगठित लकड़ी कटाई, 'शिकार' के लिए बुनियादी ढाँचे, और वन उत्पादों पर वन निवासियों के अधिकारों की व्यवस्थित कटौती की शुरुआत हुई, जिससे पारिस्थितिकीय सन्तुलन और जंगल में रहने वाले लोगों के लिए आजीविका के अवसरों को प्रभावित किया। वन उत्पादों के पारम्परिक अधिकारों और 'औपनिवेशिक शासन की विधिक गन्दगी' के बीच संघर्ष ने अक्सर विद्रोह और टकराव को जन्म दिया, जो तीव्र और हिंसक थे, किन्तु स्थानीय तौर पर इस क्षेत्र तक ही सीमित होते थे। हालाँकि, मूल आख्यान में कोई बदलाव नहीं आया : स्थानीय भूमि संसाधनों और वनों पर जनजातियों के मूलभूत अधिकार। इसलिए, बस्तर के आदिवासियों ने एक अलग गोंडवाना[7] राज्य की माँग की, लेकिन यह आन्दोलन कमज़ोर पड़ गया क्योंकि वे कांग्रेस या आचार्य कृपलानी की किसान मज़दूर प्रजा[8] (बाद में प्रजा सोशलिस्ट पार्टी) का राजनीतिक समर्थन नहीं जुटा सके, जो इस क्षेत्र में मुख्य विपक्षी थे। इसके अलावा, बस्तर के आदिवासी रायपुर के आसपास मुख्य रूप से चावल उगाने वाले मैदानी इलाक़ों के लोगों के साथ साझा नहीं बना सके, जहाँ '20 के दशक की शुरुआत में ही छत्तीसगढ़ के लिए राजनीतिक लामबन्दी शुरू हो गई थी और पूर्व में छत्तीसगढ़ की अवधारणा में जंगल और पहाड़ी क्षेत्रों को शामिल किया गया था। इसका भी ज़िक्र किया जा सकता है कि जबकि रायपुर और इसके आसपास के मैदानी इलाक़े पूर्ववर्ती मध्य/केन्द्रीय प्रान्त और बरार के भाग थे, वहीं जनजातीय क्षेत्र विभिन्न रियासतों और सामन्ती राज्यों के अधीन थे, एवं भाषायी और भौगोलिक रूप से भी बँटे हुए थे।

इस क्षेत्र में राष्ट्रीय आन्दोलन की पहली हलचल तब महसूस की गई जब महात्मा गांधी ने 20 दिसम्बर, 1920 को ख़िलाफ़त और असहयोग आन्दोलन के लिए समर्थन, और तिलक एवं स्वराज कोषों के लिए संसाधन जुटाने हेतु रायपुर का दौरा किया। उनके साथ अली बन्धु[9] भी उपस्थित थे, और एक सम्मेलन की

व्यवस्था इस क्षेत्र के दिग्गज नेता रवि शंकर शुक्ला[10] द्वारा की गई थी, जो बाद में मध्य प्रान्त के प्रमुख, और मध्य भारत के पहले मुख्यमंत्री बने। उस समय की भावना असगर अली के साथ रवि शंकर शुक्ला की हाज़िर जवाबी में दर्ज है। रवि शंकर शुक्ला द्वारा असगर अली को दी गई प्रतिक्रिया में समय का स्वाद क़ैद हो जाता है, जिन्होंने ख़िलाफ़त के मुस्लिम मुद्दे का समर्थन करने के लिए रायपुर के हिन्दू भाइयों को धन्यवाद दिया। शुक्ला ने जवाब दिया, "हम ख़ुद को हिन्दू या मुस्लिम नहीं मानते हैं : हम सभी हिन्दुस्तानी हैं।"[11]

इस कारण रायपुर ज़िला कांग्रेस कमेटी का गठन हुआ, जिसने 1924 में छत्तीसगढ़ के एक अलग प्रान्त की माँग उठाई। यह मुद्दा कांग्रेस के त्रिपुरी अधिवेशन[12] में भी उठाया गया था, लेकिन राज्य और राष्ट्रीय राजनीति के बड़े मंच पर शुक्लाओं के वर्चस्व के कारण इसे ज़्यादा तवज्जो नहीं मिली।

फिर भी, 1954 में एसआरसी को एक ज्ञापन सौंपा गया, और तत्कालीन मध्य भारत राज्य की नागपुर विधान सभा में एक अलग राज्य की माँग उठाई गई, जो क़ई मायनों में उस माँग का दोहराव थी जो स्वतंत्रता से पहले भी मध्य प्रान्त और बरार विधान सभा में भी उठाई गई थी। लेकिन हालाँकि एसआरसी द्वारा माँग स्वीकार नहीं की गई, लेकिन 'बीज बोया जा चुका था।'

यद्यपि छत्तीसगढ़ की माँग को एसआरसी द्वारा इस आधार पर ख़ारिज कर दिया गया था कि मध्य प्रदेश छत्तीसगढ़ की वन और खनिज सम्पदा के बिना आर्थिक रूप से व्यवहार्य नहीं होगा, लेकिन 1960 के दशक में इसे फिर से पुनर्जीवित किया गया, ख़ासकर जब शुक्ला परिवार के नेतृत्व में खूबचन्द बघेल ने चुनाव लड़ा।[13] बघेल महानदी घाटी के एक प्रसिद्ध नेता थे, और छत्तीसगढ़ भ्रातृ संघ (सीबीएस) की स्थापना न केवल छत्तीसगढ़ी बोली और संस्कृति को एक अलग पहचान देने के लिए ही, बल्कि राज्य की माँग को स्पष्ट करने के लिए भी की थी। कई मायनों में, यह 20 के दशक के पृथक् (अलग) छत्तीसगढ़ आन्दोलन का पुनरुद्धार था। सीबीएस का उद्देश्य यह सुनिश्चित करना था कि इस क्षेत्र से मध्य प्रदेश की बड़ी इकाई के लिए धन की निकासी को रोका जाए, और स्थानीय लोगों के लिए नौकरियों और अनुबंधों में प्राथमिकता दी जाए। सीबीएस ने तर्क दिया कि शिक्षा और उद्यमिता के मामले में, यह क्षेत्र पिछड़ा हुआ था। सीबीएस महानदी घाटी में एक प्रमुख शक्ति के रूप में उभरा। प्राउटिस्ट सर्व समाज की छत्रच्छाया में गठित संगठन 'छत्तीसगढ़ समाज' का भी उल्लेख किया जाना चाहिए, जो छत्तीसगढ़ की राजनीतिक, सामाजिक और सांस्कृतिक चेतना के विकास के लिए समर्पित था। 1960 के दशक के उत्तरार्ध से समाज

छत्तीसगढ़ी में एक साप्ताहिक समाचार-पत्र प्रकाशित कर रहा था। छत्तीसगढ़ मुक्ति मोर्चा (सीएमएम) की तरह ही यह भी छत्तीसगढ़ चुनाव में अपने उम्मीदवार उतारती रही, लेकिन चुनावी राजनीति में कोई ख़ास प्रभाव नहीं छोड़ सकी थी।

इस बीच, निडर शंकर गुहा नियोगी[14] के नेतृत्व वाले एक और जन आन्दोलन पर चर्चा करने की आवश्यकता है। यह भिलाई में एक मज़दूर संघ आन्दोलन के रूप में शुरू हुआ, जहाँ भिलाई स्टील प्लांट के अलावा, एक दर्जन से अधिक बड़े उद्योग और सैकड़ों इस्पात/स्टील आधारित औद्योगिक इकाइयाँ थीं। पारम्परिक ट्रेड यूनियनों ने ठेका श्रमिकों को छोड़ दिया था, और राजनीतिक दलों (कांग्रेस के साथ INTUC[15]), (सीपीआई के साथ AITUC[16]) और (सीपीएम के साथ CITU[17]) के साथ उनके सम्बन्ध स्थापित होने की वजह से प्रबन्धन के लिए हमेशा उन पार्टियों के शीर्ष स्तर के साथ संवाद करना सम्भव बना दिया, जिससे स्थानीय इकाइयों की समझौता करने की क्षमता कम हो गई। नियोगी, ग्राम्सी की तरह एक ज़मीन से जुड़े हुए बुद्धिजीवी थे, लेकिन उन्हें सीपीआई, सीपीएम, सीपीआई (एमएल) से क्रमिक रूप से बाहर कर दिया गया क्योंकि उनकी ज़मीनी स्तर की राजनीति जिसमें शराबबन्दी, प्राथमिक विद्यालय, महिलाओं के मुद्दे और नागरिक समाज के सहयोग से काम किया जाना और रचनात्मक कार्यों का समर्थन करना शामिल था, पारम्परिक कम्यूनिस्ट राजनीति के लिए एक चुनौती थी। छत्तीसगढ़ी की उनकी अवधारणा 'जो छत्तीसगढ़ के भौगोलिक क्षेत्र में रहता है, ईमानदारी से काम करके अपनी आजीविका कमाता है, और छत्तीसगढ़ की मुक्ति के लिए प्रतिबद्ध है।'[18] उन्होंने किसानों को श्रमिकों के साथ एकजुट करने का भी प्रयास किया—इसलिए, सीएमएम और छत्तीसगढ़ महिला मुक्ति मोर्चा (सीएमएमएम) के संगठन का लाल-हरा झंडा, महिलाओं की मुक्ति और समान भागीदारी भी उनकी प्राथमिकताओं में से एक थी। उन्होंने अंग्रेज़ों द्वारा शहीद वीर नारायण सिंह को फाँसी की सज़ा दिये जाने वाले दिन को शहीद दिवस के रूप में मनाने की परम्परा भी शुरू की। यह विचार को प्रभावित करने वाली व्यक्ति की अपनी क्षमता पर गर्व और उसमें दृढ़ विश्वास की भावना पैदा करना था। हालाँकि उन्होंने अहिंसा को अपने आन्दोलन का मूल मंत्र नहीं बनाया, लेकिन वह स्वयं के और समुदाय के सशक्तिकरण के सम्बन्ध में गांधीवादी विचारधारा की ओर बढ़ रहे थे। "सीएमएम की नये भारत के लिए नये छत्तीसगढ़ की धारणा, भारतीय राज्य की गांधीवादी धारणा के अनुरूप है, जिसमें कई संकेन्द्रित मंडलों के केन्द्र में व्यक्ति और सबसे आन्तरिक वृत्त में गाँव होता है। जिसमें भारतीय राज्य को एकान्तरित कई आपसी वृत्तों का बाह्यतम वृत्त माना जाता है,

जिसमें व्यक्ति केन्द्र में होता है और गाँव सबसे आन्तरिक वृत्त माना जाता है।'[19] सीएमएम ने चुनावी राजनीति में प्रवेश तो किया, लेकिन वे राज्य में कांग्रेस और भाजपा के महत्त्व को प्रभावित नहीं कर सके।

1980 के दशक के अन्त और 1990 के दशक की शुरुआत में, भारतीय राष्ट्रीय कांग्रेस के चन्दूलाल चन्द्राकर[20] ने छत्तीसगढ़ राज्य निर्माण मंच के रूप में जाना जाने वाला एक सर्वदलीय राजनीतिक मंच बनाया। इस मंच ने सफलतापूर्वक क्षेत्रव्यापी बन्द और रैलियों का आयोजन किया, जिसे कांग्रेस और भाजपा सहित प्रमुख राजनीतिक दलों ने समर्थन दिया। अब तक, भाजपा ने छोटे राज्यों के सम्बन्ध में अपनी आपत्तियों को छोड़ दिया था। उन्हें लगा कि वनवासी कल्याण आश्रम[21] द्वारा ज़मीनी स्तर किये गए काम से एक ऐसे नये राज्य में चुनावी सफलता हासिल होगी, जिसमें जनजातियाँ कुल आबादी का एक तिहाई हिस्सा हैं। वास्तव में, नये राज्य के लिए किसका समर्थन ज़्यादा था, इसे लेकर भाजपा और कांग्रेस के बीच खींचतान चल रही थी।

दिग्विजय सिंह के नेतृत्व में मध्य प्रदेश की कांग्रेस सरकार ने मार्च 1994 में छत्तीसगढ़ के निर्माण के लिए पहला संस्थागत और विधायी क़दम उठाया। चार साल बाद, एनडीए के नेतृत्व वाली केन्द्र सरकार ने मध्य प्रदेश के सोलह ज़िलों से छत्तीसगढ़ के एक अलग राज्य के निर्माण के लिए एक विधेयक का मसौदा तैयार किया। इस विधेयक मसौदे को मध्य प्रदेश विधान सभा को भेजा गया, जिसने इसे मामूली संशोधनों के साथ सर्वसम्मति से मंज़ूरी दे दी थी, और लोक सभा और राज्य सभा दोनों द्वारा अनुमोदन किये जाने के बाद, भारत के राष्ट्रपति ने 25 अगस्त, 2000 को मध्य प्रदेश पुनर्गठन अधिनियम, 2000 को अपनी सहमति दी, और नवम्बर माह के पहले दिन को छत्तीसगढ़ के नये राज्य की स्थापना के लिए 'नियत तिथि' के रूप में नामित किया गया।

हालाँकि भाजपा और कांग्रेस दोनों ने ही राज्य के गठन का समर्थन किया था, लेकिन पहले मुख्यमंत्री पद के लिए मुक़ाबला बहुत प्रतिस्पर्धी था। यद्यपि 90 सदस्यीय विधान सभा में कांग्रेस के पास भाजपा के 36 सीटों के मुक़ाबले 48 सीटें थीं, लेकिन कांग्रेस विभाजित हो गई थी क्योंकि मुख्य दावेदार वी.सी. शुक्ला[22] के भाजपा के साथ गठबन्धन करने के उनके अन्तिम समय के प्रयास विफल होने के बाद वे शपथ ग्रहण समारोह से दूर हो गए थे। अजीत जोगी को पहला मुख्यमंत्री बनाया गया था, हालाँकि एक जनजाति के रूप में उनकी स्थिति के बारे में विवाद और एक राजनीतिक हत्या में उनकी भागीदारी, दोनों के कारण उनका कार्यकाल बहुत सहज नहीं रहा।

उत्तराखंड

1790 में गोरखाओं द्वारा अपना गोरखा[23] शासन स्थापित होने से पहले, गढ़वाल और कुमाऊँ क्षेत्रों पर क्रमशः परमार/पंवार[24] और चन्द[25] राजवंशों का शासन था। 1815 के आंग्ल गोरखा युद्ध के बाद, सुगौली की सन्धि के तहत सुदर्शन शाह को टिहरी गढ़वाल पर शासन करने का अधिकार मिला, जबकि पौड़ी गढ़वाल और कुमाऊँ को गवर्नर जनरल के अधीन रखा गया, जो इसे ग़ैर-नियमित क्षेत्र/ग़ैर-विनियमन क्षेत्र के रूप में प्रशासित करते थे, जहाँ कुमाऊँ के आयुक्त संयुक्त प्रान्त में किसी भी अन्य आयुक्त की तुलना में ज़्यादा शक्तिशाली थे। आयुक्त के पास कार्यकारी और न्यायिक दोनों शक्तियाँ थीं और उन्होंने 1937 तक टिहरी रियासत के ब्रिटिश एजेंट के रूप में भी काम किया। उस समय इसे पंजाब हिल स्टेट्स एजेंसी के अन्तर्गत रखा गया था। 1815 से 1947 के बीच, कुमाऊँ में कुछ महान आयुक्त रहे, इनमें से जी.डब्ल्यू. ट्रेल (1816-36), हेनरी रैमसे (1856-84) एवं पर्सी वाईंधम (1913-24) के कार्यकालों को स्थानीय लोक कथाओं में भी याद किया जाता है।

1864 तक, पहाड़ियों में कार्य सम्बन्धी/परिचालन 'शक्ति' वन विभाग की ओर स्थानान्तरित होने लगी। 1868 में, कुमाऊँ के जंगलों का प्रबन्धन इस विभाग को सौंप दिया गया। 1878 के भारतीय वन अधिनियम ने एक प्रक्रिया की रूपरेखा तैयार की जिसके तहत राज्य अपने विशेष उपयोग के लिए वन क्षेत्रों का अधिग्रहण कर सकता था। क्राउन द्वारा प्रत्यक्ष रूप से प्रशासन सँभालने के बाद से ख़ासकर इसे ब्रिटिश साम्राज्य द्वारा ग्रेट रेलवे विस्तार परियोजना के सन्दर्भ में देखा जाना चाहिए। इसका उद्देश्य उपमहाद्वीप के सभी किनारों तक लोगों और सामग्रियों की आवाजाही सुनिश्चित करना था। कुमाऊँ के प्रशासनिक मुख्यालयों में भी, नैनीताल शहर के आसपास के जंगल को सीमांकित कर उसे 'संरक्षित' घोषित कर दिया गया।

टिहरी गढ़वाल साम्राज्य ने ब्रिटिश उदाहरण का और भी बेशर्मी से अनुसरण किया, क्योंकि जंगलों से होने वाली आय टिहरी राज के राजस्व का मुख्य आधार थी और 'लकड़ी के स्लीपरों' से धन कमाया जा सकता था। टिहरी में फ्रेडरिक विल्सन[26] भी रहते थे, जिन्होंने व्यावसायिक लाभ के लिए जानवरों की खालों और मोनाल तीतर, दुर्लभ सफ़ेद बाघों, काले और भूरे भालू और कस्तूरी हिरण की खालों को संग्रहीत करना शुरू किया। बाद में, उन्होंने अपने व्यापक ज्ञान का उपयोग रेलवे द्वारा माँगे गए बीस लाख स्लीपरों के बड़े हिस्से को प्रदान करने के लिए किया।

लेकिन इसका मतलब था कि जंगल के पास रहने वाले किसान, कारीगर और शिल्पकार अपने पारम्परिक आजीविका के स्रोतों से वंचित हो गए। संरक्षित वनों की सीमाएँ अब उनके घरों और खेतों तक फैल गई थीं। हालाँकि ग्रामीण अब झूम खेती नहीं कर सकते थे, लेकिन जंगलों का दोहन लगातार बढ़ रहा था। इस सबका परिणाम बद्री सिंह असवाल और लछमन सिंह कठैत के नेतृत्व में छिटपुट दंडकों[27] के रूप में सामने आया। प्रमुख राष्ट्रवादी नेता जी.बी. पंत ने 1897 और 1916 के बीच इस 'संसाधन अपहरण' की वास्तविकता को दिखाने के लिए एक विस्तृत चार्ट तैयार किया। प्रथम विश्वयुद्ध ने लकड़ी की माँग को तेज़ कर दिया और 4,00,000 स्लीपरों को कुमाऊँ से बाहर भेज दिया गया, लेकिन इस समय तक, किसानों ने अपने पारम्परिक और प्रथागत अधिकारों पर प्रतिबन्ध के ख़िलाफ़ विद्रोह कर दिया था। दूसरी परेशानी थी बेगार की संस्थागत प्रणाली का मुद्दा, जिसमें वन और राजस्व विभाग के अधिकारियों के लिए बिना पारिश्रमिक के काम करना होता था।

1916 में, कुमाऊँ परिषद[28] के गठन और स्थानीय प्रेस द्वारा स्पष्ट रवैया अख़्तियार करने के बाद, विरोध प्रदर्शन एक संगठित आन्दोलन का आकार लेने लगा। जंगल के मुद्दे, बेगार के ख़िलाफ़ संघर्ष के साथ मिल गए थे। इस विलय ने संघर्ष को गहराई प्रदान की थी। विभिन्न सभाओं में बेगार का उन्मूलन और वन अधिकारों की बहाली बार-बार प्रस्तुत की जाने वाली स्थायी माँगें थीं। 11 मई, 1919 को अल्मोड़ा के नन्दादेवी प्रांगण (मन्दिर परिसर) में हरगोविन्द पंत की अध्यक्षता में सभा ने बेगार के उन्मूलन और जंगलों पर पूर्ण अधिकारों की बहाली की माँग की।

1921 में, वन्यभूमि से सम्बन्धित समस्याओं को समझने के लिए एक कुमाऊँ वन शिकायत समिति (केएफजीसी) का गठन किया गया। काफ़ी हद तक, इस समिति ने स्थानीय किसानों के वन सम्बन्धी अधिकारों को बहाल किया। हालाँकि, मूल्यवान वन क्षेत्र राज्य के पास बने रहे, लेकिन ग्रामीणों को अपनी बस्तियों के आसपास के क्षेत्रों का प्रबन्धन करने के लिए प्रोत्साहित किया गया—जिन्हें 'वन पंचायत' के रूप में नामित किया गया था। आज़ादी के समय तक कुमाऊँ मंडल में क़रीब 500 वन पंचायतें थीं।

इस बीच, 1938 में, कांग्रेस पार्टी ने गढ़वाल के श्रीनगर में एक सम्मेलन आयोजित किया और कुमाऊँ एवं टिहरी, दोनों से सम्बन्धित मुद्दों को उठाया। प्रताप सिंह नेगी की अध्यक्षता में आयोजित इस सम्मेलन में जवाहरलाल नेहरू ने भाग लिया था। नेहरू इस बात से सहमत थे कि इन पहाड़ों में रहने वाले लोगों

को अपने निर्णय लेने और अपनी विशिष्ट परिस्थितियों के दृष्टिकोण से अपनी संस्कृति को समृद्ध करने का अधिकार है। बाद में, 1939 में, पौड़ी में अपनी राजनीतिक बैठक में कांग्रेस ने गढ़वाल जागृति संस्था (जीजेएस) का उदय देखा, जिसमें कांग्रेस के वह सदस्य (जैसे प्रताप सिंह नेगी) शामिल थे, जो पहाड़ी लोगों की माँगों के सम्बन्ध में प्रगति से सन्तुष्ट नहीं थे। 1946 में हल्द्वानी में आयोजित एक बैठक में, कुमाऊँ केसरी के नाम से लोकप्रिय बद्री दत्त पांडे और पूरण चन्द तिवारी जैसे कुमाऊँ के नेताओं ने पहाड़ी क्षेत्र के लिए एक अलग प्रशासनिक इकाई की माँग की। बाद में बद्री दत्त पांडे ने इस माँग को राज्य पुनर्गठन आयोग के समक्ष भी भेजा।

इस बीच, टिहरी में लोकप्रिय विरोध आन्दोलन भी मज़बूती से बढ़ रहे थे, और भले ही महाराजा ने अपने राज्य में सभी राजनीतिक गतिविधियों पर प्रतिबन्ध लगा दिया था, लेकिन वन प्रतिबन्ध, आलू पर कर, और पोंटोटी कर (सीमा शुल्क) के ख़िलाफ़ रवाईं ढंडक गढ़वाल की देशी रियासत में स्वतंत्रता आन्दोलन से पूर्व की झाँकी थी। इस दौरान, देहरादून में एक प्रजा परिषद का गठन किया गया और श्रीदेव सुमन, परिपूर्णानन्द पैन्यूली एवं वीरेन्द्र दत्त सकलानी जैसे नेताओं ने टिहरी के लोगों के मूलभूत राजनीतिक और आर्थिक अधिकारों के लिए संघर्ष किया। आज़ादी के तुरन्त बाद, सकलाना ढंडक का आयोजन किया गया, जिसमें कीर्ति नगर को टिहरी राज से 'मुक्त' कराया गया। वीर चन्द्र सिंह गढ़वाली[29] ने इसका नेतृत्व सँभाला, जिस कारण अन्ततः 1 अगस्त, 1949 को टिहरी राज का भारत में पूर्ण विलय हुआ।

खेती, पशुपालन और वन आधारित उद्यमिता के सीमित दायरे को मद्देनज़र रखते हुए कुमाऊँ (और गढ़वाल) के युवाओं ने ब्रिटिश भारतीय सेना में अपनी ताक़त और वीरता दिखाने, देश-दुनिया की यात्रा करने और मान-सम्मान प्राप्त करने का अद्वितीय अवसर पाया। नेपाल के गोरखाओं, पश्चिमी सीमान्त प्रान्तों के पठानों और पंजाब के जाट सिखों के साथ कुमाऊँ पहाड़ियों के लोग ब्रिटिश भारत की 'प्रमुख मार्शल रेस/प्रमुख सैनिक जातियों'[30] में शामिल थे। कुमाऊँ और गढ़वाल रेजिमेंट के मुख्यालय क्रमशः रानीखेत और लैंसडाउन में स्थापित किये गए थे। गढ़वालियों को प्रथम विश्वयुद्ध में विक्टोरिया क्रॉस विजेताओं, दरवान सिंह नेगी (चमोली से) और गब्बर सिंह नेगी (टिहरी गढ़वाल में चम्बा से) पर गर्व था। हालाँकि, इसके विपरीत स्थिति भी उतनी ही दृढ़ थी। जैसा कि पहले उल्लेख किया गया है, राइफ़लमैन चन्द्र सिंह गढ़वाली ने 1930 में, पेशावर में कांग्रेसियों के एक निहत्थे जुलूस पर गोली चलाने से इनकार कर दिया था,

और जब अवसर मिला तो इस रेजिमेंट के 2500 से अधिक सैनिकों ने 1945 में सुभाष चन्द्र बोस के अन्तर्गत आज़ाद हिन्द फ़ौज में शामिल होने का विकल्प चुना। कैप्टन चन्द्र सिंह नेगी आज़ाद हिन्द फ़ौज में लेफ़्टिनेंट कर्नल बने, और कैप्टन आर.एन. अवस्थी और बुद्धि सिंह ने भी ज़िम्मेदार पदों पर काम किया।

स्वतंत्रता के बाद, पूरे क्षेत्र के साथ ही टिहरी गढ़वाल की रियासत को भी उत्तर प्रदेश (पूर्ववर्ती संयुक्त प्रान्त का नया नाम) के प्रशासन के अधीन रखा गया था। उल्लेखनीय है कि टिहरी 1936 से पंजाब स्टेट एजेंसी[31] के अधीन था, और फिर पंजाब राज्यों (राज्य मंत्रालय में) के अधीन था, इसलिए एक बड़े हिमालयी राज्य—लद्दाख, लाहौल-स्पीति, गढ़वाल और कुमाऊँ—की सम्भावना पर थोड़े समय के लिए सक्रिय रूप से विचार किया जा रहा था। 1950 तक, भारत गणराज्य के पहले नक़्शे में कुमाऊँ और गढ़वाल दोनों यूपी राज्य के अन्तर्गत थे।

आज़ादी के बाद के दौर में, पृथक उत्तराखंड का मुद्दा उठाने वाली पहली राजनीतिक पार्टी कम्यूनिस्ट पार्टी ऑफ़ इंडिया थी। अविभाजित सीपीआई ने 1952 में इस मुद्दे को उठाया, जब उसके पूर्व महासचिव पी.सी. जोशी[32] ने इस सम्बन्ध में भारत सरकार को एक ज्ञापन भेजा। इसे राज्य पुनर्गठन आयोग को भेज दिया गया, जिसने इस माँग को स्वीकार नहीं किया, जबकि के.एम. पणिक्कर के असहमति नोट में उल्लेख किया गया था कि यूपी के विशाल आकार ने इसे प्रशासनिक रूप से अप्रबन्धनीय बना दिया है। टिहरी के पूर्व महाराजा मानबेंद्र शाह ने 1957 में अलग राज्य के मुद्दे को फिर से उठाया और 1966 में हिमाचल के केन्द्र शासित प्रदेश बनने के बाद, उन्होंने इस सम्बन्ध में एक ज्ञापन भी भेजा। सम्भवतः आज़ादी के पहले तीन दशकों में उत्तराखंड के नेताओं—जी.बी. पंत,[33] एच.एन. बहुगुणा,[34] एन.डी. तिवारी[35] और के.सी. पंत[36]—द्वारा राष्ट्रीय राजनीति में प्रमुख पदों पर रहने की वजह से क्षेत्रवाद की भावना को कभी सामने नहीं आने दिया। कई मायनों में, 'उत्तराखंड भावना' का उदय, यूपी और केन्द्र दोनों की राजनीति में, इन नेताओं के हाशिए पर जाने के साथ मेल खाता है।

पहले, 1952 की राष्ट्रीय वन नीति ने तय किया था कि सुचारू रूप से प्रबन्धित वन न केवल उद्योग, निर्यात और सुरक्षा के लिए कच्ची सामग्री प्रदान करें, बल्कि सन्तुलित पारिस्थितिकी सुनिश्चित करें, साथ ही स्थानीय लोगों की आवश्यकताओं को पूरा करें, जैसे लकड़ी के लिए, चराई भूमि के लिए और उपवन उत्पादों के लिए, जो आजीविका और उद्यमिता के लिए महत्त्वपूर्ण हैं। हालाँकि, वन विभाग अपने पुराने तरीक़ों से स्थापित किया गया था, और छोटे पैमाने पर

वस्तु निष्कर्षण के सभी रूपों को हतोत्साहित करता था। इससे भी महत्त्वपूर्ण बात यह है कि मौजूदा नियमों के तहत, छोटे स्थानीय उद्यमियों के लिए वन विभाग की नीलामी में क्षेत्र के बाहर के व्यापारियों के साथ प्रतिस्पर्धा करना मुश्किल था, जिनके पास पूँजी और क्रेडिट बाज़ारों में अपने सम्पर्कों के माध्यम से वित्त जुटाने की क्षमता थी। वे अपने साथ कुशल और अर्ध-कुशल मज़दूरों को भी लाए, जिनमें ज़्यादातर नेपाली थे, जो अपने काम से काम रखते थे, साथ ही कम मज़दूरी पर काम करने के लिए भी तैयार थे।

चीन के साथ सम्बन्धों में खटास आने से 1950 के दशक के अन्त में भारत-तिब्बत सीमा[37] बन्द किये जाने से भी इस क्षेत्र की 'आर्थिक गतिविधियाँ' सीमित हो गईं। इसका तात्कालिक प्रभाव फिर से उन समुदायों को भुगतना पड़ा जो अपनी आय और आजीविका के लिए व्यापार पर निर्भर थे और किसी भी आर्थिक विकल्प के अभाव में स्थिति और भी बदतर हो गई। पंचवर्षीय योजनाओं में कृषि और पहाड़ी लोगों की आजीविका के लिए कुछ भी विशिष्ट नहीं था, और वन विभाग स्थापित ठेकेदारों की जगह स्थानीय लोगों का समर्थन करने के लिए उत्सुक नहीं था।

1970 के दशक तक, वाणिज्यिक शोषण के साथ-साथ गम्भीर प्रतिबन्धों से जूझने की परिणति ग्रामीणों के स्पष्ट असन्तोष के रूप में प्रकट हुई। मध्य और पूर्वी गढ़वाल एवं कुमाऊँ में, गांधीवादी कार्यकर्ता और सीपीआई के राजनीतिक कार्यकर्ता आसपास के जंगलों को बड़े पैमाने पर वाणिज्यिक कटाई से बचाने के लिए स्थानीय ग्रामीणों (सभी समूहों, पुरुषों और महिलाओं) को जुटाने में सफल रहे। पेड़ बचाने वाली गतिविधियों—जिसे चिपको आन्दोलन के रूप में जाना जाता है—का एक स्पष्ट आर्थिक और राजनीतिक लक्ष्य था : 'बाहरी लोगों' द्वारा शोषण को रोकना और स्थानीय लोगों को वनों और वन उपज का प्रबन्धन एवं उपयोग करने के लिए स्वायत्तता प्रदान करना और स्थानीय रोज़गार पैदा करना। इसका सबसे अच्छा उदाहरण गोपेश्वर में स्थित गांधीवादी मूल्यों वाला एक लघु कृषि औद्योगिक सहकारी संगठन दशोली ग्राम स्वराज संघ[38] (डीजीएसएस) है। चंडी प्रसाद भट्ट के नेतृत्व में इसने एक छोटी तारपीन इकाई चलाई, कृषि उपकरणों का निर्माण किया और शराब की बिक्री, अस्पृश्यता और वनों की ठेकेदार प्रणाली के ख़िलाफ़ प्रदर्शन आयोजित किये। 1973 में, एक खेल कम्पनी साइमंड्स को सैकड़ों पेड़ों के आवंटन के प्रावधान पर वन विभाग के साथ इसका टकराव हुआ, क्योंकि उन्हें उसी जंगल से सिर्फ़ कुछ पेड़ देने से इनकार कर दिया गया था। उन्होंने सचमुच पेड़ों को गले लगाकर हस्तक्षेप किया, और गौरा देवी[39] जैसी

महिलाओं के नेतृत्व में वे पेड़ों को कुल्हाड़ी से बचाने में सक्षम रहे। यह विरोध अन्य क्षेत्रों में भी फैल गया और अपनी तत्काल स्थानीय ज़रूरतों से परे, एक व्यापक दृष्टिकोण में, चिपको आन्दोलन क्षेत्रीय प्रभावों के साथ एक सार्थक सामाजिक आन्दोलन बन गया। हालाँकि चिपको राज्य के लिए आन्दोलन के रूप में शुरू नहीं हुआ था, लेकिन इसने उच्च स्तरीय राजनीतिक चेतना के साथ ही ज़मीनी आन्दोलन भी सृजित किया।

उत्तर प्रदेश सरकार के 29 मार्च, 1994[40] के आदेश में शिक्षा और रोज़गार, दोनों में अन्य पिछड़ा वर्ग (ओबीसी) के लिए 27 प्रतिशत सीटें आरक्षित करने का प्रावधान किया गया था। हालाँकि, पहाड़ के लोगों में ब्राह्मण और राजपूत (लगभग 83 प्रतिशत) विशाल बहुमत में थे, इनमें से राजपूत अक्सर राजस्थान और गुजरात के प्रसिद्ध कुलों के वंशज होने का दावा करते हैं। अनुसूचित जाति (एससी) यहाँ की जनसंख्या का 10 प्रतिशत भाग गठित करती थी। इससे पहाड़ों में तत्काल विरोध प्रदर्शन हुए, क्योंकि यह आदेश पहाड़ी आबादी के बड़े हिस्से को आर्थिक और सामाजिक गतिशीलता के दो सबसे महत्त्वपूर्ण मार्गों—शिक्षा और सरकारी पदों से दूर कर देता।

उत्तर प्रदेश सरकार ने इस पर कोई ध्यान नहीं दिया, और इस क़ानून को दशकों की व्यापक रूप से उपेक्षा और शोषण की कड़ी में आख़िरी कील माना गया। इसके अलावा, लोग महसूस करते थे कि उनकी आवाज़ नहीं सुनी जा रही है और वे ख़ुद को हाशिये पर महसूस करते थे, क्योंकि 431 सदस्यों (इसमें एक नामित आंग्ल भारतीय विधायक सम्मिलित है) वाली विधान सभा में इस क्षेत्र के पास केवल 19 विधायक थे।[41]

मसौदे के प्रारम्भिक सप्ताहों में दो ऐसे महत्त्वपूर्ण विषय उभरे जिनसे 'आरक्षण-विरोधी' संघर्ष एक अलग राज्य की माँग में परिवर्तित हो गया। ये विकास और राजनीति के निकट सम्बन्धित मुद्दों पर केन्द्रित थे। हालाँकि यह महसूस किया जा रहा था कि इस क्षेत्र को उत्तर प्रदेश द्वारा 'आन्तरिक उपनिवेशवाद' के अधीन रखा गया था (समाचार पत्रों में, बैठकों में और चर्चाओं में व्यक्त)। आमतौर पर यह स्वीकार किया गया था कि इस क्षेत्र को पिछले एक दशक में राज्य और केन्द्र दोनों सरकारों से अधिक 'विकास' निधि प्राप्त होने लगी थी। अब मुख्य शिकायत यह थी कि पहाड़ी क्षेत्र इसलिए आर्थिक और विकासात्मक हाशिए पर थे क्योंकि राज्य की राजधानी दूर लखनऊ में मैदान आधारित योजना बनाने वाली, पहाड़ी आबादी, पर्यावरण और अर्थव्यवस्था की विकास आवश्यकताओं को समझने में असमर्थ (साथ ही अनिच्छुक) थी।

पहाड़ी लोगों की चिन्ताओं और मुद्दों के प्रति राज्य सरकार की असंवेदनशीलता, विशेष रूप से 2 अक्टूबर, 1994 को मुज़फ़्फ़रनगर के रामपुर तिराहे पर गोलीबारी, जिसके कारण छह कार्यकर्ताओं की मौत की पुष्टि हुई और यूपी पुलिस पर महिलाओं के साथ छेड़छाड़ और बलात्कार के आरोप लगाए गए, ताबूत में अन्तिम कील थी। हालाँकि तत्कालीन मुख्यमंत्री मुलायम सिंह यादव ने न्यायिक जाँच के आदेश दिये थे, लेकिन पहाड़ ग़ुस्से और आक्रोश से भड़क उठे थे, और सरकारी कर्मचारियों और छात्रों द्वारा विरोध प्रदर्शनों का आयोजन किया गया। ग़ुस्सा राज्य सरकार के ख़िलाफ़ था, और राहत केन्द्र सरकार से माँगी गई थी, क्योंकि प्रदर्शनकारी सपा-बसपा[42] की राजनीति के विरोध में थे, लेकिन भारतीय होने पर उन्हें गर्व था। संयोग से, शुरुआती चरण में, कांग्रेस और भाजपा दोनों 'शान्त' थे क्योंकि वे यूपी और भारत की वृहद तसवीर भी देख रहे थे। टिहरी से भाजपा सांसद मानबेंद्र शाह (टिहरी के पूर्व महाराजा) ने ओबीसी आरक्षण वाले आदेश के ख़िलाफ़ याचिका दायर की थी। उच्च न्यायालय ने केवल शैक्षणिक संस्थानों में प्रवेश के सम्बन्ध में ही राहत दी।

1996 तक, एच.सी. देवगौड़ा[43] के नेतृत्व वाली केन्द्र सरकार ने नये राज्य के गठन की माँग को स्वीकार कर लिया, और इसके बाद भाजपा ने इसे आधिकारिक तौर पर उठाया था। 1998 में राज्य पुनर्गठन के नये दौर में, पार्टी ने अपने 'कथित रूप से कम अलगाववादी अर्थों' हेतु उत्तरांचल नाम को प्राथमिकता दी। हालाँकि, राज्य के लिए आन्दोलन में सक्रिय रूप से भाग लेने वाले अधिकांश लोग नये राज्य के नाम के लिए उत्तराखंड को प्राथमिकता देते थे।

राज्य और केन्द्र में हुए राजनीतिक परिवर्तन और राज्य के पुनर्गठन को भाजपा द्वारा दृढ़ समर्थन देने के साथ, उत्तर प्रदेश विधान सभा और परिषद ने उत्तर प्रदेश पुनर्गठन विधेयक पारित किया, और राष्ट्रपति की मंज़ूरी प्राप्त करने के बाद, तत्कालीन उप प्रधानमंत्री और गृह मंत्री लालकृष्ण आडवाणी[44] ने इसे 22 दिसम्बर, 1998 को केन्द्रीय संसद में पेश किया। इस देरी के पीछे दो कारण थे : समृद्ध पंजाबी ज़मींदारों की अनिच्छा, जिन्हें लगता था कि वे नये राज्य में अपना 'दबदबा' खो देंगे, और हरिद्वार ज़िले को शामिल करने पर प्रतिरोध, जिसकी बहुसंख्यक आबादी जातीय रूप से यूपी राज्य के साथ ज़्यादा सम्बद्ध थी। चूँकि इन दोनों वर्गों के अधिकांश विधायक भी भाजपा के साथ जुड़े हुए थे, इसलिए प्रतिरोध दूर किया गया और 9 नवम्बर, 2000 को अन्तरिम राजधानी देहरादून में बड़ी धूमधाम के साथ नया राज्य उत्तरांचल स्थापित हुआ। देहरादून से भाजपा विधायक नित्यानन्द स्वामी को राज्य के पहले राज्यपाल सुरजीत सिंह बरनाला ने पहले मुख्यमंत्री के रूप में शपथ दिलाई।

लेकिन पहले मुख्यमंत्री पहाड़ से नहीं थे और राजधानी भी देहरादून थी, ग़ैरसैंण नहीं।[45] इसके बाद जाने-माने कार्यकर्ता और चिपको आन्दोलन के इतिहासकार शेखर पाठक[46] ने एक सारगर्भित टिप्पणी की : 'अपना राज्य मिलने पर हम ख़ुश हैं, लेकिन हमें दुख होता है, क्योंकि हमारी उम्मीदें सच नहीं हुईं, हम आक्रोश से भरे हुए हैं क्योंकि हमारी माँगों का सम्मान नहीं किया गया।'[47]

फिर भी, नाम के सम्बन्ध में विवाद जारी रहा, और राज्य की स्थापना के लिए आन्दोलन का नेतृत्व करने वाले कार्यकर्ता राज्य का नाम 'उत्तराखंड' ही चाहते थे। यह एकमात्र क्षेत्रीय पार्टी, उत्तराखंड क्रान्ति दल (यूकेडी) का नाम भी था, जिसका गठन राज्य निर्माण के एकमात्र उद्देश्य के लिए किया गया था। विडम्बना यह है कि राज्य के गठन के बाद, यूकेडी ने अपने अस्तित्व का औचित्य खो दिया, और राज्य बारी-बारी से भाजपा और कांग्रेस को सत्ता में बैठा रहा है। 2006 में, जब नाम बदलने के लिए आन्दोलन ज़ोर पकड़ रहा था, तत्कालीन मुख्यमंत्री एन.डी. तिवारी ने 1 जनवरी, 2007 से राज्य का नाम बदलकर उत्तराखंड[48] करने के लिए विधान सभा से सर्वसम्मति से प्रस्ताव पारित करके इस आन्दोलन की 'हवा निकाल दी'।[49]

झारखंड

> 'जब तक झारखंड चार राज्यों में विभाजित रहेगा और राजनीतिक शक्ति के केन्द्र पटना, कलकत्ता, भोपाल और भुवनेश्वर में रहेंगे, तब तक झारखंड क्षेत्र के लोग सांस्कृतिक दमन और आर्थिक शोषण के शिकार होते रहेंगे...इसलिए बिहार से पलामू, हज़ारीबाग़, गिरिडीह, धनबाद, देवघर, गोड्डा, साहिबगंज, राँची, लोहरडगा, गुमला और सिंहभूम, एमपी से सरगुजा और रायगढ़, उड़ीसा से सुन्दरगढ़, सम्बलपुर, केंदू, झारगढ़ और मयूरभंज एवं पश्चिम बंगाल से तीन ज़िलों—मिदनापुर, बांकुरा और पुरुलिया—को मिलाकर झारखंड की नई इकाई बनाई जानी चाहिए... '[50]
>
> —**जयपाल सिंह मुंडा,** झारखंड पार्टी (जेएचपी) के संस्थापक-अध्यक्ष।

प्रस्तावित क्षेत्र में बत्तीस जनजातियों द्वारा बोली जाने वाली बहुत-सी भाषाओं और 'बाहरी/बसने वालों/दिकू' की बढ़ती संख्या को देखते हुए, जो राज्य की माँग के दृढ़ होने तक बहुसंख्यक बन गए। यह स्पष्ट है कि झारखंड किसी विशिष्ट ज़ातीय या भाषायी समूह की माँग नहीं थी, बल्कि यह एक 'क्षेत्रीय रचना' के रूप में उभरा, जिसमें प्रमुख विमर्श 'अन्याय, असमानता और अलगाव की भावना' का था।

यह महसूस किया गया कि यदि ये ज़िले एक अलग राजनीतिक इकाई के रूप में गठित होते हैं, तो आदिवासियों और स्थानीय निवासियों के हित आर्थिक विकास के केन्द्र में होंगे। इसलिए गुजरात, उड़ीसा, आन्ध्र और पंजाब के भाषायी राज्यों के लिए आन्दोलन और झारखंड की माँग के बीच अन्तर करना महत्त्वपूर्ण है। झारखंड एक क्षेत्र से सम्बन्धित होने की भावना से प्रेरित था, जिसे तुलनात्मक जनसांख्यिकीय नुक़सान के कारण राज्य द्वारा अपने प्राकृतिक संसाधनों से वंचित किया जा रहा था। झारखंड की जगह, नये राज्य को वनांचल[51] नाम देने की भी चर्चा थी, लेकिन आदिवासी आबादी एक तिहाई से भी कम होने के बावजूद, वे दृढ़ संकल्पित थे कि नये राज्य का नाम पृथक राज्य के लिए ऐतिहासिक संघर्ष से जुड़ा होना चाहिए।

इस क्षेत्र की एक अलग और अनूठी पहचान का दावा किसान विद्रोहों की एक श्रृंखला से प्रकट होता था, जिसमें सबसे महत्त्वपूर्ण 1895 से 1900 तक बिरसा मुंडा[52] के नेतृत्व में विद्रोह और पिछली शताब्दी के दूसरे दशक में ताना भगत[53] आन्दोलन थे। जबकि ये बहुत शक्तिशाली आन्दोलन थे, लेकिन अंग्रेज़ों ने इन्हें बेहतर मारक क्षमता और नागरिक एवं सैन्य प्रशासन के समन्वित प्रयास से दबा दिया। आदिवासियों को समय-समय पर, लघु वन उपज (एमएफपी) के संग्रह के सम्बन्ध में रियायतों के साथ ही ग़ैर-वाणिज्यिक उपयोग के लिए स्थानीय चावल की दारू, 'हदिया' बनाने की अनुमति भी प्राप्त हुई। धर्म प्रचारकों की गतिविधि को औपनिवेशिक प्रशासन द्वारा अन्तर्निहित समर्थन दिया गया था, लेकिन उत्तर-पूर्व के पहाड़ी क्षेत्रों की तुलना में यहाँ वे उतना प्रभावी नहीं रहीं। हालाँकि, बीसवीं शताब्दी के पहले दशक तक, चर्च के नेतृत्व वाले जाति-केन्द्रित आन्दोलन चालू किये गए, जैसे जे. बार्थोलोम्यू[54] के नेतृत्व में ईसाई छात्र संघ, जिसने आदिवासियों की स्थिति और उनकी समस्याओं पर विस्तृत ज्ञापन तैयार किये।

धर्म प्रचारकों की भूमिका को नकारा नहीं जा सकता क्योंकि सरकार को 1917 के संथाल विद्रोह[55] के दौरान एक बड़ा झटका लगा था, जिसका तत्काल कारण प्रथम विश्वयुद्ध के दौरान मिस्र, इराक और मेसोपोटामिया में सेवा के लिए दो हज़ार स्थानीय आदिवासियों को जुटाने के लिए भर्ती अभियान था। युद्ध के लिए धनराशि और युद्ध के लिए सैनिकों का भर्ती किया जाना, दोनों ही क़दमों का विरोध हुआ। इससे पहले, मार्च और अप्रैल के दौरान, एक युद्ध ऋण प्रचारित किया गया और 'इन नई कार्यवाहियों के संयोग ने आदिवासी मन में बेचैनी और आशंका को अस्वाभाविक रूप से बाहर नहीं निकाला'।[56] अर्ध-सैन्य क्षमता में एक विदेशी देश में समुद्र पार सेवा करने का विचार अजीब और अज्ञात था।

सम्भवत: भर्ती करने वाले अंग्रेज़ों को इस बात का अन्दाज़ा नहीं था कि नागालैंड और मिज़ोरम में ईसाईकृत आदिवासियों के विपरीत, झारखंड में 4 प्रतिशत से भी कम जनजातियों को ईसाई दीक्षित किया गया था, और हिन्दू पंथ उनकी विश्वास प्रणालियों को छत्रक प्रदान करता था। इसके अलावा, संथालों ने इस पर नाराज़गी जताई कि उन्हें सैनिक की बजाय कुली के रूप में भर्ती किया गया, जबकि नागा और लुशाई हिल्स में, धर्म प्रचारकों ने भर्ती को ईसा मसीह और राजा के लिए युद्ध में जाने के अवसर के रूप में प्रस्तुत करने में कामयाबी हासिल की।

1920 तक, सभी आदिवासियों को एक अन्तर-जातीय मंच पर लाने का पहला व्यवस्थित प्रयास छोटा नागपुर उन्नति समाज[57] द्वारा किया गया था। इसका नेतृत्व आदिवासी शिक्षकों द्वारा किया गया और 'इसने शिक्षित आदिवासियों के लिए रोज़गार, सेवाओं और विधायी निकायों में आरक्षण, और बंगाल या उड़ीसा में शामिल एक उप-राज्य के गठन की माँग की'।[58] साइमन आयोग और क्रिप्स मिशन को प्रस्तुत किये गए ज्ञापन में भी मुख्य माँगें यही थीं। बाद में किसान सभा और आदिवासी महासभा भी गठित की गई। आज़ादी के बाद, इन सभी को ऑक्सफोर्ड से शिक्षित जयपाल सिंह मुंडा द्वारा झारखंड पार्टी के रूप में एक साथ लाया गया, जो हाल ही में ईसाई धर्म में धर्मांतरित हुए थे और अपनी आदिवासी जातीय पहचान के लिए समान रूप से प्रतिबद्ध थे। दूसरे विश्वयुद्ध के दौरान उन्होंने ब्रिटिश भारतीय सेना के लिए भर्ती जुटाने के प्रयास किये थे, जिसे ज़्यादातर धर्मांतरितों और मुंडा लोगों के बीच आंशिक सफलता प्राप्त हुई। लेकिन निश्चित रूप से वह इस अवधि के दौरान एक प्रसिद्ध नेता बन गए। 1950 के दशक में उनके मार्गदर्शन में झारखंड पार्टी बिहार में कांग्रेस के लिए मुख्य निर्वाचित विपक्ष बन गई। जब पश्चिम बंगाल और बिहार के विलय के लिए रॉय-सिन्हा प्रस्ताव को नकार दिये जाने से वह काफ़ी परेशान थे। वह एक संयुक्त पूर्व प्रदेश (बिहार, बंगाल और उड़ीसा) के लिए उत्सुक थे, क्योंकि पूर्व प्रदेश में आदिवासी आबादी महत्त्वपूर्ण हो सकती थी।

1952 के पहले आम चुनावों ने इस क्षेत्र में झारखंड पार्टी के राजनीतिक प्रभुत्व को मज़बूती से स्थापित किया, और इसके तुरन्त बाद एक अलग प्रान्त के निर्माण की माँग ने ज़ोर पकड़ लिया। इस अभियान का महत्त्वाकांक्षी परिणाम राँची में 1955 में आदिवासियों द्वारा आयोजित एक बहुत बड़ा प्रदर्शन था, जिसमें राज्य पुनर्गठन आयोग के समक्ष पृथक राज्य के लिए समर्थन दर्शाने हेतु बड़ी संख्या में लोगों ने भाग लिया। हालाँकि, एसआरसी को बिहार की क्षेत्रीय अखंडता का पक्ष लेने वाले जवाबी प्रदर्शनों का भी सामना करना पड़ा। झारखंड विरोधी खेमे ने

'झारखंडियों' पर विदेशी मिशनरियों के हाथों की कठपुतली होने का आरोप लगाया। यहाँ पर काफ़ी विरोधाभास भी थे : आदिवासी और ग़ैर-आदिवासी के बीच, और आदिवासियों में भी ईसाई और ग़ैर-ईसाई आदिवासियों के आधार पर टकराव था, और ईसाई आदिवासियों के भीतर, कैथोलिक और प्रोटेस्टेंट के बीच के मुद्दे थे।

झारखंड पार्टी (जेएचपी) ने एसआरसी को एक ज्ञापन सौंपा, जिसमें आर्थिक, सामाजिक-राजनीतिक और सांस्कृतिक आधार पर नये राज्य के निर्माण की माँग के लिए ज़ोर दिया गया। इसमें इस पर ज़ोर दिया गया कि भाषायी, सांस्कृतिक और जातीय रूप से, आदिवासी आबादी ग़ैर-आदिवासी लोगों से अलग थी, और इसलिए, भौगोलिक निरन्तरता वाली एक अलग प्रशासनिक इकाई की आवश्यकता थी। यहाँ फिर से, दुविधा स्पष्ट थी : जहाँ एक तरफ़, जेएचपी झारखंड के मुद्दे पर लोगों को जुटाने की कोशिश कर रही थी, वहीं वह आदिवासी और ग़ैर-आदिवासी आबादी, दोनों का ही समर्थन प्राप्त करने की भी इच्छुक थी। एसआरसी ने इस क्षेत्र की सांस्कृतिक विशिष्टता पर ध्यान नहीं दिया और पुनर्गठन के लिए केवल भाषायी आधार को चुना। इसलिए, झारखंडियों के पृथक् राज्य के दावे को इस आधार पर ख़ारिज कर दिया गया था कि आदिवासी भाषाओं की बहुलता झारखंड क्षेत्र में एक नये राज्य के निर्माण की अनुमति नहीं देती है।

एसआरसी को समझाने में जेएचपी की विफलता ने इसकी लोकप्रियता को प्रभावित किया। धीरे-धीरे, यहाँ तक कि इसके प्रमुख समर्थकों ने भी जेएचपी और इसके नेताओं के इरादों पर सन्देह करना शुरू कर दिया, और उनसे मोहभंग का माहौल बनने लगा। विनोदानन्द झा[59] के बिहार मंत्रिमंडल में जयपाल सिंह के लिए मंत्री पद के बदले, 1963 में जेएचपी का कांग्रेस में विलय ताबूत में आख़िरी कील साबित हुआ।

हालाँकि जेएचपी का कांग्रेस में विलय कर दिया गया था, लेकिन कई अलग-अलग समूह सामने आए और पहले 1969 में और फिर 1973 में झारखंड पार्टी के नेता एन.ई. होरो द्वारा प्रधानमंत्री इन्दिरा गांधी को अभ्यावेदन दिये गए। इसके बाद झारखंड समन्वय समिति के नेता बी.पी. केशरी ने 1989 में भारत के राष्ट्रपति को तीसरा ज्ञापन सौंपा।

1970 का दशक आन्दोलन के दूसरे चरण का गवाह बना। यहाँ किसानों और मज़दूरों के मुद्दे सबसे आगे थे, और झारखंड की राजनीतिक माँग पीछे छूट गई थी। झारखंड से संसाधन की लगातार बढ़ती निकासी, मूल निवासी और अन्य ग्रामीण आबादी का बड़े पैमाने पर विस्थापन, और खनन एवं असंगठित औद्योगिक श्रमिकों के अभूतपूर्व शोषण, मार्क्सवादी ए.के. रॉय,[60] कुर्मी नेता बिनोद बिहारी महतो[61]

और आदिवासी महानायक शिबू सोरेन[62] के मार्गदर्शन में झारखंड मुक्ति मोर्चा (जेएमएम)—शाब्दिक रूप से, झारखंड लिबरेशन फ्रंट—के उदय के तात्कालिक कारण थे। जहाँ महतो ने कुर्मियों को सफलतापूर्वक इसमें शामिल किया, वहीं शिबू सोरेन, एक करिश्माई संथाल नेता ने संथाल-कुर्मी एकता बनाने में महत्त्वपूर्ण भूमिका निभाई। आन्दोलन का केन्द्र आदिवासी बहुल राँची और दुमका से धनबाद, बोकारो और जमशेदपुर के आसपास खनन और औद्योगिक क्षेत्र में स्थानान्तरित हो गया।

जेएमएम ने भी पूर्ण राज्य के दर्जे की माँग की, लेकिन यह लामबन्दी का प्राथमिक उपकरण नहीं था। इसके बजाय, जेएमएम ने मौजूदा विरोध प्रदर्शनों को नेतृत्व प्रदान करने को प्राथमिकता दी। उन्होंने ग्रामीण और शहरी, दोनों क्षेत्रों में 'श्रमिकों' के रूप में झारखंडियों की एक समान पहचान की अपील भी की। प्रमुख विचारक ए.के. रॉय ने तर्क दिया कि झारखंड 'आन्तरिक उपनिवेशवाद' से पीड़ित है, जिसका बाहरी हितों द्वारा शोषण किया जा रहा है।

हालाँकि, यह एकीकरण तीन बड़े नेताओं के बीच गम्भीर वैचारिक मतभेदों और व्यक्तित्व संघर्षों के कारण लम्बे समय तक नहीं चला। आन्दोलन के झुकाव लेकर सभी का अलग मत था : ए के रॉय पूँजीवाद के ही विरोधी थे, शिबू सोरेन 'तत्काल न्याय' और आदिवासी भूमि से 'दिकू' को बाहर करना चाहते थे, और महतो चुनावी राजनीति पर केन्द्रित रहना चाहते थे। इस तरह, धीरे-धीरे इस आन्दोलन ने अपना महत्त्व खो दिया।

1980 के दशक में झारखंड समन्वय समिति (जेसीसी) और अखिल झारखंड छात्र संघ (एजेएसयू) का उदय हुआ। ये आन्दोलन 'झारखंडी पहचान' के दावे पर केन्द्रित थे, और इन्होंने जानबूझकर राजनीति से परहेज किया।

इससे भी बड़ी बात यह थी कि अब तक देश में नये राज्यों के गठन का विरोध कर रही प्रमुख विपक्षी पार्टी भाजपा द्वारा राज्य की माँग को मुख्यधारा में लाने से झारखंड के गठन को बल मिला। आज़ादी के बाद पहले तीन दशकों में, जनसंघ और आरएसएस राज्यों के भाषायी पुनर्गठन के विरोध में थे : वे इसे एक विखंडनशील प्रवृत्ति मानते थे। हालाँकि, झारखंड और छत्तीसगढ़ दोनों में, भाजपा को नव स्थापित औद्योगिक नगरों के साथ-साथ खनन और सिंचाई परियोजना वाले क्षेत्रों में समर्थन जुटाना आसान लगा, क्योंकि यह वे स्थान थे जहाँ नये प्रवासी—पेशेवरों और मज़दूरों के रूप में—आकर्षित हो रहे थे। इन क्षेत्रों में भाजपा और आरएसएस के सक्रिय होने का एक और कारण ईसाई मिशनरियों द्वारा धर्मांतरण के किसी भी अन्य प्रयास को रोकना था।

इस प्रकार राज्य के विभाजन को कांग्रेस और भाजपा दोनों का द्विदलीय समर्थन प्राप्त था, और हालाँकि राजद (आरजेडी) की अपनी शुरुआती आपत्तियाँ थीं, लेकिन सदी के अन्त तक तीन नये राज्यों के गठन के सम्बन्ध में देश में एक दुर्लभ राजनीतिक सहमति थी, जिसमें झारखंड सबसे बड़ा था। इस प्रकार, बिहार पुनर्गठन अधिनियम, 2000 के अनुसार, 'नियत दिन, यानी 15 नवम्बर, 2000' को, जो महान आदिवासी नेता बिरसा मुंडा की जयंती का दिन भी है, झारखंड राज्य को बिहार से अलग किया गया। झारखंड की आबादी लगभग 2.2 करोड़ और क्षेत्रफल लगभग 80,000 वर्ग किमी था, जो बिहार के राज्यक्षेत्र से आधा था। हालाँकि, क्योंकि मध्य प्रदेश, पश्चिम बंगाल और उड़ीसा के ज़िलों को नहीं छुआ गया था, इसलिए यह कहा जा सकता है कि झारखंड की माँग को काफ़ी हद तक पूरा किया गया, लेकिन पूर्ण रूप से नहीं!

17

बन्दे उत्कल जननी

1912 में लक्ष्मीकांत महापात्रा[1] द्वारा इस गीत को उत्कल सम्मेलन[2] की बैठक में प्रस्तुत किये जाने के एक सौ आठ साल बाद, ओडिशा मंत्रिमंडल ने इसे 7 जून, 2020 को 'राज्य गान'[3] का दर्जा दिया। अब इसे आधिकारिक तौर पर सभी शैक्षणिक संस्थानों और राज्य कार्यक्रमों में गाया जाना होता है। इससे पहले, 9 नवम्बर, 2010 को, उड़ीसा बिल के अधिनियमन ने राज्य को ओडिशा का नया नाम दिया और साथ ही भाषा का नाम भी उड़िया से बदलकर ओड़िया कर दिया गया। इस प्रकार, ओड़िया राष्ट्रवाद 'सतत वर्तमान' में है, लेकिन इसके प्रवक्ताओं का तर्क है कि ओडिशा का सांस्कृतिक ढाँचा भारत की राष्ट्रीयता के साथ मिश्रित और मज़बूत होता है। वे आगे पूछते हैं : यदि प्रत्येक राज्य का अपना राज्यगान और ध्वज होता, और अगर भारतीय मुद्रा पर स्थानीय प्रतीक (नेता, स्मारक, ग्रंथ) रखे जाते हैं, तो क्या यह भारत के साथ लोगों की पहचान को मज़बूत नहीं करेगा?

ओडिशा की कहानी में कई 'प्रथम' हैं। सिन्ध[4] और बिहार के साथ उड़ीसा भी 1 अप्रैल, 1936 को उड़िया-भाषी आबादी की लम्बी और सतत माँग के बाद ब्रिटिश द्वारा स्वीकृत पहले 'भाषायी राज्यों' में से एक था। ओडिशा का मामला सिन्ध से काफ़ी अलग है, क्योंकि उड़िया-भाषी जनसंख्या चार प्रशासनिक इकाइयों : बंगाल प्रेसीडेंसी के एक डिवीजन[5] के रूप में, केन्द्रीय प्रान्तों में[6], मद्रास प्रेसीडेंसी[7] और रियासतों के अन्तर्गत छोटे राज्यों के रूप में विस्तृत थी। इससे 'प्राकृतिक ओडिशा' की अवधारणा भी उत्पन्न हुई, जिसका उल्लेख हम इस अध्याय के बाद के भाग में करेंगे।

दूसरा, उड़िया पहचान का दावा मुख्य रूप से बंगालियों के नियंत्रण के ख़िलाफ़ था, जिनका उस समय उपलब्ध कुछ सीमित रोज़गार के अवसरों—प्रशासन, न्यायपालिका और शैक्षणिक संस्थानों पर प्रभुत्व था। उड़िया भाषा के लिए महत्त्वपूर्ण योगदान देने वालों में कमिशनर टी.ई. रावेनशॉ[8] का नाम प्रमुख है।

तीसरा, उड़िया अभिजात वर्ग के पास भाषायी प्रान्त के लिए स्पष्ट द्वि-आयामी रणनीति थी। जहाँ एक ओर वे राज्य और केन्द्रीय विधानमंडलों में मेमोरियल, याचिकाओं, हस्ताक्षर अभियानों और सन्दर्भों के माध्यम से औपनिवेशिक राज्य से अपील कर रहे थे, वहीं दूसरी ओर अपने समुदाय को भाषा के रूप में उड़िया और एक राज्यक्षेत्र के रूप में उत्कल के महत्त्व के बारे में शिक्षित कर रहे थे एवं यहाँ रहने वाले सभी लोगों को एकजुट करने वाली शक्ति के रूप में भगवान जगन्नाथ का आह्वान कर रहे थे। चौथा, हम मधुसूदन दास[9] के संविधानवाद से गोपबन्धु दास[10] के 'जन आन्दोलन' तक नेतृत्व के परिवर्तन को देखते हैं। पाँचवाँ, हमें कांग्रेस के केन्द्रीय और प्रान्तीय नेतृत्व के बीच तनाव एवं पार्टी के अनेक गुटों के बीच विभाजन के साथ ही उनकी प्रतिस्पर्धा की कोशिशें भी नज़र आती हैं। छठा, हम देखते हैं कि भाषायी और सांस्कृतिक राष्ट्रवाद—चाहे वह ओड़िया का हो, तेलुगु का हो या कन्नड़ का—औपनिवेशिक शासन से स्वतंत्रता के लिए राजनैतिक राष्ट्रवाद से संगत था।

सातवाँ, लोकप्रिय माँगों के आधार पर लोगों को जुटाना, शासन के कार्य से अलग था, और यह तब स्पष्ट हो गया जब भिन्न वर्गों के हितों का स्पष्ट टकराव हुआ, ख़ासकर ज़मींदारों और बटाईदारों के बीच। आठवाँ, विकास का प्रमुख विमर्श इतना मज़बूत था कि पारिस्थितिकी, जीविकोपार्जन और सांस्कृतिक पहलुओं के विचारों को अक्सर दरकिनार कर दिया जाता था। आदिवासी आबादी (या जंगली, जैसा कि उन्हें वी.पी. मेनन[11] द्वारा भी सन्दर्भित किया गया था) की चिन्ताएँ राजनीतिक विमर्श का हिस्सा नहीं थीं, जबकि वे आबादी का 40 प्रतिशत से अधिक हिस्सा थे, वे एक वंचित समुदाय थे और जब ज़रूरत होती तो अलग-अलग हित समूहों—जागीरदारी राज्यों के शासकों, साम्यवादी विद्रोहियों, साथ ही कांग्रेस और प्रजा मंडल[12]—द्वारा उन्हें इस्तेमाल किया जा सकता था। अन्तिम, राजनीतिक उद्देश्यों की प्राप्ति के लिए इस क्षेत्र में सबसे प्रभावशाली राजनीतिक शक्ति के रूप में गांधीवादी आदर्श के सत्याग्रह[13] को साधन और स्वराज[14] को साध्य के रूप में स्वीकृति प्राप्त हुई।

आइए, पहली हलचल के साथ शुरू करते हैं। निवेदिता मोहंती ने अपनी कृति 'उड़िया राष्ट्रवाद' में बताया है कि 1866 की शुरुआत में, बालासोर में उत्कल भाषा उन्नति बिधायनी सभा की स्थापना की गई और 1868 में कमिश्नर टी.ई. रावेनशॉ ने इस सभा की बैठक में भाग लिया। इसके बाद 1869 में कटक डिबेटिंग क्लब और फिर कई अन्य समाज और क्लब स्थापित हुए, जो सभी 1882 में स्थापित उत्कल सभा या उत्कल यूनियन कॉन्फ्रेंस से सम्बद्ध थे, जिसके सचिव गौरी शंकर रे और उपाध्यक्ष कलकत्ता से लौटे वकील मधुसूदन दास थे।

गौरी शंकर रे को सभा द्वारा 1885 में आयोजित हुए भारतीय राष्ट्रीय कांग्रेस के पहले सम्मेलन के लिए भी नामित किया गया था। 1886 में इसने पुरी में भगवान जगन्नाथ के मन्दिर के मामलों में हस्तक्षेप के लिए सरकार का विरोध किया और 1895 में सरकार से सम्बलपुर के स्कूलों और अदालतों में हिन्दी (उड़िया के स्थान पर) को लागू करने के फ़ैसले पर पुनर्विचार करने की अपील की। 1902 में कलकत्ता विश्वविद्यालय के तहत उड़िया को एक विषय के रूप में प्रस्तुत होने के साथ ही एस.एन. बनर्जी (उनके अधीन कांग्रेस नेतृत्व भाषायी प्रान्तों का विरोध करता था) और मधुसूदन दास के बीच मतभेद सामने आए, और दास ने उत्कल सम्मेलनी की स्थापना की। 1898 में मधुसूदन दास बंगाल विधान सभा के लिए निर्वाचित हुए थे और 1911 में, बिहार और उड़ीसा के अल्पकालिक राज्य में स्थानीय स्वशासन मंत्री बने।

हालाँकि, संवैधानिक तरीक़े और क्राउन के प्रति अपरोक्ष वफ़ादारी अब गोपबन्धु दास जैसे अगली पीढ़ी के उड़िया नेताओं को स्वीकार्य नहीं थी, जिन्होंने 1909 में सत्यबादी बाना बिद्यालय की स्थापना की थी, ताकि युवाओं को उड़िया के सामाजिक, शैक्षिक और आर्थिक उत्थान हेतु सक्रिय रूप से जुड़ने के लिए प्रोत्साहित किया जा सके। गोपबन्धु दास को 'क्राउन के प्रति वफ़ादारी' और राष्ट्रवादी मुद्दों—स्वराज और सत्याग्रह के प्रति प्रतिबद्धता—के बीच निर्णय लेना था : उन्होंने दूसरा चुना। 1921 में पहली बार महात्मा गांधी ने उड़ीसा की यात्रा की, और उन्होंने 'उड़ीसा के लिए भाषायी राज्य' के मुद्दे का समर्थन किया। इस समय तक, बिहार और उड़ीसा के अप्राकृतिक राज्य में कठिनाइयाँ सामने आने लगी थीं, और विभिन्न प्रशासनिक क्षेत्राधिकारों वाले सभी उड़िया-भाषी क्षेत्रों को मिलाकर प्राकृतिक उड़ीसा की स्थापना करने के लिए माँग बहुत मज़बूत थी।

अपने निबन्ध *वर्नाकुलर इन द मेकिंग ऑफ़ मॉडर्न उड़ीसा* में प्रितिपुष्प मिश्रा कहती हैं कि पिछली सदी के तीसरे दशक तक उड़ीसा के अलग प्रान्त के गठन की पैरवी कर रहे उड़िया समूहों ने प्रस्तावित प्रान्त का नाम प्राकृतिक उड़ीसा रखा था। 'प्राकृतिक' शब्द को रणनीतिक रूप से रखा गया था : यह पृथक राज्य की ऐतिहासिक और राजनीतिक वैधता दर्शाता था। 1903 में, इसे औपनिवेशिक प्रशासक, नृवंशविज्ञानी और भाषाविद् एच.एच. रिसले[15] का समर्थन मिला, जिन्होंने तर्क दिया कि नस्लीय अन्तर के बावजूद 'उड़िया-भाषी मैदानी लोगों' और 'पहाड़ी लोगों' (आदिवासी) को एक ही प्रशासन के अन्तर्गत एकजुट किया जाना चाहिए, क्योंकि मौखिक भाषा और उसकी बोली के बीच सम्बन्ध एकता का अधिक शक्तिशाली आधार है। उसी वर्ष, उत्कल सम्मेलनी या उत्कल यूनियन ने बंगाल, मध्य प्रान्त

और मद्रास के साथ-साथ रियासतों के उड़िया-भाषी अभिजात वर्ग को औपनिवेशिक उड़ीसा के विपरीत प्राकृतिक उड़ीसा की माँग पर ज़ोर देने के लिए राजी कर लिया, जहाँ उड़िया लोग मध्यस्थ शासक वर्ग के प्रभुत्व के अधीन थे।

मध्यस्थ शासक वर्ग

मध्यस्थ शासक वर्ग शब्द का इस्तेमाल सबसे पहले मधुसूदन दास ने शिक्षकों, डाकिये और रेलवे कर्मचारियों के अलावा ज़िला और उप-ज़िला स्तर के प्रशासन (राजस्व, न्यायिक और पुलिस अधिकारी) में बंगालियों और बिहारियों के प्रभुत्व बारे में सन्दर्भित करने के लिए किया था। ग़ैर शहरी इलाक़ों (मुफस्सिल) में आम आदमी का दिन-प्रतिदिन का सम्पर्क आईसीएस अधिकारी के साथ नहीं, बल्कि उक्त पदाधिकारियों के साथ था : यह परहेज असम में भी देखा गया, जहाँ भद्रलोक[16] के श्रेष्ठ और संरक्षक रवैये से बंगाली-विरोधी भावना को बल मिला। इस शब्द का पहली बार उपयोग उड़ीसा सीमा आयोग[17] को सौंपे गए ज्ञापन में किया गया।

कभी-कभी आश्चर्य होता है कि अगर—राजेन्द्र लाल मित्तर और एस.एन. बनर्जी से लेकर—बंगाल के बुद्धिजीवियों ने यह तथ्य स्वीकार कर लिया होता कि उड़िया एक स्वतंत्र भाषा है, और जी-जान से इसकी शिक्षा का विरोध न किया होता, तो बंगाल द्विभाषी राज्य के रूप के बरकरार रह सकता था जहाँ दोनों भाषाएँ साथ-साथ मौजूद होती। हालिया शोध यह भी दर्शाते हैं कि शायद बंगाली पाठ्यपुस्तकों के कलकत्ता के प्रकाशकों के 'व्यावसायिक हितों' ने हेडमास्टर के. भट्टाचार्य को विवादास्पद 'उड़िया एक स्वतंत्र भाषा नहीं है' लेख लिखने के लिए प्रेरित किया।

भाषायी प्रान्त के लिए रणनीतियाँ

रणनीति के तीन स्तम्भ भाषायी प्रान्त के लिए तीन प्रमुख रणनीतियाँ बनाई गईं। पहली रणनीति प्रान्तीय और शाही (वायसराय की परिषद्) सरकारों को तथ्यों और आँकड़ों पर आधारित अपील करने की, दूसरी कांग्रेस के नेतृत्व से भावपूर्ण अनुरोध, और तीसरी रणनीति उड़िया प्रेस के माध्यम से जनता के बीच एक भावुक अभियान की थी। मधुसूदन दास और गोपबन्धु दास क्रमशः पहले और दूसरे स्तम्भों के प्रमुख प्रतिपादक थे। फ़क़ीर मोहन सेनापति[18] जैसे लोकप्रिय लेखकों की कृतियों ने उड़िया लोगों को अपनी भाषा पर गर्व महसूस कराने में महत्त्वपूर्ण भूमिका निभाई। इनमें सेनापति द्वारा अनूदित महाभारत और रामायण प्रमुख थी।

भाषायी प्रान्तों के लिए महात्मा गांधी का समर्थन उड़िया लोगों के लिए महत्त्वपूर्ण था—क्योंकि इससे पहले, एस.एन. बनर्जी के नेतृत्व में कांग्रेस नेतृत्व इस दावे का विरोध कर रहा था। हालाँकि, उड़िया भाषा के मानकीकरण और प्रिंटिंग फॉण्ट का श्रेय मिशनरियों को दिया जाना चाहिए : वास्तव में, यह कहा जा सकता है कि उड़िया भाषा के आन्दोलन ने जो रूप प्राप्त किया, वह प्रिंटिंग के प्रसार के बिना सम्भव नहीं था।

यह भी ध्यान में रखा जाना चाहिए कि मधुसूदन दास और गोपबन्धु दास ने उड़िया राष्ट्रवाद को भारतीय राष्ट्रवाद के ख़िलाफ़ स्थापित नहीं किया। बल्कि, यह भारतीय राष्ट्र या भारतवर्ष का हिस्सा था। 'उड़ीसा की नदी को महानदी या महान नदी कहा जाता है, उड़ीसा का समुद्र महोदधि या महान समुद्र है, उड़ीसा की पहाड़ी महेंद्र या महान पर्वत है। उड़ीसा का वृक्ष कल्पबट्टा (कल्पतरु) या इच्छा पूर्ति का वृक्ष है, उड़ीसा के स्वामी जगन्नाथ हैं, या ब्रह्मांड के भगवान हैं और उड़ीसा का श्मशान घाट स्वर्गद्वार या स्वर्ग का प्रवेश द्वार है।'[19]

जगन्नाथ में आस्था

अब हम जगन्नाथ पहुँच गए हैं, जो उड़िया राष्ट्रवाद और गौरव का सबसे प्रबल प्रतीक है। यह एक ऐसा स्थान था जो वार्षिक रथ यात्रा के दौरान निचली जातियों और आदिवासी समुदायों को देवता तक पहुँच की अनुमति देकर जातीय और धार्मिक बहिष्कार नहीं करता था। वास्तव में, यह एकमात्र वार्षिक कार्यक्रम एक क्षेत्र के रूप में उड़ीसा में धार्मिक और जातिगत विभेद के स्थायी समावेश के उदाहरण के रूप में प्रस्तुत किया गया। इसमें क्षेत्रीय रूप से महत्त्वपूर्ण लोक देवता और जनजातीय धर्मों के विभिन्न प्रतीकों जैसी कई पहचानें शामिल थीं। प्रभु जगन्नाथ, सर्वोच्च भगवान, एक भिन्न सबरा आदिवासी उत्पत्ति को भी समाविष्ट करते हैं। तेलुगु मछुवारे उन्हें अपने ईश्वर पिता के रूप में मानते हैं और श्रेया चंडालूनी[20] जैसी बहिष्कृत चांडाल महिलाओं सहित सभी वर्गों की महिलाएँ उनकी प्रबल भक्त मानी जाती थी, जबकि सभी छोटे राज्य किसी न किसी रूप में जगन्नाथ की महान परम्परा का हिस्सा बनकर ख़ुश थे। इसके अलावा, भगवान जगन्नाथ के अनुयायियों में ईसाई और मुसलमान समेत सभी समूहों के लोग शामिल थे। वास्तव में, नव निर्मित उड़ीसा प्रान्त के पहले प्रधानमंत्री, पारलाखेमुंडी के राजा[21] के.सी. गजपति नारायण देव के शुरुआती कार्यों में से एक भगवान जगन्नाथ की औपचारिक यात्रा करना था। यहाँ तक कि पुरी से अपनी पदयात्रा, अर्थात पैदल चलना,

शुरू करने के महात्मा गांधी के फ़ैसले की जड़ें, भगवान जगन्नाथ के लिए उड़िया लोगों की राष्ट्रवादी भावनाओं से जुड़ी हो सकती हैं।

विभिन्न प्रान्तों और रियासतों में विस्तृत सम्पूर्ण उड़िया-भाषी आबादी के लिए एक भाषायी राज्य की स्थापना हेतु जनमत जुटाना अपेक्षाकृत आसान था; लेकिन विरोधाभासों का प्रबन्धन, विशेष रूप से भूमि सुधारों से सम्बन्धित, वास्तव में एक चुनौती थी, ख़ासकर जब कांग्रेस भूमि में सम्बन्धित बिचौलियों के उन्मूलन और किसानों को अधिकारों की मान्यता देने के लिए प्रतिबद्ध थी। इस बीच, रियासतों में प्रजा मंडल राजाओं के शासन को निर्वाचित प्रतिनिधियों से बदलने के लिए प्रतिबद्ध थे। यद्यपि कांग्रेस में तब भी सत्ता का संघर्ष था जब तक यह 'स्वतंत्रता के लिए आन्दोलन' था, लेकिन 1935 के भारत सरकार अधिनियम के बाद यह तीव्र हो गया, जब पार्टी ने चुनावों में भाग लिया और इसे सीमित शक्तियों के साथ मंत्रिमंडल के गठन के लिए आमंत्रित किया गया।

उड़ीसा के मामले में, कांग्रेस सबसे बड़ी पार्टी के रूप में उभरी, लेकिन उड़ीसा के पहले प्रधानमंत्री पारलाखेमुंडी शाही परिवार के के.सी. गजपति नारायण देव थे, जिन्होंने कांग्रेस पार्टी के विश्वनाथ दास[22] को सत्ता सौंपने से पहले कुछ महीनों तक पदभार सँभाला था। उड़ीसा का पहला बजट भाषण 29 अगस्त, 1937 को विश्वनाथ दास द्वारा दिया गया था, जिसमें नई व्यवस्था के प्रति कांग्रेस की दुविधा को स्पष्ट रूप से व्यक्त किया गया है : '1935 का नया भारत सरकार अधिनियम हमारी इच्छा के ख़िलाफ़ और हमारे कड़े विरोध के बावजूद हम पर थोपा गया है। जब यह (ब्रिटिश) संसद का अधिनियम बन गया और इसे लागू किया जाना था, तब कांग्रेस ने अपनी रणनीति बदल दी और युद्ध और निर्माण की दोहरी संसदीय नीति अपनाई, ताकि इस आयातित संविधान से छुटकारा मिल सके और स्वयं की गठित संविधान सभा द्वारा बनाया गया अपना संविधान बना सकें। तभी हमें वास्तविक स्वराज और वास्तविक संवृद्धि प्राप्त होगी।'[23]

पहला बजट कठिन था। इसमें मद्रास और बिहार की पूर्ववर्ती सरकारों के साथ प्रशासनिक और वित्तीय मुद्दों का समाधान किया जाना शामिल था। दास ने 'परिसम्पत्तियों के वितरण में अनुचितता' के बारे में भी बात की और भारत सरकार से उड़ीसा बाढ़ राहत समिति के लिए तत्काल 50 लाख रुपये जारी करने का अनुरोध किया। पहली सरकार की कार्यसूची में सिंचाई, बाढ़ नियंत्रण और कृषि—सभी एक-दूसरे से सम्बन्धित—के साथ ही सहकारी समितियों एवं कुटीर और खादी उद्योगों का प्रसार भी केन्द्र में था। उनके कार्यकाल के दौरान तीन महत्त्वपूर्ण काश्तकारी क़ानून—मद्रास एस्टेट्स लैंड (उड़ीसा संशोधन अधिनियम),

उड़ीसा टेनेंसी (संशोधन अधिनियम) विधेयक और मनी लेंडर्स (विनियमन) विधेयक पेश किये गए।

बजट भाषण ने उल्लेख किया कि राज्य का आधे से अधिक क्षेत्र (20,000 वर्ग मील से अधिक और 2.67 लाख की आबादी) आंशिक रूप से बहिष्कृत क्षेत्र के अन्तर्गत था, जहाँ राज्यपाल का शासन सर्वोच्च था। एक और महत्त्वपूर्ण निष्कर्ष यह था कि उत्पाद शुल्क की मुख्य आय शराब से नहीं, बल्कि अफ़ीम से होती थी। बजट ने प्रतिबन्ध लगाने से सम्बन्धित समस्याओं का भी उल्लेख किया, विशेष रूप से पड़ोसी रियासतों में। हालाँकि, इससे पहले कि दास मंत्रालय वास्तव में इस स्थिति को नियंत्रित कर पाता, 1939 में कांग्रेस ने अपने विधायकों को सरकार छोड़ने का निर्देश दे दिया।

राज्यपाल शासन की संक्षिप्त अवधि और के.सी. गजपति नारायण देव के दूसरे कार्यकाल के बाद, कांग्रेस ने 1946 में हरे कृष्ण महताब[24] के मुख्यमंत्री बनने के साथ फिर से सत्ता सँभाली। बड़े ज़मींदार इतने शक्तिशाली थे कि महताब ने वाकई दावा किया कि बड़े ज़मींदार 'कम से कम तटस्थ रहेंगे', और वह किसी भी संगठित पार्टी को 1946 का चुनाव लड़ने से रोक देंगे। इस प्रकार, स्वतंत्रता के समीप, ज़मींदारों और कांग्रेस के बीच गठबन्धन की मज़बूती देखी जा सकती है। 60 में से 37 निर्वाचन क्षेत्रों में कांग्रेस निर्विरोध चुनी गई, साथ ही 11 अन्य प्रतिस्पर्धी सीटों में जीत के साथ 60 सदस्यीय सदन में कांग्रेस के कुल 47 सदस्य थे।

उनके मंत्रालय द्वारा उठाए गए सकारात्मक क़दमों में नमक कर का उन्मूलन, मन्दिर में प्रवेश के लिए प्रावधान और अस्पृश्यता का उन्मूलन शामिल थे। लेकिन कृषि सुधारों के सम्बन्ध में, 'भूमि राजस्व को एक समान बनाने, बिचौलियों को हटाने, जोत के विखंडन को रोकने, साझी भूमि के प्रावधान, स्वामित्व से सम्बन्धित क़ानूनों में संशोधन, बिक्री क़ानूनों को सरल बनाने, किराया सीमा, कृषि आयकर, साथ ही नियोजित आर्थिक विकास के हित में सरकार के लिए निजी कंपनियों हेतु भूमि अधिग्रहण को आसान बनाने के लिए क़ानून निर्माण' के लिए एक समिति का गठन किया गया था।'[25] यह स्पष्ट था कि सक्रिय भूमि विधान, जो पिछले दशक की राजनीति के लिए बहुत महत्त्वपूर्ण था, उसे दरकिनार कर दिया गया था।

हालाँकि, महताब के दृष्टिकोण से सन्दर्भ देखना भी महत्त्वपूर्ण है। वह एक तरफ़ रियासतों को उड़ीसा के साथ एकजुट करना चाहते थे, और वहीं आदिवासियों को भी राज्य की कृषि अर्थव्यवस्था में एकीकृत करना चाहते थे—उन्हें मध्यम मार्ग चुनना पड़ा।

इस बीच, सीपीआई के नेतृत्व वाले किसान संघ[26] ने ज़मींदारों के ख़िलाफ़ प्रत्यक्ष कार्रवाई शुरू की और किसानों को एक भागचाशी आन्दोलन (बटाईदार) के लिए जुटाया ताकि किसानों के सकल उत्पाद के पाँच में से तीन (3/5) हिस्से के साथ ही लिखित पट्टे समझौते का दावा किया जा सके। नवम्बर, 1947 में, बटाईदार अधिनियम ने आधिकारिक तौर पर इस प्रस्ताव को स्वीकार कर लिया, लेकिन उस समय की सरकार इस ज़िम्मेदारी के प्रति उदासीन थी।

जहाँ तक रियासतों का सवाल है, उन्होंने अपनी सम्प्रभुता और स्वतंत्रता का दावा करने के लिए एक आख़िरी प्रयास किया, जिसके कारण संविधान सभा के तत्कालीन सदस्य विश्वनाथ दास ने बलपूर्वक तर्क दिया कि सर्वोच्चता समाप्त होने के साथ, सम्प्रभुता भारत के लोगों में निहित होती है। प्रजामंडल स्पष्ट थे कि इन रियासतों का उड़ीसा में विलय किया जाना है। हालाँकि महताब ने भी पूर्ण विलय के बजाय 'प्रशासनिक विलय' का विचार पेश किया, लेकिन सरदार पटेल और वी.पी. मेनन के नेतृत्व वाला राज्य मंत्रालय स्पष्ट था : किसी अपवाद की अनुमति नहीं दी जानी चाहिए। हालाँकि कुछ राजाओं ने मैदानी इलाक़ों के किसानों के ख़िलाफ़ आदिवासियों को जुटाने की कोशिश की, लेकिन उन्हें मुश्किल में डाल दिया गया। यह दर्ज किया जाना चाहिए कि चौबीस रियासतों के उड़ीसा में विलय करने के लिए राजाओं द्वारा विलय पत्र पर हस्ताक्षर किये जाने के लिए प्रजामंडल और साम्यवादियों ने एक साथ काम किया।

18

तेलंगाना

तेलुगु-भाषी लोगों के लिए दूसरा राज्य

तेलंगाना का गठन[1]

राजनीतिक घटनाएँ इतिहास बनाती हैं : लेकिन इतिहास भी 'हमेशा बन रहा होता है',[2] क्योंकि वर्तमान को 'सतत वर्तमान' में सन्दर्भित किया जाता है। जब हम तेलंगाना के इतिहास की कल्पना करते हैं तो यह बहुत स्पष्ट हो जाता है। जबकि अधिकांश पर्यवेक्षक भारत के 29वें राज्य के इतिहास को 1955 से जोड़कर देखेंगे, जब बुद्धिजीवियों का एक वर्ग और तत्कालीन हैदराबाद का राजनीतिक नेतृत्व इसे आन्ध्र राज्य के साथ विलय करने के प्रयासों से सावधान था, वहीं कुछ लोगों ने इसे 1799[3] से भी जोड़ा है, जब निज़ाम को तटीय आन्ध्र और रायलसीमा में अपने क्षेत्र, टीपू सुल्तान के विरुद्ध युद्ध में उसे समर्थन देने के बदले, अंग्रेज़ों को सौंपने पड़े। 1852 में, कृष्णा और गोदावरी नदियों पर एक बाँध बनाने का निर्णय लिया गया था। यह भी एक महत्त्वपूर्ण मील का पत्थर था—क्योंकि इससे कृष्णा, गुंटूर और गोदावरी के अविभाजित ज़िलों में अभूतपूर्व समृद्धि आई, लेकिन जो क्षेत्र सीधे निज़ाम के अधीन रहे, वे अपने खेतों तक पानी की पहुँच की कमी के कारण समृद्धि से वंचित रहे।

हालाँकि, जब तेलंगाना आन्दोलन अपने चरम पर था, तो इसके अनुयायियों ने यह दावा किया कि तेलंगाना कालेश्वरम, श्रीसैलम और द्राक्षारामम के प्राचीन शिव मन्दिरों को सन्दर्भित करने वाला त्रिलिंग देश[4] है। इससे भी अधिक विश्वसनीय तर्क यह है कि निज़ाम के शासनकाल के दौरान, इस क्षेत्र को मराठी और कन्नड़-भाषी क्षेत्रों से अलग करने के लिए तेलुगु आँगन कहा जाता था—क्योंकि बहुभाषावाद हैदराबाद राज्य की पहचान थी जिसमें लोग उर्दू, तेलुगु, कन्नड़ और मराठी बोलते थे।

जैसा कि 1953 में आन्ध्र राज्य और 1956 में आन्ध्र प्रदेश के गठन पर पहले ही चर्चा हो चुकी है, तेलंगाना की उत्पत्ति जेंटलमैन समझौते[5] की विफलता से जुड़ी है। इस समझौते का पूर्ण रूप से उल्लंघन किया गया था और इसके परिणामस्वरूप 1960 के दशक के विमर्श में अन्तर्निहित स्थायी तनावों में से एक था : जब प्रभुत्वशाली अभिजात वर्ग के हित दाँव पर लगे हों, तो क्या संसाधन-हीन क्षेत्र के राजनीतिक अभिजात वर्ग के लिए इस तरह का समझौता सुनिश्चित करना सम्भव था? भाषायी संकल्प महत्त्वपूर्ण था, लेकिन विकास की आकांक्षाओं को अनदेखा नहीं किया जा सकता था।

एक अन्य कारक जिसे अक्सर इस विमर्श में अनदेखा किया जाता है, वह दोनों क्षेत्रों के विलय का समर्थन करने में तत्कालीन सीपीआई की महत्त्वपूर्ण भूमिका है। सीपीआई मार्क्सवादी धारणा के अनुसार एक 'भाषायी राष्ट्रीयता'[6] से निर्देशित थी। आम धारणा थी कि 1957 के दूसरे आम चुनावों में, एकीकृत राज्य में साम्यवादी पार्टी के सत्ता में आने की काफ़ी सम्भावना थी। लेकिन कॉमरेडों ने कांग्रेस की समाजवादी बयानबाजी अपनाने और कम्यूनिस्ट पार्टी ऑफ़ द सोवियत यूनियन (सीपीएसयू)[7] के नेतृत्व के साथ मित्रता करने की क्षमता को नज़रअन्दाज़ किया था। क्योंकि अब तक वैश्विक समीकरण के सम्बन्ध में नेहरू और कम्यूनिस्ट पार्टी ऑफ़ द सोवियत यूनियन क़रीब आ रहे थे, जिससे सीपीआई[8] नेतृत्व (जो बाद में सीपीआई [एम] बन गया) का एक वर्ग नाख़ुश था। हरगोपाल[9] के अनुसार, 'इस प्रक्रिया में, साम्यवादी पार्टी का विशालांध्र के गठन का सपना सच हो गया, लेकिन उनकी सत्ता में आने की उनकी उम्मीदें पूर्ण रूप से झूठी साबित हुई'।[10]

इस दौरान, जहाँ आन्ध्र के ज़िलों में हरित क्रान्ति प्रौद्योगिकियों की सफलता के कारण सिंचाई, बीज, उर्वरक और बाज़ार तक पहुँच सुनिश्चित होने के कारण यह क्षेत्र आधिक्य का साक्षी बना, वहीं तेलंगाना के ज़िलों में पिछड़ापन जारी रहा। जबकि आन्ध्र उत्पादन की दृष्टि से कृषि मोड से बाज़ार मोड[11] में आगे बढ़ गया, जहाँ कृषि उद्योग, विनिर्माण और रियल एस्टेट के साथ हैदराबाद में निवेश के लिए भी पर्याप्त अधिशेष था, लेकिन अन्य क्षेत्र—तेलंगाना, रायलसीमा और उत्तर आन्ध्र—अभी भी वर्षा-निर्भर कृषि और उत्पादन के कृषि मोड पर निर्भर थे। हैदराबाद के मौजूदा अभिजात—पंजाबी, मारवाड़ी और गुजराती—भी पृथक तेलंगाना आन्दोलन के साथ जुड़ गए, जो 1969 में उत्कर्ष पर पहुँचा। इस समझौते के उल्लंघन और शिक्षा एवं रोज़गार में भेदभाव का हवाला देते हुए मुख्य रूप से छात्रों और सरकारी कर्मचारियों के नेतृत्व में उभरे इस आन्दोलन में 350 से अधिक लोगों की जान चली गई।

मरी चेन्ना रेड्डी[12] ने सत्तारूढ़ कांग्रेस पार्टी से नाता तोड़कर आन्दोलन का नेतृत्व करने के लिए तेलंगाना प्रजा समिति (टीपीएस) की स्थापना की। हालाँकि इन्दिरा गांधी, जो उस समय सरकार और पार्टी दोनों के शीर्ष पर थीं, राज्य के विभाजन के ख़िलाफ़ थीं, लेकिन उन्होंने तेलंगाना के नेताओं को पार्टी और सरकार, दोनों में समायोजित किया। तेलंगाना की भावनाओं को शान्त करने के प्रयास में, तेलंगाना के राजनेता नरसिम्हा राव को ब्रह्मानन्द रेड्डी की जगह आन्ध्र का मुख्यमंत्री बनाया गया। इसने कांग्रेस आलाकमान[13] के पूर्ण वर्चस्व की शुरुआत और कांग्रेस में क्षेत्रीय क्षत्रपों के अन्त को भी चिह्नित किया, जिसके कारण दीर्घ अवधि में आन्ध्र और तेलंगाना, दोनों में क्षेत्रीय दलों का उदय हुआ।

नरसिम्हा राव ने भूमि सुधार और पुनर्वितरण को आगे बढ़ाने का फ़ैसला किया, जिसे तब तक कभी भी सख़्ती से लागू नहीं किया गया था। नेतृत्व में इस बदलाव और भूमि सुधारों के ख़तरे से नाराज़ आन्ध्र के अभिजात वर्ग ने 1971-72 में अपना समानान्तर जय आन्ध्र[14] आन्दोलन शुरू किया, जिसमें राज्य के विभाजन की भी माँग की गई। चूँकि वे भूमि सुधारों को सीधे चुनौती नहीं दे सकते थे, इसलिए उन्होंने हैदराबाद शहर में मुल्की[15] नियमों की मान्यता को उठाया। शुरुआत में, आन्ध्र के कर्मचारी संघों ने मुल्की नियमों की क़ानूनी वैधता को चुनौती देते हुए उच्च न्यायालय में मामले दायर किये। हालाँकि उच्च न्यायालय ने इन नियमों को असंवैधानिक घोषित किया, किन्तु सुप्रीम कोर्ट ने उनकी वैधता को बरकरार रखा। परन्तु आन्ध्र लॉबी इतनी मज़बूत थी कि उन्होंने मुल्कियों के सम्बन्ध में संसद में ही क़ानून संशोधित करवा दिया।

आपातकाल के बाद, आन्ध्र और कर्नाटक दो ऐसे राज्य थे जिन्होंने इन्दिरा गांधी-विरोधी लहर का सामना नहीं किया, और जब तीन साल में जनता गठबन्धन टूट गया, तो कांग्रेस सत्ता में वापस आ गयी। हालाँकि, नया अभियान 'ग़रीबी हटाओ' नहीं था, बल्कि भारत की एकता और अखंडता था। इसी दौर ने विचारधारा की राजनीति से पहचान की राजनीति में संक्रमण को चिह्नित किया।

तत्कालीन प्रधानमंत्री राजीव गांधी द्वारा टी. अंजैया[16] के सार्वजनिक अपमान से जनता में आक्रोश भर गया, ख़ासकर तब, जब अंजैया अपनी इस बेइज़्ज़ती पर फूट-फूट कर रो पड़े। इसके साथ ही कांग्रेस आलाकमान के दबाव में राज्य के मुख्यमंत्री को बार-बार बदलने से एनटीआर के नाम से मशहूर नन्दामुरी तारक रामाराव और उनकी राजनीतिक प्रणाली के उदय की ज़मीन तैयार हुई। तेलुगु फ़िल्मों में निभाए गए पौराणिक और सामाजिक किरदारों की वजह से वह आन्ध्र और तेलंगाना, दोनों जगह प्रसिद्ध थे, उनकी लोकप्रियता कल्याणकारी राज्य की बयानबाजी से और बढ़ी, जिसे कांग्रेस ने छोड़ दिया था।

उनकी तेलुगु देशम पार्टी (टीडीपी) तेलुगु गौरव और पहचान का दावा करती थी। जैसा कि हरगोपाल ने तेलंगाना राज्य के विकास पर अपने व्याख्यान में सारगर्भित रूप से कहा था, 'अखिल तेलुगु पहचान के परिणामस्वरूप आन्ध्र प्रदेश के भीतर अन्तत:अन्य क्षेत्रीय पहचानों को दबा दिया गया।'[17] हमेशा से ही इस तरह—उप-पहचानों के साथ समझौता करने के बजाय—पहचान की राजनीति के विभिन्न रूपों ने उप-पहचान की आक्रामक राजनीति के उद्भव के लिए सम्भावना और जगह छोड़ दी गई। इस प्रकार, सहस्राब्दी के अन्त में तेलंगाना की पहचान का उदय परिवर्तन की उस सामाजिक एवं राजनीतिक गतिशीलता का हिस्सा था, जिसे तब और बढ़ावा मिला जब छत्तीसगढ़, झारखंड और उत्तराखंड को क्रमश: मध्य प्रदेश, बिहार और उत्तर प्रदेश से अलग किया गया। इसके अलावा, कप्पू, कम्मा, दलितों, आदिवासी समुदायों और महिलाओं ने एक समूह के रूप में 'टीडीपी सहमति' को तोड़ दिया और तेलंगाना उप-पहचान के दावे का मार्ग प्रशस्त किया।

एनटीआर को उनके दामाद चन्द्रबाबू नायडू[18] ने बेदख़ल कर दिया था, जिन्होंने ख़ुद को राज्य के मुख्यमंत्री के बजाय सीईओ के रूप में प्रस्तुत किया। राष्ट्रीय (अंग्रेज़ी) मीडिया के एक बड़े वर्ग ने उन्हें इक्कीसवीं सदी के सीईओ के रूप में पेश किया, जो आईटी, ई-गवर्नेंस और विदेशी निवेश के माध्यम से परिदृश्य को बदल देगा। हैदराबाद भारत के उदारीकरण की 'पोस्टर सिटी' बना, लेकिन हैदराबाद के आसपास के ज़िलों—महबूबनगर, रंगारेड्डी, मेडक और नलगोंडा—के लोगों में यह भावना घर कर गई कि उनकी उपेक्षा की जा रही है, जिससे रोष की भावना उत्तरोत्तर बढ़ती चली गई। स्वास्थ्य और शिक्षा से सरकार के पीछे हटने और इन सेवाओं के लिए 'निजी प्रदाताओं' की बढ़ती सम्भावना ने तेलंगाना ज़िलों के लोगों को और अधिक अलग-थलग कर दिया।

असन्तोष और अभाव की इस गहरी भावना से तेलंगाना राष्ट्रीय समिति (टीआरएस) का उदय हुआ : जैसे ही लोगों ने एक अलग राज्य की माँग का आह्वान किया, दोनों अखिल भारतीय दलों, कांग्रेस और भाजपा को राज्य की माँग का समर्थन करने के लिए मजबूर होना पड़ा, ख़ासकर इसलिए कि इन पार्टियों ने हिन्दी पट्टी में नये राज्यों के गठन का समर्थन किया था। इस प्रकार, भाजपा ने 1997 में ही तेलंगाना को अपना समर्थन दे दिया। पृथक राज्य के लिए असली माहौल 2001 में बना, जब के. चन्द्रशेखर राव[19] (केसीआर) ने टीडीपी से इस्तीफ़ा देकर टीआरएस का गठन किया। 2004 के चुनावों में, टीआरएस ने कांग्रेस के साथ गठबन्धन करके छब्बीस विधान सभा और पाँच लोक सभा सीटें जीतकर अपनी छाप छोड़ी।

टीआरएस संयुक्त प्रगतिशील गठबन्धन (यूपीए)[20] का हिस्सा बनी और पृथक राज्य की माँग को 'परामर्श और सहमति' की शर्तों के साथ न्यूनतम साझा कार्यक्रम में शामिल किया गया। 2006 में, आन्ध्र प्रदेश की स्थिति पर परामर्श समिति (सीसीएसएपी) का गठन किया गया। इसके प्रमुख, पूर्व मुख्य न्यायाधीश बी.एन. श्रीकृष्ण के नाम पर श्रीकृष्ण समिति के नाम से लोकप्रिय इस समिति ने कोई निर्णायक रिपोर्ट नहीं दी, इसमें केवल यह बताया गया कि तेलंगाना और रायलसीमा सहित राज्य के सभी क्षेत्रों का 'सन्तुलित' विकास होना चाहिए। इसने 2010 में अपनी (अनिर्णायक) रिपोर्ट प्रस्तुत की।

इस बीच, कांग्रेस नेतृत्व की ओर से शिथिलता से तंग आकर, टीआरएस ने गठबन्धन छोड़ दिया और आश्चर्यपूर्वक टीडीपी और वामपंथी दलों के साथ गठबन्धन बनाया। गठबन्धन को बड़ी पराजय का सामना करना पड़ा जब कांग्रेस के वाई.एस. राजशेखर रेड्डी[21] ने (पंजाब के प्रताप सिंह कैरॉन की तरह) अपने प्रतिद्वंद्वियों के ख़िलाफ़ संरक्षण और दबाव, दोनों का प्रयोग करके आन्दोलन रोकने में सफलता प्राप्त की। 2009 में एक हेलीकॉप्टर दुर्घटना में उनकी आकस्मिक मौत ने राज्य कांग्रेस के नेतृत्व में खाली स्थान छोड़ दिया, और उसी वर्ष दिसम्बर में केसीआर ने अपने आमरण अनशन की शुरुआत की।

गृह मंत्रालय ने शायद पहले की भूख हड़तालों के बाद हुई हिंसा, ख़ासकर पोट्टी श्रीरामुलु से सम्बन्धित, के अनुभव पर आधारित रणनीति बनाई और जल्दबाजी में प्रक्रिया शुरू करने की घोषणा कर दी। केन्द्र सरकार पर दबाव बढ़ाने के लिए, उस्मानिया विश्वविद्यालय[22] के प्रोफ़ेसर एम. कोदंडराम रेड्डी के नेतृत्व में राजनीतिक और ग़ैर-राजनीतिक समूहों वाली एक तेलंगाना संयुक्त कार्रवाई समिति का गठन किया गया। आन्ध्र में भी नागार्जुन विश्वविद्यालय[23] के प्रोफ़ेसर एन. सैमुअल के नेतृत्व में इसी तरह की एक संयुक्त कार्रवाई समिति का गठन किया गया था। हालाँकि इन समितियों का नेतृत्व शिक्षाविद कर रहे थे, लेकिन स्पष्ट था कि वे वास्तव में स्वायत्त नहीं थी—दरअसल दोनों ही अपने-अपने उद्देश्यों का पक्ष रखने वाले वक्ता थे। यह भी बिलकुल स्पष्ट था कि जिन्न चिराग़ से बाहर निकल चुका था, खाई चौड़ी हो गई थी और राजनीतिक दलों के चाहने पर भी वापसी की कोई सम्भावना नहीं थी। टीडीपी, कांग्रेस और भाजपा आन्तरिक रूप से विभाजित थे क्योंकि चाहे वे किसी भी क्षेत्र में हों, उनके नेताओं और कार्यकर्ताओं के पास 'बहुसंख्यक' दृष्टिकोण का समर्थन करने के अलावा कोई विकल्प नहीं था।

तेलंगाना की माँग लोक कलाकारों—विशेष रूप से जो गीत और नृत्य से जुड़े थे—द्वारा भी 'धूम धाम' नामक ग्राम-स्तरीय कार्यक्रमों में व्यक्त किया गया,

जिसमें पृथक राज्य की माँग और उनके क्षेत्र के साथ अन्याय से सम्बन्धित गीतों का तालियों की गड़गड़ाहट से स्वागत किया जाता। तेलंगाना विरोधी माने जाने वाले, ख़ासकर टीडीपी और कांग्रेस जैसे पार्टियों के, निर्वाचित प्रतिनिधियों को अपमानित किया जाता था। इलेक्ट्रॉनिक मीडिया ने भी 'दशा दिशा' नामक लाइव बहस और जनमत सर्वेक्षण आयोजित करने का काम अपने हाथ में ले लिया। यह एक ऐसा मंच था जिसमें सभी क्षेत्रों के लोगों को, ख़ासकर वे जो राजनीति से प्रत्यक्ष तौर पर नहीं जुड़े थे, भाग लेने के लिए आमंत्रित किया जाता था।

आख़िरकार 2013 में यूपीए ने तेलंगाना के गठन की घोषणा की, और सीमांध्र के सांसदों के ज़ोरदार विरोध और आन्ध्र विधान सभा द्वारा ध्वनिमत से प्रस्ताव को ख़ारिज किये जाने के बावजूद, राष्ट्रपति प्रणब मुखर्जी ने 2014 में तेलंगाना विधेयक को मंज़ूरी दे दी। हैदराबाद[24] को दस वर्षों तक दोनों राज्यों की संयुक्त राजधानी बनाई गई। हालाँकि, परिसम्पत्तियों के वितरण के साथ-साथ कैडर आवंटन को लेकर दोनों नवगठित राज्यों के बीच इतनी दुश्मनी थी कि आन्ध्र के मुख्यमंत्री चन्द्रबाबू नायडू ने अमरावती को नई राजधानी बनाने का फ़ैसला किया।

2014 में तेलंगाना राज्य के पहले चुनाव में टीआरएस ने जीत हासिल की और केसीआर राज्य के पहले मुख्यमंत्री के रूप में चुने गए। उन्होंने 2019 में दूसरा कार्यकाल और भी ज़्यादा बहुमत के साथ जीता। अब वह अपने बेटे और सम्भावित उत्तराधिकारी केटीआर के साथ तेलंगाना को सिंचाई, कृषि, आजीविका और ग़रीबी उन्मूलन को समान प्राथमिकता देने के साथ ही निवेश के लिए देश के सबसे अनुकूल राज्य के रूप में पेश करने की कोशिश कर रहे हैं। क्षेत्रीय विकास का यह मॉडल उस दूसरे प्रमुख दृष्टिकोण के लिए बड़ी चुनौती पेश करता है, जो कहता है कि अगर केन्द्र और राज्य में सत्ताधारी पार्टियों की संगतता होती है, तो विकास तेज़ गति से होता है।

उपसंहार

यह पुस्तक भारत के राज्यों के निर्माण और पुनर्निर्माण के बारे में है, लेकिन इसे समाप्त करने से पहले हमें जम्मू-कश्मीर पुनर्गठन अधिनियम पर चर्चा करनी होगी, जिसके कारण जम्मू-कश्मीर राज्य के क्षेत्र से दो केन्द्र शासित प्रदेशों का निर्माण हुआ : जम्मू-कश्मीर और लद्दाख। लद्दाख ने जो पहचान रियासत-ए-जम्मू वा कश्मीर वा तिब्बत हा के आधिकारिक नाम से हटा दिये जाने पर खो दी थी, वह अब पुनर्जीवित हो गई है। यह वर्तमान में आकार की दृष्टि से भारत का सबसे बड़ा केन्द्र शासित प्रदेश है। 59,000 वर्ग किलोमीटर के साथ, यह जम्मू-कश्मीर के क्षेत्र से लगभग 17,000 वर्ग किलोमीटर अधिक है। दृश्य और मानचित्रण परिप्रेक्ष्य से, यह अब भारत का शिखर है।

यह भी दिलचस्प है कि जब लद्दाख एक केन्द्र शासित प्रदेश बन गया, तो तेलंगाना के गठन को भी सन्दर्भ मिला। प्रसिद्ध विद्वान और पूर्व राजनयिक और गौरवान्वित लद्दाखी, पी. स्टोबडन, ने द *वीक* के लिए अगस्त 2019 के लेख में लिखा : 'लद्दाख 185 साल की ग़ुलामी और ज़बरदस्ती के बाद मुक्त महसूस करता है। लद्दाख की अलग राज्य की माँग 1947 से लम्बित है—तेलंगाना की माँग से भी पुरानी।' इसे लद्दाख बुद्धिस्ट एसोसिएशन (एलबीए) की लम्बे समय से चली आ रही लद्दाख को कश्मीर से अलग करने वाली माँग की पूर्ति के रूप में देखा गया, जिसे 1933 में संगठन की स्थापना के समय से ही जिग्मेट दादुल नामग्याल, कालोन त्सेवांग रिगज़िन, कालोन बंकापा मोरुप ग्यालत्सन और मुंशी सोनम त्सेवांग द्वारा उठाया गया था। इसके गठन का एक सम्भावित कारण प्रजा परिषद के लिए लद्दाख से दो सदस्यों का चयन करना था, जिसे उसी वर्ष महाराजा हरि सिंह द्वारा बनाया गया था। जैसा कि पुस्तक में पहले उल्लेख किया गया है, यह प्रभावी से अधिक प्रतीकात्मक था, क्योंकि दरबार में अधिकारियों और नामांकित व्यक्तियों का बहुमत बना हुआ था।

जो भी हो, 26 अक्टूबर, 1947 को महाराजा हरि सिंह द्वारा इंस्ट्रूमेंट ऑफ़ ऐक्सेशन पर हस्ताक्षर करने और एक दिन बाद 27 अक्टूबर को गवर्नर जनरल माउंटबेटन द्वारा इसकी स्वीकृति के साथ, जम्मू-कश्मीर की रियासत में लद्दाख की तत्कालीन वज़ारत, जम्मू-कश्मीर राज्य के अन्तर्गत कश्मीर विभाग का एक प्रशासनिक ज़िला बन गया। इसके अलावा, कश्मीर राष्ट्रीय और विश्व स्तर पर राजनीतिक विमर्श में हावी रहा, उसके साथ ही जम्मू भी, जो राज्य की शीतकालीन राजधानी होने के साथ ही वाणिज्यिक केन्द्र एवं राज्य के लिए सरकारी आपूर्ति हेतु रेलहेड होने की वजह से उपकेन्द्र भी था। लद्दाख की अपेक्षाकृत कम आबादी और राज्य विधान सभा में केवल चार सीटें—नुब्रा, लेह, कारगिल और ज़ास्कर—और केन्द्रीय संसद में मात्र एक सीट होने के कारण, राजनीतिक रूप से हाशिए पर था।

1949 की शुरुआत में ही एलबीए के चीवांग रिगज़िन ने प्रधानमंत्री जवाहरलाल नेहरू को एक ज्ञापन सौंपा, जो इस प्रकार था :

> यदि जनमत संग्रह का परिणाम भारत के पक्ष में होता है, तो हम उस महान देश के साथ घनिष्ठ सम्बन्ध की दिशा में राज्य के अन्य लोगों की तुलना में एक क़दम और आगे बढ़ जाते हैं, और यदि ऐसा नहीं होता...तो हमारा फ़ैसला स्पष्ट और निर्विवाद होगा...हमने ख़ुद को राज्य से अलग करने का फ़ैसला किया है...हमने वास्तव में भारत में शामिल होने का मन बना लिया है...हम निश्चित रूप से अपने लाभ के लिए प्रस्ताव दे रहे हैं; हम भारत के साथ विलय में ही अपनी मुक्ति की एकमात्र आशा देखते हैं...

बुद्ध के समकालीन अरिहंत बकुला पुनर्जन्म माने जाने वाले लद्दाख के प्रमुख लामा, कुशक बकुला तो एक क़दम और आगे बढ़ गए। वह एक स्वायत्त लद्दाख चाहते थे जो सीधे संघ से जुड़ा हो, या लाहौल-स्पीति और पंजाब के पहाड़ी राज्यों के सहयोग से संचालित हो। बकुला ने कहा कि वे कश्मीर का हिस्सा बनने के बजाय तिब्बत में शामिल होना पसन्द करेंगे। हालाँकि, नेहरू ने कुशक बकुला, जो कांग्रेस के सदस्य थे, को जम्मू-कश्मीर मंत्रिमंडल में शामिल होने और अनुच्छेद 370 द्वारा उत्पन्न कठिनाइयों के कारण जम्मू-कश्मीर के ढाँचे के भीतर विकास के लिए मनाया। लेकिन 1968 में राज्य में क्षेत्रीय असन्तुलन के आरोप की जाँच करने के लिए नियुक्त न्यायमूर्ति पी.बी. गजेंद्रगडकर समिति ने पुष्टि की कि लद्दाख को राज्य के विकास व्यय में केवल मामूली हिस्सा मिल रहा था।

चूँकि राज्य सरकार ने इस रिपोर्ट पर अनुवर्ती कार्रवाई नहीं की। अत: यूटी के दर्जे के लिए लद्दाखियों ने आन्दोलन शुरू कर दिये, जैसे थुपस्तान छेवांग ने पहले 1974 में और फिर 1982 में।

इस बीच, 1979 में, कारगिल एक नया ज़िला बना। एलबीए को लगा कि यह धर्म के आधार पर लद्दाखियों के बीच दरार पैदा करने के लिए शेख अब्दुल्ला की ओर से एक निन्दनीय क़दम था, हालाँकि उनके समान जातीय पूर्वज थे और वे एक ही भाषा बोलते थे।

1987 में दार्जिलिंग गोरखा हिल परिषद की दार्जिलिंग में स्थापना के बाद लद्दाख के लिए ऐसे ही समान निकाय की माँग को अस्वीकार करने का कोई आधार नहीं था। चूँकि विरोध प्रदर्शन 1991 से 1992 तक जारी रहा, और राज्य सरकार का विचार था कि प्रस्ताव के लिए राज्य के संविधान में संशोधन की आवश्यकता होगी, साथ ही भारतीय संविधान के अनुच्छेद 370 का अस्तित्व भी संकट मरण पड़ सकता था। हालाँकि, आख़िरकार गृह मंत्रालय को एलबीए के तर्क में दम नज़र आया और, 1995 में लोकतांत्रिक तरीक़े से लेह स्वायत्त पहाड़ी विकास परिषद (एलएएचडीसी) के लिए चुनाव कराया गया, जिसके बाद 2003 में कारगिल स्वायत्त पर्वतीय विकास परिषद अस्तित्व में आई।

और जब अनुच्छेद 370 को पूरी तरह से हटा दिया गया, तो लेह और कारगिल के दो ज़िलों को लद्दाख के केन्द्र शासित प्रदेश के रूप में गठित किया गया। हालाँकि, एलबीए और अन्य लेह-आधारित संगठनों ग्यालरुंग द्रुक्पा एवं अंजुमन मोईन-उल-इस्लाम ने इसका स्वागत किया। ऐतिहासिक रूप से, कारगिल को उपेक्षा का सामना करना पड़ा क्योंकि व्यापार मार्ग बाधित हो गए थे और इसे 1948, 1965,1971 और 1999 में पाकिस्तानी घुसपैठियों के सभी हमलों का ख़ामियाज़ा भी भुगतना पड़ा। हालाँकि, एसएसबी, आईटीबीपी और लद्दाख स्काउट्स में ज़्यादातर भर्ती लेह से होती थी। कारगिल के युवाओं को सशस्त्र बलों में 1999 के बाद ही शामिल करना शुरू किया गया। कारगिल में विरोध की सुगबुगाहट होने लगी थी क्योंकि यहाँ के निवासियों की आम धारणा यह थी कि 'लद्दाखी पहचान' में उनके महत्त्व को गौण करके, लेह के मठों, स्तूपों, लैन्स्कैप और शान्त झीलों को इस पहचान का पर्याय बना दिया गया था। कारगिल निवासियों ने दोहरे ख़तरे की शिकायत की : पूर्ववर्ती राज्य सरकार में उनकी उपेक्षा की गई, क्योंकि वे शिया थे और अब उनका शोषण किया जा रहा हैं क्योंकि वे बौद्ध नहीं है। वे इस ओर ध्यान आकर्षित करते हैं कि 1.40 लाख निवासियों वाले कारगिल ज़िले की आबादी लेह की 1.33 लाख से थोड़ी अधिक है—हालाँकि क्षेत्रफल के सन्दर्भ में,

45,000 वर्ग किलोमीटर वाला लेह, कारगिल से तीन गुना बड़ा है। हालाँकि, इस बात पर आम सहमति है कि पिछले दशक में देश के बाक़ी हिस्सों के साथ इस क्षेत्र की कनेक्टिविटी सुनिश्चित करने के लिए ज़ोजिला सुरंग और कारगिल ज़ास्कर राजमार्ग सहित बुनियादी ढाँचा परियोजनाओं पर बड़ा ज़ोर दिया गया है। लद्दाख को केन्द्र शासित प्रदेश घोषित किये जाने से इसे और भी अधिक प्रोत्साहन मिलने की उम्मीद है।

इस प्रकार, अनुच्छेद 370 को निरस्त करने और यूटी के निर्माण से बाहरी और आन्तरिक, दोनों प्रभाव पड़े हैं। जब तक यह जम्मू-कश्मीर का हिस्सा था, इसकी राजनीतिक आवाज़ बहुत कम थी, क्योंकि परिषदों के निर्माण के बाद भी, प्रमुख अधिकारी राज्य सरकार को रिपोर्ट करते रहे। अब केन्द्र सरकार राजमार्गों से लेकर दूरसंचार और बिजली ग्रिडों तक सीधे विकास हस्तक्षेपों की निगरानी कर सकती है। लेह और कारगिल दोनों को स्मार्ट सिटी कार्यक्रम के दायरे में लाया गया है, और देश-भर के अधिकारियों को इस क्षेत्र में नियुक्त किया जा रहा है। लद्दाख के निवासियों के लिए नौकरियों में आरक्षण और भूमि पर नियंत्रण की प्रमुख माँग भी स्वीकार कर ली गई है। एक महत्त्वपूर्ण चुनौती यह सुनिश्चित करना होगा कि शासन के संस्थानों में लेह और कारगिल, दोनों समान रूप से सशक्त और जुड़ा हुआ महसूस करें, तथा रक्षा सहित सभी क्षेत्रों में रोज़गार का उचित अवसर प्राप्त करें।

लद्दाख की इस नई रूपरेखा से विदेश नीति में भी नई सम्भावनाएँ उत्पन्न होती हैं। जैसा कि स्टोब्डन कहते हैं : 'यह चीन के साथ क्षेत्रीय विवादों पर नये सिरे से विचार करने के लिए भी द्वार खोलता है। लद्दाख को केन्द्र शासित प्रदेश का दर्जा देना एक मास्टरस्ट्रोक था। यह एक रणनीतिक क़दम है। अब जब जम्मू-कश्मीर जा चुका है, तो अब इसकी क्षेत्रीय अखंडता पर अड़े रहने की कोई आवश्यकता नहीं है—अक्साई चिन के मुद्दे को एक नये दृष्टिकोण से देखा जा सकता है।' यह सचमुच एक बहुत ही साहसिक कथन है, लेकिन जब यह विचार एक अनुभवी राजनयिक और लद्दाख के एक निवासी की ओर से आया है, इस पर निष्पक्षता से विचार किया जाना चाहिए। इतिहास हमें एक बात सिखाता है कि कोई स्थायी शत्रु या मित्र नहीं होते, स्थायी केवल हित होते हैं, जो सदैव विकसित होते रहते हैं!

~

समकालीन इतिहास पर हर नई किताब एक नई अन्तर्दृष्टि प्रदान करती है। इंडिया अर्थात् भारत, इतना विशाल देश है कि कई सामान्यीकरण अनिवार्य रूप से प्रवेश

कर जाते हैं : इतिहासकार और वर्णनकर्ता का काम होता है कि वह प्रचलित धारणा में नये तथ्यों को शामिल करे। उदाहरण के लिए, पंजाब में हिन्दी और पंजाबी अख़बारों की भूमिका को लेते हैं। जब जालंधर में लोगों ने एक ओर जहाँ 'वीर प्रताप' और 'पंजाब केसरी' द्वारा उगले गए तीखे ज़हर को देखा, तो दूसरी तरफ़ 'अकाली पत्रिका' और 'अजीत' को। मैंने यह मान लिया था कि इन अख़बारों ने ज़रूर पंजाब सूबा आन्दोलन में अपनी भूमिका निभाई होगी। हालाँकि, रमेश इंदर सिंह की किताब 'टरमोइल इन पंजाब' पढ़ने के बाद मुझे एहसास हुआ कि हिन्दी और पंजाबी की लड़ाई वास्तव में 'अजीत' और 'हिन्द समाचार' समूह द्वारा उर्दू में लड़ी जा रही थी! 'अजीत' बाद में एक पंजाबी समाचार पत्र बना और फिर 'पंजाब केसरी' के हिन्दी संस्करण की शुरुआत हुई। हालाँकि, 'ऑपरेशन ब्लू स्टार' ने पंजाब की सीमा पर कोई प्रभाव नहीं डाला, और इसलिए इस अध्ययन से परे है, फिर भी बी.डी. पांडे की किताब 'इन द सर्विस ऑफ़ फ्री इंडिया' में उनकी महत्त्वपूर्ण टिप्पणियाँ इस अध्याय के लेखन में मददगार रही। इसी तरह, 2022 में प्रकाशित विजय गोखले की किताब 'द लॉग गेम' भारत की कार्टोग्राफ़िक कल्पना से तिब्बत को बाहर करने के कारणों पर शानदार दृष्टिकोण प्रदान करती है। फिर, मनु पिल्लई की किताब 'फॉल्स एलायज़' है, जो रियासतों के राजाओं के ब्रिटिश राज के साथ सम्बन्धों पर प्रकाश डालती है—लेकिन जब मैंने इसे देखा, तब तक राज्यों के एकीकरण वाले अध्याय को पहले ही 'लॉक' किया जा चुका था।

मैंने इस किताब में भारतीय श्रम सेना में शामिल होने के लिए नागा के योगदान और साथ ही संथालों की अनिच्छा का भी उल्लेख किया है। अब जेएनयू से राधिका सिंह का एक शैक्षणिक कार्य है, जिसका नाम 'द कूली'ज़ ग्रेट वॉर' है। यह सूची आगे बढ़ सकती है, लेकिन मेरे हार्पर कॉलिंस के सम्पादक ने मुझे आगाह किया है कि यदि पूर्ण रूप से तैयार अन्तिम पांडुलिपि स्वतंत्रता दिवस से पहले उन्हें प्राप्त नहीं होती है, तो हमारी स्वतंत्रता के पचहत्तरवें वर्ष के दौरान इस पुस्तक के प्रकाशित होने का कोई मार्ग नहीं है।

~

आगे क्या? ख़ैर, नये राज्यों की माँग, स्वायत्त परिषदों की माँग और नामकरण में परिवर्तन कभी नहीं रुकेगा। कई राज्य—पंजाब और हरियाणा, असम और मिज़ोरम, पश्चिम बंगाल और उड़ीसा, महाराष्ट्र और कर्नाटक, कुछ नामों का ज़िक्र करें तो, अब भी अपनी सीमाओं पर विवाद कर रहे हैं और एक-दूसरे के क्षेत्रों पर दावा कर रहे हैं।

फिर पानी के बँटवारे के मामलों में विवाद है, जो हर चुनाव से पहले बढ़ जाते हैं। पाँचवीं और छठी अनुसूचियों के तहत स्थापित परिषदें निधियों, कार्यों और पदाधिकारियों के अधिक हस्तान्तरण जारी होने के बाद भी ध्यान देने की माँग कर रही हैं। वे उन उम्मीदों पर खरी नहीं उतरी हैं, जिसके लिए उनका निर्माण हुआ था। क्या सीखने लायक कोई सबक है? राज्य सरकारों ने राजस्व और पुलिस कार्यों पर अपना नियंत्रण छोड़ने से इनकार कर दिया है, और राजनीति में जो लोग हैं, उनसे यह सवाल पूछा जा सकता है—जो लोग सत्ता में है, यदि उनके पास न कुछ देने के लिए हो, न ही लेने के लिए तो क्या सत्ता कुछ मायने रखती है?

तेलंगाना की स्वीकृति ने निश्चित रूप से मराठी और बंगाली भाषियों के लिए दूसरे राज्य की उम्मीदें फिर से जगा दी हैं। हालाँकि 2021 के लिए निर्धारित दशकीय जनगणना को कोविड के कारण स्थगित कर दिया गया था, लेकिन इसे हमेशा के लिए विलम्बित नहीं किया जा सकता है; जब परिणाम आएँगे, तो वाक़ई में लोक सभा और राज्य सभा की सीटों के निर्धारण के लिए अपनाए जाने वाले सिद्धान्त पर गहन राजनीतिक प्रतिस्पर्धा की उम्मीद की जा सकती है—क्योंकि यदि जनसंख्या ही एकमात्र मानदंड हो, तो हिन्दी बोलने वाले राज्यों, ख़ासकर यूपी के सांसदों का हिस्सा निश्चित रूप से बढ़ेगा। स्पष्ट है कि नया संसद भवन लोक सभा में 888 सदस्यों को और राज्य सभा में 384 सदस्यों को समायोजित कर सकता है। उसमें सभी 1272 की संयुक्त बैठक का प्रावधान भी है। लेकिन क्षेत्रीय और राज्य-अनुसार वितरण आगामी वर्षों के लिए राजनीतिक विमर्श को नया आकार देने के लिए एक चुनौती और अवसर, दोनों होगा।

आभार

मैं, सबसे पहले, अपनी मातृ संस्था और साथ ही मेरी कर्मभूमि लाल बहादुर शास्त्री राष्ट्रीय प्रशासन अकादमी, मसूरी के प्रति आभार प्रकट करता हूँ, जिसका मुझे 2019 से 2021 तक नेतृत्व करने का सौभाग्य प्राप्त हुआ। मैंने यह प्रोजेक्ट कोविड की वजह से सब कुछ थम जाने से कुछ सप्ताह पहले ही शुरू किया था। हालाँकि एलबीएसएनएए की गांधी स्मृति लाइब्रेरी में उपलब्ध सामग्री के समृद्ध संग्रह ने इस शोध के लिए वांछित सभी ज़रूरतों को पूर्ण किया। सौभाग्यवश पुस्तकालय को नेशनल लाइब्रेरी, कोलकाता के शानदार लाइब्रेरियन शिवप्रसाद सेनापति की सेवाएँ प्राप्त थी। उन्होंने सभी प्रासंगिक पुस्तकों, पत्रिकाओं, ई-सामग्रियों और राज्य के दस्तावेज़ों के अलावा यूनाइटेड किंगडम के विदेश और राष्ट्रमंडल कार्यालय के अवर्गीकृत दस्तावेज़ तक पहुँच सुनिश्चित करने में सहायता की। उनके इस प्रयास को रमेश गोयल और भूपिंदर कौर द्वारा पूरित किया गया।

देहरादून में सर्वे आफ इंडिया के महानिदेशक लेफ़्टिनेंट जनरल गिरीश कुमार एवं उप महानिदेशक पंकज मिश्रा द्वारा मानचित्र उपलब्ध कराए गए। वास्तव में सर्वे आफ इंडिया भारत में 'ज्ञान के बेहतरीन संस्थानों' में से एक है और राष्ट्र निर्माण में इसके योगदान को—वास्तविक और प्रतीकात्मक दोनों—रूप में उल्लेखित किया जाना चाहिए।

निदेशक कार्यालय की टीम को विशेष धन्यवाद बाक़ी है। विजेंद्र सिंह राणा के नेतृत्व में प्रीति आर. भंडारी, वाई.एस. प्रीति, वाई.एस. मीणा, अक्षय पांडे और नारायण बुनकर ने शोध सामग्री के अंश टाइप किये, साथ ही शाइक सोहेल जिन्होंने पीडीएफ़ फ़ाइल्स को टैक्स फ़ाइल्स में बदलने और विभिन्न नक़्शों को मेरी प्रस्तुति में जोड़ने में सहायता की। पीछे मुड़कर देखने पर यह सब काफ़ी आसान लगता है, लेकिन मेरी तकनीकी क्षमता कम होने के कारण उनकी सहायता अमूल्य थी।

अंकित कुमार और मयंक यादव ने दार्जिलिंग चाय और अराक्कु वैली कॉफ़ी की मेरी लत को ध्यान में रखते हुए यह सुनिश्चित किया कि मैं पुस्तकालय में आराम से बैठ सकूँ। मेरे ड्राइवर विकास भैरव के ख़ुश मिज़ाज स्वभाव ने हम सभी को आनन्दित रखा।

फ़रवरी 2021 में सृष्टि सेठी शोधार्थी के तौर पर अकादमी में शामिल हुई। प्रवास और सीमाओं के क्षेत्र में उनकी रुचि मेरे शोध से मिलती-जुलती थी और उन्होंने मेरे शोध की सन्दर्भ-सामग्री को व्यवस्थित करने में मेरी अपरिहार्य सहायता की। शोध के लिए उनका योगदान अति महत्त्वपूर्ण है। लगभग इसी समय अकादमी हार्वर्ड सेंटर फ़ॉर पापुलेशन हेल्थ एंड ज्योग्राफ़ी के प्रोफ़ेसर एस.वी. सुब्रमण्यम की मेजबानी भी कर रही थी। अक्सर हम तीनों दोपहर का भोजन एक साथ करते और उसी दौरान अपने काम की समीक्षा भी करते थे। कार्टोग्राफ़ी, डेमोग्राफ़ी के सम्बन्ध में उनकी अन्तर्दृष्टि इस पुस्तक के कई अंशों में झलकती है।

एलबीएसएनएए अकादमिक परिषद में मेरे सहकर्मी : मनोज और आरती आहूजा, पी. अमुधा, रघुराज राजेन्द्रन, एन.के. सुधांशु, सी. श्रीधर, नन्दिनी पालीवाल, एम.एच. ख़ान, मोनिका धामी, विजय बी वसन्ता, विद्या भूषण, अलंकृता सिंह, गौरी पी. जोशी, आनन्दी, अभिराम जी., दिशा पन्नू, सुनीता रानी, नितेश झा, हरि प्रकाश, मिलिंद रामटेके और विनोद तनेजा ने इस प्रयास का समर्थन किया, मैं उनमें से प्रत्येक का आभारी हूँ। साथ ही अकादमी ने मेरे कार्यशील शोध को जेसीएम, एमसीटीपी, इंडक्शन, प्रोफेशनल और फ़ाउंडेशन बैच के साथ साझा करने का अवसर दिया।

मेरे बाद निदेशक बने लोक रंजन ने पुस्तकालय में मेरे काम को जारी रखा और आज़ादी के अमृत महोत्सव समारोह के हिस्से के रूप में मुझे अपने निष्कर्ष को साझा करने के लिए अकादमी में आमंत्रित किया। देहरादून के दो प्रमुख वन संस्थान : इंडियन काउंसिल फ़ॉर फ़ॉरेस्टिंग रिसर्च एंड एजुकेशन (आईसीएफआरई) के महानिदेशक अरुण रावत और इन्दिरा गांधी नेशनल फ़ॉरेस्ट एकेडमी के महानिदेशक भरत ज्योति को भी धन्यवाद। मुझे इन संस्थानों में भारतीय और राज्य वन सेवाओं के अधिकारियों को अपने इस काम की प्रस्तुति हेतु आमंत्रित किया गया था।

पश्चिम बंगाल कैडर के मेरे प्रिय मित्र हृदयेश मोहन शोध सम्बन्धित मेरे सभी प्रयासों—अन्तर-सार्क सीमा व्यापार से लेकर भारत-बांग्लादेश एन्क्लेव को समझने तक—का समर्थन किया। उनके प्रयासों के साथ ही राजनीति, दर्शन और व्यावहारिक मामलों पर समान पकड़ रखने वाले सत्यव्रत मुखर्जी ने बीसीसीआई, कोलकाता में मेरे प्रोजेक्ट पर एक सत्र आयोजित किया। इंडिया हार्वर्ड ऑफ़िस के तत्कालीन प्रमुख संजय सिंह ने इंडिया इंटरनेशनल सेंटर, नई दिल्ली में लक्ष्मी मित्तल एंड फैमिली साउथ एशिया इंस्टिट्यूट सेमिनार की व्यवस्था की; दरअसल इस किताब

का शीर्षक यहीं से लिया गया है। भारतीय उद्योग परिसंघ के यंग इंडियंस से हर्षित गुप्ता और ध्रुव सेठ ने मुझे प्रतिभाशाली युवा उद्यमियों से बात करने का अवसर दिया। दो सेमिनार—एक सेंटर फ़ॉर पॉलिसी रिसर्च, दिल्ली में और दूसरा बेंगलुरु इंटरनेशनल सेंटर में—कोविड के कारण आयोजित नहीं किये जा सके, लेकिन दीपक सनन और मनीष सभरवाल को इनकी व्यवस्था करने के लिए शुक्रिया अदा करना करना चाहता हूँ। इस विषय पर दोनों के साथ हुई बातचीत से मुझे बहुत लाभ हुआ। सिलीगुड़ी, भुवनेश्वर, बेंगलुरु के साथ ही अपने पिता की डोगरा पलटन की सभी सीमाओं के बीच आवाजाही करने वाले साहसी देवाशीष मित्रा इस पुस्तक में कई प्रस्तावों के लिए महत्त्वपूर्ण माध्यम रहे हैं।

मैं मिलेनियम पोस्ट के दरबार गांगुली को 'मैपिंग दी इंडियन स्टेट्स' नामक शृंखला चलाने के लिए धन्यवाद देता हूँ। चाहे कोई व्यक्ति शोध प्रोजेक्ट के लिए कितना भी प्रतिबद्ध क्यों ना हो, फिर भी एक निश्चित साप्ताहिक निर्धारित समय सीमा मदद करती है—हर हफ़्ते गुरुवार शाम तक 1000 शब्दों का लेख जमा करवाने हेतु मुझे स्मरण कराने के लिए मैं आरिफ़ मोहम्मद को विशेष धन्यवाद देना चाहता हूँ। अब यह ऐसी स्थाई आदत बन गई है कि 'भौगोलिक संकेतकों' पर जारी मेरे लेख के लिए उन्हें याद दिलाने की आवश्यकता नहीं होती। इस पुस्तक के लिए शोध पर आधारित लेखों को प्रकाशित करने के लिए मैं फर्स्ट इंडिया के जगदीश चन्द्र और अनीता हाडा, गढ़वाल पोस्ट के सतीश शर्मा और फेयर आब्जर्वर के अतुल सिंह को धन्यवाद देता हूँ।

बी.एस. बासवान और वजाहत हबीबुल्लाह, अकादमी के दो पूर्व निदेशकों का आभार व्यक्त करता हूँ क्योंकि मेरे लेख पर उनकी प्रतिक्रिया बहुत सहायक रही। इसी तरह 2010 से 2015 तक कृषि भवन, नई दिल्ली में मेरे पूर्व सहकर्मियों की टिप्पणियों और सुझावों के लिए पी.के. बसु, अनूप के. ठाकुर, संजय भूसरेड्डी, एस.जी. राहटे और मुकेश खुल्लर का शुक्रिया। दो यूपीएससी के पूर्व अध्यक्ष दीपक गुप्ता और अरविन्द सक्सेना, एक पूर्व सदस्य एयर मार्शल अजीत शंकर राव भोसले, साथ ही पूर्व-सीवीसी संजय कोठारी की इस काम पर नज़र थी और उन्होंने मुझे प्रोत्साहन दिया। विंग कमांडर कुलदीप शिवा, संजय अभिज्ञान, सुभाशीष, सुयश चटोपाध्याय, मनु देव गौतम, रजनीश चौधरी, गीता गोपालकृष्णन, और प्रवीर कृष्ण, वी. श्रीनिवास और संजय भाटिया को धन्यवाद जिन्होंने इसे साझा किया और प्रचलित किया।

वैली ऑफ़ वर्ड्स फेस्टिवल के बोर्ड में मेरे सहयोगी रॉबिन गुप्ता, लेफ़्टिनेंट जनरल पी.जे.एस पन्नू, डॉ. राजेन्द्र डोभाल, डॉक्टर आमना मिर्ज़ा, ज्योति धवन, ब्रिगेडियर अश्विनी कुमार और किशोर मेनन ने हमेशा इस प्रयास का बहुत समर्थन किया है।

हालाँकि पुस्तक के कवर के लिए हम किशोर के डिजाइन विकल्पों का उपयोग नहीं कर सके, लेकिन मैंने उन सभी का एक कोलाज बनाया है, जिसका मेरी डेस्क के पास महत्त्वपूर्ण स्थान है। बांग्लादेश को दिये जाने वाले विवादास्पद एन्क्लेव के स्थानान्तरण पर सुप्रीम कोर्ट के सभी फ़ैसले डाउनलोड करने में रोहन तलवार ने मेरी मदद की। डॉक्टर तान्या शैली बक्शी और विक्रम सिंह को उनके निरन्तर योगदान के लिए बहुत-बहुत धन्यवाद।

मैं राज्य सभा के पूर्व सदस्य स्वर्गीय डी.पी. त्रिपाठी के योगदान को भी स्वीकार करना चाहता हूँ। राज्यों के परिसीमन और पुनर्गठन के मुद्दों पर मेरी उनसे कई दौर की चर्चा हुई। इनमें से अधिकतर बातचीत में मौजूद रहे मुकेश त्यागी और बृजेश त्रिपाठी को भी धन्यवाद।

जनवरी 2020 में, आशीष श्रीवास्तव, उस समय उत्तराखंड की सूचना प्रौद्योगिकी विकास एजेंसी (आईटीडीए) का नेतृत्व कर रहे थे, उन्होंने वैभव बहुगुणा को सब कुछ एक ऐसी पांडुलिपि के रूप में एकत्रित करने के कार्य में मेरी मदद करने के लिए नियुक्त किया, जिसे मैं अपने प्रकाशक के साथ साझा कर सकता था। हार्पर कॉलिंस के साथ मेरी यात्रा कृष्ण चोपड़ा और सिद्धेश ईमानदार के माध्यम से शुरू हुई, जिन्होंने पुस्तक की अवधारणा तैयार करने में मेरी मदद की। पलोमा दत्त ने अपनी पारखी नज़र द्वारा उत्कृष्ट सम्पादन से मेरे लम्बे वाक्यों को प्रबन्धनीय लम्बाई तक लाया। सुचिस्मिता उकील ने सुनिश्चित किया कि समय पर काम हो और यदि इस पुस्तक का स्वतंत्रता की 75वीं वर्षगाँठ के दौरान विमोचन हुआ है तो इसका बड़ा श्रेय उन्हें जाता है।

अभी भी ऐसे कुछ नाम होंगे जो मुझसे छूट गए हों। जिन्हें ऐसा महसूस होता हो, मैं उनसे रियायत की गुज़ारिश करता हूँ। एक वरिष्ठ नागरिक से अनजाने में ऐसी भूल हो सकती है!

मेरी बेटी यौवानिका ने मुझे इस कृति को पहले अनिवार्य और फिर बाध्यकारी रूप से पुन:जाँचने के लिए ज़ोर दिया। हालाँकि अभी भी उन सटीक मानकों पर खरा नहीं उतर सका, लेकिन फिर भी 36 वर्षों से अधिक समय तक दफ़्तर के लेखन के बाद शायद अब यह बेहतर है। मुझे आईना दिखाने के लिए शुक्रिया। मेरी पत्नी रश्मि हमेशा मेरे सभी प्रयासों में प्रबल समर्थक रही हैं। अगर उन्होंने इस प्रोजेक्ट का समर्थन नहीं किया होता तो यह पूर्ण नहीं हो सकता था। क्योंकि शोध एक श्रमसाध्य और वीरान मार्ग है, कई बार ऐसा हुआ जब मैंने लगभग हार मान ली थी, लेकिन अपनी निशस्त्र मुस्कान के साथ वह मुझे प्रेरित करती रहीं। धन्यवाद। यह पुस्तक आप दोनों को समर्पित है।

टिप्पणियाँ

1. नक़्शे और निशान : भारत में आन्तरिक सीमाओं का अंकन

1. डॉक्टर बी.आर. आम्बेडकर द्वारा तैयार की गयी 'प्रस्तावना' में भारत को 'सम्प्रभु, लोकतांत्रिक, गणराज्य' शब्दों में वर्णित किया गया था। 1976 में 42वें संविधान संशोधन से इसमें 'समाजवादी' और 'पंथनिरपेक्ष' शब्द जोड़े गए।
2. अनुच्छेद 1 : भारत अर्थात इंडिया, राज्यों का एक संघ होगा।

   अनुच्छेद 2 : नये राज्यों का प्रवेश अथवा स्थापना : संसद, विधि द्वारा, ऐसे निबन्धनों और शर्तों पर, जो वह ठीक समझे, संघ में नये राज्यों का प्रवेश या उनकी स्थापना कर सकेगी।

   अनुच्छेद 3 : नये राज्यों का निर्माण और वर्तमान राज्यों के क्षेत्रों, सीमाओं या नामों में परिवर्तन : संसद, विधि द्वारा

   (क) किसी राज्य में से उसका राज्यक्षेत्र अलग करके अथवा दो या अधिक राज्यों को या राज्यों के भागों को मिलाकर अथवा किसी राज्यक्षेत्र को किसी राज्य के भाग के साथ मिलाकर नये राज्य का निर्माण कर सकेगी;

   (ख) किसी राज्य का क्षेत्र बढ़ा सकेगी;

   (ग) किसी राज्य का क्षेत्र घटा सकेगी;

   (घ) किसी राज्य की सीमाओं में परिवर्तन कर सकेगी;

   (ङ) किसी राज्य के नाम में परिवर्तन कर सकेगी;
3. See, Catherine Clementim-Ojha, ' "India, That is Bharat..." : One Country, Two Names', *South Asia Multidisciplinary Acadeic Journal* (2014) देखें।
4. भारतीय सर्वेक्षण विभाग, देश का राष्ट्रीय सर्वेक्षण एवं मानचित्रण संगठन। इसकी स्थापना 1767 में कलकत्ता में की गई थी। सर्वे ऑफ़ इंडिया का इतिहास अठारहवीं शताब्दी का है। 'Chapter XI : Geographical Maps', *Handbook of Tapography*, भारतीय सर्वेक्षण, भारत सरकार (2009)। पिछले दो दशकों के दौरान मानचित्र-निर्माण की अवधारणा और तकनीक में एक बड़ा परिवर्तन हुआ है। पारम्परिक मानचित्रण तकनीक का स्थान पहले ही डिजिटल तकनीक ने ले लिया है। विनिर्देश में भी बड़े बदलाव हुए हैं।

5. नौ प्रान्त : पूर्वी पंजाब, पश्चिम बंगाल, संयुक्त प्रान्त, बिहार, बॉम्बे, मद्रास, असम, उड़ीसा और मध्य प्रान्त।
   पाकिस्तान का हिस्सा बनने वाले पाँच प्रान्तों में पश्चिम पंजाब, पूर्वी बंगाल, सिन्ध, बलूचिस्तान, उत्तर-पश्चिम सीमान्त प्रान्त शामिल थे।
6. Sanjeev Chapra, 'Prestige for Loyalty', http://www.millenniumpost.in/amp/mapping-the-states-of—india/prestuge-for-loyalty-436820
   एक। यह भी देखें, संजीव चोपड़ा, 'Pakistan and the Princely Order', *First India*, 17 मई, 2020।
   William S. Niederkorn, 'A Scholar Recants on His "Shakespeare" Discovery', *The New York Times* , 20 जून, 2002।
7. देखें, Valentine Chirol, *Indian Unrest,* Createspace, 2018।
8. उत्तराखंड के अलगाव की भावना का एक कारण यह था कि पहली तीन योजनाओं में राज्य के लिए कोई मेगा परियोजना नहीं थी।
9. गांधी जी के *हिन्द स्वराज* में न्यूनतम राज्य की अवधारणा दी गई है जो शहरी* पर ग्रामीण को विशेषाधिकार देती है।
10. सामाजिक न्याय पर आंबेडकर के विचारों में यह शामिल था कि समाज में सभी लाभ और विशेषाधिकार इसके सभी सदस्यों द्वारा साझा किये जाने चाहिए। यदि किसी विशेष वर्ग के प्रति कोई संरचनात्मक असमानता है, तो सरकार को ऐसी असमानताओं को दूर करने के लिए सकारात्मक कार्रवाई करनी चाहिए।
11. देखें, Bipin Chandra, Mridula Mukherjee, Aditya Mukherjee, K.N. Panikkar, Sucheta Mahajan, India's *Struggle for Inderendence* (2016)। प्रान्तीय संगठन का भाषायी सिद्धान्त उन मौलिक विचारों में से एक था जिसने भारतीय स्वतंत्रता संग्राम को प्रेरित किया।
12. जैसा कि Narayani Basu's *V.P. Menon : The Unsung Architect of Modern India*, Simon & Schuster India, 2020।
13. देखें, Manan Ahmed Asif, 'Introduction : The End of Hindustan', In *The Loss of Hindustan : The Invention of India*, Harvard University Press, 2020।
14. भारत संघ, जिसे भारत स्वयत्त उपनिवेश भी कहा जाता था, 15 अगस्त, 1947 और 26 जनवरी, 1950 के बीच ब्रिटिश राष्ट्रों के राष्ट्रमंडल में एक स्वतंत्र स्वायत्त उपनिवेश था।
15. चैंबर ऑफ़ प्रिंसेस या नरेन्द्र मंडल 'इंडिया प्रिंसेस' का एक प्रतिनिधि निकाय था जिसे 1920 में स्थापित किया गया था। बीकानेर के महाराजा, पटियाला के महाराजा, नवानगर के महाराजा, भोपाल के नवाब इसके प्रमुख सदस्य थे। भारत की आज़ादी के समय सिक्किम के महाराजा नरेन्द्र मंडल के उपाध्यक्ष थे। नई दिल्ली के इंपीरियल होटल की लॉबी में नरेन्द्र मंडल के वार्षिक सम्मेलन की कई तसवीरें देखी जा सकती हैं।
16. इनमें से 3.4 करोड़ पश्चिमी पाकिस्तानी और 4.4 करोड़ पूर्वी पाकिस्तान (अब बांग्लादेश) में थे।
17. भारतीय राष्ट्रीय कांग्रेस का हरिपुरा अधिवेशन वह स्थान है जहाँ सुभाष चन्द्र बोस इसके अध्यक्ष बने।

18. 1935 के अधिनियम ने अखिल भारतीय संघ के विकास, अस्थायी स्वायत्तता और द्वैध शासन को हटाकर देश के मामलों को नये आयाम दिये। 1947 में देश के दो भागों में विभाजित होने से पहले यह ब्रिटिश भारत का अन्तिम संविधान था।
19. Sanjeev Chopra, 'Prestige for Loyalty', http://www.millenniumpost.in/amp/mapping-the-states-of—india/prestuge-for-loyalty-436820
यह भी देखें, Sanjeev Chopra, 'The Great Game and the Frontier States of Pakistan', *First India*, 24 May, 2020 and 'Kalat] Balochistan and Pakistan', *First India*, 8 June, 2020।
20. कर्नल गम्भीर सिंह, एमआईएस (भारत के कार्यवाहक महासर्वेक्षक) 'भारत के राजनीतिक विभाग या भारत का राजनीतिक मानचित्र' (1952)।
स्वतंत्र भारत का पहला हिन्दी मानचित्र 1952 में प्रकाशित हुआ; वो मानचित्र राज्यों को राज प्रमुखों के अन्तर्गत, केन्द्र शासित प्रदेशों को लेफ़्टिनेंट गवर्नर के अन्तर्गत तथा मुख्य आयुक्तों को संघ सरकार के अन्तर्गत वर्गीकृत करता है
इसमें वह सामान्य अस्वीकरण भी सम्मिलित है जो भारत पाकिस्तान सीमा को अभी तक केवल एक सूचक मानता है, अन्तराष्ट्रीय सीमा नहीं।
21. तदनुसार, राजभाषा अधिनियम, 1963 की धारा 3(2).
(1967 में संशोधित) 25 जनवरी, 1965 के बाद राजकीय भाषा के तौर पर अंग्रेज़ी का प्रयोग जारी रखने का प्रावधान करता है।
22. 1949 तक तिब्बत हिमालय में बसा एक स्वतंत्र बौद्ध राष्ट्र था जिसका शेष विश्व से बहुत कम सम्पर्क था। तिब्बत का राजनीतिक और आध्यात्मिक नेता दलाई लामा 1959 में भारत भाग आए थे।
23. 'Ralengnao Khathing MC', MBE (1912-1990), जिसे लोकप्रिय रूप से है। बॉब खातिंग नाम से जाना जाता था एक भारतीय सैनिक, सिविल सेवक और राजनयिक और भारत के राजदूत के रूप बर्मा (अब म्यांमार) में सेवा करने वाले आदिवासी मूल के पहले व्यक्ति थे
24. सी. राजगोपालाचारी भारत के गवर्नर जनरल (1948-50) थे और
बंगाल के प्रथम गवर्नर जनरल (1947-48) थे।
25. 'राज्य पुनर्गठन आयोग की रिपोर्ट' (1955)।
अधिसूचना में कहा गया है, 'आयोग समस्या की स्थितियों, ऐतिहासिक पृष्ठभूमि, वर्तमान स्थितियों तथा उस पर सभी महत्त्वपूर्ण और प्रासंगिक कारकों के प्रभाव की जाँच करेगा। वे ऐसे पुनर्गठन से सम्बन्धित किसी भी प्रस्ताव पर विचार करने के लिए स्वतंत्र होंगे।'
26. James Tod, *Annals and Antiquties of Rajasthan* Or *The Central and Wetern Rajpoot States of India Asian Educational Services*, H. Milford, Oxford Universtiy Press, 2001।
27. Roy—Sinha Declaration, *Hem Chandra Sen Gupta and Ors. vs The Speaker of Legislative* in the assembly of West Bengal (17 April, 1956).
28. अजीत सिंह सरहदी, पंजाबी सूबा (1970); पंजाबी सूबा आन्दोलन, पंजाब में पंजाबी सूबा या पंजाबी-भाषी राज्य का निर्माण की माँग को लेकर सिखों द्वारा लम्बे समय तक

राजनीतिक आन्दोलन चलाया गया। पर आज़ादी के समय, यह आमतौर पर मान्यता थी कि देश की रचना करने वाले तत्कालीन भारतीय राज्यों के पास कोई औचित्य या वैज्ञानिक आधार नहीं था।

वे अधिक हद तक ब्रिटिश विजय की अत्यावश्यकताओं का परिणाम थे।

29. प्रताप सिंह कैरों के अधीन, अकालियों को अकाली दल और भारतीय राष्ट्रीय कांग्रेस में दोहरी सदस्यता की अनुमति दी गई।

30. बहुकेन्द्रवाद एंटोनियो डी ओलिवेरा सालाज़ार द्वारा प्रचारित एक अवधारणा थी, जो पुर्तगाल के वित्त मंत्री और तत्कालीन प्रधानमंत्री थे जिन्होंने पुर्तगाल विदेशी क्षेत्रों (उपनिवेशों) को पुर्तगाल की सीनेट और संसद में प्रतिनिधित्व देकर उन्हें वैध किया।

31. 'गोरखा' एक शब्द है जो ब्रिटिश सेना में सेवा कर चुके हैं या कर रहे हैं नेपाल के गोरखा सैनिकों को सन्दर्भित करता है

गोरखा 1815 से ब्रिटिश सेना का हिस्सा रहे हैं और बोडो असम के मूल निवासी हैं। उन्होंने लगभग 1854 तक असम पर शासन किया। वे इंडो-मंगोलॉइड स्टॉक से सम्बन्धित हैं और उनकी भाषा तिब्बती-बर्मन उप-परिवार की असम-बर्मी शाखा से व्युत्पन्न हैं।

32. Om Marathe, 'Explained: Sikkim, from Chogyal Rule to Indian State', *The Indian Express*, August, 2019.

1975 से पहले 333 वर्षों तक सिक्किम पर तिब्बती मूल नामग्याल राजवंश के चौग्यालों (या राजाओं) का शासन था।

एक खाते के अनुसार, 1642 में तिब्बती लामाओं ने पहले शासक पेंचु नामग्याल को राजा के रूप में शपथ दिलाई थी।

33. भारत के साथ विलय के बाद क़ाज़ी ल्हेन्दुप दोरजी 1975 से 1979 तक सिक्किम के पहले मुख्यमंत्री थे।

34. भूटिया-लेप्चा एक जातीय समूह है जिसमें भारत के सिक्किम राज्य में भूटिया और लेप्चा समुदाय के लोग शामिल हैं। ये दोनों समूह भारत सरकार द्वारा अनुसूचित जनजाति के रूप में सूचीबद्ध हैं।

35. देखें, Francine Du Plessix Gray, 'The Fairy Tale That Turned Nightmare?', *The New York Times*, March, 1981.

36. जम्मू-कश्मीर पुनर्गठन अधिनियम, 2019 के अनुसार, लद्दाख का कुल क्षेत्रफल 59,146 वर्ग किमी और जम्मू-कश्मीर का कुल क्षेत्रफल 222,236 वर्ग किमी है।

37. M. Saleem Pandit and Sanjay Khajuria, '50 Per Cent Voter Turnout in 4th Phase of DDC Polls in Jammu and Kashmir', *The Times of India*, December, 2020.

38. देखें, Stephen Cohen, *The Idia of Pakistan,* Brookings Instutution Press, 2004.

39. देखें, Dr. B.R. Ambedkar, *Thoughts on Linguistic States*, 1955, Samyak Prakashan, 1955.

40. 'How 1976 Seat Freeze Has Altered Lok Sabha Representations', *The Times of India*, March, 2019.

2. 1947 : स्वतंत्र भारत का पहला नक़्शा

1. अनुच्छेद 3 : नये राज्यों का गठन और मौजूदा राज्यों के क्षेत्रों, सीमाओं या नामों में बदलाव संसद क़ानून द्वारा कर सकती है; जिसमें (क) राज्य से क्षेत्र को अलग करके या दो या दो से अधिक राज्यों या राज्यों के हिस्सों को एकजुट करके या किसी राज्य के हिस्से को किसी क्षेत्र से एकजुट करके एक नया राज्य बनाना; (ख) किसी राज्य का क्षेत्रफल बढ़ाना; (ग) किसी राज्य का क्षेत्रफल कम करना; (घ) किसी भी राज्य की सीमाएँ बदलना; (ङ) किसी भी राज्य का नाम बदलना।
2. Ship of Theseus : थेसियस के पास एक जहाज़ था और जहाज़ पूरी तरह से लकड़ी का बना था। जब भी जहाज़ के किसी टुकड़े को बदलने की आवश्यकता होती थी तो उसके स्थान पर धातु का हिस्सा लगा दिया जाता था। यह कुछ वर्षों तक चलता रहा जब तक अन्ततः वह पूरी तरह से धातु से बन गया। यह पहचान के तत्वमीमांसा का विस्तार करने पर है, एक विचार प्रयोग जो यह सवाल उठाता है कि क्या जिस वस्तु के सभी पुरजों को बदल दिया गया हो तो वह वही वस्तु बनी हुई है।
3. इसे ब्रिगेडियर जी.एफ. हेनी के निर्देशन में प्रकाशित किया गया था। हेनी, ब्रिटिश साम्राज्य के कमांडर (सीबीई) और देहरादून में भारतीय सर्वेक्षण कार्यालय में भारत के सर्वेक्षक जनरल थे। संयोगवश, *सर्वे ऑफ़ इंडिया प्रेस* को 1854 की शुरुआत में भारत का पहला टिकट और बाद में भारत का पहला संविधान छापने का गौरव प्राप्त है।
4. सिरिल जॉन रैडक्लिफ, प्रथम विस्काउंट रैडक्लिफ, जीबीई, पीसी, क्यूसी, एफबीए एक ब्रिटिश वकील और लॉ लॉर्ड थे। उनका जन्म 30 मार्च, 1899 को हुआ था और उनकी मृत्यु 1 अप्रैल, 1977 को हुई थी। उन्हें जून 1947 में भारत और पाकिस्तान के डोमिनियन के बीच क्षेत्रों को आवंटित करने का काम सौंपा गया था। यह निर्धारित करने के लिए कि भारतीय स्वतंत्रता और पाकिस्तान के निर्माण के दौरान प्रत्येक देश को कौन से क्षेत्र सौंपे जाएँ, जून, 1947 को, ब्रिटेन ने सर सिरिल रैडक्लिफ को दो सीमा आयोगों की अध्यक्षता के लिए नियुक्त किया—एक बंगाल के लिए और एक पंजाब के लिए।
5. 'Partition', W.H. Auden, https://www.poeticous.com/w-h—auden/partition, 1966. Accessed on 5 February 2021.
6. इसे ब्रिगेडियर जी.एफ. हेनी के निर्देशन में प्रकाशित किया गया था। हेनी, ब्रिटिश साम्राज्य के कमांडर (सीबीई) और देहरादून में भारतीय सर्वेक्षण कार्यालय में भारत के सर्वेक्षक जनरल थे। संयोगवश, *सर्वे ऑफ़ इंडिया प्रेस* को 1854 की शुरुआत में भारत का पहला टिकट और बाद में भारत का पहला संविधान छापने का गौरव प्राप्त है।
7. Justice M.C. Mahajan, *Looking Back*, Har-Anand Publication (Revised Edition), 2018.
8. बेड़े के एडमिरल लुईस फ्रांसिस अल्बर्ट विक्टर निकोलस माउंटबेटन, बर्मा के प्रथम अर्ल माउंटबेटन का जन्म बैटनबर्ग के राजकुमार लुईस के रूप में हुआ था और उनका जीवन 25 जून, 1900 और 27 अगस्त, 1979 के बीच था। वह एक ब्रिटिश रॉयल नेवी अधिकारी और राजनेता थे। वह भारत के अन्तिम वायसराय और स्वतंत्र भारत के पहले गवर्नर-जनरल थे। मार्च 1947 में, लॉर्ड माउंटबेटन जून, 1948 से पहले सत्ता

हस्तान्तरण हासिल करने के स्पष्ट आदेश के साथ अन्तिम वायसराय के रूप में भारत पहुँचे थे। माउंटबेटन ने शीघ्र समय सीमा की शर्त पर वायसराय के रूप में पद स्वीकार किया था।

9. Richard M. Langworth, *Churchill by Himself: The Definitive Collection of Quotations*, Public Affairs, 2008, 163.
10. भारतीय स्वतंत्रता अधिनियम, 17 जुलाई 1947, एक बार जब सम्पूर्ण विभाजन योजना पर प्रमुख राजनीतिक दलों द्वारा सहमति हो गई, तो हाउस ऑफ़ कॉमन्स में स्वतंत्रता विधेयक पेश करने के लिए मंच तैयार किया गया, जिसे 4 जुलाई, 1947 को पेश किया गया था। यह उपनिवेशवाद और साम्राज्यवाद के विरुद्ध भारत के संघर्ष की परिणति थी।
11. देखें, Sanjeev Chopra, 'Prestige for Loyalty', http://www.millenniumpost.in/amp/mapping-the-states-of—india/prestige-for-loyalty-436820.
12. कश्मीर एक रियासत के रूप में 1846 में मानचित्र पर दिखाई देता है और 1948 में बाद के मानचित्र में अलग तरीक़े से स्थित है।
13. विलय पत्र एक क़ानूनी दस्तावेज़ था जिसे पहली बार भारत सरकार अधिनियम, 1935 द्वारा प्रस्तुत किया गया था, और 1947 में ब्रिटिश सर्वोच्चता के तहत रियासतों के प्रत्येक शासक को विभाजित ब्रिटिश भारत से बनाए गए नये प्रभुत्वों, भारत और पाकिस्तान में से एक में शामिल होने के लिए उपयोग किया गया था।
14. *Jinnah: His Successes, Failures and Role in History*, Ishtiaq Ahmed, Penguin Random House India, 2020.
15. Ibid.
16. बिहार और उड़ीसा प्रान्त : बिहार और उड़ीसा प्रान्त 1912 में बनाया गया था। हालाँकि, इस गठन में अन्तर्निहित खामियाँ थीं क्योंकि न तो कोई आम भाषा थी और न ही कोई सांस्कृतिक परम्परा थी।
17. Bibek Debroy, 'An Area of Light', *The Indian Express*, 20 September, 2010.
18. मन्दिर प्रवेश प्राधिकरण और क्षतिपूर्ति अधिनियम 1939 में सरकार द्वारा पारित किया गया था जिसके द्वारा दलितों को हिन्दू मन्दिरों में प्रवेश करने पर प्रतिबन्ध हटा दिया गया था।
19. *The Story of the Integration of the Indian States,* V.P. Menon, Longmans, Green & Co., 1955.
20. सर्वोपरि होने की अवस्था—सर्वोच्च पद या अधिकार, प्रभुत्व, शासन; क़ानूनी अधिकार के माध्यम से प्रभुत्व या शक्ति।
21. *The Story of the Integration of the Indian States,* V.P. Menon, Longmans, Green & Co., 1955.
22. विदेशी क्षेत्राधिकार अधिनियम, 1947 : केन्द्र सरकार के कुछ विदेशी क्षेत्राधिकार के प्रयोग के लिए प्रावधान करने वाला एक अधिनियम। जबकि सन्धि, समझौते, अनुदान, उपयोग, सहनशीलता और अन्य क़ानूनी तरीक़ों से, केन्द्र सरकार भारत के बाहर के क्षेत्रों में और उसके सम्बन्ध में अधिकार क्षेत्र हासिल कर सकती है। यह अधिनियम 2014 में इसके निरस्त होने तक वैध था, जब विदेश मंत्रालय के प्रवक्ता ने संसद में स्थायी समिति

को सूचित किया कि चूँकि भारत किसी भी विदेशी क्षेत्र के क़ब्ज़े में नहीं था, इसलिए अधिनियम का कोई औचित्य नहीं था। सम्पूर्ण अधिनियम के लिए अनुलग्नक देखें।

3. रियासत-ए-जम्मू वा कश्मीर वा लद्दाख वा तिब्बत हा

1. पहला एंग्लो-सिख युद्ध (1945-1946) सिख साम्राज्य और ब्रिटिश ईस्ट इंडिया कम्पनी के बीच लड़ा गया था।
2. यह महाराजा रणजीत सिंह द्वारा शासित क्षेत्र का हिस्सा था।
3. लद्दाख भारत का एक क्षेत्र है जिसे 5 अगस्त, 2019 से एक केन्द्र क्षेत्र के रूप में प्रशासित किया गया है।
4. चित्राल, जो पहले खैबर-पख्तूनख्वा का सबसे बड़ा ज़िला है, एक ऐसा क्षेत्र है, जो गिलगित बाल्टिस्तान की अपनी पूर्वी सीमा साझा करता है।
5. गिलगित पाकिस्तान के क़ब्ज़े में, गिलगित बाल्टिस्तान की राजधानी है। गिलगित क्षेत्र ग्रेटर कश्मीर का हिस्सा है।
6. बाल्टिस्तान पाकिस्तान के क़ब्ज़े वाला एक पहाड़ी इलाक़ा है। यह गिलगित बाल्टिस्तान का भी हिस्सा है। ध्यान देने के लिए, गिलगित बाल्टिस्तान, जिसे पहले उत्तरी क्षेत्र के रूप में जाना जाता था, एक प्रशासनिक क्षेत्र के रूप में पाकिस्तान द्वारा प्रशासित क्षेत्र है, और बड़े कश्मीर क्षेत्र के उत्तरी हिस्से का गठन करता है, जो 1947 से भारत और पाकिस्तान के बीच विवाद का विषय रहा है।
7. ऐतिहासिक रूप से, तिब्बत एक स्वतंत्र राज्य था और भारत और चीन के बीच एक बफर राज्य था। इस क्षेत्र पर कई दृष्टिकोण मौजूद हैं। ग़ौरतलब है कि 29 अप्रैल, 1959 को परम पावन दलाई लामा ने मसूरी (उत्तराखंड) में निर्वासित तिब्बती प्रशासन की स्थापना की जिसका नाम केन्द्रीय तिब्बती प्रशासन (सीटीए) रखा गया।

   परम पावन दलाई लामा, स्वतंत्र तिब्बत की सरकार की निरन्तरता है। मई, 1960 में केन्द्रीय तिब्बती प्रशासन (सीटीए) को धर्मशाला में स्थानान्तरित कर दिया गया। तिब्बत और तिब्बत के बाहर तिब्बती लोग सीटीए को अपने एकमात्र और वैध प्रतिनिधि के रूप में देखते हैं।
8. *राजतरंगिणी* 1148 ई. में कल्हण द्वारा रचित कश्मीर का एक ऐतिहासिक अभिलेख है। इसमें कश्मीर का चार सहस्राब्दियों से अधिक पुराना इतिहास दर्ज होने का दावा किया गया।
9. कल्हण, जो अपनी कृति राजतरंगिणी के लिए जाने जाते हैं, एक संस्कृत विद्वान थे, जिनका जन्म बारहवीं सदी के कश्मीर में हुआ।
10. ऋषि कश्यप सप्तर्षियों में से एक हैं, अर्थात वैदिक काल के सात महान ऋषियों में से एक हैं। आमतौर पर यह माना जाता है कि कश्मीर का नाम ऋषि कश्यप के नाम पर रखा गया।
11. टॉलेमी एक मिस्र के खगोलशास्त्री, गणितज्ञ और भूगोलवेत्ता थे जो ईसा पूर्व दूसरी शताब्दी में रहे।
12. हेरोडोटस एक प्राचीन यूनानी लेखक, भूगोलवेत्ता और इतिहासकार थे जो ईसा पूर्व पाँचवीं शताब्दी में रहते।

13. मिलिटस के हेकाटेयस एक प्राचीन यूनानी इतिहासकार थे। उनका लेख पेरिएजेसिस (टूर अराउंड द वर्ल्ड) एक प्रमुख ऐतिहासिक और भौगोलिक लेख माना जाता है।
14. कास्पापायैरोस का उल्लेख हेकाटेयस ने अपनी पुस्तक पेरिएजेसिस (टूर अराउंड द वर्ल्ड) में किया था, जिसे कश्यप-पुरा का सन्दर्भ माना जाता।
15. बीजांटियम के स्टेफ़नस एक यूनानी थे जो ऐतिहासिक रूप से महत्त्वपूर्ण भौगोलिक शब्दकोश एथनीसिया के लेखक थे।
16. जम्बूपुरा राजा जम्बूलोचन की राजधानी थी और इसका नाम भी उन्हीं के नाम पर रखा गया था। इसे तवी के दाहिने किनारे पर बनाया गया था।
17. राजा जम्बू लोचन एक शक्तिशाली स्थानीय सरदार थे जिन्होंने नौवीं शताब्दी के दौरान शासन किया था।
18. जम्बूद्वीप बृहत् भारत भौगोलिक क्षेत्र का प्राचीन नाम है।
19. नुन्द ऋषि, जिन्हें अलमदार-ए-कश्मीर (1377-1440) के नाम से भी जाना जाता है, एक कश्मीरी थे।
20. दुर्रानी अफ़गान दो प्रमुख पश्तून जनजातियों में से एक, दुर्रानी के अफ़गानों को सन्दर्भित करते हैं। दुर्रानी साम्राज्य की स्थापना अठारहवीं शताब्दी के मध्य में अहमद शाह दुर्रानी द्वारा की गई थी। दुर्रानी साम्राज्य को आधुनिक अफ़गानिस्तान की नींव माना जाता है।
21. ज़ोरावर सिंह जम्मू के राजा गुलाब सिंह के अधीन एक सैन्य जनरल थे। उन्हें लद्दाख और तिब्बत के कुछ हिस्सों पर विजय प्राप्त करने के लिए जाना जाता है। उन्हें 'लद्दाख का विजेता' और 'भारत का नेपोलियन' भी कहा जाता है।
22. खालसा राज को सिख साम्राज्य के नाम से भी जाना जाता था। इसकी स्थापना महाराजा रणजीत सिंह द्वारा की गई थी और यह मुख्य रूप से पंजाब में स्थित था।
23. राजा गुलाब सिंह (1792-1857) डोगरा राजवंश के संस्थापक थे।
24. नानक शाही सिख साम्राज्य की शासक मुद्रा थी जिसे खालसा राज के नाम से भी जाना जाता था।
25. रॉबर्ट थोर्प ब्रिटिश भारतीय सेना के एक अधिकारी थे और उन्हें महाराजा रणबीर सिंह के अधीन कश्मीरियों के जीवन पर लिखे उनके लेखन के लिए याद किया जाता है।
26. Cashmere कश्मीर की एक वैकल्पिक वर्तनी है जिसका प्रयोग अंग्रेज़ करते थे।
27. *Cashmere Mismanagement*, Robert Thorpe, Wyman Bros, 1968.
28. अलीगढ़ मुस्लिम विश्वविद्यालय की स्थापना 1875 में सर सैयद अहमद ख़ान ने की थी। यह अब एक केन्द्रीय विश्वविद्यालय है।
29. सर बर्ट्रेंड जेम्स ग्लैंसी (1882-1953) 1941 से 1946 के बीच पंजाब के गवर्नर थे।
30. *The Blazing Chinar: Autobiography*, Sheikh Abdullah, Pragun Publications, 2013.
31. RSS या राष्ट्रीय स्वयंसेवक संघ एक हिन्दू राष्ट्रवादी संगठन है जिसकी स्थापना 1925 में केशव बलिराम हेडगेवार ने की थी।
32. ऑल जम्मू एंड कश्मीर मुस्लिम कॉन्फ्रेंस पाक अधिकृत कश्मीर में स्थित एक राजनीतिक दल है। इसकी स्थापना शेख मुहम्मद अब्दुल्ला ने अक्टूबर 1932 में की थी।
33. बुध सिंह एक कश्मीरी राजनेता थे जो ऑल जम्मू एंड कश्मीर नेशनल कॉन्फ्रेंस के अध्यक्ष भी थे।

34. पंडित प्रेम बजाज एक कश्मीरी राजनीतिज्ञ और 'कश्मीर कश्मीरियों के लिए' के समर्थक थे।
35. कांग्रेस का त्रिपुरी अधिवेशन 1939 में मध्य प्रदेश के जबलपुर के पास त्रिपुरी नामक एक छोटे से शहर में आयोजित किया गया था। इस सत्र में, सुभाष चन्द्र बोस को कांग्रेस अध्यक्ष के रूप में पुनः निर्वाचित किया गया था।
36. ऑल इंडिया स्टेट्स पीपल्स कॉन्फ्रेंस का आयोजन 1927 में किया गया था। इसका गठन ब्रिटिश भारत की तत्कालीन रियासतों में राजनीतिक आन्दोलनों के परिणामस्वरूप किया गया था।
37. सर मुहम्मद इक़बाल (1877-1938) एक लेखक और पाकिस्तान के निर्माण के समर्थक थे। वह पाकिस्तान के राष्ट्रीय कवि हैं। हालाँकि, पाकिस्तान की वकालत से पहले उन्होंने प्रसिद्ध कृति 'सारे जहाँ से अच्छा' लिखी थी।
38. ग़ुलाम मोहम्मद अब्बास (1904-1967) एक कश्मीरी राजनीतिज्ञ और मुस्लिम कॉन्फ्रेंस पार्टी के अध्यक्ष थे। वह बाद में आज़ाद कश्मीर सरकार के प्रमुख बने।
39. कश्मीर छोड़ो आन्दोलन 1936 में शेख अब्दुल्ला द्वारा ब्रिटिश और महाराजा हरि सिंह दोनों के ख़िलाफ़ शुरू किया गया एक आन्दोलन था।
40. स्वामी संत देव एक तांत्रिक थे जो कश्मीर के महाराजा हरि सिंह के क़रीबी हो गए और उनके दरबार के सदस्य बन गए।
41. ग्रिगोरी रासपुतिन (1869-1916) एक रहस्यवादी थे जो सम्राट निकोलस द्वितीय और उनकी पत्नी महारानी एलेक्जेंड्रा दोनों के क़रीबी विश्वासपात्र बन गए।
42. जनक सिंह (1872-1972) महाराजा हरि सिंह के अधीन सेना मंत्री थे और बाद में 11 अगस्त, 1947 से 14 अक्टूबर, 1947 तक जम्मू-कश्मीर के प्रधानमंत्री बने।
43. लियाकत अली ख़ान (1895-1951) पाकिस्तान के संस्थापकों में से एक और पाकिस्तान के पहले प्रधानमंत्री थे। 1951 में अपनी हत्या तक वे पाकिस्तान के प्रधानमंत्री बने रहे।
44. अकबर ख़ान (1912-93) ब्रिटिश भारतीय सेना और फिर पाकिस्तानी सेना के सदस्य थे। वह 1951 में पाकिस्तानी सेना के मेजर जनरल के पद से सेवानिवृत्त हुए।
45. शौकत हयात ख़ान ब्रिटिश भारतीय सेना के एक अधिकारी और मुस्लिम लीग के एक प्रमुख सदस्य थे। वह पाकिस्तान की संविधान सभा का हिस्सा थे।
46. राम चन्द्र काक (1893-1983) 1945 से 1947 तक महाराजा हरि सिंह के अधीन जम्मू-कश्मीर के प्रधानमंत्री थे।
47. मेहर चन्द महाजन (1889-1967) भारत के तीसरे मुख्य न्यायाधीश थे। वह 15 अक्टूबर, 1947 से 5 मार्च, 1948 तक महाराजा हरि सिंह के अधीन जम्मू और कश्मीर के प्रधानमंत्री भी थे।
48. *1947 Kashmir Invasion: Why Stalemate? (Who Failed India)*, P.C. Dogra, Manas Publications, 2020। पी.सी. डोगरा पंजाब के पूर्व पुलिस महानिदेशक हैं। वह 1968 बैच के पंजाब कैडर के आईपीएस अधिकारी हैं।
49. *My Life and Times*, Syed Mir Qasim, South Asia Books, 1993। मीर कासिम (1921-2004) तत्कालीन भारतीय राज्य जम्मू और कश्मीर के दूसरे मुख्यमंत्री थे। उन्हें 2005 में मरणोपरांत पद्म भूषण से सम्मानित किया गया था।

50. *Mission with Mountbatten,* Alan Campbell-Johnson, Atheneum, 1985.
51. Thomas Christopher is the author of *Faultline Kashmir,* Brunel Academic Publishers, 2000.
52. एशियाई सम्बन्ध सम्मेलन 1947 के अप्रैल-मई में भारत की अनंतिम सरकार द्वारा आयोजित एक सम्मेलन था।
53. शीत युद्ध का तात्पर्य संयुक्त राज्य अमेरिका और यूएसएसआर के बीच उच्च तनाव की अवधि से है, जो 1991 में यूएसएसआर के विघटन के साथ समाप्त हुआ।
54. राष्ट्रमंडल उन छप्पन स्वतंत्र देशों का एक स्वैच्छिक संगठन है जो पूर्व ब्रिटिश उपनिवेश थे।
55. सर ज़फ़रुल्ला ख़ान (1893-1985) पाकिस्तान के पहले विदेश मंत्री थे, जिन्होंने संयुक्त राष्ट्र महासभा के अध्यक्ष (1961-62) और अन्तर्राष्ट्रीय न्यायालय के अध्यक्ष (1970-73) के रूप में भी कार्य किया।
56. http://www.jammu-kashmir.com/documents/abdulun48.html
57. भारत और पाकिस्तान के लिए संयुक्त राष्ट्र आयोग का गठन जम्मू और कश्मीर राज्य के भविष्य पर भारत-पाकिस्तान विवाद की जाँच और मध्यस्थता के लिए किया गया था। यह जून, 1948 से मार्च, 1950 तक अस्तित्व में रहा।
58. 1972 का शिमला समझौता एक शान्ति सन्धि थी जिस पर भारत और पाकिस्तान के प्रधानमंत्रियों (क्रमशः इन्दिरा गांधी और जेड.ए. भुट्टो) ने 2 जुलाई, 1972 को शिमला में हस्ताक्षर किये थे।
59. भारत और पाकिस्तान में संयुक्त राष्ट्र सैन्य पर्यवेक्षक समूह की स्थापना जम्मू और कश्मीर राज्य में भारत और पाकिस्तान के बीच युद्धविराम की निगरानी के लिए जनवरी, 1949 में की गई थी।
60. सर ओवेन डिक्सन (1886-1972) अन्तरराष्ट्रीय स्तर पर प्रमुख न्यायविद थे, जिन्होंने ऑस्ट्रेलिया के छठे मुख्य न्यायाधीश के रूप में कार्य किया।
61. https://www.jammukashmirnow.com/Encyc/2020/9/16/16—September-1842-Treaty-of-Chushul-History-of-Dogra-Tibetan—War.html.
62. *India after Gandhi,* Ramachandra Guha, HarperCollins, 2007.
63. *1962 and the McMahon Line Saga,* Claude Apri, Lancer, 2013.

4. निज़ाम और उनके फ़रमान

1. ब्रिटिश सरकार द्वारा हाइनेस का एक अनोखा और मिश्रित संस्करण केवल हैदराबाद के निज़ामों को प्रदान किया गया।
2. एक शाही सम्प्रभु द्वारा जारी किया गया एक शाही फ़रमान।
3. ओटोमन साम्राज्य का सम्राट, अपने अस्तित्व के अधिकांश भाग के लिए सबसे प्रभावशाली इस्लामी साम्राज्य।
4. ख़लीफ़ा एक इस्लामिक राज्य का मुस्लिम शासक होता है जिसे पैगंबर मुहम्मद के उत्तराधिकारियों में से एक के रूप में देखा जाता है।
5. मौलाना शौकत अली (1873-1938) ख़िलाफ़त आन्दोलन के एक प्रमुख नेता थे।

6. उस्मानिया विश्वविद्यालय हैदराबाद में एक सार्वजनिक विश्वविद्यालय है। इसकी स्थापना हैदराबाद के सातवें निज़ाम नवाब उस्मान अली ख़ान ने की थी।
7. अलीगढ़ उत्तर प्रदेश राज्य का एक शहर है। वहाँ पर अलीगढ़ मुस्लिम विश्वविद्यालय स्थित है।
8. देवबन्द उत्तर प्रदेश राज्य में सहारनपुर ज़िले का एक शहर है। यह भारत के सबसे प्रमुख इस्लामिक मदरसे में से एक दारुल उलूम देवबन्द के लिए जाना जाता है।
9. 'Federating the Raj : Hyderabad, Sovereign Kingship and Partition', Sunil Purushotham, *Modern Asian Journal*, Vol. 54, Issue 1, 4 July, 2019.
10. 'Council of Indian Muslim Theologians' भारत में देवबन्दी विचारधारा से सम्बन्धित इस्लामी विद्वानों का एक संगठन है।
11. 'The Princely States, the Muslim League and the Partition of India', Ian Coplan, *International History Review,* 1991.
12. लॉर्ड चार्ल्स हार्डिंग (1858-1944), 1910 से 1916 तक भारत के वायसराय और गवर्नर जनरल थे।
13. रूफस इस्साक (1860-1935), रीडिंग के पहले मार्क्वेस थे जो 1921 से 1926 तक भारत के वायसरायं और गवर्नर जनरल रहे।
14. *The Story of the Integration of the Indian States,* V.P. Menon, Longmans, Green & Co., 1955.
15. चम्पारण सत्याग्रह 1917 में महात्मा गांधी के नेतृत्व में और उनके ही द्वारा शुरू किया गया पहला सत्याग्रह था। इसे भारतीय नील बाग़ान मालिकों के अधिकारों के लिए शुरू किया गया था।
16. ख़िलाफ़त या ख़लीफ़ा एक इस्लामी राज्य है जिस पर ख़लीफ़ा की उपाधि के साथ एक इस्लामी शासक शासन करता है।
17. आन्ध्र जनसंघ हैदराबाद राज्य में एक जन आन्दोलन था जिसे हैदराबाद राज्य में तेलुगु-भाषी आबादी के हितों के लिए लड़ने के लिए शुरू किया गया था।
18. कोंडा वेंकट रंगा रेड्डी (1890-1970) एक राजनेता थे जो तेलंगाना विद्रोह में सक्रिय थे और फिर आन्ध्र प्रदेश के उपमुख्यमंत्री बने।
19. मदापति हनुमन्त राव (1885-1970) हैदराबाद के पहले मेयर और आन्ध्र जनसंघ के संस्थापक सदस्य भी थे। उन्हें आन्ध्र पितामह के नाम से जाना जाता है।
20. आन्ध्र जनसंघ के तेज़ी से बढ़ने के बाद आन्ध्र महासभा का गठन किया गया। आन्ध्र महासभा ने तेलंगाना विद्रोह में बहुत महत्त्वपूर्ण भूमिका निभाई।
21. आर्य समाज वेदों को, सत्य के रूप में स्थापित करने के उद्देश्य से दयानन्द सरस्वती द्वारा शुरू किया गया एक सुधारवादी हिन्दू आन्दोलन है।
22. दयानन्द सरस्वती (1824-83) एक समाज सुधारक थे जिन्होंने वेदों के सत्य को बताया। उन्होंने आर्य समाज की स्थापना भी की।
23. 'शुद्धि' को एक अवधारणा और प्रक्रिया के रूप में आर्य समाज द्वारा प्रचारित किया गया था। शुद्धि का तात्पर्य शुद्धिकरण से है और इसमें अस्पृश्यता को दूर करना और अन्य धर्मों से बहिष्कृत लोगों को हिन्दू धर्म में परिवर्तित करना शामिल है।

24. हिन्दू महासभा एक हिन्दू राजनीतिक दल है जिसकी स्थापना 1915 में विनायक सावरकर, लाला लाजपत राय और मदन मोहन मालवीय ने की थी।
25. सनातन धर्म हिन्दू धर्म के लिए इस्तेमाल किया जाने वाला एक वैकल्पिक शब्द है और इसके अन्तर्गत हिन्दू धर्म से कहीं अधिक को शामिल किया गया है।
26. पंडित केशव राव कोराटकर (1867-1932) एक समाज सुधारक और शिक्षाशास्त्री थे। वे 1904 हैदराबाद आर्य समाज के अध्यक्ष चुने गए।
27. भारत सरकार अधिनियम, 1935, भारत में सरकार और शासन प्रणाली से सम्बन्धित ब्रिटिश संसद द्वारा पारित एक क़ानून था। इसका भारतीय संविधान पर भी एक प्रमुख प्रभाव पड़ा।
28. हरिपुरा प्रस्ताव 1938 में कांग्रेस के हरिपुरा सत्र के दौरान पारित किया गया था। इस प्रस्ताव से रियासतों को भारत के अभिन्न अंग के रूप में पहचाना गया।
29. 'Last Phase of Freedom Struggle in the Hyderabad State', G. Meeneshwar Rao, *Indian History Congress,* 1991.
30. आसफ जाही राजवंश हैदराबाद साम्राज्य का एक शासक राजवंश था। इसकी स्थापना 1734 में आसफ जाह प्रथम ने की थी।
31. हैदराबाद राज्य कांग्रेस की बढ़ती लोकप्रियता का मुक़ाबला करने के लिए हैदराबाद के निज़ाम द्वारा सार्वजनिक सुरक्षा अधिनियम, 1938 पारित किया गया था और इस अधिनियम ने हैदराबाद राज्य कांग्रेस को ग़ैरक़ानूनी माना।
32. पद्मजा नायडू (1900-1975) एक भारतीय स्वतंत्रता सेनानी थीं, जिन्होंने पश्चिम बंगाल के पाँचवें राज्यपाल के रूप में कार्य किया। वह प्रमुख भारतीय स्वतंत्रता सेनानी सरोजिनी नायडू की बेटी थीं।
33. 1902 में लखनऊ में जन्मे और अलीगढ़ मुस्लिम विश्वविद्यालय में शिक्षित, कासिम रिज़वी ने निज़ाम की सेवा में प्रवेश किया, और मजलिस-ए-इत्तेहादुल मुस्लिमीन पार्टी की स्थापना की और बाद में हैदराबाद राज्य में रज़ाकार मिलिशिया की स्थापना की। 1948 में वह पाकिस्तान भाग गए।
34. इत्तेहाद का तात्पर्य मजलिस-ए-इत्तेहादुल मुस्लिमीन पार्टी के सदस्य से है।
35. रज़ाकार कासिम रिज़वी द्वारा संचालित एक निजी मिलिशिया थी। सैद्धान्तिक रूप से मिलिशिया ने भारत में हैदराबाद के एकीकरण का विरोध किया, और निज़ाम को पाकिस्तान में शामिल होने के लिए मनाने की कोशिश की।
36. ऑपरेशन पोलो भारतीय सशस्त्र बलों द्वारा हैदराबाद राज्य को भारत संघ में एकीकृत करने के लिए चलाया गया ऑपरेशन था।
37. स्टैंडस्टिल समझौते भारत और पाकिस्तान के नव स्वतंत्र उपनिवेशों और ब्रिटिश भारतीय साम्राज्य की रियासतों के बीच हस्ताक्षरित समझौते थे, इसमें प्रशासनिक व्यवस्था जारी रखने पर सहमति बनी यह प्रक्रिया तब तक जारी रही जब तक कि वे ब्रिटिश राज के अधीन थे, जब तक किसी भी प्रभुत्व के साथ एकीकरण सफलतापूर्वक नहीं हुआ।
38. सर वाल्टर मॉन्कटन (1891-1965) एक ब्रिटिश राजनीतिज्ञ थे जो हैदराबाद के निज़ाम के संविधान सलाहकार थे।
39. मुहम्मद अहमद सईद ख़ान छतर (1888-1982) हैदराबाद के 39वें और 41वें प्रधानमंत्री थे।

40. *Mission with Mountbatten,* Alan Cambell-Johnson, Atheneum, 1985.
41. सिडनी कॉटन (1894-1969) एक ऑस्ट्रेलियाई आविष्कारक और एविएटर थे उन्होंने हैदराबाद राज्य को भारत में एकीकरण का विरोध करने में मदद करने के लिए बन्दूकें और गोला-बारूद की आपूर्ति की।
42. *The Story of the Integration of the Indian States,* V.P. Menon, Longmans, Green & Co., 1955.
43. मुल्लाथ कडिंगी वेलोडी (1896-1987) एक भारतीय राजनयिक थे जिन्हें हैदराबाद के निज़ाम के पतन के बाद भारत सरकार द्वारा हैदराबाद के मुख्यमंत्री के रूप में नियुक्त किया गया था।

5. गणराज्य के रूप में भारत!

1. पेप्सू : पटियाला एंड ईस्ट पंजाब स्टेट्स यूनियन (पेप्सू) भारत का एक राज्य था, जिसने 1948 और 1956 के बीच आठ रियासतों को एकजुट किया था।
2. राज प्रमुख 1947 से 1956 तक भारत की रियासतों के राज्यपालों द्वारा धारण की जाने वाली एक प्रशासनिक उपाधि थी। राज प्रमुख ज़्यादातर राज्यों के पूर्व शासक होते थे।
3. भारतीय राष्ट्रीय कांग्रेस का 51वाँ अधिवेशन पिछले महीने बारडोली ज़िले के हरिपुरा में हुआ था। जवाहरलाल नेहरू के नेतृत्व में, जो अठारह महीने से अधिक समय तक अध्यक्ष पद पर रहे, कांग्रेस का तेज़ी से विकास हुआ। कांग्रेस के समर्थन में यह वृद्धि हरिपुरा अधिवेशन में परिलक्षित हुई। लगभग पाँच लाख से अधिक लोगों की भारी भीड़ ने जुलूस देखा और निर्वाचित अध्यक्ष, सुभाष चन्द्र बोस को श्रद्धांजलि अर्पित की।
4. *The Indian Princes and Their States*, Barbara Ramusack, Cambridge Universtity Press, 2004.
5. 'प्रिवी पर्स' का भुगतान पूर्व शासकों को अनुच्छेद 291 और अनुच्छेद 362 के संवैधानिक प्रावधानों के तहत किया जाता था। प्रिवी पर्स ने शासक वर्ग को 'विशेष दर्जा' प्रदान किया, जिसने शासक और शासन करने की ब्रिटिश प्रथा को जारी रखा।
6. पूर्वी रियासतों का एक अल्पकालिक संघ। इसका गठन अंग्रेज़ों के जाने और भारत के स्वतंत्र होने के ठीक बाद किया गया था।
7. पश्चिम बंगाल के दूसरे मुख्यमंत्री और 23 जनवरी, 1948—1 जुलाई, 1962 के बीच पद पर रहे। बिधान रॉय, जिन्हें अक्सर 'आधुनिक पश्चिम बंगाल का निर्माता' माना जाता है, एक चिकित्सक, शिक्षाविद् और स्वतंत्रता सेनानी थे।
8. अठारहवीं शताब्दी के दौरान पंजाब संघ के बारह सम्प्रभु राज्य।
9. प्रारम्भिक पेशवा सभी मंत्री थे जो राजा के मुख्य कार्यकारी के रूप में कार्य करते थे। बाद के पेशवाओं ने सर्वोच्च प्रशासनिक पद सँभाला और मराठा संघ को भी नियंत्रित किया। चितपावन ब्राह्मण भट्ट परिवार के तहत, पेशवा संघ के वास्तविक वंशानुगत प्रशासक बन गए।
10. *The Story of the Integration of the Indian States,* V.P. Menon, Longmans, Green & Co., 1955.
11. महागुजरात शब्द में मुख्य भूमि गुजरात और सौराष्ट्र तथा कच्छ के प्रायद्वीप सहित सभी

गुजराती-भाषी क्षेत्र शामिल थे। लेखक-राजनीतिज्ञ कनैयालाल मुंशी ने 1937 में गुजराती साहित्य परिषद की कराची बैठक में महागुजरात शब्द का प्रयोग किया था।

12. सिसोदिया एक भारतीय राजपूत वंश है जो सूर्यवंशी वंश का दावा करता है। इस वंश से सम्बन्धित एक राजवंश ने राजस्थान में मेवाड़ साम्राज्य पर शासन किया था।
13. ई.पी. मून आईसीएस के सदस्य थे, लेकिन जब वह अमृतसर के डिप्टी कमिश्नर थे तो राजकुमारी अमृत कौर, जो बाद में केन्द्रीय स्वास्थ्य मंत्री बनीं, से उनकी निकटता के कारण उन्हें इस्तीफ़ा देने के लिए कहा गया था। वह बहावलपुर राज्य के प्रधानमंत्री बने, जिसका पाकिस्तान में विलय हो गया और आज़ादी के बाद केन्द्र शासित प्रदेश हिमाचल प्रदेश के मुख्य आयुक्त भी बने।
14. कच्छ में ज़्यादातर नमक के दलदल शामिल हैं, जो पाकिस्तान के साथ एक विवादित अन्तरराष्ट्रीय सीमा रेखा साझा करते हैं।
15. *The Story of the Integration of the Indian States,* V.P. Menon, Longmans, Green & Co., 1955.
16. पूर्वोक्त

6. भारत का पहला हिन्दी नक़्शा

1. कर्नल गम्भीर सिंह, एमआईएस (भारत के कार्यवाहक महासर्वेक्षक), 'भारत के राजनीति विभाग या भारत का राजनीतिक मानचित्र' (1952)। स्वतंत्र भारत का पहला हिन्दी मानचित्र 1952 में प्रकाशित हुआ था; मानचित्र राज्यों को राज प्रमुखों के अधीन, केन्द्र शासित प्रदेशों को उपराज्यपालों के अधीन और मुख्य आयुक्तों को केन्द्र सरकार के अधीन वर्गीकृत करता है। इसमें भारत-पाकिस्तान सीमा के अभी भी सांकेतिक होने और अन्तरराष्ट्रीय सीमा नहीं होने के सम्बन्ध में सामान्य अस्वीकरण भी दिया गया है।
2. North-East Frontier Agency या NEFA, जिसे मूल रूप से नॉर्थ-ईस्ट फ्रंटियर ट्रैक्ट्स के नाम से जाना जाता है, 20 जनवरी, 1972 तक ब्रिटिश भारत और बाद में भारतीय गणराज्य में राजनीतिक विभाजनों में से एक था, यह अरुणाचल प्रदेश और असम के कुछ हिस्सों का केन्द्र शासित प्रदेश बन गया। इसका प्रशासनिक मुख्यालय शिलांग था (1974 तक, जब इसे ईटानगर में स्थानान्तरित किया गया था)। 20 फ़रवरी, 1987 को इसे राज्य का दर्जा प्राप्त हुआ।
3. *Region, Nation, 'Heartland': Uttar Pradesh in India's Body Politic*, Gyanesh Kudasiya, Sage Publication, 2006.
4. Ibid.
5. दरभंगा के महाराजा ने राज और कांग्रेस दोनों के साथ अच्छे सम्बन्ध बनाए रखे। लक्ष्मेश्वर सिंह 1885 में भारतीय राष्ट्रीय कांग्रेस (आईएनसी) के संस्थापकों में से एक थे। परिवार के ब्रिटिश राज से निकटता बनाए रखने के बावजूद दरभंगा पार्टी के प्रमुख दानदाताओं में से एक था। ब्रिटिश शासन के दौरान, कांग्रेस अपना वार्षिक सम्मेलन इलाहाबाद में आयोजित करना चाहती थी, लेकिन सरकार ने उन्हें इस उद्देश्य के लिए किसी भी सार्वजनिक स्थान का उपयोग करने की अनुमति देने से इनकार कर दिया। दरभंगा के महाराजा ने एक क्षेत्र ख़रीदा और कांग्रेस को वहाँ अपना वार्षिक सम्मेलन आयोजित करने की अनुमति दी।

1892 की कांग्रेस का वार्षिक सम्मेलन 28 दिसम्बर को तत्कालीन महाराजा द्वारा ख़रीदे गए लोथर कैसल के मैदान पर आयोजित किया गया था।

6. *The Story of the Integration of the Indian States,* V.P. Menon, Longmans, Green & Co., 1955.
7. Ibid.
8. Ibid.
9. *1962 and the Mcmahon Line Saga,* Claude Apri, Lancer, 2013.
10. *The Long Came: How the Chinese Negotiate with India,* Vijay Gokhale, Penguin Random House India, 2021.
11. *The Man Who Saved India,* Hindol Sengupta, Penguin Random House India, 2018.

7. आन्ध्र राज्य और एसआरसी

1. हिन्दी हार्टलैंड भारत की लगभग एक तिहाई आबादी का समर्थन करता है और इसके भौगोलिक क्षेत्र का लगभग एक चौथाई भाग घेरता है। जनसंख्या उत्तर प्रदेश, मध्य प्रदेश, छत्तीसगढ़, झारखंड और बिहार राज्यों में उपजाऊ गंगा के मैदान पर केन्द्रित है। यह एक भाषायी क्षेत्र है जिसमें उत्तरी, मध्य, पूर्वी और पश्चिमी भारत शामिल हैं जहाँ विभिन्न मध्य इंडो-आर्यन भाषाएँ समाहित हो गईं जिसे 'हिन्दी' शब्द के अन्तर्गत रख दिया गया।
2. भारत सरकार ने 1948 में एस.के. धर की अध्यक्षता में भाषायी प्रान्त आयोग का गठन किया। यह सिफ़ारिश करने के लिए कि राज्यों का पुनर्गठन भाषायी आधार पर किया जाना चाहिए या नहीं।
3. धार की सिफ़ारिशों का अध्ययन करने के लिए जेवीपी समिति की स्थापना की गई। आयोग समिति में कांग्रेस अध्यक्ष पट्टाभि सीतारमैया के अलावा जवाहरलाल नेहरू और वल्लभभाई पटेल शामिल थे।
4. एस.के. धर इलाहाबाद उच्च न्यायालय के सेवानिवृत्त न्यायाधीश थे और भारत सरकार ने उनकी अध्यक्षता में भाषायी प्रान्त आयोग, 1948 का गठन किया था।
5. भाषा विज्ञान के प्रोफ़ेसर, रैपोपोर्ट लिबरल आर्ट्स कॉलेज में लिबरल आर्ट्स के प्रोफ़ेसर।
6. *Nehru and the Language Politics of India,* Robert D. King, OUP, 1997.
7. तंगुतुरी प्रकाशम एक भारतीय राजनीतिज्ञ और स्वतंत्रता सेनानी, मद्रास प्रेसीडेंसी के मुख्यमंत्री थे, और बाद में भाषायी आधार पर मद्रास राज्य के विभाजन द्वारा बनाए गए नये आन्ध्र राज्य के पहले मुख्यमंत्री बने।
8. हैदराबाद राज्य प्रजा पार्टी हैदराबाद राज्य में एक राजनीतिक दल था। इसका गठन 1951 में हुआ था जब तंगुतुरी प्रकाशम और आचार्य एन.जी. रंगा भारतीय राष्ट्रीय कांग्रेस से अलग हो गए।
9. विशालांध्र स्वतंत्रता के बाद भारत में सभी तेलुगु-भाषी क्षेत्रों के लिए एक संयुक्त राज्य के लिए एक आन्दोलन था।
10. ओमनदुर पी. रामास्वामी रेड्डीयार (1895-1970) एक स्वतंत्रता सेनानी और आज़ादी के बाद मद्रास प्रान्त के पहले मुख्यमंत्री थे।

11. भारतीय स्वतंत्रता सेनानी, गांधीवादी, ने आमरण अनशन किया, जिससे आन्ध्र में विस्फोटक स्थिति पैदा हो गई।
12. पी.एस. कुमारस्वामी राजा एक भारतीय राजनीतिज्ञ हैं, जो 6 अप्रैल, 1949 से 10 अप्रैल, 1952 तक मद्रास प्रेसीडेंसी के मुख्यमंत्री और 1954 से 1956 तक उड़ीसा के राज्यपाल रहे। उनका जन्म तमिलनाडु के राजपालयम में हुआ था।
13. श्री प्रकाश का जन्म 1890 में वाराणसी में हुआ था। वह एक भारतीय राजनीतिज्ञ, स्वतंत्रता सेनानी और प्रशासक थे। उन्होंने 1947 से 1949 तक पाकिस्तान में भारत के पहले उच्चायुक्त, 1949 से 1950 तक असम के राज्यपाल, 1952 से 1956 तक मद्रास के राज्यपाल और 1956 से 1962 तक बॉम्बे के राज्यपाल के रूप में कार्य किया। अपने शुरुआती दिनों में, उन्होंने भारतीय स्वतंत्रता में भाग लिया। आन्दोलन किया और जेल गए। भारत की स्वतंत्रता के बाद, उन्होंने प्रशासक और कैबिनेट मंत्री के रूप में कार्य किया।
14. ए.एन. खोसला एक भारतीय इंजीनियर और राजनीतिज्ञ थे। वह भारत के केन्द्रीय जलमार्ग सिंचाई और नेविगेशन आयोग के अध्यक्ष थे। वह सितम्बर 1962 से अगस्त 1966 तक और फिर सितम्बर 1966 से जनवरी 1968 तक उड़ीसा के राज्यपाल रहे।
15. पोट्टी श्रीरामुलु एक भारतीय स्वतंत्रता सेनानी और क्रान्तिकारी थे। आन्ध्र क्षेत्र के अपने आत्म-बलिदान के लिए श्रीरामुलु को आन्ध्र क्षेत्र में 'अमरजीवी' (अमर प्राणी) के रूप में सम्मानित किया जाता है। वह आन्ध्र प्रदेश को अलग राज्य बनाने के समर्थन में छप्पन दिनों तक भूख हड़ताल करने के लिए प्रसिद्ध हुए; इस प्रक्रिया में उनकी मृत्यु हो गई।
16. डॉ. बरगुल्ला रामकृष्ण राव पूर्ववर्ती हैदराबाद राज्य के पहले निर्वाचित मुख्यमंत्री थे। भारत की स्वतंत्रता और संघ में रियासतों के राजनीतिक एकीकरण से पहले, वह हैदराबाद रियासत में निज़ाम का विरोध करने वाले तेलुगु-भाषी नेताओं में से थे।
17. *Nehru and the Language Politics of India,* Robert D. King, OUP, 1997.
18. 1952 में मुल्की आन्दोलन मूल निवासियों या मुल्कियों के लिए हैदराबाद राज्य सरकार में नौकरियों की सुरक्षा के लिए एक राजनीतिक आन्दोलन था। यह तेलंगाना आन्दोलन की पहली घटना थी।
19. डॉ. फ़ज़ल अली एक भारतीय न्यायाधीश, दो भारतीय राज्यों (असम और उड़ीसा) के राज्यपाल और राज्य पुनर्गठन आयोग के प्रमुख थे, जिसने दिसम्बर, 1953 में कई भारतीय राज्यों की सीमाओं का निर्धारण किया था। उनके आयोग ने सितम्बर, 1953 में रिपोर्ट प्रस्तुत की थी, मोटे तौर पर भाषा को राज्यों के पुनर्गठन का आधार स्वीकार किया गया।
20. एच.एम. कुंज़रू एक भारतीय स्वतंत्रता सेनानी और सार्वजनिक व्यक्ति थे। वह लम्बे समय तक सांसद रहे और लगभग चार दशकों तक प्रान्तीय और केन्द्रीय स्तर पर विभिन्न विधायी निकायों में सेवा की। वह भारत की संविधान सभा (1946-50) के सदस्य थे जिसने भारत का संविधान तैयार किया था।
21. के.एम. पणिक्कर को सरदार के.एम. के नाम से जाना जाता है। पणिक्कर, एक भारतीय राजनेता और राजनयिक थे। वह एक प्रोफ़ेसर, समाचार पत्र सम्पादक, इतिहासकार और उपन्यासकार भी थे। उन्हें 1953 में स्थापित राज्य पुनर्गठन आयोग का सदस्य नियुक्त किया गया था। वह फ्रांस में भारत के राजदूत और भारतीय संसद के ऊपरी सदन राज्य सभा के सदस्य भी थे। उन्होंने कश्मीर विश्वविद्यालय और मैसूर विश्वविद्यालय के कुलपति के रूप में भी कार्य किया।

22. भारतरत्न भारतीय गणराज्य का सर्वोच्च नागरिक पुरस्कार है। 2 जनवरी, 1954 को स्थापित, यह पुरस्कार जाति, व्यवसाय, स्थिति या लिंग के भेदभाव के बिना, उच्चतम क्रम की असाधारण सेवा/प्रदर्शन की मान्यता में प्रदान किया जाता है।

23. नॉर्थ-ईस्ट फ्रंटियर एजेंसी या नेफा, जिसे मूल रूप से नॉर्थ-ईस्ट फ्रंटियर ट्रैक्ट्स के नाम से जाना जाता है, 20 जनवरी, 1972 तक ब्रिटिश भारत और बाद में भारत गणराज्य में राजनीतिक विभाजनों में से एक था, जब यह अरुणाचल प्रदेश का केन्द्र शासित प्रदेश बन गया और असम के कुछ हिस्से भी इसमें शामिल थे। इसका प्रशासनिक मुख्यालय शिलांग था (1974 तक, जब तक यह ईटानगर में स्थानान्तरित हुआ)। 20 फ़रवरी, 1987 को इसे राज्य का दर्जा प्राप्त हुआ।

8. दक्षिण के भाषायी राज्य : तमिलनाडु, कर्नाटक और केरल

1. संस्कृत में देवदासी का अर्थ है देवी-देवताओं की स्त्री दासी। देवदासी परम्परा के तहत, युवावस्था से पहले की लड़की की शादी एक मन्दिर के पीठासीन पुजारी से की जाती थी। यह लड़की फिर जीवन भर देवदासी रहेगी और मन्दिर के आसपास अपना कर्तव्य निभाते हुए अपना जीवन बिताएगी। उन्हें अपने देवता की भक्ति में भक्ति गीत गाने और नृत्य करने की भी आवश्यकता थी।

2. द्रविड़ मुनेत्र कज़गम एक भारतीय राजनीतिक दल है और तमिलनाडु की दो प्रमुख द्रविड़ पार्टियों में से एक है। डीएमके की स्थापना सी.एन. अन्नादुरई ने की थी जो पेरियार की द्रविड़ कज़गम से अलग हुई पार्टी है।

3. कुला कालवी थिट्टम (वंशानुगत शिक्षा नीति) राजाजी की मद्रास प्रारम्भिक शिक्षा योजना को दिया गया नाम था। इस योजना के तहत स्कूलों को दो सत्र आयोजित करने थे। प्रथम सत्र में नियमित अध्यापन कराया जाएगा। दूसरे सत्र में, छात्र घर वापस जाएँगे और अपने माता-पिता का व्यवसाय सीखेंगे। जातिवाद को बढ़ावा देने और इसे कायम रखने के लिए आलोचना के बाद इसे रद्द कर दिया गया था।

4. तमिलनाडु टॉयलर्स पार्टी का गठन वन्नियार जाति के सदस्यों द्वारा 1952 के पहले आम चुनावों और राज्य चुनावों में अपने हितों का प्रतिनिधित्व करने के लिए किया गया था। पार्टी ने राज्य चुनावों में 309 निर्वाचन क्षेत्रों में से 17 और आम चुनावों में 4 सीटें जीतीं। 1957 तक, पार्टी विघटित हो गई और इसके अधिकांश नेता कांग्रेस पार्टी में शामिल हो गए।

5. *Carry on, but Remember! Selected Dpeeches of C.N. Annadurai in the Indian Parliament,* C.N. Annadurai, Thannatchi Pathippagam.

6. सर चेतपूत पट्टाभिरामन रामास्वामी अय्यर (1879-1966) 1936 में भारत की स्वतंत्रता से लेकर भारत में विलय तक तत्कालीन त्रावणकोर रियासत के दीवान थे। त्रावणकोर के दीवान के रूप में, उन्होंने त्रावणकोर विश्वविद्यालय और त्रावणकोर बैंक की स्थापना, मन्दिर प्रवेश उद्घोषणा जारी करने आदि का निरीक्षण किया। स्वतंत्रता के समय, वह एक स्वतंत्र त्रावणकोर के वकील थे और उन्होंने महाराजा श्री चिथिरा थिरुनल की आज़ादी की घोषणा जारी करने का समर्थन किया था। आज़ादी के बाद में, काफ़ी बातचीत और उन पर हत्या के प्रयास के बाद, त्रावणकोर का भारत में विलय पूरा हो गया।

7. *Carry on, but Remember! Selected Dpeeches of C.N. Annadurai in the Indian Parliament,* C.N. Annadurai, Thannatchi Pathippagam.
8. स्वाभिमान विवाह वे हैं जो ब्राह्मण पुजारी द्वारा सम्पन्न कराए बिना आयोजित किये जाते हैं। आत्म-सम्मान आन्दोलन के पेरियार जैसे नेताओं द्वारा आत्म-सम्मान विवाह को बढ़ावा दिया गया और इसकी वकालत की गई। नेताओं ने आरोप लगाया कि पारम्परिक विवाह तमिल संस्कृति पर ब्राह्मण प्रभाव को मज़बूत करने का एक तरीक़ा था। स्वाभिमान विवाहों ने अन्तरजातीय और प्रेम विवाहों को भी बढ़ावा दिया।
9. राष्ट्रीय खाद्य सुरक्षा अधिनियम, 2013, भारतीय संसद द्वारा मानव जीवन चक्र दृष्टिकोण में भोजन और पोषण सुरक्षा प्रदान करने के लिए पारित एक अधिनियम है, जो लोगों को सस्ती क़ीमतों पर पर्याप्त मात्रा में गुणवत्ता वाले भोजन की पहुँच सुनिश्चित करता है... यह अधिनियम मातृत्व लाभ प्रदान करता है, खाद्य सुरक्षा भत्ता और लक्षित सार्वजनिक वितरण प्रणाली लागू करता है।
10. जयचामाराजेन्द्र वाडियार (1919-74) मैसूर के पच्चीसवें और अन्तिम महाराजा थे। वह 1940 में सिंहासन पर बैठे और 1947 तक मैसूर पर शासन किया। वह नवगठित भारत संघ में अपने राज्य को शामिल करने और विलय करने के लिए सहमत होने वाले पहले राजाओं में से एक थे। उन्होंने 1947 में विलय पत्र पर हस्ताक्षर किये। वह संगीत और दर्शन के प्रति अपने प्रेम के लिए जाने जाते थे।
11. जस्टिस मिलर समिति की नियुक्ति 1919 में मैसूर के तत्कालीन महाराजा कृष्णराज वाडियार चतुर्थ द्वारा की गई थी। इसकी अध्यक्षता सर लेस्ली क्रीरी मिलर ने की थी।
    समिति का उद्देश्य 'सार्वजनिक सेवा में समुदायों के पर्याप्त प्रतिनिधित्व के लिए आवश्यक क़दमों पर विचार करना' था।
12. 'एंग्लो-इंडियन' आमतौर पर मिश्रित ब्रिटिश और भारतीय वंश के व्यक्तियों को सन्दर्भित करता है या ब्रिटिश वंश का है लेकिन एक भारतीय मूल निवासी है। भारत सरकार अधिनियम, 1935, एक एंग्लो-इंडियन को 'एक ऐसे व्यक्ति के रूप में परिभाषित करता है जिसके पिता या जिनके पुरुष वंश में कोई अन्य पुरुष पूर्वज यूरोपीय वंश का है या था, लेकिन जो भारत का मूल निवासी है'।
13. सर मोक्षगुंडम विश्वेश्वरैया (1861-1962) एक भारतीय सिविल इंजीनियर और 1912 से 1919 तक मैसूर के दीवान थे। वह कृष्णा राजा सागर बांध के मुख्य अभियंता थे और उन्होंने बाढ़ सुरक्षा प्रणाली के मुख्य इंजीनियरों में से एक के रूप में भी काम किया था। उनकी याद में उनका जन्मदिन, 15 सितम्बर, भारत, श्रीलंका और तंजानिया में इंजीनियर्स दिवस के रूप में मनाया जाता है।
14. अलुरु वेंकट राव (1880-1964) को उनकी भूमिका के लिए जाना जाता है। कर्नाटक एकीकरण आन्दोलन के तहत कन्नड़-भाषी क्षेत्रों का एकीकरण और कर्नाटक का गठन में उन्हें आमतौर पर आन्दोलन का मुख्य नेता माना जाता है।
15. *Outlines of South India History,* M.N. Venkata Ramanappa, Vikas Publishing House, 1975.
16. रामचन्द्र हनमन्त देशपांडे (1861-1931) ने 1890 में कर्नाटक विद्यावर्धक संघ की स्थापना की। उन्होंने उत्तरी कर्नाटक में स्थानीय भाषा, कन्नड़ भाषा को बढ़ावा दिया, जो उस समय

मराठी के आधिपत्य के तहत था क्योंकि यह हिस्सा मराठा शासन के अधीन था। उन्होंने स्पष्ट रूप से 'सिरिगन्नादम गेल्गे' (कन्नड़ लम्बे समय तक जीवित रहें!) का नारा भी दिया।

17. देवनहल्ली वेंकटरमणैया गुंडप्पा (1887-1975) एक प्रसिद्ध कन्नड़ दार्शनिक और लेखक थे। उन्होंने कई कन्नड़ समाचार पत्र और पत्रिकाएँ शुरू कीं, जिनमें सबसे प्रमुख है, द *कर्नाटक*। उनकी सबसे प्रसिद्ध साहित्यिक कृति 'मनकुथिम्मना कग्गा' है।

18. सर मिर्ज़ा मुहम्मद इस्माइल (1883-1959) का जन्म वर्ष 1883 में बैंगलोर में बसे एक फ़ारसी परिवार में हुआ था। वह क्रमिक रूप से तीन रियासतों, मैसूर (1926-41), हैदराबाद (1942-46) और जयपुर (1946-47) के दीवान रहे। उन्हें मुख्य रूप से बेंगलुरु और मैसूर के सौंदर्यीकरण के लिए याद किया जाता है।

19. *My Life and Politics,* S. Nijalingappa, Vision Books, 2007.

20. कादिदल मंजप्पा (1908-1992) कर्नाटक के तीसरे मुख्यमंत्री थे। वह 19 अगस्त, 1956 से 31 अक्टूबर, 1956 तक मुख्यमंत्री रहे। वह गांधीवादी थे और उन्हें किरायेदारी अधिनियम और इनाम उन्मूलन अधिनियम जैसे विभिन्न भूमि सुधारों के लिए याद किया जाता है।

21. सिद्दवनहल्ली निजलिंगप्पा (1902-2000) कर्नाटक के चौथे मुख्यमंत्री थे और 1956 में राज्य पुनर्गठन के बाद पहले मुख्यमंत्री थे। वह कर्नाटक एकीकरण के प्रबल समर्थक थे। उन्होंने भाषायी राज्यों के गठन की भी पुरज़ोर वकालत की। उन्होंने कर्नाटक में तिब्बतियों को शरण देने की भी पेशकश की।

22. केंगल हनुमन्तैया (1908-1980) कर्नाटक के दूसरे मुख्यमंत्री थे। वह एक स्वतंत्रता सेनानी और भारत की संविधान सभा के सदस्य भी थे। वह कर्नाटक के विधान सभा के निर्माण के पीछे मुख्य शक्ति थे।

23. *Outlines of South India History,* M.N. Venkata Ramanappa, Vikas Publishing House, 1975.

24. गोपालकृष्ण देवदास गांधी, जिनका जन्म अप्रैल 1945 में हुआ था, एक भारतीय राजनीतिज्ञ और पूर्व राजनयिक हैं, जिन्होंने 2004 से 2009 तक पश्चिम बंगाल के 23वें राज्यपाल के रूप में कार्य किया। वह महात्मा गांधी के पोते हैं। एक पूर्व आईएएस अधिकारी के रूप में, उन्होंने अन्य प्रशासनिक और राजनयिक पदों के अलावा भारत के राष्ट्रपति के सचिव और दक्षिण अफ्रीका और श्रीलंका में उच्चायुक्त के रूप में कार्य किया।

25. मालाबार शब्द (अक्सर मालाबार तट के रूप में जाना जाता है), ऐतिहासिक सन्दर्भ में, भारत के दक्षिण-पश्चिमी तट को सन्दर्भित करता है, जो कर्नाटक और केरल राज्यों के बीच के संकीर्ण तटीय मैदान पर स्थित पश्चिमी घाट शृंखला और अरब सागर के बीच में है। यह तट भारत के दक्षिणी सिरे पर गोवा के दक्षिण से कन्याकुमारी तक चलता है।

26. ऐक्य केरल, एकजुट (ऐक्य) केरल के आन्दोलन ने स्वतंत्रता प्राप्ति के साथ गति पकड़ी। इस दिशा में पहला ठोस क़दम 1 जुलाई, 1949 को उठाया गया था। एकीकरण की राष्ट्रीय नीति का पालन करते हुए, कोच्चि और त्रावणकोर राज्य को एक राज प्रमुख के तहत त्रावणकोर-कोच्चि राज्य में मिला दिया गया। अगला क़दम राज्य पुनर्गठन आयोग की रिपोर्ट के आलोक में भाषायी आधार पर राज्यों के पुनर्गठन के साथ आया। मालाबार ज़िले और दक्षिण केनरा ज़िले के कासरगोड तालुक को त्रावणकोर-कोच्चि में जोड़ने और

मद्रास राज्य में शामिल करने के लिए पुराने त्रावणकोर के तमिल-भाषी दक्षिणी क्षेत्र को त्रावणकोर-कोच्चि से अलग करने का निर्णय लिया गया। 1 नवम्बर, 1956 को नये राज्य केरल का औपचारिक उद्घाटन किया गया।

27. वी.टी. कृष्णामाचारी एक भारतीय सिविल सेवक और प्रशासक थे। उन्होंने 1927 से 1944 तक बड़ौदा के दीवान, 1946 से 1949 तक जयपुर राज्य के प्रधानमंत्री और 1961 से 1964 तक राज्य सभा के सदस्य के रूप में कार्य किया।
28. योजना आयोग भारत सरकार की एक संस्था थी, जो अन्य कार्यों के साथ-साथ भारत की पंचवर्षीय योजनाएँ भी तैयार करती थी। इसका गठन मार्च 1950 में हुआ था।
29. *The Story of the Integration of the Indian States,* V.P. Menon, Longmans, Green & Co., 1955.
30. वैकोम सत्याग्रह केरल के हिन्दू समाज में छुआछूत और जातिगत भेदभाव के ख़िलाफ़ तत्कालीन त्रावणकोर (अब केरल का हिस्सा) में एक सत्याग्रह (सामाजिक विरोध) था। यह आन्दोलन वर्तमान कोट्टायम ज़िले के वैकोम में श्री महादेव मन्दिर के आसपास केन्द्रित था।
31. https://www.mkganthi.org/epigrams/u.htm
32. सी.पी. रामास्वामी अय्यर, जिन्हें सर सी.पी. के नाम से जाना जाता है, एक भारतीय वकील, प्रशासक और राजनीतिज्ञ थे, जिन्होंने 1920 से 1923 तक मद्रास प्रेसीडेंसी के एडवोकेट-जनरल और 1936 से 1947 तक त्रावणकोर दीवान के रूप में कार्य किया। वह राष्ट्र संघ के 1926 और 1927 के प्रतिनिधिमंडल के सदस्य भी थे।
33. पी.जी.एन. उन्नीथन स्वतंत्र त्रावणकोर थिरुविथमकूर के अन्तिम दीवान (प्रधानमंत्री) थे।
34. दर्शनकलानिधि परीक्षित थम्परन, कोचीन रियासत के अन्तिम आधिकारिक शासक थे। कोचीन राज्य का विलय त्रावणकोर में कर दिया गया और 1949 में उनका शासन समाप्त हो गया, लेकिन वे कोचीन के वल्लिया थम्पुरम के रूप में बने रहे।
35. श्री नारायण धर्म प्रचालन (एसएनडीपी) की स्थापना 1903 में श्री नारायण गुरु के मार्गदर्शन में डॉ. पद्मनाभन पालपु ने की थी। एसएनडीपी समग्र रूप से केरल की परिकल्पना करने वाला पहला संगठन था।
36. नायर सर्विस सोसाइटी (एनएसएस) नायर समुदाय की सामाजिक उन्नति और कल्याण के लिए बनाया गया एक संगठन है जो मुख्य रूप से केरल राज्य में पाया जाता है। इसकी स्थापना मन्नाथु पद्मनाभ पिल्लई के नेतृत्व में की गई थी। एनएसएस एक त्रि-स्तरीय संगठन है, जिसमें आधार स्तर पर करायोगम, मध्यवर्ती स्तर पर तालुक संघ और केरल में पेरुन्ना, चंगनास्सेरी से संचालित एक केन्द्रीय मुख्यालय है।
37. राष्ट्रपति शासन का तात्पर्य राज्य सरकार को निलम्बित करने और केन्द्र का प्रत्यक्ष शासन लागू करने से है। केन्द्र सरकार सम्बन्धित राज्य का सीधा नियंत्रण अपने हाथ में लेती है और राज्यपाल उसका संवैधानिक प्रमुख बन जाता है।
38. टी.के. नारायण पिल्लई भारत में औपनिवेशिक शासन के दौरान एक भारतीय स्वतंत्रता सेनानी थे और भारतीय राष्ट्रीय कांग्रेस (आईएनसी) के सदस्य थे, जिसने अंग्रेज़ों के ख़िलाफ़ लड़ाई लड़ी थी। वह 1949 में त्रावणकोर के गठन के समय त्रावणकोर के अन्तिम प्रधानमंत्री और त्रावणकोर-कोचीन के पहले मुख्यमंत्री थे।

39. केरल में ऐक्य थिरुविताहमकोर-कोच्चि ग्रंधशाला संघम (सार्वजनिक पुस्तकालय आन्दोलन) भारत के किसी भी अन्य राज्य की तुलना में पुराना है और कई मामलों में अद्धितीय है। तत्कालीन त्रावणकोर, कोचीन और मालाबार में, जो वर्तमान केरल राज्य के घटक क्षेत्र थे, सार्वजनिक पुस्तकालय का विकास विभिन्न अवधियों में हुआ। भाषा के गठन के साथ 1949, त्रावणकोर और कोचीन की दो रियासतों के विलय के साथ त्रावणकोर ग्रांडशाला संघम थिरु-कोच्चि ग्रांडशाला संघम बन गया। 1956 में केरल के भाषायी राज्य के गठन के साथ, तीन पूर्व राजनीतिक इकाइयाँ एकजुट हो गईं। पूरे राज्य को कवर करने वाली एक सामान्य शीर्ष संस्था अनिवार्य हो गई। 1958 में, केरल ग्रांडशाला संघम राज्य के पुस्तकालय कर्मचारियों के बीच से चुने गए एक शासी निकाय के साथ अस्तित्व में आया।
40. पुन्नप्रा-वलियार ब्रिटिश भारत के त्रावणकोर रियासत में प्रधानमंत्री सी.पी. रामास्वामी अय्यर और राज्य के ख़िलाफ़ एक कम्यूनिस्ट आन्दोलन था।
41. सी. केसवन एक राजनीतिज्ञ, समाज सुधारक, राजनेता और 1950-52 के दौरान त्रावणकोर-कोचीन के मुख्यमंत्री थे।
42. एझावा भारत के केरल क्षेत्र में उत्पन्न एक समुदाय है। उन्हें क्षेत्र के दक्षिण में इल्हावा, इरावा, इझावा और एरावा के नाम से भी जाना जाता है, मध्य त्रावणकोर में चोवस, चोकोन और चोगोन के रूप में; और मालाबार क्षेत्र में थियार, तियास और थेयास के रूप में जाना जाता है। वे खेतिहर मज़दूर, छोटे किसान, ताड़ी निकालने वाले और शराब व्यवसायी के रूप में काम करते थे। कुछ एझावा बुनाई में भी शामिल थे और कुछ आयुर्वेद का अभ्यास करते थे। वर्तमान समय में, एझावाओं को भारत सरकार द्वारा सकारात्मक भेदभाव की प्रणाली के तहत अन्य पिछड़ा वर्ग के रूप में वर्गीकृत किया गया है।
43. *India: The Most Dangerous Decades,* Selig S. Harrison, Princeton University Press, 2016.
44. पट्टम थानु पिल्लई भारतीय स्वतंत्रता आन्दोलन में एक भागीदार थे, जो बाद में 22 फ़रवरी, 1960 से 25 सितम्बर, 1962 तक केरल के मुख्यमंत्री रहे।
45. पनमपिल्ली गोविन्दा मेनन एक भारतीय राजनीतिज्ञ, स्वतंत्रता सेनानी और वकील थे। उन्होंने 1947 में कुछ समय के लिए कोचीन राज्य के प्रधानमंत्री के रूप में कार्य किया। त्रावणकोर और कोचीन के संघ के बाद, उन्होंने टी.के. नारायण पिल्लई के अन्तर्गत शिक्षा मंत्री के रूप में और वित्त मंत्री के रूप में ए.जे. जॉन, अनापराम्बिल के अन्तर्गत कार्य किया। वह 1955-1956 में त्रावणकोर-कोचीन के मुख्यमंत्री थे। वह क़ानून और रेलवे (1969-70) के केन्द्रीय मंत्री और खाद्य और कृषि के राज्य मंत्री बने।
46. मिंग राजवंश ने 1368 से 1644 ई. तक चीन पर शासन किया, इस दौरान चीन की आबादी दोगुनी हो गई जिसको अपने व्यापार विस्तार के लिए जाना जाता है।
बाहरी दुनिया जिसने पश्चिम के साथ सांस्कृतिक सम्बन्ध स्थापित किये। मिंग राजवंश को उसके नाटक, साहित्य और विश्व प्रसिद्ध चीनी मिट्टी के बर्तन के लिए भी याद किया जाता है।
47. एडमिरल झेंग चीन के शुरुआती मिंग राजवंश के दौरान एक चीनी नाविक, खोजकर्ता, राजनयिक, बेड़े के एडमिरल और दरबारी किन्नर थे।

48. समुथिरी (अंग्रेज़ी में ज़मोरिन) भारत के दक्षिण मालाबार क्षेत्र के कोझिकोड (कालीकट) राज्य का वंशानुगत राजा था। कालीकट भारत के दक्षिण-पश्चिमी तट पर महत्त्वपूर्ण व्यापारिक बन्दरगाहों में से एक था।

9. रॉय-सिन्हा प्रस्ताव और पश्चिम बंगाल की सीमाएँ

1. श्रीकृष्ण सिन्हा, जिन्हें श्री बाबू के नाम से भी जाना जाता है, भारत के बिहार राज्य के पहले मुख्यमंत्री थे।
2. *Bengal-Bihar Merger Movement of 1956*, Arun Ghosh, Karatoya, Vol. 10, March, 2017.
3. दामोदर घाटी निगम एक भारतीय सरकारी संगठन है, जो भारत के पश्चिम बंगाल और झारखंड राज्यों के दामोदर नदी क्षेत्र में संचालित होता है। निगम भारत सरकार के ऊर्जा मंत्रालय के तहत थर्मल पावर स्टेशन और जल विद्युत स्टेशन दोनों का संचालन करता है।
4. पूर्वांचल उत्तर प्रदेश का एक भौगोलिक उप-क्षेत्र है जो बड़े भोजपुरी क्षेत्र के भीतर है। इसमें उत्तर प्रदेश का पूर्वी छोर शामिल है।
5. प्रजा सोशलिस्ट पार्टी, एक भारतीय राजनीतिक दल, की स्थापना तब हुई जब जयप्रकाश नारायण, आचार्य नरेन्द्र के नेतृत्व में सोशलिस्ट पार्टी, देवा और बसावन सिंह का किसान मज़दूर प्रजा पार्टी में विलय हो गया।
6. जयपाल सिंह मुंडा एक भारतीय राजनीतिज्ञ, लेखक और खिलाड़ी थे। वह उस संविधान सभा के सदस्य थे, जिसने भारतीय संघ के नये संविधान पर बहस की थी। उन्होंने एम्स्टर्डम में 1928 के ग्रीष्मकालीन ओलंपिक में स्वर्ण पदक जीतने वाली भारतीय फील्ड हॉकी टीम की कप्तानी की।
7. 1971 की जनगणना के अनुसार, अनुमानित 34,000 लोग भारतीय परिक्षेत्रों में और 17,000 लोग बांग्लादेश परिक्षेत्रों में रहते थे। भारत में बांग्लादेश के परिक्षेत्रों की माप 17,000 एकड़ है और बांग्लादेश में भारतीय परिक्षेत्रों का आँकड़ा 7100 एकड़ (अनुमानित आँकड़े) था।
8. अधिकांश परिक्षेत्रों को 'डी-एन्क्लेव' करने की इच्छा 1958 में जवाहरलाल नेहरू और सम्बन्धित प्रधानमंत्रियों फ़िरोज़ ख़ान नून के बीच क्षेत्र के नुक़सान या लाभ पर विचार किये बिना भारत और पाकिस्तान के बीच आदान-प्रदान के समझौते में प्रकट हुई थी।
9. भारत-बांग्लादेश मित्रता, सहयोग और शान्ति सन्धि एक पच्चीस-वर्षीय सन्धि थी जिस पर 19 मार्च, 1972 को हस्ताक्षर किये गए थे, जिससे भारत और बांग्लादेश के नव स्थापित राज्य के बीच घनिष्ठ द्विपक्षीय सम्बन्ध बने।
10. तीन बीघा भारत में पश्चिम बंगाल राज्य के कूचबिहार ज़िले के मेखलीगंज ब्लॉक के दक्षिण-पूर्व में स्थित भूमि की एक पट्टी है। मेखलीगंज से 10 किमी दक्षिण-पूर्व में स्थित तीन बीघा भूमि की पट्टी 178 मीटर × 85 मीटर है, जिसमें मेखलीगंज ब्लॉक में कुचलीबारी के 146 उपनचौकी मौजा और काशीबारी मौजा के 139 फुलकाडबरी के हिस्से शामिल हैं। यह रणनीतिक रूप से पश्चिम में बांग्लादेश के दहाग्राम और अंगोरपोटा परिक्षेत्रों और पूर्व में बांग्लादेश के पनबारी मौजा के बीच स्थित है।

10. द्विभाषावाद के प्रश्न

1. आन्ध्र प्रदेश, केरल, मद्रास (तमिलनाडु) और मैसूर (कर्नाटक)

2. यूपी, एमपी, बिहार और राजस्थान।
3. ज़िला मजिस्ट्रेट या पुलिस आयुक्त द्वारा आपराधिक प्रक्रिया संहिता की धारा 144 के तहत किसी सभा या सभा में लोगों की संख्या को प्रतिबन्धित करने के लिए जारी आदेश।
4. 6 फ़रवरी, 1956 को पुणे में स्थापित, यह बॉम्बे में मुख्यालय के साथ एक नये मराठी-भाषी राज्य के निर्माण की माँग करने वाला एक सर्वदलीय मंच था। कम्यूनिस्ट नेता एस.ए. डांगे समिति के अध्यक्ष थे।
5. स्टालिन की मृत्यु के बाद सोवियत नेतृत्व जॉर्जी मैलेनकोव, लावेरेंटी बेरिया, व्याचेस्लाव मोलोटोव और निकिता ख्रुश्चेव के हाथों में था।
6. अमरावती और नागपुर के मुख्य रूप से मराठी-भाषी डिवीजनों का समावेश। इसे बरार भी कहा जाता था और प्रशासन के प्रयोजनों के लिए इसे मध्य प्रान्त से जोड़ा गया था।
7. आईसीएस के सदस्य, आरबीआई के पहले भारतीय गवर्नर और 1950-56 तक केन्द्रीय मंत्रिमंडल में वित्त मंत्री।
8. *Nehru and the Language Politics of India,* Robert D. King, OUP, 1997.
9. राज्यों को भाषायी आधार पर पुनर्गठित किया जाना चाहिए या नहीं, इसकी सिफ़ारिश करने के लिए जून, 1948 में संविधान सभा के अध्यक्ष डॉ. राजेन्द्र प्रसाद द्वारा इसकी स्थापना की गई। सदस्य थे न्यायमूर्ति एस.के. धर, जगत नारायण लाल, वकील और संविधान सभा के सदस्य और पन्ना लाल, एक सेवानिवृत्त आईसीएस अधिकारी।
10. भाषायी राज्यों के गठन, विशेष रूप से बॉम्बे को राजधानी बनाकर एक मराठी-भाषी राज्य के गठन का समर्थन करते हुए एलआरसी को एक ज्ञापन सौंपा। उन्होंने यह भी सुझाव दिया कि प्रत्येक राज्य की आधिकारिक भाषाएँ केन्द्र सरकार के समान होनी चाहिए।
11. गुजरात का एक प्रायद्वीपीय क्षेत्र जिसे सोरठ या काठियावाड़ भी कहा जाता है। यह 1948 से 1956 तक गुजराती-भाषी रियासतों का एक संघ बन गया और मई 1960 तक बम्बई का हिस्सा था, जब यह नये बने राज्य गुजरात में शामिल हो गया।
12. 3 जून 1956 को द टाइम्स ऑफ़ इंडिया, बॉम्बे द्वारा प्रधानमंत्री नेहरू को इस प्रकार उद्धृत किया गया था।
13. हालाँकि कांग्रेस पार्टी ने देश के बाक़ी हिस्सों में अच्छा प्रदर्शन किया, लेकिन बॉम्बे क्षेत्र में उन्हें हार का सामना करना पड़ा।
14. *India: The Most Dangerous Decades,* Selig S. Harrison, Princeton University Press, 2016.
15. महाराष्ट्र के पहले मुख्यमंत्री, उन्हें आधुनिक महाराष्ट्र का निर्माता भी कहा जाता है। 1962 में, उन्हें रक्षा मंत्री के रूप में शामिल किया गया और वह लाल बहादुर शास्त्री के प्रधानमंत्रित्व काल में भी इस पद पर बने रहे। गृह, विदेश और वित्त मंत्री भी रहे। वह चरण सिंह मंत्रिमंडल के तहत कुछ समय के लिए उप-प्रधानमंत्री भी बने।
16. स्वतंत्रता सेनानी और गांधीवादी सामाजिक कार्यकर्ता, जो ज़मींदारों को अपनी अधिशेष भूमि भूमिहीनों को स्वेच्छा से देने के लिए मनाने के लिए 6000 किलोमीटर की यात्रा पर विनोबा भावे के साथ गए थे (भूदान : भूमि का उपहार)।
17. लन्दन से एफआरसीएस प्राप्त करने के बाद कांग्रेस आन्दोलन में शामिल हुए, जहाँ वे भारतीय छात्र संघ के अध्यक्ष भी बने। वह महात्मा गांधी के निजी चिकित्सक भी थे।

18. एक इकाई 22 नवम्बर, 1954 को घोषित पाकिस्तानी सरकार की योजना को सन्दर्भित करती है, जिसके तहत पाकिस्तान के चार प्रान्तों को एक इकाई में जोड़ दिया गया था।
19. इस्लामाबाद राजधानी क्षेत्र पाकिस्तान का एकमात्र क्षेत्र है जिसे भारत में केन्द्र शासित प्रदेश की तरह सीधे संघीय सरकार द्वारा प्रशासित किया जाता है।
20. बलूचिस्तान पाकिस्तान के चार प्रान्तों में से एक है और पाकिस्तान का पश्चिमी भाग है। बलूचियों को उनकी इच्छा के विरुद्ध पाकिस्तान में शामिल होने के लिए 'मजबूर' किये जाने से नाराज़गी है। इस क्षेत्र में सक्रिय विद्रोह है।
21. उत्तर-पश्चिम सीमान्त प्रान्त ब्रिटिश भारत और बाद में पाकिस्तान का एक प्रान्त था। अब इसे खैबर पख्तूनख्वा प्रान्त के नाम से जाना जाता है। पाकिस्तान के पूर्व प्रधानमंत्री इमरान ख़ान इसी राज्य से हैं।
22. पूर्वी पाकिस्तान के पूर्वी बंगाल के एक कैरियर राजनयिक, वह पाकिस्तान के तीसरे प्रधानमंत्री बने, लेकिन दो साल के भीतर, उन्हें उनके पद से मुक्त कर दिया गया और संयुक्त राज्य अमेरिका में पाकिस्तान का राजदूत बना दिया गया।
23. मुर्शिदाबाद में जन्मे, उन्होंने बॉम्बे विश्वविद्यालय और सैंडहर्स्ट मिलिट्री कॉलेज में शिक्षा प्राप्त की। ब्रिटिश भारतीय सेना में एक संक्षिप्त कार्यकाल के बाद, वह भारतीय राजनीतिक सेवा में शामिल हो गए, और 1947 के बाद पाकिस्तान के पहले रक्षा सचिव बनाए गए। 1952 में भाषायी दंगों के बाद स्थिति को शान्त करने के लिए उन्हें अपने गृह राज्य (पूर्वी बंगाल) का राज्यपाल नियुक्त किया गया। वह कार्यवाहक गवर्नर जनरल और फिर पाकिस्तान के पहले राष्ट्रपति बने।
24. लाहौर 1858 से 1947 तक ब्रिटिश पंजाब की राजधानी थी। यह अविभाजित भारत की कला, संस्कृति और साम्राज्यों का एक प्रमुख केन्द्र था। इसे 1799 में महाराजा रणजीत सिंह द्वारा पंजाब की राजधानी बनाया गया था। यह अब पाकिस्तान का दूसरा सबसे बड़ा शहर है।
25. कराची पाकिस्तान का सबसे बड़ा शहर और सिन्ध प्रान्त की राजधानी है। यह 1958 तक पाकिस्तान की पहली राजधानी भी थी।
26. रावलपिंडी पाकिस्तान का चौथा सबसे बड़ा शहर है जो इस्लामाबाद में राजधानी स्थानान्तरित होने तक देश की अन्तरिम राजधानी के रूप में कार्य करता था।
27. खालसा राज उस क्षेत्र को सन्दर्भित करता है जिसमें सिख एक समुदाय के रूप में राजनीतिक आधिपत्य रखते हैं। महाराजा रणजीत सिंह के साम्राज्य को खालसा राज भी कहा जाता है, और यह पंजाब क्षेत्र से लेकर पश्चिम में खैबर दर्रा, उत्तर में कश्मीर, दक्षिण में सिन्ध और पूर्व में तिब्बत तक फैला हुआ था।
28. *Language, Religion and Politics in North India,* Paul R. Brass, I Universe, 2005.
29. हिन्दुस्तान सोशलिस्ट रिपब्लिकन आर्मी (HSRA) की स्थापना 1928 में फ़िरोज शाह कोटला, नई दिल्ली में हुई थी। भगत सिंह के नेतृत्व में इसने मार्क्सवादी विचारधारा की ओर रुख किया। एचएसआरए का घोषणापत्र 'फिलॉसफी ऑफ़ द बम' भगवती चरण वोहरा द्वारा लिखा गया था।

30. भारत की तेईस आधिकारिक भाषाओं में से एक और पाकिस्तान की राज्य भाषा। तुर्की शब्द ओरदु से व्युत्पन्न, जिसका अर्थ सेना है, यह मुग़ल छावनियों में विकसित की गई भाषा थी जिसमें कई भाषाएँ और लोग एक साथ आए। अमीर खुसरो (1253-1325) को भाषा के विकास का श्रेय दिया जाता है, जिसे रेख़्ता, हिन्दवी, ज़बान-ए-हिन्द भी कहा जाता है।
31. पवित्र गुरु ग्रंथ साहेब की लिपि। इसे सिखों के दूसरे गुरु, गुरु अंगद देव द्वारा औपचारिक रूप दिया गया था। इसकी जड़ें ब्राह्मी लिपि और बोलचाल की लांडे में खोजी जा सकती हैं।
32. इसे नागरी भी कहा जाता है, यह ब्राह्मी लिपि पर आधारित बाएँ से दाएँ अबुगिडा है। पहली और चौथी शताब्दी के बीच विकसित, यह 7वीं ईस्वी से नियमित उपयोग में रहा है। हिन्दी और संस्कृत के अलावा, लिपि का उपयोग नेपाली, गोरखाली, बोडो, मराठी, पाली, प्राकृत, हरियाणवी, गढ़वाली, कुमाऊँनी, मैथिली, डोगरी, कश्मीरी, नागौरी और राजस्थानी भाषाओं में भी (एक या अधिक अतिरिक्त व्यंजनों के साथ) किया जाता है।
33. ननकाना साहब सिख धर्म के संस्थापक गुरु नानक देव जी का जन्मस्थान है। यह अब पाकिस्तान का एक ज़िला है।
34. यह ब्रिटिश भारतीय प्रान्त 1836 में आगरा प्रेसीडेंसी के तहत प्रशासनिक प्रभागों को मिलाकर बनाया गया था। बाद में अवध (अवध) जोड़ा गया, और इसमें 1836 से 1858 तक दिल्ली क्षेत्र शामिल था। इलाहाबाद प्रान्त की राजधानी थी, साथ ही एक दिन के लिए पूरे ब्रिटिश भारत की राजधानी थी।
35. संविधान सभा के सदस्य और बाद में हिसार से सांसद। उनके भाई गोपी चन्द भार्गव पूर्वी पंजाब के पहले मुख्यमंत्री थे।
36. अविभाजित पंजाब में यूनियनिस्ट पार्टी के प्रमुख नेता। किसानों और कृषकों के अधिकारों की रक्षा करने में बहुत मुखर। उन्होंने कांग्रेस पार्टी को उच्च सम्मान में नहीं रखा, क्योंकि उनके विचार में यह शहरी अभिजात वर्ग के हितों का प्रतिनिधित्व करती थी।
37. 'Sub-Nationalism in Indian Politics: Formation of a Haryanavi Identity', Pradeep Kumar, *The Indian Journal of Political Science,* Vol. 52, no. 1, 1991.
38. *Haryana: Studies in History and Culture,* Kripal Chandra Yadav, Kurukshetra University, 1968.
39. 1909-10 तक भारतीय राष्ट्रीय कांग्रेस के अध्यक्ष, वह एक विद्वान, प्रशासक, शिक्षाविद् और स्वतंत्रता सेनानी थे। बनारस हिन्दू विश्वविद्यालय के साथ-साथ अखिल भारतीय हिन्दू महासभा के संस्थापक।
40. पंजाबी और हिन्दी दोनों को राज्य की आधिकारिक भाषाओं के रूप में मान्यता दी गई और अधिकार क्षेत्र में आने वाले स्कूलों में दोनों भाषाओं के शिक्षण के लिए क्षेत्र बनाए गए। यह भीम सेन सच्चर द्वारा सुझाया गया एक समझौता फार्मूला था, जो दो बार पंजाब के मुख्यमंत्री थे—पहली बार 1949 में सात महीने की अवधि के लिए, और फिर 1952 से 1956 तक।
41. *Nehru and the Language Politics of India,* Robert D. King, OUP, 1997.

42. *Haryana: Studies in History and Culture,* Kripal Chandra Yadav, Kurukshetra University, 1968.
43. पंजाब का अग्रणी महाविद्यालय। कैरॉन और उनके प्रमुख नायक, मास्टर तारा सिंह, दोनों इसी संस्था के उत्पाद थे। पंजाब के एक अन्य मुख्यमंत्री दरबारा सिंह भी इस संस्था के पूर्व छात्र हैं।
44. हरित क्रान्ति का तात्पर्य अन्तिम उपज के लिए संस्थागत ऋण, संकर बीज, उर्वरक, जल आपूर्ति और एमएसपी के पैकेज से है। हरित क्रान्ति ने पंजाब की कृषि में एक बड़ा परिवर्तन लाया और इसे भारत के सबसे समृद्ध राज्यों में से एक बना दिया।
45. उद्योग के लिए आवश्यक बुनियादी ढाँचा प्रदान करने के लिए स्थापित : सड़क, बिजली, पानी, सेवा केन्द्र, उपकरण कक्ष, अपशिष्ट प्रबन्धन और पुनर्प्राप्ति, अपशिष्ट उपचार के अलावा।
46. इससे पहले भारतीय राज्यों के प्रति कांग्रेस की नीति द्विधापूर्ण थी। कई रियासतों ने कांग्रेस पार्टी को 'वित्त पोषित' किया, और कई अन्य के क़ानूनी सलाहकारों के रूप में प्रमुख कांग्रेसी थे। हरिपुरा अधिवेशन में यह स्पष्ट किया गया कि राज्यों में रहने वाले लोगों को अन्यत्र अपने भाइयों के समान ही अधिकार और स्वतंत्रता होगी।
47. 1952 से 1956 तक और फिर 1963 से 1977 तक हिमाचल प्रदेश के शीर्ष पर रहे। वह संविधान सभा के सदस्य रहे और सभी तत्कालीन पंजाब पहाड़ी राज्यों को हिमाचल में शामिल करने में अग्रणी भूमिका निभाई।
48. इसकी वंशावली 1858 से मिलती है जब इसे जम्मू और पंजाब पहाड़ी राज्यों के डोगरा सैनिकों के साथ एक पैदल सेना के रूप में स्थापित किया गया था। पलटन ने दोनों विश्वयुद्धों में कार्रवाई देखी, 1947-48 का भारत-पाक युद्ध, 1962 का भारत-चीन युद्ध, 1965 का भारत-पाक युद्ध, 1971 में बांग्लादेश की मुक्ति, 1999 का कारगिल युद्ध, इसके अलावा संयुक्त राष्ट्र शान्ति सेना।
49. पीछे मुड़कर देखने पर ऐसा लगता है कि जस्टिस फ़ज़ल अली सही थे—हिमाचल ने अपनी पहचान बरकरार रखी और 1971 में एक राज्य बन गया।
50. पंजाब, हरियाणा और हिमाचल के तीन राज्यों के बीच सीमाओं का सीमांकन और समायोजन करने के लिए एमएचए द्वारा न्यायमूर्ति जे.सी. शाह की अध्यक्षता में एस. दत्त और एम.एम. फिलिप को सदस्य के रूप में नियुक्त करते हुए पंजाब सीमा आयोग की स्थापना की गई थी।

11. विदेशी अधिकार क्षेत्रों का अन्त

1. ऑपरेशन विजय गोवा, दमन और दीव को एकीकृत करने के लिए भारतीय सशस्त्र बलों द्वारा किये गए सैन्य अभियान का कोड नाम था।
2. जनरल जयंतो नाथ चौधरी (1908-1983) भारतीय सेना स्टाफ के छठे प्रमुख थे।
3. मैनुअल एंटोनियो वासालो ई सिल्वा (1899-1985) पुर्तगाली भारत के अन्तिम गवर्नर जनरल थे।
4. वास्को डी गामा भारत के गोवा राज्य का एक शहर है, जिसका नाम पुर्तगाली खोजकर्ता वास्को डी गामा के नाम पर रखा गया है।

5. ट्रिस्टाओ डी ब्रागांका कुन्हा (1891-1958) गोवा के एक भारतीय स्वतंत्रता सेनानी थे। उन्हें गोवा राष्ट्रवाद के जनक के रूप में जाना जाता है।
6. गोवा कांग्रेस कमेटी का गठन 1928 में टी.एन. कुन्हा ने किया था। बाद में उन्होंने इसका विलय भारतीय राष्ट्रीय कांग्रेस में कर दिया।
7. पुर्तगाली औपनिवेशिक अधिनियम, 1930, पुर्तगाली सरकार द्वारा अपनाया गया एक अधिनियम था। अधिनियम में उपनिवेशों के पुर्तगाली और महानगरीय पुर्तगाली के बीच अन्तर करने के प्रावधान थे।
8. माना जाता है कि कुनबी गोवा के मूल निवासियों में से एक हैं और अब आम तौर पर कम आय वाले किसान या खेत मज़दूर हैं।
9. गोवा मुक्ति आन्दोलन के लिए मुम्बई में गोवावासियों को एकजुट करने के लिए बॉम्बे (अब मुम्बई) में एक अस्थायी गोवा कांग्रेस समिति का गठन किया गया था।
10. राम मनोहर लोहिया (1910-1967) एक प्रमुख भारतीय स्वतंत्रता सेनानी और समाजवादी नेता थे।
11. *हरिजन* महात्मा गांधी द्वारा प्रकाशित एक साप्ताहिक अंग्रेज़ी समाचार पत्र था। उन्होंने इसे 1933 में प्रकाशित करना शुरू किया और अपनी मृत्यु तक जारी रखा।
12. दुर्गा दास एक प्रमुख भारतीय इतिहासकार और *India: From Curzon to Nehru and After* के लेखक हैं।
13. अन्तर्राष्ट्रीय न्यायालय संयुक्त राष्ट्र का न्यायिक अंग है। इसकी स्थापना 1945 में हुई थी और यह *द हेग,* नीदरलैंड्स में स्थित है।
14. आज़ाद गोमांतक दल प्रत्यक्ष कार्रवाई द्वारा गोवा की मुक्ति के लिए लड़ने के लिए गठित एक समूह था।
15. गोवा पीपुल्स पार्टी गोवा में स्थित एक क्षेत्रीय राजनीतिक दल था।
16. मुक्त दादरा और नगर हवेली की वरिष्ठ पंचायत, 1954 में भारतीय समर्थक बलों द्वारा क्षेत्र पर नियंत्रण करने के बाद दादरा और नगर हवेली के क्षेत्र का प्रशासन करने के लिए गठित एक निकाय थी।
17. के.जी. बडलानी गुजरात कैडर के आईएएस अधिकारी थे जिन्हें 1961 में भारत सरकार द्वारा दादरा और नगर हवेली का प्रधानमंत्री बनाया गया था।
18. उत्तरी अटलांटिक सन्धि संगठन अट्ठाईस यूरोपीय देशों और दो उत्तरी अमेरिकी देशों का एक सैन्य गठबन्धन है।
19. राष्ट्रमंडल राष्ट्रों का एक स्वैच्छिक संगठन है, जिसमें अधिकतर राष्ट्र राज्य शामिल हैं, जो पहले ब्रिटिश उपनिवेश थे।
20. विदेश एवं राष्ट्रमंडल कार्यालय के काग़ज़ात। अवर्गीकृत अभिलेखों से लिया गया।
21. ब्रिटिश बॉडकास्टिंग कम्पनी (अब कॉर्पोरेशन) यूनाइटेड किंगडम का राष्ट्रीय प्रसारक है।
22. वेटिकन सिटी इटली में स्थित एक शहरी राज्य है और क्षेत्रफल और जनसंख्या के हिसाब से दुनिया का सबसे छोटा देश है। यह कैथोलिक चर्च की सीट के रूप में भी कार्य करता है।
23. सालाज़ार की अपनी माँग को बदलने और दादर और नगर हवेली के नुक़सान को स्वीकार करने की इच्छा को दर्शाता है।

24. पुंडलिक दत्तात्रेय गायतोंडे (1913-96) एक भारतीय स्वतंत्रता सेनानी और गोवा मुक्ति आन्दोलन में सक्रिय भागीदार थे।
25. गुटनिरपेक्ष आन्दोलन उन देशों का एक आन्दोलन और समूह है जो ख़ुद को किसी भी प्रमुख शक्ति गुट के साथ नहीं जोड़ते हैं। यह संयुक्त राज्य अमेरिका और सोवियत संघ के बीच शीत युद्ध के जवाब में शुरू किया गया था।
26. बर्लिन की दीवार 1961 में पूर्वी जर्मनी और पश्चिमी जर्मनी के बीच की रेखा को चिह्नित करने के लिए बनाई गई थी। इसे 1981 में तोड़ दिया गया था।
27. *Jawaharlal Nehru: A Biography, 1956-1964,* Vol. 3, Sarvepalli Gopal, Harvard University Press, 1984.
28. अरबिन्दो घोष (1872-1950), जिन्हें अब श्री अरबिन्दो के नाम से जाना जाता है, एक भारतीय राष्ट्रवादी थे जो बाद में आध्यात्मिक गुरु बन गए।
29. सुब्रमण्यम भारती (1882-1921) एक तमिल लेखक, समाज सुधारक और स्वतंत्रता सेनानी थे। उन्हें महाकवि भारती के नाम से जाना जाता है।
30. 'Imagining India, Decolonizing "L'inde Francaise", C. 1947-1954', Akhila Yechury, *The Historical Journal,* Vol. 58, no. 4, 2015.
31. फ्रांसीसियों के पास अपने विदेशी क्षेत्र थे : वियतनाम, लाओस और कंपूचिया (कंबोडिया)। सामूहिक रूप से इन्हें इंडोचाइना कहा जाता था।
32. चन्दननगर (अब चन्दननगर) पश्चिम बंगाल के हुगली ज़िले में एक शहर है।
33. फ्रेंच फोर्थ रिपब्लिक 1946 से 1958 तक फ्रांस की सरकार के लिए था।
34. नेशनल डेमोक्रेटिक फ्रंट फ्रांसीसी भारत में एक राजनीतिक गठबन्धन था, जिसमें मुख्य रूप से समाजवादी और कम्यूनिस्ट शामिल थे।
35. वरदराजुलु कैलासा सुब्बैया (1911-93) फ्रांसीसी भारत की कम्यूनिस्ट पार्टी के महासचिव थे और बाद में सीपीआई के सदस्य बने।
36. लैंबर्ट सरवाने को विलय विरोधी फ्रेंच इंडिया सोशलिस्ट पार्टी का सदस्य होने के नाते जून, 1946 से जुलाई, 1951 तक पाँच वर्षीय कार्यकाल के लिए नेशनल असेंबली ऑफ़ फ्रांस का डिप्टी चुना गया।
37. एडौर्ड गौबर्ट (1894-1964) पांडिचेरी (अब पुडुचेरी) के पहले मुख्यमंत्री थे।
38. अखिल येचुरी एडिनबर्ग, स्कॉटलैंड में स्थित एक व्याख्याता हैं।
39. 'Imagining India, Decolonizing "L'inde Francaise", C. 1947-1954', Akhila Yechury, *The Historical Journal,* Vol. 58, no. 4, 2015.
40. डिएन बिएन फु वियतनाम के उत्तर-पश्चिमी क्षेत्र में स्थित एक शहर है।
41. केन्द्र सरकार के कुछ विदेशी क्षेत्राधिकार के प्रयोग के लिए प्रावधान करने वाला अधिनियम।

12. उत्तर-पूर्व की सीमाएँ

1. किसी देश की अन्तिम भौगोलिक चौकी के क्षेत्र को सन्दर्भित करता है। जबकि सीमा बिना किसी स्पष्ट सीमांकन रेखा के एक विशाल क्षेत्र है, सीमा दो राजनीतिक संस्थाओं या यहाँ तक कि प्रशासनिक इकाइयों के बीच एक निश्चित भूमि रेखा है।

2. अहोम साम्राज्य ब्रह्मपुत्र घाटी में मध्ययुगीन साम्राज्य (1228-1826) था। जिसने उत्तर-पूर्व में मुग़ल विस्तार का सफलतापूर्वक विरोध किया था। इसकी स्थापना अहोम राजा सुकाफा ने की थी। उन्होंने नौ हज़ार (अपनी रानियों, रखैलों, सरदारों और सैनिकों सहित) के दल के साथ ऊबड़-खाबड़ पटकाई पर्वत शृंखला को पार करके ब्रह्मपुत्र में प्रवेश किया। अहोम लोग अपने साथ गीले चावल की खेती की तकनीक लेकर आए, और अगली शताब्दी में, अहोमीकरण की प्रक्रिया ने इस क्षेत्र में गहरा असर डाला, हालाँकि चौदहवीं शताब्दी तक, अहोम उस क्षेत्र में संख्यात्मक रूप से बहुसंख्यक नहीं रह गए थे, जिस पर वे शासन किया करते थे।
3. इसे 'भारत के पूर्वोत्तर का प्रवेश द्वार' भी कहा जाता है, यह ब्रह्मपुत्र के दक्षिणी तट पर स्थित है; यह राजधानियों का स्थल भी था (Prayagjyotishpur and Durjay) of the ancient state of Kamrup.
4. *Social and Economic History of Assam,* Rajen Saikia, Manohar Publishers, 2002.
5. इलाहाबाद में उद्घोषणा की गई थी, और विशेष रूप से कहा गया था 'हम अपनी वर्तमान क्षेत्रीय सम्पत्ति में कोई विस्तार नहीं चाहते हैं'।
6. भट्टाचार्जी ने उत्तर-पूर्व में राज्य गठन, उग्रवाद जड़ें और क्षेत्रिय इतिहास लेखन पर काम किया है।
7. 'The Political Geography of Colonial and Post-Colonial Assam: Construction and Contestations', Rajen Saikia, *Proceedings of the Indian History Congress,* Vol. 70, 2009-10.
8. 1873 में अंग्रेज़ों द्वारा उनकी 'अलगाववादी' नीति के हिस्से के रूप में पेश किया गया। उनका घोषित उद्देश्य था 'क्षेत्र में स्वदेशी जनजातियों की संस्कृति और पहचान की सुरक्षा और उनके मामलों के प्रबन्धन में स्वायत्तता'।
9. 'Colonial Encounter and Christian Missions in Northeast India', David R. Syiemlieh, *Proceedings of the Indian History Congress.* Vol. 73, 2012.
10. चाय बाग़ान मालिकों को सन्दर्भित करता है। प्लांटर्स ने अपने सामाजिक और सांस्कृतिक जीवन को अपने एस्टेट बंगलों के साथ-साथ प्लांटर्स क्लबों के आसपास व्यवस्थित किया, जिसमें वे सामाजिक मिलना जुलना कर सकते थे और गोल्फ, टेनिस, स्क्वैश, बिलियर्ड्स जैसे खेल खेल सकते थे। महिलाओं ने विभिन्न अवसरों पर अपनी पुष्प प्रदर्शनी, टोपी प्रदर्शनी और गेंदों का आयोजन किया।
11. राजस्थान का एक जातीय समूह, जो व्यवसाय और व्यापार में पारंगत है। इस कबीले के सदस्य उन्नीसवीं सदी से बम्बई, बंगाल, असम (और जहाँ भी अवसर मिला) चले गए। मारवाड़ी मुग़लों, नवाबों के साथ-साथ ईस्ट इंडिया कम्पनी के भी बैंकर रहे हैं। मारवाड़ी 'हुँडी' जारी करेंगे जो उनके व्यापक नेटवर्क पर मान्य होगी जिसमें अधिकांश दक्षिण एशिया शामिल होगा।
12. किसी नदी, झील या समुद्र के पानी से घिरा हुआ भूमि का एक ग़ैर-स्थायी पथ। ये आमतौर पर नदी मार्ग या मुहाने में अभिवृद्धि हैं। नदी की सीमाओं का सीमांकन करना कठिन हो जाता है।

13. आधिकारिक तौर पर 'बंगाल प्रेसीडेंसी के क्षेत्रीय पुनर्गठन' के रूप में वर्णित, लॉर्ड कर्जन के निर्णय को मुस्लिम बहुल ज़िलों को ढाका की राजधानी के साथ पूर्वी बंगाल में गठित करने के साथ बंगाल को साम्प्रदायिक आधार पर विभाजित करने के प्रयास के रूप में देखा गया था।
14. शासक जॉर्ज पंचम की यात्रा के अवसर पर लॉर्ड हार्डिंग द्वारा विलोपन की घोषणा की गई थी। इसके साथ एक घोषणा भी की गई थी कि ब्रिटिश भारत की राजधानी कलकत्ता से नई दिल्ली स्थानान्तरित की जाएगी।
15. भारतीय स्वतंत्रता सेनानी, गांधीवादी, कांग्रेस नेता और असम के पहले मुख्यमंत्री। वह असम में जनसांख्यिकीय परिवर्तनों के दीर्घकालिक प्रभावों को समझने वाले पहले व्यक्ति थे।
16. लॉर्ड लिनलिथगो के उत्तराधिकारी बने और 1943 से 1947 तक भारत के गवर्नर जनरल और वीसी रहे। अपने स्पष्ट भाषण के लिए जाने जाते हैं, उन्होंने यह सुनिश्चित करने का प्रयास किया कि भारत प्रान्तों को अधिकतम स्वायत्तता के साथ एक एकल प्रभुत्व बना रहे।
17. *Lokpriya Gopinath Bordoloi: An Architect of Modern India,* Lily Mazindor Baruah (ed.), Gyan Publishing House, 1993.
18. *Jinnah: His Successes, Failures and Role in History,* Ishtiaq Ahmed, Penguin Random House India, 2020.
19. जब प्राकृतिक या भौतिक बाधाएँ विभिन्न देशों में लोगों की आवाजाही को रोकने में अप्रभावी हों।
20. छठी अनुसूची असम, मेघालय, त्रिपुरा और मिज़ोरम राज्यों में आदिवासी क्षेत्रों के प्रशासन और प्रबन्धन से सम्बन्धित है। अनुसूची संविधान के अनुच्छेद 244 (2) और 275 (1) के प्रावधानों के अनुसार तैयार की गई है।
21. एनईएफए एजेंसी को विदेश मंत्रालय (MEA) के अधीन रखा गया था—मुख्यत: इसलिए क्योंकि नेहरू विदेश मंत्री भी थे, और वह सीधे फ्रंटियर के मामलों का प्रबन्धन करना चाहते थे।
22. उत्तरी बंगाल, विशेषकर कूचबिहार और असम के निकटवर्ती ज़िलों की राजबंशी आबादी द्वारा उठाई गई माँग।
23. आज़ादी से पहले का कछार अब चार ज़िले हैं : उत्तरी कछार हिल्स, जिसे अब दिमा हसाओ कहा जाता है, कछार, हैलाकांडी और करीमगंज। दिमा हसाओ ज़िला अब छठी अनुसूची के अनुसार उत्तरी कछार हिल्स स्वायत्त परिषद (एनसीएचएसी) द्वारा प्रशासित है।
24. नागा क्लब की स्थापना भारतीय श्रम दल के सदस्यों द्वारा की गई थी जिन्हें इस क्षेत्र से भर्ती किया गया था। चर्च से जुड़े होने के कारण उनके ब्रिटिश अधिकारियों के साथ घनिष्ठ सम्बन्ध विकसित हो गए। उन्होंने क्राउन के साथ सीधा सम्बन्ध बनाने की इच्छा रखते हुए साइमन कमीशन को एक प्रतिनिधायन दिया।
25. 'बफर क्षेत्र और बफर राज्य' की अवधारणा को लॉर्ड कर्जन ने भारत से लौटने के एक साल बाद 1906 में ऑक्सफोर्ड में वार्षिक रोमन व्याख्यान में प्रतिपादित किया था।

26. भारतीय श्रम कोर को खाइयाँ खोदने, सड़कें, पुल बनाने और खदानों को साफ़ करने का काम सौंपा गया था। हालाँकि भर्ती स्वैच्छिक थी, फिर भी ग्राम प्रधान द्वारा अक्सर अपना कोटा पूरा करने के लिए ज़बरदस्ती भी कराया जाता था।
27. नागा राष्ट्रवादी नेता जिन्होंने ब्रिटिश नागरिकता प्राप्त की और चीन और पूर्वी पाकिस्तान के समर्थन से भारतीय गणराज्य के ख़िलाफ़ सशस्त्र संघर्ष का नेतृत्व करने में सबसे आगे थे।
28. साखरी ने फ़िज़ो से नाता तोड़ लिया क्योंकि उसे लगा कि नागा मुद्दे का समाधान भारतीय राज्य के साथ सशस्त्र टकराव में नहीं है। उन्होंने ही केन्द्र सरकार के साथ बातचीत की पहल की थी।
29. 1919 से आईसीएस के सदस्य, उन्होंने असम के राज्यपाल के रूप में नियुक्त होने से पहले मद्रास प्रेसीडेंसी में और भारत सरकार के सचिव के रूप में कार्य किया।
30. समझौते के पाठ के लिए अनुलग्नक देखें।
31. मणिपुर के एक तांगखुल नागा, उन्होंने एक शिक्षक के रूप में अपना करियर शुरू किया, दूसरे विश्वयुद्ध के दौरान सेना में शामिल हुए और उसके बाद भारतीय फ्रंटर एडमिनिस्ट्रेशन सेवा में शामिल हुए और नागालैंड के मुख्य सचिव और म्यांमार (तब बर्मा) में भारत के राजदूत बने।
32. भारतीय सेना में एक पैदल सेना रेजिमेंट के रूप में गठित, कम से कम 50 प्रतिशत जवान नागा हैं, शेष आधे गढ़वाल, कुमाऊँ और गोरखा भर्ती क्षेत्र से आते हैं।
33. इसे त्रिपुरी भी कहा जाता है, इसे 1979 से राज्य भाषा के रूप में अधिसूचित किया गया है, और सभी सरकारी अधिसूचनाएँ कोकबोरोक और बांग्ला में जारी की जाती हैं। त्रिपुरा स्वायत्त ज़िला परिषद की भाषा शाखा रवींद्रनाथ टैगोर की *गोरा,* शेक्सपियर की *मर्चेंट ऑफ़ वेनिस और कैंडाइड ऑफ़ वोल्टेयर* जैसे क्लासिक्स के कोकबोरोक भाषा में अनुवाद प्रकाशित कर रही है।
34. एक नोबेल पुरस्कार विजेता और बहुश्रुत, उन्होंने बंगाली साहित्य, कला, संगीत को नया आकार दिया और पूरे उपमहाद्वीप में बंगाली साहित्य की अत्यधिक लोकप्रियता के लिए ज़िम्मेदार थे।
35. लॉर्ड कॉर्नवालिस द्वारा प्रस्तुत, इसने ज़मींदारों को न केवल भू-राजस्व के संग्रह के लिए, बल्कि विशाल सम्पदा के आन्तरिक प्रशासन के लिए भी ज़िम्मेदार बना दिया। कई राजा और महाराजा अपने क्षेत्र में 'राजा' थे, लेकिन ब्रिटिश भारत में भी उनके पास ज़मींदारियाँ थीं, जहाँ उनकी स्थिति अन्य लगान देने वाले ज़मींदारों के समान थी। हालाँकि ज़मींदारियाँ काफ़ी आकर्षक थीं, राजा और महाराजाओं ने उन पर क़ब्ज़ा जारी रखा।
36. 1946 के अक्टूबर-नवम्बर में मुस्लिम लीग द्वारा फैलाए गए आतंक के संगठित शासन में पाँच हज़ार से अधिक हिन्दुओं की मौत की भीषण हिंसा के बाद महात्मा गांधी ने यहाँ चार महीने तक डेरा डाला था। हालाँकि, शान्ति मिशन ने हिंसा को रोक दिया, फिर भी जीवित बचे लोगों ने प्रतिशोध के डर से और, इससे भी महत्त्वपूर्ण बात, अपनी महिलाओं की सुरक्षा सुनिश्चित करने के लिए अपने गाँव लौटने से इनकार कर दिया।
37. 'Reorganization of Northeast India', V. Venkata Rao, *The Indian Journal of Political Science,* Vol. 33, no. 2, 1972.

38. अब खगराचारी, रंगमती और बन्दरबन के तीन ज़िलों में विभाजित, सीएचटी बांग्लादेश का एकमात्र पहाड़ी क्षेत्र है। हालाँकि मुस्लिम सीएचटी की आबादी का केवल 3 प्रतिशत थे, इसे भौगोलिक निरन्तरता के सिद्धान्त पर पूर्वी बंगाल को सौंपा गया था।
39. मणिपुर राज्य के अन्तिम शासक 1941 से 1949 तक सत्ता पर थे। हालाँकि उन्होंने 11 अगस्त को रक्षा, विदेशी मामलों और संचार को छोड़कर विलय पत्र पर हस्ताक्षर किये थे, लेकिन वे विलय पत्र पर हस्ताक्षर करने के लिए सबसे अधिक अनिच्छुक थे, जो कि इसका मतलब निर्वाचित विधायिका को सत्ता का प्रभावी हस्तान्तरण है।
40. हालाँकि, इस अधिनियम को 26 जुलाई को महाराजा द्वारा उत्तराधिकार के दस्तावेज़ पर हस्ताक्षर करने से पहले मंज़ूरी दे दी गई थी, राज्यों के मंत्रालय ने इस अधिनियम को मान्यता नहीं दी थी, क्योंकि इसे गवर्नर जनरल और वायसराय द्वारा अनुमोदित नहीं किया गया था, और केवल मणिपुर के महाराजा ही एक अर्ध-सम्प्रभु थे।
41. मैतेई लोग मणिपुर की 53 प्रतिशत जातीय आबादी का प्रतिनिधित्व करते हैं; वे बांग्लादेश और म्यांमार के अलावा पड़ोसी राज्यों असम, त्रिपुरा, नागालैंड, मेघालय और मिज़ोरम में भी रहते हैं। मैतेई भाषा को मणिपुरी भी कहा जाता है, और अब इसे संविधान की आठवीं अनुसूची में आधिकारिक भाषा के रूप में शामिल किया गया है।
42. वे पहाड़ियों में निवास करते हैं, लेकिन नागाओं के साथ उनके बड़े मतभेद हैं, और वे एक अलग मातृभूमि/क्षेत्र चाहते हैं। नागाओं के भूमिगत गुट के बीच बहुत हिंसक झड़पें हुई हैं। कुकी 13 सितम्बर को स्मृति दिवस के रूप में मनाते हैं क्योंकि इस दिन एनएससीएन (आईएम) द्वारा सौ से अधिक कुकी की हत्या कर दी गई थी क्योंकि उन्होंने नागालिम (वृहद नागालैंड) के क्षेत्र पर दावा किया था।
43. इन्हें मेई-मुग़ल भी कहा जाता है, इनकी उत्पत्ति मुग़ल कमांडर मुबारिज़ ख़ान के अभियान से हुई है, जिन्होंने इस क्षेत्र को बंगाल सूबा में मिला लिया था।
44. पैतृक नागा धर्म के आधार पर, प्रमुख प्रस्तावक हाइपौ जादोनांग थे, जो ईसाई मिशनरियों और ब्रिटिश राज के अधिकारियों के हिंसक विरोध में सबसे आगे थे।
45. सिन्ध के एक प्रमुख कांग्रेस नेता, उन्हें 1950-56 तक असम के राज्यपाल के रूप में नियुक्त किया गया था। यह उनकी सलाह के अनुसार था कि मेजर बॉब खाथिंग (तब असम राइफ़ल्स के साथ) ने तवांग मठ पर क़ब्ज़ा कर लिया, जहाँ परमपावन दलाई लामा ने 1959 में शरण ली थी।
46. 'पूर्वोत्तर के प्रहरी' आदर्श वाक्य के साथ देश का सबसे पुराना अर्धसैनिक बल। अब उन्हें म्यांमार के साथ सीमा की रक्षा करने का काम सौंपा गया है।
47. भारतीय राष्ट्रीय कांग्रेस के सदस्य थे और 1963 से 1971 तक राज्य के मुख्यमंत्री रहे। स्वतंत्रता से पहले, उन्होंने राज्य के प्रशासन में लोगों की अधिक भागीदारी के लिए गण परिषद की शुरुआत की थी।
48. तीन बार (पहली, दूसरी और चौथी बार) राज्य के मुख्यमंत्री रहे। आज़ाद हिन्द फ़ौज (आईएनए) को समर्थन दिया था और एक स्वतंत्रता सेनानी के योगदान के प्रतीक के रूप में उन्हें ताम्र पत्र से सम्मानित किया गया था। आज़ादी के तुरन्त बाद, उन्होंने थांगजिंग मन्दिर के नियंत्रण के लिए तत्कालीन शासक (वोधचन्द्र सिंह) के ख़िलाफ़ आन्दोलन का नेतृत्व किया। इस आन्दोलन से पहले, शासक मन्दिर के सभी चढ़ावे को अपने पास ले लेता था।

49. भारत के दूसरे प्रधानमंत्री जिनके नाम पर देश के शीर्ष प्रशिक्षण संस्थान का नाम रखा गया है। वह 1963 में गृहमंत्री थे और इस नाते उन्हें क्षेत्र के विकास की अच्छी जानकारी थी।
50. अब उत्तर-पूर्वी क्षेत्र विकास मंत्रालय (डोनर) के तहत कार्य करते हुए, यह आठ राज्यों (अरुणाचल, असम, मणिपुर, मेघालय, मिज़ोरम, नागालैंड, त्रिपुरा और सिक्किम) की आर्थिक, सामाजिक, प्रशासनिक और बुनियादी ढाँचे की ज़रूरतों का ख़याल रखता है। इसका उद्देश्य अन्तरराज्यीय विवादों में मध्यस्थता प्रदान करना भी है।
51. एमएनएफ के पूर्ववर्ती, संगठन का गठन 1959 में आइजोल और उसके आसपास अकाल की स्थिति के प्रति असम सरकार की उदासीनता के विरोध में किया गया था।
52. मिज़ो नेशनल फैमाइन फ्रंट के संस्थापक, जो एक राजनीतिक और बाद में भूमिगत आन्दोलन में बदल गया। हिंसा का त्याग किया और नवगठित राज्य मिज़ोरम के पहले मुख्यमंत्री बने।
53. इंटर-सर्विसेज इंटेलिजेंस पाकिस्तान की प्रमुख ख़ुफ़िया एजेंसी है। इसे 'डीप स्टेट' भी कहा जाता है, इसने भारत को टुकड़े-टुकड़े करने की कोशिश करने वाले अलगाववादी समूहों को वित्त पोषित किया है।
54. पूर्वी पाकिस्तान, पाकिस्तान का ही प्रान्त था जो 1971 के मुक्ति संग्राम के बाद बांग्लादेश बना। इससे पहले पूर्वी बंगाल के क्षेत्र का उपयोग उत्तर-पूर्व के विद्रोही समूहों द्वारा किया जाता था।
55. सशस्त्र बल विशेष अधिकार अधिनियम भारतीय रक्षा बलों के कर्मियों को क़ानून और व्यवस्था बनाए रखने और 'अशान्त क्षेत्रों' में आत्मरक्षा में गोली चलाने की अनुमति देता है। 4 दिसम्बर, 2021 को मोन ज़िले में सत्रह नागा खनिकों की ग़लती से हत्या के बाद AFSPA को रद्द करने की माँग बहुत मुखर हो गई है।
56. असम के मुख्यमंत्री के रूप में अपने कार्यकाल के दौरान, उन्होंने असम राजभाषा अधिनियम, 1960 को समाप्त कर दिया, जिसके कारण मिज़ोस, नागाओं, जैन्तिया और ख़ासी पहाड़ियों के पर्वतारोहियों और बोडो का अलगाव हो गया। मुख्यमंत्री के रूप में अपने दूसरे कार्यकाल के दौरान, उन्होंने अवैध सीमा पार आवाजाही का मुद्दा उठाया।
57. *The Mizo Uprising: Assam Assembly Debates on the Mizo Movement 1966-1971,* J.V. Hluna and Tochhawng, Cambridge Scholars Publishing, 2012.
58. 'Assam Reorganization', Dilip Mukherjee, *Asian Survey,* Vol. 9 (4), April, 1969.
59. चटगाँव पहाड़ी इलाक़ों से सम्बन्धित लेकिन धार्मिक उत्पीड़न के साथ-साथ प्राकृतिक और पर्यावरणीय अव्यवस्था का सामना करना पड़ रहा है। बड़ी संख्या में (पचास हज़ार से अधिक) अरुणाचल में बस गए हैं, जिससे कम आबादी वाले परिदृश्य में जनसांख्यिकीय असन्तुलन पैदा हो गया है।
60. गारो हिल्स और मैमनसिंह ज़िलों में दर्ज बस्तियों के साथ बोडो-कचारी जनजाति का हिस्सा, अब उत्तर-पूर्व और बांग्लादेश के चटगाँव डिवीजन में बस गए।
61. *India's Northeast Resurgent: Ethnicity, Insurgency, Governance, Development,* B.G. Verghese, Konark Publishers, 1996.

62. भारतीय भाषाविद्, शिक्षाविद् और साहित्यकार, और भारत का दूसरा सर्वोच्च नागरिक पुरस्कार, पद्म विभूषण प्राप्तकर्ता।
63. ईरान में तेल व्यापारियों के परिवार में जन्मे, वह गोलकुंडा में एक हीरे के व्यापारी बने, सुल्तान की सेवा में शामिल हुए, एक वज़ीर (प्रधानमंत्री) बने, अपने व्यापारिक जहाज़ों और तटीय व्यापार को संगठित किया, साथ ही सुल्तान से अलग हो गए। मुग़ल के बादशाह शाहजहाँ की सेवा में शामिल हो गया। और उत्तराधिकार के युद्ध में औरंगज़ेब का साथ दिया, जिसके लिए उसे बंगाल सूबा का गवर्नर बनाया गया। मीर जुमला ने कामरूप, कूचबिहार और सभी सीमावर्ती इलाक़ों पर क़ब्ज़ा कर लिया।
64. प्रथम आंग्ल बर्मी युद्ध का अन्त एक सन्धि हस्ताक्षर से किए गए, जिससे असम, मणिपुर, राखीन (अराकान), कछार और जैंतिया में बर्मी प्रभाव का अन्त हुआ, इसके अलावा चार किश्तों में दस लाख पाउंड स्टर्लिंग की युद्ध क्षतिपूर्ति भी दी गई। हालाँकि, अंग्रेज़ों ने अभियान में कम से कम पाँच से दस गुना अधिक धन ख़र्च किया और पन्द्रह हज़ार लोगों की जान गँवाई।
65. ब्रिटिश मूल के भारतीय मानवविज्ञानी, नृवंशविज्ञानी और आदिवासी कार्यकर्ता जिन्होंने एक ईसाई धर्म प्रचारकों के रूप में जीवन शुरू किया लेकिन भारत में लम्बे समय तक रहने के बाद गांधीवादी बन गए। नेहरू के क़रीबी सलाहकार बने, उन्हें 1961 में पद्मभूषण और उनकी आत्मकथा, *The Tribal World of Verrier Elwin* के लिए साहित्य अकादमी पुरस्कार मिला।
66. इंडियन फ्रंटियर एडमिनिस्ट्रेशन सर्विस नॉर्थ-ईस्ट फ्रंटियर एजेंसी की सेवा के लिए बनाई गई थी। लोगों को 'प्रत्यक्ष प्रशासन' देने के लिए रक्षा सेवाओं, प्रशासनिक और राजनयिक कोर से सदस्यों को शामिल किया गया।
67. 'Reorganazation of Northeast India', V. Venkata Rao, *The Indian Journal of Political Science,* Vol. 33, no. 2, 1972.
68. आईएफएएस के सदस्य, नेफा से लोक सभा के लिए नामांकित। वह खाद्य और कृषि मंत्रालय में उप मंत्री बने, लेकिन स्थानीय सरकार पर अपनी रिपोर्ट के लिए अधिक जाने गए, जिसने पंचायती राज प्रणाली का आधार बनाया।

13. अंडमान निकोबार एवं लक्षद्वीप

1. मलक्का जलडमरूमध्य इंडोनेशियाई द्वीपों और मलेशियाई प्रायद्वीप के बीच एक हज़ार किलोमीटर से भी कम की एक संकीर्ण शिपिंग लेन है। यह निकोबार से 700 किमी से भी कम दूरी पर है।
2. समुद्र के क़ानून पर संयुक्त राष्ट्र कन्वेंशन (यूएनसीएलओएस) एक ईईजेड को तट से दो सौ समुद्री मील तक विस्तारित के रूप में परिभाषित करता है, जिसके भीतर तटीय राज्य को वाणिज्यिक उद्यम तलाशने और शुरू करने का अधिकार है (दूसरों को छोड़कर)। यह राज्य को इस क्षेत्र में जीवित और ग़ैर-जीवित दोनों संसाधनों के संरक्षण और प्रबन्धन की ज़िम्मेदारी भी देता है।
3. भारत की पूर्व की ओर देखो नीति एक क्षेत्रीय शक्ति के रूप में अपनी स्थिति को मज़बूत करने के लिए दक्षिण पूर्व-एशिया के देशों के साथ आर्थिक और रणनीतिक सम्बन्धों को

विकसित करने की परिकल्पना करती है। परम्परागत रूप से, भारत की विदेश नीति दक्षिण एशिया के प्रति अधिक संरेखित थी।

4. आईएएस के सदस्य और निकोबार द्वीप समूह के डिप्टी कमिश्नर थे। The Institute for Defence Studies and Analyses (IDSA) ने उन्हें अंडमान और निकोबार द्वीपों की अप्रयुक्त रणनीतिक क्षमता पर एक किताब लिखने के लिए नियुक्त किया।
5. *Andaman and Nicobar Islands: India's Untapped Strategic Assets,* Sanat Kaul, Pentagon Press in association with Institute of Defence Studies and Analyses, 2015.
6. एक फ्रांसिस्कन तपस्वी और धर्म प्रचारक खोजकर्ता जिसने भूमि मार्ग से भारत की यात्रा की, और सम्भवतः दक्षिण चीन तट पर पहुँचने से पहले सीलोन (अब श्रीलंका), सुमात्रा, जावा, बोर्नियो के रास्ते में इन द्वीपों को छुआ। उन्होंने अपनी यात्राओं का बहुत लोकप्रिय वृत्तान्त लिखा।
7. एक वेनिसियन व्यापारी था जिसने पूर्वी भारत, इंडीज़ और इंडीज़ और मलक्का से परे भूमि का दौरा किया था। उन्होंने व्यापारियों और अन्य सभी यात्रियों को इन देशों की बेहतर दिशा और ज्ञान के लिए लाभदायक निर्देश के लिए इतालवी में उनका संक्षिप्त विवरण छोड़ा।'
8. एक नौसैनिक सर्वेक्षक और बॉम्बे नौसैनिकों के साथ लेफ़्टिनेंट। 1789 में काउंसिल में गवर्नर जनरल को द्वीपों पर उनकी रिपोर्ट अनुकूल रूप से प्राप्त हुई और ब्रिटिश समझौते की स्थापना हुई। अंडमान एवं निकोबार द्वीप समूह का मुख्यालय, पोर्ट ब्लेयर, का नाम उनके नाम पर रखा गया है।
9. द्वीपों में पहली ब्रिटिश बस्तियों में से एक जहाँ लकड़ी के व्यापार की सुविधा के लिए एक आराघर स्थापित किया गया था। अब इसमें एक वन्य संग्रहालय है।
10. मलय द्वीप समूह में एक द्वीप स्ट्रेट्स सेटलमेंट्स का मुख्यालय था, जो ब्रिटिश उपनिवेशों का एक ढीला संघ था जिसमें पेनांग, मलक्का और सिंगापुर शामिल थे। यह एक दंडात्मक समझौता भी था जिसमें सभी ब्रिटिश उपनिवेशों—स्ट्रेट्स, बर्मा, भारत और सीलोन से दोषियों को शामिल किया गया था।
11. अरबी से अंग्रेज़ी में शीर्षकों का अनुवाद प्रसिद्ध उद्यमी, विद्वान और आयुर्वेद चिकित्सा प्रणाली के प्रस्तावक डॉ. एस. फारूक द्वारा प्रदान किया गया था।
12. एक ब्रिटिश सर्जन, जिसे अंडमान में दंड कॉलोनी का पहला अधीक्षक नियुक्त किया गया था। अपने दृष्टिकोण और तरीक़े में बहुत क्रूर, उन्होंने भागने की कोशिश करने वाले इक्यासी दोषियों को फांसी पर लटका दिया। भारतीय चिकित्सा सेवा में सर्जन जनरल के पद से सेवानिवृत्त।
13. वहाबी आन्दोलन एक इस्लामी पुनरुत्थानवादी आन्दोलन था जिसने 1830 से 1860 के दशक तक भारत में ब्रिटिश सत्ता को सबसे गम्भीर और सुनियोजित चुनौती पेश की। इससे पहले इसने पंजाब में रणजीत सिंह के शासन के विरुद्ध भी हथियार उठाये थे।
14. अपने समय के सबसे प्रसिद्ध आयरिश लोगों में से एक, और डबलिन से कंजर्वेटिव पार्टी के एक प्रमुख सदस्य, वह जनवरी, 1869 से 1872 में अपनी हत्या तक भारत के वायसराय थे।

15. 'The Andaman Island Penal Colony: Race, Class, Criminality and the British Empire', C. Anderson, *International Review of Social History,* 2018.
16. ब्रिटिश सेना और मणिपुर सेना के कमांडर-इन-चीफ टिकेन्द्रजीत सिंह के बीच आंग्ल मणिपुर युद्ध, जिन्होंने राज्य के आन्तरिक मामलों में ब्रिटिश हस्तक्षेप का विरोध किया था।
17. 'Oral History of Freedom Struggle with Special Reference to Ex-Andaman Freedom Fighters (1921-27)', P.K. Srivastava, Indian Council of Historical Research, 1992.
18. This is drawn from 'Survivors of Our Hell' by Cathy Scott-Clark and Adrian Levy's column in *The Guardian* of 23 June, 2001.
19. 'Oral History of Freedom Struggle with Special Reference to Ex-Andaman Freedom Fighters (1921-27)', P.K. Srivastava, Indian Council of Historical Research, 1992.
20. भारतीय जेल समिति की स्थापना 1919 में जेल सुधारों के उपाय सुझाने के लिए की गई थी और इसकी अध्यक्षता सर अलेक्जेंडर कार्ड्यू ने की थी। भारतीय जेलों में ख़राब स्थितियों के बारे में पूरे भारत में अख़बारों में छपी रिपोर्टों के मद्देनज़र समिति का गठन किया गया था।
21. अगस्त, 1921 से 1922 तक मालाबार विद्रोह उस क्षेत्र में ब्रिटिश औपनिवेशिक शासन के ख़िलाफ़ प्रतिरोध के रूप में शुरू हुआ। इसे 'किसान विद्रोह' कहा गया है क्योंकि यह नये किरायेदारी क़ानूनों के कारण शुरू हुआ था, जो कि जोतने वाले की जगह ज़मींदार को फ़ायदा पहुँचाता था। हालाँकि, इसमें एक साम्प्रदायिक कोण भी था, क्योंकि अधिकांश किरायेदार मापिला मुस्लिम थे, और मकान मालिक नंबूदिरी ब्राह्मण थे।
22. औपनिवेशिक क़ानून के तहत, कुछ सामाजिक और जातीय समुदायों को 'ग़ैर जमानती अपराधों के व्यवस्थित कमीशन के आदी' के रूप में वर्गीकृत किया गया था, और वयस्क पुरुषों से सप्ताह में एक बार निकटतम पुलिस स्टेशन में रिपोर्ट करने की अपेक्षा की गई थी। इस अधिनियम को 1949 में निरस्त कर दिया गया।
23. एक प्रोटेस्टेंट ईसाई चर्च संगठन जो ग़रीबों, निराश्रितों और भूखों को 'शारीरिक और आध्यात्मिक' राहत प्रदान करने के मिशन के साथ सैनिकों, अधिकारियों और अनुयायियों से बनी सेना की तर्ज पर संगठित है, जिन्हें सामूहिक रूप से साल्वेशनिस्ट कहा जाता है।
24. एक संसदीय प्रश्न के उत्तर में, 585 राजनीतिक क़ैदियों का राज्य-वार विवरण दिया गया था : कहने की ज़रूरत नहीं है, भारी बहुमत (398) बंगाल से थे, इसके बाद 95 के आँकड़े के साथ पंजाब का स्थान था।
25. *Andaman and Nicobar Island under Japanese Occupations during WWII,* T.R. Sareen, Bio-Green, 2018.
26. पौराणिक ब्रह्मांड विज्ञान के अनुसार, दुनिया को सात संकेन्द्रित द्वीप महाद्वीपों में विभाजित किया गया है, जिनमें से जम्बूद्वीप भारत के क़ब्ज़े वाले क्षेत्र के साथ-साथ इस भूमि के आसपास के समुद्रों और महासागरों में द्वीप समूह को दर्शाता है।
27. हिन्द महासागर में 1192 द्वीपों का एक राष्ट्र, यह भूमध्य रेखा के पार कुछ एटोल के साथ भौगोलिक रूप से सबसे अधिक बिखरे हुए सम्प्रभु राज्यों में से एक है, जो इसे दोनों गोलार्धों में एक देश बनाता है।

28. सात एटोल का एक समूह जिसमें हिन्द महासागर में साठ द्वीप शामिल हैं, जिसमें डिएगो गार्सिया का अमेरिकी सैन्य अड्डा भी शामिल है। मूलडिएगो गार्सिया के निवासियों, बोरबोनैइस क्रियोल-भाषी लोगों को 1971 में द्वीपों से निष्कासित कर दिया गया था। मॉरीशस अक्सर इन द्वीपों पर अपना दावा व्यक्त करता रहा है।
29. प्राचीन ग्रीक (कोइन) में लिखी गई एक लॉग बुक है जिसमें रोमन और मिस्त्र के बन्दरगाहों से हॉर्न ऑफ़ अफ्रीका, फारस की खाड़ी, अरब सागर और हिन्द महासागर तक नेविगेशन और व्यापारिक मार्गों का वर्णन है।
30. तमिल समुद्री साम्राज्य जिसने हिन्द महासागर के तटीय क्षेत्र में सोलह सौ त्रर्षों (300 ईसा पूर्व से 1279 ई.पू.) तक अपना प्रभुत्व बनाए रखा। इसका प्रभाव पड़ता वर्तमान इंडोनेशिया, कंबोडिया, वियतनाम और मलेशिया तक फैल गया। राजेन्द्र चोल के शासनकाल में साम्राज्य वर्ष 1030 में शिखर पहुँच गया था।
31. 1782 से 1799 तक मैसूर के शासक रहे। उन्होंने ब्रिटिश ईस्ट इंडिया कम्पनी को कड़ी चुनौती दी और अपने राज्य का विस्तार करते हुए कुछ द्वीपों को शामिल किया जो केनरा ज़िले के निकट थे।
32. मुस्लिम साम्राज्य वर्तमान केरल के कन्नूर ज़िले में स्थित है। राजा को अली राजा औरं रानी को अरक्कल बीवी कहा जाता था।
33. यह भाषा प्राकृत और सिंहली भाषाओं से ली गई है।
34. इसे द्विप भाषा के नाम से भी जाना जाता है, यह मलयालम की एक बोली है।
35. 1964 बैच के एक आईएएस अधिकारी, वह लक्षद्वीप द्वीप समूह के प्रशासक थे, और मुख्यालय कावारत्ती में स्थानान्तरित कर दिया। द्वीपों पर उनकी पुस्तक द्वीपों के प्रशासनिक इतिहास का एक व्यापक विवरण है।

14. प्रजा से नागरिक तक—सिक्किम का भारत में विलय

1. वे राज्य जिनकी रक्षा और बाह्य मामले ब्रिटिश साम्राज्य के संरक्षण में थे। वे अपनी सम्प्रभुता पर विशिष्ट सीमाओं वाले राज्य थे, विशेषकर विदेशी शक्तियों के साथ सम्बन्धों और उनकी बाहरी सीमा के सम्बन्ध में।
2. एक अवधारणा जो सिक्किम के लिए अद्वितीय थी, और इस व्यवस्था को समायोजित करने के लिए संविधान में संशोधन करना पड़ा।
3. भारतीय राजकुमारों का एक परामर्शदात्री निकाय जिसमें उन्होंने आम और पारस्परिक हित के मुद्दों पर चर्चा की, विशेष रूप से ब्रिटिश क्राउन और उनके प्रमुख प्रतिनिधियों जैसे वायसराय और प्रान्तीय गवर्नर और लेफ़्टिनेंट गवर्नर के सम्बन्ध में उनके अधिकारों और विशेषाधिकारों पर चर्चा की।
4. 1910-1936 तक इंग्लैंड के राजा और भारत के सम्राट। यह उनके कार्यकाल के तहत था कि वेस्टमिंस्टर का क़ानून तैयार किया गया था।
5. जन आन्दोलन के अग्रणी नेता थे जो सिक्किम का भारत में तत्काल विलय चाहते थे क्योंकि चुनाव सार्वभौमिक वयस्क मताधिकार के आधार पर नहीं होने के कारण नेपालियों की बहुसंख्यक आबादी अधिकारहीन थी।

6. 'Sikkim Story: Protection to Absorption', N. Ram, *Social Scientist*, vol. 3, no. 2, 1974.
7. 1909 बैच के आईसीएस अधिकारी, वह एक उत्कृष्ट न्यायविद्, प्रशासक और राजनयिक बने। वह संविधान सभा के संवैधानिक सलाहकार थे। उन्हें सिक्किम के भारत में विलय में कोई क़ानूनी कठिनाई नहीं होने की आशंका थी।
8. इसे चोग्याल का समर्थन प्राप्त था, और इसने सिक्किम विधान सभा में साम्प्रदायिक प्रतिनिधित्व की 'यथास्थिति' का समर्थन किया।
9. स्वतंत्र दल, राज्य प्रजा सम्मेलन और सिक्किम राज्य कांग्रेस और सिक्किम नेशनल पार्टी के असन्तुष्टों के एक साथ आकर सिक्किम को भारत में विलय करने के उद्देश्य से क़ाज़ी ल्हेन्दुप दोरजी द्वारा 1962 में स्थापित किया गया।
10. 1972 में उन पर राजद्रोह का आरोप लगाया गया था क्योंकि उन्होंने लिखा था 'लोगों के बिना कोई राजा नहीं हो सकता, लेकिन राजा के बिना देश हैं। ऐसे में, चोग्याल और उनकी मंडली को दीवार पर लिखी इबारत को देखना होगा और सिक्किम के लोगों को लोकतंत्र देना होगा, अन्यथा एक दिन आएगा जब चोग्याल को एक अजीब उत्तराधिकारी को सत्ता सौंपनी होगी।' उन्हें काज़ी और काज़िनी ने क़ानूनी तौर पर बेटे के रूप में गोद लिया था, लेकिन जल्द ही वे अलग हो गए।
11. होप कुक अठारह वर्ष की थीं जब उनकी मुलाक़ात दार्जिलिंग के विंडरमेयर होटल में पाल्डेन थोंडुप नामग्याल से हुई। उनके परी कथा रोमांस और विवाह को *National Geographic, New Yorker* and *Life.* जैसी प्रमुख अमेरिकी पत्रिकाओं ने कवर किया था। उन्हें ग्याल्मो (रानी पत्नी) की उपाधि दी गई थी।
12. सिक्किम देश का बाईसवाँ राज्य कैसे बना, इसका पहला और अत्यंत पठनीय वृत्तान्त। यह भारत में 'स्वैच्छिक और जानबूझकर' विलय की कहानी का एक प्रति-आख्यान था।
13. उन महत्त्वपूर्ण वर्षों में सिक्किम में हुए विकास पर एक प्रशासक का दृष्टिकोण देता है। यह तीन शक्तिशाली महिलाओं (प्रधानमंत्री इन्दिरा गांधी, ग्यालमो होप कुक और काज़िनी एलिज़ा मारिया दोरजी) और सिक्किम पर उनकी कहानी की भी कहानी है।
14. अन्तिम चोग्याल थोंदुप की कहानी, होप कुक के साथ उनकी हाई-प्रोफ़ाइल शादी और उनके चारों ओर से घिरे हिमालयी साम्राज्य की स्वतंत्रता के लिए अन्तरराष्ट्रीय समर्थन जुटाने के असफल प्रयासों की कहानी बताती है।
15. सिक्किम से चोग्याल को बाहर करने का कारण क्या था, इस पर एक अन्दरूनी सूत्र का दृष्टिकोण, साथ ही क़ाज़ी ल्हेन्दुप दोरजी के नेतृत्व में नवोदित लोकतंत्र आन्दोलन और सुधारों के लिए संघर्ष का विवरण।
16. एक भारतीय सिविल सेवक और राजनयिक। जब सिक्किम संरक्षित राज्य का भारत में विलय हुआ तब वह भारत के विदेश सचिव थे।
17. सिक्किम के भारतीय में विलय के बाद सिक्किम के पहले मुख्यमंत्री (1975-79) थे। इससे पहले उन्होंने सिक्किम में सार्वभौमिक वयस्क मताधिकार और लोकतांत्रिक सुधारों के आन्दोलन का नेतृत्व किया था। इस लेखक को उन्हें और काज़िनी एलिज़ा मारिया दोरजी को जानने का सौभाग्य प्राप्त हुआ क्योंकि वे कलिम्पोंग में बस गए थे जहाँ लेखक 1987-88 में एसडीओ के रूप में तैनात थे।

15. दिल्ली, नई दिल्ली, एनसीटी और एनसीआर

1. तीनों नामों का उपयोग भारत का वर्णन करने के लिए किया गया है, और इन शब्दों का विस्तृत विवरण पहले अध्याय में देखा जा सकता है। अंग्रेज़ दोनों प्रभुत्वों का नाम हिन्दुस्तान और पाकिस्तान रखना चाहते थे, लेकिन संविधान सभा ने स्पष्ट रूप से कहा : इंडिया, वह भारत है। हालाँकि, भारत में कई सार्वजनिक उपक्रमों का नाम हिन्दुस्तान के नाम पर रखा गया है : उदाहरण के लिए एचएएल, एचएमटी, एचजेडएल, यूनिलीवर के भारतीय परिचालन को हिन्दुस्तान यूनिलीवर कहा जाता है और नई दिल्ली के प्रमुख अंग्रेज़ी समाचार पत्रों में से एक को हिन्दुस्तान टाइम्स कहा जाता है।
2. कुरु साम्राज्य का गठन भरत और पुरु कुलों के गठबन्धन/विलय के बाद हुआ था। राज्य के हिमालय से लेकर रत्नाकर (अरब सागर) तक—गांधार (आधुनिक कंधार) से लेकर उत्तर-पूर्व में कामरूप, पश्चिम में द्वारका और दक्षिण में माल्या तक के राजाओं और जनजातियों के साथ आर्थिक, राजनीतिक और वैवाहिक सम्बन्ध थे।
3. अशोक के शिलालेख स्तम्भों, शिलाओं और गुफाओं की दीवारों पर तीस-विषम शिलालेखों का एक संग्रह है, जो गौतम, बुद्ध द्वारा प्रतिपादित धम्म (सार्वभौमिक क़ानून) के बारे में सम्राट अशोक के विचारों को दर्शाता है। इन्हें उन स्थानों पर स्थापित/नक्काशीदार बनाया गया था जहाँ लोगों के एकत्र होने की उम्मीद थी।
4. बाएँ से दाएँ लिखी जाने वाली ब्राह्मी लिपि का विकास सिन्धु घाटी क्षेत्र में हुआ था। व्यापक रूप से प्राकृत (स्थानीय भाषा) में बौद्ध धर्म का प्रचार किया जाता था। ऐसा कहा जाता है कि संस्कृत और द्रविड़ दोनों भाषाएँ ब्राह्मी लिपि से विकसित हुईं।
5. सूरज कुंड एक प्राचीन जलाशय (शाब्दिक रूप से सूर्य की झील) है जिसे तोमर वंश के सूरज पाल ने बनवाया था। वे सूर्यवंशी (सूर्य के उपासक जो सूर्य देव के वंशज होने का दावा करते थे) थे। हरियाणा पर्यटन विभाग एक प्रमुख कार्यक्रम, सूरजकुंड कला और शिल्प मेला आयोजित करता है, एक ऐसा मेला जो दस लाख से अधिक दर्शकों को आकर्षित करता है।
6. प्रचलित चर्चा में इसका निर्माण पृथ्वी राज चौहान ने करवाया था। हालाँकि कई विद्वानों का मानना है कि इसका निर्माण अनंगपाल तोमर ने करवाया था, लेकिन (ग़लत तरीक़े से) अबुल फज़ल ने अपने आइन-ए-अकबरी में पृथ्वीराज को ज़िम्मेदार ठहराया।
7. घोर का अफ़ग़ान शासक, जिसने 1192 में पृथ्वीराज को हराया और भारत में इस्लामी साम्राज्य की नींव रखी। हालाँकि कुछ लोग उनके फ़ारसी मूल का उल्लेख करते हैं, लेकिन यह सन्दिग्ध लगता है क्योंकि वह एक कट्टर सुन्नी थे। चूँकि उनकी कोई सन्तान नहीं थी, इसलिए उन्होंने अपने वफ़ादार ग़ुलाम कुतुब-उद दीन ऐबक को अपना उत्तराधिकारी नियुक्त किया, जिससे ग़ुलाम राजवंश की नींव पड़ी।
8. 1993 में यूनेस्को द्वारा विश्व धरोहर स्थल घोषित किया गया।
9. वह वही व्यक्ति हैं जिन्होंने दिल्ली को इसका नाम दिया। दिल्ली संग्रहालय के शिलालेख में लिखा है : 'हरियाणा नामक देश में, जो पृथ्वी पर स्वर्ग के बराबर है, तोनरों ने ढिल्लिका नामक एक शहर का निर्माण किया।'
10. इसकी स्थापना हुमायूँ ने 1533 में यमुना के तट पर की थी लेकिन शेरशाह ने इसे ढहा दिया और अपनी नई राजधानी शेरशाही बनाई, जिसे पुराना क़िला भी कहा जाता है।

11. सिख संघ के बारह सम्प्रभु राज्य थे, जो अठारहवीं शताब्दी के दौरान पंजाब में उभरे और नादिर शाह के आक्रमण के बाद पूरी तरह से टूटने से पहले मुग़ल साम्राज्य को काफ़ी कमज़ोर कर दिया।
12. एक तरफ़ ईआईसी और होल्कर और दूसरी तरफ़ पेशवाओं और सिन्धियाओं के बीच लड़ाई हुई। सिन्धिया को रोहतक व गुड़गाँव, ईआईसी को गंगा-जमुना दोआब और दिल्ली आगरा का क्षेत्र को सौंपना पड़ा।
13. भारत का बारहवाँ और अन्तिम मुग़ल सम्राट। बयासी वर्ष की आयु में उन्हें रंगून निर्वासित कर दिया गया जहाँ पाँच वर्ष बाद उनकी मृत्यु हो गई।
14. ग्रेट ब्रिटेन और आयरलैंड की रॉयल एशियाटिक सोसाइटी के फेलो।
15. 1849 के एंग्लो सिख युद्ध के बाद लाहौर को ब्रिटिश पंजाब की राजधानी बनाया गया। 1864 में गवर्नमेंट कॉलेज और फ़ॉर्मन क्रिश्चियन कॉलेज की स्थापना के साथ, यह शिक्षा का एक महत्त्वपूर्ण केन्द्र बन गया।
16. मुग़ल दरबार की तर्ज पर आयोजित, उद्घोषणा अंग्रेज़ी और उर्दू में पढ़ी गई और वायसराय ने प्रत्येक देशी प्रमुख को एक स्वर्ण पदक और एक बैनर के साथ प्रस्तुत किया जिस पर लिखा था 'विक्टोरिया, भारत की महारानी, 1 जनवरी, 1877।'
17. अधिनियम में प्रमुख प्रान्तों में 'द्वैध शासन' या सत्ता की साझेदारी का प्रावधान किया गया, क्योंकि 'स्थानीय स्वशासन, स्वास्थ्य, शिक्षा और कृषि' जैसे हस्तान्तरित विषय उन मंत्रियों को हस्तान्तरित कर दिये गए जो प्रान्तीय परिषद के लिए ज़िम्मेदार थे।
18. इस अधिनियम ने मतदाताओं का विस्तार (सात से पैंतीस मिलियन तक) किया, प्रान्तों को बड़े पैमाने पर स्वायत्तता प्रदान की, और रियासतों के सम्भावित समावेश के साथ भारत को प्रान्तों के एक संघ के रूप में परिकल्पित किया। बिहार, उड़ीसा और सिन्ध नये प्रान्त बने और बर्मा भारत से अलग हो गया।
19. मद्रास से संविधान सभा के लिए चुने गए, वह भारतीय रियासतों के एकीकरण पर चैंबर ऑफ़ प्रिंसेस के साथ विचार-विमर्श करने वाली वार्ता समिति के सदस्य भी थे।
20. *Nehru and the Language Politics of India,* Robert D. King, OUP, 1997.
21. वह प्रलयंकारी घटना जिसने ब्रिटिश भारत को भारत और पाकिस्तान के प्रभुत्व में विभाजित कर दिया। इससे पूर्वी और पश्चिमी पंजाब दोनों में 'जातीय सफाया' हुआ। इसे इश्तियाक अहमद ने अपनी पुस्तक *The Punjab Blooded, Partitioned and Cleansed: Unravelling the 1947 Tragedy through Secret British Reports and First-Person Accounts* में प्रलेखित किया है।
22. एक फ्रांसीसी जनसांख्यिकीविद् जो सेंटर फ़ॉर पॉलिसी रिसर्च के साथ काम करता है और शहरी बस्तियों, सार्वजनिक स्थानों और भौगोलिक क्षेत्रों पर काम करता है।
23. 'Patterns of Population Mobility in Delhi', Veronique Dupont, *Instutute of Economic Growth,* 1995.
24. अनुच्छेद 239 केन्द्र शासित प्रदेश दिल्ली के प्रशासन से सम्बन्धित है। अनुच्छेद 240 राष्ट्रपति को शान्ति, प्रगति और सुशासन के लिए नियम बनाने का अधिकार देता है।
25. चौंतीस साल की उम्र में दिल्ली के पहले और सबसे युवा मुख्यमंत्री, चौधरी ब्रह्म प्रकाश एक गांधीवादी स्वतंत्रता सेनानी और उत्तर-पश्चिम दिल्ली के शकूरपुर गाँव के एक

कांग्रेस कार्यकर्ता थे। वह सहकारी आन्दोलन में भी बहुत सक्रिय थे और सहकारी सुधार क़ानून में उत्सुकता से लगे हुए थे।

26. मुख्य आयुक्त आनन्द पंडित थे जिनके तत्कालीन गृहमंत्री जी.बी.पन्त के साथ अच्छे सम्बन्ध थे। अक्सर यह कहा जाता है कि किसी भी मुख्य आयुक्त/एलजी के दिल्ली के मुख्यमंत्रियों के साथ मधुर सम्बन्ध नहीं रहे हैं।
27. राजर्षि के नाम से भी जाने जाने वाले थे, वह दिल्ली के सबसे महत्त्वपूर्ण कांग्रेस नेताओं में से एक थे, लेकिन गृह मंत्री पंत और प्रधानमंत्री नेहरू के समान खेमे में नहीं थे।
28. यूपी के मुख्यमंत्री और भारत के गृह मंत्री जैसे महत्त्वपूर्ण पदों पर रहे।
29. अखिल भारतीय महिला कांग्रेस की संस्थापक, यूपी की मुख्यमंत्री बनने वाली पहली महिला भी। अपनी स्पष्ट टिप्पणियों और स्पष्ट सोच के लिए जानी जाने वाली वह अक्सर प्रधानमंत्री नेहरू से भिन्न विचार रखती थीं।
30. एक प्रमुख भाजपा नेता और खेल प्रशासक जो 1967 में सीईसी बने।
31. राजनीतिक रूप से आरएसएस और भाजपा से सम्बद्ध, उन्होंने सीईसी के रूप में कार्य किया साथ ही दिल्ली के मेयर और बाद में गोवा और सिक्किम के राज्यपाल भी रहे।
32. जग प्रवेश चन्द्र को अक्सर 'दिल्ली की राजनीति का महापुरुष' कहा जाता है। कांग्रेस पार्टी के सक्रिय नेता थे।
33. केन्द्र-राज्य सम्बन्धों पर समिति का नेतृत्व करने के लिए कहा गया। दस्तावेज़ को सरकारिया आयोग रिपोर्ट कहा जाता है।
34. इस रिपोर्ट की टिप्पणियों को मुख्यमंत्री और एलजी के बीच शक्तियों के विभाजन के मुद्दे को देख रहे सभी उच्च न्यायालय और सर्वोच्च न्यायालय के न्यायाधीशों द्वारा बड़े पैमाने पर उद्धृत किया गया है।
35. राष्ट्रीय राजधानी क्षेत्र दिल्ली संवैधानिक मशीनरी की विफलता के मामले में विशेष प्रावधान।
36. 2016 में, जीएनसीटीडी आम आदमी पार्टी, के राजनीतिक नियंत्रण में था, जिसके मुख्यमंत्री अरविन्द केजरीवाल और उप-मुख्यमंत्री मनीष सिसोदिया हैं।

16. क्षेत्रीय आकांक्षाएँ : छत्तीसगढ़, उत्तराखंड और झारखंड

1. उत्तराखंड के गठन के बाद भी यूपी सबसे अधिक आबादी वाला राज्य था और अब भी है। 2021 के लिए इसकी अनुमानित जनसंख्या 23 करोड़ है। दूसरा सबसे अधिक आबादी वाला राज्य महाराष्ट्र (12.44 करोड़) है, इसके बाद बिहार (12.3 करोड़) है। एमपी पाँचवां सबसे अधिक आबादी वाला राज्य (8.45 करोड़) है।
2. 'अरण्य' वनों को सन्दर्भित करता है : वे क्षेत्र जिन पर राजाओं द्वारा कोई लड़ाई नहीं लड़ी गई। दंडकारण्य वह स्थान भी था जहाँ पूर्वी बंगाल के शरणार्थियों के पुनर्वास के लिए एक परियोजना का प्रयास किया गया था।
3. चेदि के कलचुरियों ने सातवीं से तेरहवीं शताब्दी तक मध्य भारत पर शासन किया। राजधानी जबलपुर के पास त्रिपुरी (वर्तमान तेवर) थी।
4. अपने दक्षिणी साम्राज्य और कन्नड़ और तेलुगु भाषाओं को संरक्षण के लिए जाने, जाने वाले, उनका शासन नर्मदा से गोदावरी तक फैला हुआ था। इसलिए, यह काफ़ी सम्भव है कि वे मन्दिर वास्तुकला की स्थानीय परम्पराओं के साथ-साथ भाषाओं के भी संरक्षक थे।

5. विद्वान कार्यकर्ता जिन्होंने सलवा जुडूम से उत्पन्न मानवाधिकार उल्लंघनों के ख़िलाफ़ जनहित याचिका (पीआईएल) दायर की।
6. *The Burning Forest: India's War in Bastar,* Nandini Sundar, Juggernaut Books, 2016.
7. उत्तरी दक्कन के पठार का क्षेत्र जिसकी औसत ऊँचाई 600-700 मीटर है। यहाँ गोंड आदिवासी निवास करते हैं, जिनमें से अधिकांश छत्तीसगढ़ में रहते हैं, लेकिन मध्य प्रदेश, उड़ीसा और तेलंगाना के निकटवर्ती ज़िलों में भी पाए जाते हैं।
8. कांग्रेस के असन्तुष्टों जे.बी. कृपलानी, पी.सी. घोष और टी. प्रकाशम, द्वारा गठित प्रजा सोशलिस्ट पार्टी बनाने के लिए इसका सोशलिस्ट पार्टी में विलय हो गया 1952 में हुए पहले चुनाव में सोशलिस्ट को 10.59 और प्रजा सोशलिस्ट पार्टी को 5.59 प्रतिशत लोकप्रिय वोट मिले, कांग्रेस पार्टी से काफ़ी पीछे, जिसे 44.9 प्रतिशत वोट मिले।
9. शौकत अली और मोहम्मद अली ने *हमदर्द* एंड *कॉमरेड,* एक उर्दू और अंग्रेज़ी साप्ताहिक पत्रिका प्रकाशित की, और ख़िलाफ़त आन्दोलन में सबसे आगे थे। वे ब्रिटिश द्वारा तुर्की राज्य के प्रमुख के रूप में 'ख़लीफ़ा' को समाप्त करने के विरोधी थे। उन्होंने असहयोग आन्दोलन में महात्मा गांधी के साथ बहुत क़रीब से काम किया, लेकिन शौकत अली बाद में अखिल भारतीय मुस्लिम लीग में शामिल हो गए।
10. प्रमुख कांग्रेस नेता मध्य प्रान्त और बरार के प्रधानमंत्री और मध्य भारत के पहले मुख्यमंत्री के रूप में कार्य किया। एक अलग राज्य के इच्छुक थे, लेकिन 1956 में, एसआरसी बेहतर प्रशासनिक और आर्थिक योजना के लिए 'बड़े आकार के राज्यों' के पक्ष में था।
11. *Ravi Shankar Shukla: Life and Times,* S.R. Bakshi, Om Publications, 2001.
12. 1939 में जबलपुर के निकट त्रिपुरी में आयोजित इस अधिवेशन में सुभाष चन्द्र बोस को कांग्रेस का अध्यक्ष चुना गया।
13. 1900 में जन्मे, उन्होंने अपनी मेडिकल शिक्षा पूरी की, कांग्रेस में शामिल हुए और महात्मा गांधी द्वारा शुरू किये गए सत्याग्रह में भाग लिया। आज़ादी के बाद वह पीएसपी में शामिल हो गए और अलग छत्तीसगढ़ राज्य के लिए अभियान चलाया।
14. मूल रूप से पश्चिम बंगाल के जलपाईगुड़ी के रहने वाले, वह सीएमएम के संस्थापक थे जो अनुबन्ध और पीस-रेटेड श्रमिकों के साथ काम करता था। उन्होंने एक सफल शराब विरोधी अभियान का भी नेतृत्व किया, श्रमिकों के लिए स्वास्थ्य देखभाल और शिक्षा सुविधाओं का आयोजन किया।
15. Indian National Trade Union Congress.
16. All India Trade Union Congress.
17. Centre of Indian Trade Unions.
18. *Chhattisgarh: Nationality Movement and the Oppressed,* Ish N. Mishra, Countercurrents.org, 19 October, 2017.
19. Ibid.
20. प्रमुख पत्रकार और कांग्रेस नेता जो चौथी, 5वीं, 7वीं, 8वीं और 10वीं लोक सभा के लिए चुने गए।

21. अविभाजित एमपी के दूरदराज के हिस्सों में अनुसूचित जनजातियों के परिवारों की कल्याण गतिविधियों पर ध्यान केन्द्रित करने के लिए राष्ट्रीय स्वयंसेवक संघ (आरएसएस) द्वारा 1952 में स्थापित एक सामाजिक कल्याण संगठन। इसकी स्थापना बालासाहेब देशपांडे ने की थी और इसका एक उद्देश्य ईसाई धर्म प्रचारक स्कूलों की अपील का मुक़ाबला करना था।

22. इन्दिरा गांधी के शासनकाल में आपातकाल के दौरान एक शक्तिशाली मंत्री थे। बाद में वह अलग-अलग समय के लिए जन मोर्चा, जनता दल, समाजवादी जनता दल, जनता दल (राष्ट्रीय), राकांपा और भाजपा में भी शामिल हुए।

23. नेपाल से एक मार्शल रेस : सेनाओं में भर्ती—नेपाल, भारत और यूके। भारत में बसे नेपाली ख़ुद को गोरखा कहलाना पसन्द करते हैं, क्योंकि ज़्यादातर पूर्व सैनिकों के वंशज हैं। अठारहवीं शताब्दी में, नेपाली राजाओं ने वर्तमान कुमाऊँ और गढ़वाल के बड़े क्षेत्रों पर क़ब्ज़ा कर लिया।

24. मुग़ल शासन के दौरान राजवंश ने अपनी शाही और स्वतंत्र स्थिति को इंगित करने के लिए शाह को उपाधि के रूप में अपनाया। मुग़ल साम्राज्य के उत्कर्ष काल में भी इसने अपनी स्वतंत्रता बरकरार रखी।

25. आन्तरिक कलह और अन्दरूनी कलह के कारण 1790 में चन्द राजा, गोरखाओं से हार गए। एंग्लो नेपाली युद्ध के बाद सुगौली की सन्धि के अनुसार अंग्रेज़ों ने इन क्षेत्रों को अपने नियंत्रण में ले लिया।

26. स्थानीय लोग उन्हें पहाड़ी विल्सन या हर्षिल का राजा भी कहते थे, उन्होंने लकड़ी के व्यापार के कारण विशाल धन और प्रभाव अर्जित किया। हालाँकि, उन्हें इस क्षेत्र में सेब और राजमा जैसी नई फ़सलें लाने का श्रेय जाता है, और सड़कों और पुलों का भी निर्माण किया गया। वह रुडयार्ड किपलिंग के उपन्यास *The Man Who Would Be King* के प्रेरणास्रोत थे।

27. धंडक एक प्रकार का विरोध/जन आन्दोलन था जिसमें प्रजा अपनी कठिनाइयों के समाधान के लिए सीधे शासक के पास पहुँचती थी।

28. 'क्षेत्र की उपेक्षा' के मुद्दे को उठाने के लिए 1916 में स्थापित किया गया राष्ट्रीय चेतना बढ़ाने के लिए प्रमुख सदस्यों में जी.बी. पंत, बी.डी. पांडे और मनोज जोशी शामिल थे।

29. 1930 में पेशावर में एक निहत्थे सभा पर गोली चलाने से इनकार करने के कारण उन्हें प्रसिद्धि मिली। उन्हें चौदह साल की सज़ा सुनाई गई लेकिन 1941 में ग्यारह साल के बाद रिहा कर दिया गया, जहाँ से वे वर्धा में गांधी जी के आश्रम में चले गए। 1946 में वे कम्यूनिस्ट पार्टी के सदस्य बने। उत्तराखंड सरकार अब उनके नाम पर पर्यटन, उद्यमिता योजना चलाती है।

30. समुदायों को मार्शल और ग़ैर मार्शल के रूप में वर्गीकृत करने की एक 'ब्रिटिश' अवधारणा। आमतौर पर वे सभी क्षेत्र जहाँ से 1857 में अंग्रेज़ों को समर्थन मिला था, उन्हें मार्शल क्षेत्र की श्रेणी में रखा गया और उन्हें सेना में भर्ती में प्राथमिकता और वरीयता प्राप्त हुई।

31. ब्रिटिश पंजाब के क्षेत्रीय अधिकार क्षेत्र के भीतर रियासतों के साथ राज के सम्बन्धों का प्रबन्धन करने के लिए 1901 में एजेंसी बनाई गई थी। 1936 में, टिहरी सहित पहाड़ी राज्यों को पंजाब हिल स्टेट्स एजेंसी का हिस्सा बना दिया गया। हालाँकि, आज़ादी के समय, दो को फिर से मिला दिया गया, और टिहरी को पंजाब स्टेट्स एजेंसी का हिस्सा बनाया गया।

32. पी.सी. जोशी 1935-47 तक सीपीआई के पहले महासचिव थे। हालाँकि नेहरू के नेतृत्व में भारतीय राष्ट्रीय कांग्रेस के साथ मिलकर काम करने की आवश्यकता की वकालत करने के लिए दिसम्बर, 1949 में उन्हें पार्टी से निष्कासित कर दिया गया था, लेकिन 1951 में उन्हें फिर से पार्टी में शामिल कर लिया गया और वे पार्टी के मुखपत्र, न्यू एज के सम्पादक बन गए।
33. आज़ादी के समय यूपी के मुख्यमंत्री और 1955-61 तक केन्द्रीय गृह मंत्री रहे। पंत ने यह सुनिश्चित किया कि 1960 में मसूरी में राष्ट्रीय प्रशासन अकादमी की स्थापना हो।
34. मूल रूप से पौढ़ी गढ़वाल के रहने वाले, वह नवम्बर, 1973 से नवम्बर, 1975 तक यूपी के मुख्यमंत्री रहे। आपातकाल के बाद, उन्होंने जगजीवन राम और नन्दिनी सत्पति के साथ कांग्रेस फ़ॉर डेमोक्रेसी की स्थापना की, और जनता सरकार में रसायन और उर्वरक मंत्री के रूप में शामिल हुए।
35. अपने छात्र जीवन से ही एक कार्यकर्ता, कांग्रेस पार्टी में शामिल होने से पहले, वह 1952 से 1963 तक पीएसपी के साथ थे। वह तीन बार यूपी के मुख्यमंत्री और उत्तराखंड के पहले मुख्यमंत्री बने। केन्द्रीय विदेश, वाणिज्य और उद्योग मंत्री के साथ-साथ योजना आयोग के उपाध्यक्ष के रूप में सेवा की।
36. छब्बीस वर्षों तक सांसद रहे, वह भारत के रक्षा मंत्री, योजना आयोग के उपाध्यक्ष और साथ ही गृह राज्य मंत्री भी थे।
37. ट्रांसह्यूमन में अचानक रुकावट आई, साथ ही भारत से चीनी, अनाज और अनाज का निर्यात और तिब्बत से कच्चे ऊन, पश्म, याक की पूँछ, भेड़, सेंधा नमक और औषधीय जड़ी-बूटियों का आयात बन्द हो गया।
38. 1964 में चंडी प्रसाद भट्ट के नेतृत्व में सर्वोदय कार्यकर्ताओं के एक समूह द्वारा स्थापित। लेखक ने 1987 में डीजीएसएम का दौरा किया और तब से वह श्री भट्ट के सम्पर्क में हैं।
39. चमोली ज़िले के लता गाँव से, वह एक जमीनी स्तर की कार्यकर्ता और ग्रामीण महिलाओं के लिए एक सामुदायिक नेता थीं : वस्तुतः पहले व्यक्ति का एक पेड़ को 'आलिंगन' करना जिससे ठेकेदारों के लिए पेड़ काटना मुश्किल हो जाता है।
40. मंडल आयोग की सिफ़ारिशों का नतीजा, जिसमें ओबीसी के सदस्यों के लिए 27 प्रतिशत आरक्षण अनिवार्य था।
41. 1952 और 2000 के बीच, किसी राज्य का राज्यपाल राज्य विधान सभा में एंग्लो-इंडियन समुदाय के एक या अधिक सदस्यों के नामांकन पर निर्णय ले सकता था (अनुच्छेद 333)।
42. एसपी-बीएसपी : हालाँकि दोनों पार्टियाँ एक-दूसरे की कट्टर विरोधी हैं, लेकिन उनकी स्पष्ट जातिगत सम्बद्धता के कारण उन्हें अक्सर एक साथ रखा जाता है। ओबीसी सपा का आधार हैं, जबकि भारी संख्या में अनुसूचित जाति और मुस्लिम बसपा का समर्थन करते हैं।
43. 1 जून, 1996 से 21 अप्रैल, 1997 तक भारत के बारहवें प्रधानमंत्री के रूप में कार्य किया।
44. भाजपा के वरिष्ठ नेता, उन्होंने अपनी पार्टी और आरएसएस को इस बात पर सहमत कराने में महत्त्वपूर्ण भूमिका निभाई कि छोटे राज्य देश के लिए अच्छे हैं।

45. भरारिसेन भी कहा जाता है। चमोली ज़िले का एक शहर जो राज्य के ठीक केन्द्र में है—गढ़वाल और कुमाऊँ की अन्तिम चौकियों के बराबर दूरी पर। अब इसे ग्रीष्मकालीन राजधानी घोषित कर दिया गया है।

राज्य सभा (विधान सभा) का कम से कम एक सत्र 2012 से वहाँ आयोजित किया गया है।

46. इतिहासकार, लेखक, निडर यात्री और आन्दोलन के इतिहासकार। कुमाऊँ विश्वविद्यालय में पढ़ाया, और नई दिल्ली में तीन मूर्ति स्थित समकालीन अध्ययन केन्द्र में नेहरू मेमोरियल फेलो थे।

47. *The Creation of a Region: Politics of Identity and Development in Uttarakhand,* Pampa Mukherjee, Routledge India, 2011.

48. प्रारम्भिक हिन्दू ग्रंथों में इस नाम का उल्लेख केदारखंड (वर्तमान गढ़वाल) और मानसखंड (वर्तमान कुमाऊँ) के संयुक्त क्षेत्र के रूप में मिलता है। इसने भौगोलिक, जातीय और सांस्कृतिक पहचानों की व्यापक विविधता को अपनाया। जहाँ गढ़वाल के अधिकांश भाग में ऊबड़-खाबड़ पर्वत शृंखलाएँ, खड़ी ढलानें और गहरी घाटियाँ हैं, वहीं कुमाऊँ के कई हिस्सों में नरम भूभाग और ऊँची हिमालय की चोटियों का मनमोहक दृश्य है। नैनीताल की तलहटी में बसा ज़िला, उधम सिंह नगर, सांस्कृतिक और भौगोलिक दृष्टि से मैदानी इलाक़ों का हिस्सा है, और इसमें थारू जनजातियों के अलावा पश्चिम पंजाब और पूर्वी बंगाल के लोग भी रहते हैं। उत्तराखंड अपनी विशिष्ट भाषाओं और परम्पराओं के साथ विभिन्न आदिवासी समुदायों का भी घर है : भोटिया, राजी और जौनसारी। केदारखंड की ओर जाने वाले तीर्थयात्रियों का प्रारम्भिक बिन्दु हरिद्वार था। हरिद्वार नहर प्रणाली का हिस्सा था—यह 1975 तक मेरठ डिवीजन का हिस्सा था, जिसके बाद यह गढ़वाल के अधिकार क्षेत्र में आ गया।

49. इस पुस्तक के लेखक 2 जनवरी, 2002 को उत्तरांचल राज्य में प्रतिनियुक्ति पर शामिल हुए, लेकिन 2 जनवरी, 2007 को उन्हें उत्तराखंड राज्य से कार्यमुक्त कर दिया गया!

50. *Select Speeches and Writings of Jaipal Munda,* Ashwini Kumar Pankaj (ed.), P.K. Foundation, 2020.

51. भाजपा झारखंड और उत्तराखंड जैसे शब्दों का उपयोग करने की इच्छुक नहीं थी, क्योंकि यह अखंड भारत (एक भारत जो अविभाज्य और एक अभिन्न अंग है) की अवधारणा के ख़िलाफ़ था। यह प्रतिरोध अब कम हो गया है।

52. चौबीस वर्षों की अपनी छोटी-सी अवधि में, बिरसा मुंडा ने एक अगुआई की भूमि अधिकारों के लिए और खूँटी, तमाड़, सरवाड़ा और बन्दगाँव के मुंडा बेल्ट में वन उपज एकत्र करने के अधिकारों पर प्रतिबन्ध के ख़िलाफ़ सशस्त्र आन्दोलन किया। हालाँकि वह कुछ समय के लिए ईसाई बन गए, लेकिन उन्होंने इस धर्म को त्याग दिया और अपने लोगों से अपने पारम्परिक विश्वास का पालन करने का आग्रह किया।

53. स्थानीय ज़मींदारों के उत्पीड़न और ब्रिटिश अधिकारियों द्वारा उनके कल्याण की पूर्ण उपेक्षा के ख़िलाफ़ ओरांव आदिवासियों द्वारा छोटा नागपुर बेल्ट में एक आन्दोलन।

54. संत कोलम्बस कॉलेज, हज़ारीबाग़ के सक्रिय छात्र नेता।

55. यह जानकर कि उन्हें लड़ाकों के रूप में नहीं, बल्कि 'कुली' के रूप में भर्ती किया जा रहा है, संथालों के 'आत्म-गौरव और आत्म-छवि' पर गहरा प्रभाव पड़ा।

56. 'Making of Jharkhand Identity and Culture', Vijay Prakash Sharma, https://www.acadmedia.edu/40843191/Making_of_Jharhand_Identity_and_Culture.
57. क्षेत्र के विकास के लिए समर्पित एक कल्याणकारी संगठन। ग़ैर-आदिवासियों के लिए सदस्यता खोली और अन्तर-आदिवासी एकता की दिशा में भी काम किया।
58. 'Making of Jharkhand Identity and Culture', Vijay Prakash Sharma, https://www.acadmedia.edu/40843191/Making_of_Jharhand_Identity_and_Culture.
59. विनोदानन्द झा देवगढ़ (जो अब झारखंड में है) के थे और 1961-63 तक बिहार के मुख्यमंत्री रहे।
60. मार्क्सवादी समन्वय समिति के प्रमुख रहे और लोक सभा तथा विधान सभा के लिए चुने गए। झारखंड राज्य के लिए दबाव बनाने के लिए महतो और सोरेन के साथ एक सामरिक गठबन्धन बनाया।
61. एक वकील और राजनीतिक कार्यकर्ता, उन्होंने कुड़मी महतो या शिवाजी समाज नामक एक सामाजिक सुधार संगठन की स्थापना की। सभी कुर्मियों को झारखंड के पक्ष में गोलबन्द किया।
62. JMM के संस्थापक, तीन बार झारखंड के मुख्यमंत्री रहे और वर्तमान में राज्य सभा के सदस्य हैं। उन्हें अपने राजनीतिक सहयोगी शशिनाथ झा, की हत्या के आरोप में आजीवन कारावास की सज़ा सुनाई गई थी लेकिन दिल्ली उच्च न्यायालय ने उनकी सज़ा को ख़ारिज कर दिया।

17. बन्दे उत्कल जननी

1. कवि, अभिनेता, स्वतंत्रता सेनानी और ओडिशा के एकीकरण, उड़िया भाषा को अपनाने के लिए अग्रणी प्रचारक और उत्कल सम्मेलनी के एक प्रमुख सदस्य।
2. 1903 में मधुसूदन दास द्वारा स्थापित, यह एनआरआई के बीच उड़िया भाषा को बढ़ावा देने में महत्त्वपूर्ण भूमिका निभा रहा है। यह संस्कृत, तमिल, तेलुगु, कन्नड़ और मलयालम के साथ उड़िया को शास्त्रीय भाषा का दर्जा दिलाने में सबसे आगे थी।
3. ओडिशा सहित भारत के सात राज्यों में एक राज्य गीत/गान है। इनमें तमिलनाडु, आन्ध्र प्रदेश, तेलंगाना, कर्नाटक, असम और बिहार शामिल हैं।
4. बिहार और उड़ीसा के साथ एक अलग राज्य बनने तक बॉम्बे प्रेसीडेंसी का हिस्सा था। यह भारतीय वैधानिक आयोग (साइमन कमीशन) की रिपोर्ट का अनुवर्ती था। कांग्रेस ने 1918 में सिन्धी की भाषायी पहचान को मान्यता दी थी।
5. बंगाल प्रेसीडेंसी, जिसकी राजधानी कलकत्ता थी, भारत में ब्रिटिश साम्राज्य का केन्द्र था। अपने क्षेत्रीय अधिकार क्षेत्र के चरम पर, इसमें वर्तमान बांग्लादेश, पश्चिम बंगाल, असम, नेफा, बिहार और उड़ीसा के बड़े हिस्से शामिल थे।
6. नागपुर में अपनी राजधानी के साथ, मध्य प्रान्त में वर्तमान मध्य प्रदेश, छत्तीसगढ़ के अलावा महाराष्ट्र, बिहार, उड़ीसा के कुछ हिस्से शामिल थे।

7. इसे फोर्ट सेंट जॉर्ज प्रेसीडेंसी भी कहा जाता है, इसमें तमिलनाडु राज्य के अलावा आन्ध्र प्रदेश, केरल, कर्नाटक, तेलंगाना और उड़ीसा के बड़े हिस्से शामिल थे।
8. ब्रिटिश राज में थॉमस एडवर्ड रावेनशॉ उड़ीसा के कमिश्नर थे। वह एक प्रसिद्ध शिक्षाविद् थे और उन्होंने अपनी पत्नी मैरी नी साइमंड्स के साथ मिलकर 1868 में रावेनशॉ कॉलेजिएट की स्थापना की। यह अब उड़ीसा में एक राज्य विश्वविद्यालय है।
9. भारतीय वकील और समाज सुधारक जिन्होंने उत्कल सम्मेलनी की शुरुआत की। इंपीरियल लेजिस्लेटिव काउंसिल के सदस्य बनने वाले पहले उड़िया और विदेश यात्रा करने वाले पहले उड़िया।
10. उत्कल मणि (ओडिशा का गहना) भी कहा जाता है, वह एक शिक्षाविद्, सम्पादक, स्तम्भकार, राजनीतिक कार्यकर्ता और गांधीवादी थे।
11. वी.पी. मेनन राज्य मंत्रालय के पहले सचिव थे और सरदार पटेल के विश्वासपात्र थे। उन्होंने भारतीय राज्यों के एकीकरण में महत्त्वपूर्ण भूमिका निभाई। वे उड़ीसा के राज्यपाल भी बने।
12. प्रजा मंडल (विषय मंच) ऐसे संगठन थे जो रियासतों के भीतर संवैधानिक सुधार और बाद में भारत में उनके विलय की माँग करते थे।
13. वस्तुतः 'सत्य पर दृढ़ रहना' अहिंसक प्रतिरोध की एक गांधीवादी तकनीक है। सत्याग्रही अ-समर्पण और असहयोग के माध्यम से बल का प्रतिरोध करता है। संयुक्त राज्य अमेरिका में नागरिक अधिकार आन्दोलन में मार्टिन लूथर किंग द्वारा और दक्षिण अफ्रीका में रंगभेद शासन के ख़िलाफ़ अपने संघर्ष में नेल्सन मंडेला द्वारा इस तकनीक का पालन किया गया था।
14. स्वराज, या स्व-शासन, गांधीवादी आदर्श था जिसमें उनका मानना था कि लोग सभी स्तरों पर ख़ुद पर शासन कर सकते हैं—गाँवों में पंचायत, शहरी क्षेत्रों में नगर पालिकाएँ। स्वराज ने एक न्यूनतम सरकार की परिकल्पना की जिसमें राज्य और केन्द्र सरकार की भूमिका और कार्य केवल उन मामलों तक सीमित थे जिनके लिए अखिल भारतीय समन्वय की आवश्यकता थी।
15. ब्रिटिश नृवंशविज्ञानी और प्रशासक और आईसीएस के सदस्य। उन्हें बंगाल प्रेसीडेंसी, मध्य प्रान्त और बरार की जनजातियों और जातियों पर उनके व्यापक अध्ययन के लिए याद किया जाता है। वह 1901 की जनगणना के जनगणना आयुक्त थे, जिसमें पहली बार जाति श्रेणियों का उपयोग किया गया था।
16. शाब्दिक रूप से 'सज्जन', अच्छे व्यवहार वाला व्यक्ति, इस शब्द का इस्तेमाल बंगाली बुद्धिजीवियों के लिए किया जाता था जिनकी शिक्षा तक पहुँच थी और वे नये अभिजात वर्ग थे। हालाँकि तकनीकी रूप से यह एक 'खुला सामाजिक समूह' था, इसकी मुख्य शक्ति और सदस्यता ब्राह्मणों, बैद्यों और कायस्थों से आई थी। हालाँकि, ग़रीब और अशिक्षित ब्राह्मणों और कायस्थों को बाहर रखा गया था, यहाँ तक कि सभी जाति समूहों के सरकारी या कॉर्पोरेट अधिकारी भद्रलोक कल्पना का हिस्सा थे।
17. उड़ीसा (प्रस्तावित) राज्य की सीमाओं का सीमांकन करने के लिए 1931 में सीमा आयोग की स्थापना की गई थी। आईसीएस के बी.सी. मुखर्जी उस आयोग के सचिव थे, जिसने सिफ़ारिश की थी कि प्रस्तावित उड़ीसा प्रान्त में उड़ीसा डिवीजन, अनुगुल, पदमपुर और

खरियार के अलावा गंजम ज़िले का बड़ा हिस्सा और विजागपट्टम एजेंसी क्षेत्र शामिल होना चाहिए।

18. अक्सर 'उत्कल ब्यास कवि' (ओडिशा के व्यास) के रूप में जाना जाता है, उन्होंने उड़िया भाषा की विशिष्ट पहचान स्थापित करने में अग्रणी भूमिका निभाई।
19. 'Jagannatha and Oriya Nationalism', G.N. Das, in *The Cult of Jagannatha and the Regional Tradition of Orissa,* A. Eschmann, H. Kulke and G.C. Tripathi (ed.), Manohar, 1978.
20. किंवदंती है कि वह लक्ष्मी की 'सबसे पसन्दीदा भक्त' थीं। लक्ष्मी ने बलराम और कृष्ण को महिलाओं और अछूतों के साथ भेदभाव करने के लिए श्राप दिया।
21. यद्यपि तकनीकी रूप से यह बड़ी ज़मींदारी थी, फिर भी शासक को महाराजा कहा जाता था। कृष्ण चन्द्र गजपति सभी उड़िया-भाषी क्षेत्रों के एकीकरण के प्रमुख वास्तुकार थे।
22. ओडिशा के प्रथम कांग्रेस प्रधानमंत्री। वह संविधान सभा के लिए भी चुने गए और यूपी के राज्यपाल भी बने।
23. *Indian National Congress and Orissa, 1885-1936,* Purushottam Kar, Kitab Mahal, 1987.
24. 'उत्कल केशरी' उपनाम से लोकप्रिय, उन्होंने गंजाम ज़िला बोर्ड के अध्यक्ष के रूप में अपना राजनीतिक जीवन शुरू किया।
25. *Indian National Congress and Orissa, 1885-1936,* Purushottam Kar, Kitab Mahal, 1987.
26. 1936 में भारतीय कम्यूनिस्ट पार्टी के तत्वावधान में स्थापित, इसने जमींदारी उन्मूलन और किरायेदारी के नियमितीकरण की माँग की।

18. तेलंगाना : तेलुगु-भाषी लोगों के लिए दूसरा राज्य

1. तेलंगाना के लिए अलग राज्य की माँग कई मौकों पर की गई : वे 1956, 1969,1972, 1985, 2001, 2009 और 2011 में चरम पर थीं।
2. रोजा पार्क्स द्वारा दिया गया वक्तव्य 'इतिहास हमेशा बनता रहता है; हम हमेशा इसे पहचान नहीं पाते हैं। ये पुरानी किताबें और महापुरुष नहीं हैं, ये अक्सर बड़े सन्दर्भ में छोटी-छोटी बातें होती हैं।'
3. यह अंग्रेज़ों द्वारा हस्ताक्षरित पहला सहायक गठबन्धन (लॉर्ड वेलेस्ली द्वारा शुरू की गई नीति) थी जिसके तहत एक कमज़ोर राज्य के शासक को ब्रिटिश सेना की चौकी के रखरखाव और उनकी बाहरी सीमा की सुरक्षा के लिए सब्सिडी का भुगतान करने के लिए मजबूर किया गया था। इसने ब्रिटिश रेजिडेंट की व्यवस्था को भी संस्थागत बना दिया, जो यह सुनिश्चित करता था कि शासक पर नियंत्रण रखा जाए।
4. तीन लिंग : कालेश्वरम, श्रीशैलम और द्रक्षरामम तेलंगाना, रायलसीमा और तटीय आन्ध्र में स्थित हैं।
5. दो या दो से अधिक पक्षों के बीच एक अनौपचारिक, ग़ैर-बाध्यकारी समझौता। इस समझौते के उल्लंघन के राजनीतिक परिणाम हो सकते हैं, लेकिन कोई क़ानूनी निहितार्थ नहीं।

6. यद्यपि राष्ट्रवाद और वर्ग संघर्ष मौलिक रूप से असंगत थे, मार्क्स ने उन सामरिक गठबन्धनों को स्वीकार किया जिन्हें साम्राज्यवाद की वैश्विक ताक़तों के ख़िलाफ़ उत्पीड़ित भाषायी और जातीय समूहों को संगठित करके बनाया जाना था। भारत का साम्यवादी सूत्रीकरण यह था कि यह एक बहुभाषी, बहुराष्ट्रीय, बहु-जातीय राज्य था।
7. सोवियत संघ की कम्यूनिस्ट पार्टी सबसे शक्तिशाली वैचारिक थिंक टैंकों में से एक थी, जिसने दुनिया भर में कम्यूनिस्ट पार्टियों को 'रणनीतिक' दिशा निर्देशित की। हालाँकि, 60 के दशक के मध्य तक, चीन की कम्यूनिस्ट पार्टी (सीपीसी) और सीपीआई (एम) ने सीपीएसयू के निर्देशों को स्वीकार करना बन्द कर दिया।
8. भारत के कम्यूनिस्ट पार्टी की स्थापना 1925 में एम.एन. रॉय, चारु मजूमदार और अबनी मुखर्जी द्वारा कानपुर में की गई थी।
9. प्रतिष्ठित राजनीतिक वैज्ञानिक और टाटा इंस्टीट्यूट ऑफ़ सोशल साइंसेज, हैदराबाद के आईसीएसएसआर नेशनल फेलो।
10. 'The Telangana People's Movement: The Unfolding Political Culture', G. Hargopal, *Economic and Political Weekly*, Vol. 45, no. 42, 2010.
11. किसान उत्पादन विधि एक कृषि फ़सल पैटर्न को सन्दर्भित करती है जिसमें किसान परिवार के भीतर उपभोग के लिए आवश्यक उत्पादन कर रहा है, जबकि बाज़ार मोड में, किसान अनिवार्य रूप से बाज़ार के लिए उत्पादन कर रहा है।
12. छात्र जीवन से ही राजनीति में सक्रिय रहने के कारण वे तीस वर्ष की आयु में मंत्री बन गए। 1965 में ही तेलंगाना के आन्ध्र में विलय का विरोध किया था। तेलंगाना के अनुयायियों की भावनाओं को शान्त करने के लिए वह दो बार आन्ध्र के मुख्यमंत्री बने।
13. भारतीय राष्ट्रीय कांग्रेस में सर्वोच्च नीति निर्धारण निकाय, कांग्रेस कार्य समिति को दिया गया अनौपचारिक नाम। मुख्यमंत्रियों की नियुक्ति और विभिन्न चुनावों के लिए उम्मीदवारों के चयन के सम्बन्ध में लगभग सभी निर्णय आलाकमान द्वारा किये जाते हैं।
14. एक आन्दोलन जिसमें तेलंगाना ज़िलों को छोड़कर आन्ध्र के लिए एक अलग राजनीतिक इकाई की माँग की गई।
15. मुल्की हैदराबाद के निज़ाम के क्षेत्र के पूर्व स्थायी निवासियों को सन्दर्भित करता है। चूँकि हैदराबाद में शिक्षा का स्तर आन्ध्र की तुलना में कम था, इसलिए सरकारी नौकरियों और शैक्षणिक संस्थानों में प्रवेश में उनके लिए विशेष छूट दी गई थी।
16. एक मज़दूर संघ नेता के रूप में अपना करियर बनाया और केन्द्रीय श्रम मंत्री बने। वह अक्टूबर 1980 से फ़रवरी, 1982 तक आन्ध्र के मुख्यमंत्री रहे।
17. 'The Telangana People's Movement: The Unfolding Political Culture', G. Hargopal, *Economic and Political Weekly*, Vol. 45, no. 42, 2010.
18. युवा कांग्रेस से अपने राजनीतिक करियर की शुरुआत करते हुए, वह टीडीपी में शामिल हो गए और अपने गुरु और ससुर एन.टी. रामाराव को सत्ता से बाहर करने के बाद 1995 से 2004 तक संयुक्त आन्ध्र प्रदेश के मुख्यमंत्री बने। अपने राजनीतिक करियर के चरम पर, 2000 में, अमेरिका के राष्ट्रपति बिल क्लिंटन और ब्रिटेन के प्रधानमंत्री टोनी ब्लेयर ने हैदराबाद का दौरा किया। वह 2014 से 2019 तक विभाजित आन्ध्र प्रदेश के पहले मुख्यमंत्री भी बने। वह वर्तमान में आन्ध्र विधान सभा में विपक्ष के नेता हैं।

19. टीआरएस के नेता। यह उनकी भूख हड़ताल ही थी जिसके कारण तेलंगाना राज्य की घोषणा हुई। 2014 में राज्य गठन के बाद से सीएम हैं।
20. 2004 में कांग्रेस की सोनिया गांधी की अध्यक्षता में लेफ्ट ऑफ़ सेंटर गठबन्धन का गठन हुआ। कांग्रेस के पास 145 सीटें थीं जबकि बीजेपी के पास 138 सीटें थीं। यूपीए 1 को समर्थन देने वाली अन्य पार्टियाँ सीपीआई, सीपीएम, एसपी, बीएसपी और टीआरएस थीं।
21. वाईएसआर के नाम से लोकप्रिय, उन्होंने 2003 में राज्य की तीन महीने लम्बी पदयात्रा का नेतृत्व किया और 2004 में चन्द्रबाबू नायडू को हराया। उन्होंने 2009 में अपनी पार्टी को फिर से जीत दिलाई, लेकिन 2 सितम्बर, 2009 को एक हेलिकॉप्टर दुर्घटना में उनकी मृत्यु हो गई।
22. 1918 में हैदराबाद के सातवें निज़ाम द्वारा स्थापित, इसने अलग तेलंगाना के आन्दोलन में अग्रणी भूमिका निभाई।
23. 1976 में स्थापित एक राज्य विश्वविद्यालय, यह विश्वविद्यालय गुंटूर ज़िले में स्थित है, और इसके संकाय और छात्र राज्य के विभाजन के विरोध में थे।
24. टीडीपी ने माँग की थी कि हैदराबाद को तेलंगाना और हैदराबाद दोनों की राजधानी के रूप में केन्द्र शासित प्रदेश बनाया जा सकता है। हालाँकि, चंडीगढ़ के अनुभव को देखते हुए, इसे बहुत अधिक ख़रीदार नहीं मिले। संयोग से, डॉ. आम्बेडकर ने उत्तर और दक्षिण के बीच बेहतर एकीकरण सुनिश्चित करने के लिए हैदराबाद को भारत की शीतकालीन राजधानी के रूप में प्रस्तावित किया था।

पुस्तक सूची

1. Maps and Milestones: The Marking of Internal Boundaries in India

'How 1976 Seat Freeze Has Altered Lok Sabha Representation', *The Times of India*, March 2019.

Adeney, Katharine. *Federalism and Ethnic Conflict Regulation in India and Pakistan*. Palgrave Macmillan US, 2016.

Ambedkar, Dr B.R. *Thoughts on Linguistic States*. Samyak Prakashan, 1955.

Asif, Manan Ahmed. *'The Loss of Hindustan: The Invention of India.' In The Loss of Hindustan: The Invention of India,* by Manan Ahmed Asif. Harvard University Press, 2020.

Bangash, Yaqoob Khan. 'A Princely Affair: The Accession and Integration of the Princely States of Pakistan, 1947-1955.' In *A Princely Affair: The Accession and Integration of the Princely States of Pakistan, 1947-1955,* by Yaqoob Khan Bangash. Oxford University Press, 2015.

Barbara Ramusack, Richter, William L., and 'The Chamber and the Consultation: Changing Forms of Princely Association in India.' *The Journal of Asian Studies*, vol. 34, no. 3, 1975.

BBC. 'Tibet Profile.' BBC, 2019.

Bipan Chandra, Mridula Mukherjee, Aditya Mukherjee, K.N. Panikkar, Sucheta Mahajan. 'India's Struggle for Independence.' *In India's Struggle for Independence,* by Mridula Mukherjee, Aditya Mukherjee, K.N. Panikkar, Sucheta Mahajan, Bipan Chandra. Penguin Random House India, 2016.

Chirol, Valentine. 'Indian Unrest.' In Indian Unrest, by Valentine Chirol. Outlook Verlag Publication, 2018.

Cohen, Stephen, *The Idea of Pakistan,* Brookings Institution Press, 2004.

Clémentin-Ojha, Catherine. 'India, that is Bharat...' : One Country, Two Names. *South Asia Multidisciplinary Academic Journal,* 2014.

Dube, M.P. 'Regionalism in India: Some Critical Observations with Special Reference to Uttarakhand Movement.' *Indian Journal of Political Science,* 1995.

Gray, Francine Du Plessix. *The Fairy Tale that Turned Nightmare?* 8 March 1981. https://www.nytimes.com/1981/03/08/books/the-fairy-tale-that-turned-nightmare.html (accessed March 10, 2021).

India, Government of. *Report of the Backward Classes Commission.* Government Report, Government of India, 1980.

India, Government of. *Report of the States Reorganization Commission.* Government of India, 1955.

India, Survey of. *Handbook of Topography: Chapter XI—Geographical Maps.* Copyright, India: Government of India, 2009.

Khajuria, Sanjay, M. Saleem Pandit. *The Times of India.* December 2020. https://timesofindia.indiatimes.com/india/50-voter-turnout-in-4th-phase-of-ddc-polls-in-jammu-and-kashmir/articleshow/79613039.cms (accessed March 2021).

Marathe, Om, 'Explained: Sikkim, from Chogyal Rule to Indian State', *The Indian Express,* August 2019.

Mill, James, Horace Hayman Wilson. "The History of British India". *The History of British India,* by James Mill, XIII, vol. 9. Madden Publishing House, 1858.

Sarhadi, Ajit Singh. *Punjabi Suba: The Story of the Struggle.* U.C. Kapur, 1970.

Singh, Col. Gambhir. *India's Political Map or Bharat ke Rajnaitik Vibhag.* Survey Report, Government of India, 1952.

Sinha. *Hem Chandra Sen Gupta and Ors. vs The Speaker Of Legislative ...* on 17 April 1956. AIR 1956 Cal 378, 60 CWN 555, 1956.

Tod, James, *Annals and Antiquities of Rajasthan: Or, 'The Central and Western Rajpoot States of India Asian Educational Services',* H. Milford, Oxford University Press, 2001.

2. 1947: The First Map of Independent India

Abdullah, Sheikh. *The Blazing Chinar: Autobiography.* Pragun Publications, 2013.

Ahmed, Ishtiaq. *Jinnah: His Successes, Failures and Role in History.* Penguin Random House India, 2020.

Appleby, P.H. 'Some Thoughts on Decentralized Democracy.' *Indian Journal of Public Administration, 8(4),* 1962.

Apri, Claude. *1962 and the McMahon Line Saga.* Lancer, 2013.

Cambell-Johnson, Alan. *Mission with Mountbatten.* Atheneum, 1985.

Copland, I. 'The Princely States, the Muslim League, and the Partition of India in 1947.' *The International History Review, 13(1)*, 1991.

Chester, L.P. *Borders and Conflict in South Asia: The Radcliffe Boundary Commission and the Partition of Punjab.* Manchester University Press, 2017.

Debroy, Bibek. 'An Area of Light.' *The Indian Express,* 20 September 2010.

Guha, Ramachandra, *India after Gandhi.* HarperCollins, 2007.

Edney, M.H. *Mapping an Empire: The Geographical Construction of British India, 1765-1843.* University of Chicago Press, 2009.

Jalal, A. *Self and Sovereignty: Individual and Community in South Asian Islam since 1850.* Routledge, 2002.

Hasan, M. 'Memories of a Fragmented Nation: Rewriting the Histories of India's Partition.' *Economic and Political Weekly,* 1998.

Krishan, Y. 'Mountbatten and the Partition of India.' *History, 68*(222), 1983.

Langworth, Richard M. *Churchill by Himself: The Definitive Collection of Quotations*. Public Affairs, 2008.

Mahajan, Justice M.C. *Looking Back,* Har-Anand Publication (revised edition), 2018.

Masaldan, P.N. "The Sphere of Provincial Government under the Government of India Act 1935. *The Indian Journal of Political Science, 8*(3), 1947.

Menon, V.P. *The Story of the Integration of the Indian States.* Longmans, Green and Co, 1955.

Thorpe, Robert. *Cashmere Mismanagement.* Wyman Bros, 1968.

Qasim, Syed Mir. *My Life and Times.* South Asia Books, 1993.

3. Riyasat e Jammu wa Kashmir wa Ladakh wa Tibet ha

'Full Text of Document on Government's Rationale behind Removal of Special Status to J&K. *The Hindu,* 6 August 2019.

'Implications of J&K Reorganization Act, *The Telegraph,* 20 May, 2020.

Agarwala, Jai Shankar, 'Article 370 of the Constitution: A Genesis.' *Economic and Political Weekly,* vol. 50, no. 16, 2015.

Anand, Adarsh Sein, 'Accession of Jammu and Kashmir State—Historical & Legal Perspective.' *Journal of the Indian Law Institute,* vol. 43, no. 4, 2001.

Anand, Adarsh Sein, 'Kashmir's Accession to India.' *Journal of the Indian Law Institute,* vol. 6, no. 1, 1964.

Abdullah, Mohammad, 'Kashmir, India and Pakistan.' *Foreign Affairs,* vol. 43, no. 3, 1965.

Ankit, Rakesh. '1948: The Crucial Year in the History of Jammu and Kashmir.' *Economic and Political Weekly,* vol. 45, no. 11, 2010.

Bal, S.S., British Interest in Creating the Dogra State of Jammu and Kashmir.' *Proceedings of the Indian History Congress,* vol. 29, 1967.

Dogra, P.C. *1947 Kashmir Invasion: Why Stalemate?* Manas Publication, 2020.

Ganguly, Sumit, 'Stalemate in the Valley: India, Pakistan, and the Crisis in Kashmir.' *Harvard International Review,* vol. 18, no. 3, 1996.

Ganguly, Sumit, and Kanti Bajpai. 'India and the Crisis in Kashmir.' *Asian Survey,* vol. 34, no. 5, 1994.

Habibullah, Wajahat. *My Kashmir: The Dying of the Light,* Penguin, 2014.

Indurthy, Rathnam, and Muhammad Haque, 'The Kashmir Conflict: Why It Defies Solution.' *International Journal on World Peace,* vol. 27, no. 1, 2010.

Jagota, S.P. 'Development of Constitutional Relations between Jammu and Kashmir and India, 1950-60.' *Journal of the Indian Law Institute,* vol. 2, no. 4, 1960.

Jamwal, Shailender Singh, Jammu & Kashmir State's Accession to the Indian Union: Role of the Prince and the People.' *Proceedings of the Indian History Congress,* vol. 57, 1996.

Jamwal, Shailendra Singh, J&K State's Accession to India: A Debate over Delay.' *Proceedings of the Indian History Congress,* vol. 59, 1998.

Kaul, Nitasha. 'On Loving and Losing Kashmir.' *India International Centre Quarterly,* vol. 37, no. 3/4, 2010.

Naidu, M.V. 'The Kashmir Dispute and India-Pakistan Relations: The Untold Story of Cold War Diplomacy.' *Peace Research,* vol. 32, no. 2, 2000.

Puri, Balraj. Jammu and Kashmir: The Issue of Regional Autonomy. *Economic and Political Weekly,* vol. 43, no. 34, 2008.

Rasool, Irfan, 'Jammu and Kashmir: A Confederate within a Federal System.' *Economic and Political Weekly,* vol. 49, no. 4, 2014.

Sheikh, Tariq Ahmad. 'The Residency Question in The Princely State of Jammu and Kashmir.' *Proceedings of the Indian History Congress,* vol. 71, 2010.

Varshney, Ashutosh. 'India, Pakistan, and Kashmir: Antinomies of Nationalism.' *Asian Survey,* vol. 31, no. 11, 1991.

Verma, P.S. 'Jammu and Kashmir Politics: Religion, Region and Personality Symbiosis.' *The Indian Journal of Political Science,* vol. 48, no. 4, 1987.

Widmalm, Sten. 'The Rise and Fall of Democracy in Jammu and Kashmir.' *Asian Survey,* vol. 37, no. 11, 1997.

'Behind Removal of Special Status to J&K' *The Hindu,* 16 August 2019.

4. The Nizam and His Firmans

Copland, Ian. 'Communalism' in Princely India: The Case of Hyderabad, 1930-1940. *Modern Asian Studies,* 1988, 22(4).

Copland, Ian. The Princely States, the Muslim League, and the Partition of India in 1947. *The International History Review,* vol. 13, no. 1, 1991.

Datla, Kavita Saraswathi. 'The Origins of Indirect Rule in India: Hyderabad and the British Imperial Order.' *Law and History Review,* vol. 33, no. 2, 2015.

Faruqui, M. 'At Empire's End: The Nizam, Hyderabad and Eighteenth-Century India.' *Modern Asian Studies,* 43(1), 2009.

Gondhalekar, Nandini, and Sanjoy Bhattacharya, The All India Hindu Mahasabha and the End of British Rule in India, 1939-1947. *Social Scientist,* vol. 27, no. 7/8, 1999.

Indian States-Political Affairs (Int): Andhra Pradesh (1968-69), (File No.FSS 1/14), Foreign and Commonwealth Office Files-South Asia.

Kooiman, Dick. The Nizam's Last Victory: Hyderabad on Eve of Second World War.' *Economic and Political Weekly,* vol. 33, no. 12, 1998.

Kozlowski, Gregory C. 'Loyalty, Locality and Authority in Several Opinions (Fatwah) Delivered by the Mufti of the Jami'ah Nizāmiyyah Madrasah, Hyderabad, India.' *Modern Asian Studies,* vol. 29, no. 4, 1995.

Leonard, K. 'Reassessing Indirect Rule in Hyderabad: Rule, Ruler, or Sons-in-Law of the State?' *Modern Asian Studies,* 37(2), 2003.

Meeneshwar Rao, G. 'Last Phase of Freedom Struggle in the Hyderabad State: A Case Study of the Telangana Region. *Proceedings of the Indian History Congress,* vol. 52, 1991.

Purushotham, Sunil. 'Federating the Raj: Hyderabad, Sovereign Kingship, and Partition.' *Modern Asian Studies,* 54(1), 2020.

Purushotham, Sunil. 'Internal Violence: The "Police Action" in Hyderabad.' *Comparative Studies in Society and History,* vol. 57, no. 2, 2015.

Sherman, Taylor C. 'Migration, Citizenship and Belonging in Hyderabad (Deccan), 1946—1956.' *Modern Asian Studies,* vol. 45, no. 1, 2011.

Sherwani, H.K. 'The Evolution of the Legislature in Hyderabad.' *The Indian Journal of Political Science,* vol. 1, no. 4, 1940.

Talbot, Phillips, 'Kashmir and Hyderabad.' *World Politics,* vol. 1, no. 3, 1949.

5. India as a Republic!

Bal, S.S. 'Punjab after Independence (1947-1956).' In *Proceedings of the Indian History Congress,* vol. 46. Indian History Congress, January 1985.

Bamzai, S. 'The Failed Plot of the Deccan Princes.' *ORF Special Report,* 2017. https://www.orfonline.org/research/the-failed-plot-of-the-deccan-princes/ Divatia, H.V. *Linguistic Limits of Maha Gujarat.* Gujarat Research Society, 1948.

Ernst, W., B. Biswamoy Pati (Eds.). *India's Princely States: People, Princes and Colonialism,* vol. 45. Routledge, 2007.

Fortnightly Reports from Chief Commissioner Delhi, 1950. National Archives of India,

Digitized Public Records States.

Jhala, A.D. 'The Indian Princely States and Their Rulers.' *Oxford Research Encyclopedia of Asian History,* 2019.

Khan, Q., O.A. Khan, P. Minister, I. Khan, M.L. Ali, T. Rebellion and P. Purse. 'Early History.' *Population,* 1941.

Khanna, B. 'The Problem of Part C States.' *The Indian Journal of Political Science, 14(4),* 1953.

L.F.R.W. 'The Indian Dominion and the States.' *The World Today,* 5(1), 1949.

Mishra, D.P. *Revolt in Orissa: A Study of Talcher.* Atlantic Publishers, 1998.

Moore, R.J. 'The Transfer of Power: A Historiographical Survey.' *South Asia: Journal of South Asian Studies,* 9(1), 1986.

Moon, P. *Divide and Quit,* vol. 10. University of California Press, 1962.

Ramusack, B.N. *The Indian Princes and Their States.* Cambridge University Press, 2004.

Schwartzberg, Joseph E. *A Historical Atlas of South Asia.* University of Chicago Press, 1978.

Seshan, R. 'The Maratha State: Some Preliminary Considerations.' *Indian Historical Review, 41(1),* 2014.

Singh, T. *The British in India.* 1992.

Singh, M.P. 'Reorganization of States in India.' *Economic and Political Weekly,* 2008.

Vasishta, L.C. *Census of India, 1951. Vol. VIII: Punjab, PEPSU, Himachal Pradesh, Bilaspur and Delhi.* Part IB: Subsidiary Tables, 1953.

Zutshi, C. 'Re-visioning Princely States in South Asian Historiography: A Review.' *The Indian Economic and Social History Review,* 46(3).

6. The First Hindi Map of India

'How Uttar Pradesh Got Its Name. *Hindustan Times,* 5 February 2018. https://www.hindustantimes.com/lucknow/how-uttar-pradesh-got-its-name/story-53gjNNUbmJ0b17HcKOcovL.html

'The Cambridge Shorter History of India.' Cambridge Encyclopaedia.

'UP Divas: How Uttar Pradesh Got Its Name. *The Indian Express,* 24 January 2018. https://indianexpress.com/article/india/up-divas-how-uttar-pradesh-got-its-name-5037306/

'UP Diwas: Tracing History on How Uttar Pradesh Got Its Name.' India News, 24 January 2018. https://www.ndtv.com/india-news/up-diwas-tracing-history-on-how-uttar-pradesh-got-its-name-1804301

Ali, A. Yusuf. *The Making of India,* A&C Black, 1925.

Baker, David E. U. *Changing Political Leadership in an Indian Province: The Central Provinces and Berar, 1919-1939.* Oxford University Press, 1979.

Bandyopadhyay, Sekhara. *From Plassey to Partition: A History of Modern India.* Orient Longman, 2004.

Barton, William. 'The Indian Princes and Politics.' *Pacific Affairs,* vol. 17, no. 2, 1944.

Bashir, Yasir. 'Role of British Political Agent in the State of Bikaner.' *Proceedings of the Indian History Congress,* vol. 76, 2015.

Bayly, Christopher Alan. Rulers, *Townsmen, and Bazaars: North Indian Society in the Age of British Expansion, 1770-1870,* Cambridge University Press, 1983.

Brown, Judith Margaret. *Gandhi's Rise to Power, Indian Politics 1915-1922,* Cambridge University Press, 1972.

Copland, Ian. 'Integration.' *Key Concepts In Modern Indian Studies.* New York University Press, 2015.

Copland, Ian. 'The Princely States, the Muslim League, and the Partition of India in 1947.' *The International History Review,* vol. 13, no. 1, 1991.

Gokhale, Vijay. *The Long Game: How the Chinese Negotiate with India.* Penguin Random House India, 2021.

Hossain, Ishtiaq. 'Review of the Aftermath of Partition in South Asia by Gyanesh Kudasiya, Tan Tai Yong' *Asian Journal of Social Science,* vol.33, no.3, 2005.

Kudasiya, Gyanesh. *Region, Nation, 'Heartland': Uttar Pradesh in India's Body Politic.* Sage Publication, 2006.

Kudasiya, Gyanesh and Tan Tai Yong. *The Aftermath of Partition in South Asia.* Routledge, 2002.

Markovits, Claude (eds.). *A History of Modern India: 1480-1950,* Anthem Press, 2004.

Mathew, George. 'Republic of India.' *Distribution of Powers and Responsibilities in Federal Countries,* McGill-Queen's UP, 2006.

Mcleod, John. The English Honours System in Princely India, 1925-1947' *Journal of the Royal Asiatic Society,* vol. 4, no. 2, 1994.

Menon, V.P. *Integration of the Indian States,* Orient Blackswan, 2014.

Mishra, Pankaj. 'The Problem.' *Seminar,* No. 450, February 1997.

Mishra, Jai Prakash. *Researches in Social Sciences,* Agam Kala, 1993.

Olson, James S. and Robert Shadle (eds.). *Historical Dictionary of the British Empire,* vol. 1. Greenwood Publishing Group, 1996.

Pachauri, S.K. 'Some Responses of the Princely States to the Freedom Movement and Popular Demands.' *Proceedings of the Indian History Congress,* vol. 62, 2001.

Panikkar, K.M. 'The Princes and India's Future.' *Foreign Affairs,* vol. 21, no. 3, 1943.

Pateriya, Raghaw Raman. *Provincial Legislatures and the National Movement.* Northern Book Centre, 1991.

Robins, Robert S. 'Political Elite Formation in Rural India: The Uttar Pradesh Panchayat Elections of 1949, 1956, and 1961.' *The Journal of Politics,* vol. 29, no.4, 1967.

Rudolph, Lloyd I. and Susanne Hoeber Rudolph. 'Rajputana under British Paramount: The Failure of Indirect Rule.' *The Journal of Modern History,* vol. 38, no. 2, 1966.

Rudolph, Susanne Hoeber, et al. 'A Bureaucratic Lineage in Princely India: Elite Formation and Conflict in a Patrimonial System.' *The Journal of Asian Studies*, vol. 34, no. 3, 1975.

Sengupta, Hindol. *The Man Who Saved India.* Penguin Random House India, 2018.

Sen, Ronojoy. 'Players And Patrons.' *Nation at Play: A History of Sport in India,* Columbia UP, 2015.

Sharma, Phool Kumar. 'Integration of Princely States and the Reorganization of States in India.' *The Indian Journal of Political Science,* vol. 28, no. 4, 1967.

Singh, Ajit Kumar. 'The Demand for Division of Uttar Pradesh and Its Implications.' *Economic and Political Weekly,* vol. 51, no. 53, 2016.

Singh, Shashank. 'The Princely State of Gwalior and a bid to centralise the administrative machinery, 1860-1925.' Proceedings of the Indian History Congress, vol. 79, 2018.

Singh, Uma Shanker. 'The Politics of Mass Mobilisation: Eastern Uttar Pradesh, C. 1920-1940.' Social Scientist, vol. 43, no. 5/6, 2015.

Swami Sahajanand Saraswati Rachnawali. *Selected Works of Swami Sahajanand Saraswati,* Prakashan Sansthan, 2003.

Tomlinson, B.R. *The Indian National Congress and the Raj, 1929-1942: The Penultimate Phase.* Macmillan Press Ltd, 1976.

Vashishtha, V.K. 'Quit India Movement in the Mewar State.' *Proceedings of the Indian History Congress,* vol. 73, 2012.

Vashishtha, V.K. 'Role of Mahatma Gandhi in the Prajamandal Movement in the Princely States of Rajputana.' *Proceedings of the Indian History Congress,* vol.78, 2017.

Yang, Anand A., Bazaar India: Markets, Society, and the Colonial State in Bihar. University of California Press, 1999.

7. The Andhra State and the SRC

'A Century of Political Fasting.' *Economic and Political Weekly,* vol. 44, no. 52, 2009.

'Delhi Felt Razakars, Communists a Threat to India.' Deccan Chronicle, 15 September 2018.

'New Book on Hyderabad's Invasion, 1948's Police Action.' *The Milli Gazette,* 4 February 2021.

Cohen, B. *Kingship and Colonialism in India's Deccan: 1850-1948.* Springer, 2007.

Gangadhara Rao, G. 'Hyderabad and the Bifurcation of Andhra Pradesh.' *Economic and Political Weekly,* vol. 48, no. 42, 2013.

Gautam, Pingle. 'The Historical Context of Andhra and Telangana, 1949-56.' *Economic and Political Weekly,* vol. 45, no. 8, 2010.

Gray, Hugh. 'The Demand for a Separate Telangana State in India.' *Asian Survey,* vol. 11, no. 5, 1971.

Gray, Hugh. 'The Failure of the Demand for a Separate Andhra State.' *Asian Survey,* vol. 14, no. 4, 1974.

Graziosi, Andrea. 'India and the Soviet Model: The Linguistic State Reorganization and the Problem of Hindi.' Harvard Ukrainian Studies, vol. 35, no. 1/4, 2017.

Hancock, Mary. 'Review of Language, Emotion, and Politics in South India by Lisa Mitchell.' *The American Historical Review,* vol. 114, no. 5, 2009.

King, Robert D. *Nehru and the Language Politics of India.* Oxford University Press, 1997.

Keiko, Yamada. 'Origin and Historical Evolution of the Identity of Modern Telugus.' *Economic and Political Weekly,* vol. 45, no. 34, 2010.

Lacina, Bethany. 'Regional Interests, National Crisis.' *Rival Claims: Ethnic Violence and Territorial Autonomy Under Indian Federalism,* University of Michigan, 2017.

Madras Legislative Assembly Debates, Legislative Assembly.

Mehrotra, S.R. *Towards India's Freedom and Partition.* Vikas Publishing House, 1979.

Menon, V.P. *Integration of the Indian States.* Orient Blackswan, 2014.

Metcalf, Barbara D. and Thomas R. Metcalf. *A Concise History of India.* Cambridge University Press, 2006.

Moore, Robert E. 'Review of Language, Emotion, and Politics in South India: The Making of a Mother Tongue by Lisa Mitchell.' *Cultural Anthropology,* vol. 25, no. 1, 2010.

Murthy, C.K. 'Census of India, 1951: Hyderabad.' Hyderabad Superintendent of Census Operations, 1953.

Purushotham, Sunil. 'Internal Violence: The "Police Action" in Hyderabad.' *Comparative Studies in Society and History,* vol. 57, no. 2, 2015.

S.D.U. 'Indian Statesmanship and Communist Opportunism.' *The World Today,* vol. 11, no. 3, 1955.

Sherman, Taylor C. 'The Integration of the Princely State of Hyderabad and the Making of the Postcolonial State in India, 1948-56.' *Indian Economic and Social History Review,* 44 (4), 2007.

Siwach, J.R. 'Nehru and the Language Problem.' *The Indian Journal of Political Science,* vol. 48, no.2, 1987.

Weiner, Myron. 'Middle-Class Protectionism' *Sons of the Soil: Migration and Ethnic Conflict in India,* Princeton University Press, 1978.

Windmiller, Marshall. 'Linguistic Regionalism in India.' *Pacific Affairs,* vol. 27, no. 4, 1954.

8. The Linguistic States of the South: Tamil Nadu, Karnataka and Kerala

'Ekikarana' Movement: A Timeline." *Deccan Herald,* 31 October 2011. https://www.deccanherald.com/content/201500/ekikarana-movement-timeline.html

'The Role of Burgulla in Telangana.' The Hans India, 19 September 2013. https://www.thehansindia.com/posts/index/Opinion/2013-09-19/The-role-of-Burgula-in-Telangana/72201

Annadurai, C.N. *Carry on, but Remember! Selected Speeches of C.N.Annadurai in the Indian Parliament.* Thannatchi Pathippagam. Chennai, 2021.

Balan, J. 'The Possibilities and Discourse of Dakshin Pradesh, A Union State of Madras and Travancore-Cochin.' *Proceedings of Indian History Congress,* 2012.

Dev, A. 'Explained: The Demand for a Separate North Karnataka State.' The Quint, 28 July 2018. https://www.thequint.com/explainers/north-karnataka-bandh-for-separate-state

Devi, K.G. 'Telangana/s of Karnataka.' *Economic and Political Weekly,* 2007.

Gavaskar, M. 'Land, Language and Politics: Apropos 70th Kannada Sahitya Sammelan.' *Economic and Political Weekly,* 2003.

Ganeshan, V.B. 'The Story of Madras.' *The Hindu,* 24 October 2015. https:// www.thehindu.com/books/literary-review/vb-ganesan-reviews-madras-tracing-the-growth-of-the-city-since-1639/article7796379.ece

Ghargi, A. 'Why Demand for Separate North Karnataka State?' HW News, 31 July 2018. https://hwnews.in/articles/explainers/demand-separate-north-karnataka-state/51537

Harrison, Selig S. *India: The Most Dangerous Decades.* Princeton University Press, 2016.

Jeffrey, R. 'Coalitions and Consequences: Learnership and Leadership in India, 1948-2008.' *The Indian Economy Sixty Years After Independence.* Palgrave Macmillan, 2008.

K.S.L. 'Aryan and Dravidian Metanarratives.' *Proceedings of the Indian History Congress,* 2016.

Kadekodi, G., R. Kanbur, V. Rao. 'Governance and the "Karnataka Model of Development.' *Economic and Political Weekly,* 2007.

Khajane, M. 'The Word Karnataka Has Existed Since 1336, Say Historians.' *The Hindu,* 10 November 2018. https://www.thehindu.com/news/national/karnataka/the-word-karnataka-has-existed-since-1336-say-historians/article25465678.ece

Kurien, C.T. 'Dynamics of Rural Transformation: A Case Study of Tamil Nadu.' *Economic and Political Weekly,* 1980.

Manor, E.R. *Broadening and Deepening Democracy: Political Innovation in Karnataka.* Routledge, 2009.

Nagaraj, P. 'When Karnataka Came to Be the Motherland.' News Karnataka, 9 May 2018. https://www.newskarnataka.com/features/when-karnataka-came-together-to-be-the-mother-land

Nair, J. 'Memories of Underdevelopment: Language and Its Identities in Contemporary Karnataka.' Economic and Political Weekly, 1996.

Nair, J. 'The "Composite" State and Its "Nation": Karnataka's Reunification Revisited.' *Economic and Political Weekly,* 2011.

Nair, T.S. 'The Non-Brahmin Movement and Dr T.M. Nair.' *Proceedings of the Indian History Congress,* vol. 43. Indian History Congress, January 1982.

Nijalingappa, S. *My Life and Politics.* Vision Books, 2007.

Niranjana, T. 'Reworking Masculinities: Rajkumar and the Kannada Public Sphere.' *Economic and Political Weekly,* 2000.

Pandian, J. 'Re-Ethnogenesis. The Quest for a Dravidian Identity among the Tamil of India.' *Anthropos,* 1998.

Perlin, F. 'State Formation Reconsidered: Part Two.' *Modern Asian Studies,* 1985.

Pillai, K.R. 'Politics of Kerala.' *The Indian Journal of Political Science,* 48(4), 1987.

Pinto, A. 'End of Dravidian Era in Tamil Nadu.' *Economic and Political Weekly,* 1999.

Rag, P. 'Indian Nationalism 1885-1905: An Overview.' *Social Scientist,* 1995.

Raghavan, E. and J. Manor. *Broadening and Deepening Democracy: Political Innovation in Karnataka.* Routledge India, 2012.

Raj, N. 'The Distribution of Social Justice by Rajarshi Krishnaraj Wodeyar IV.' *EPRA International Journal of Economic and Business Review,* 2015.

Ramanappa, M.N. *Outlines of South Indian History with Special Reference to Karnataka.* Vikas Publishing House, 1975.

Ramaswamy,V. 'Tamil Separatism and Cultural Negotiations: Gender Politics and Literature in Tamil Nadu.' *Social Scientist,* 1998.

Rao, M.K. 'Lines of Research in Karnatak History.' *Proceedings of the Indian History Congress,* vol. 23. Indian History Congress, January 1960.

Regani, S. *Highlights of the Freedom Movement in Andhra Pradesh. Ministry of Cultural Affairs,* Government of Andhra Pradesh, 1972.

Schwartz, S. 'Communism and the Indian Election.' *The American Scholar,* 1952.

Shea, T.J. 'Implementing Land Reform in India.' *Far Eastern Survey,* 25(1), 1956.

Special Election Correspondent.' Travancore-Cochin Prepares for Elections.' *Economic Weekly,* 1954.

Subramanian, N. 'Political Formation of Cultures: The South Asian Experience.' *Economic and Political Weekly,* 2005.

Venkata, R.M.N. *Outlines of South Indian history: With Special reference to Karnataka.* Vikas Publishing House, 1975.

Venkatachalapathy, A.R. 'The "Classical" Language Issue.' *Economic and Politically Weekly,* 2009.

9. The Roy-Sinha proposals and the Boundaries of West Bengal

The Statesman Archives, 24 January 1956.

The Times of India Archives, 1953-1956.

'West Bengal-Bihar Merger.' *The Economic Weekly,* 24 March 1956.

'Bhupesh Gupta's Speech in Rajya Sabha.' *New Age,* 26 February 1956.

'Hiren Mukherjee's Speech in Parliament.' *New Age,* 29 April 1956.

Chatterji, Joya. 'The Fashioning of a Frontier: The Radcliffe Line and Bengal's Border Landscape, 1947-52.' *Modern Asian Studies,* vol. 33, no. 1, 1999.

Cons, Jason. 'Histories of Belonging(s): Narrating Territory, Possession, and Dispossession at the India-Bangladesh Border.' *Modern Asian Studies,* vol. 46, no. 3, 2012.

Dhavan, Rajeev. 'Treaties and People: Indian Reflections.' *Journal of the Indian Law Institute,* vol. 39, no. 1, 1997.

Feldman, Shelley. 'Bengali State and Nation Making Partition and Displacement Revisited.' *International Social Science Journal,* Unesco, 2003.

Ghosh, Arun. 'Bengal-Bihar Merger Movement of 1956.' *Karatoya,* vol. 10, March 2017.

Ghosh, Arun. 'Bengal-Bihar Merger Movement of 1956: A Glance of West Dinajpur-A District of West Bengal.' *Journal of History,* vol. 10, North Bengal University.

Gupta, Bhupesh, 'The West Bengal Anti-Merger Movement.' *New Age,* 7 July 1956.

Judgement of Hon'ble Judge Sinha on Hem Chandra Sen Gupta Vs the Speaker of Legislative at AIR on 17 April 1956.

Memorandum Submitted to the States Reorganization Commission by Bihari Association, Patna, 1954.

Monmohan Chakrabarti. 'A Summary of the Changes in the Jurisdiction of Districts in Bengal, 1757-1916.' Revised and updated by Kumud Ranjan Biswas, West Bengal District Gazetteers, Department of Higher Education, Government of West Bengal, Calcutta, 1999.

Pant, Harsh V. 'India and Bangladesh: Will the Twain Ever Meet?' *Asian Survey,* vol. 47, no. 2, 2007.

Popkin, William D. 'Advisory Opinions in India.' *Journal of the Indian Law Institute,* vol. 4, no. 3, 1962.

Rajaraman, R. 'Secularism in Indian Politics: Theory and Practice.' *The Indian Journal of Political Science,* vol. 68, no. 2, 2007.

Report of the States Reorganization Commission, New Delhi, 1955.

Roy, Haimanti. 'Citizens of the Nation: In Partitioned Lives: Migrants, Refugees, Citizens in India and Pakistan, 1947-65.' Oxford Scholarship Online, 2013.

Sanyal, Romola. 'Urban Dislocations in Post-partition Calcutta.' *Transactions of the Institute of British Geographers,* vol.39 (1), 2014.

Sarkar, Shamita. 'The Role of the Communists in the Anti-Bengal—Bihar Merger Agitation.' *Proceedings of the Indian History Congress,* vol. 74, Indian History Congress, 2013.

Sen, Subhasis. ' "Tin Bigha"—Where the People Live Their Daily Life Is Complicated.' *Proceedings of the Indian History Congress,* vol. 73, 2012.

The Bihar and West Bengal (Transfer of Territories) Bill, New Delhi, 1956.

Van Schendel, Willem. 'Stateless in South Asia: The Making of the India—Bangladesh Enclaves', *The Journal of Asian Studies,* vol. 61, no. 1, 2002.

10. Questions of Bi-lingualism

'Two Languages, Two Regions? Punjab's Communal Politics.' *The Economic Weekly,* 2 July 1960.

Ahluwalia, Manjit Singh. *Social, Cultural, and Economic History of Himachal Pradesh.* Indus Publishing Company, 1998.

Aneesh, A. 'Bloody Language: Clashes and Constructions of Linguistic Nationalism in India.' *Sociological Forum,* vol. 25, no. 1, 2010.

Bal, S.S. 'Punjab after Independence (1947-1956).' *Proceedings of the Indian History Congress,* vol. 46, 1985.

Bombwall, K.R. 'Sikh Identity, Akali Dal and Federal Polity.' *Economic and Political Weekly,* vol. 21, no. 20, 1986.

Brass, Paul R. *Language, Religion and Politics in North India,* Cambridge University Press, 1974.

Charak, S.D.S. *Himachal Pradesh,* Light & Life Publishers, 1978.

Datta, Nonica. *Violence, Martyrdom and Partition: A Daughter's Testimony,* Oxford University Press, 2009.

Gandhi, M.K. 'Gandhi's View on Language.' *Collected Works of Mahatma Gandhi,* Vol. I (1884-1896); Vol. II (1896-1897); Vol. III (1898-1903); Vol. IV (1903-1905); Vol. V (1905-1906); Vol. VI (1906—1907); Vol. VII (June-December 1907);Vol. VIII (January-August 1908); Vol. IX (September 1908-November 1909). Publications Division, Ministry of Information and Broadcasting, Government of India, 1958; 1959; 1960; 1960; 1961; 1961; 1962; 1962; 1963.

Gosal, Gurdev Singh. 'Religious Composition of Punjab's Population Changes, 1951-61.' *The Economic Weekly,* 23 January, 1965.

Gupta, Jyotirindra Das. *Language Conflict and National Development: Group Politics And National Language Policy in India.* Oxford University Press, 1970.

Habib, Irfan. 'Mahatma Gandhi and the National Question.' *Social Scientist,* vol. 47, nos. 1-2, 2019.

Harrison, Selig S. *India : The Most Dangerous Decades.* Princeton University Press, 2016.

India, Ministry of Home Affairs. 'Report of the States Reorganization Committee.' 1955.

Jaffrelot, Christophe. 'Caste and Politics.' *India International Centre Quarterly,* vol. 37, no. 2, 2010.

Jeffrey, Robin. 'Punjabi: The "Subliminal Charge".' *Economic and Political Weekly,* vol. 32, no. 9/10, 1997.

Joshi, Saran, *Indian State Haryana,* Kripal Pustak Kendra, 2016.

Kahol, Prakasha. *Hindus and the Punjab State,* Hindu Prachara Sabha, 1955.

King, Robert D. *Nehru and the Language Politics of India.* Oxford University Press, 1997.

Kumar, Ashutosh. 'Exploring the Demand for New States.' *Economic and Political Weekly,* vol. 45, no. 33, 2010.

Kumar, Pradeep. 'Sub-Nationalism in Indian Politics: Formation of a Haryanavi Identity.' *The Indian Journal of Political Science,* vol. 52, no. 1, 1991.

Malhotra, S.L. *Civil Disobedience to Quit India. Publication Bureau, Panjab University, 1979.*

Mittal, S.C. *Haryana: A Historical Perspective,* Atlantic Publishers & Distributors, 1986.

Mittoo, H.K. *Himachal Pradesh*, National Book Trust, India, 1978.

Nayar, Baldev Raj. *Minority Politics in the Punjab,* Princeton University Press, 1966.

Prakash, Ved. 'Punjab-PEPSU Merger.' *The Economic Weekly,* 10 November, 1956.

Rai, Gulshan, *Formation of Haryana,* B.R. Publishing Corporation, 1987.

Sarangi, Asha. 'Ambedkar and the Linguistic States: A Case for Maharashtra.' *Economic and Political Weekly,* vol. 41, no. 2, 2006.

Sen, Geeti. 'Editorial: On Language and Identity.' *India International Centre Quarterly,* vol. 24, no. 2/3, 1997.

Shah, A.M., et al. 'A Heady Mix: Gujarati and Hindu Pride.' *Economic and Political Weekly,* vol. 43, no. 8, 2008.

Sharma, Arvind. 'Dr B.R. Ambedkar on the Aryan Invasion and the Emergence of the Caste System in India.' *Journal of the American Academy of Religion,* vol. 73, no. 3, 2005.

Sharma, Sadhu Ram. 'Dilemma of Punjab.' *The Economic Weekly,* 20 November, 1955.

Singh, Ranbir and Anupama Arya. 'Nehru's Strategy of National Integration. *The Indian Journal of Political Science,* vol. 67, no. 4, 2006.

Smith, Marian W. 'Social Structure in the Punjab.' *The Economic Weekly,* 21 November, 1953.

Tejani, Shabnum. "The Necessary Conditions for Democracy: B.R.Ambedkar on Nationalism, Minorities and Pakistan.' *Economic and Political Weekly,* vol. 48, no. 50, 2013.

Verma, V. *The Emergence of Himachal Pradesh: A Survey of Constitutional Developments.* Indus Publishing, 1995.

Weekly Notes. 'A Part of the Martin Burn Enterprise to Make India Industrially Self-Sufficient.' *The Economic Weekly*, 26 November, 1955.

Weekly Notes. 'Punjab: Not the End.' *The Economic Weekly*, 4 July, 1964.

Windmiller, Marshall. 'Linguistic Regionalism in India.' *Pacific Affairs*, vol. 27, no. 4, 1954.

Yadav, Kripal Chandra (ed.), *Haryana: Studies in History and Culture*. Kurukshetra University, 1968.

11. The End of Foreign Jurisdictions

Akhila, Yechury. 'Chandernagore: A "Glorious Chapter" in the History of Independence.' *Economic and Political Weekly*, vol. 50, no. 3, 2015.

Akhila, Yechury, 'Imagining India, Decolonizing "L'inde Française", C. 1947-1954.' *The Historical Journal*, vol. 58, no. 4, 2015.

B.E.H.F. 'Goa and the Indian Union: Background of the Recent Dispute.' *The World Today*, vol. 10, no. 12, 1954.

Couto, Francisco Cabral. *Remembering the Fall of Portuguese India in 1961*. Tribuna da Historia, 2006.

Das, Durga. *India: From Curzon to Nehru and After*. Rupa & Co., 2002.

Desouza, Peter Ronald. 'Politics of the Uniform Civil Code in India.' *Economic and Political Weekly*, vol. 50, no. 48, 2015.

E.B. 'The Salazar Regime and Goa.' *The World Today*, vol. 10, no. 9, 1954.

Fernandes, Aureliano. 'Political Transition in Post-Colonial Societies: Goa in Perspective.' *Lusotopie*, 7 (1).

Gopal, Sarvepalli. *Jawaharlal Nehru: A Biography*, vol. 3: 1956-1964. Harvard University Press, 1984.

Heimsath, Charles H. and Surjit Mansingh. *A Diplomatic History of Modern India*, Allied Publishers, 1971.

Joy, Varkey. 'The Significance of Mahe in Eighteenth-Century French India.' *Proceedings of the Indian History Congress*, vol. 58, 1997.

Luthera, Ved Prakash. 'Goa and the Portuguese Republic.' The *Indian Journal of Political Science*, vol. 17, no. 3, 1956.

Mendes, Sushila Sawant. 'Jawaharlal Nehru and the Liberation Struggle of Goa.' *Proceedings of the Indian History Congress*, vol. 67, 2007.

Moreira, Adriano. 'The Portuguese Overseas Provinces.' *Civilisations*, vol. 7, no. 2, 1957.

Newman, Robert S. 'Goa: The Transformation of an Indian Region.' *Pacific Affairs*, 1984, 57 (3).

Parobo, Parag D. 'Tristão Bragança Cunha and Nationalism in Colonial Goa: Mediating Difference and Essentializing Nationhood.' *Economic and Political Weekly*, vol. 50, no. 31, 2015.

Pöllath, Moritz. ' "Far Away from the Atlantic...": Goa, West New Guinea and NATO's Out-of-Area Policy at Bandung 1955.' *Journal of Transatlantic Studies*, Vol. 11, No.4, 2013.

Robert S. Newman. 'Goa: The Transformation of an Indian Region.' *Pacific Affairs,* vol. 57, no. 3, 1984.

Rotter, Andrew Jon. *Comrades at Odds: The United States and India, 1947-1964.* Cornell University Press, 2000.

Rubinoff, Arthur G. 'Goa's Attainment of Statehood.' *Asian Survey,* vol. 32, no. 5, 1992.

Rubinoff, Arthur G. 'Political Integration in Goa.' *Journal of Developing Societies,* vol. 11, no. 1, 1995.

Salazar, Oliveira. 'Goa and the Indian Union: The Portuguese View.' *Foreign Affairs,* vol. 34, no. 3, 1956.

Singhal, D.P. 'Goa: End of an Epoch.' *The Australian Quarterly,* vol. 34, no. 1, 1962.

12. The Frontiers of the North-east

Ahmed, Ishtiaq. *Jinnah: His Successes, Failures and Role in History.* Penguin Random House India, 2020.

Banerjee, Paula. 'Women,Violence and North-East India.' *Economic and Political Weekly,* vol. 49, no. 43/44, 2014.

Baruah, Lily Mazindor (ed.). *Lokopriya Gopinath Bordoloi: An Architect of Modern India.* Gyan Publishing House, 1993.

Baruah, Sanjib. 'Protective Discrimination and Crisis of Citizenship in North-East India.' *Economic and Political Weekly,* vol. 38, no. 17, 2003.

Baruah, Sanjib. 'Territoriality, Indigeneity and Rights in the North-East India.' *Economic and Political Weekly,* vol. 43, no. 12/13, 2008.

Bhattacharya, Alak. 'Tribal Politics of Tripura: A Study in Electoral Behaviour.' The *Indian Journal of Political Science,* vol. 68, no. 3, 2007.

Chakraborty, Anup Shekhar. 'Politics of Silencing: Echoes of the Margins from Mizoram.' *The Indian Journal of Political Science,* vol. 72, no. 2, 2011.

Das, Nava Kishor. 'Identity Politics and Social Exclusion in India's Northeast. a Critique of Nation-Building and Redistributive Justice.' *Anthropos,* vol. 104, no. 2, 2009.

Datta, Prabhat. 'Secessionist Movements in Northeast India.' *The Indian Journal of Political Science,* vol. 53, no. 4, 1992.

Datta, Prabhat Kumar and Panchali Sen. 'Governance in the Sixth Schedule Areas in India's North-East: Context, Content and Challenges.' *Indian Journal of Public Administration,* vol. 66 (2) 2020.

Ghosh, Biswajit. 'Ethnicity and Insurgency in Tripura.' *Sociological Bulletin,* vol. 52, no. 2, 2003.

Ghoshal, Anindita. 'Survival Question of East Bengal Refugees: The Case of Tripura (1946-71).' *Proceedings of the Indian History Congress,* vol. 71, 2010.

Ghoshal, Anindita, and Aparajita. 'The Altered State of Affairs: Hindu Refugees of India and Muslim Returnees in East Pakistan (1947-1977).' *Proceedings of the Indian History Congress,* vol. 76, 2015.

Gohain, Hiren. 'Ethnic Unrest in the North-East.' *Economic and Political Weekly,* vol. 32, no. 8, 1997.

Haokip, Thongkholal. 'Is There a Pan-North-East Identity and Solidarity?' *Economic and Political Weekly,* vol. 47, no. 36, 2012.

Hluna, J.V. and Tochhawng. 'The Mizo Uprising: Assam Assembly Debates on the Mizo Movement, 1966-1971.' Cambridge Scholars Publishing, 2012.

Jafa, Vijendra Singh. 'Insurgencies in Northeast India: Dimensions of Discord and Containment.' *Responding to Terrorism in South Asia.* RCSS Colombo and Manohar Publications, 2006.

Kikhi, Kedelizo. 'What Ails the North-East? Challenges and Responses', *Sociological Bulletin,* vol. 58, no. 3, 2009.

Mukherjee, Dilip. 'Assam Reorganization.' *Asian Survey,* vol., 9 (4), April 1969.

Nunthara, C. 'Grouping of Villages in Mizoram: Its Social and Economic Impact.' *Economic and Political Weekly,* vol. 16, no. 30, 1981.

Nunthara, C. 'Peace and Conflict in the "Frontier" Areas of North-east India.' *Sociological Bulletin,* vol. 54, no. 3, 2005.

Oinam, Bhagat. 'Patterns of Ethnic Conflict in the North-East: A Study on Manipur.' *Economic and Political Weekly,* vol. 38, no. 21, 2003.

Oinam, Bhagat. 'State of the States: Mapping of India's Northeast' East-West Center Working Papers, East-West Center, Washington, November 2008.

Prabhakara, M.S. 'Separatist Movements in the North-East: Rhetoric and Reality.' *Economic and Political Weekly,* vol. 42, no. 9, 2007.

Prabhakara, M.S. 'Is North-East India Landlocked?' *Economic and Political Weekly,* vol. 39, no. 42, 2004.

Rajagopalan, Swarna. 'Reading Maps, Seeking Directions, Peace Accords in Northeast India: Journey over Milestones.' East-West Center, 2008.

Ramunny, Murkot. 'Changing Face of Tripura.' *Economic and Political Weekly,* vol. 23, no. 37, 1988.

Roy, Sanjay K. 'Conflicting Nations in North-East India.' *Economic and Political Weekly,* vol. 40, no. 21, 2005.

Reuben Lyngdoh, C. and L.S. Gassah. 'Decades of Inter-Ethnic Tension.' *Economic and Political Weekly,* vol. 38, no. 48, 2003.

Saikia, Rajen. *Social and Economic History of Assam.* Manohar Publishers, 2002.

Saikia, Rajen. 'The Political Geography of Colonial and Post-Colonial Assam: Construction and Contestations.' *Proceedings of the Indian History Congress,* vol. 70, 2009-2010.

Samson, Kamei. 'The Zeliangrong Movement in North-East India: An Exegetical Study.' *Sociological Bulletin,* vol. 61, no. 2, 2012.

Samuel, John. 'Language and Nationality in North-East India.' *Economic and Political Weekly,* vol. 28, no. 3/4, 1993.

Sarmah, Bhupen. 'The Cauldron of Conflict: Politics of Peace, Governance and Development in India's North-East.' *Social Scientist,* vol. 44, no. 11/12, 2016.

Singh, B.P. 'North-East India: Demography, Culture and Identity Crisis.' *Modern Asian Studies,* vol. 21, no. 2, 1987.

Singh, N. Somorendro. 'Integration and Development in North-East India: An Assessment.' *The Indian Journal of Political Science,* vol. 67, no. 2, 2006.

Syiemlich, David R. 'Sectional President's Address: Colonial Encounter and Christian Missions in Northeast India.' *Proceedings of the Indian History Congress,* vol. 73, 2012.

Venkata Rao, V. 'Northeast India: Problems and Prospects.' *The Indian Journal of Political Science,* vol. 36, no. 1, 1975.

Venkata Rao, V. 'Reorganization of Northeast India.' *The Indian Journal of Political Science,* vol. 33, no. 2, 1972.

Verghese, B.G. *India's Northeast Resurgent: Ethnicity, Insurgency, Governance, Development.* Konark Publishers, 1996.

13. Island Territories

Anderson, C. *New Histories of Andaman Islands: Landscape, Place and Identity in the Bay of Bengal 1790-1920.* Cambridge University Press, 2015.

Anderson, C. 'Colonization, Kidnap and Confinement in the Andamans Penal Colony 1771-1864.' *Journal of Historical Geography,* 2015.

Anderson, C. 'The Andaman Island Penal Colony: Race, Class, Criminality and the British Empire.' *International Review of Social History,* 2018.

Anderson, C. *The Indian Uprising of 1857-58: Prisons, Prisoners and Rebellion.* Anthem, 2007.

Dasgupta, J. *Red Sun over Black Water,* Manas Publications, 2002.

Kailash. 'From Penal Settlement to Capital Town: Human Ecological Aspect of the Rise and Growth of Port Blair.' *The Indian Journal of Social Work, 1995,* vol. 56, no.4.

Kailash. 'Peaceful Coexistence.' *Economic and Political Weekly,* 2000.

Koya, S.M. 'Matriliny and Malabar Muslims.' *Proceedings of the Indian History Congress,* vol. 40. Indian History Congress, January 1979.

Kaul, S. *Andaman and Nicobar Islands: India's Untapped Strategic Assets.* Pentagon Press in association with Institute of Defence Studies & Analyses, 2015.

Maddy, U.M. 'When Pakistan Claimed the Andaman and Nicobar Islands.' Live History India, 2021. livehistory.com/story/cover-story/when-pakistan-claimed-the-andaman-and-nicobar-islands

NITI Aayog. 'Transforming the Islands through Creativity and Innovation.' RSIS Monograph, *India-Asean Defence Relations,* 2019.

Sareen, T.R. *Andaman and Nicobar Islands under Japanese Occupation during WWII.* Bio-Green, 2018.

Sareen, T.R. *Sharing the Blame: Subhas Chandra Bose and the Japanese Occupation of the Andamans 1942-45.* S.S. Publishers, 2002.

Scott-Clark, Cathy and Adrian Levy. 'Survivors of Our Hell.' *The Guardian* 23 June 2001.

Sen, S. 'Contexts, Representation and the Colonized Convict :Maulana Thanesari in the Andaman Islands.' *Crime, History and Societies,* vol. 8, no. 2, 2004.

Sherman, T.C. 'From Hell to Paradise? Voluntary Transfer of Convicts to the Andaman Islands 1921-1940.' *Modern Asian Studies (43,2)*, 2009.

Srivastava, P. 'Resistance and Repression in India.' *Crime, History and Societies*, 2013.

Srivastava, P.K. 'Oral History of Freedom Struggle with Special Reference to Ex Andaman Freedom Fighters (1921-27).' *Indian Council of Historical Research*, 1992.

Vallangi, N. 'India's Abandoned Island of Colonial Horror.' *Smithsonian Magazine*, 8 May 2018. https://smithsonianmagzine.org

14. From Subjects to Citizens—Sikkim Joins India

'Sikkim.' *The International and Comparative Law Quarterly*, vol. 24, no. 4, 1975.

Amarjeet Singh, M. and Komal Sinha (eds), 'Democracy and ethnic politics. in Sikkim.' *Identity, Contestation and Development in Northeast India, Taylor & Francis*, 2015.

Arora,Vibha. 'Assertive Identities, Indigeneity, and the Politics of Recognition as a Tribe: The Bhutias, the Lepchas and the Limbus of Sikkim.' *Sociological Bulletin*, vol. 56, no. 2, 2007.

Brass, Paul R. 'Review Article on Rulers of India.' *Economic Development and Cultural Change*, vol. 51, no. 2, 2003.

Chaudhuri, Sarit K. Sameera Maiti and Charisma K. Lepcha, T*he Cultural Heritage Of Sikkim*. Routledge, 2018.

Chopra, Sanjeev. 'Keynote Address: Sikkim Requiem for a Himalayan Kingdom' at AKLF, Kolkata, 2016.

Das, B.S. *The Sikkim Saga*. Vikas Publishing House, 1983.

Datta-Ray, Sunanda K. *Smash and Grab: Annexation of Sikkim*, Westland, 2013.

Duff, Andrew. *Sikkim: Requiem for a Himalayan Kingdom*, Penguin Random House India, 2016.

Gupta, Ranjan. 'Sikkim: The Merger with India.' *Asian Survey*, vol. 15, no. 9, 1975.

Kohli, A. 'Can Democracies Accommodate Ethnic Nationalism? The Rise and Decline of Self-Determination Movements in India.' *Community Conflicts and the State in India*. Oxford University Press, 1998.

Lama, M.P. *Sikkim Human Development Report, 2001. Social Science Press, 2001.*

Levi, Werner. 'Bhutan and Sikkim: Two Buffer States.' *The World Today*, vol. 15, no. 12, 1959.

Little, K. 'From the Villages to the Cities—The Battlegrounds for Lepcha Protests.' *Transforming Cultures*, 5 (1), 2010.

Oinam, Bhagat. 'State of the States.' East-West Center, 2008.

Rai, D. 'Monarchy and Democracy in Sikkim and the Contribution of Kazi Lhendup Dorjee Khangsherpa.' *International Journal of Scientific and Research Publications*, vol.3 (9), 2013.

Ram, N. 'Sikkim Story: Protection to Absorption.' *Social Scientist*, vol. 3, no. 2, 1974.

Rock, Joseph F. 'Excerpts from a History of Sikkim.' *Anthropos,* vol. 48, no. 5/6, 1953.

Rose, Leo E. 'India and Sikkim: Redefining the Relationship.' *Pacific Affairs,* vol. 42, no. 1, 1969.

Sen, S.C. 'Sikkim-Where Feudalism Fights Democracy.' *Law and Politics in Africa, Asia and Latin America,* vol. 8, no. 3/4, 1975.

Sindhu, G.B.S. *Sikkim—Dawn of Democracy: The Truth Behind the Merger with India,* Penguin Viking, 2018.

Sinha, A.C. 'The Feudal Polity and Political Development in Sikkim.' *Indian Anthropologist,* vol. 3, no. 2, 1973.

15. Delhi, New Delhi, NCT and NCR

Ahluwalia, Sanjeev S. 'Has Democracy been Downgraded in Delhi?' Observer Research Foundation, 26 March 2021. https://www.orfonline.org/ expert-speak/has-democracy-been-downgraded-in-delhi/

Ahmed, Ishtiaq. *The Punjab Blooded, Partitioned and Cleansed: Unravelling the 1947 Tragedy through Secret British Reports and First-person Accounts.* Rupa and Co., 2011.

Athar Ali, M. 'The Passing of Empire: The Mughal Case.' *Modern Asian Studies,* vol. 9, no. 3, 1975.

Bardiar, Nilendra, *Urban, Cultural, Economic and Social Transformation: History of New Delhi 1947-65,* Ruby Press & Co., 2014.

Blair, Sheila and Jonathan M. Bloom. *The Art and Architecture of Islam, 1250-1800.* Yale University Press, 1995.

Byron, Robert, *New Delhi: The Architectural Review.* Westminster, 1931.

Chandra, Moti. *Trade and Trade Routes in Ancient India.* Abhinav Publications, 1977.

Chandra, Satish. *History of Medieval India: 800-1700.* Orient Longman, 2007.

Dalrymple, William. *The Last Mughal: The Fall of a Dynasty—Delhi, 1857,* Random House, 2007.

Dupont, Veronique. 'Patterns of Population Mobility in Delhi.' Institute of Economic Growth, 1995.

Eaton, Richard M. *India in the Persianate Age.* Penguin Books, 2020.

Elliot, Henry Miers, John Dowson. *The History of India, as Told by Its Own Historians: The Muhammadan Period,* vol. 3. Trübner & Co., 1867.

Ettinghausen, Richard, Oleg Grabar, Marily Jenkins-Madina. *Islamic Art and Architecture: 650-1250.* Yale University Press, 2001.

Fanshawe, H.C. *Delhi-Past and Present.* J. Murray, 1902.

Faruqui, Munis D. 'The Forgotten Prince: Mirza Hakim and the Formation of the Mughal Empire in India.' *Journal of the Economic and Social History of the Orient,* vol. 48 no.4, 2005.

Fraser, Lovat. *At Delhi (An Account of the Delhi Durbar, 1903).* Times of India Press and Thacker, 1903.

Gordon, S. *The New Cambridge History of India,* II, 4: *The Marathas 1600-1818.* Cambridge University Press, 1993.

Government of Delhi, NDMC Act (www.ndmc.gov.in).

Government of India, The Constitution (Sixty-Ninth Amendment) Act, 1991. The Constitution (Amendment) Acts, Constitution of India.

Habib, Irfan, *Atlas of the Mughal Empire: Political and Economic Maps.* Oxford University Press, 1982.

Harle, J.C. *The Art and Architecture of the Indian Subcontinent.* Yale University Press, 1994.

Hartcourt, A. *The New Guide to Delhi.* Victoria Press, 1873.

Hearn, Gordon Risley. *The Seven Cities of Delhi,* W. Thackwer & Co., 1906.

Jackson, Peter. *The Delhi Sultanate: A Political and Military History.* Cambridge University Press, 2003.

Johnson, David A. 'A British Empire for the Twentieth Century: The Inauguration of New Delhi, 1931.' *Urban History,* vol. 35, issue 3, December 2008.

Kapoor, Pramod, Malvika Singh, Rudrangshu Mukherjee. *New Delhi: Making of a Capital.* Lustre Press, 2009.

Khan, Mohd. Adul Wali, *Gold and Silver Coins of Sultans of Delhi,* Government of Andhra Pradesh, 1974.

Kumar, Pushpam. 'Assessment of Economic Drivers of Land Use Change in Urban Ecosystems of Delhi, India.' *AMBIO,* vol.38, no. 1, 2009.

Kumar, Sunil. *The Emergence of the Delhi Sultanate.* Permanent Black, 2007.

Lal, Kishori Saran. 'History of the Khaljis (1290-1320).' *The Indian Press,* 1950.

Ludden, David. *India and South Asia: A Short History.* Oneworld, 2002.

Majumdar, R.C. and K.M. Munshi. *The Delhi Sultanate. Bharatiya Vidya Bhavan,* 1990.

Majumdar, R.C., H. Raychaudhuri and K. Datta. *An Advanced History of India: 2.* Macmillan, 1951.

McCrindle, J.W. *Ancient India as Described by Ptolemy.* Thacker, Spink, & Company, 1885.

Nath, Viswambhar, *Delhi before 1947: Urbanization, Urban Development, and Metropolitan Cities in India.* Concept Publishing Company, 2007.

Pothen, Nayantara. *Glittering Decades New Delhi in Love and War.* Penguin, 2012.

Prasanna, Alok. 'From "Trishanku" to a Puppet-How Modi Govt's GNCTD Bill Undermines Delhi Gov.' The Print, 27 March 2021. https://vidhilegalpolicy.in/blog/from-trishanku-to-a-puppet-how-modi-govts-gnctd-bill-undermines-delhi-govt/

Raychaudhuri, H.C. *Political History of Ancient India: From the Accession of Parikshit to the Extinction of the Gupta Dynasty.* University of Calcutta, 1950.

Ridley, Jane. 'Edwin Lutyens, New Delhi, and the Architecture of Imperialism.' *Journal of Imperial and Commonwealth History,* vol. 26, issue 2, May 1998.

Sahoo, Niranjan. 'On Delhi, the Centre's Move Goes against the Spirit of Federalism.' Observer Research Foundation, 8 March 2021. https://www.orfonline.org/research/on-delhi-the-centres-move-goes-against-the-spirit-of-federalism/

Sahoo, Niranjan, 'Proposing a New Governance Structure for Delhi.' Observer Research Foundation, 1 April 2021. https://www.orfonline.org/research/proposing-a-new-governance-structure-for-delhi/

Saksena, Banarsi Prasad. 'The Khaljis: Alauddin Khalji.' *A Comprehensive History of India: The Delhi Sultanate (AD 1206-526)*. The Indian History Congress/People's Publishing House, 1970.

Sonne, Wolfgang. *Representing the State: Capital City Planning in the Early Twentieth Century.* Canberra, 2003.

Singh, Upinder. *The Discovery of Ancient India: Early Archaeologists and the Beginnings of Archaeology.* Permanent Black, 2004.

Singh, Upinder. *A History of Ancient and Early Medieval India from the Stone Age to the 12th Century.* Pearson, 2009.

Singh, Upinder. *A History of Ancient History,* Berghahn, 2006.

Srivastava, Ashirvadi Lal. *The Sultanate of Delhi, 711-1526* A. D. Shiva Lal Agarwala & Company, 1929.

Van Buitenen, J.A.B. and James L. Fitzgerald, *The Mahabharata, Volume 1: Book 1: The Book of the Beginning.* Chicago: University of Chicago Press, 1973.

Volwahsen, Andreas, *Imperial Delhi: The British Capital of the Indian Empire.* Prestel Publishing, 2003.

16. Regional Aspirations: Chhattisgarh, Uttarakhand and Jharkhand

Bakshi, S.R. *Ravi Shankar Shukla: Life and Times.* Om Publications, 2001.

Chadda, Maya. 'Integration through Internal Reorganization: Containing Ethnic Conflict in India.' *The Global Review of Ethno Politics,* vol. 2, September 2002.

Dietmar, Rothermund. 'Creating New States in India: Chhattisgarh, Jharkhand, Uttaranchal.' *ASIEN,* April 2001.

Dube, M.P. 'Regionalism in India: Some Critical Observations with Special Reference to Uttarakhand Movement.' *The Indian Journal of Political Science,* vol. 56, no. 1/4, 1995.

Environmental History Review, vol. 15, no. 3, 1991.

Guha, Ramachandra. *The Unquiet Woods: Ecological Change and Peasant Resistance in the Himalaya.* University of Berkely Press, 2000.

Guha, Ramachandra. 'Ideological Trends in Indian Environmentalism.' *Economic and Political Weekly,* vol. 23, no. 49, 1988.

Guha, Ramachandra and Madhav Gadgil. 'State Forestry and Social Conflict in British India.' *Past & Present,* no. 123, 1989.

Guha, Ramachandra. 'Scientific Forestry and Social Change in Uttarakhand.' *Economic and Political Weekly,* vol. 20, no. 45/47, 1985.

Guha, Ramachandra. 'The Prehistory of Community Forestry in India.' *Environmental History,* vol. 6, no. 2, 2001.

Gun, Punyabrata. 'Struggle and Create: My Days with Com. Shankar Guha Niyogi.' Countercurrent.org, January 2018.

Krishna, Daya. 'The New Tribal States: Can They Survive in the Modern World?' *Economic and Political Weekly,* vol. 35, no. 46, 2000.

International Affairs (Royal Institute of International Affairs 1944-). Vol. 90, no. 3, 2014.

Kumar, Dharmendra. 'Constitution of a Region: A Study of Chhattisgarh.' *Rethinking State Politics in India.* Routledge India, 2011.

Kumar, Kujur Rajat. 'Underdevelopment and Naxal Movement.' *Economic and Political Weekly,* vol. 41, no. 7, 2006.

Kumar, Kujur, Rajat. 'Left Extremism in India.' Institute of Peace and Conflict Studies, 2006.

Kumar, Sanjay. 'Creation of New States: Rationale and Implications. *Economic and Political Weekly,* vol. 37, no. 36, 2002.

Linkenbach, Antje. 'Shaking the State by Making a (New) State? Fighting for Autonomy in the Central Himalaya (North India).' Sociologus, vol. 52, no. 1, 2002.

Mishra, Ish N., 'Chhattisgarh: Nationality Movement and the Oppressed.' Countercurrents.org, 19 October 2017.

Mukherjee, Pampa. 'The Creation of a Region: Politics of Identity and Development in Uttarakhand.' *Rethinking State Politics in India.* Routledge India, 2011.

Mukherjee, Siuli. 'Regionalism and Politics of Identity: A Story of Jharkhand.' *Heritage,* vol. II, 2015.

Munda, R.D. and Mullick S. Bosu. 'The Jharkhand Movement: Indigenous Peoples Struggle for Autonomy in India.' *IWGIA,* document 108, 2003.

Mawdsley, Emma. 'After Chipko: From Environment to Region in Uttaranchal.' *Journal of Peasant Studies,* 25(4), July 1998.

Mosley, Stephen. 'Common Ground: Integrating Social and Environmental History.' *Journal of Social History,* vol. 39, no. 3, 2006.

Nauriya, Anil. 'What Chhattisgarh Movement Means.' *Economic and Political Weekly,* vol. 26, no. 48, 1991.

Pankaj, Ashwini Kumar (ed.). *Select Speeches and Writings of Jaipal Munda.* P.K. Foundation, 2020.

Pathak, Shekhar, *The Chipko Movement: A People's History,* Permanent Black, 2020.

Rai, Anuradha. 'State Reorganization in India: Real-politicking or Electoral Politics.' *Indian Journal of Political Science,* October-December 2012.

Roy, A.K. 'Jharkhand: From Separation to Liberation.' *Economic and Political Weekly,* 7 October 2000.

Sen, Ilina. *Inside Chhattisgarh: A Political Memoir,* Penguin, 2015.

Sharma, Vijay Prakash. 'Making of Jharkhand Identity and Culture.' Making_of_Jharkhand_Identity_and_Culture:https://www.academia.
edu/40843191/

Sundar, Nandini. *The Burning Forest: India's War in Bastar.* Juggernaut, 2016.

Sundar, Nandini. 'Insurgency, Counter Insurgency and Democracy in Central India.'

http://burawoy.berkeley.edu/Public%20Sociology,%20Live/Sundar/Insurgency,%20Counter-insurgency%20%26%20Democracy.pdf

The Indian Journal of Political Science. Vol. 74, no. 4, 2013.

Tillin, Louise. 'United in Diversity? Asymmetry in Indian Federalism.' *Publius,* vol. 37, no. 1, 2007.

Tillin, Louise. 'Questioning Borders: Social Movements, Political Parties and the Creation of New States in India.' *Pacific Affairs,* vol. 84, no. 1, 2011.

Tillin, Louise. 'Restructuring States, Restructuring Ethnicity: Looking across Disciplinary Boundaries at Federal Futures in India and Nepal.' *Modern Asian Studies,* vol. 49, no. 1, 2015.

Tillin, Louise. 'Statehood and the Politics of Intent.' *Economic and Political Weekly,* vol. 46, no. 20, 2011.

17. Bande Utkal Janani

Aquil, Raziuddinn and Partha Chatterjee (eds.). *History in the Vernacular.* Permanent Black, 2008.

Behera, Subhakanta. *Constitution of an Identity Discourse: Oriya Literature and the Jagannath Cult (1866-1936).* Munshiram Manoharlal Publishers, 2002.

Bihar and Orissa. 'Report on the Administration of the Territories Now Included in the Province of Bihar and Orissa.' JSTOR, 1912.

Das, G.N. 'Jagannatha and Oriya Nationalism.' *The Cult of Jagannatha and the Regional Tradition of Orissa.* Manohar Publishers, 1978.

Dash, S.C. 'States Reorganization Commission and Orissa.' *The Indian Journal of Political Science,* vol. 16, no. 4, 1955.

Kar, Purushottam, *Indian National Congress and Orissa (1885-1936).* Cuttack, 1987.

Mir, Farina. 'Imperial Policy, Provincial Practices: Colonial Language Policy in Nineteenth-Century India.' *Indian Economic and Social History Review,* vol.43 (2), 2006.

Mishra, Kishore Chandra. 'Prajamandal Movements in the Feudatory States. of Western Orissa.' *Proceedings of the Indian History Congress,* vol. 69, 2008.

Mishra, Laxmi Kanta. 'Social Formations in Early Historic Orissa.' *Proceedings of the Indian History Congress,* vol. 72, 2011.

Mishra, Pritipuspa. 'Beyond Powerlessness: Institutional Life ofVernacular in Making of Modern Orissa (1866-1931).' *The Indian Economic and Social History Review,* 48 (4), 2011.

Mishra, Pritipuspa. 'Odisha as Vernacular Homeland.' Cambridge Core (www.cambrdige.org/core).

Misra, Prasanna Kumar. 'H.K. Mahtab and the Merger of the Princely States of Orissa—An Introspection.' Proceedings of the Indian History Congress, vol. 50, 1989.

Mohanty, Prafulla Kumar, 'Ideas on the State formation in Ancient and Early Medieval Orissa—A Historiographical Analysis.' *Proceedings of the Indian History Congress,* vol. 68, 2007.

Nanda, Subrat K. 'Cultural Nationalism in a Multi-National Context: The Case of India.' *Sociological Bulletin,* vol.55 (1), 2006.

Padhy, S.C. 'Formation of Orissa Province and Role of Oriyas in Berhampur.' *Proceedings of the Indian History Congress,* vol. 66, 2005.

Padhy, S.C. 'Nationalism, National Movement and Peasants: A Historiographical Analysis in Case of Orissa.' *Proceedings of the Indian History Congress,* vol. 67, 2006.

Padhy, S.C. 'Indian National Movement and Individual Civil Disobedience Movement: A Study in Orissa Context.' *Indian History Congress,* vol.65 (2004).

Panda, Shishir Kumar. 'Process of Urbanization in Early Orissa.' *Proceedings of the Indian History Congress,* vol. 62, 2001.

Panda, Shishir Kumar. 'Sectional President's Address: Early State Formation in Orissa.' *Proceedings of the Indian History Congress,* vol. 70, 2009.

Pathy, Jaganath, 'Class Structure in Rural Orissa', *Sociological Bulletin,* vol. 30, no. 2, 1981.

Pati, Biswamoy. 'Independence and After: Orissa, 1946-52.' *Indian Historical Review,* vol. 29 (1-2), 2002.

Pati, Biswamoy. 'Dialectics of Transition: Orissa, 1943-50.' *Economic and Political Weekly,* vol. 27, no. 7, 1992.

Pati, Biswamoy. 'Of Movements, Compromises and Retreats: Orissa, 1936-1939.' *Social Scientist,* vol. 20, no. 5/6, 1992.

Ramaswamy, Sumathi, *Passions of the Tongue: Language Devotion in Tamil India, 1891-1970.* University of California Press, 1997.

Roul, Kamalakanta and Bimal Kumar Raul. 'Cultural Component of Indian Nationalism: The Study of Odia Nationalism.' Mainstream, 14 August 2020.

Saha, Subrat Kumar and Mamata Dash, 'Expropriation of Land and Cultures: The Odisha Story and Beyond.' *Social Change,* vol.41 (2).

Saha, Suranjit K. 'Early State Formation in Tribal Areas of East-Central India.' *Economic and Political Weekly,* vol. 31, no. 13, 1996.

Sarangi, Asha (ed.). *Language and Politics in India,* Oxford, 2009.

Sharma, S.N. 'The Collector in 1960s.' *The Indian Journal of Public Administration,* vol.11 (3), 1965.

18. Telangana: The Second State for Telugu Speakers

'Telangana Demand.' *Economic and Political Weekly,* vol. 43, no. 46, 2008.

'The First Linguistic State-Andhra Pradesh-Was Born.' Sankalp India Found. (http://www.sankalpindia.net/book/first-linguistic-state-andhra-pradesh-was-born)

The Role of Burgulla in Telangana.' *The Hans India,* 19 September 2013.

Hargopal, G. 'The Telangana People's Movement: The Unfolding Political Culture.' *Economic and Political Weekly,* vol. 45, no. 42, 2010.

Kannabiran, Kalpana, et al. 'On the Telangana Trail.' *Economic and Political Weekly,* vol. 45, no. 13, 2010.

Melkote, Rama S., et al. 'The Movement for Telangana: Myth and Reality.' *Economic and Political Weekly,* vol. 45, no. 2, 2010.

Pingle, Gautam. *The Formation and History of Telangana: A Collection of Nine Critical Essays.* Orient Blackswan, 2021.

Pingle, Gautam. *The Fall and Rise of Telangana.* Orient Blackswan, 2018.

Pingle, Gautam. 'Reddys, Kammas and Telangana.' *Economic and Political Weekly,* vol. 46, no. 36, 2011.

Pingle, Gautam. 'The Historical Context of Andhra and Telangana, 1949-56.' *Economic and Political Weekly,* vol. 45, no. 8, 2010.

Rao, C.H. Hanumantha. 'Srikrishna Committee on Telangana: Recommendations at Variance with the Analysis.' *Economic and Political Weekly,* vol. 46, no. 5, 2011.

Rao, C.H. Hanumantha. 'The New Telangana State: A Perspective for Inclusive and Sustainable Development.' *Economic and Political Weekly,* vol. 49, no. 9, 2014.

Rao, G. Gangadhara. 'Hyderabad and the Bifurcation of Andhra Pradesh.' *Economic and Political Weekly,* vol. 48, no. 42, 2013.

Sarojini, Regani. 'Highlights of the Freedom Movement in Andhra Pradesh.' Ministry of Cultural Affairs, Andhra Pradesh, 1972.

Srikanth, H. 'Construction and Consolidation of the Telangana Identity.' *Economic and Political Weekly,* vol. 48, no. 45/46, 2013.

Srinivasulu, K., et al. 'Srikrishna Committee: Thorough but Unviable.' *Economic and Political Weekly,* vol. 46, no. 10, 2011.

अनुक्रमणिका

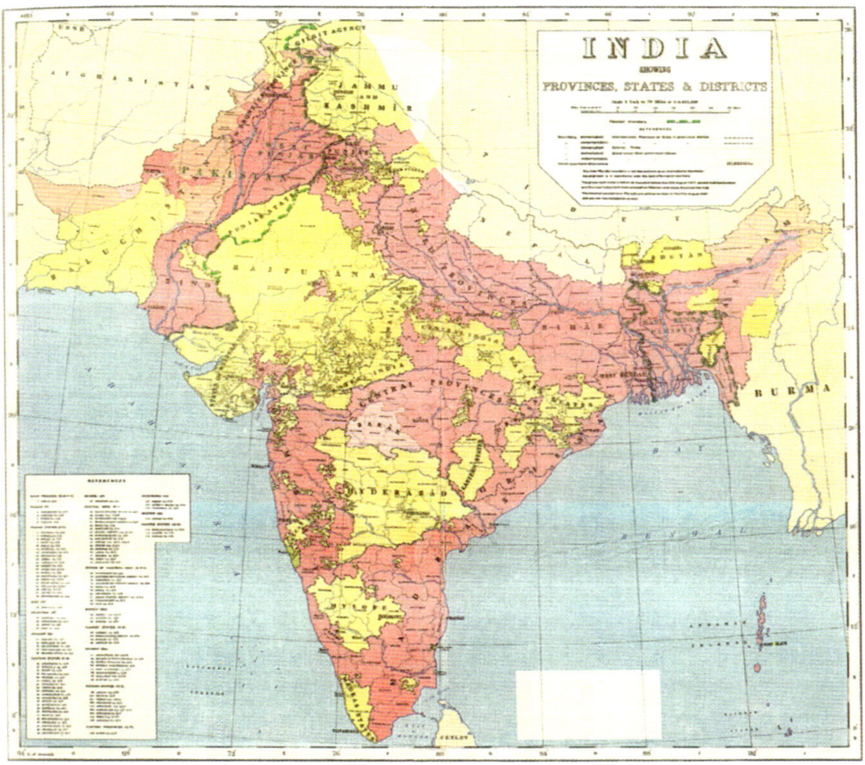

1947—भारतीय अधिराज्य

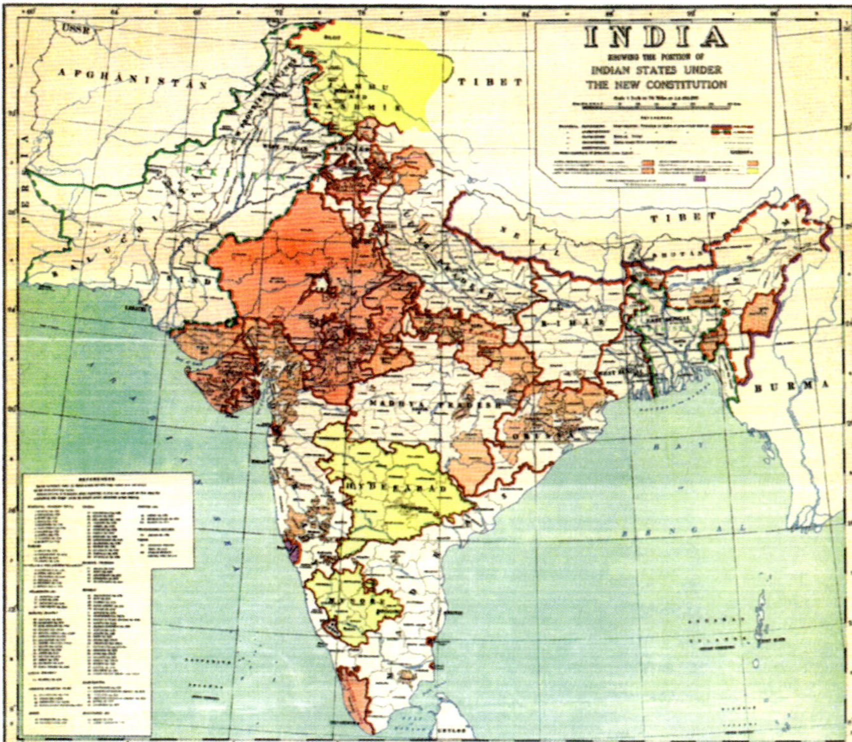

1950—भारतीय गणतंत्र

1952—भारत का पहला हिन्दी नक़्शा

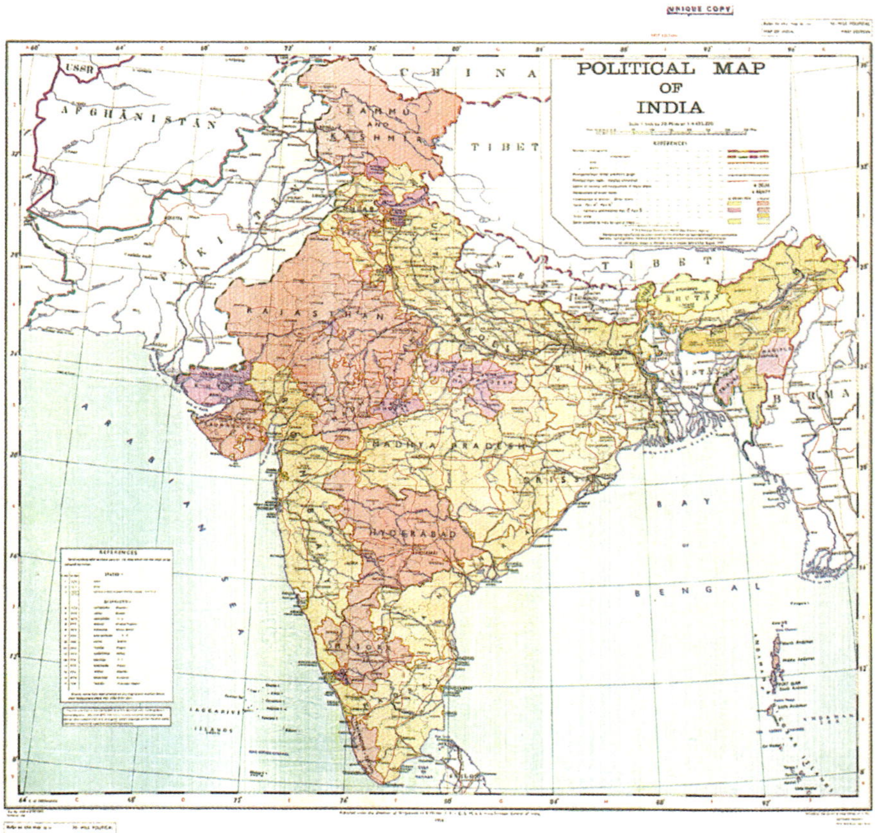

1954—भारत का पहला भाषायी राज्य : आन्ध्र राज्य

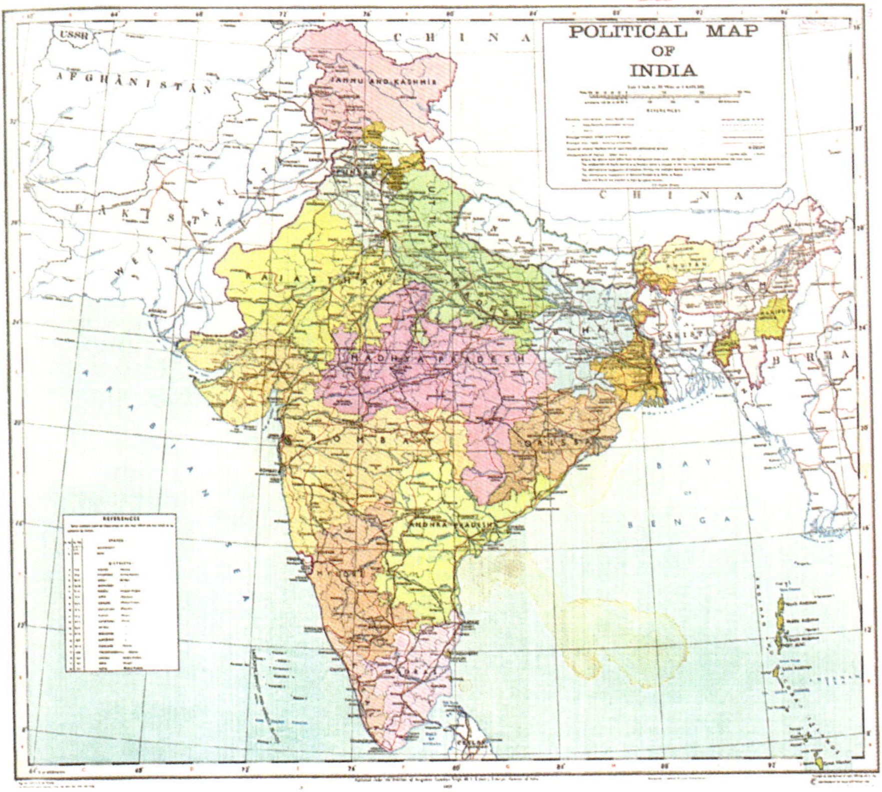

1958—मद्रास, मैसूर, केरल और आन्ध्र प्रदेश

1978—सिक्किम और पूर्वोत्तर राज्य

2002—झारखंड, उत्तराखंड और छत्तीसगढ़

2017—तेलंगाना : तेलुगु भाषी लोगों के लिए दूसरा राज्य

2019—केन्द्र शासित प्रदेश लद्दाख और जम्मू एवं कश्मीर